Thomas Luther

# Übungsbuch der Schachtaktik

Fundamentales Schachwissen mit GM Thomas Luther

Joachim Beyer Verlag

ISBN 978-3-95920-147-6

1. Auflage 2022



Ein Imprint des Schachverlag Ullrich, Zur Wallfahrtskirche 5, 97483 Eltmann



Herausgeber: Robert Ullrich

# Inhalt

# Lieber Leser!

Der beste und schnellste Weg, sich im Schach zu verbessern, ist Taktik zu trainieren. Das beinhaltet nicht nur, die "Tricks" des Gegners zu erkennen und zu vermeiden oder eigene "Tricks" anzuwenden, sondern trägt auch dazu bei, deine Konzentration und Rechenfähigkeit zu verbessern.

Selbst wenn du dir nur ein oder zwei Kombinationen pro Tag anschaust, macht dich das langfristig stärker. Aber für eine optimale und schnelle Verbesserung ist es notwendig, für eine Weile angestrengter und systematischer zu trainieren. Wenn du dich dazu aufraffen kannst, z.B. ein oder zweimal die Woche die 30 - 34 Kombinationen eines Kapitels zu lösen, ist das ein großer Schritt in die richtige Richtung.

Wenn du aber nicht so ambitioniert bist, macht das auch nichts. Erfreue dich an interessanten und überraschenden Kombinationen von Zeit zu Zeit, wie es gerade passt. Schach hat viele Seiten, nicht nur die des Turnierwettbewerbs.

Dieses Buch ist gedacht für Schachfreunde, die:

a) Meine beiden Bücher *"Die Elementartaktik im Schach"* und *"Schachtaktik und Schachstrategie"* gerade durcharbeiten oder dies schon getan haben. Dieses Buch unterstützt dabei bzw. liefert zusätzliches Trainingsmaterial.

b) Schon einiges über Schachtaktik wissen / durch praktische Erfahrung oder z.B. Internetspielen gelernt haben und ihr taktisches Können ausbauen wollen.

Es ist ***nicht*** das richtige Buch für Anfänger. Wenn du ein Anfänger bist oder noch sehr wenig praktische Spielerfahrung hast, starte besser mit den zuvor genannten Büchern oder mit jeder anderen Einführung in diesen Bereich. Ohne einige Kenntnisse der Grundlagen hast du sonst zu viele Probleme; ganz besonders beim stärkeren zweiten Teil unseres Programms.

Viel Spaß mit diesem Buch. Lerne eine Menge und werde ein stärkerer Spieler - oder genieße die Vielfalt der Schachkombinationen. Das wünscht dir dein Autor, Großmeister und FIDE Senior Trainer

*Thomas Luther*

# Wie man dieses Buch benutzt

Meine Freunde und ich haben lange darüber nachgedacht, was wohl die beste Sturktur für das Übungsbuch wäre. Die grundsätzliche Idee war, ein Buch mit zusätzlichen Aufgaben für die Leser der beiden ersten Bände zu machen, das aber auch Material für interessierte und ambitionierte Leser bietet, die Taktik trainieren und sich noch weiter verbessern wollen.

Das ist keine einfache Aufgabe, da es bedeutet, elementares Material mit kompliziertem und hochwertigem Stoff zu verbinden, ohne es zu langweilig für den Fortgeschrittenen und zu schwer verdaulich für den Leser zu machen, der noch am Anfang steht. Unsere Idee war, diese zwei Teile zu mischen.

Wenn du ein noch weniger erfahrener Leser bist, arbeitest du dich durch die Kapitel Quick Test 1, Quick Test 2, usw. vor bis zu Quick Test 10.

Danach gehst du zum Anfang des Buches zurück und machst weiter mit Lektion für Fortgeschrittene 1, Lektion für Fortgeschrittene 2, usw.

Wenn du ein fortgeschrittener Leser bist, kannst du die Quick Test Kapitel als eine Art Aufwärmtraining nutzen. Dies am besten unter Zeitdruck, was auch die Turniersituation ein wenig simuliert; z.B. 10 Sekunden pro Aufgabe. oder was immer du denkst ist das passende für dich. Nach dem Quick Test gehst zu weiter zur Fortgeschrittenen Lektion.

Der härteste Teil des Buches sind die Kapitel "Master Class". In diesen findest du wirklich schwere Aufgaben, z.B. lange Mattführungen und komplizierte Stellungen mit vielen Varianten.

Nicht jeder Leser ist so ambitioniert oder hat die Zeit, hart an seinem Schach zu arbeiten. Das ist ganz verständlich und nichts, dessen man sich zu genieren braucht. Man kann Schach auch genießen, ohne ein starker Turnierspieler zu sein. Lass dich in diesem Fall mit interessanten Kombinationen unterhalten. Du brauchst nicht unbedingt die höheren Fortgeschrittenen Lektionen und erst recht nicht die "Master Class" zu lösen. Schau dir die Stellung an und mach dich mit der Position vertraut. Dann schau nach der Lösung und lass dich überraschen. Du lernst zwar nicht so viel wie beim angestrengten Lösen, aber einiges an Wissen und Erfahrung wird auch so hängenbleiben und dein Spielverständnis verbessern. Ich hoffe, dieses Buch wird jedem Leser etwas Interessantes bieten und ihn seinem Ziel näherbringen.

*Thomas Luther*

# QUICK TEST 1

Wir beginnen mit Mattaufgaben in bis zu zwei Zügen. Das heißt, dass manchmal auch ein Matt in nur einem Zug möglich ist und ebenfalls manchmal mehrere Matts möglich sind.

Diese Übungen schließen an Kapitel 7 im 1.Band *"Die Elementaktik im Schach"* an und sind als zusätzliches Material gedacht.

Doch es ist auch ein guter Einstieg für Schachfreunde, die noch nicht mit diesem oder dem 2.Band gearbeitet haben und das Übungsbuch für ihr taktisches Training nutzen.

Du magst denken, solche Aufgaben seien simpel und mühelos zu lösen. Aber du wirst sehen, dass manche gar nicht so einfach sind. Und denk immer daran, dass hier im Buch mit dicken Buchstaben geschrieben ist: **"Matt in bis zu zwei Zügen"**. In der Partie aber gibt es keine solche Warnung und du musst das Matt selbst sehen; am besten ein paar Züge im Voraus. Deshalb ist es wichtig, so viele Mattbilder wie möglich zu kennen und ich hoffe, dir ein paar solche zeigen zu können, die du noch nicht gekannt hast oder nicht mit Sicherheit in der Partie erkennen würdest. Nimm dieses scheinbar einfache Training ernst. Es ist der Einstieg, um besser Schach zu spielen.

Für diesen und den folgenden Test zeigen wir kein Lösungsdiagramm. Für deine Entwicklung ist es entscheidend wichtig, dass du zumindest für eine kurze Zeit zwei Züge im Kopf behalten kannst. Mit den Lösungszügen zurück zum Diagramm zu gehen ist schon ein kleines Extra-Training!

Für alle Leser die denken, das sei für sie zu einfach:

Löst die 34 Aufgaben in kurzer Zeit; sagen wir, je 10 Sekunden = 340 Sekunden und ich gebe euch sogar noch 20 extra Sekunden für ein paar Schlucke eines erfrischenden Getränks = 6 Minuten total.

Seid ihr sicher ihr könnt das? Wir werden es sehen!

# Quick Test 1

**Finde Matt**
**in bis zu zwei Zügen!**

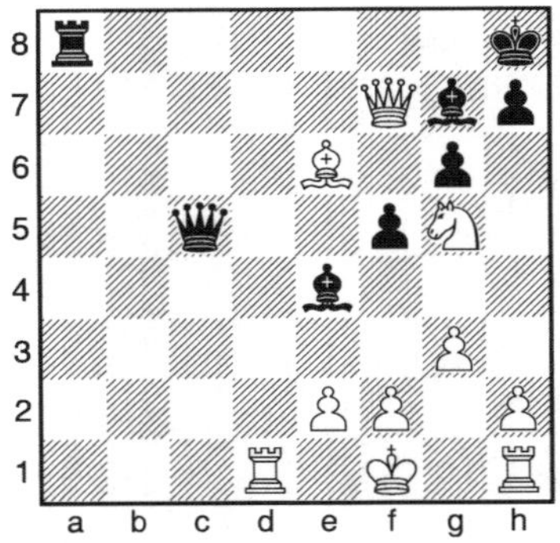

1 ..........................

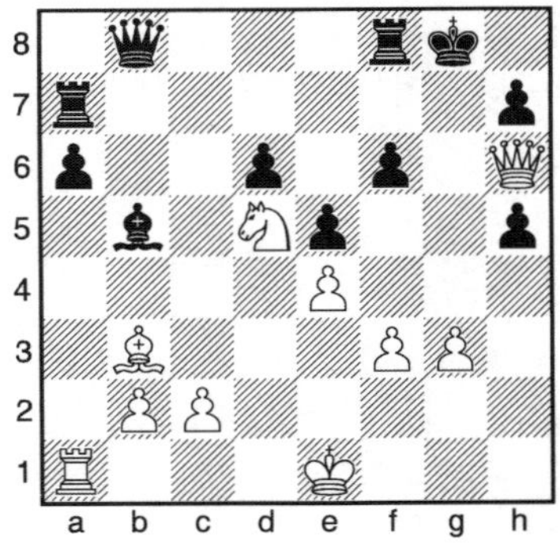

2 ..........................

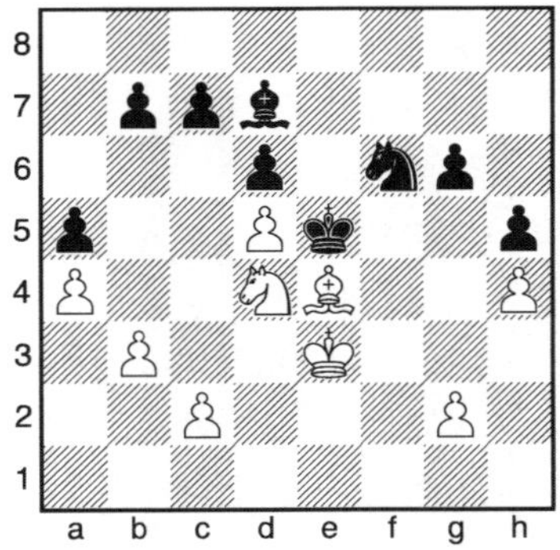

3 ..........................

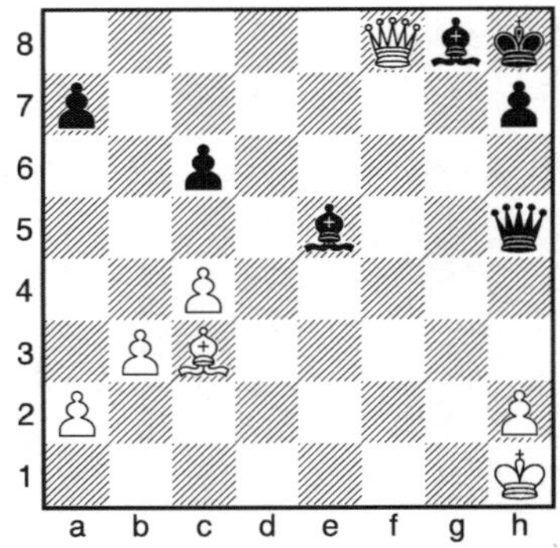

4 ..........................

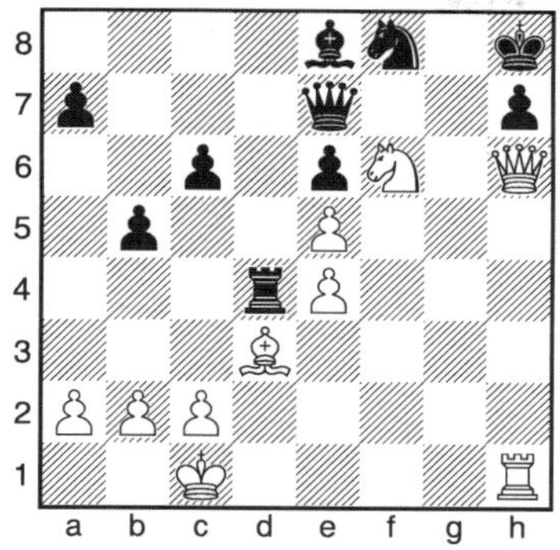

**5** ..........................

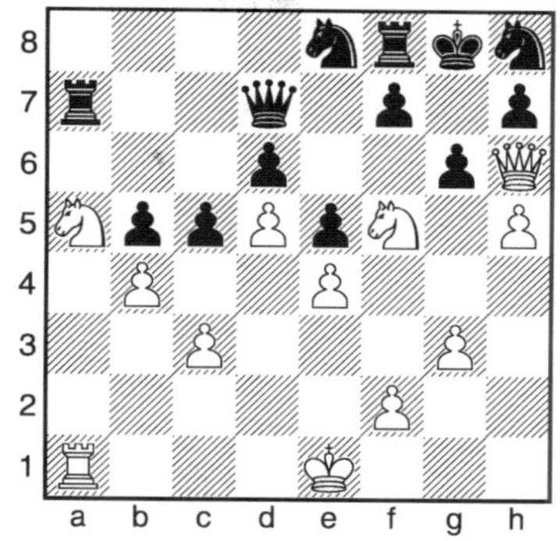

**6** ..........................

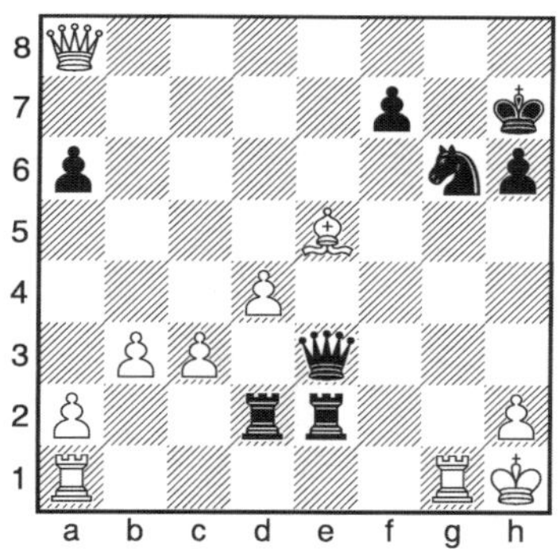

**7** ..........................

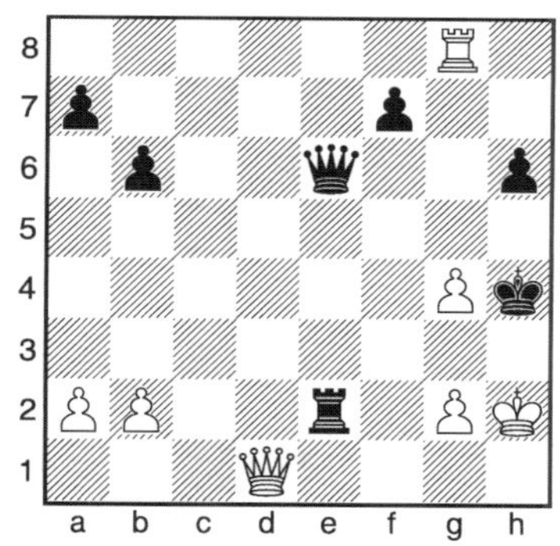

**8** ..........................

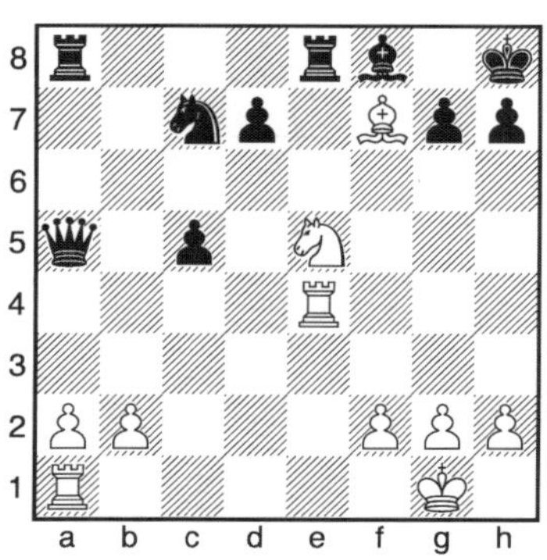

**9** ..........................

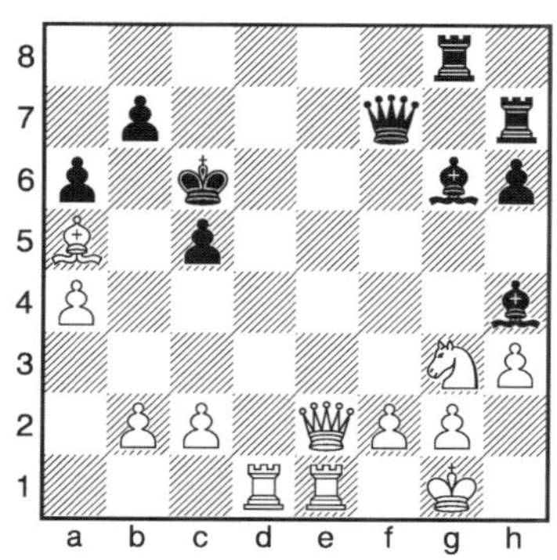

**10** ..........................

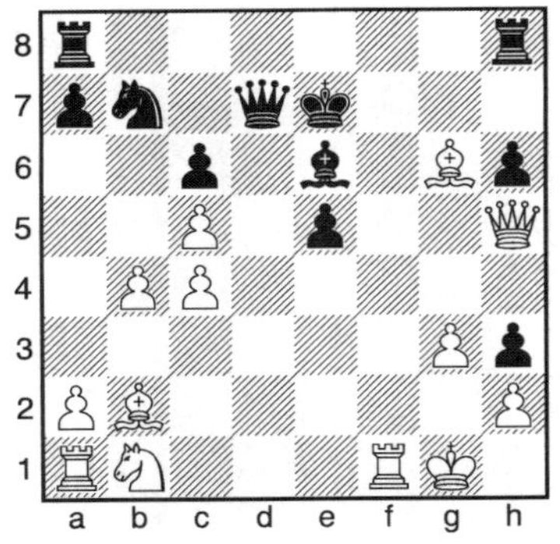

**11** ........................

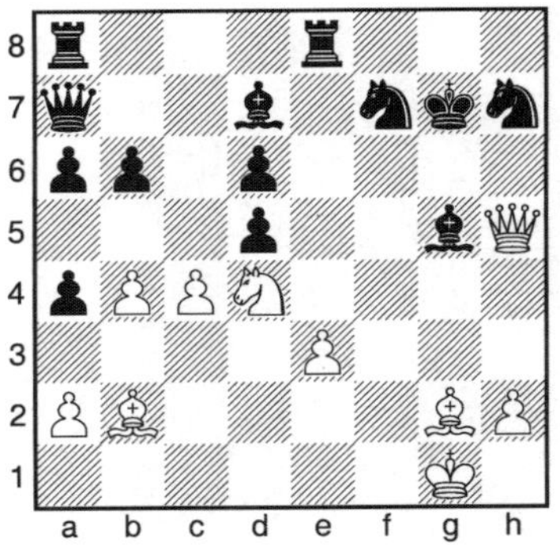

**12** ........................

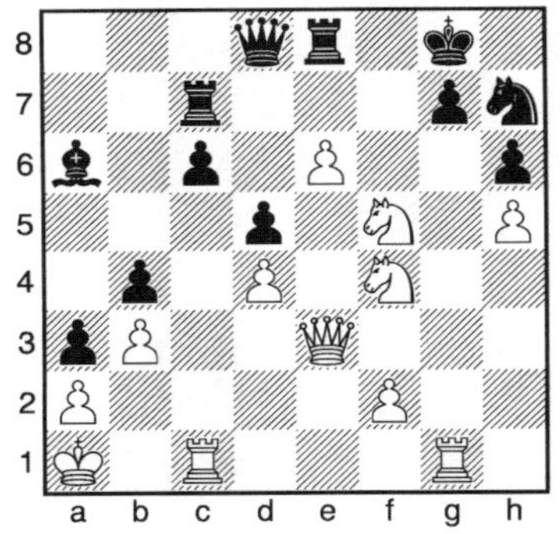

**13** ........................

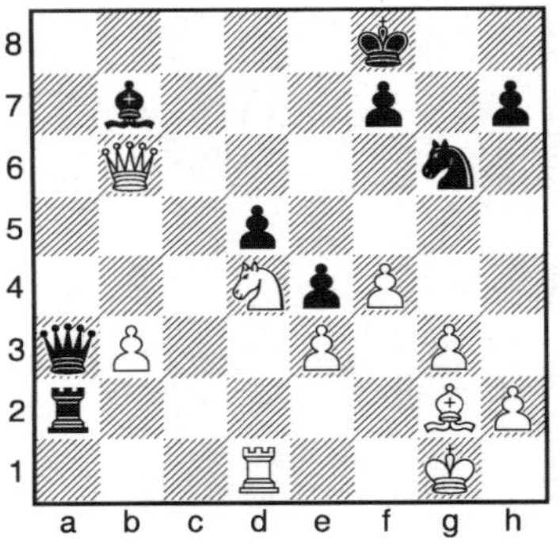

**14** ........................

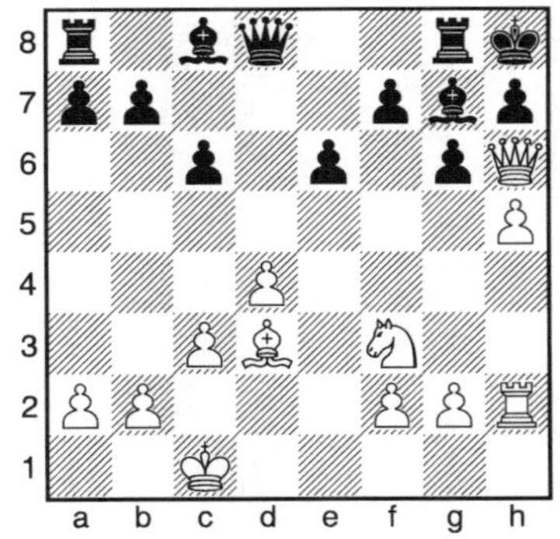

**15** ........................

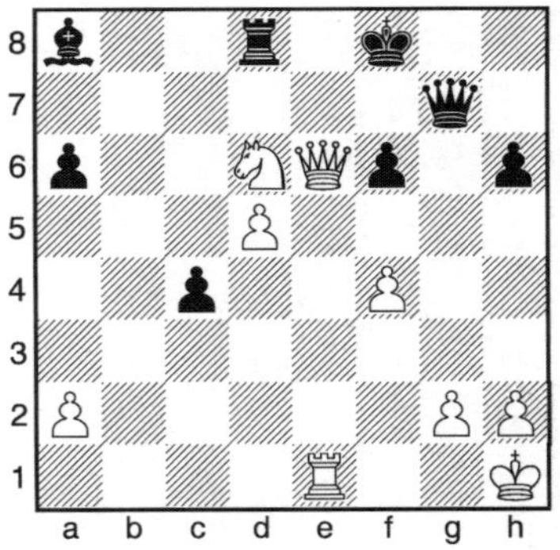

**16** ........................

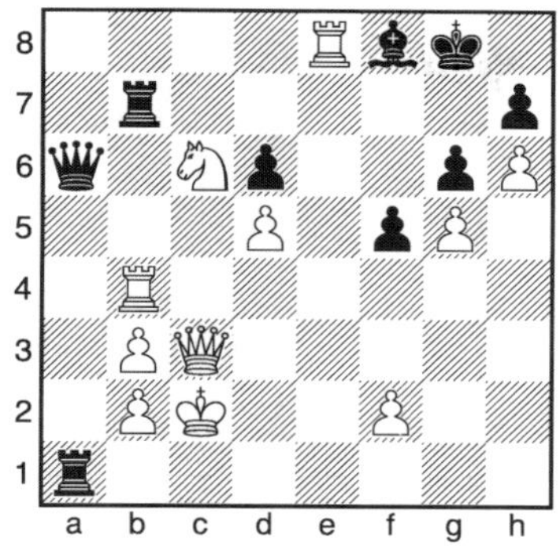

**17** ..........................

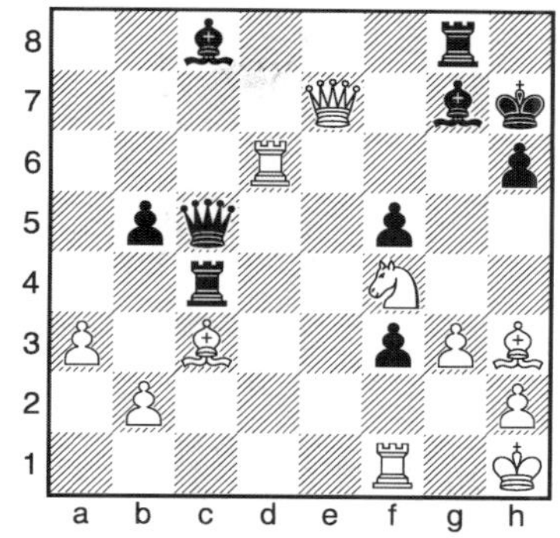

**18** ..........................

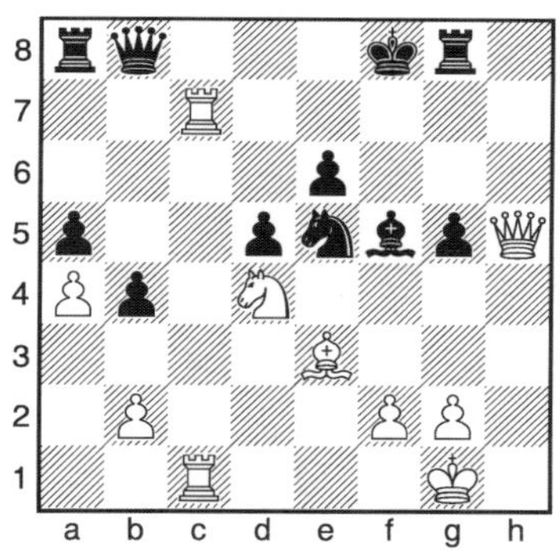

**19** ..........................

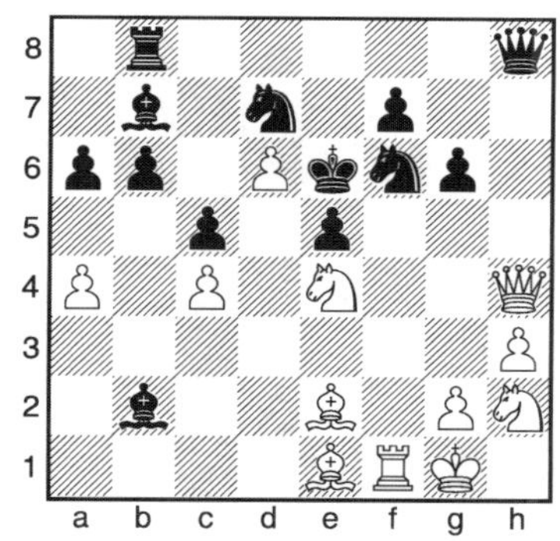

**20** ..........................

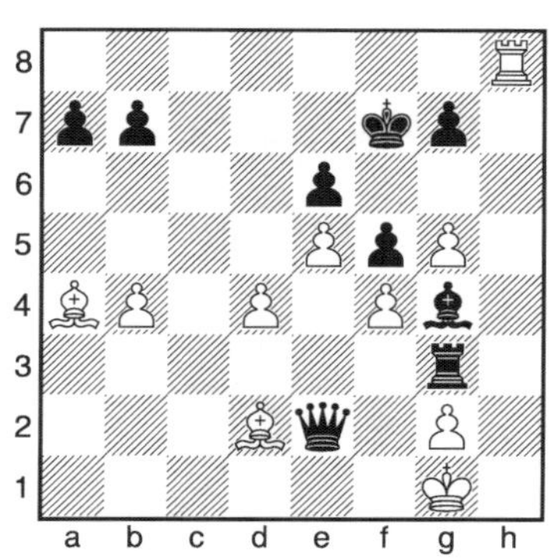

**21** ..........................

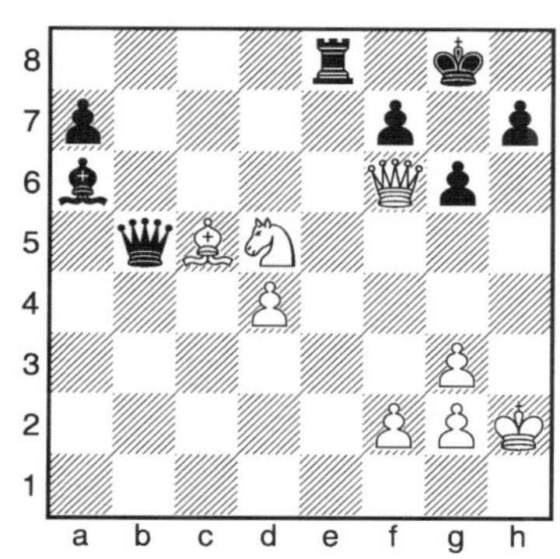

**22** ..........................

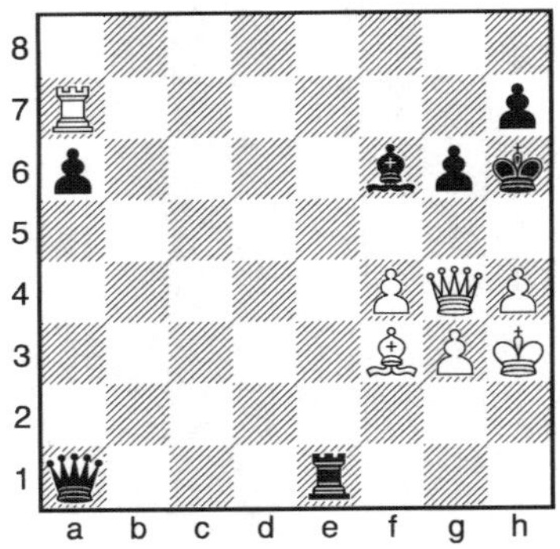

23 ○ / ● ........................

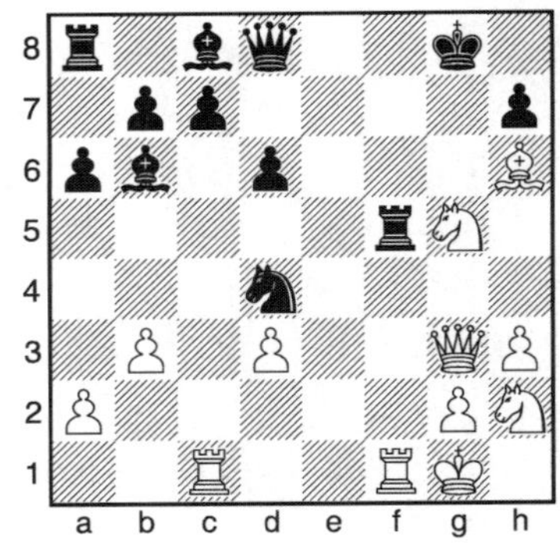

24 ● ........................

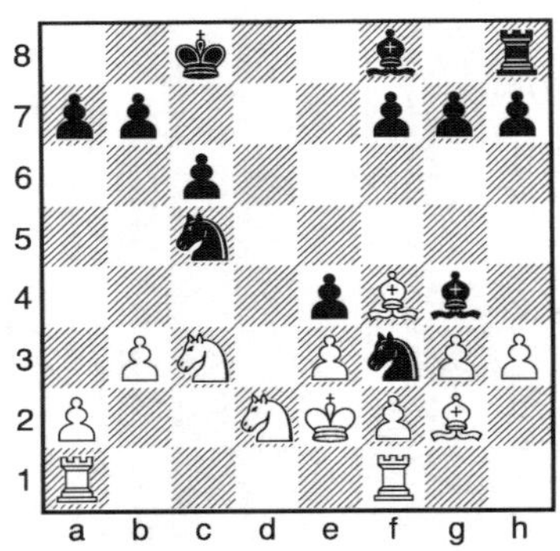

25 ● ........................

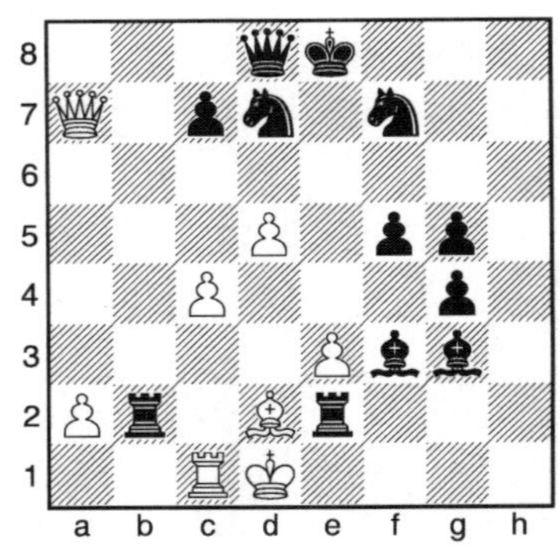

26 ● ........................

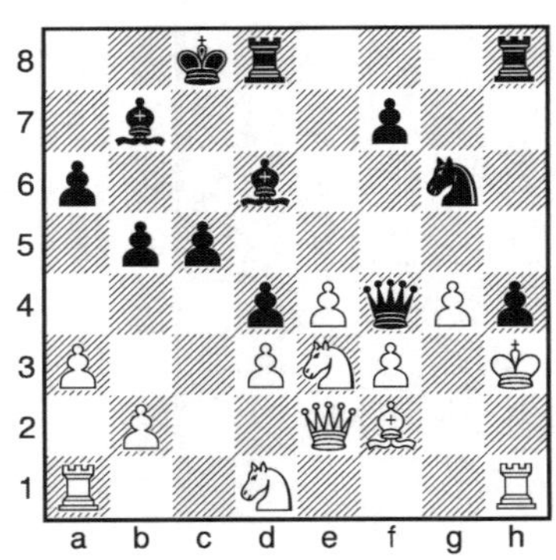

27 ● ........................

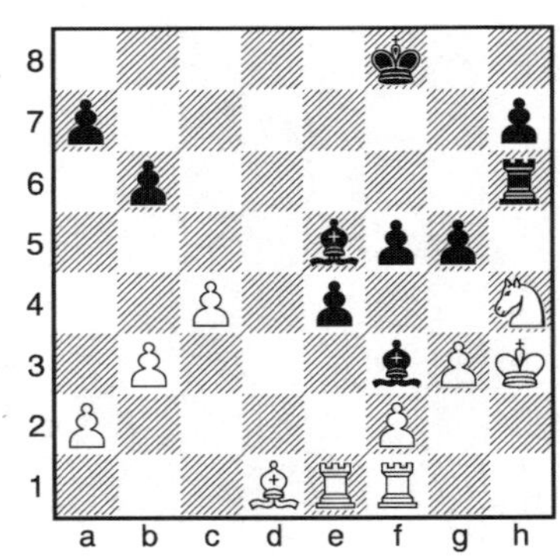

28 ● ........................

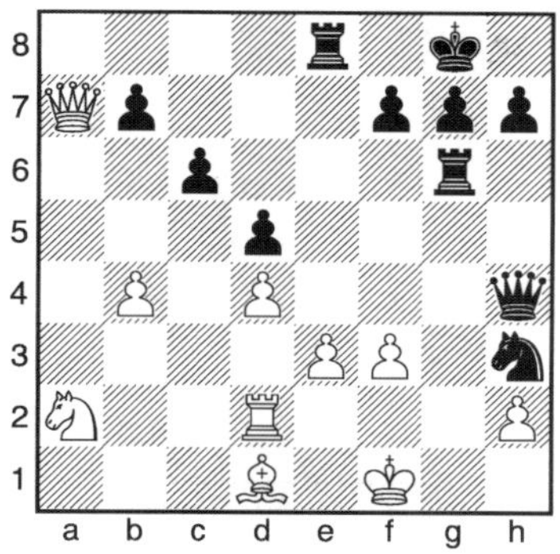

29 ● ..........................

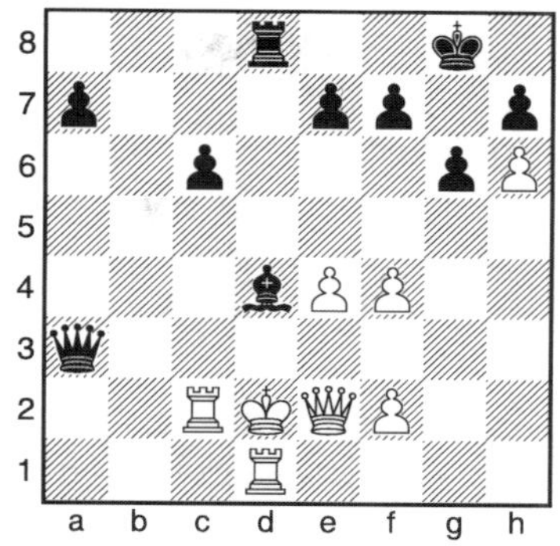

30 ● ..........................

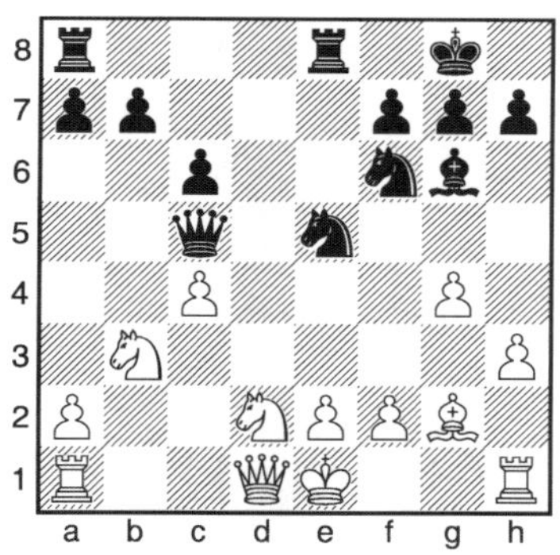

31 ● ..........................

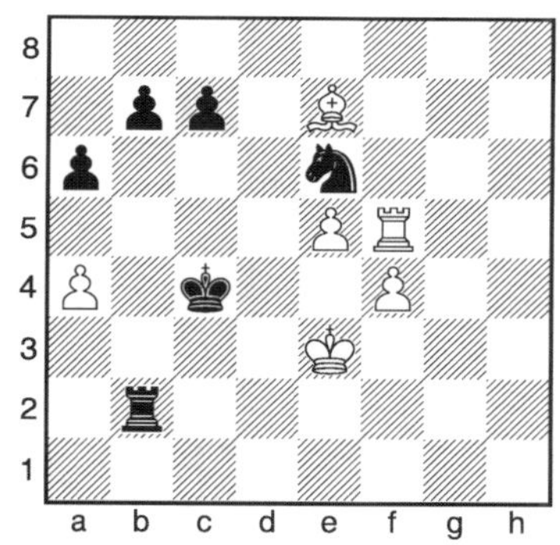

32 ● ..........................

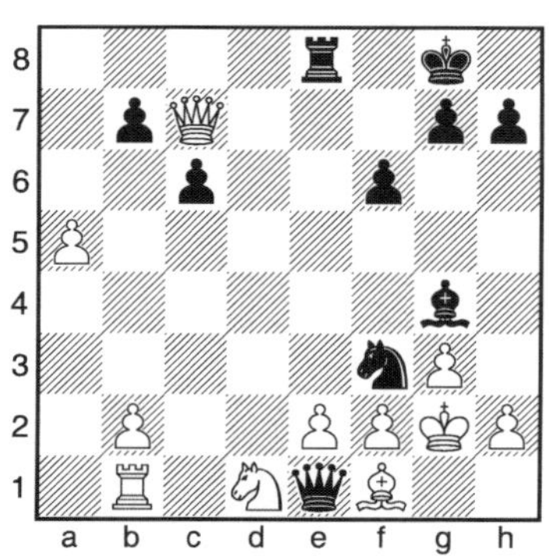

33 ● ..........................

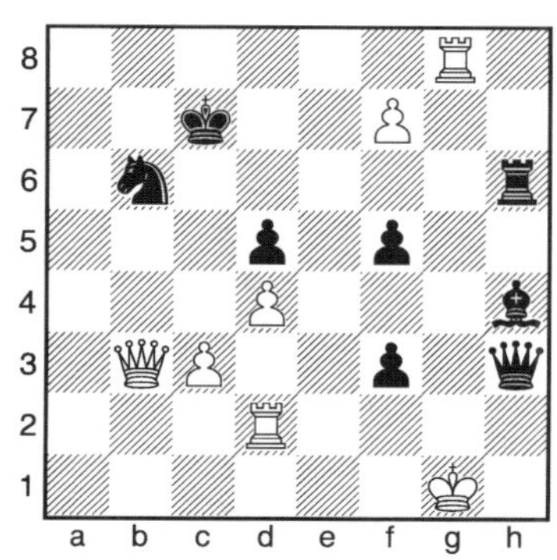

34 ● ..........................

# Lösungen
# Quick Test 1

1 Wir starten mit einem klassischen Motiv – sicher erinnerst du dich an das "erstickte Matt"?

**1.♕f7–g8+ ♖a8xg8 2.♘g5–f7#**

2 **1.♘d5–e7+** Doppelschach! **♔g8–h8 2.♘e7–g6#**

3 Der letzte schwarze Zug Se8–f6?? war der entscheidende Fehler:

**1.♘d4–f3#**

4 **1.♕f8–f6+ ♗e5xf6 2.♗c3xf6#** Ein Röntgen–Angriff!

5 **1.♕h6xf8+ ♕e7xf8 2.♖h1xh7#** Das arabische Matt.

6 **1.♕h6–g7+ ♘e8xg7 2.♘f5–h6#**

7 **1.♕a8–h8+ ♘g6xh8 2.♖g1-g7#**

8 **1.♕d1-e1+ ♖e2xe1 2.g2–g3#**

9 **1.♘e5–g6+ h7xg6 2.♖e4–h4#**

10 **1.♕e2–e6+ ♕f7xe6 2.♖e1xe6#**

11 **1.♕h5–h4#**

12 **1.♘d4–e6+** Doppelschach! **1...♔g7–g8 2.♕h5–g6#**

13 **1.♘f5xh6+ ♔g8–h8/f8 2.♘f4–g6#**

14 **1.♕b6–d8+ ♔f8–g7 2.♘d4–f5#**

15 **1.♕h6xh7+ ♔h8xh7 2.h5xg6#** Doppelschach!

16 **1.♕e6–e8+ ♖d8xe8 2.♖e1xe8#**

17 **1.♕c3–h8+ ♔g8xh8 2.♖e8xf8#**

18 **1.♖d6xh6+ ♔h7xh6 2.♕e7–h4#**

**19 1.♘d4xe6+ ♗f5xe6 2.♗e3–c5#**

**20 1.♗e2–g4+ ♘f6xg4 2.♕h4–e7#**

**21 1.g5–g6+ ♔f7xg6 2.♗a4–e8#**
Oder 1...♔f7–e7 2.♖h8–e8#

**22 1.♗c5–f8 ♔g8xf8 2.♕f6–h8#**
Oder 1...♖e8xf8 2.♘d5–e7#

**23 ❍ 1.♕g4–g5+ ♗f6xg5 2.h4x/f4xg5#**

**● 1.–– ♖e1-h1+ 2.♗f3xh1 ♕a1xh1#**
Oder 2.♔h3–g2 ♕a1-f1#/g1#

**24 1...♘d4–e2+** Doppelschach! **2.♔g1-h1 ♘e2xg3#**

**25 1...♘f3–d4+/g1+** Beides Doppelschach!
**2.♔e2–e1 ♘c5–d3#**

**26** Diesmal war es sehr einfach ein Matt in 1 Zug zu finden, denn es gibt schließlich sechs davon. (Wir ignorieren das Matt in 2):

**1...♖b2xd2# / 1...♖e2xd2# / 1...♖e2xe3#**
**1...♖e2–e1# / 1...♖e2–h2# / 1...♖e2–g2#**

**27 1...♕f4–h2+ 2.♖h1xh2 ♘g6–f4#**

**28 1...♖h6xh4+ 2.g3xh4 g5–g4#**
Einen Zug mehr braucht 1...g5–g4+ 2.♔h3–h2 ♖h6xh4+ 3.♔h2–g1 ♖h4–h1#

**29 1...♖g6–g1+ 2.♔f1-e2 ♘h3–f4#**

**30 1...♗d4–c3+ 2.♔d2–e3 ♗c3–d2#**

**31 1...♘e5–d3+ 2.♔e1-f1 ♕c5xf2#**

**32 1...♘e6–d4 2.♖f5–f7 ♖b2–e2#**

**33 1...♕e1xf1+ 2.♔g2xf1 ♗g4–h3#**

**34 1...♕h3–h1+ 2.♔g1xh1 ♗h4–f2#**

# Beginn Training Teil II

# LEKTION für FORTGESCHRITTENE 1

Die Aufgabe ist, Matt oder Materialgewinn in bis zu vier Zügen zu finden. Die Abwicklung beim Materialgewinn mag manchmal noch einige Züge länger dauern.

Wenn du den Text zur Einführung übersprungen hast, wie es manche Leser ja leider tun, dann **lies bitte das nun Folgende**. Es erklärt die Struktur des Buches und wie du es nutzen kannst.

Nach Quick Test 1 kann der **fortgeschrittene Leser** mit dem Hauptteil seines Trainings beginnen. Wir starten leicht mit Kombinationen in vier Zügen.

Für fortgeschrittene Leser, die die beiden ersten Bände nicht durchgearbeitet haben, ist dieses Kapitel zugleich gedacht als ein Einstiegs-Test, der zeigen wird, ob sie stark genug sind, um mit diesem Buch zu arbeiten. Wenn jemand Probleme mit der Lösung hat, sollte er zu Quiz 2 und den folgenden Quiz-Kapiteln gehen und erst nach absolvieren von diesen mit Lektion 2 weitermachen. Es ist besser, einen Schritt zurück zu gehen statt sich mit zu schwierigen Kapiteln herumzuquälen.

Übrigens muss eine geringe Zügezahl bei einer Kombination nicht unbedingt bedeuten, dass sie leicht zu lösen ist. Manchmal ist ein cleveres Manöver gut verborgen oder ein überraschender Zug zu finden, und man braucht Vorstellungskraft oder Erfahrung, um den richtigen Weg zu finden.

Sei nicht enttäuscht wenn deine Resultate nicht so gut sind, wie du vielleicht erwartet hast. Auch wenn du eine Lösung nicht findest, ist der Versuch dies zu tun - suchen, denken, kalkulieren, abwägen - ein gutes Training und steigert dein Geschick und deine Fähigkeiten.

Und nun lass uns starten und versuchen, wie die Meister zu denken!

# LEKTION für FORTGESCHRITTENE 1

## Finde Matt oder Material-Vorteil in bis zu vier Zügen

Dies ist der **Startpunkt für das Haupt-Training** für alle bereits fortgeschrittenen Leser

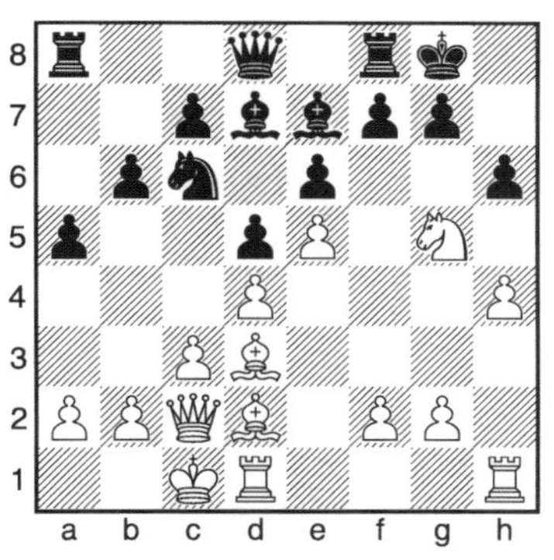

**1**

**Munenga,Douglas (2273) – Abdul Rahman,A (1850)**

Olympiade
Batumi GEO 2018

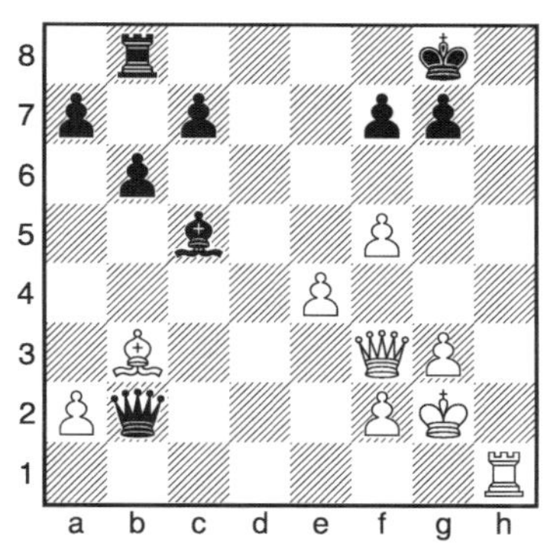

**2**

**Ogunshola,B (2184) – Jones,Steven A (2128)**

2nd 4NCL Spring Bank
Basingstoke ENG 2019

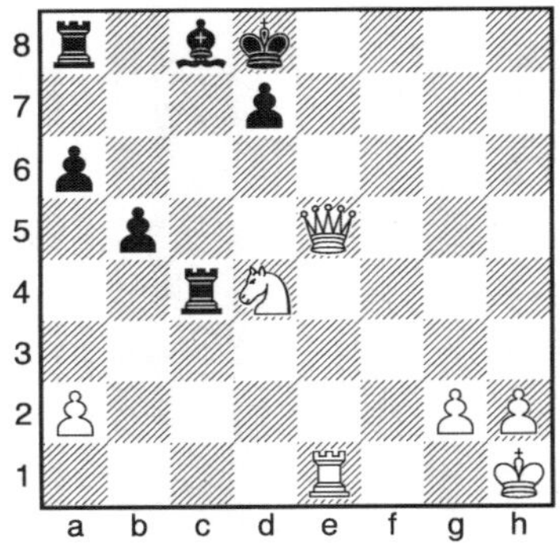

**3**

**Luther,T – Munoz Arano**

Internet blitz
2003

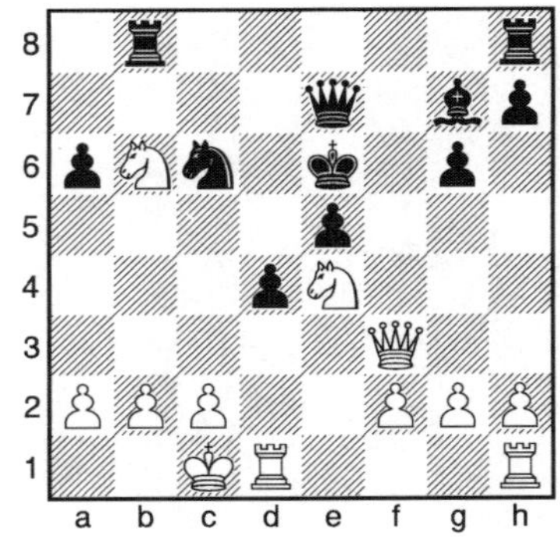

**4**

**Liu Guanchu (2425) – Swicarz,M (2331)**

18th Marienbad GMA2
Marianske Lazne CZE 2019

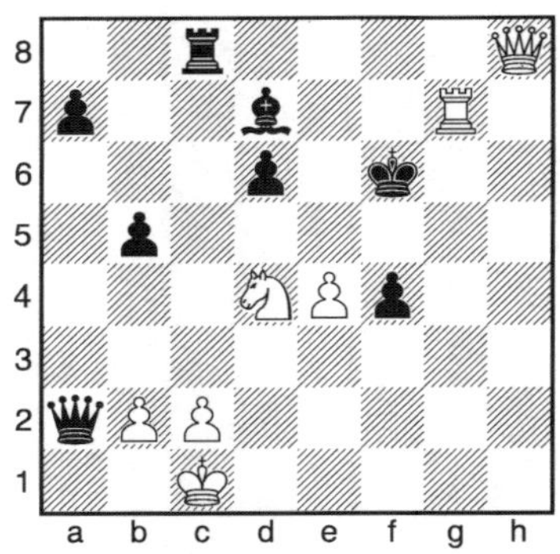

**5**

**Pankova,J (1820) – Odegov,A (2261)**

Korchnoi Memorial Open
St Petersburg 2019

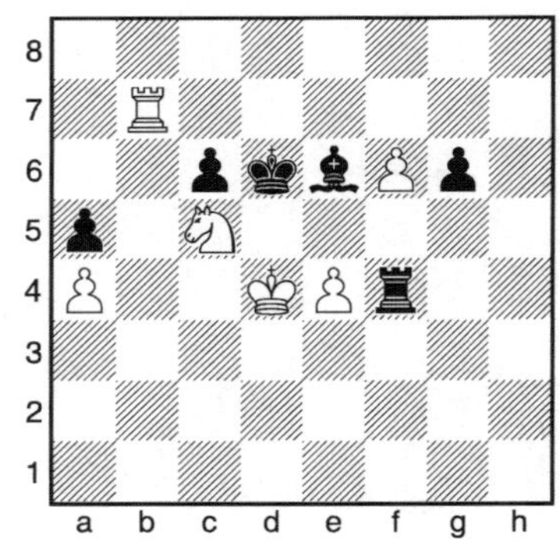

**6**

**Kosteniuk,A (2551) – Georgescu,L (2142)**

Bundesliga Frauen
GER 2019

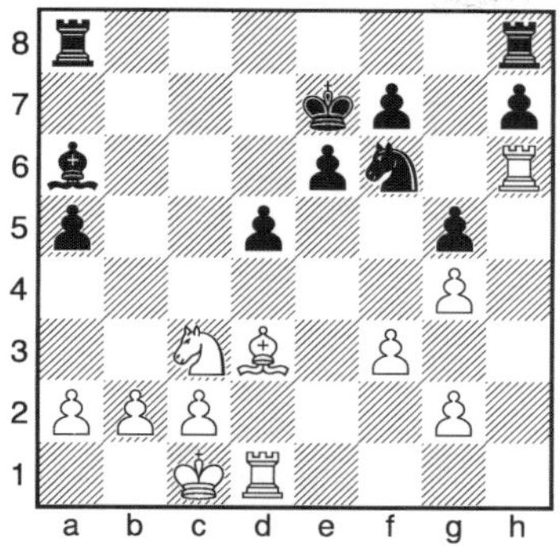


**7**

**Hammer,JL (2651) –**
**Werle,J (2514)** Variante

Fagernes Open
NOR 2015

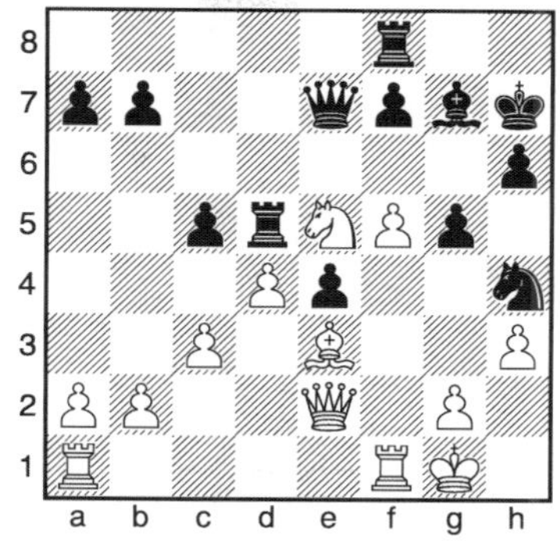


**8**

**Haast,A (2345) –**
**Janzelj,L (2254)**

Olympiade Frauen
Batumi GEO 2018

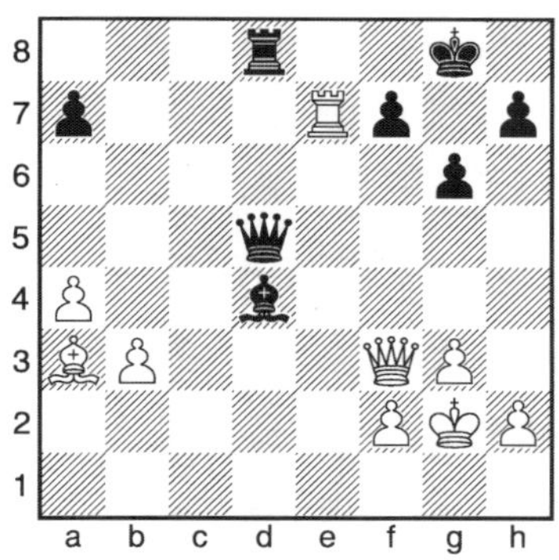


**9**

**Ding Liren (2811) –**
**Shankland,S (2705)**

Schach.com Speed 2019
Schach.com INT

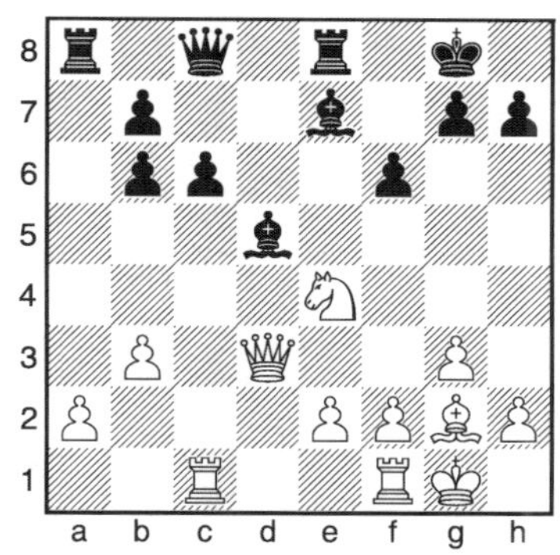


**10**

**Guid,M (2317) –**
**Caruso,Au (2141)**

Triest Open
ITA 2019

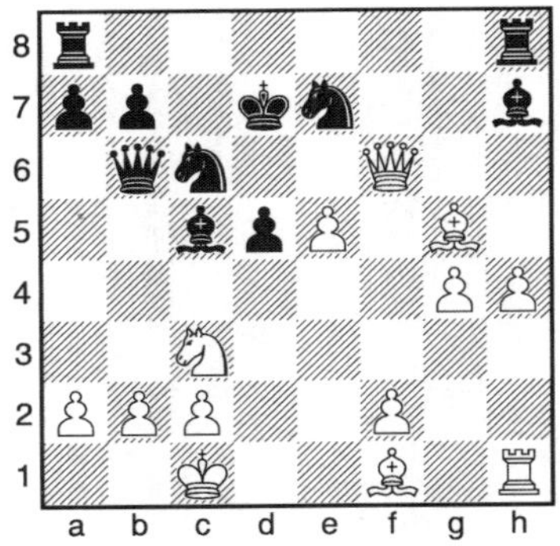

**11**

**Iljiushenok,I (2540) – Esipenko,A (2624)**

Russian Rapid GP
Skolkovo 2019

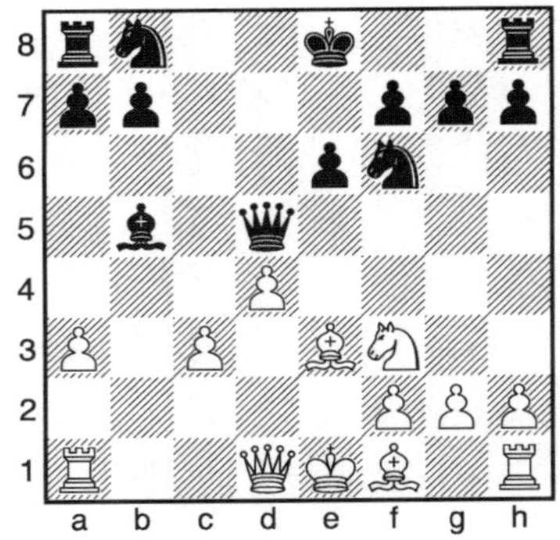

**12**

**Kersten,U (2280) – Fedorchuk,S (2625)**

Schwäbisch Gmünd Open
2017

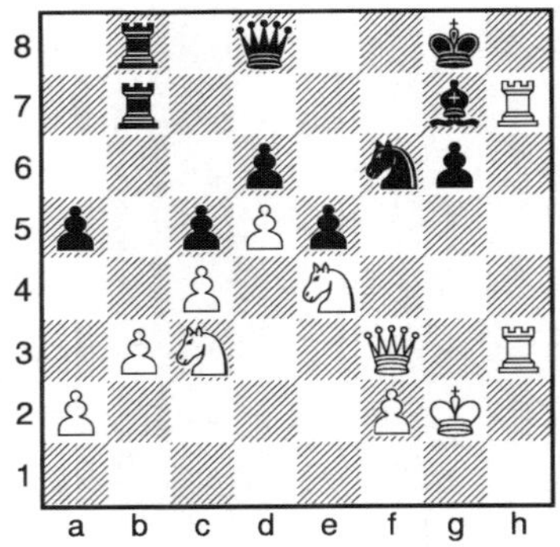

**13**

**Petkov,V (2504) – Guillermo Gonzalez,A (1992)**

2nd San Cristobal Open
ESP 2019

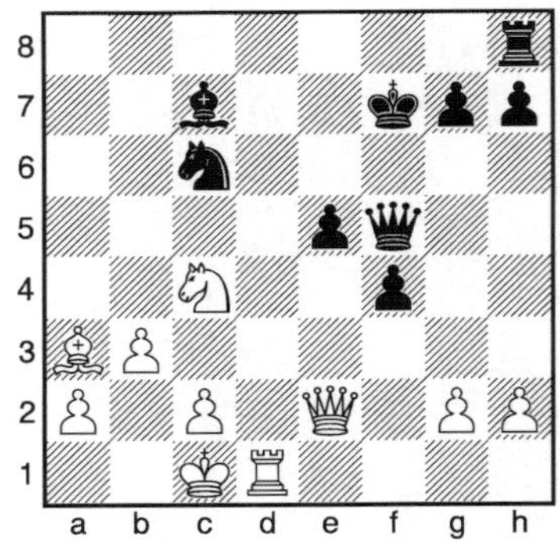

**14**

**Fielding,Mi (1760) – Sauer,Ma (2081)**

30th NATO Schach
Berlin 2019

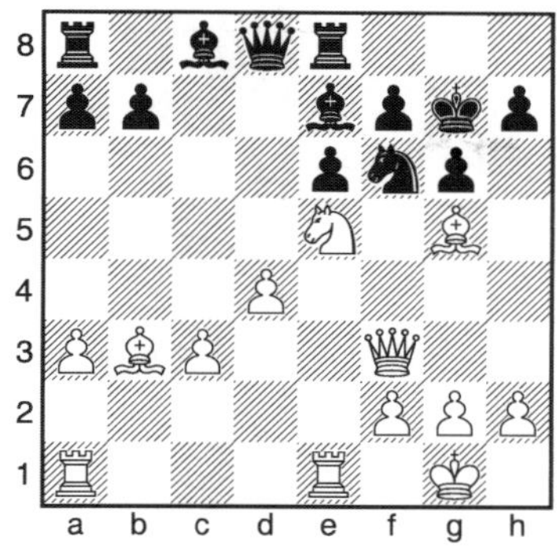

**15**

**Pucovski,M (2238) –
Blagojevic,M (2196)**

TCh–CRO Div 1b
Mali Losinj 2019

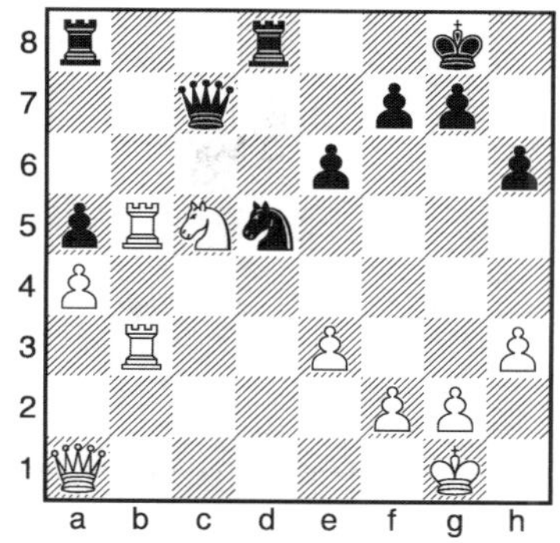

**16**

**Spiranec,N (2084) –
Vrtiakova,A (1998)**

Arisan Schach Ladies WIM
Modra SVK 2019

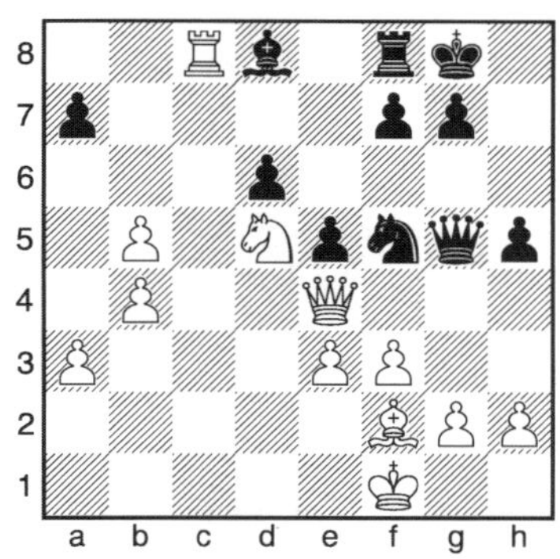

**17**

**Vaisser,A (2494) –
Leconte,M (2246)**

TCh–FRA Top 12
Brest FR 2019

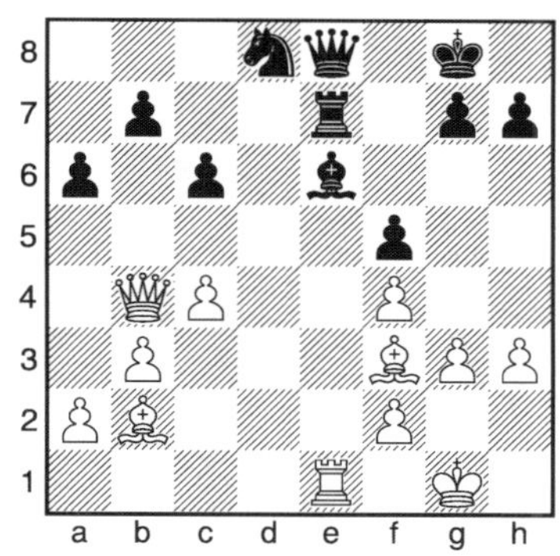

**18**

**Thorhallsson,S (2184) –
Halldorsson,Hj (1779)**

Icelandic Open
Akureyri ISL 2019

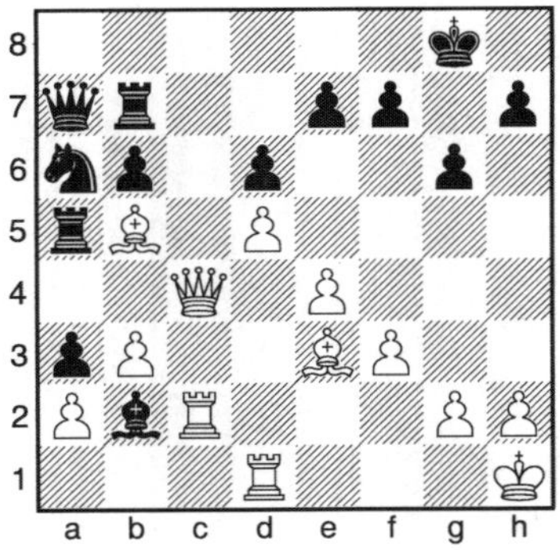

**19**

**Haubro,M (2380) – Tenold,A (1969)**

Kopenhagen CC
Ballerup DEN 2019

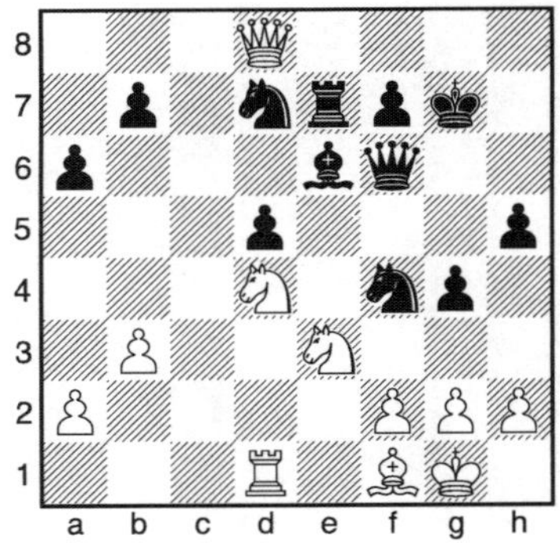

**20**

**Chen,Max (2070) – Wiebe,I (2053)**

Canada Zonal
Kingston 2019

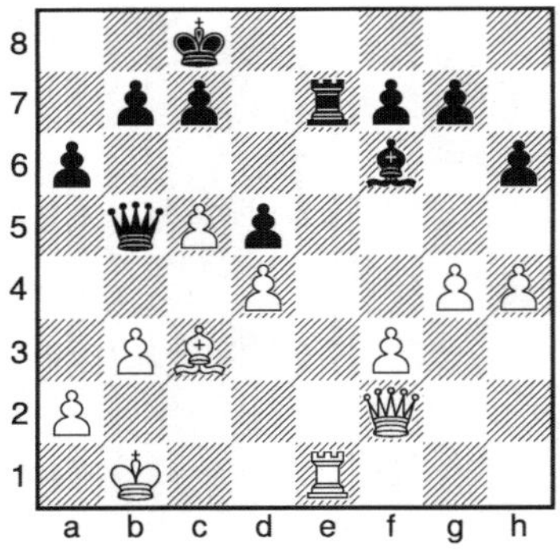

**21 ●**

**Pickersgill,A (1948) – Wheeler,Jo (2072)**

DCCA Ron Bruce Premier
Paignton ENG 2019

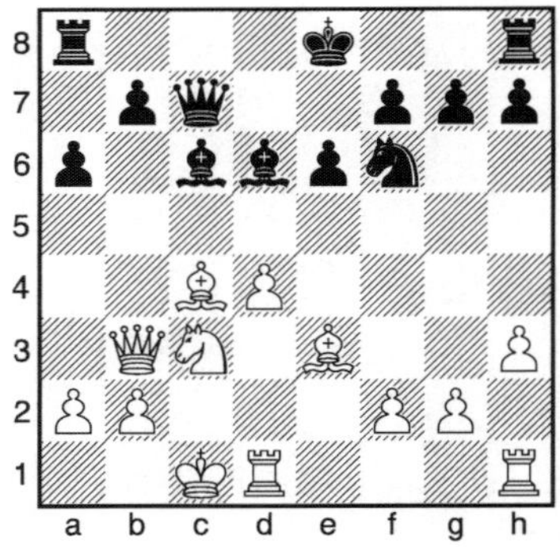

**22 ●**

**Amateur Partie**

Chicago 2019

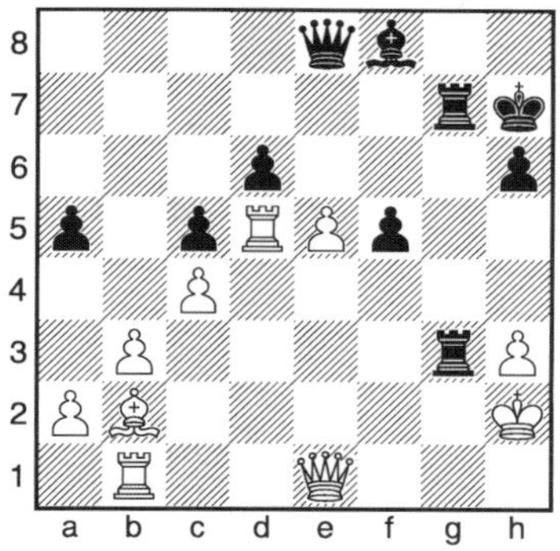

**23 ●**

**Tabola,M (2003) –**
**Malovanyi,Y (2320)**

TCh–POL 2nd League
Jastrzebia Gora POL 2019

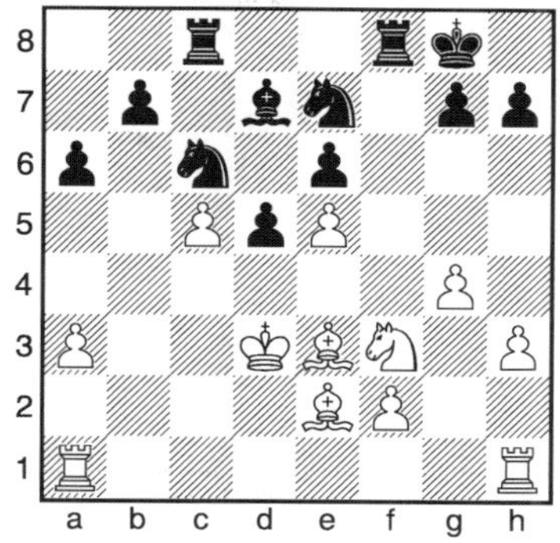

**24 ●**

**N.N. –**
**Brunthaler,H** rapid

Central Festival Rapid
Pattaya THA 2019

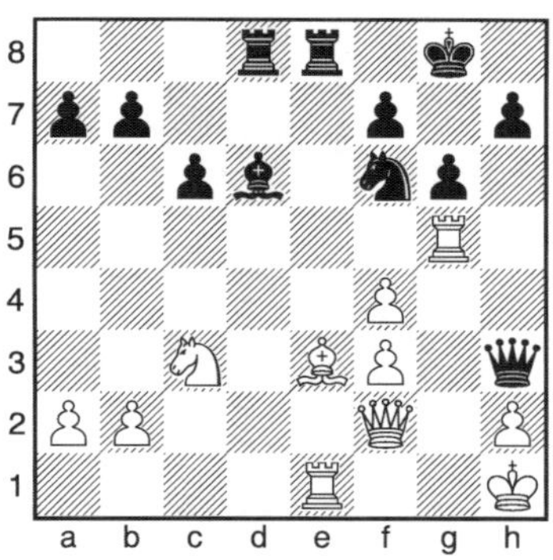

**25 ●**

**Abdilkhair,A (2143) –**
**Aydincelebi,K (2148)**

World Schools U17
Antalya TUR 2019

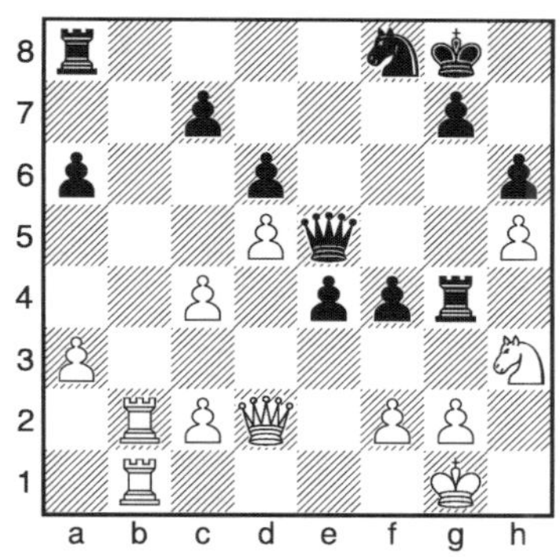

**26 ●**

**Vukovic,C (1780) –**
**Dragovic,M (2357)**

TCh–EUR Senior +50
Novi Sad SRB 2017

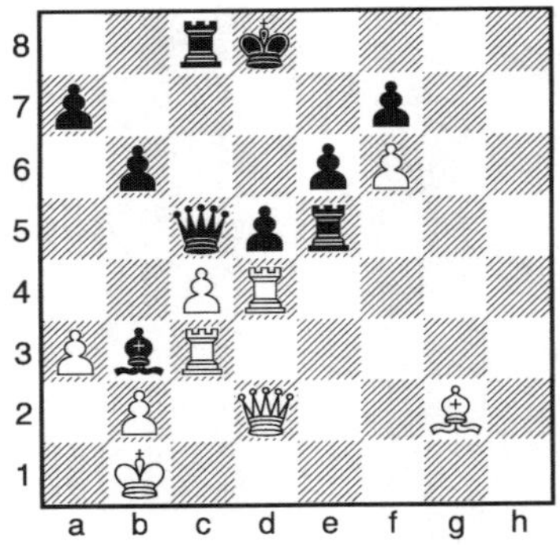

**27 ●**

**Cossin,S (2494) – Hamitevici,V (2476)**

TCh–FRA Top 12
Brest 2019

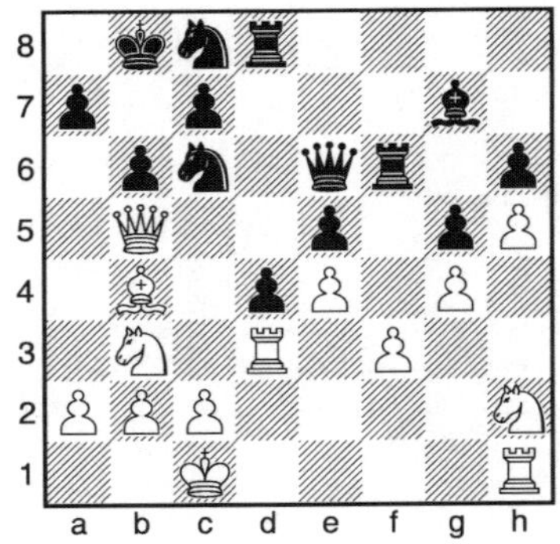

**28 ●**

**Wall,G (2329) – Howell,D (2702)**

5th Kings Place Open
London 2017

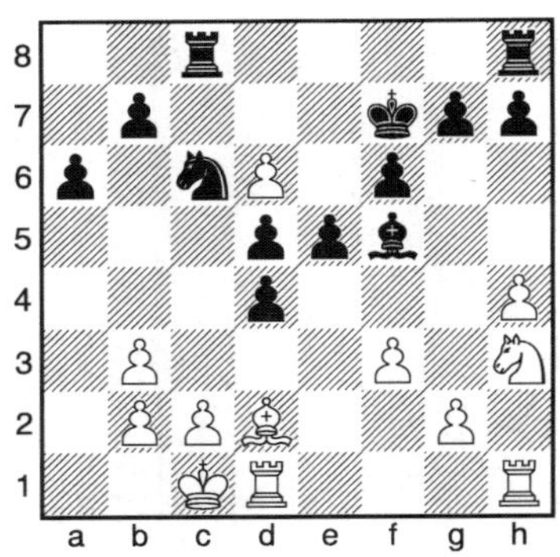

**29 ●**

**Diaz Castro,S (2263) – Anurag,M (2472)**

43rd Seville Open
Seville ESP 2018

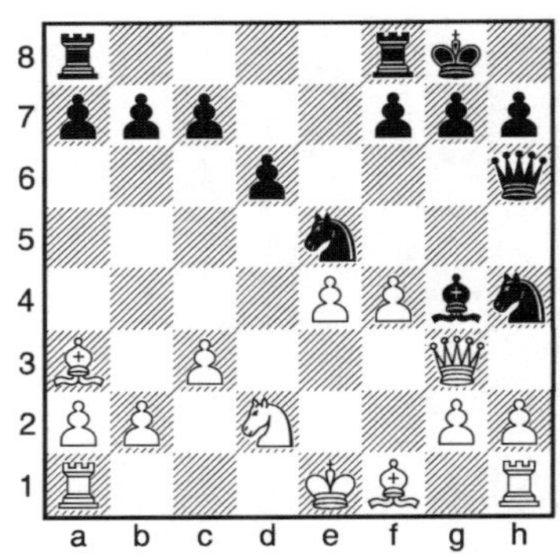

**30 ●**

**Kumar,S2 (1852) – Gareev,T (2605)**

10th Chennai Open
Chennai IND 2018

# Lösungen

# LEKTION für FORTGESCHRITTENE 1

## Finde Matt oder Materialvorteil in bis zu vier Zügen

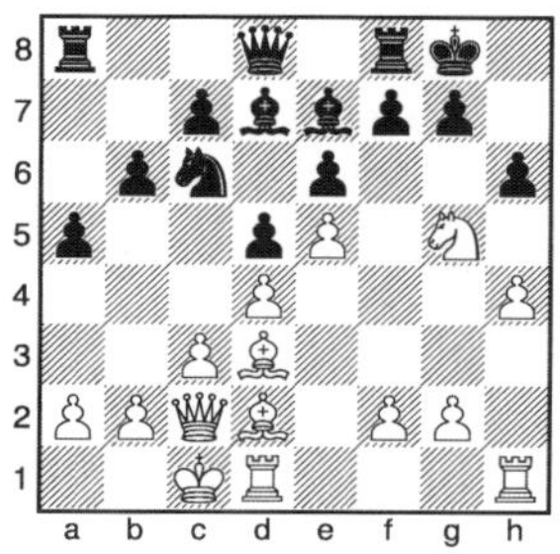

**1.** Munenga – Abdul Rahman

**13.♗d3–h7+ ♔g8–h8**
**14.♗h7–g8 g7–g6**
**15.♘g5xf7+ ♖f8xf7**
**16.♗g8xf7 ♕d8–f8**
**17.♕c2xg6+–**

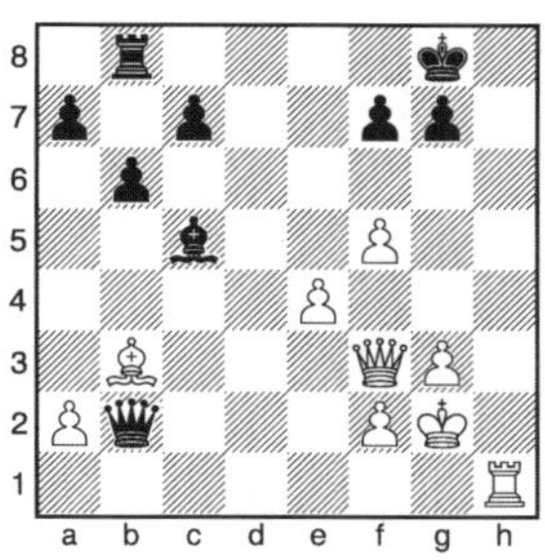

**2.** Ogunshola – Jones

Erinnerst du dich an Damianos Angriff?

**30.♖h1-h8+ ♔g8xh8**
**31.♕f3–h5+ ♔h8–g8**
**32.♕h5xf7+ ♔g8–h8**
**33.♕f7–h5#**

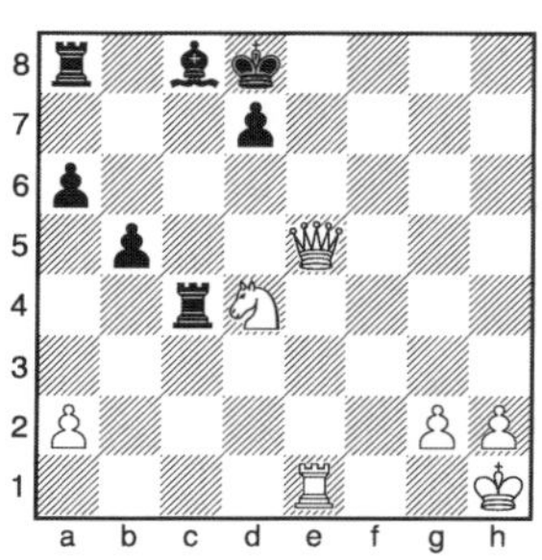

**3.** Luther – Munoz Arano

**1.♕e5–d6 a6–a5 2.♘d4–e6+**

Oder mit dem gleichen Resultat
2.♕d6–b6+ ♖c4–c7 3.♕b6–f6#

**2...♔d8–e8 3.♕d6–f8#**

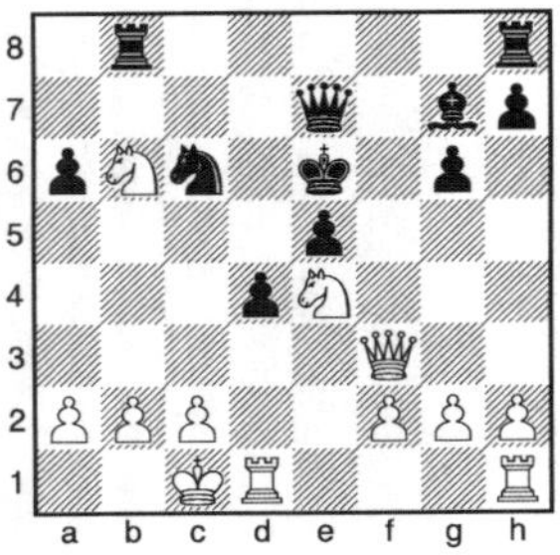

**4.** Liu Guanchu – Swicarz

Die Springer haben Kontrolle über viele Felder rund um den König:

**24.♕f3–b3+ ♔e6–f5**
**25.♕b3–h3+ ♔f5xe4 26.♕h3–f3#**

Oder 25...♔f5–f4 26.♕h3–f3#

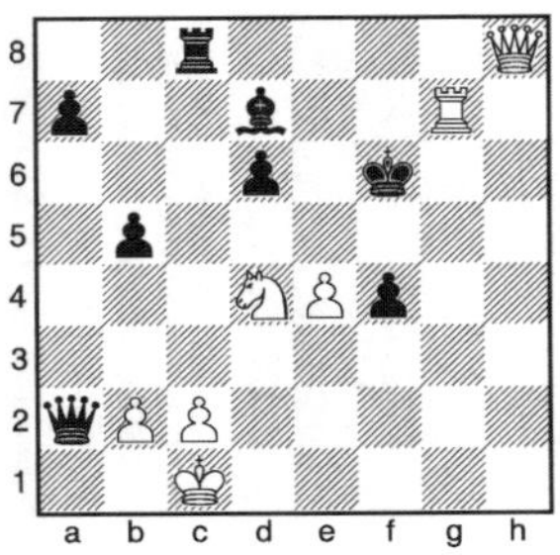

**5.** Pankova – Odegov

**32.♖g7–g8+ ♔f6–e7**
**33.♕h8–h4+ ♔e7–f7**
**34.♕h4–h7+ ♔f7–f6**
**35.♕h7–g7#**

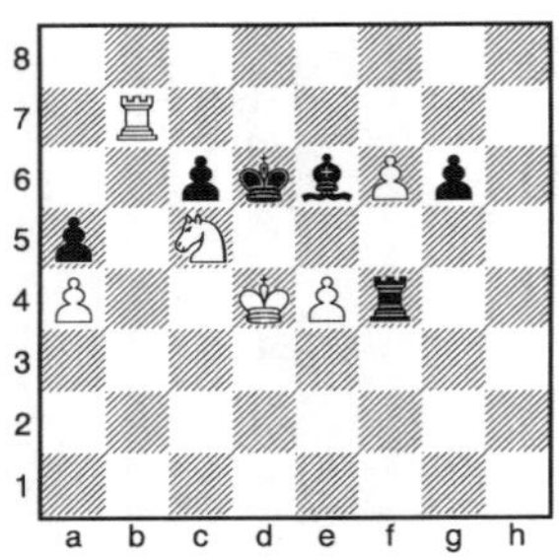

**6.** Kosteniuk – Georgescu,Lena

**37.f6–f7 g6–g5**

Falls 37...♗e6xf7 38.♖b7–d7#

**38.f7–f8♕+ ♖f4xf8 39.e4–e5#**

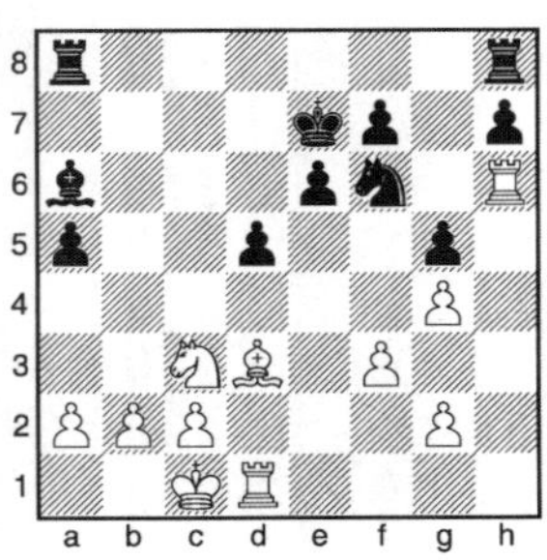

**7.** Hammer– Werle

**1.♘c3xd5+ ♘f6xd5**

Falls 1...e6xd5? 2.♖d1-e1+

**2.♗d3xa6 ♖a8xa6 3.♖d1xd5 f7–f6**
**4.♖d5–b5+–**

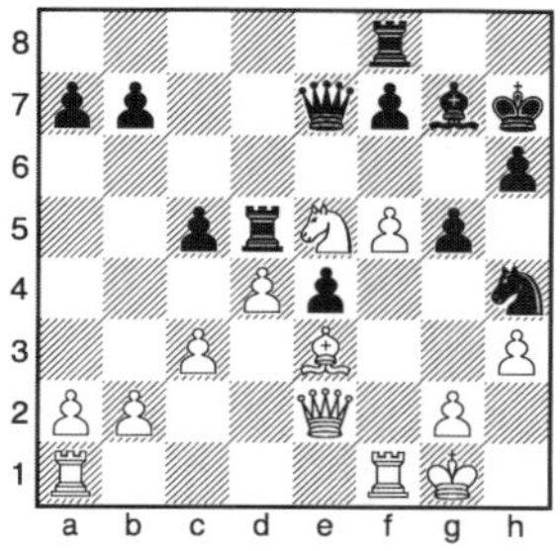

**8.** Haast – Janzelj

Zwei Räumungsopfer sind nötig zur Vorbereitung des Doppelangriffs:

**25.f5–f6 ♗g7xf6**
**26.♗e3xg5 ♗f6/h6xg5**
**27.♕e2xe4+ f7–f5 28.♕e4xd5+–**

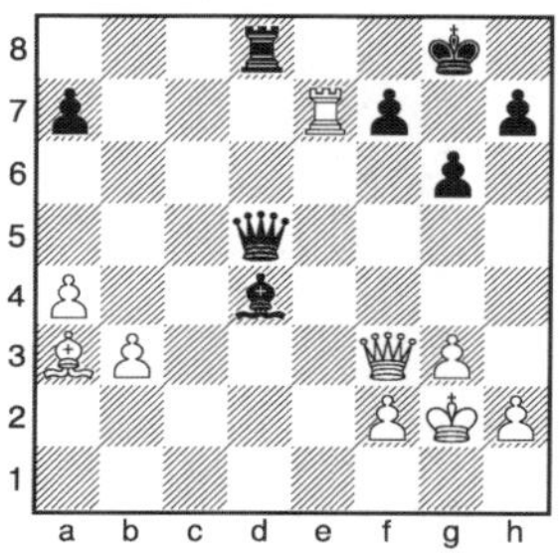

**9.** Ding Liren – Shankland

**27.♖e7–e8+ ♔g8–g7**
**28.♗a3–f8+** 1:0, **28...♔g7–g8**
**29.♕f3xd5 ♖d8xe8 30.♕d5xd4**

Falls 29...♖d8xd5 30.♗f8–h6#

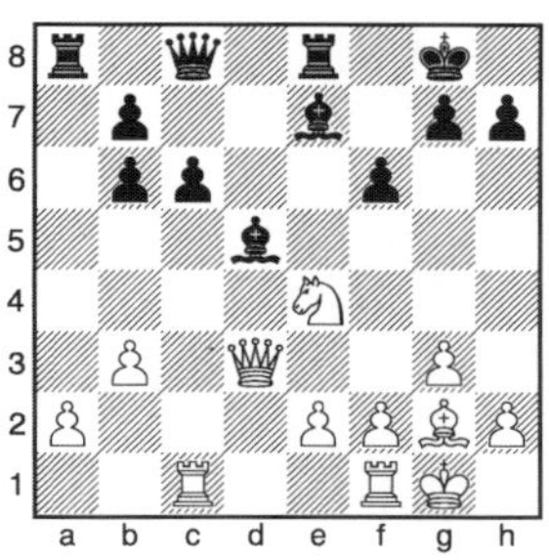

**10.** Guid – Caruso

**18.♘e4–d6 ♗e7xd6**
**19.♗g2xd5+ ♔g8–h8**
**20.♗d5xc6 b7xc6**
**21.♕d3xd6±**

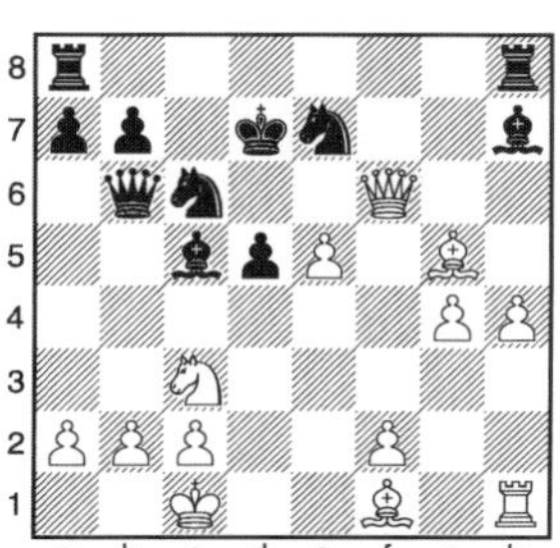

**11.** Iljiushenok – Esipenko

**18.e5–e6+ ♔d7–c7**
**19.♗g5–f4+ ♗c5–d6**
**20.♗f4xd6+ ♔c7xd6**
**21.♘c3–b5+ ♕b6xb5**
**22.♗f1xb5**

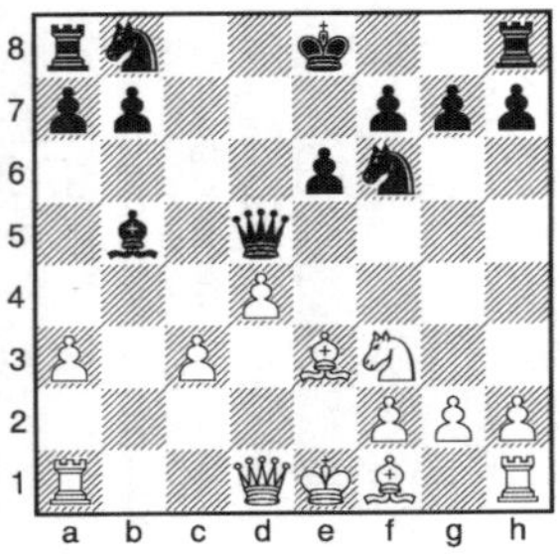

**12.** Kersten – Fedortschuk

**1.c3–c4! ♗b5xc4**
**2.♗f1xc4 ♕d5xc4** 1:0;
**3.♖a1-c1 ♕c4–a2**
**4.♖c1-c8++–**

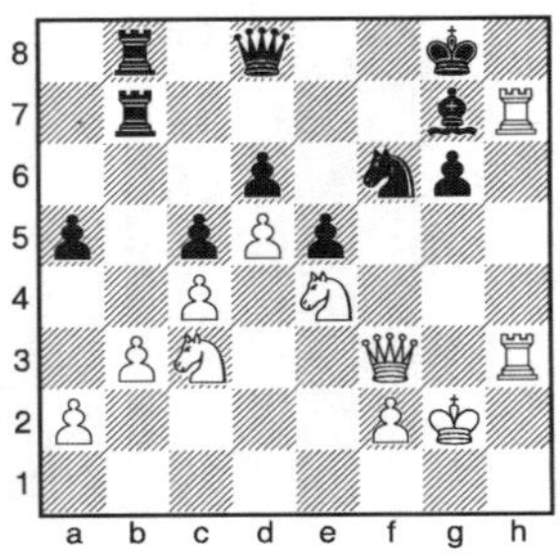

**13.** Petkov – Guillermo Gonzalez

**36.♖h7xg7+ ♔g8xg7 37.♘e4xf6 ♕d8xf6**

Nicht besser 37...♖b7–f7 38.♖h3–h7+ ♔g7–f8 39.♖h7–h8+

**38.♖h3–h7+ ♔g7xh7 39.♕f3xf6+–**

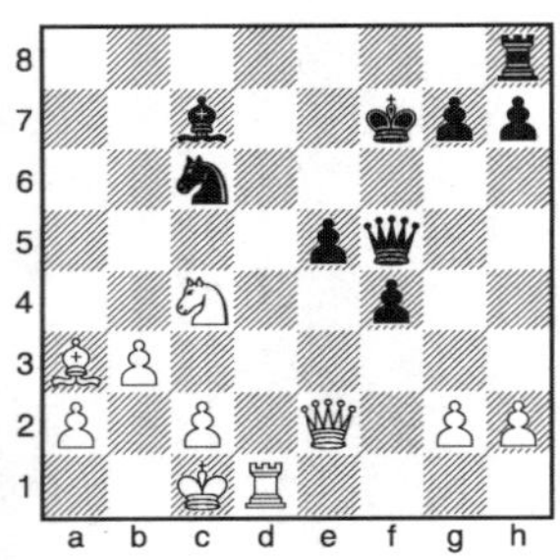

**14.** Fielding – Sauer

**25.♘c4–d6+ ♗c7xd6 26.♕e2–c4+**

Schwächer , aber auch gewonnen ist 26.♖d1xd6 ♘c6–d4 27.♕e2–c4+ ♘d4–e6

**26...♕f5–e6 27.♕c4xe6+ ♔f7xe6 28.♖d1xd6++–**

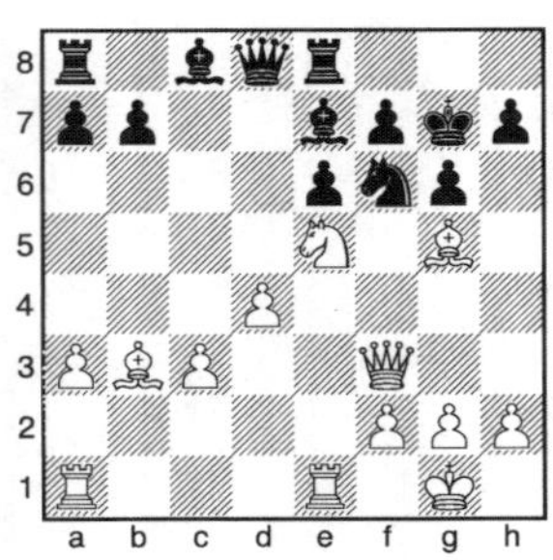

**15.** Pucovski – Blagojevic

**20.♗g5–h6+ ♔g7–g8**

Falls 20...♔g7xh6?? 21.♘e5xf7+

**21.♗b3–a4 ♖e8–f8 22.♗h6xf8**

Falls 21...♗c8–d7?? 22.♗a4xd7

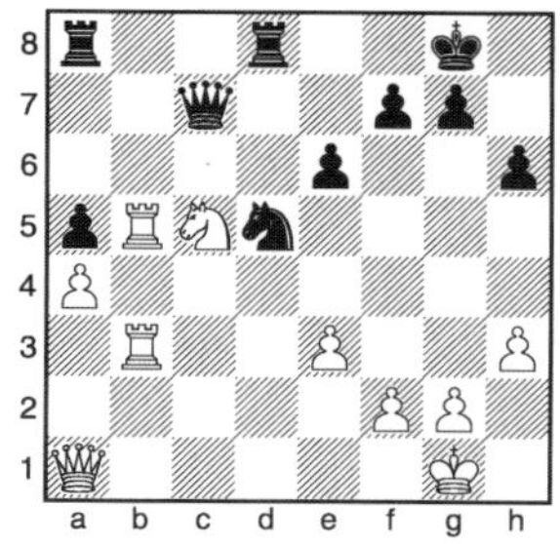

**16.** Spiranec – Vrtiakova

**28.♘c5xe6 f7xe6 29.♖b5–b7 ♖a8–c8**

Die Dame kann nicht entkommen, z.B. 29...♕c7–d6 30.♕a1xg7#

**30.♖b7xc7 ♖c8xc7 31.♕a1-e5+–**

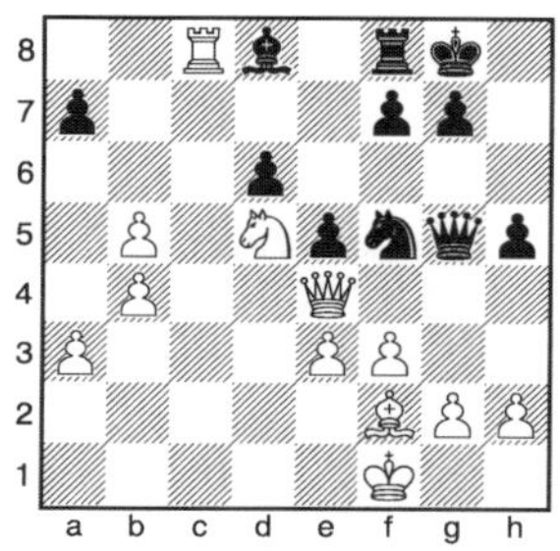

**17.** Vaisser – Leconte

**32.♖c8xd8 ♖f8xd8**

Falls 32...♕g5xd8 33.♕e4xf5

**33.♕e4xf5 ♕g5xf5**
**34.♘d5–e7+ ♔g8–f8 35.♘e7xf5+–**

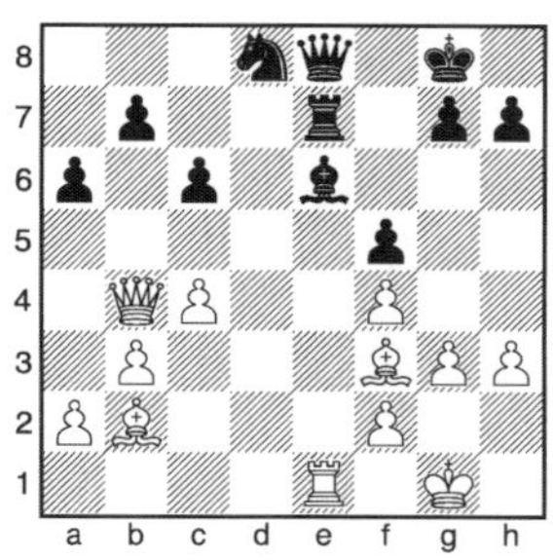

**18.** Thorhallsson – Halldorsson

**28.♗f3–h5** 1:0, **28...♕e8–d7**

28...g7–g6 29.♕b4–c3 -- 30.♕c3–h8+; oder 28...♕e8–f8 29.♗b2–a3

**29.♖e1-d1 ♕d7–c7 30.♗b2–e5+–**

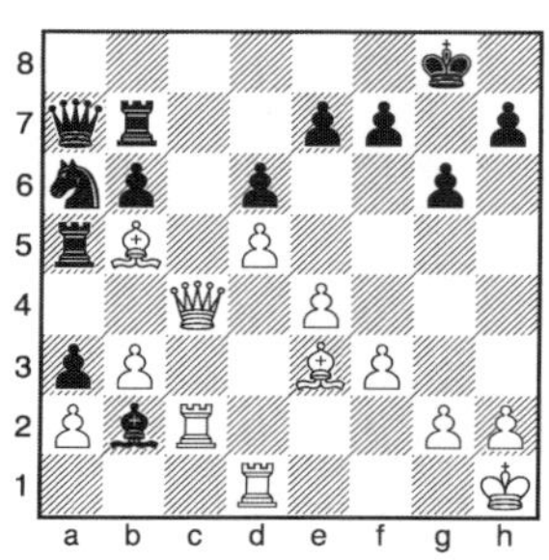

**19.** Haubro – Tenold

**29.♕c4–c8+ ♔g8–g7 30.♕c8–f8+** 1:0;
**30...♔g7xf8**

Falls 30...♔g7–f6 31.♕f8–h8#

**31.♗e3–h6+ ♔f8–g8 / ♗b2–g7**
**32.♖c2–c8#**

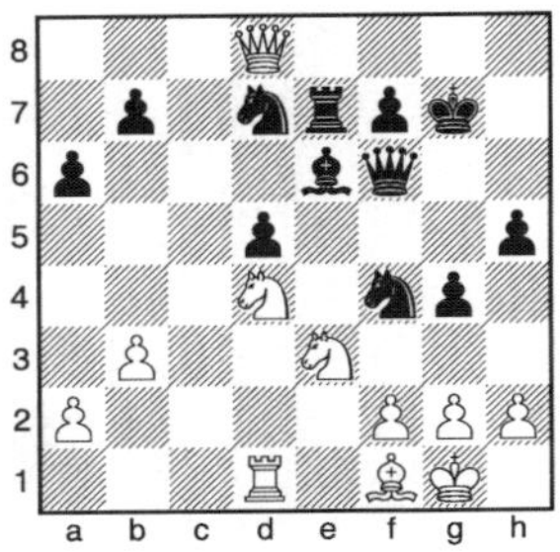

**20.** Chen – Wiebe

**31.♕d8xe7 ♕f6xe7**
**32.♘d4–f5+ ♔g7–f6**
**33.♘f5xe7 ♔f6xe7**
**34.g2–g3 ♘f4–g6**
**35.♘e3xd5++–**

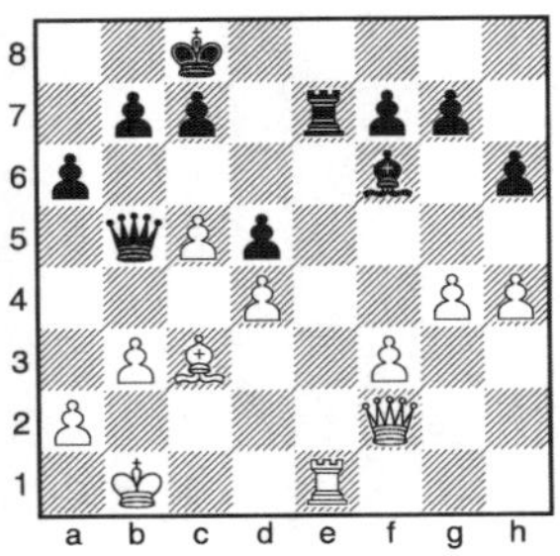

**21.** Pickersgill – Wheeler

Der letzte Zug Td1-e1 war ein schwerer Fehler:

**27...♕b5–d3+ 28.♔b1-b2 ♗f6xd4**
**29.♗c3xd4 ♖e7xe1 30.♕f2xe1 ♕d3xd4+**
**31.♔b2–b1**

Und vergiss nicht **♔c8–d7-+**

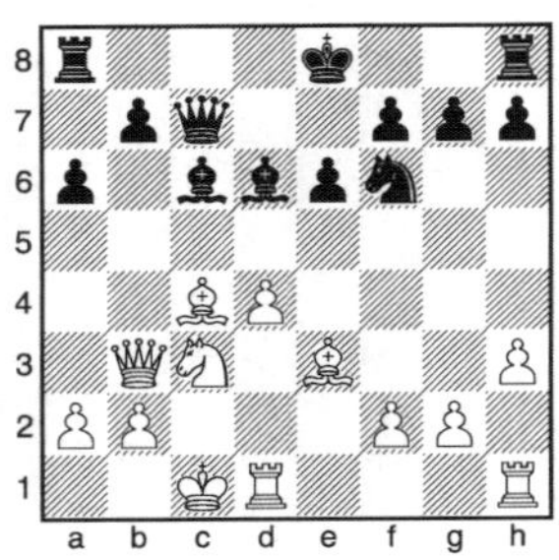

**22.** Amateurpartie

**1...b7–b5**
**2.♗c4–d3 b5–b4**
**3.♘c3–e2 ♗c6xg2+**
**4.♔c1-b1 ♗g2xh1–+**

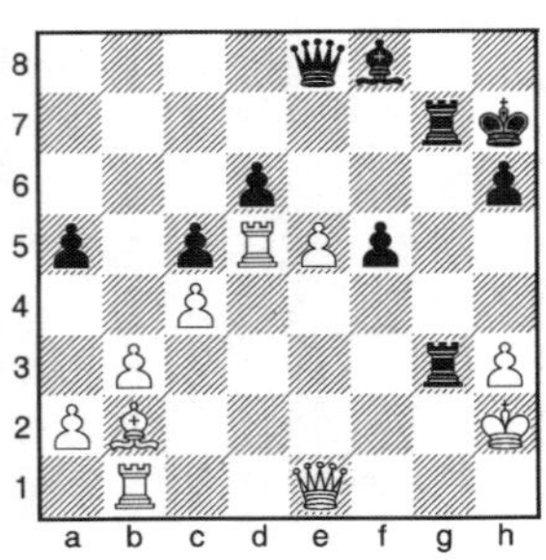

**23.** Tabola – Malovanyi

**30...♖g3xh3+**
**31.♔h2xh3 ♕e8–h5+**
**32.♕e1-h4 ♕h5–f3+**
**33.♔h3–h2 ♕f3–g2#**

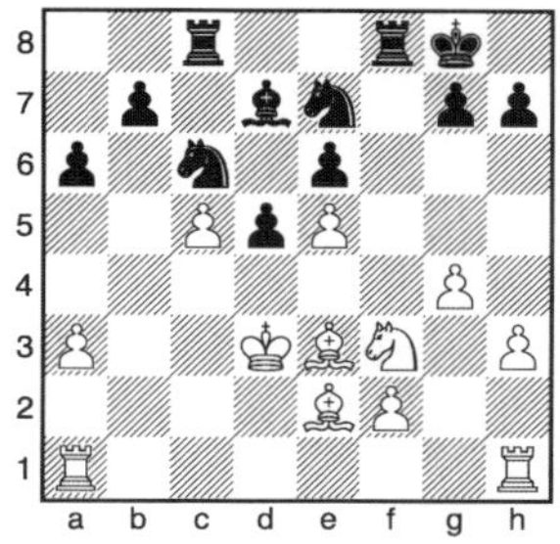

**24.** N.N. – Brunthaler

**1...♖f8xf3**
**2.♗e2xf3 ♘c6xe5+**
**3.♔d3–e2 ♗d7–b5+**
**4.♔e2–d1 ♘e5xf3-+**

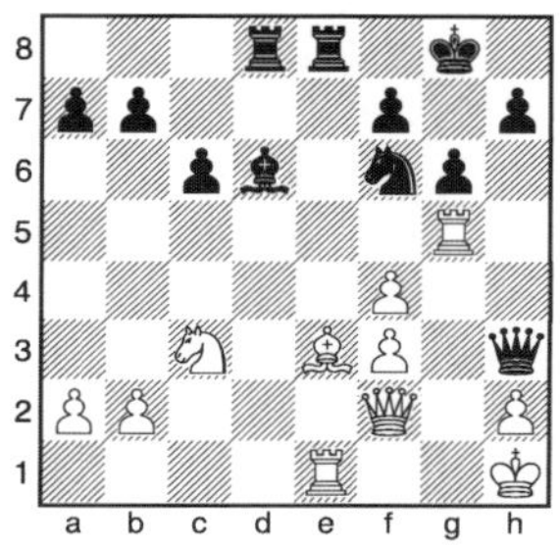

**25.** Abdilkhair – Aydincelebi

**27...♗d6xf4** 1:0;
**28.♗e3xf4 ♖e8xe1+**
**29.♕f2xe1 ♕h3xf3+**
**30.♖g5–g2 ♕f3xf4-+**

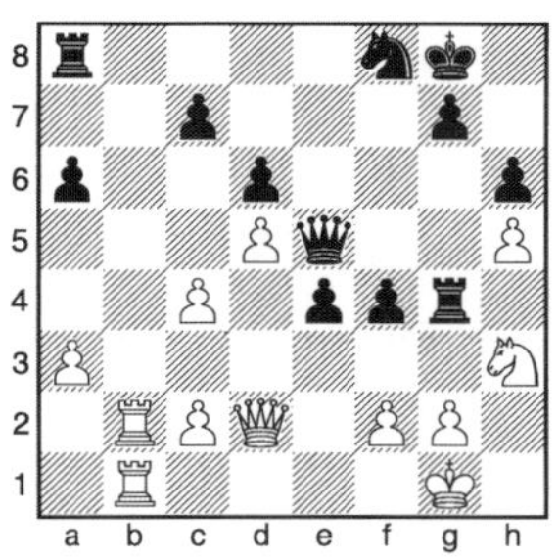

**26.** Vukovic – Dragovic

**27...f4–f3**
**28.g2–g3 e4–e3!**
**29.♕d2xe3 ♖g4xg3+**
**30.♔g1-f1 ♖g3xh3–+**

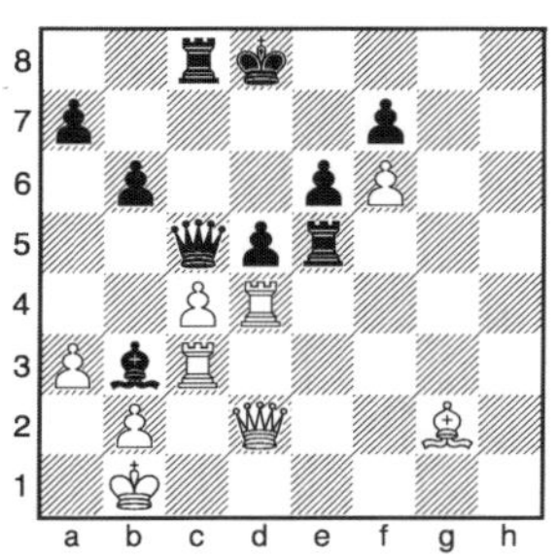

**27.** Cossin – Hamitevici

**36...♕c5xd4**
**37.♕d2xd4 ♖e5–e1+**
**38.♖c3–c1 ♖e1xc1+**
**39.♔b1xc1 ♖c8xc4+–+**

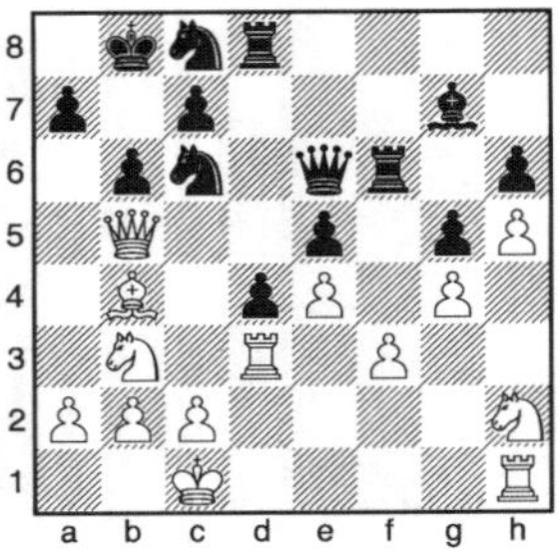

**28.** Wall – Howell

**20...a7–a6 21.♕b5–a4**

Falls 21.♕b5xa6? ♘c6xb4

**21...♕e6–c4 22.a2–a3 b6–b5**
**23.♕a4xa6 ♘c6xb4-+** 0-1

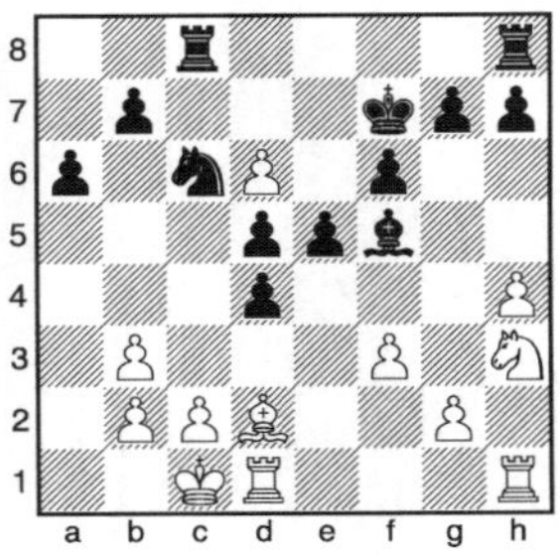

**29.** Diaz Castro – Anurag

**21...♘c6–a5**

Droht 22.–– ♘a5xb3+ 23.♔c1-b1 ♗f5xc2++-

**22.♗d2xa5 ♖c8xc2+**
**23.♔c1-b1 ♖c2–c5+** 0:1;
**24.♔b1-a2 ♖c5xa5#**

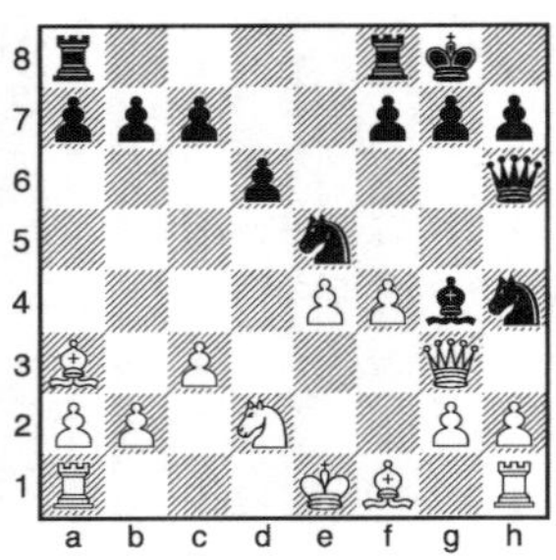

**30.** Kumar – Gareev

**14...♕h6xf4**
**15.♕g3xf4 ♘h4xg2+**
**16.♗f1xg2 ♘e5–d3+**
**17.♔e1-f1 ♘d3xf4** 0-1

# QUICK TEST 2

Dieses Kapitel ist Zusatzmaterial zu Kapitel 5 von Band 1. Dort solltest du den Gewinnzug finden. Meistens meinte das schon, zwei bis drei Züge vorauszurechnen, da du ja sicher gehen musst, dass dein vermeintlicher Gewinnzug auch wirklich etwas gewinnt.

Eine Kombination zum Materialgewinn ist schwerer zu lösen als eine Mattkombi, denn kein Schach weist uns den Weg.

Unerfahrene Spieler schauen nun wild herum, ob sich eine Möglichkeit zeigen könnte. Das ist keine gute Idee und vor allem keine, die dich wirklich stärker macht.

Lass dir Zeit. Schau dir die Stellung gründlich an. Siehst du eine Schwäche? Hat eine Seite ein Problem, muss z.B. einen Stein verteidigen oder ist einer bedroht? Ist eventuell eine Mattdrohung vorhanden? Kann ein Abtausch etwas Wesentliches an der Stellung ändern? Wenn du die Stellung und ihre Probleme verstehst, findest du den taktischen Schlag fast immer schnell.

Dieser Weg zur Lösung mag etwas länger dauern, aber er macht dich stärker. Besonders dann, wenn wir demnächst zu Vorteil in drei bis vier oder mehr Zügen kommen, ist es nötig, die Stellung zu verstehen und nicht bloß nach einem einfachen taktischen Muster Ausschau zu halten.

Okay, lass uns anfangen und mit taktischen Schlägen eine ganze Kiste mit geschlagenen Bauern und Figuren des Gegners füllen!

# Quick TEST 2

## Finde Materialvorteil in bis zu drei Zügen!

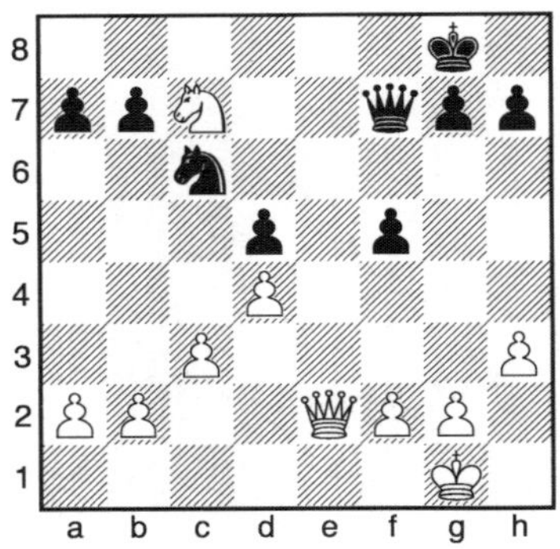

**1** ..........................

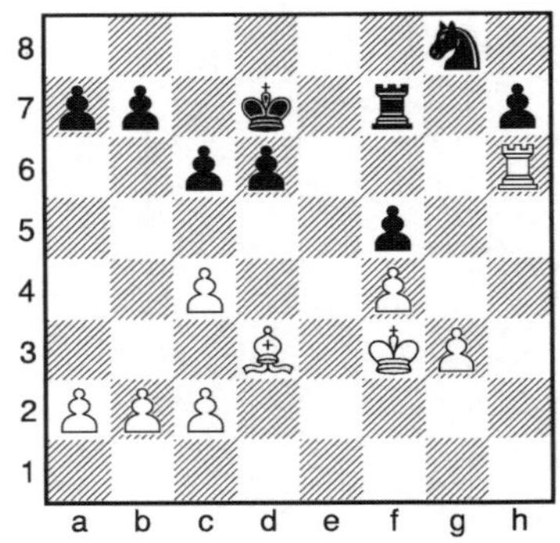

**2** ..........................

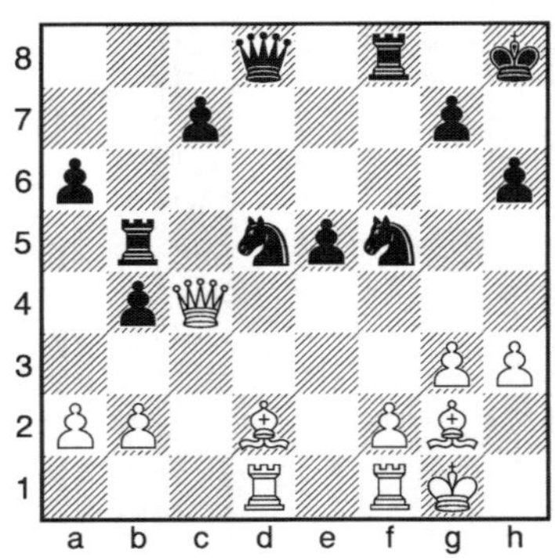

**3** ..........................

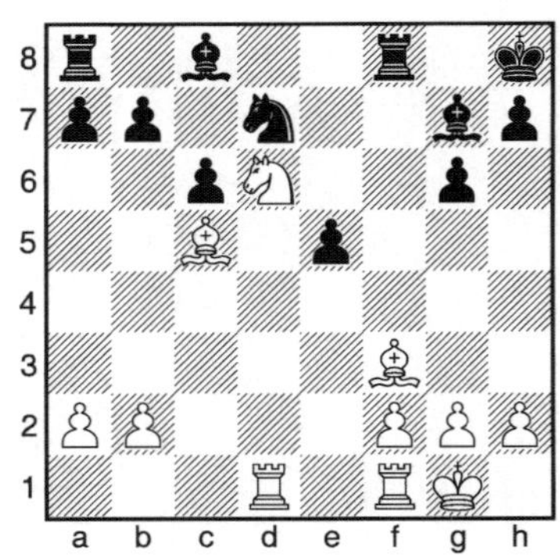

**4** ..........................

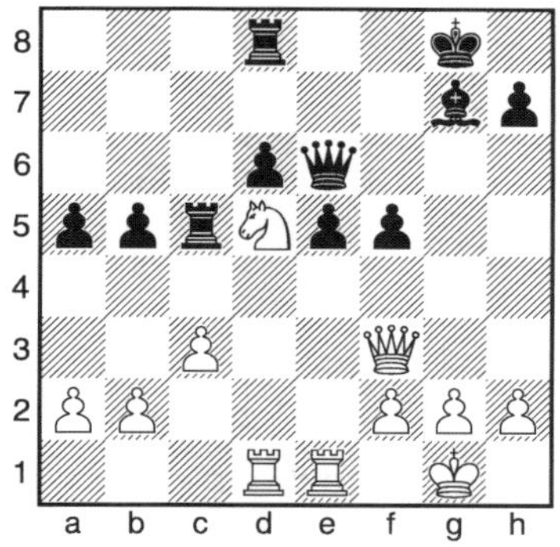

5 ..........................

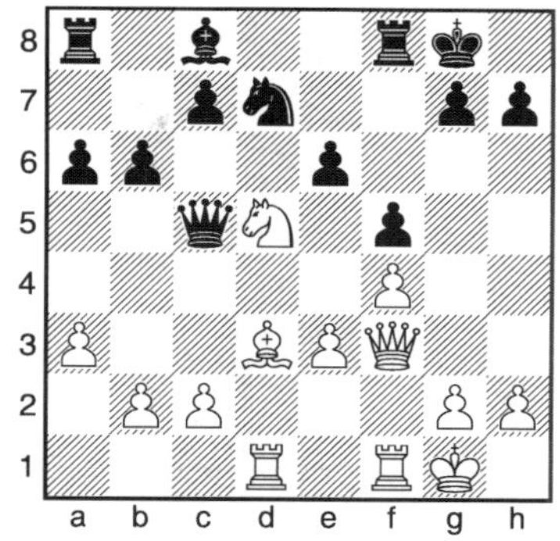

6 ..........................

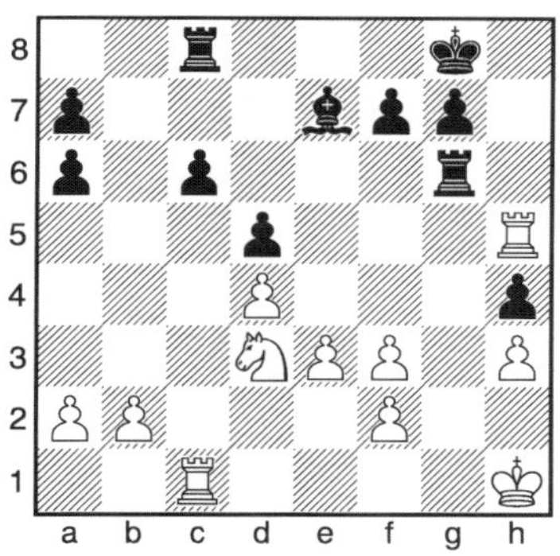

7 ..........................

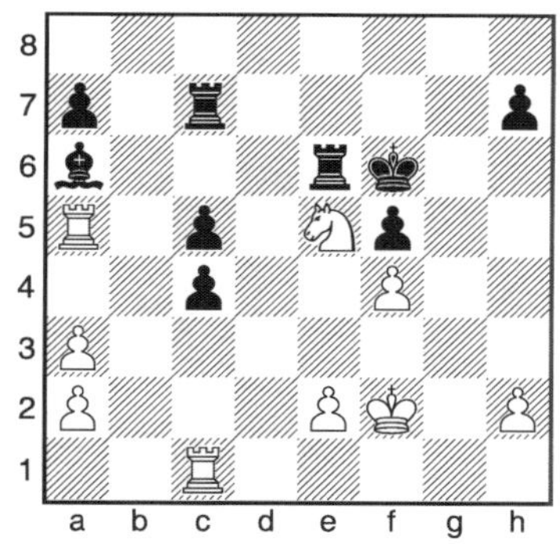

8 ..........................

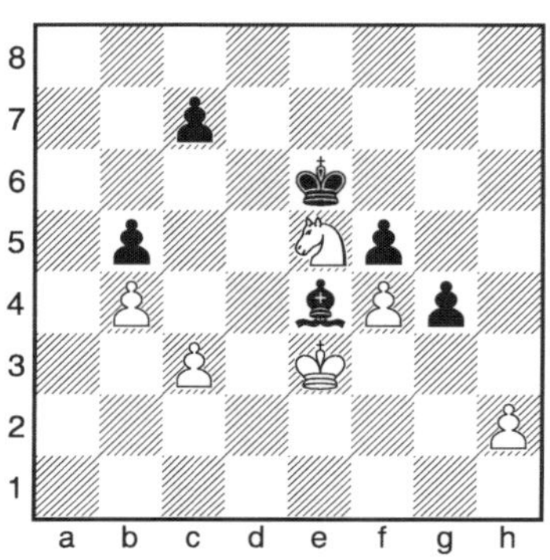

9 ..........................

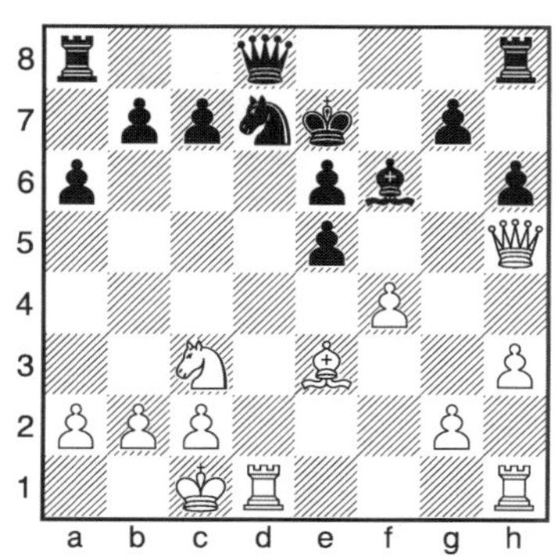

10 ..........................

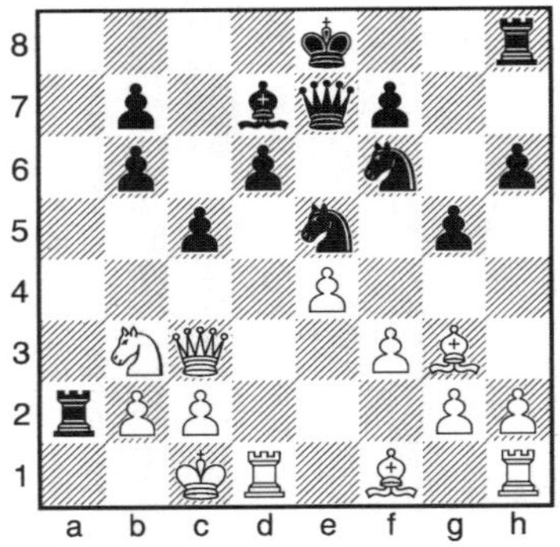


**11** ..........................

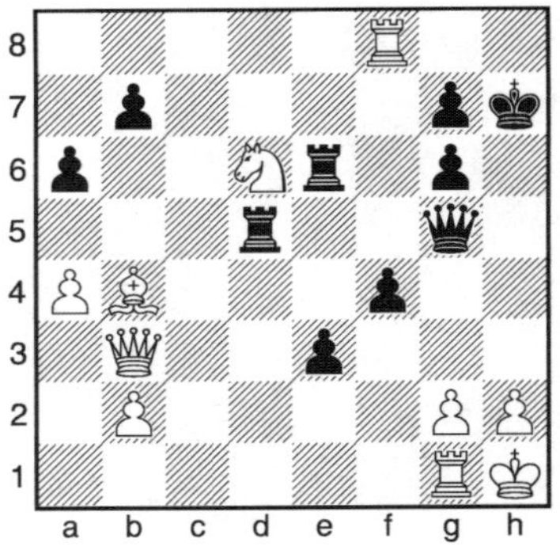


**12** ..........................

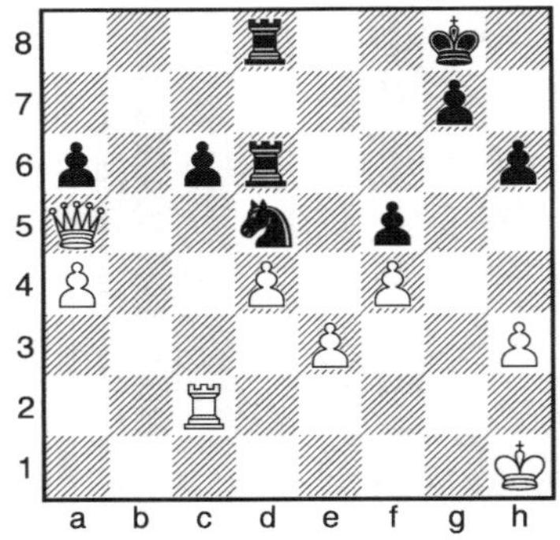


**13** ..........................

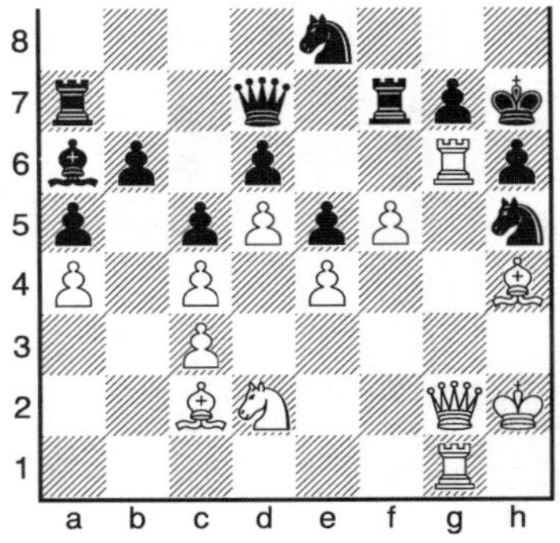


**14** ..........................

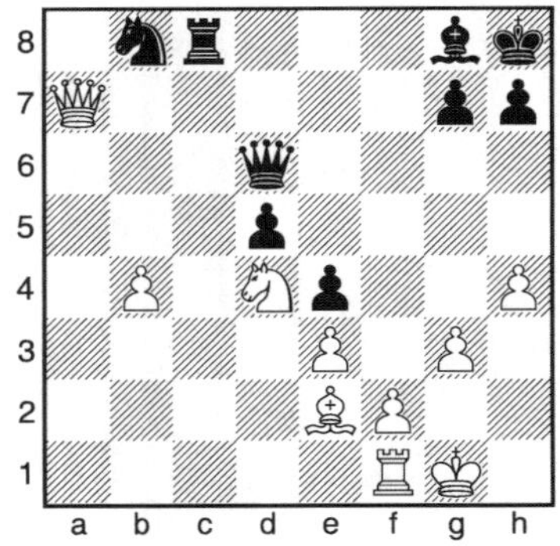


**15** ..........................

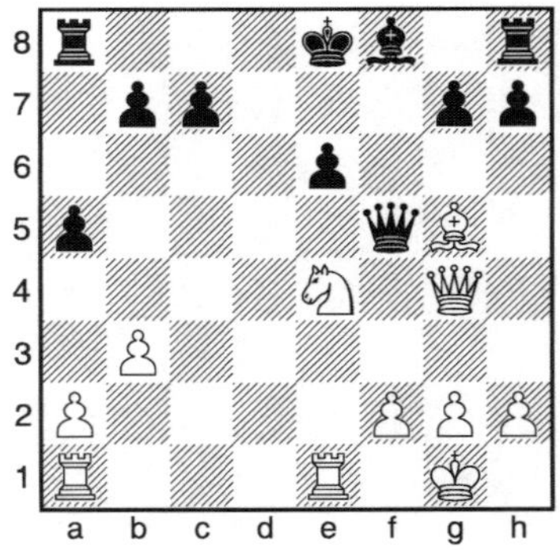


**16** ..........................

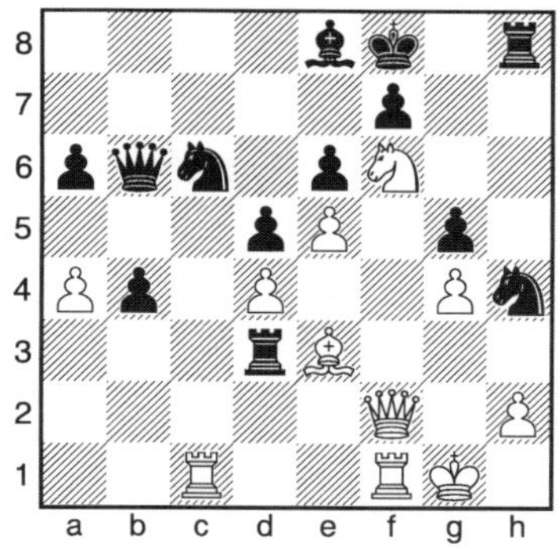

**17** ..........................

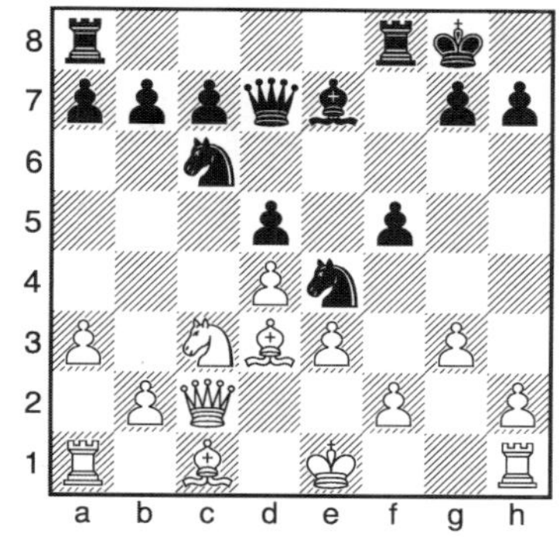

**18** ..........................

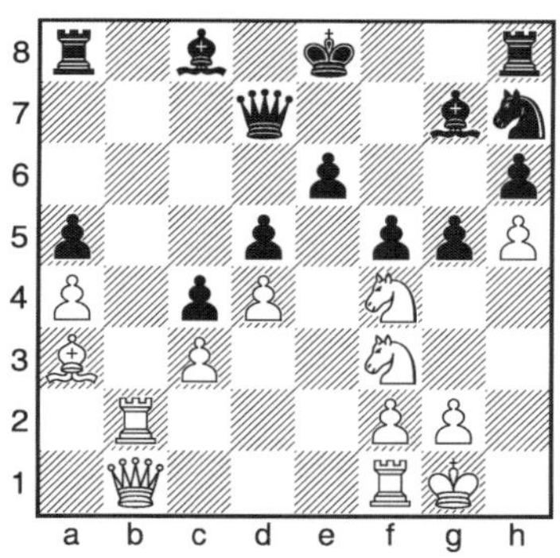

**19** ..........................

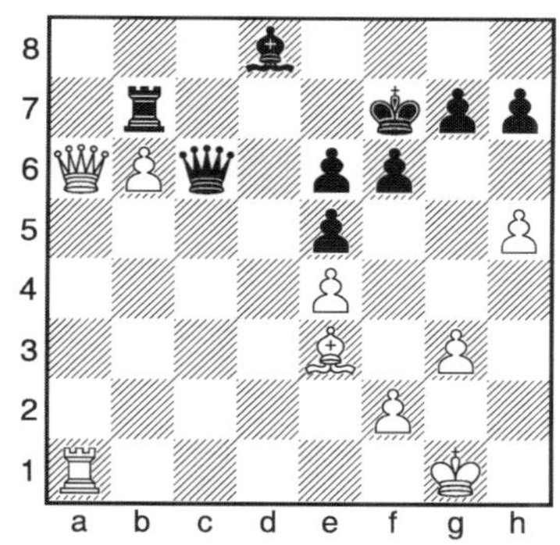

**20** ..........................

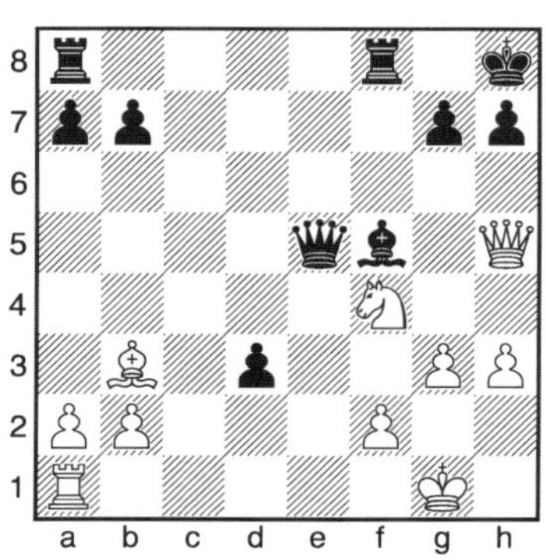

**21** ..........................

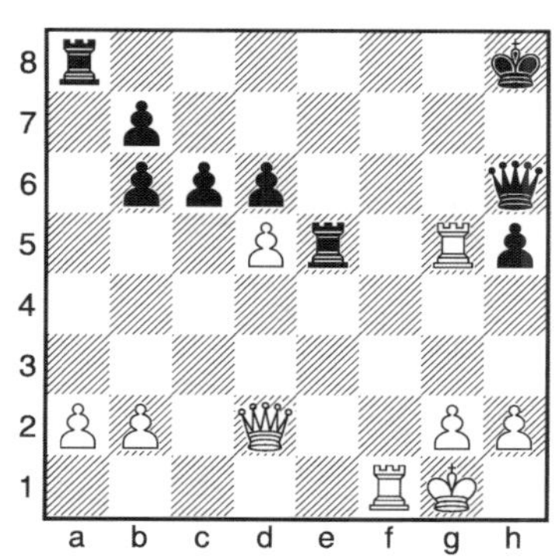

**22** ..........................

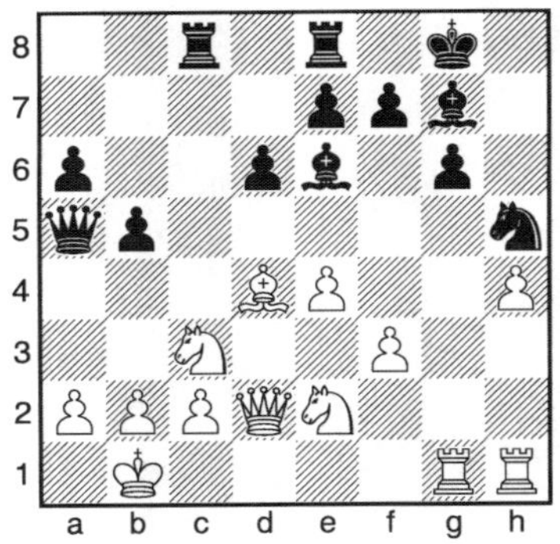

**23** ● ..........................

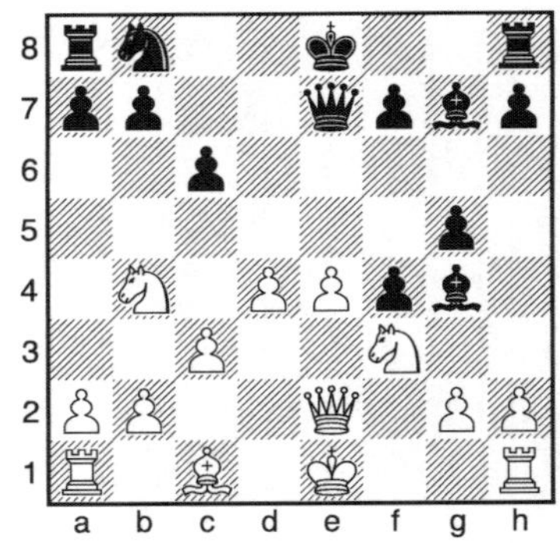

**24** ● ..........................

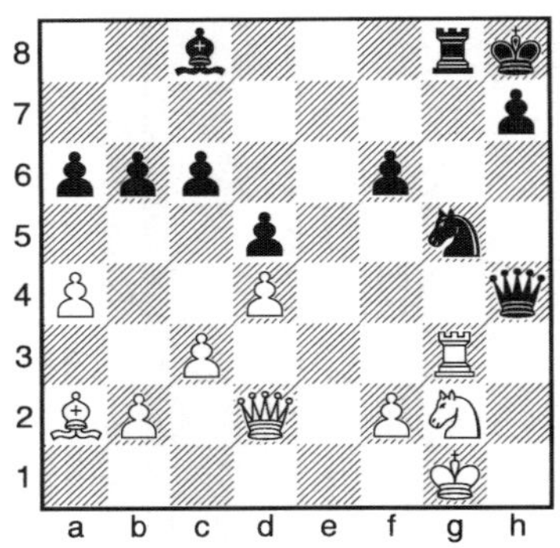

**25** ● ..........................

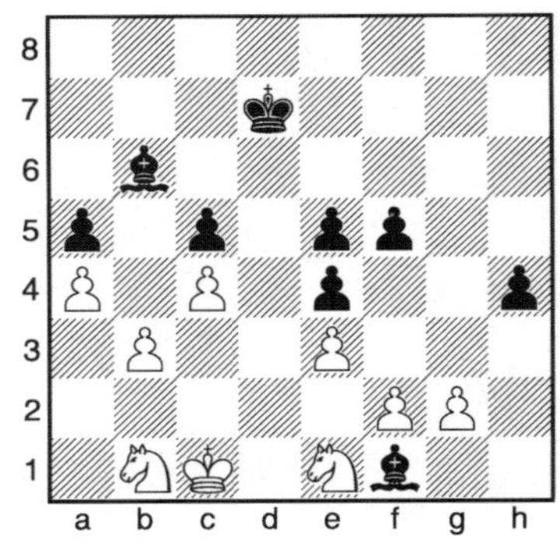

**26** ● ..........................

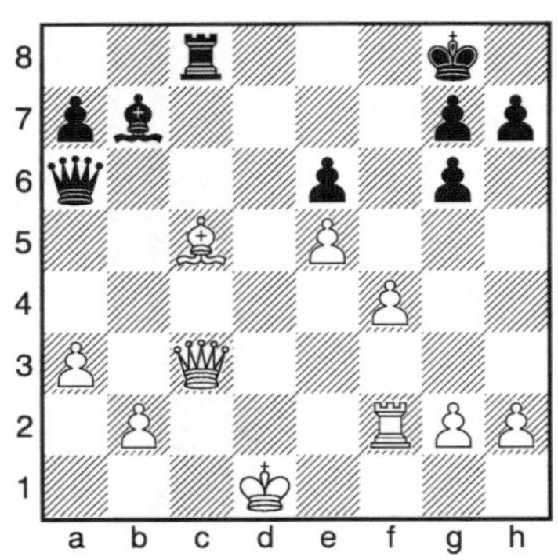

**27** ● ..........................

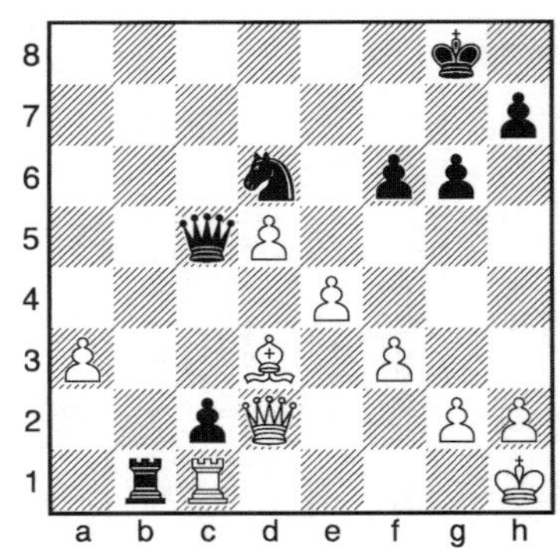

**28** ● ..........................

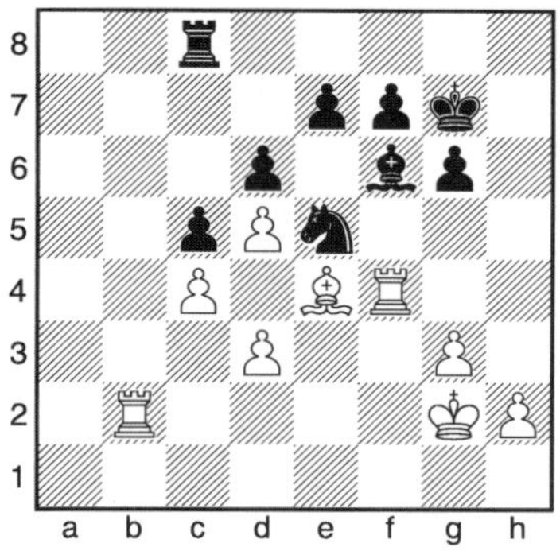

29 ● ..........................

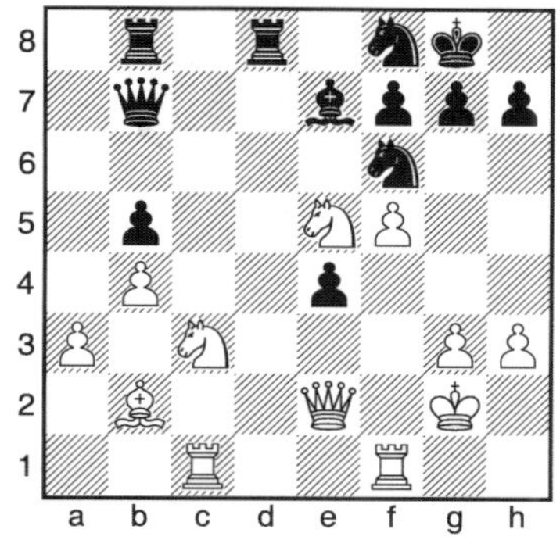

30 ● ..........................

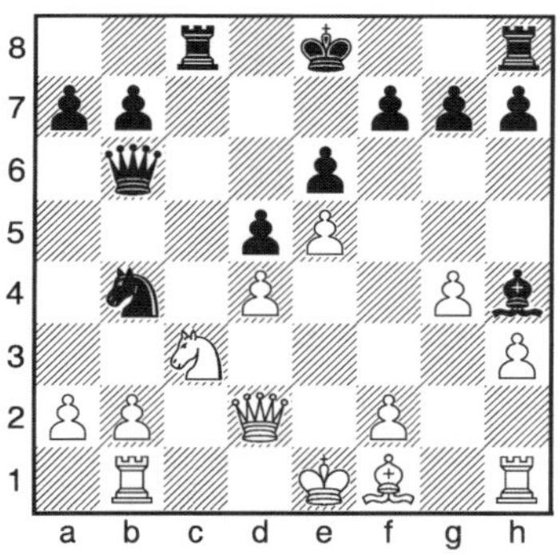

31 ● ..........................

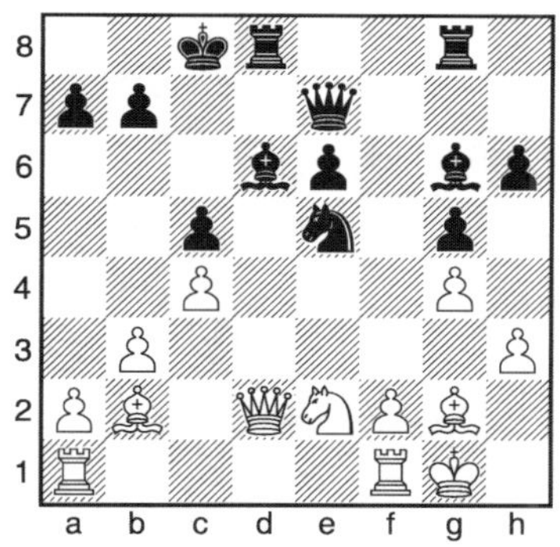

32 ● ..........................

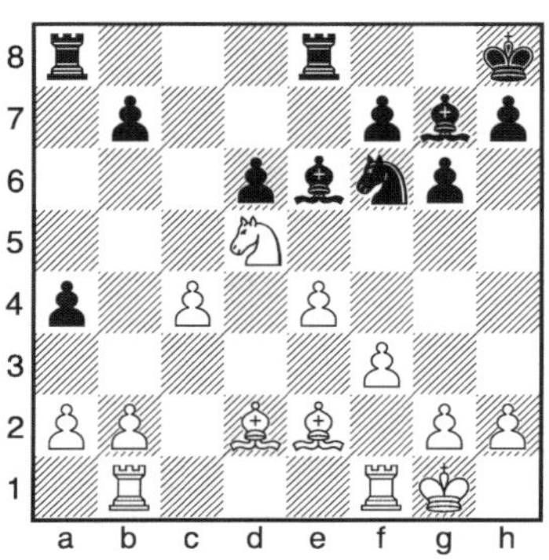

33 ● ..........................

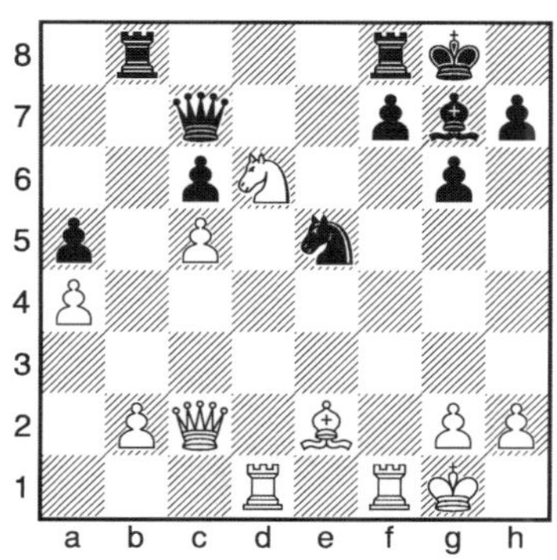

34 ● ..........................

# Lösung
# Quick TEST 2

1 **1.♘c7xd5 ♕f7xd5?? 2.♕e2–e8#**

2 **1.♖h6xh7 ♖f7xh7 2.♗d3xf5+ ♔d7–e7 3.♗f5xh7**

3 **1.♗d2xh6 g7xh6 2.♗g2xd5**

4 **1.♘d6xb7 ♗c8xb7 2.♖d1xd7+–**

5 **1.♕f3xf5 ♕e6xf5 2.♘d5–e7+**

6 **1.♘d5–e7+ ♕c5xe7 2.♕f3xa8**

7 **1.♖h5xd5 ♖c8–c7** – um 1...–– 2.♖d5–d7 zu verhindern.

8 **1.♖a5xc5 ♖c7xc5 2.♘e5–d7+**

9 **1.♘e5xg4** z.B. **♗e4–c6+–**
Das Endspiel geht schnell verloren nach 1...f5xg4? 2.♔e3xe4.

10 **1.♗e3–c5+ ♘d7xc5 2.♖d1xd8 ♔e7xd8 3.f4xe5**

11 **1.♖d1xd6 ♕e7xd6 2.♗g3xe5 ♕d6–c6 3.♗e5xf6**

12 **1.♖f8–h8+ ♔h7xh8 2.♘d6–f7+**

13 **1.♖c2xc6 ♖d6–d7 2.♖c6xa6**
Falls 1...♖d6xc6?? 2.♕a5xd8+ ♔g8–h7 3.♕d8xd5

14 **1.♖g6xh6+ ♔h7–g8 2.♖h6xh5**
Falls 1...g7xh6?? 2.♕g2–g8#; oder 1...♔h7xh6?? 2.♕g2–g6#

15 **1.♕a7xg7+ ♔h8xg7 2.♘d4–f5+ ♔g7–f6 3.♘f5xd6**

16 **1.♘e4–d6+ ♗f8xd6 2.♕g4xf5**

**17 1.♘f6–d7+ ♔f8–g8 2.♘d7xb6**
1...♗e8xd7? ist nicht möglich wegen 2.♕f2xf7#

**18 1.♘c3xd5 ♕d7xd5?? 2.♗d3–c4**

**19 1.♘f4xe6 ♕d7xe6?? 2.♖f1-e1**

**20 1.♕a6xb7+ ♕c6xb7 2.♖a1-a7**

**21 1.♘f4–g6+ ♗f5xg6 2.♕h5xe5**

**22 1.♖g5–g8+ ♔h8–h7 2.♕d2xh6+ ♔h7xh6 3.♖g8xa8**

**23 1...♗e6xa2+ 2.♔b1-c1**
Der Springer ist gefesselt. Falls 2.♘c3xa2?? ♕a5xd2

**24 1...♗g7xd4 2.c3xd4 ♕e7xb4+**

**25 1...♕h4xg3 2.f2xg3 ♘g5–f3+ 3.♔g1-f2 ♘f3xd2**

**26 1...♗f1xg2 2.♘e1xg2 h4–h3**
Und der Springer kann die Umwandlung nicht verhindern.

**27 1...♗b7xg2 2.♖f2xg2?? ♕a6–f1+**

**28 1...♕c5–c3 / a5 2.♕d2–e3 ♕c3xd3**
Und Matt ist unvermeidlich.

**29 1...♘e5xd3 2.♗e4xd3 ♗f6xb2**
Oder 2.♖b2–a2 ♘d3xf4+

**30 1...♖d8–d2 2.♕e2xd2 e4–e3+**

**31 1...♕b6xd4 2.♕d2xd4 ♘b4–c2+ 3.♔e1-d2 ♘c2xd4**

**32 1...♘e5–f3+ 2.♗g2xf3 ♗d6–h2+ 3.♔g1xh2 ♖d8xd2**

**33 1...♘f6xd5 2.c4xd5 ♗e6xd5 3.e4xd5 ♖e8xe2**

**34 1...♖b8xb2 2.♕c2xb2 ♘e5–f3+ 3.♖f1xf3 ♗g7xb2**

# LEKTION für FORTGESCHRITTENE 2
## Taktik im Endspiel

Viele Schachfreunde fürchten sich vor dem Endspiel und glauben, es sei sehr schwer und kompliziert. Okay, wenn du noch wenig Kenntnisse und Erfahrung hast, ist natürlich alles schwer. Doch mit dem Wissen, das du schon hast und einigem logischen Denken kannst du dich oft schon im Endspiel zurechtfinden. Das Wichtigste, das du beherzigen musst, ist dabei der gute Rat vom früheren Weltmeister Capablanca, der selbst einer der größten Endspielexperten war:

**Schau nicht nach einem Zug, schau nach einem Plan!**

Wenn du nur nach einem nächsten Zug suchst, der vielleicht etwas droht oder auf ein gegnerisches Manöver reagiert, oder den du einfach nur machst, weil dir nichts Besseres einfällt, mag das zu kurz gedacht sein und schlimmstenfalls verlieren.

Es gilt wieder, was ich schon oft geschrieben und geraten habe. Schau dir die Stellung genau an. Was droht eventuell demnächst, was ist wichtig, was könnte der Gegner im Schilde führen und wie kannst du das verhindern?

Nimm nichts gleich als gegeben an. Das scheinbar Offensichtliche ist im Endspiel nicht immer der richtige Weg. Ein tieferer Blick und längere Berechnung ist nötig; andernfalls kann es nach dem von dir angenommenen Verlauf eine Überraschung geben.

Ich habe sowohl Studien ausgewählt als auch Stellungen aus Turnierpartien. Lass dich nicht vom Begriff "Studien" abschrecken. Sie sind nicht wie Problemschach, sondern instruktive und praktische Beispiele, die Partiestellungen im Endspiel entsprechen. Du kannst davon eine Menge lernen und deine Rechenfähigkeit verbessern, wenn du mit Studien arbeitest.

Um ein guter Spieler zu sein, musst du alle Bereiche der Partie meistern und das schließt in starkem Maße auch das Endspiel ein.

Und nun beginnen wir sofort damit, dein Endspielkönnen aufzubauen, los geht's!

# LEKTIONEN für FORTGESCHRITTENE 2

## Taktik im Endspiel

Wer geglaubt hat, Endspiele seien langweilig und trocken, wird schon mit dem ersten Beispiel überrascht werden!

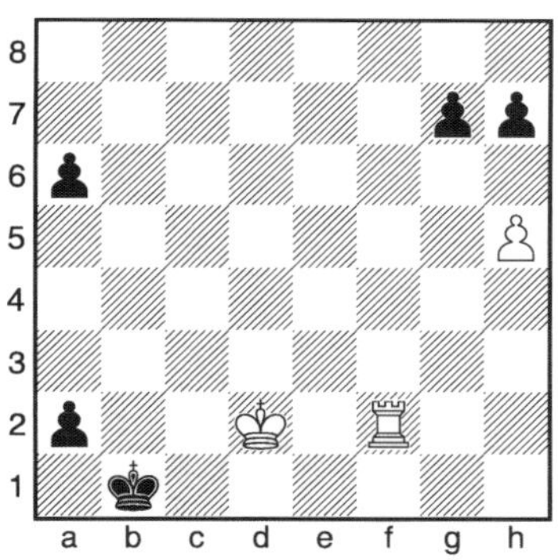

**1**

**A.Troitsky**

Studie 1924

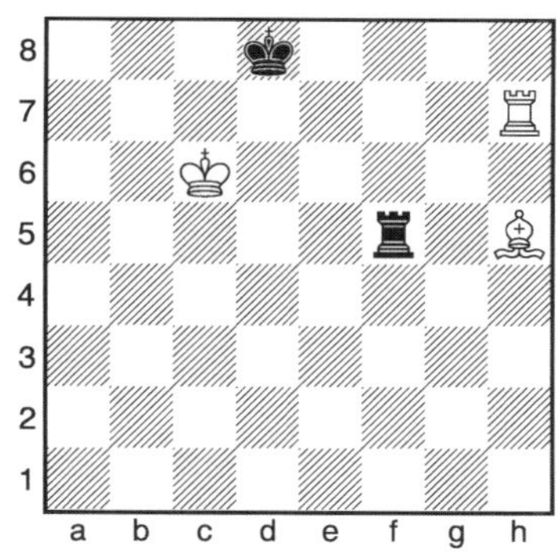

**2**

**H.Rinck**

Studie

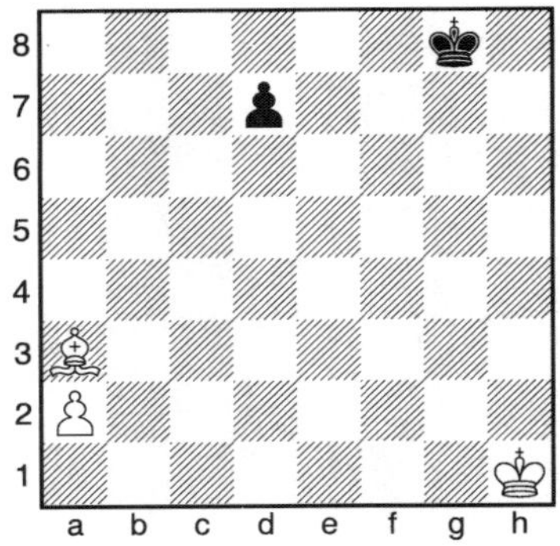

**3**

**O.Duras**

Studie 1908

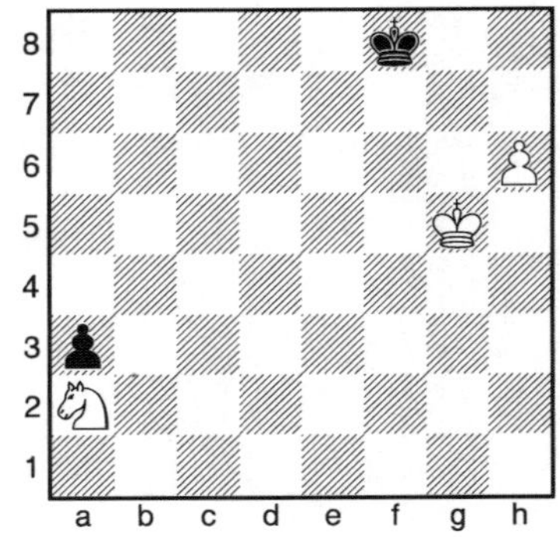

**4**

**N.Grigoriev**

Studie 1933

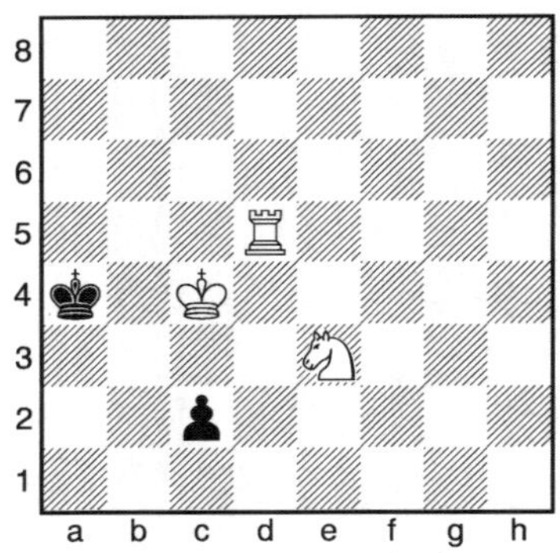

**5**

**V.Massmann**

Studie 1936

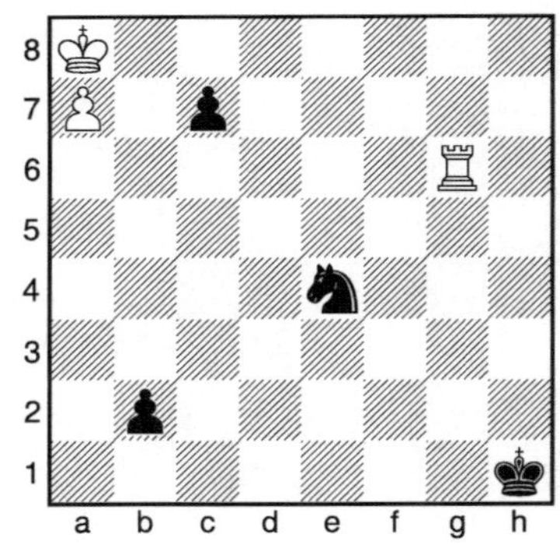

**6**

**Mattison**

Studie 1930

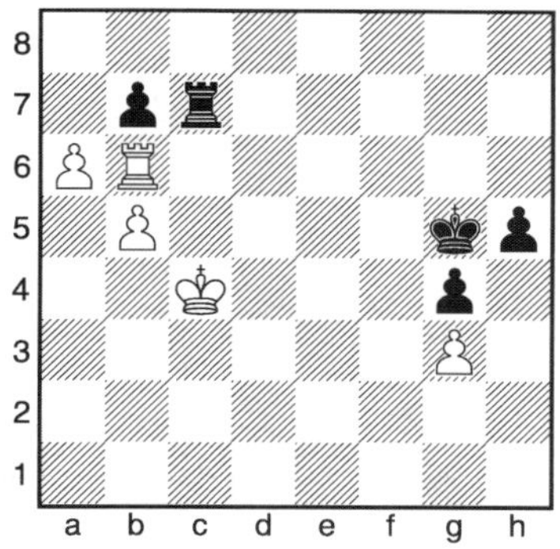

**7**

**Karjakin,S (2774) – Morozevich,A (2748)**

FIDE Grand Prix
Taschkent 2012

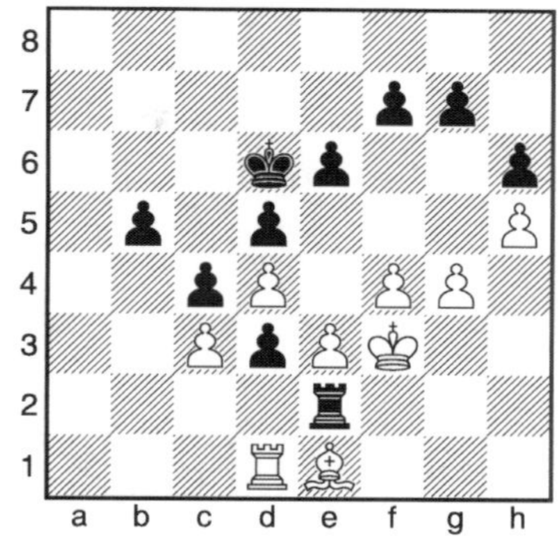

**8 ●**

**Horyna,J (1763) – Krizek,K (1984)**

Ricany Open A
Ricany CZE 2019

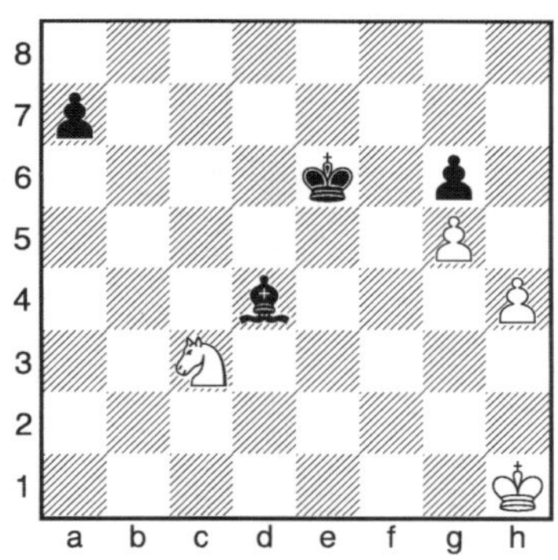

**9**

**Short,N (2698) – Kasparov,G (2812)**

Blitzpartie 4
Leuven BEL 2011

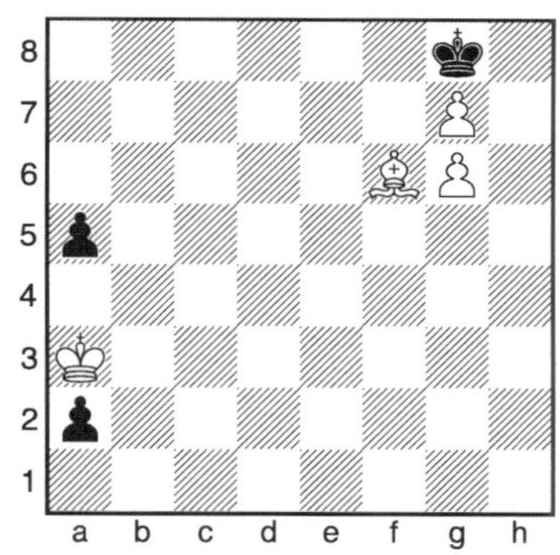

**10**

**L.Prokes**

Studie

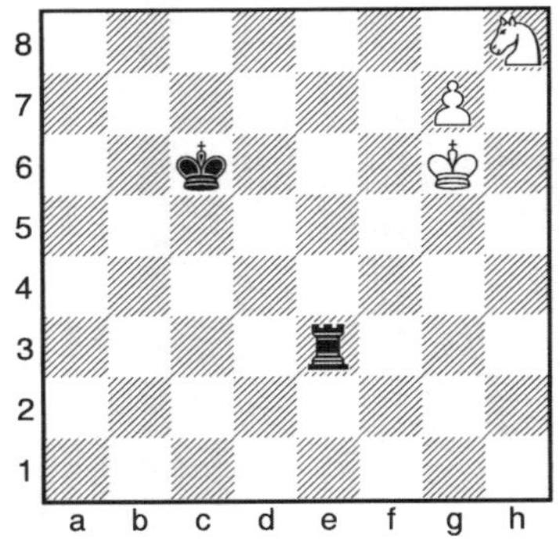

**11**

**I.Vancura**

Studie 1924

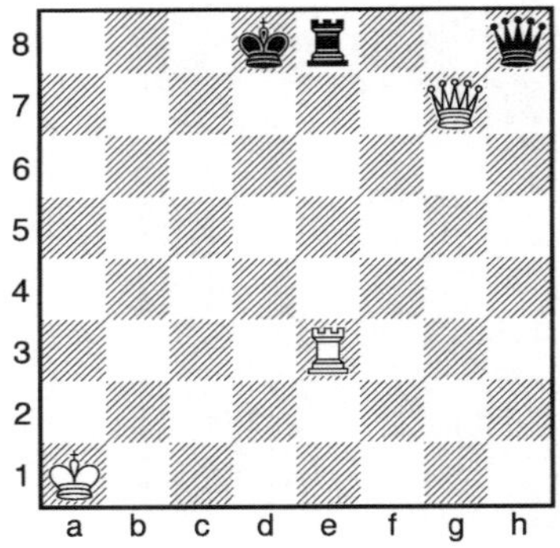

**12**

**A.Mouterd**

Studie 1924

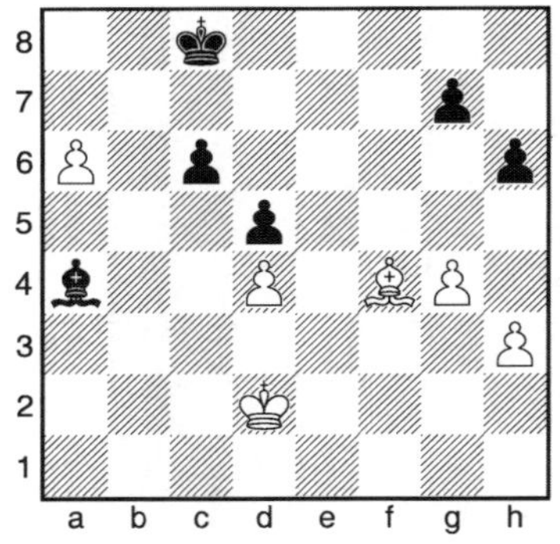

**13**

**Harikrishna,P (2730) – Nihal Sarin (2598)**

25th Sigeman & Co
Malmo SWE 2019

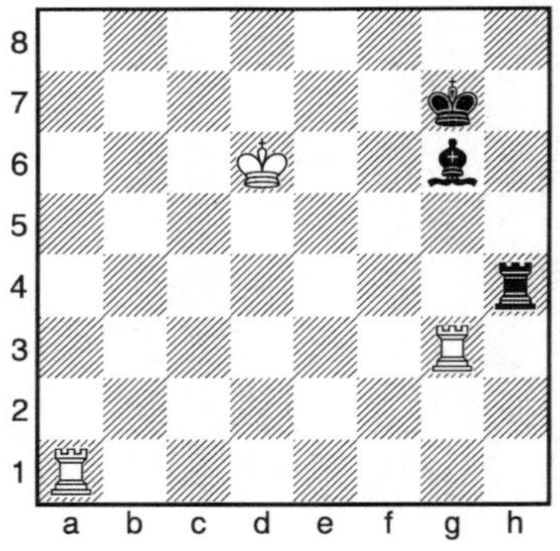

**14**

**J.Berger**

Studie 1920

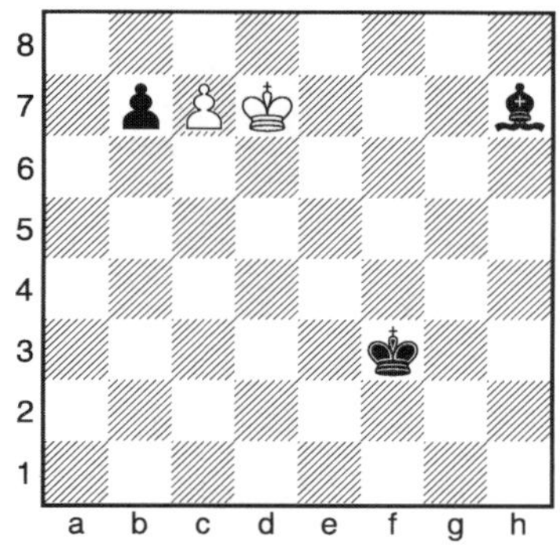

**15**

**A. und K.Sarytschew**

Studie 1928

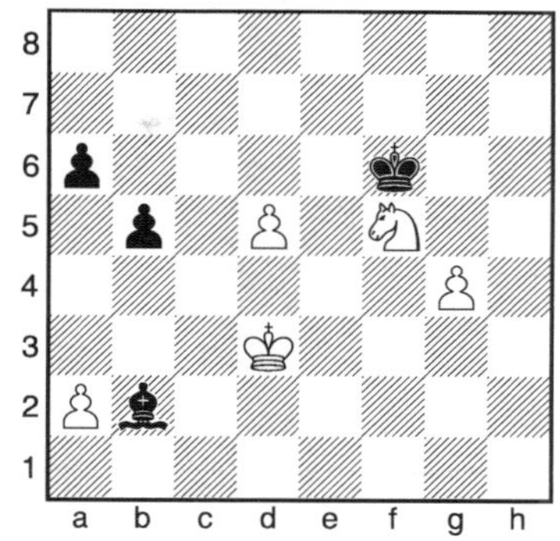

**16**

**Bobby Fischer –
Boris Spassky**

WCH Revanche Match
Sveti Stefan 1992

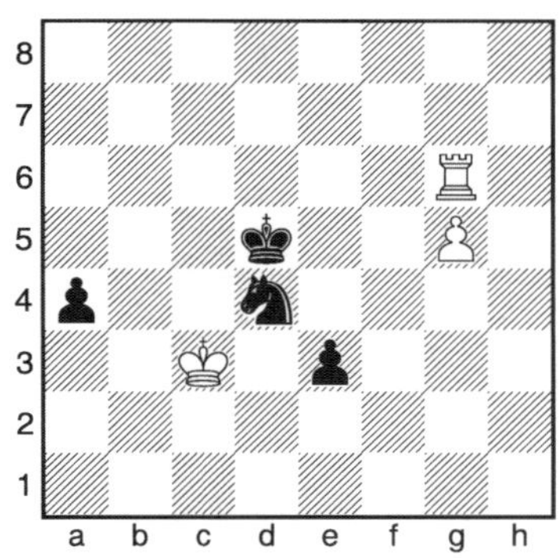

**17 ●**

**Smyslov,V –
Bobby Fischer**

Kandidaten Turnier
Bled / Zagreb/ Belgrad 1959

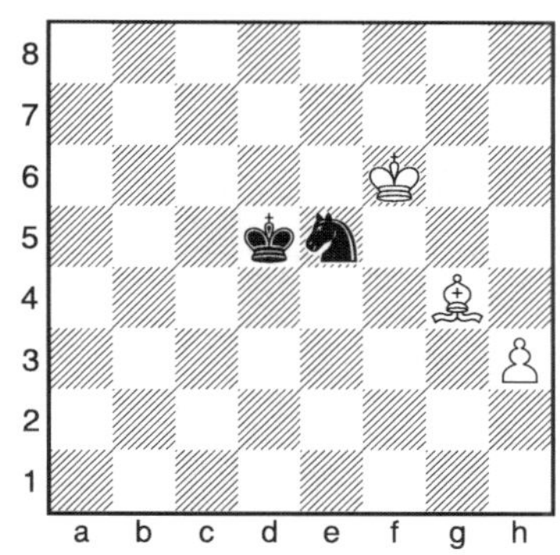

**18 ●**

**Bobby Fischer –
Taimanov,M**

Kandidaten Match
Vancouver CAN 1971

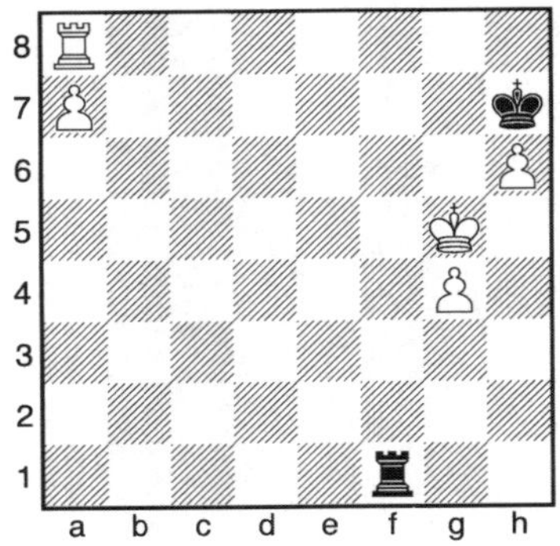

**19 ●**

**Grishuk,A –**
**Hua Lefong**

Jugend WM u12
Szeged HUN 1994

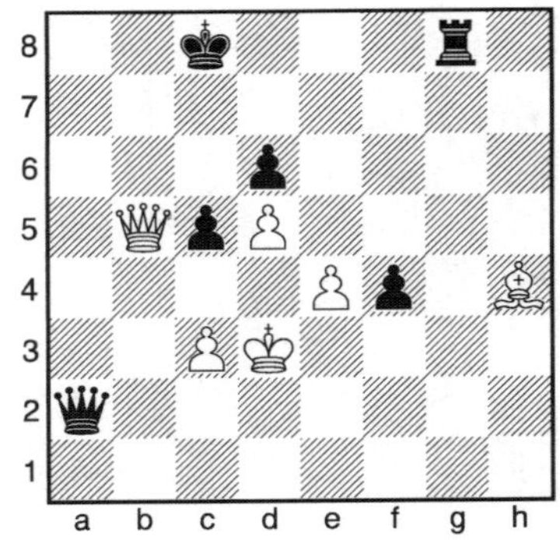

**20 ●**

**Polgar,Zsuzsa (2430) –**
**Bischoff,K (2415)**

Dortmund 1985

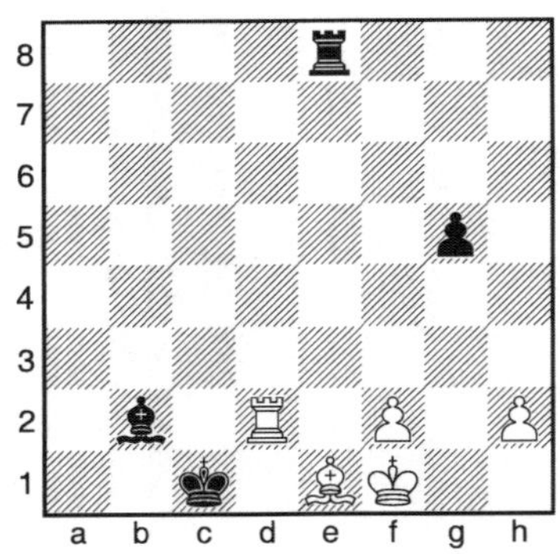

**21 ●**

**Shanava,K (2500) –**
**Sargsyan,Anna M (2242)**

Gaprindashvili Cup
Tbilisi GEO 2019

Kann Schwarz gewinnen?

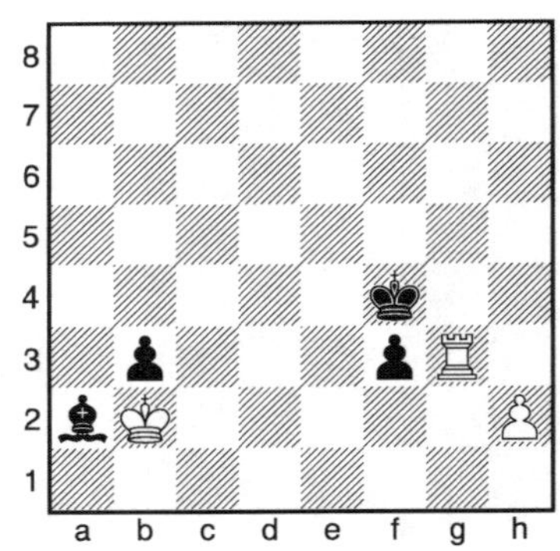

**22 ●**

**Borisenko –**
**Myesyenkyev**

ÚdSSR 1950

# Lösungen

# LEKTION für FORTGESCHRITTENE 2

## Taktik im Endspiel

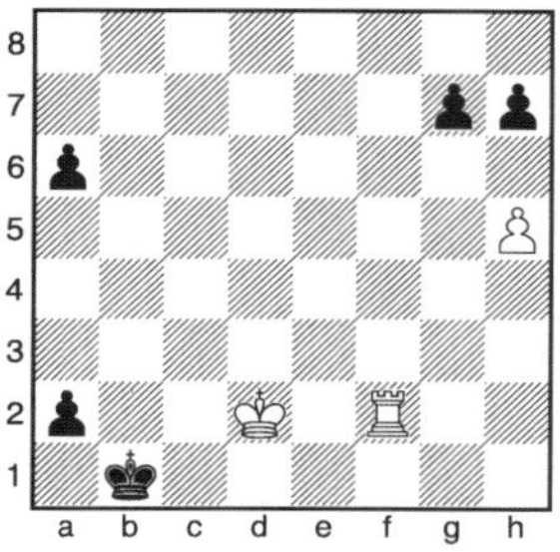

**1.** Studie A.Troitsky

Weiß kann eine Umwandlung nicht verhindern, selbst wenn er den Turm opfert**.** Würdest du diese Stellung aufgeben? Das wäre schade:

**1.h5–h6**

Direkt 1.♔d2–c3? reicht nicht, denn es ließe Schwarz entkommen:

1...a2–a1♕+ 2.♔c3–b3 ♕a1-f6-+

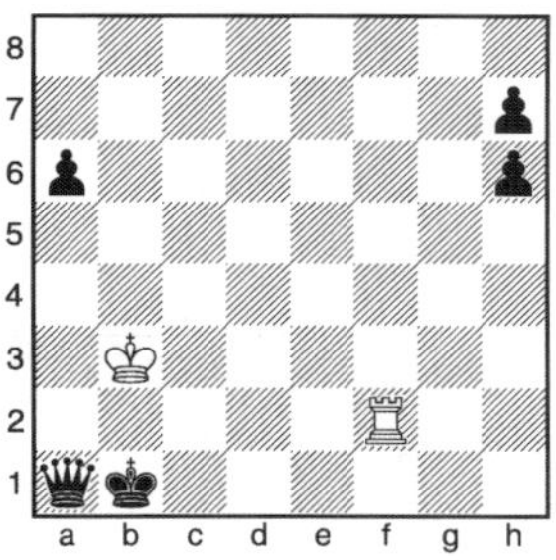

D2

**1...g7xh6 / g7–g6 2.♔d2–c3 a2–a1♕+ 3.♔c3–b3+–** *(D2)*

Und Schwarz kann nur noch wählen zwischen Damenverlust und sofortigem Matt. Eine clevere Anwendung einer überraschenden Ausnahmestellung aus dem Endspiel Dame gegen Turm!

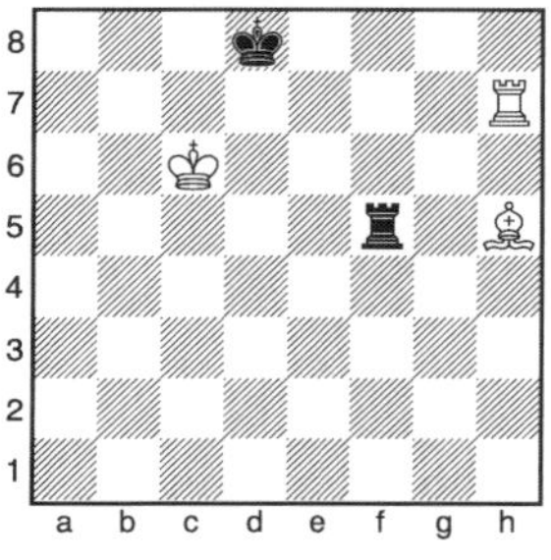

**2.** Studie H.Rinck

**1.♖h7–d7+ ♔d8–c8**
**2.♗h5–g4 ♖f5–g5**
**3.♖d7–g7++–**

Oder 2...♖f5–f6+ 3.♖d7–d6+

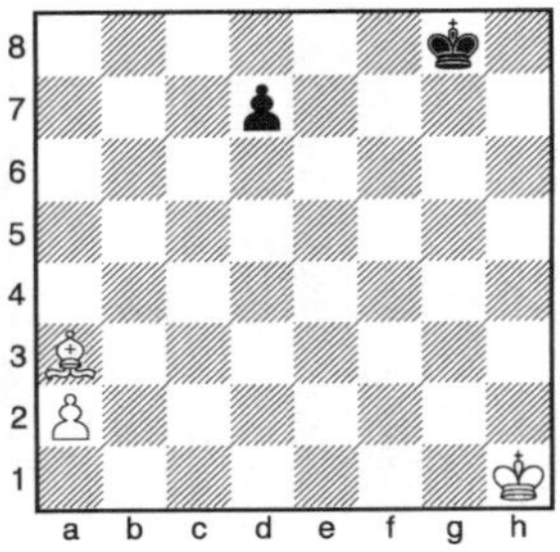

**3.** Studie O.Duras

Weiß hat den falschen Läufer und der schwarze König steht im Quadrat. Doch er hält nicht Remis; wir sehen eine Ausnahme von der Regel:

**1.♗a3–b4 ♔g8–f7**

**2.a2–a4 ♔f7–e8**

Nicht besser 2...♔f7–e6 3.a4–a5 ♔e6–d5 4.a5–a6 ♔d5–c6 5.♗b4–a5 ♔c6–b5 6.a6–a7

**3.a4–a5 ♔e8–d8**

**4.♗b4–d6 ♔d8–c8**

**5.a5–a6** *(D2)* **♔c8–d8**

**6.a6–a7 ♔d8–e8**

**7.a7–a8♕++–**

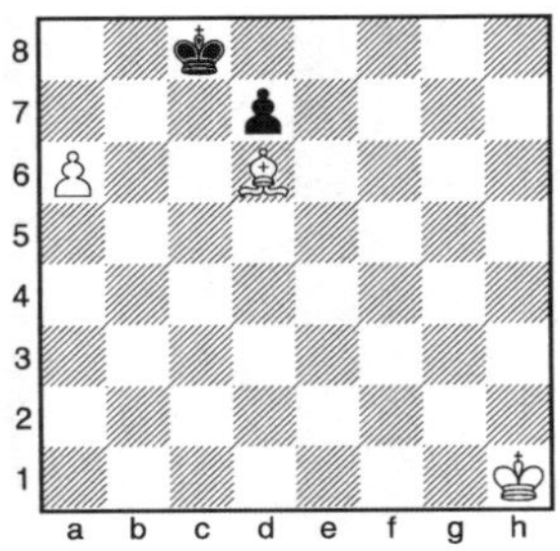

D2

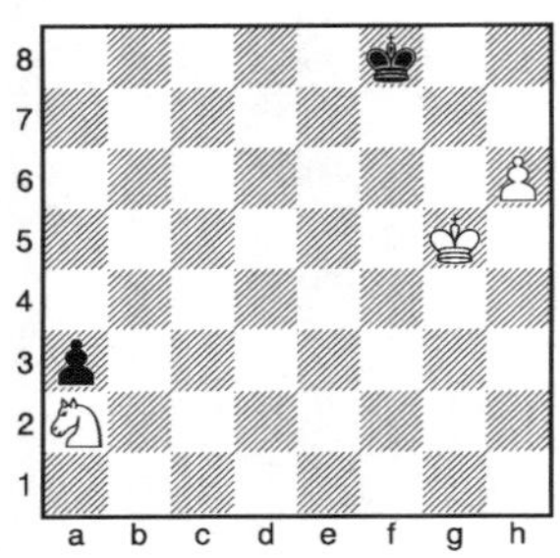

**4.** Studie N.Grigoriev

Im Endspiel ist in den meisten Fällen die genaue Reihenfolge der Züge = exakte Berechnung nötig. Hier geht es darum, den Springer zur rechten Zeit zurückzubringen. Wenn du den König zu früh in eine Pattstellung bringst, kann Schwarz einfach den Bauern opfern und ist gerettet.

**1.♔g5–f6 ♔f8–g8**

**2.♔f6–g6 ♔g8–h8**

**3.♘a2–b4 ♔h8–g8**

**4.h6–h7+ ♔g8–h8** *(D2)*

**5.♘b4–c6/d3 a3–a2**

**6.♘c6–e5/d8 a2–a1♕**

**7.♘e5–f7#**

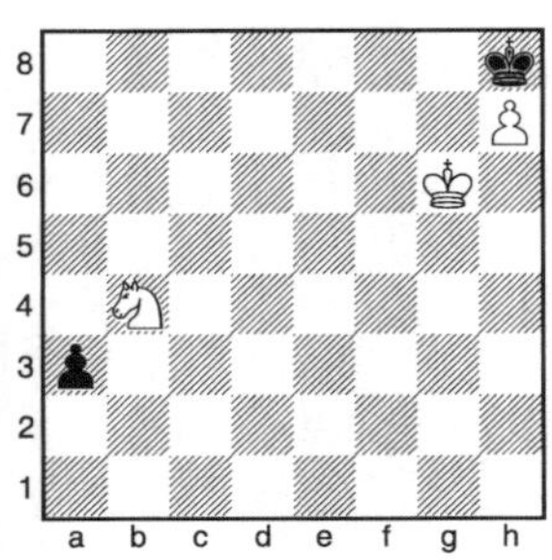

D2

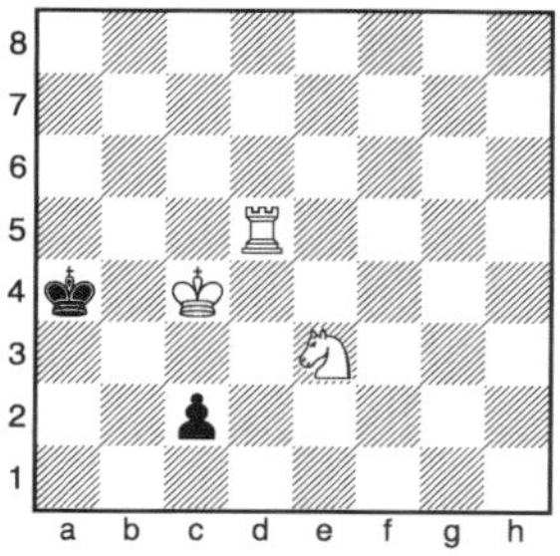

**5.** Studie V.Massmann

1.♘e3xc2 Patt! Müssen wir das Remis akzeptieren? Im Endspiel musst du manchmal das Undenkbare denken:

**1.♘e3–d1 c2–c1♕+**
**2.♘d1-c3+ ♔a4–a3**
**3.♖d5–a5+ ♔a3–b2 4.♖a5–a2#**

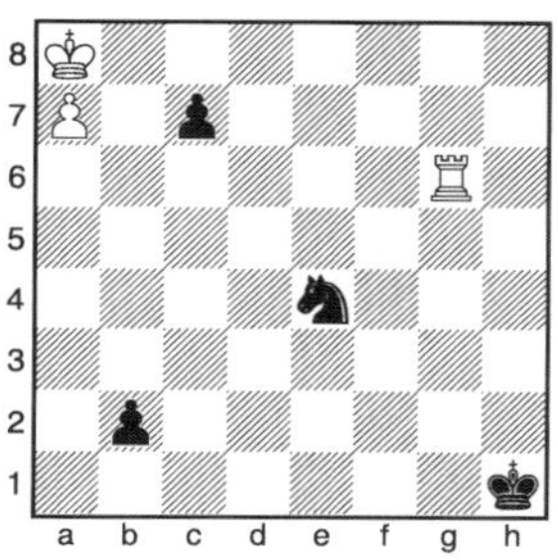

**6.** Studie Mattison

**1.♖g6–g3 ♘e4xg3**

Falls 1...b2–b1♕ 2.♖g3–b3 ♕b1-c2
3.♖b3–b1+ *(D2)* ♕c2xb1 Patt
oder *3...♔h1-g2 4.♖b1-b2*

**2.♔a8–b8 b2–b1♕+**
**3.♔b8xc7**

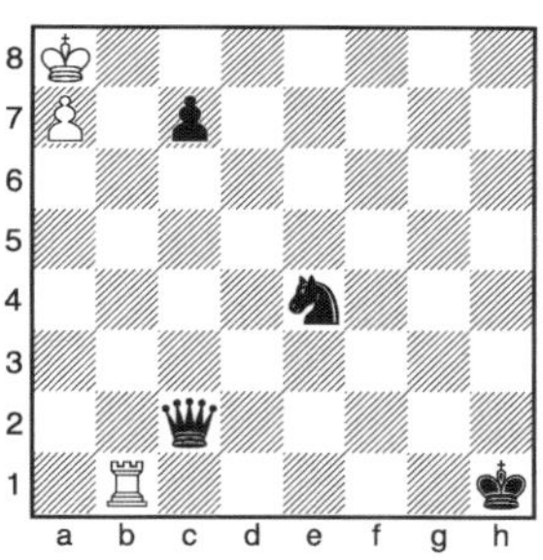

D2

Und da König und Springer zu weit entfernt sind, um die Dame zu unterstützen, sollte es Remis sein. Falls du es nicht schon weißt:

**Die Dame kann nicht gegen einen c–, f– und Randbauer auf der 7.(2.) Reihe gewinnen, wenn ihr König nicht nahe genug steht.**

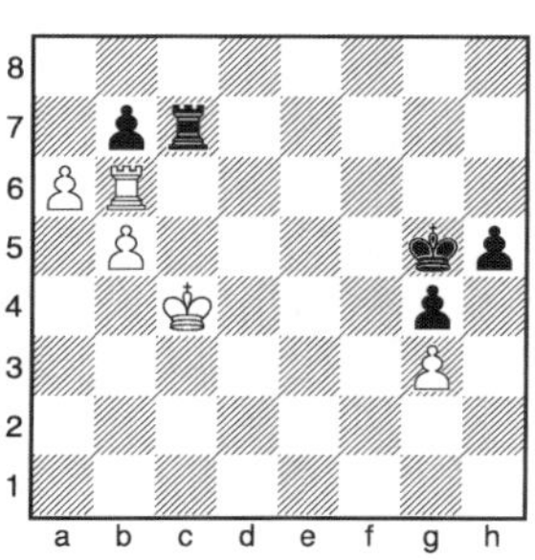

**7.** Karjakin – Morozevich

Der letzte Zug ...Td7–c7? verlor die Partie. Die zwei vorgerückten Bauern sind stärker als der Turm. Nötig war ...b7xa6 mit Remischancen.

**1.♖b6–c6! b7xc6 2.b5–b6 ♖c7–c8**
**3.b6–b7 ♖c8–b8 4.a6–a7 / ♔c4–c5+–**

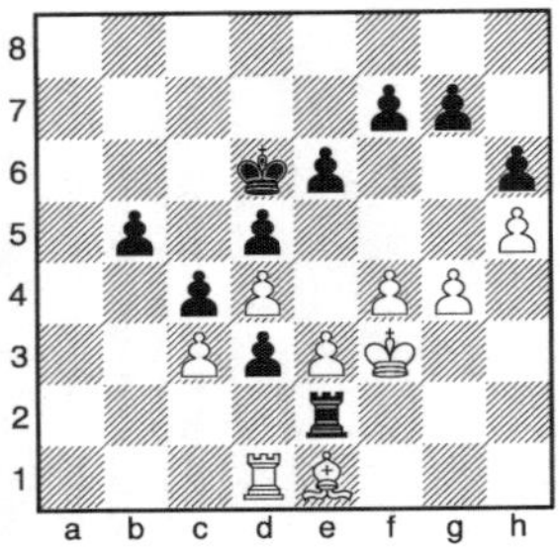

**8.** Horyna – Krizek

Wir bleiben noch einen Moment länger beim Motiv mit den beiden vorgerückten Bauern gegen den Turm:

**35...b5–b4**

**36.c3xb4 ♖e2xe1!**

**37.♖d1xe1 c4–c3**

**38.e3–e4 d3–d2** *(D2)*

**39.e4–e5+ ♔d6–c6**

**40.♔f3–e2 d2xe1♕+**

**41.♔e2xe1 ♔c6–b5**

**42.f4–f5 ♔b5xb4**

Und Schwarz gewinnt leicht.

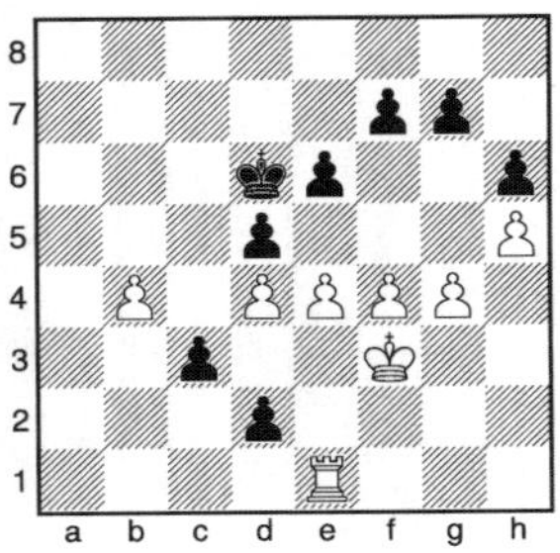

D2

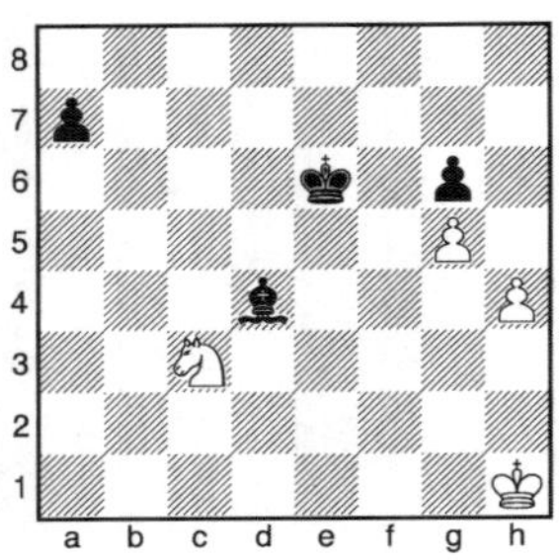

**9.** Short – Kasparov

In der Partie geschah ***1.♘c3–e2?*** ♗d4–e5 2.♔h1-g2 a7–a5 *(D2)* und Schwarz gewann bald.

Weiß verpasste die Gelegenheit, dies zu verhindern, denn er (er)kannte nicht ein typisches Muster, das Greco schon 400 Jahre zuvor beschrieb:

**1.♘c3–b5 ♗d4–c5**

1...♗d4–f2 2.h4–h5 ist das Gleiche.

**2.♘b5xa7 ♗c5xa7 3.h4–h5 g6xh5**

Und Schwarz hat den falschen Läufer und kann trotz seiner materiellen Überlegenheit nicht gewinnen!

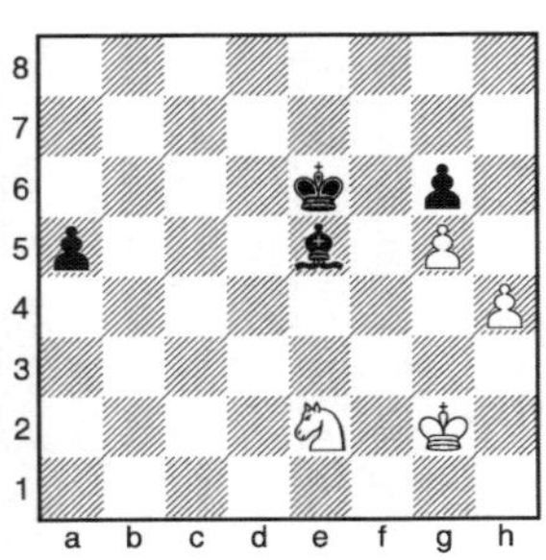

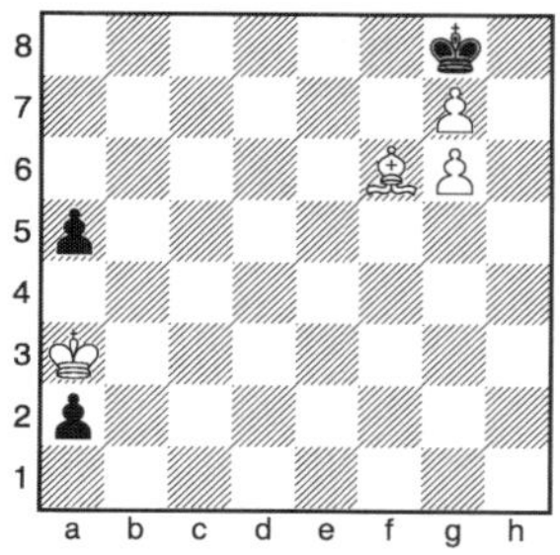

**10.** Studie L.Prokes

Der schwarze König hat eine komfortable, sichere Pattstellung – oder nicht?

**1.♔a3–b3 a5–a4+**

Das Gleiche ist 1...a2–a1♕ 2.♗f6xa1 a5–a4+ 3.♔b3–c4 a4–a3 4.♔c4–d5 a3–a2 5.♔d5–e5 ♔g8xg7 6.♔e5–f5+

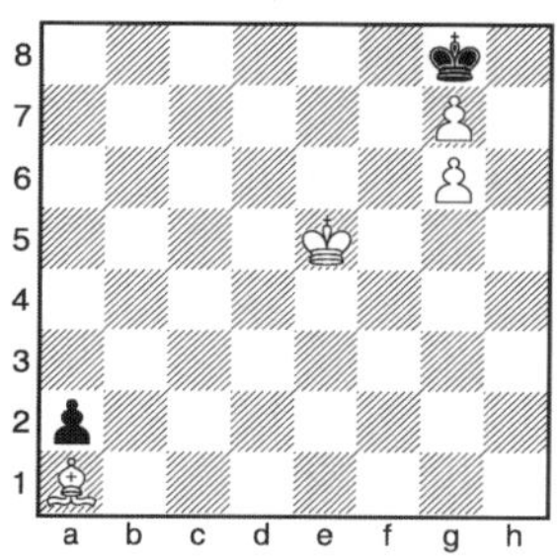

D2

**2.♔b3–c4 a4–a3**
**3.♔c4–d5 a2–a1♕**
**4.♗f6xa1 a3–a2**
**5.♔d5–e5** *(D2)* **♔g8xg7**
**6.♔e5–f5++–**

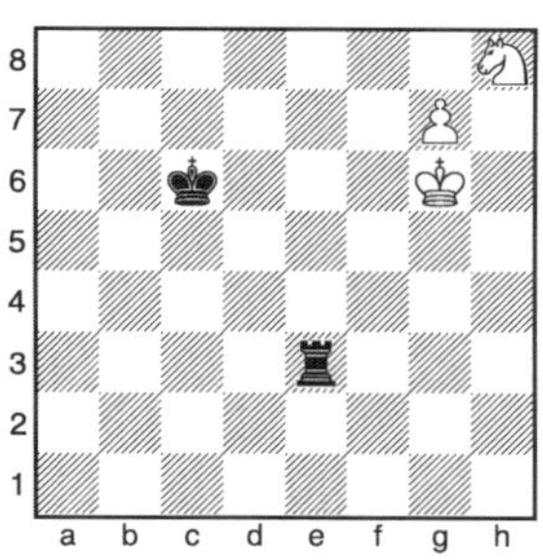

**11.** Studie I.Vancura

Der Weg ist klar: Wir müssen den Springer zwischen Turm und Bauer bringen, um diesen abzuschirmen. Dazu ist einiges manövrieren nötig:

**1.♔g6–h5 ♖e3–e8**
**2.♘h8–g6 ♔c6–d6**

Falls 2...♖e8–g8? 3.♘g6–e7+

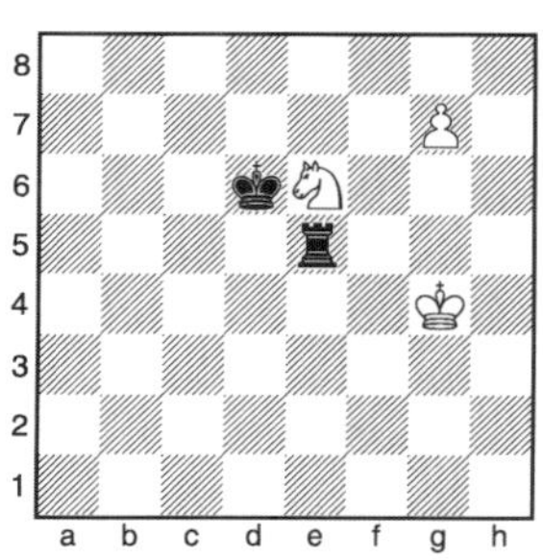

D2

**3.♘g6–f8 ♖e8–e1**
**4.♘f8–e6 ♖e1-e5+**
**5.♔h5–g4** *(D2)* **♖e5–e1**
**6.♔g4–f5 ♖e1-f1+**
**7.♔f5–g6 ♖f1-g1+**
**8.♘e6–g5+–**

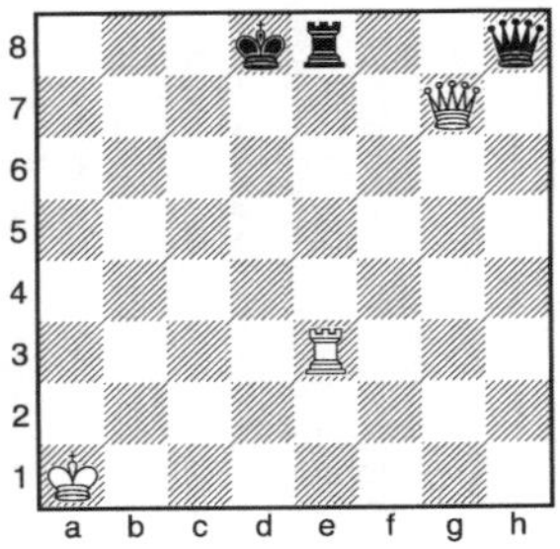

**12.** Studie A.Mouterd

Weiß muss der Fesselung seiner Dame entkommen:

**1.♖e3-d3+ ♔d8-c8**
**2.♖d3-c3+ ♔c8-b8**
**3.♕g7-c7+ ♔b8-a8**
**4.♕c7-a5+** *(D2)* **♔a8-b7**
**5.♕a5-b4+ ♔b7-a8**
**6.♕b4-a3+ ♔a8-b7**
**7.♕a3-b2+ ♔b7-a8**
**8.♖c3-a3#**

.

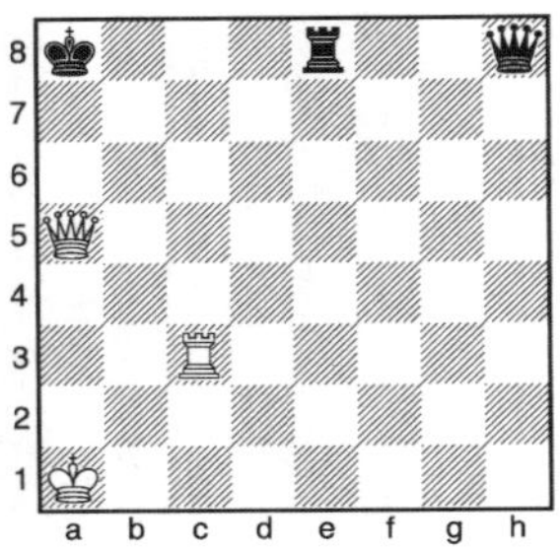

D2

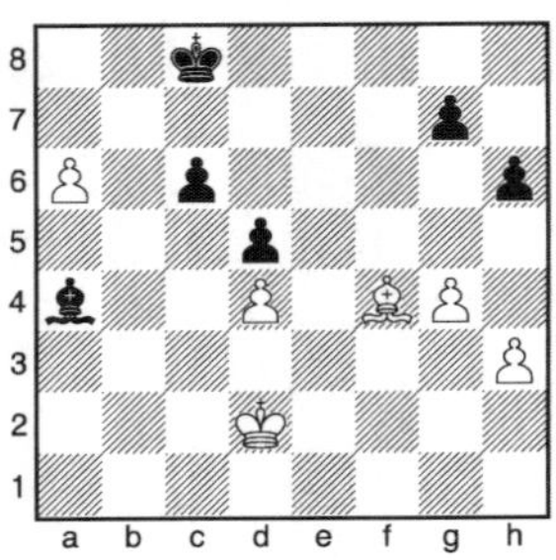

**13.** Harikrishna - Nihal Sarin

**45.h3-h4! ♗a4-b5**

Nur mit 45...c6-c5 46.d4xc5 ♗a4-d7 kann Schwarz seinen Läufer zum anderen Flügel bringen, aber das ist auch verloren:
47.h4-h5 ♗d7xg4 48.c5-c6 *(D2)*
48...-- 49.a6-a7

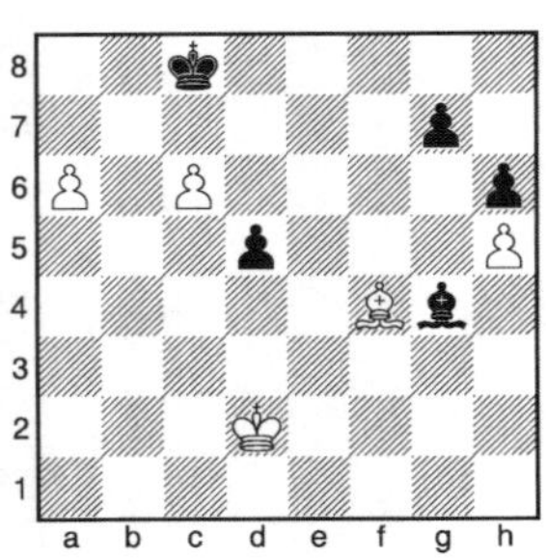

**46.♗f4xh6!** 1:0; **g7xh6**
**47.g4-g5 h6xg5**
**48.h4xg5 / h4-h5**

Okay, dieses Beispiel war recht schwer. Aber das Prinzip sollte klar sein, eine Art von Überlastungs-Motiv. Vorgerückte Bauern an beiden Flügeln und der Läufer kann nicht alle stoppen.

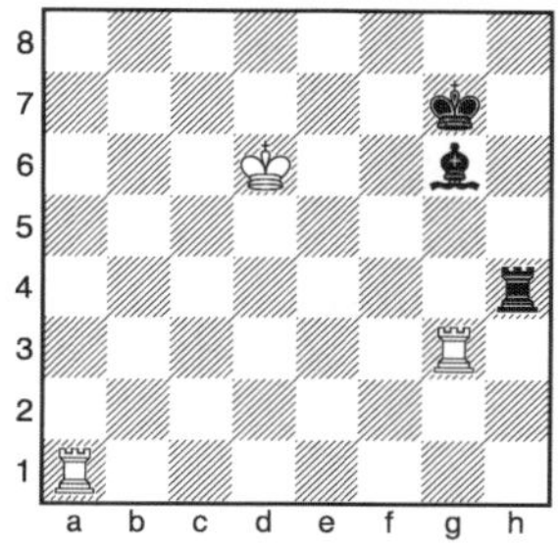

**14.** Studie J.Berger

Der österreichische Meister Johann Berger, der die Quadratregel eingeführt hat, komponierte dieses nette Beispiel von Zugzwang:

**1.♖a1-g1 ♖h4–h6**
**2.♔d6–e7**

Oder 2.♔d6–e6 ♔g7–h7
3.♔e6–e7 ♔h7–g7+-

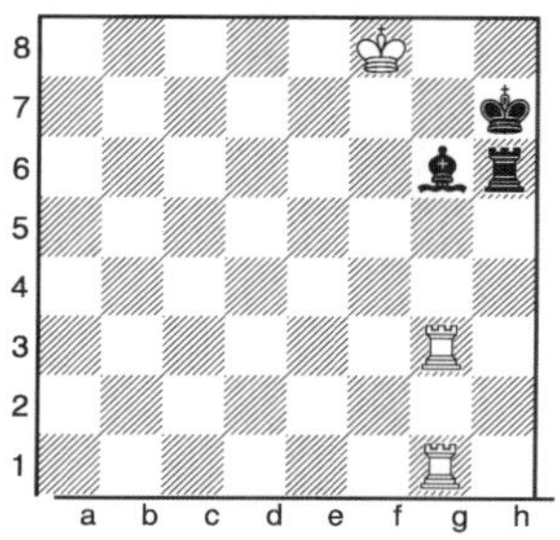

D2

**2...♔g7–h7**
**3.♔e7–f8** *(D2)* Zugzwang, z.B kann folgen.
**3...♗g6–c2**
**4.♖g3–g7+ ♔h7–h8**
**5.♖g7–g8+ ♔h8–h7**
**6.♖g1-g7#**

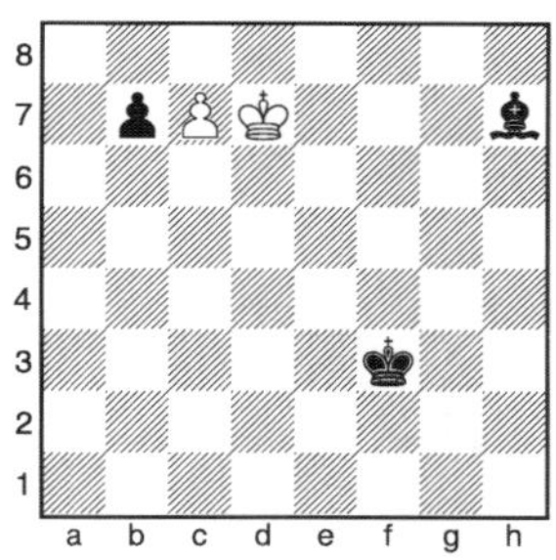

**15.** Studie A. und K.Sarytschew

Die Situation scheint hoffnungslos. Weiß kann seinen Bauern nicht umwandeln und der schwarze Bauer ist bereit um loszustürmen. Aber

**1.♔d7–c8!**

Falls 1.♔d7–d6? ♗h7–f5
2.♔d6–c5 ♗f5–c8-+

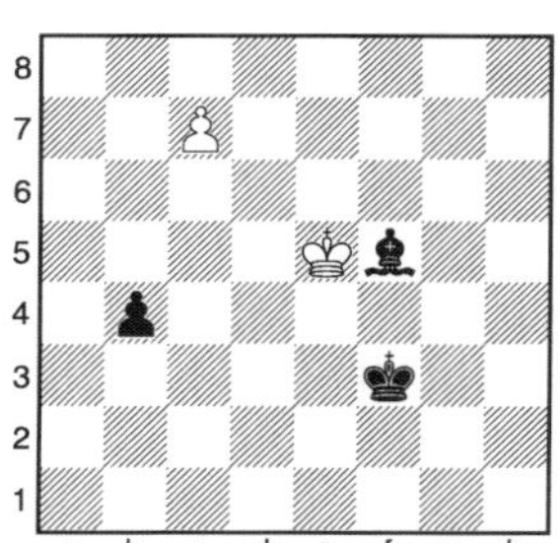

D2

**1...b7–b5 2.♔c8–d7 ♗h7–f5+**
**3.♔d7–d6 b5–b4**
**4.♔d6–e5** *(D2)*

Und der König kommt ins Quadrat des Bauern oder wandelt nach schlagen des Läufers ebenfalls um:

**4...♗f5–c8 5.♔e5–d4=**

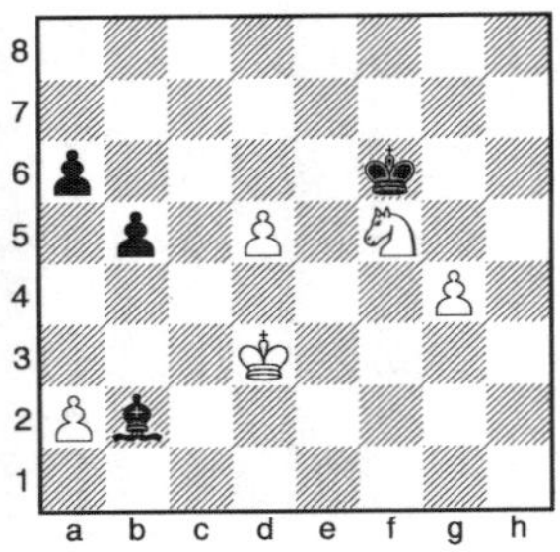

**16.** Fischer - Spassky

Im "Revanche Match" zeigte der fast fünfzigjährige Bobby Fischer, dass er trotz langer Abwesenheit vom Turnierschach immer noch ein großer Spieler war:

**1.d5-d6 ♔f6-e6**

**2.g4-g5 a6-a5**

**3.g5-g6 ♗b2-f6**

**4.g6-g7 ♔e6-f7 5.d6-d7** *(D2)* 1:0; **b5-b4**

Oder 5...♗f6-d8 6.♘f5-d6+ ♔f7xg7 7.♘d6-b7

**6.♘f5-d6+ ♔f7xg7**

**7.♘d6-e8+**

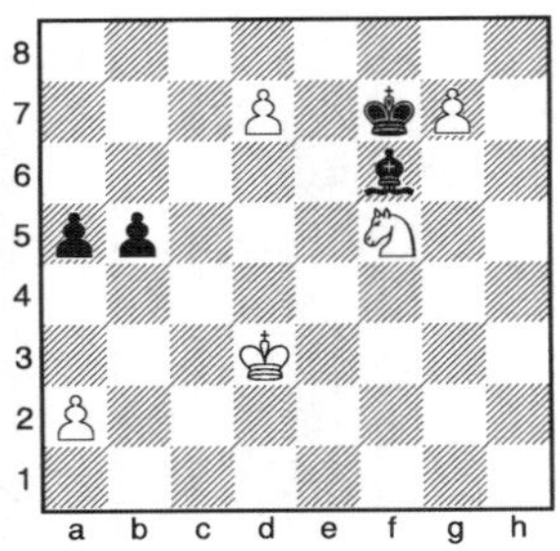

D2

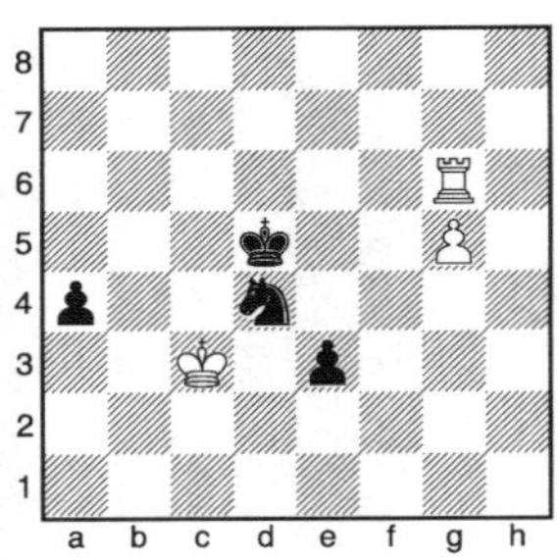

**17.** Smyslov,V - Fischer,B

Der 16-jährige Bobby Fischer zeigte gegen den Ex-Weltmeister sein großes Talent:

**1...a4-a3 2.♖g6-a6 ♘d4-b3!** *(D2)* **3.♖a6xa3**

Falls 3.♔c3xb3 e3-e2 4.♖a6-a5+ ♔d5-d4 5.♖a5-a4+ ♔d4-d5 6.♖a4-a5+=

(Denk bloß nicht an *5...♔d4-d3?? 6.♖a4-a8 e2-e1♕ 7.♖a8-d8+ ♔d3-e2 8.♖d8-e8++-)*

**3...e3-e2 4.♖a3-a1 ♘b3xa1**

Und Remis

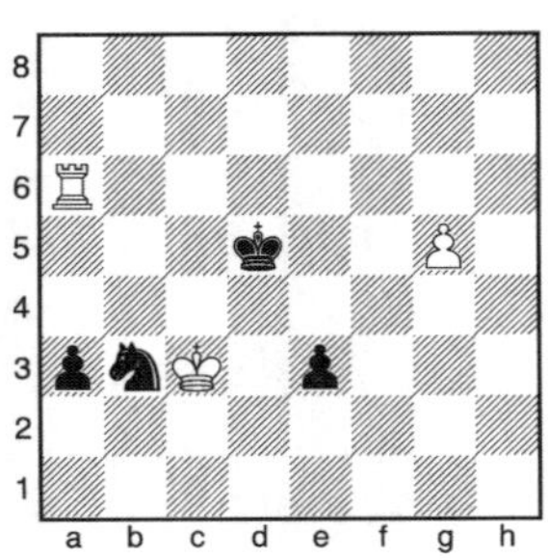

D2

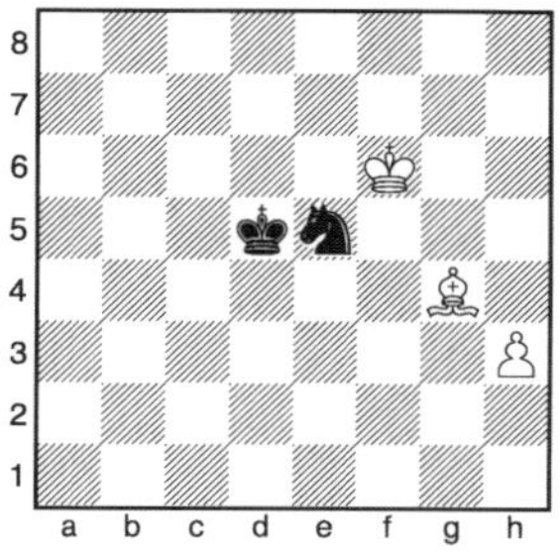

**18.** Bobby Fischer – Taimanov

Taimanov verlor das Kandidaten-Match für die WM 1972 mit einem vernichtenden 0:6. Ein Grund dafür war eine unerwartete Schwäche im Endspiel. Taimanow wählte hier das unzureichende

***1...♔d5–e4*** 2.♗g4–c8 und gab bald auf.

2...♘e5–f3 scheitert an 3.♗c8–b7+. Von einem Weltklassespieler sollte man Besseres erwarten.

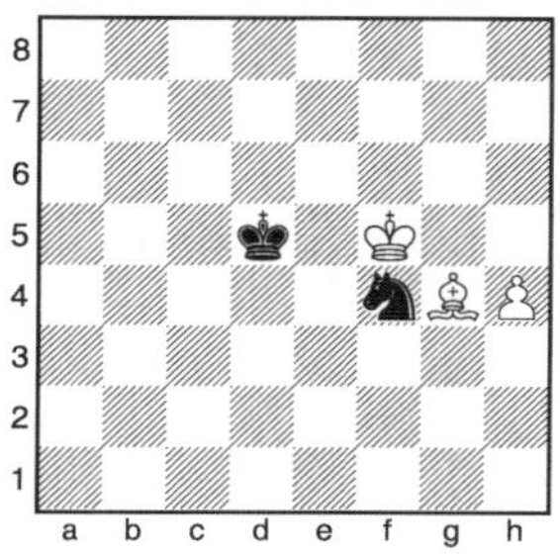

D2

**1...♘e5–d3 2.h3–h4**

2.♔f6–f5 ♔d5–d6 3.h3–h4 ♔d6–e7
4.h4–h5 ♔e7–f7 *(D3)*
Und Remis wegen des falschen Läufers.

**2...♘d3–f4**
**3.♔f6–f5** *(D2)* **♔d5–d6=**

Und der König geht in die Ecke; er braucht sich um seinen Springer nicht weiter zu kümmern!

Falls **4.♔f5–f6 ♔d6–d5**

und Zugwiederholung, Remis.

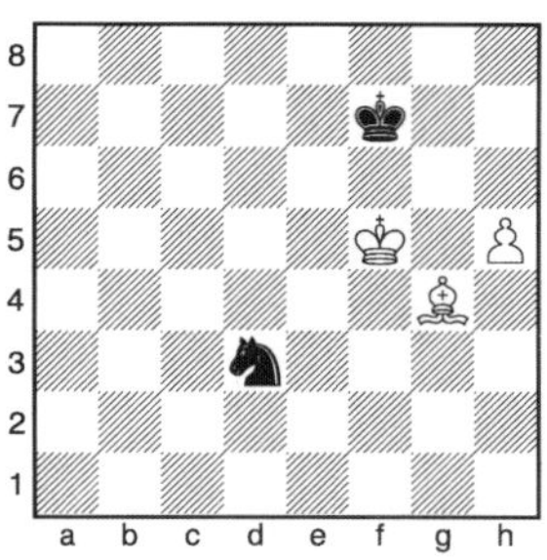

D3

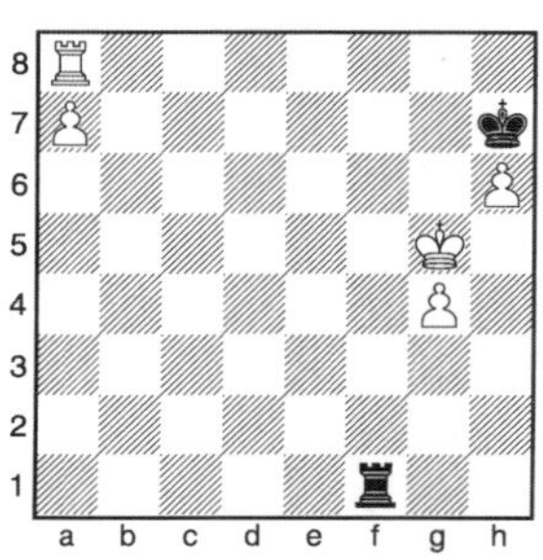

**19.** Grishuk – Hua Lefong

**1...♖f1-f8**

Hoffen auf ein Patt. Doch der spätere Weltklassespieler konnte so nicht überrumpelt werden und sicherte den Sieg durch Unterverwandlung:

**2.♖a8–b8 ♖f8xb8 3.a7xb8♗**

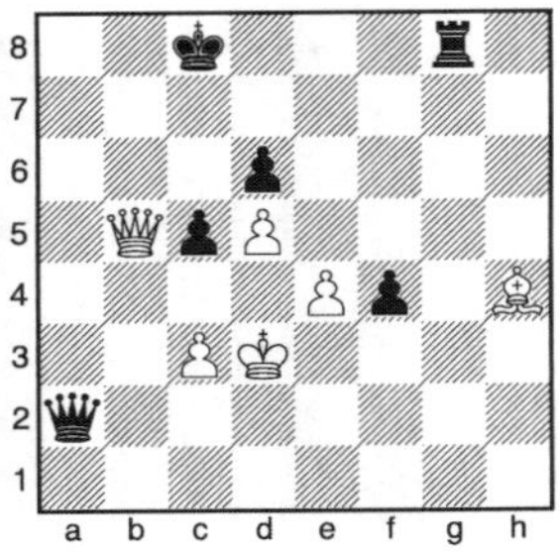

**20.** Polgar,Z – Bischoff

Weiß hoffte wohl auf ein Remis durch Dauerschach, aber Schwarz fand einen erstaunlichen Gewinnweg:

**1...♖g8–g3+!**
**2.♗h4xg3 c5–c4+!** *(D2)*
**3.♔d3–d4**

Offensichtlich verloren ist
3.♕b5xc4+ ♕a2xc4+ 4.♔d3xc4 f4xg3

**3...♕a2–d2+**
**4.♔d4xc4 ♕d2–e2+**
**5.♔c4–b4 ♕e2xb5+**
**6.♔b4xb5 f4xg3-+**

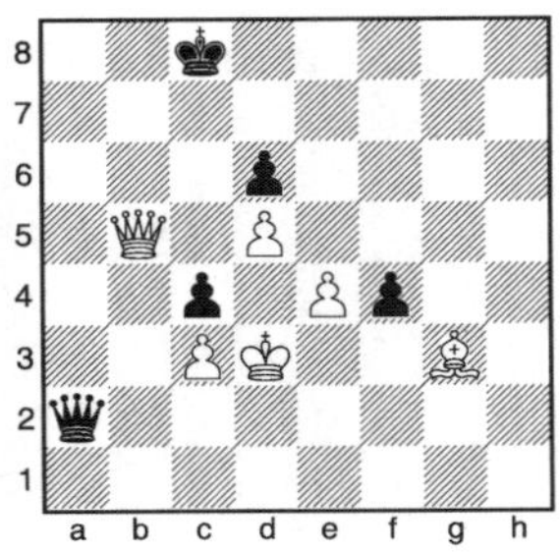

D2

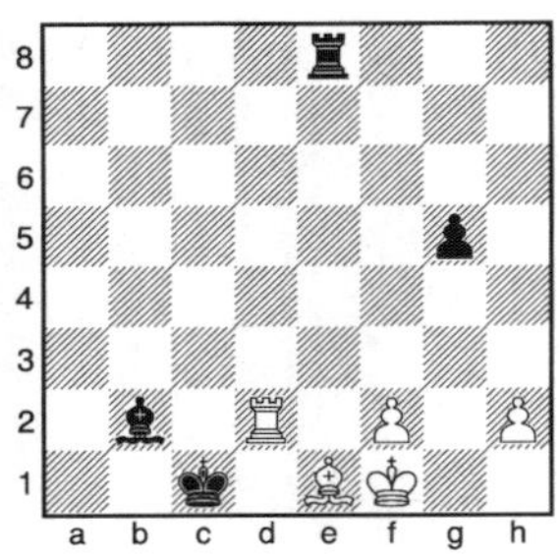

**21.** Shanava – Sargsyan

Es schaut gut aus für Schwarz, aber tatsächlich reicht sein Materialgewinn nicht zum Gewinn:

**49...♖e8xe1+**
**50.♔f1xe1 ♗b2–c3**
**51.♔e1-e2 ♗c3xd2**
**52.♔e2–f3 ♔c1-d1** *(D2)*
**53.♔f3–g4**

Oder 53.h2–h4 g5xh4 54.♔f3–g2 ♔d1-e1
55.♔g2–h1 ♔e1xf2=

**53...♔d1-e2**
**54.h2–h4 g5xh4**
**55.♔g4xh4 ♔e2xf2** ½-½

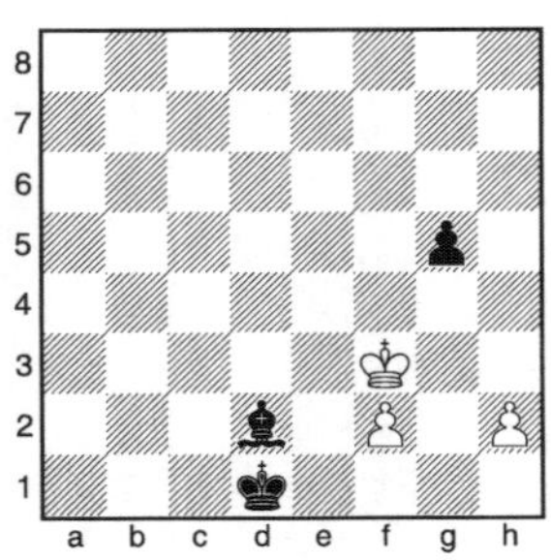

D2

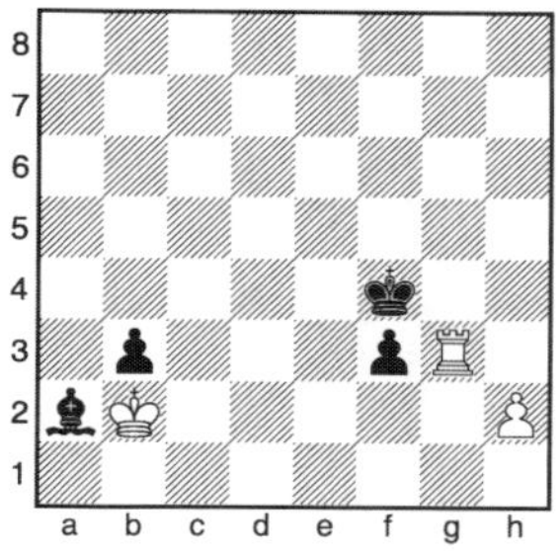

**22.** Borisenko – Myesyenkyev

Scheinbar kann Weiß die Umwandlung mit einem Spieß von hinten verhindern und so Remis sichern. Aber darauf solltest du besser nicht wetten:

**1...f3–f2**

**2.♖g3–g8 ♗a2–b1** *(D2)*

**3.♔b2xb1 f2–f1♕+**

Oder 3.♖g8–f8+ ♗b1-f5 und der Bauer ist sicher und kann umwandeln.

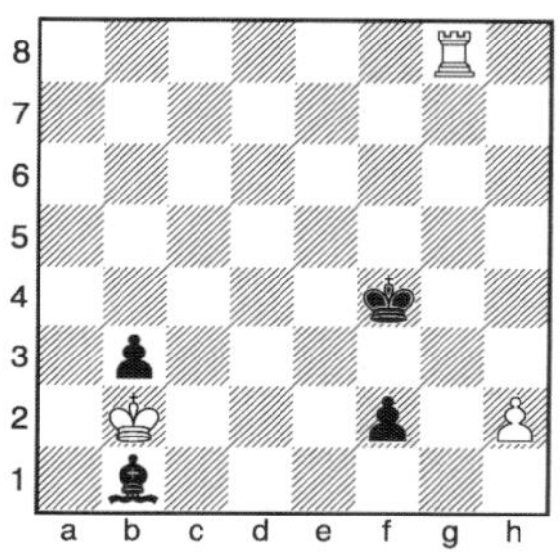

D2

Und um keinen Platz zu verschenken und dem Leser so viel Endspiel wie möglich zu bieten, hier noch ein netter Fall. Schwarz ist materiell überlegen, aber sein König eingesperrt. Doch Weiß muss es richtig angehen:

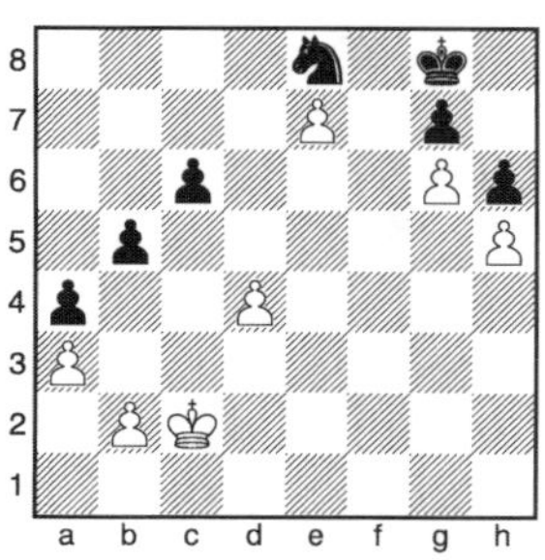

**Ohme (2361) – Sieglen (2302)**
Weihnachtsturnier Böblingen 2011

Der direkte Einmarsch ist der falsche Weg: 1.♔c2–c3 ♘e8–f6 2.♔c3–b4? ♘f6–d5+ 3.♔b4–c5 ♘d5xe7

**1.b2–b3! a4xb3+ 2.♔c2xb3 ♘e8–c7 3.♔b3–c2 ♘c7–e8 4.♔c2–d3 ♘e8–c7**

Auch verloren ist 4...♘e8–f6 5.d4–d5 c6xd5 6.♔d3–d4 ♔g8–h8 Schwarz gehen die Züge aus! 7.♔d4–c5 ♔h8–g8 8.♔c5xb5 d5–d4 9.♔b5–c4 und Weiß gewinnt.

**5.♔d3–e4 ♘c7–e8 6.♔e4–e5** aufgegeben.

# QUICK TEST 3

Wenn du mit Band 1 arbeitest, kannst du diese Übungen nach den ersten Kapiteln nutzen, aber vielleicht auch als zusätzliches Material zu Kapitel 16 *"Schachgeschichte und Schach Matt"*. Dort findest du ja dreizügige Matts aus den frühen Jahren des Schachspiels.

Nun siehst du Matt Stellungen aus moderner Zeit, einige auch mit Matt in zwei Zügen und manchmal auch mit zusätzlichen Mattmöglichkeiten in mehr als drei Zügen. Wenn du zuerst ein solches längeres Matt siehst, schau noch einmal genauer hin, um das kürzere Matt zu finden. In einer Turnierpartie ist es fast immer gut genug, irgendeinen Mattweg zu finden. Im Training wollen wir uns aber darauf konzentrieren, den besten und schnellsten Weg zu finden.

Denk daran, dass nun nicht jede Mattkombination mit einem Schach oder einem Opfer starten muss. Halte nicht bloß Ausschau nach möglichen Schachs und probiere sie durch in der Hoffnung, eines würde dich schon zum Ziel führen. Schau stattdessen auf die Stellung, finde ihre Schwächen heraus und wie diese zum Matt führen können.

Da es jetzt schwerer wird, der Lösung im Kopf zu folgen oder sie von der Lösungsseite blätternd zur Diagrammstellung im Kopf zu behalten, hat nun jede Lösung ein eigenes Diagramm. Versuche, mit diesem der Lösung zu folgen.

# Quick Test 3

## Finde Matt in bis zu drei Zügen!

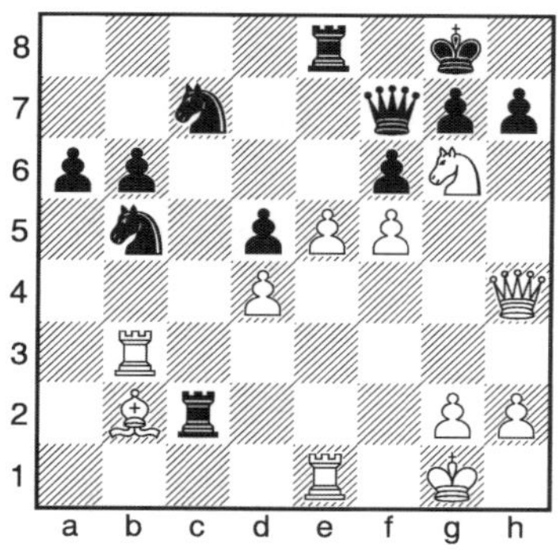

1 ..........................

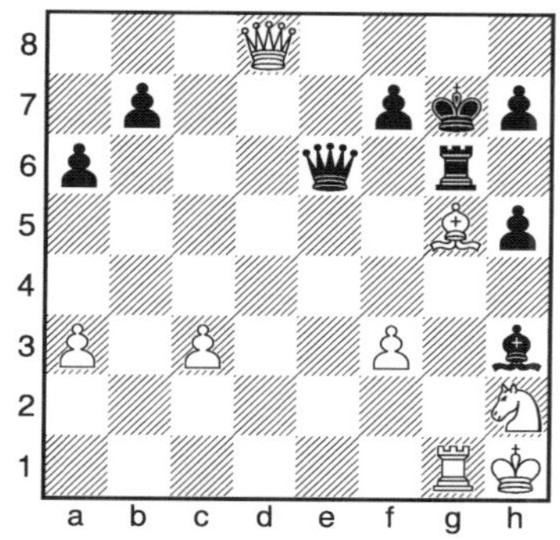

2 ..........................

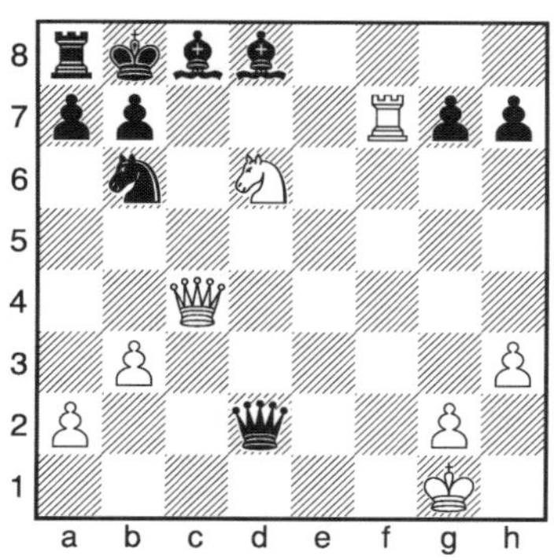

3 ..........................

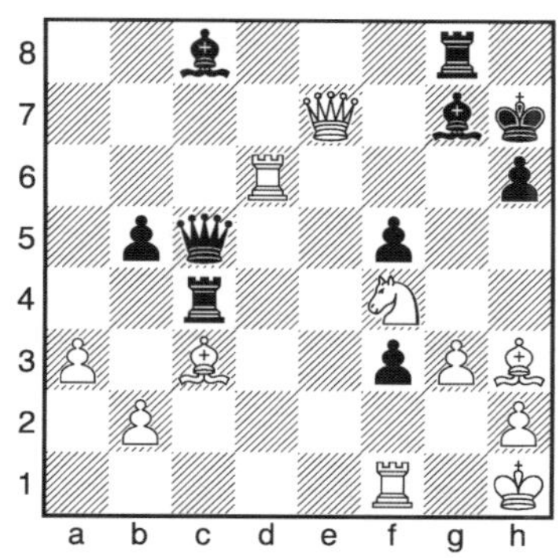

4 ..........................

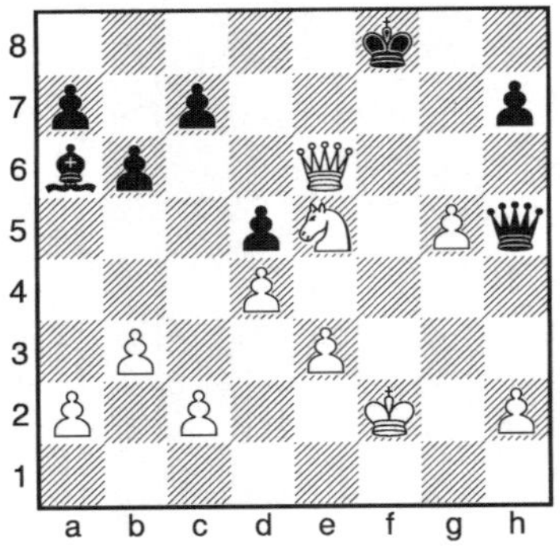

5 ..........................

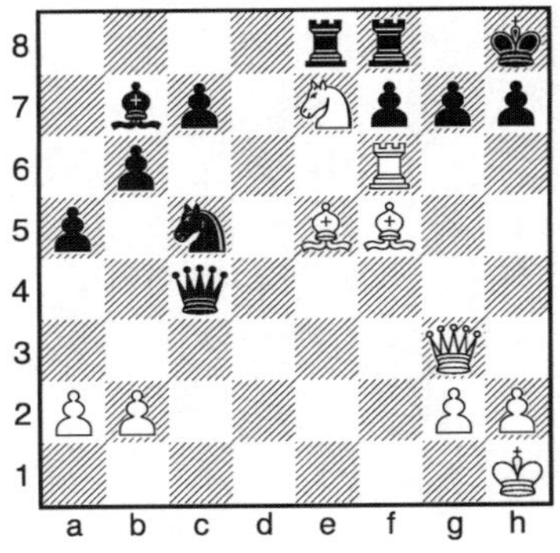

6 ..........................

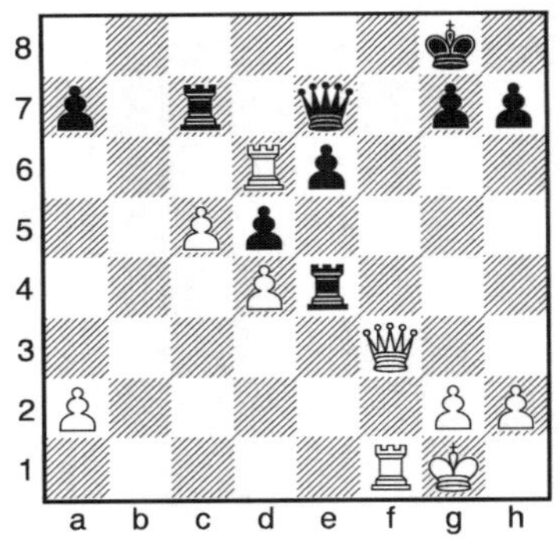

7 ..........................

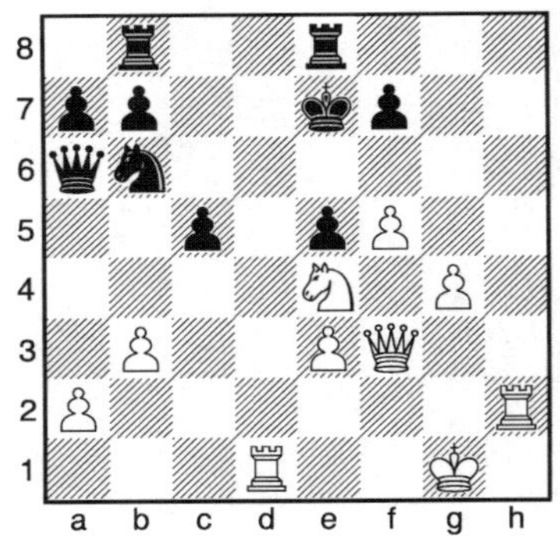

8 ..........................

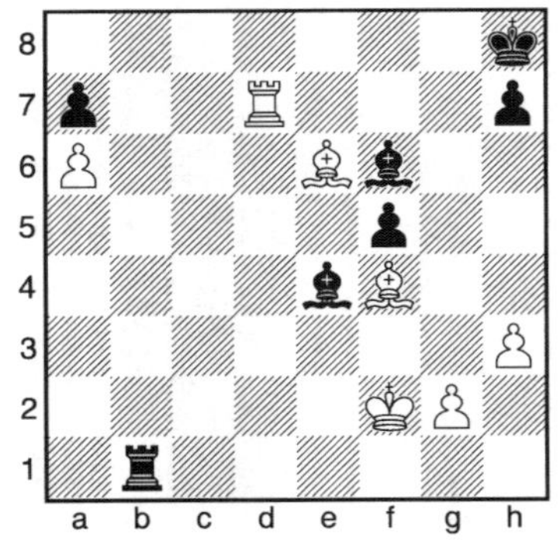

9 ..........................

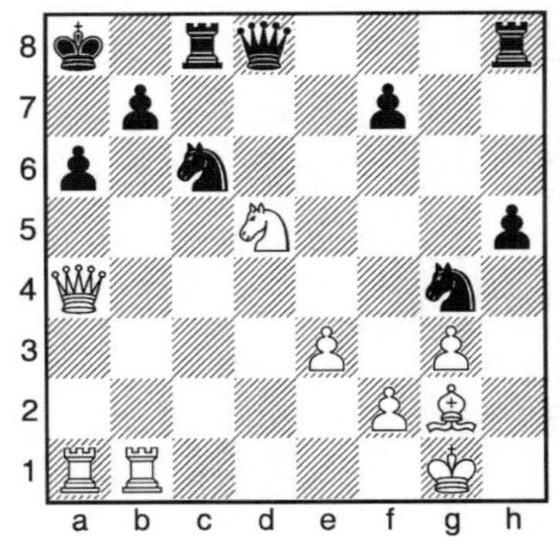

10 ..........................

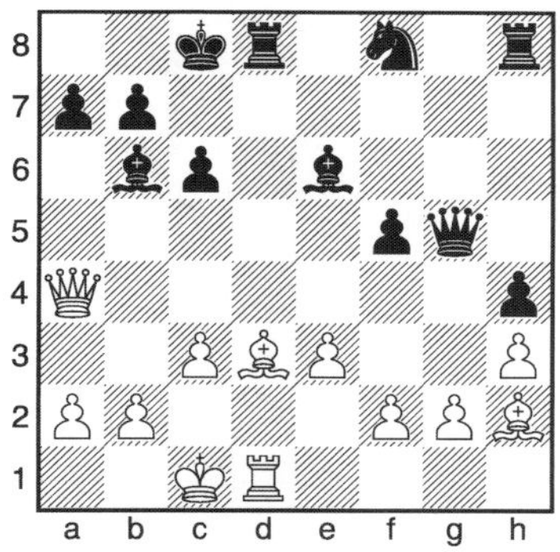

**11** ..........................

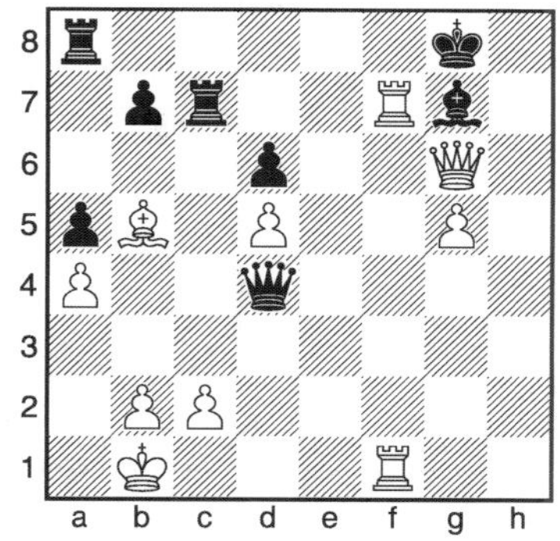

**12** ..........................

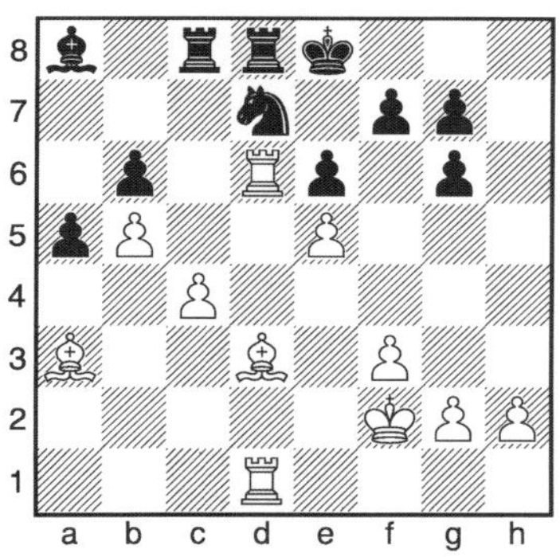

**13** ..........................

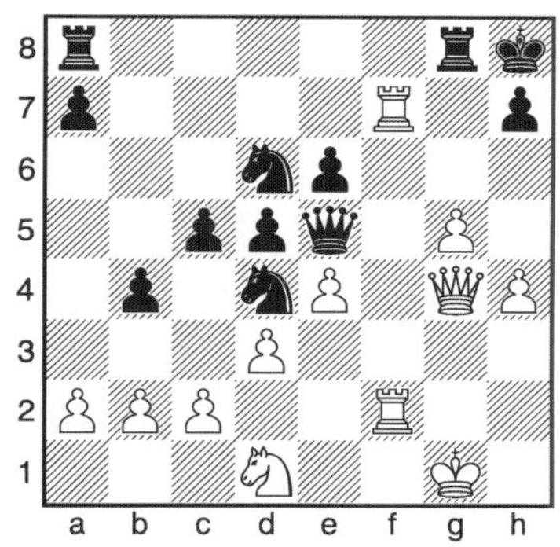

**14** ..........................

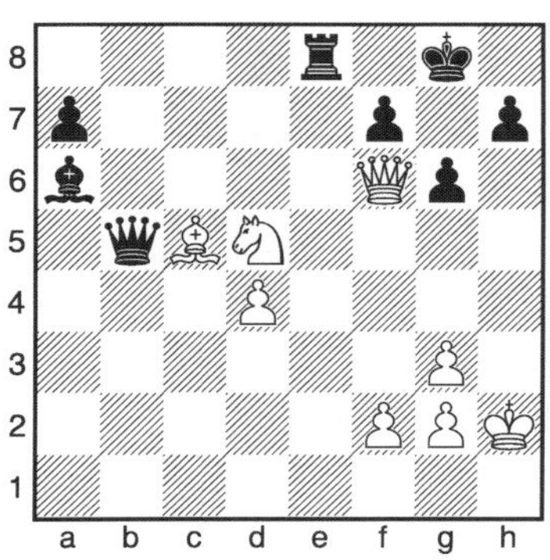

**15** ..........................

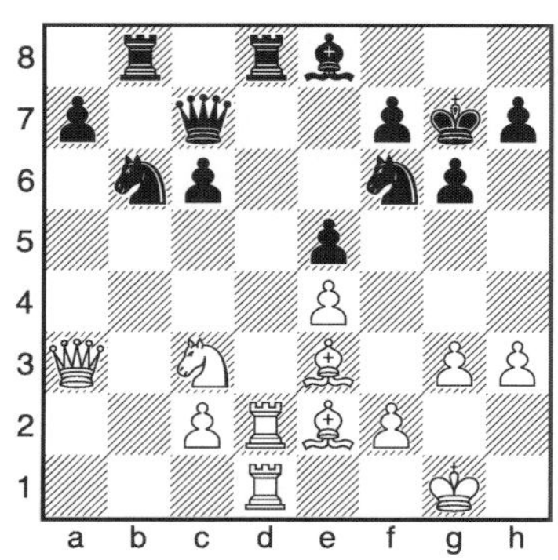

**16** ..........................

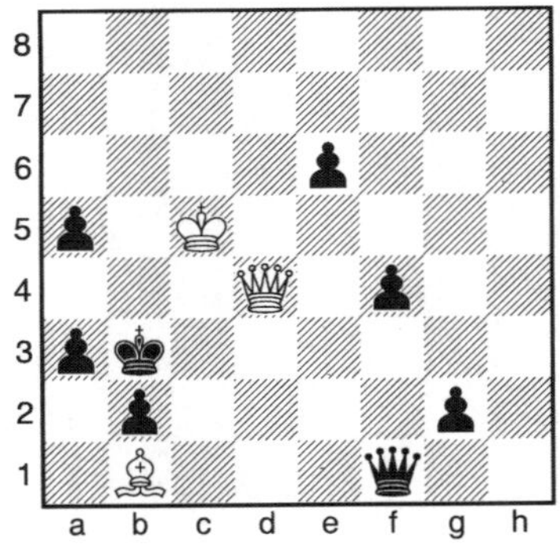

**17** ..........................

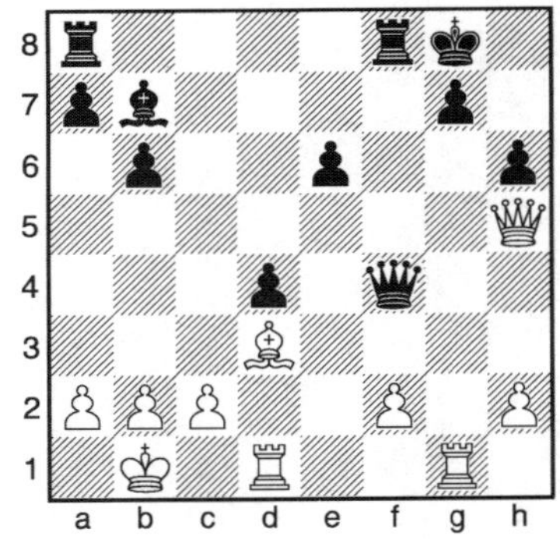

**18** ..........................

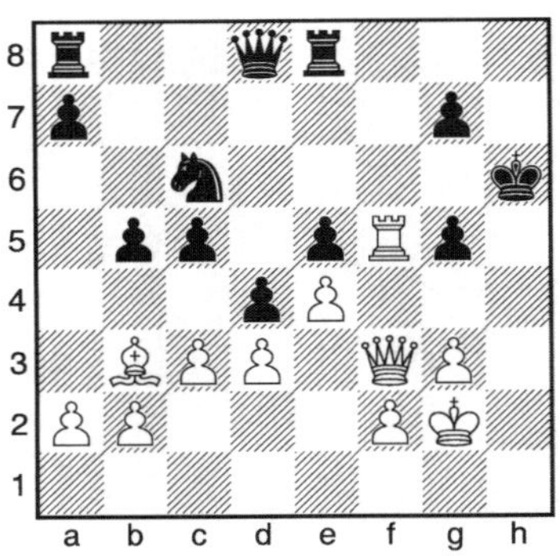

**19** ..........................

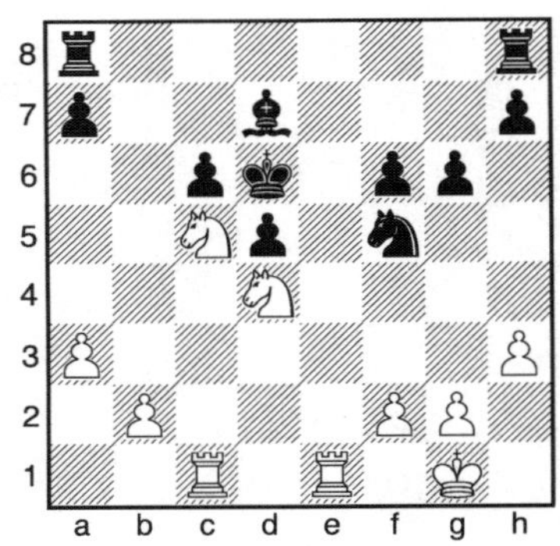

**20** ..........................

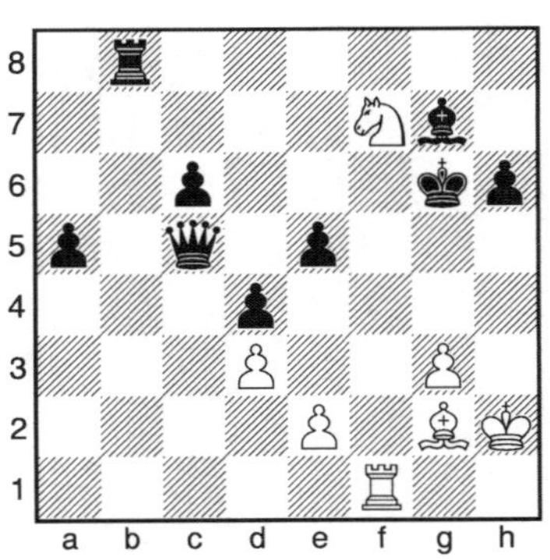

**21** ..........................

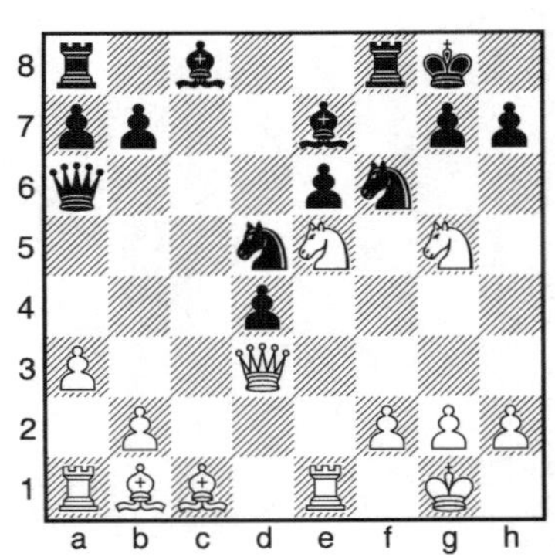

**22** ..........................

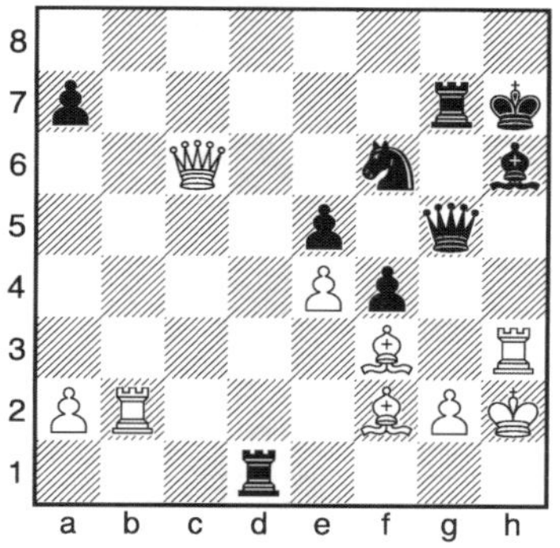

23 ● .........................

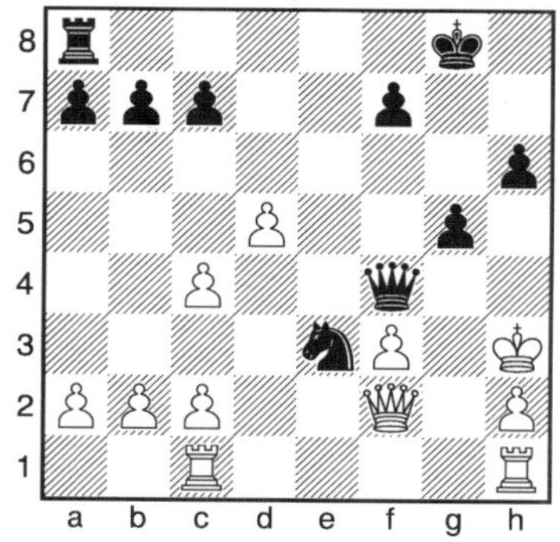

24 ● .........................

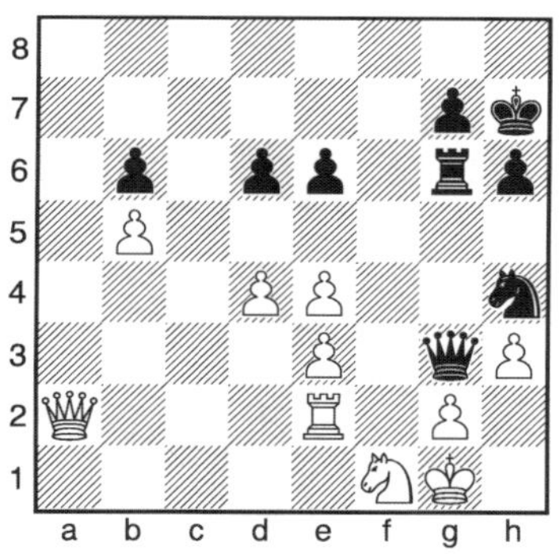

25 ● .........................

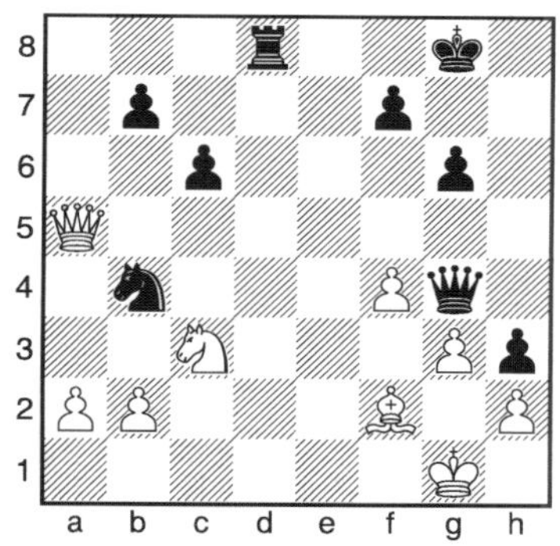

26 ● .........................

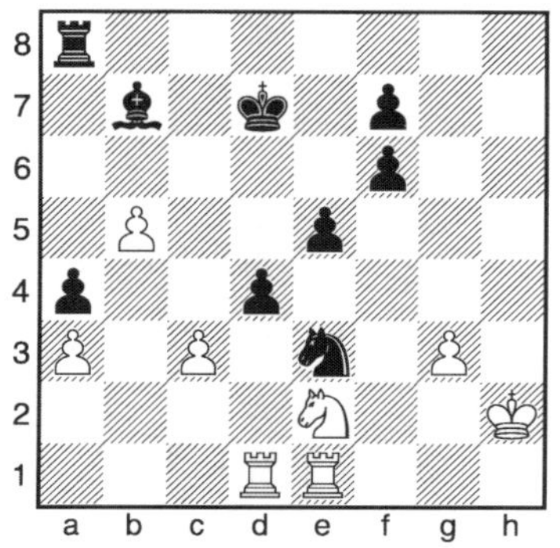

27 ● .........................

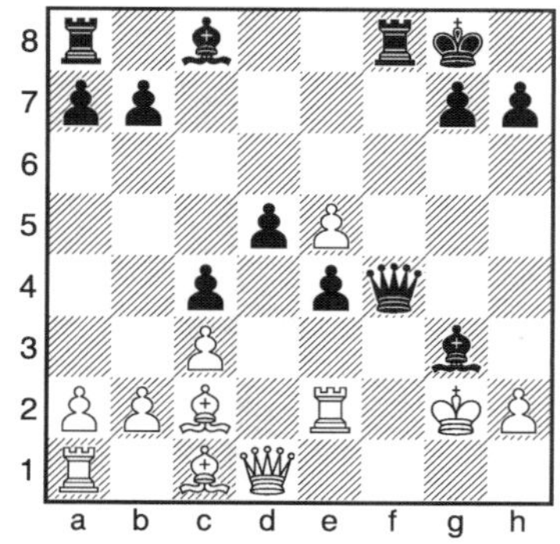

28 ● .........................

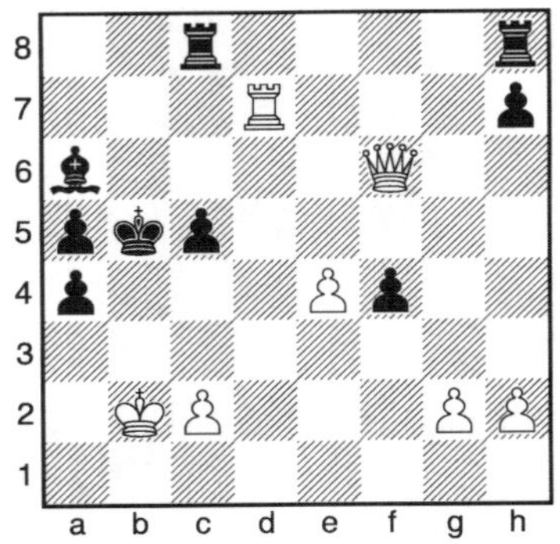

29 ● ..........................

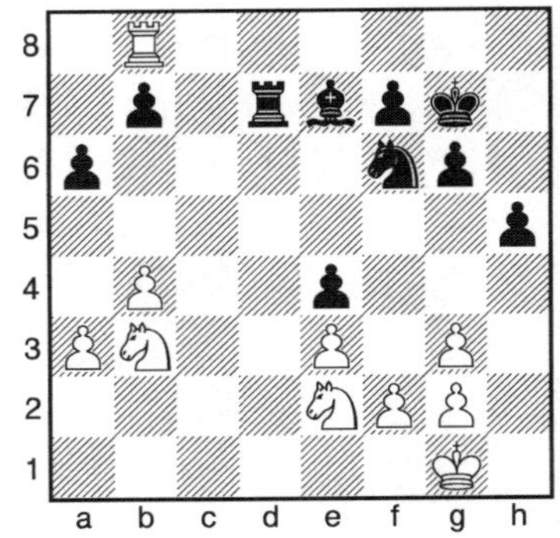

30 ● ..........................

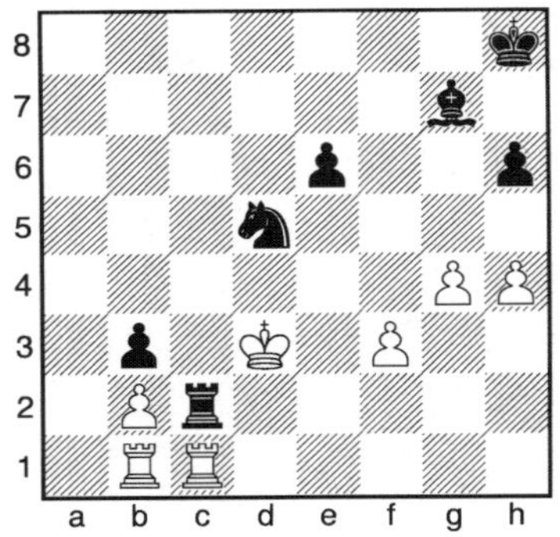

31 ● ..........................

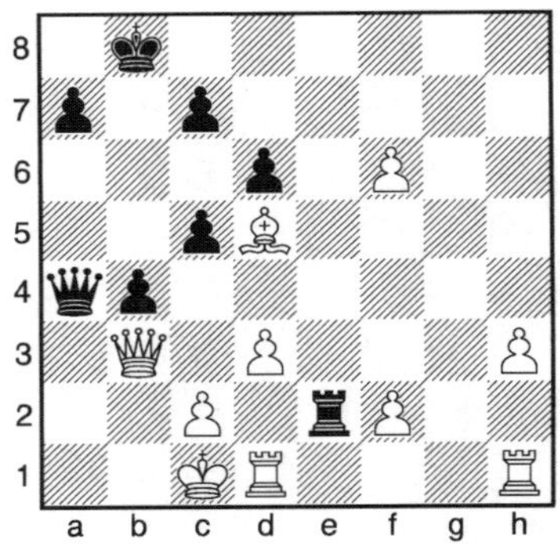

32 ● ..........................

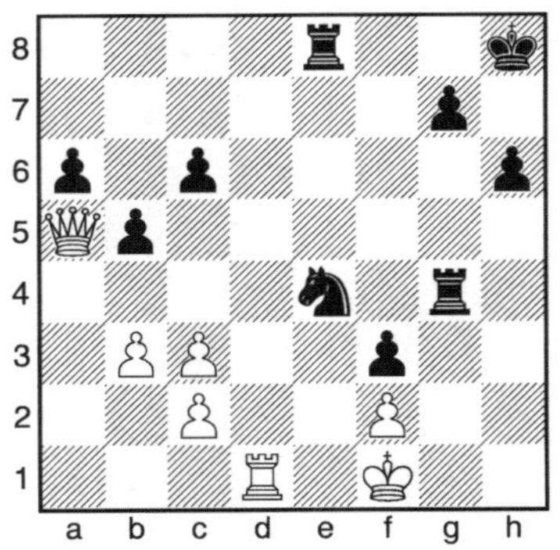

33 ● ..........................

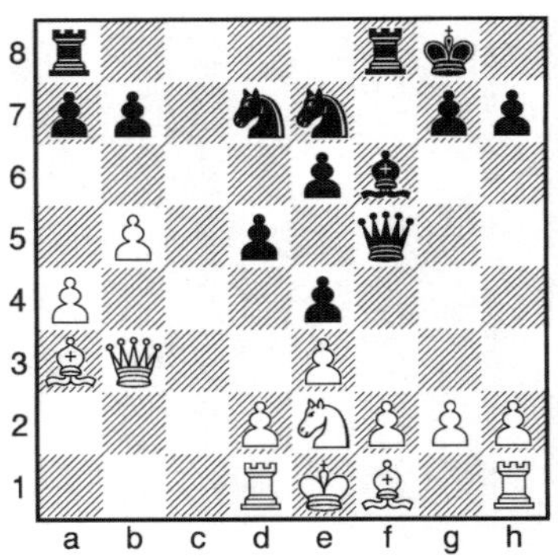

34 ●..........................

# Lösung Quick Test 3

## Matt in bis zu drei Zügen!

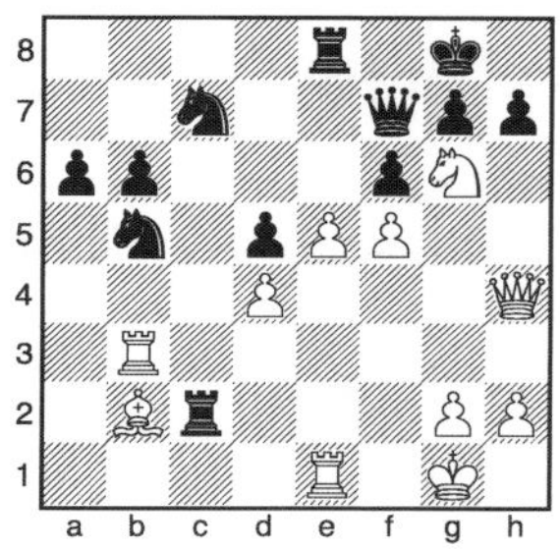

**1.**

**1.♕h4xh7+ ♔g8xh7**
**2.♖b3–h3+ ♔h7–g8**
**3.♖h3–h8#**

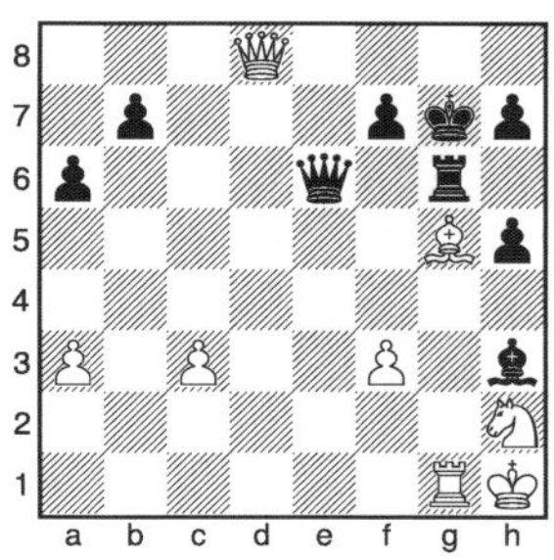

**2.**

**1.♗g5–h6+ ♔g7xh6**
**2.♕d8–f8+ ♖g6–g7**
**3.♕f8xg7#**

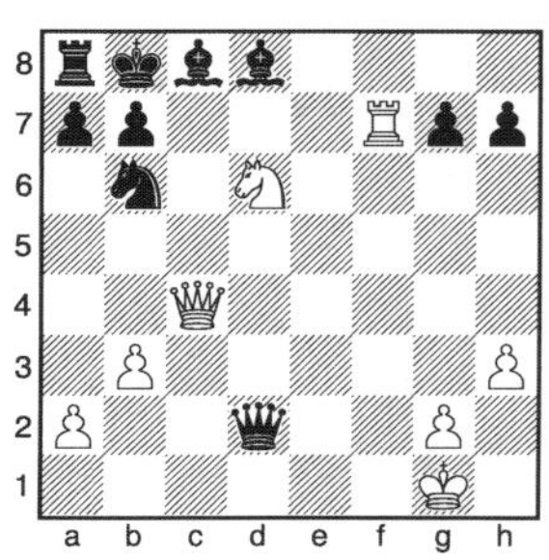

**3.**

**1.♕c4xc8+ ♘b6xc8**
**2.♖f7xb7#**

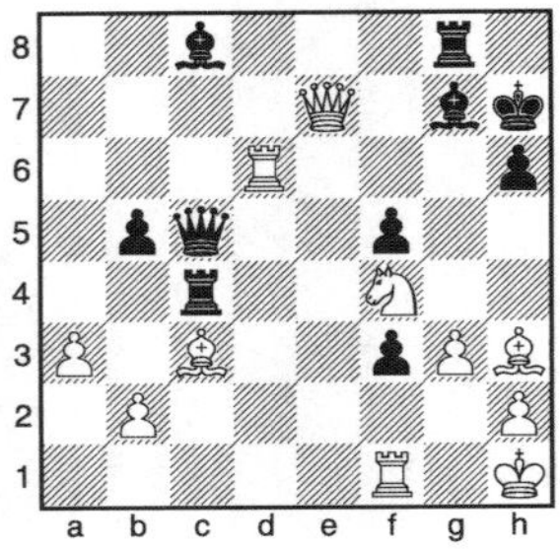

**4.**

**1.♖d6xh6+! ♔h7xh6**
**2.♕e7-h4#**

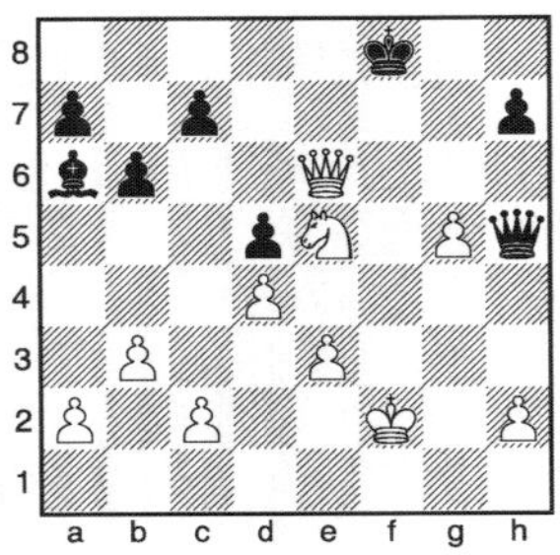

**5.**

**1.♘e5-d7+ ♔f8-g7**
**2.♕e6-f6+ ♔g7-g8**
**3.♕f6-f8#**

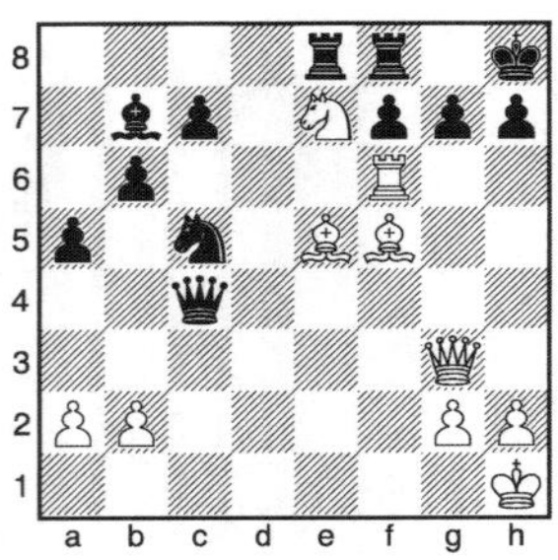

**6.**

**1.♕g3xg7+ ♔h8xg7 2.♖f6-g6#**

Ein vernichtendes Doppelschach!

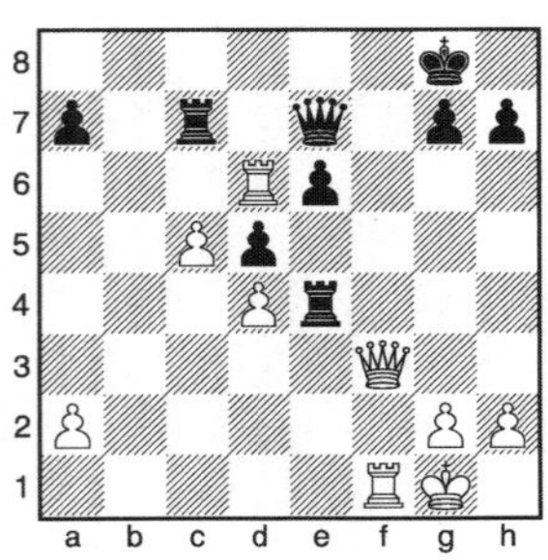

**7.**

**1.♕f3-f7+ ♕e7xf7**
**2.♖d6-d8+ ♕f7-f8**
**3.♖f1/♖d8xf8#**

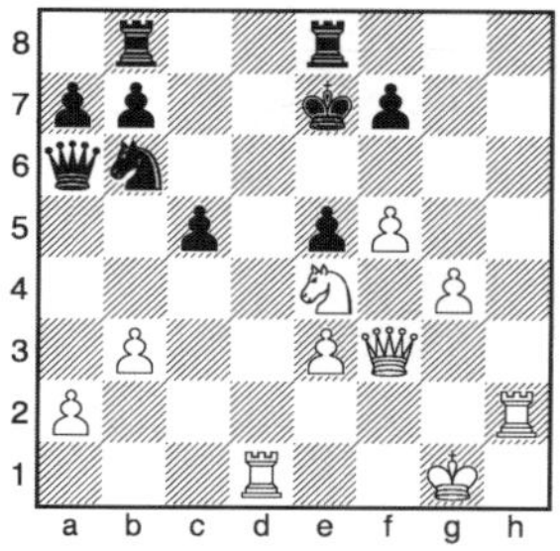

**8.**

**1.f5–f6+ ♔e7–f8 2.♖h2–h8#**

Oder 1...♔e7–e6 mit reichlich Auswahl:

2.♕f3–f5# / 2.♘e4–g5# / 2.♘e4xc5# / 2.♖d1-d6#

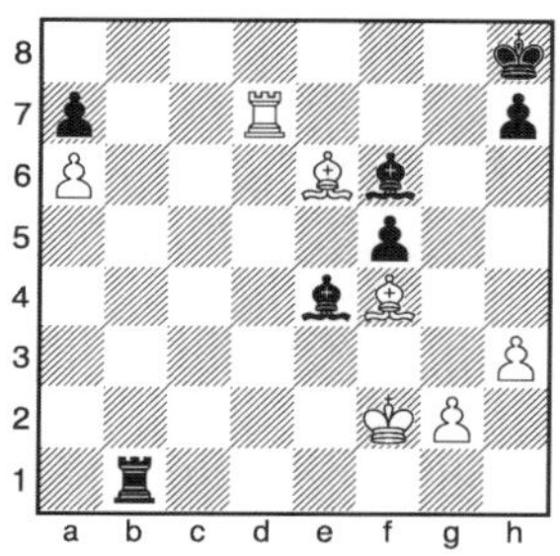

**9.**

**1.♖d7–d8+ ♗f6xd8**

Oder 1...♔h8–g7 2.♖d8–g8#

**2.♗f4–e5+ ♗d8–f6 3.♗e5xf6#**

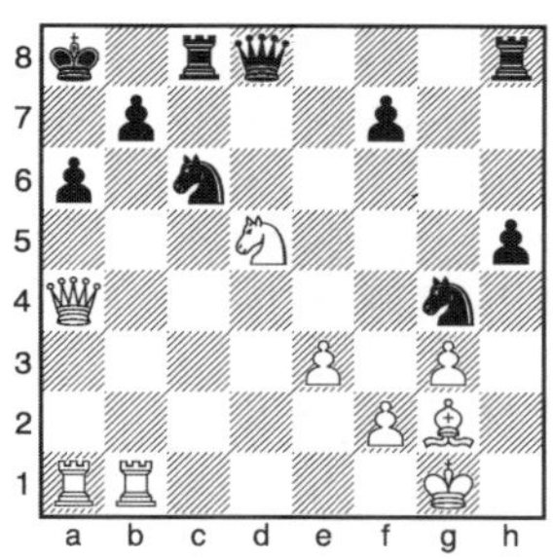

**10.**

**1.♕a4xa6+ b7xa6**
**2.♖a1xa6+ ♘c6–a7**
**3.♘d5–c7#** Doppelschach!

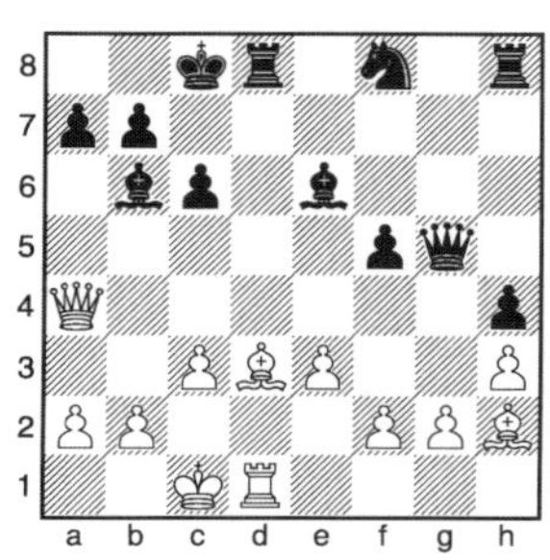

**11.**

Falls du Eröffnungen mit 0–0–0 spielst solltest du unbedingt **"Bodens Matt"** kennen, benannt nach einem alten englischen Meister:

**1.♕a4xc6+ b7xc6**
**2.♗d3–a6#**

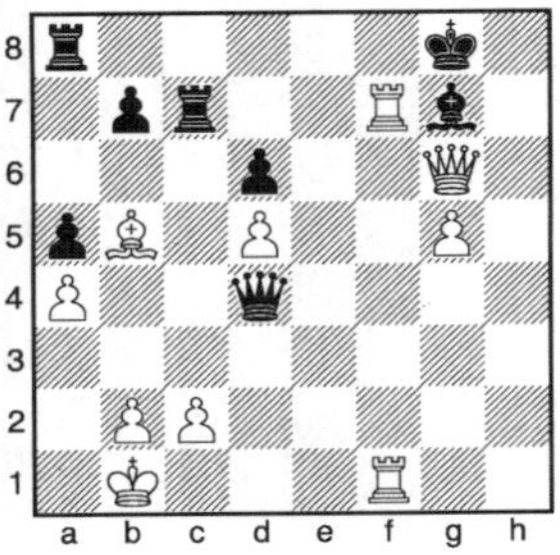

**12.**

**1.♖f7–f8+ ♖a8xf8**
**2.♖f1xf8+ ♔g8xf8**
**3.♕g6–e8#**

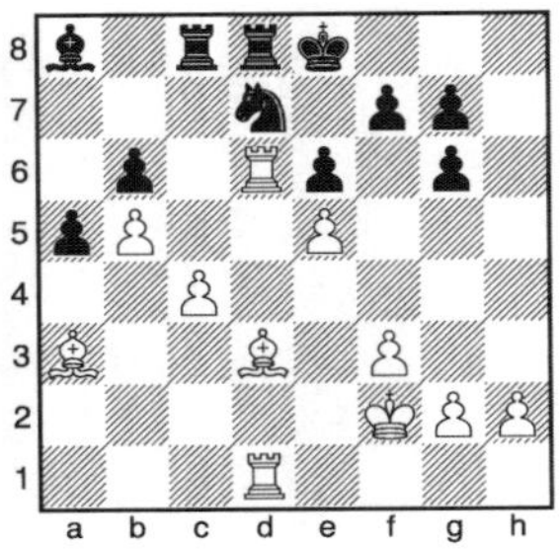

**13.**

**1.♖d6xe6+ f7xe6**
**2.♗d3xg6#**

Das klassische Motiv von Matt mit zwei Läufern.

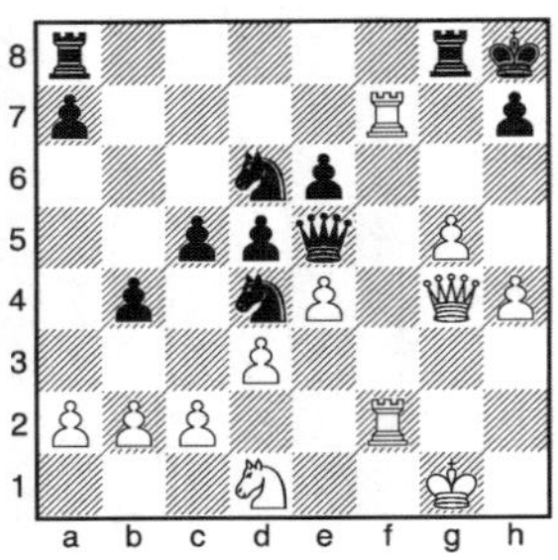

**14.**

**1.♖f7xh7+ ♔h8xh7**
**2.♕g4–h5+ ♔h7–g7**
**3.♕h5–h6#**

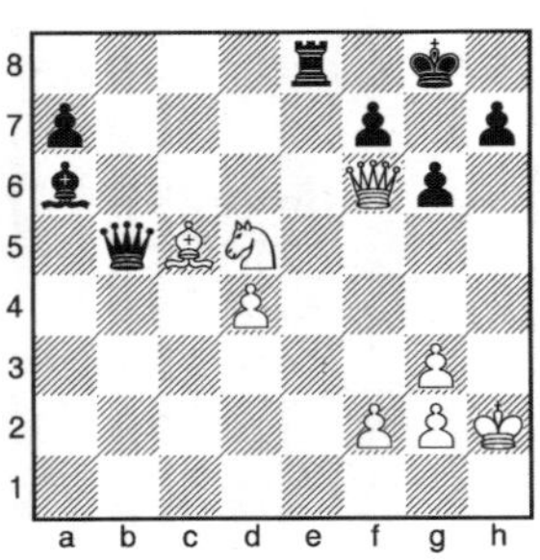

**15.**

**1.♗c5–f8 ♔g8xf8 2.♕f6–h8#**

Oder 1...♖e8xf8 2.♘d5–e7#

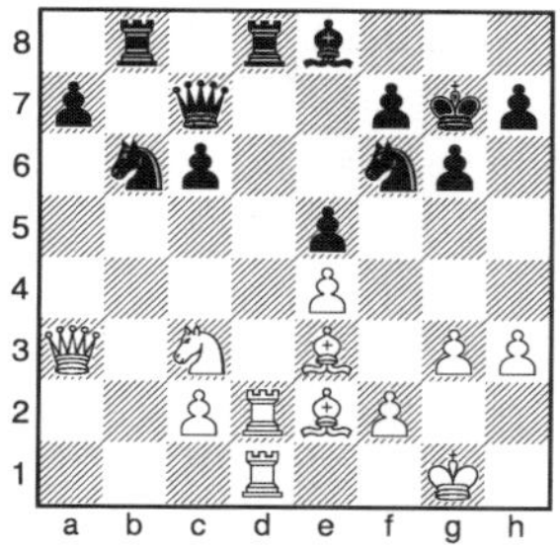

**16.**

**1.♗e3–h6+ ♔g7xh6**
**2.♕a3–f8+ ♔h6–g5**
**3.h3–h4#**

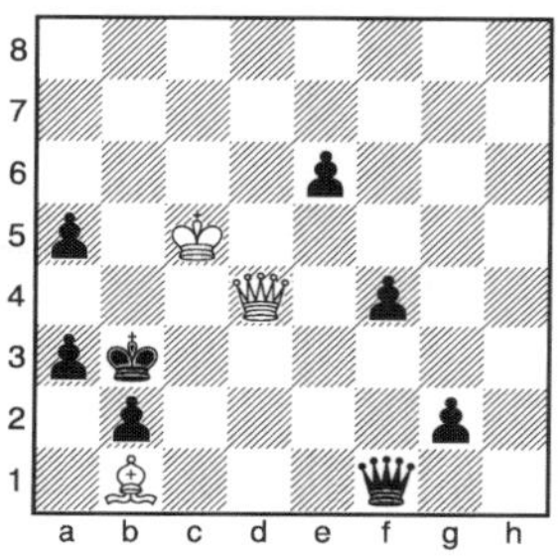

**17.**

**1.♕d4–a4+! ♔b3xa4 2.♗b1-c2#**

Oder 1...♔b3–c3 2.♕a4–c2#

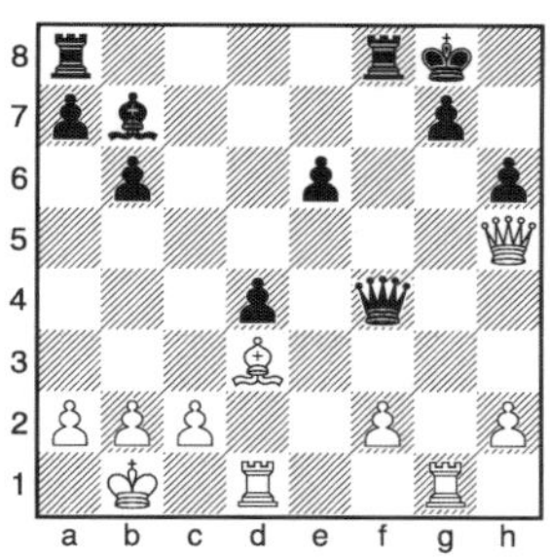

**18.**

**1.♖g1xg7+ ♔g8xg7**

Falls 1...♔g8–h8 2.♖g7–h7+ ♔h8–g8 3.♕h5–g6#

**2.♕h5–g6+ ♔g7–h8 3.♕g6–h7#**

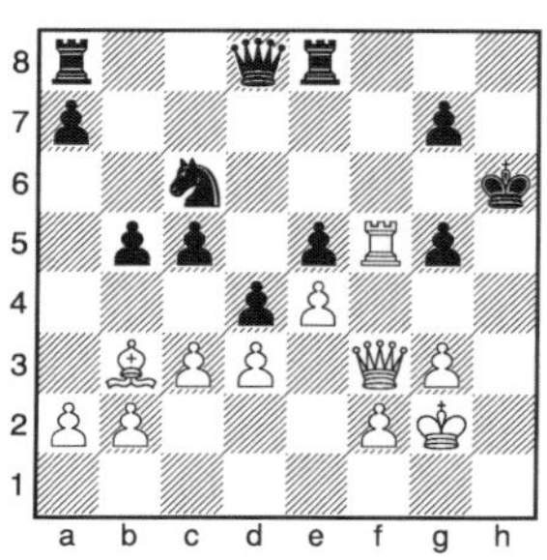

**19.**

**1.g3–g4 g7–g6 2.♖f5–f7 --**
**3.♕f3–h3#**

Denk daran: Ein Mattangriff muss nicht immer mit einem Schach oder einem Opfer starten! Manchmal ist auch ein ruhiger Vorbereitungszug der Schlüssel.

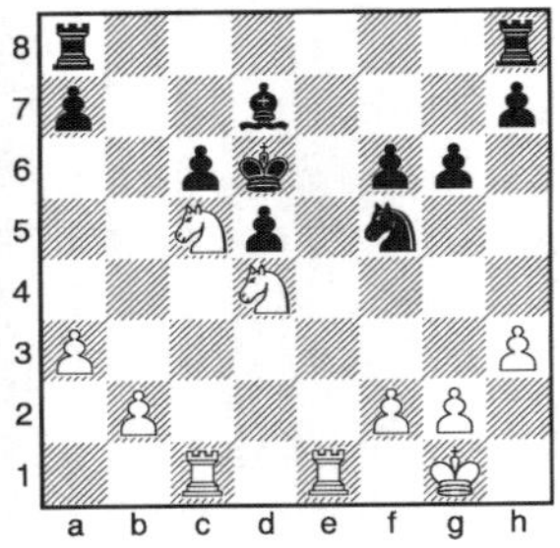

**20.**

**1.♘d4–b5+! c6xb5**
**2.♘c5–b7#**

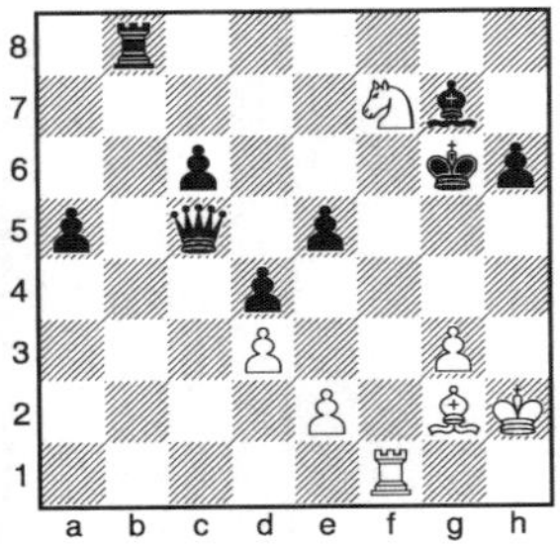

**21.**

**1.♗g2–e4+ ♔g6–h5**
**2.♔h2–h3 --**
**3.g3–g4#**

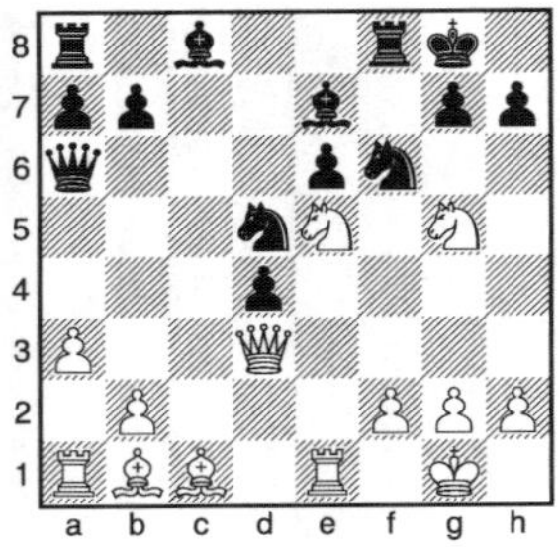

**22.**

**1.♕d3xh7+ ♘f6xh7**
**2.♗b1xh7+ ♔g8–h8**
**3.♘e5–g6#**

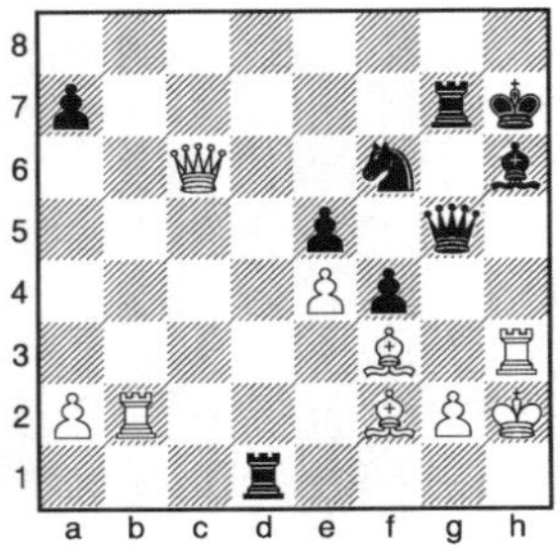

**23.**

**1...♕g5xg2+**
**2.♗f3xg2 ♘f6–g4#**

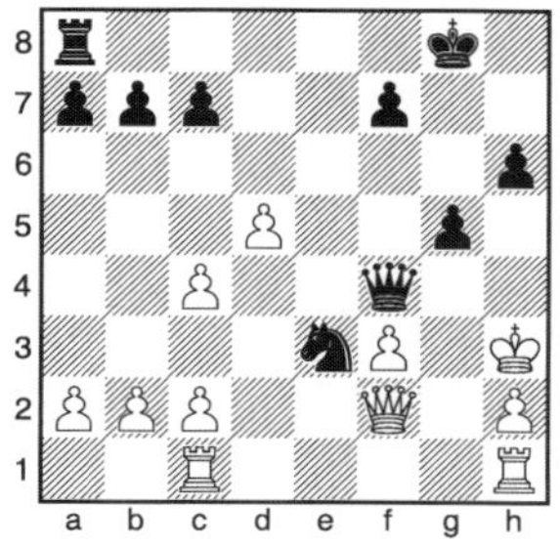

**24.**

**1...g5–g4+**
**2.♔h3–h4 g4xf3+**
**3.♔h4–h3 ♕f4–g4#**

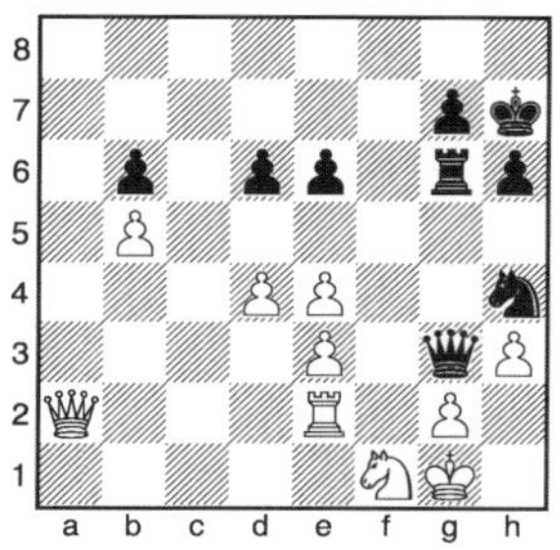

**25.**

**1...♘h4–f3+**
**2.♔g1-h1 ♕g3xh3+**
**3.g2xh3 ♖g6–g1#**

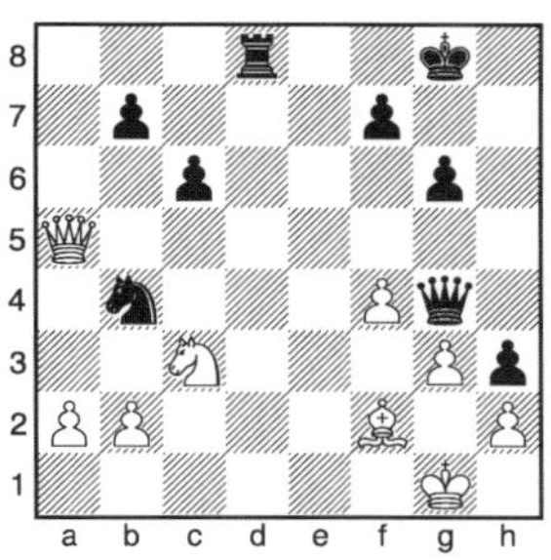

**26.**

**1...♖d8–d1+ 2.♘c3xd1**

Oder 2.♗f2–e1 ♖d1xe1+ 3.♔g1-f2 ♘b4–d3#

**2...♕g4xd1+ 3.♗f2–e1 ♕d1xe1#**

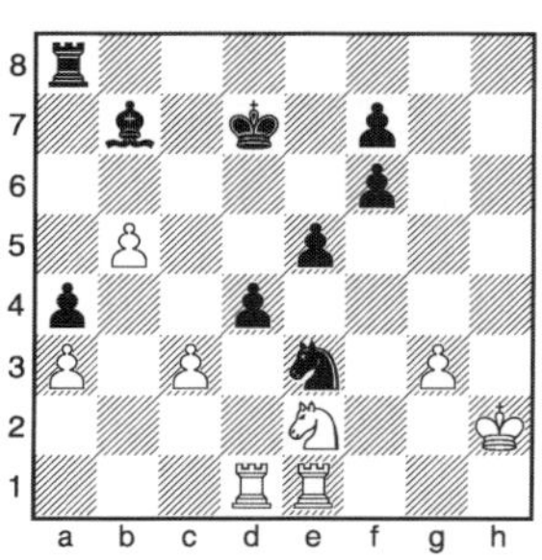

**27.**

**1...♖a8–h8+**
**2.♔h2–g1 ♖h8–h1+**
**3.♔g1-f2 ♘e3–g4#**

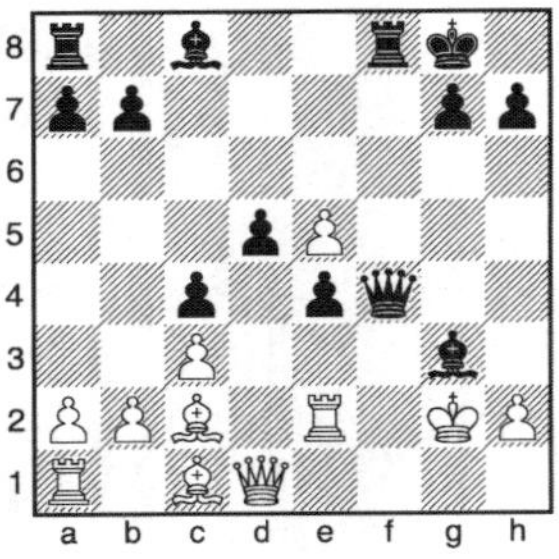

**28.**

**1...♗c8–h3+ 2.♔g2xh3**

Falls 2.♔g2–g1 ♕f4–f1+ 3.♕d1xf1 ♖f8xf1#

**2...♕f4–h4+ 3.♔h3–g2 ♕h4xh2#**

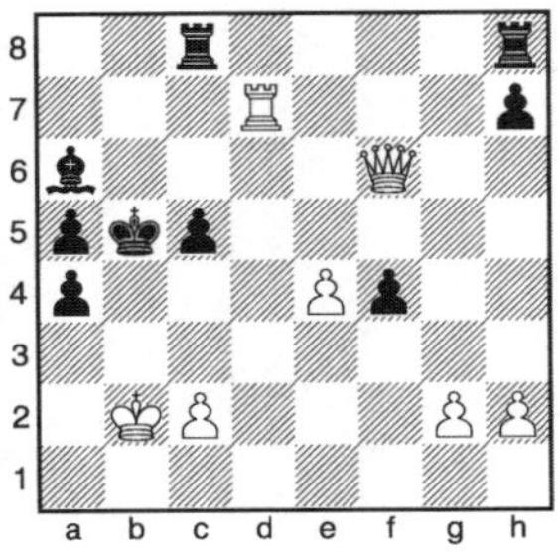

**29.**

**1.c2–c4+ ♔b5xc4**

Oder 1...♔b5–b4 2.♕f6–c3#

**2.♕f6xa6+ ♔c4–b4 3.♖d7–b7#**

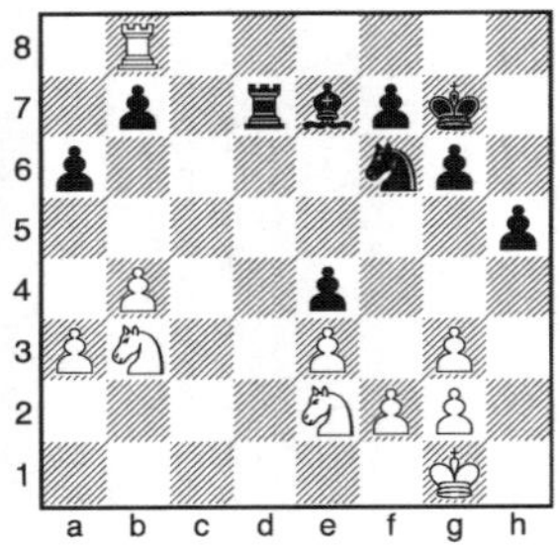

**30.**

**1...♖d7–d1+**
**2.♔g1-h2 ♘f6–g4+**
**3.♔h2–h3 ♖d1–h1#**

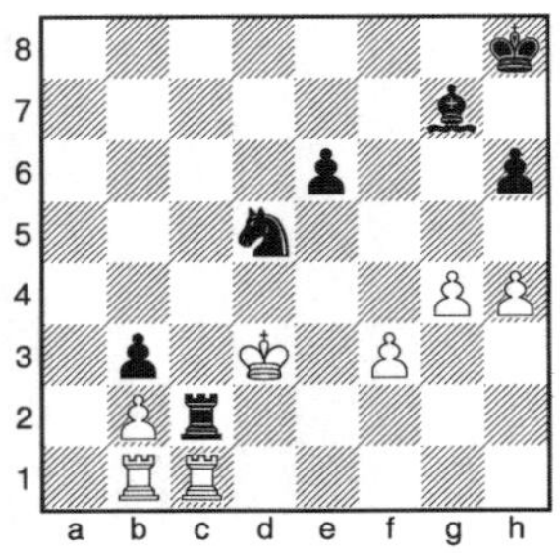

**31.**

**1...♘d5–f4+**
**2.♔d3–e4 ♖c2–e2+**
**3.♔e4xf4 ♗g7–e5#**

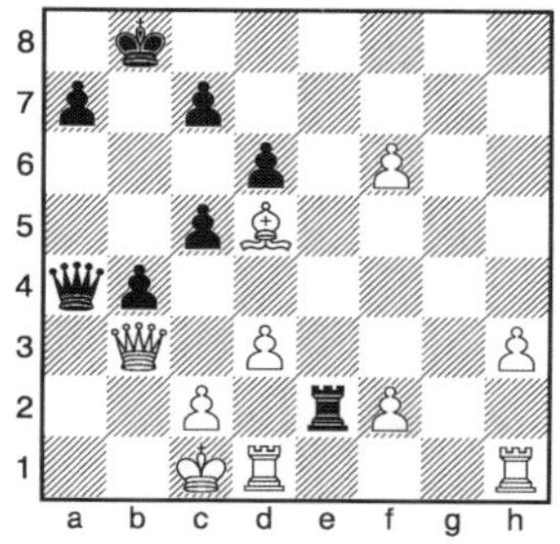

**32.**

**1...♕a4–a1+**
**2.♕b3–b1 ♖e2xc2+**
**3.♔c1xc2 ♕a1-c3#**

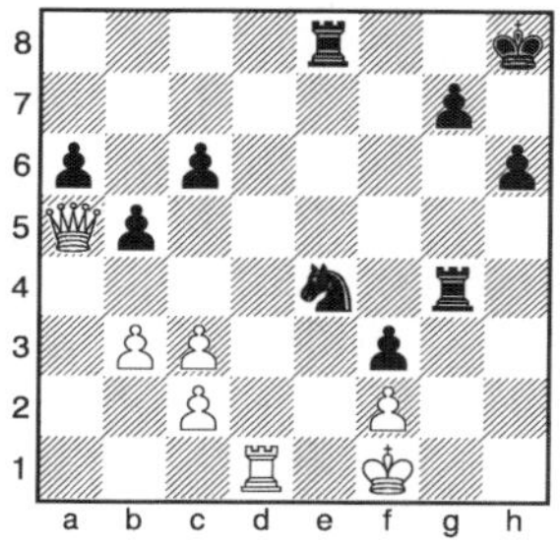

**33.**

**1...♘e4–d2+**
**2.♖d1xd2 ♖e8–e1+**
**3.♔f1xe1 ♖g4–g1#**

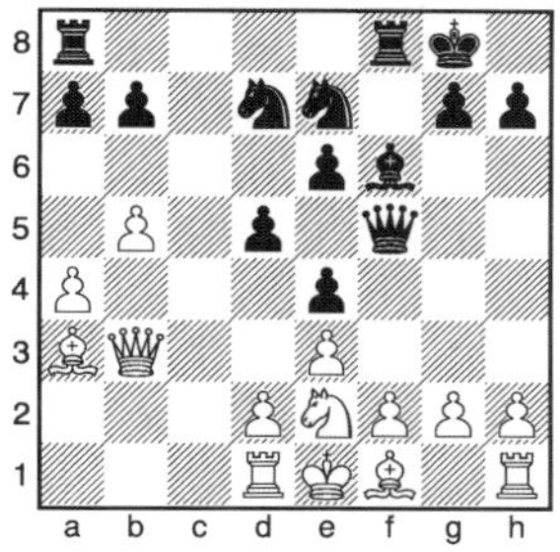

**34.**

**1...♕f5xf2+**
**2.♔e1xf2 ♗f6–h4+**
**3.♔f2–g1 ♗h4–f2#**

# LEKTION für FORTGESCHRITTENE 3

## Schach-Geschichte

Besonders junge Spieler schauen gerne auf die Spieler der Vergangenheit herab. Schwache Eröffnungen, viele Fehler und Reinfälle trotz langer Spielzeit. Schachuhren und begrenzte Bedenkzeit wurden erst 1883 von Thomas Bright Wilson aus Manchester eingeführt. Doch auch wenn der durchschnittliche Spieler damals viel schwächer war als seine heutige Entsprechung, finden wir viele brillante Ideen und Techniken. Zu jeder Zeit in der menschlichen Geschichte finden wir schlaue Leute, die ihrer Zeit weit voraus waren.

Diese guten Ideen und Geniestreiche der alten Meister sind wertvolles Lehrmaterial. Wir können sie nutzen, um unser eigenes Spiel zu verbessern, z.B. um zu lernen, wie man eine bestimmte Königsstellung angreift oder den König erfolgreich übers Brett jagt. Daher solltest du unseren Schach-Vorfahren Respekt zollen und von ihren Werken lernen. Und vergiss nicht: Viele der alten Meister würden sich schnell dem modernen Schach anpassen können - und wären wohl auch in ihrer damaligen Form stark genug, um dir die Hucke vollzuhauen!

Mancher junge Schachfreund mag dennoch denken, er wäre, wenn er bloß in der Zeit zurückgehen könnte, nahezu unschlagbar; sogar in der Lage, es mit den alten Meistern aufzunehmen. Niemand kann sagen, ob das so wäre oder nicht. Aber du kannst jetzt zumindest in den folgenden Übungen zeigen, ob du wenigstens stark genug bist, ihre taktischen Lösungen zu finden.

Also gehen wir los und finden eine Antwort auf die Frage:

Wärst du ein Meister der Vergangenheit? ☺

# LEKTION für FORTGESCHRITTENE 3

## Schach-Geschichte

### Finde Matt oder Materialvorteil in den Partien der alten Meister

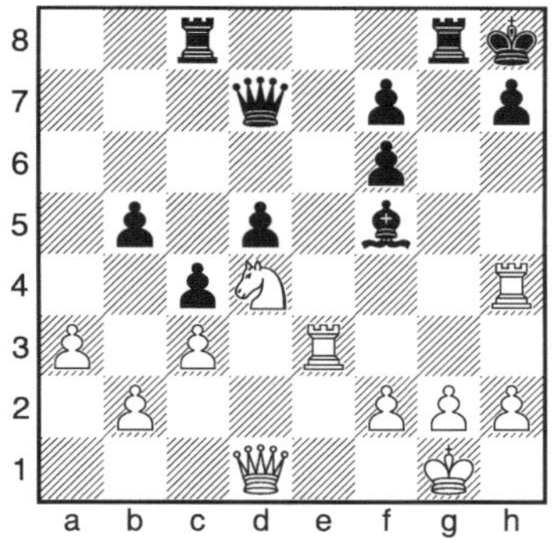

**1**

**Capablanca,J – Morris,W**

New York 1911

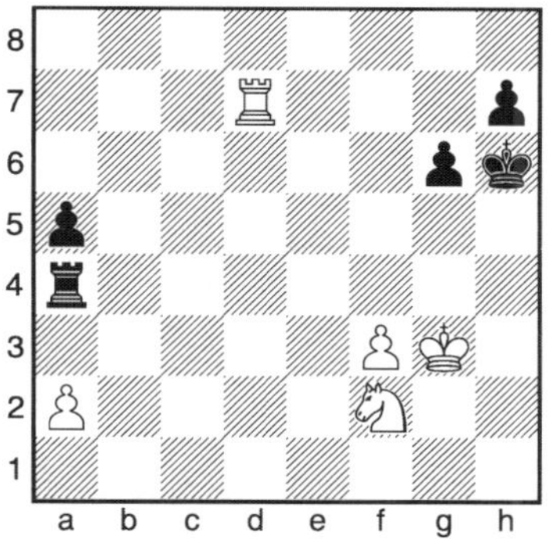

**2**

**Aljechin,A – Nimzowitsch,A**

St.Petersburg 1914

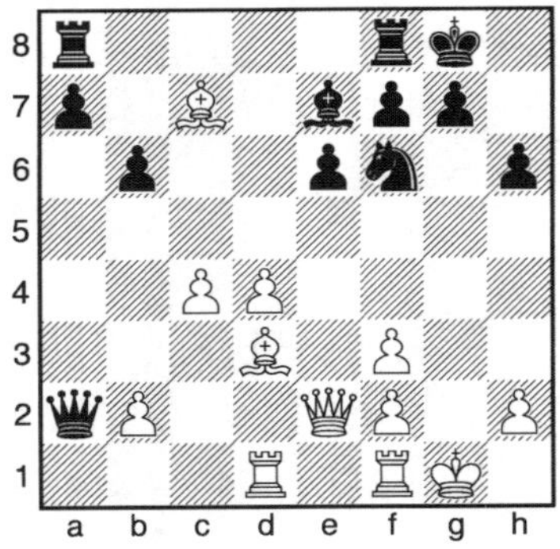

**3**

**Tarrasch,S – Mieses,J**

Match Berlin 1916

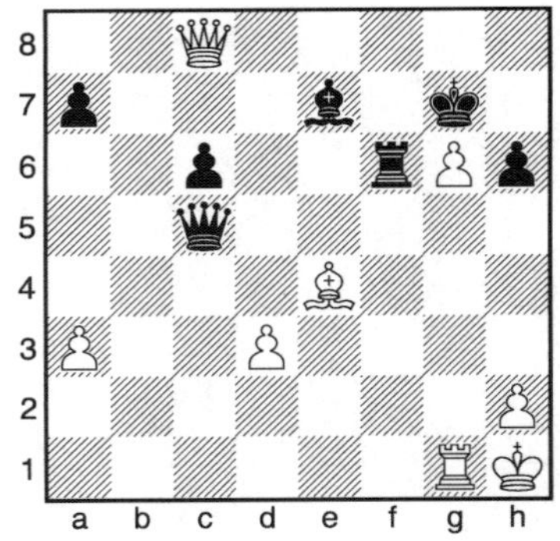

**4**

**Bernstein,O – Capablanca,J**

Moskau 1914

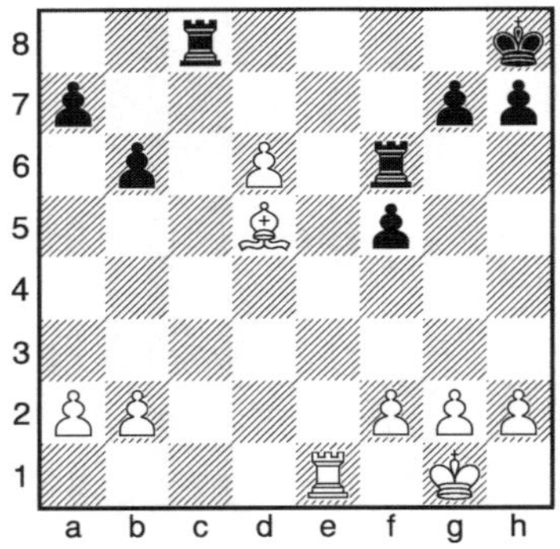

**5**

**Aljechin,A – Penn**

Odessa RUS Simultan 1918

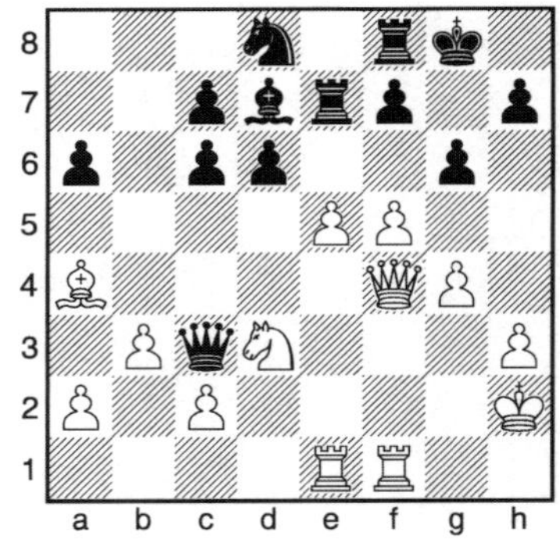

**6**

**Marco,G – Breyer,G**

Budapest 1913

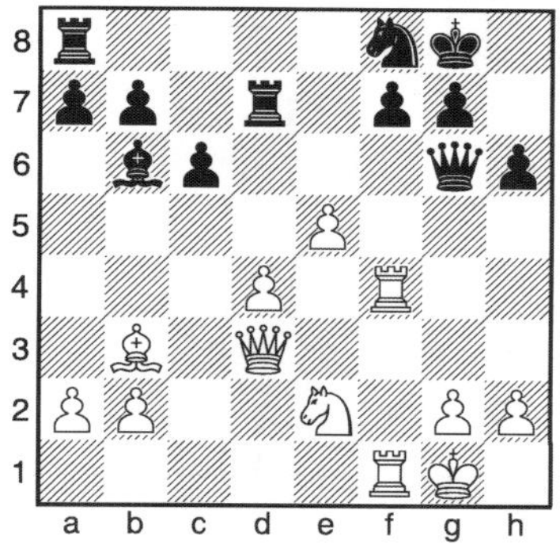

**7**

**Spielmann,R – Schenkein**

Wien 1910

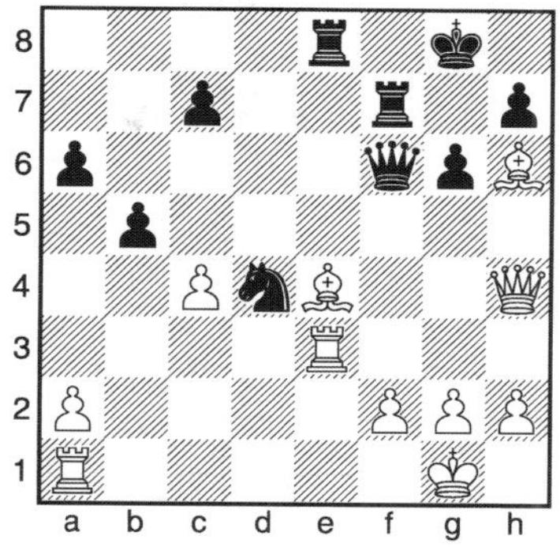

**8**

**Tarrasch,S – Post,E**

Mannheim 1914

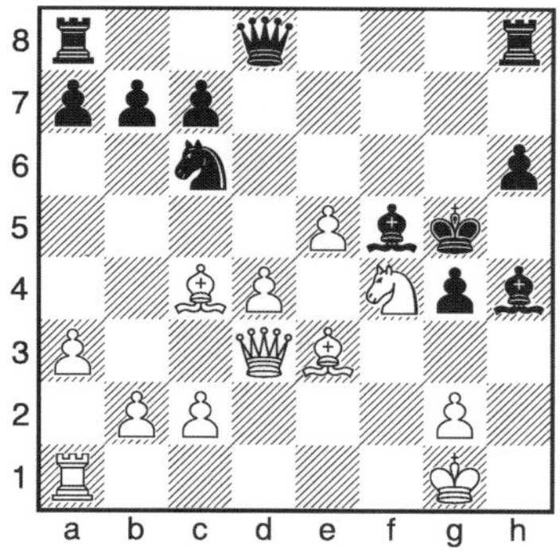

**9**

**Maroczy – Exner**

Budapest 1894

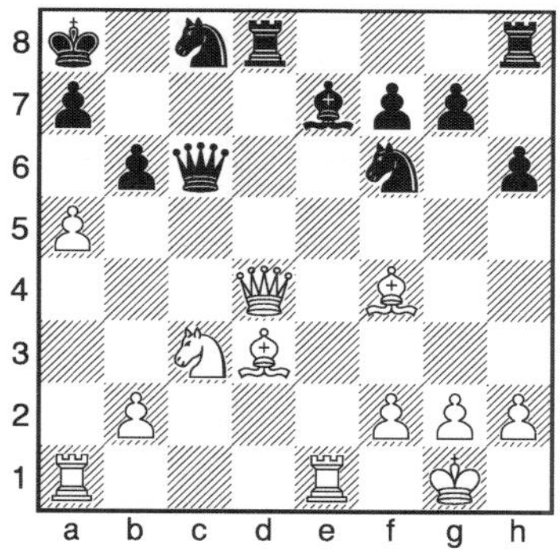

**10**

**Tschigorin,M – Schiffers,E**

St. Petersburg 1879

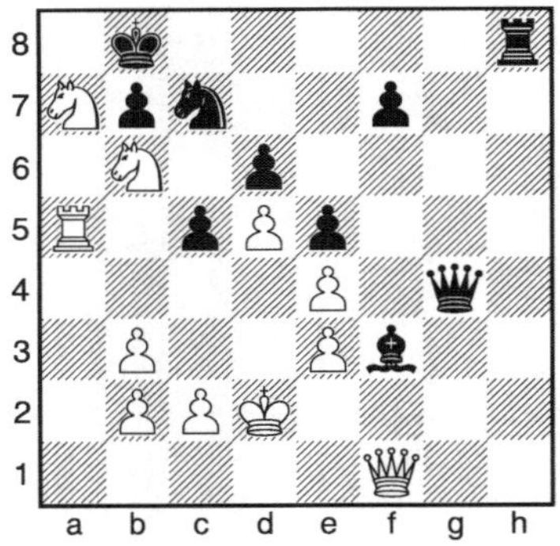

**11**

**Loyd,S – Rosenthal,S**

Paris 1867

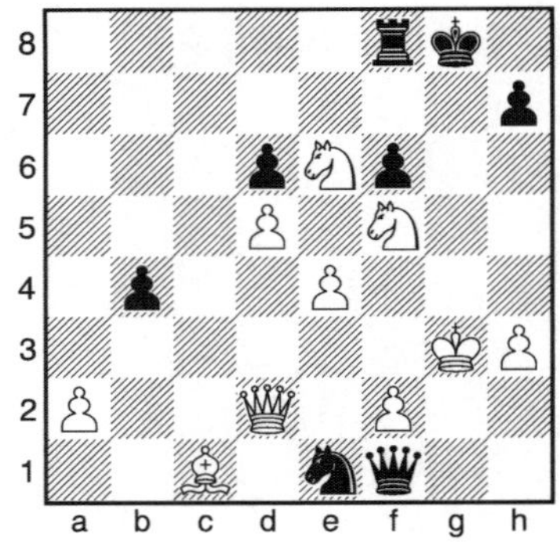

**12**

**Urusov – Kalinsky**

Fernschach 1880

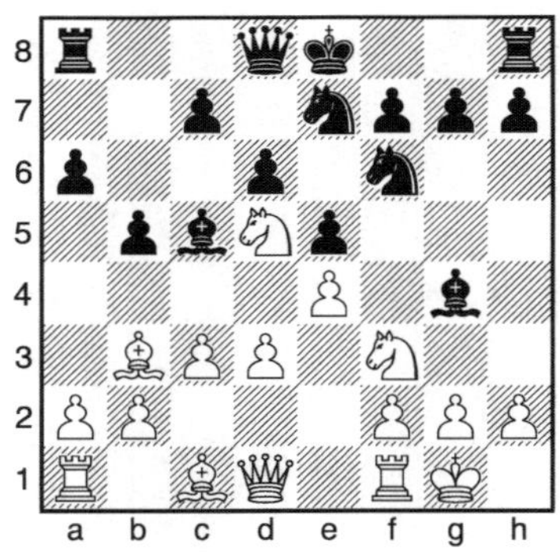

**13**

**Tarrasch,S – Tschigorin,M** (Variante)

Match St.Petersburg 1893

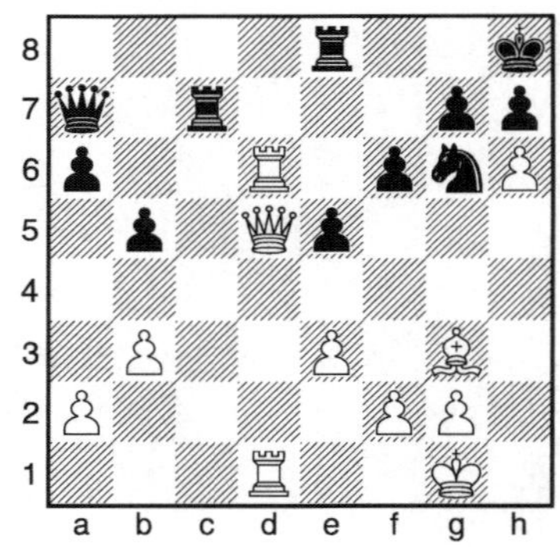

**14**

**Rubinstein,A – Maróczy,G**

Gothenburg SWE 1920

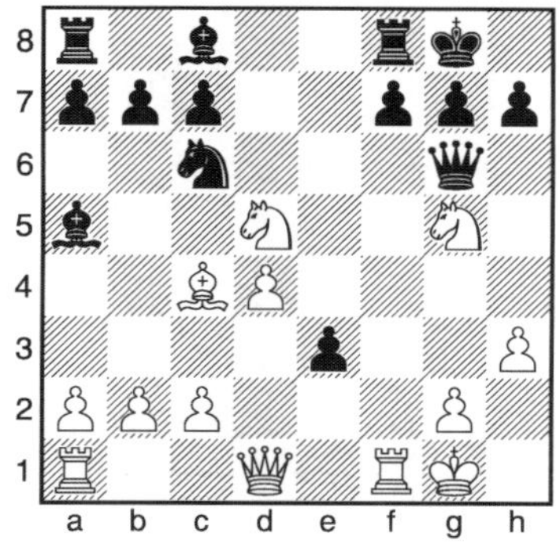

**15**

**Tschigorin,M – Schlechter,C**

London 1899

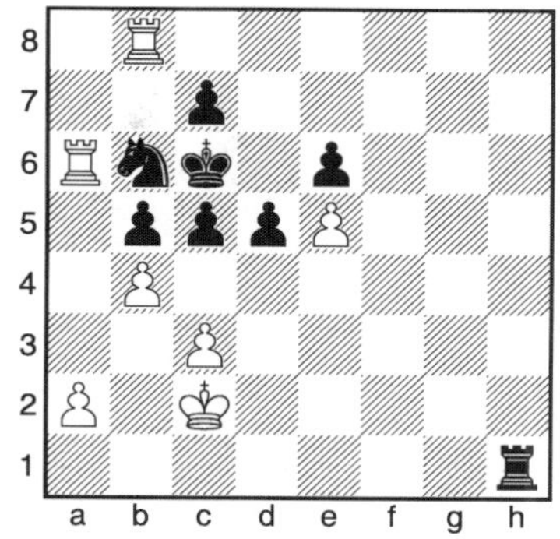

**16**

**Tarrasch,S – N.N**

Freie Partie München 1919

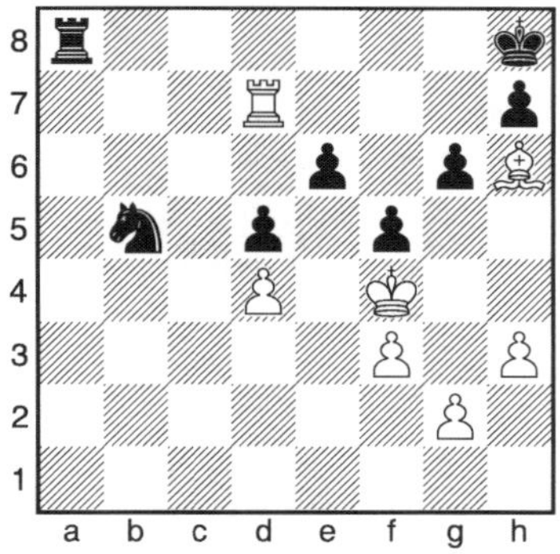

**17**

**Tarrasch,S – Reti,R**

Wien 1922

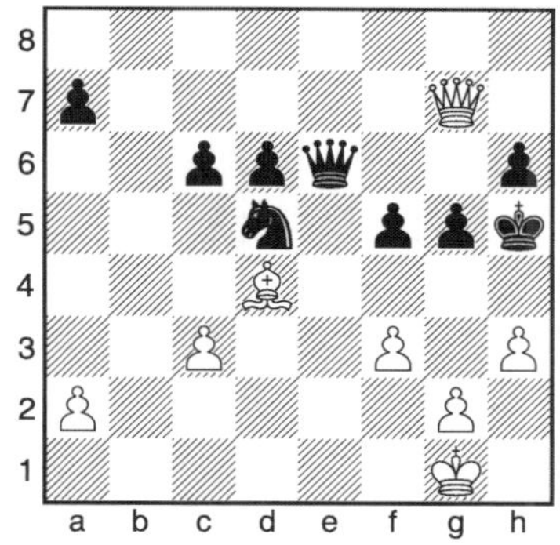

**18**

**Schlechter,C – Metger,J**

Wien 1899

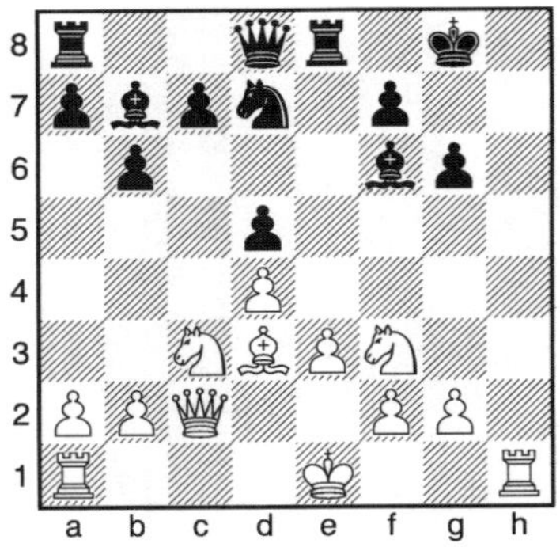

**19**

**Marshall,F – Burn,A**

Paris 1900

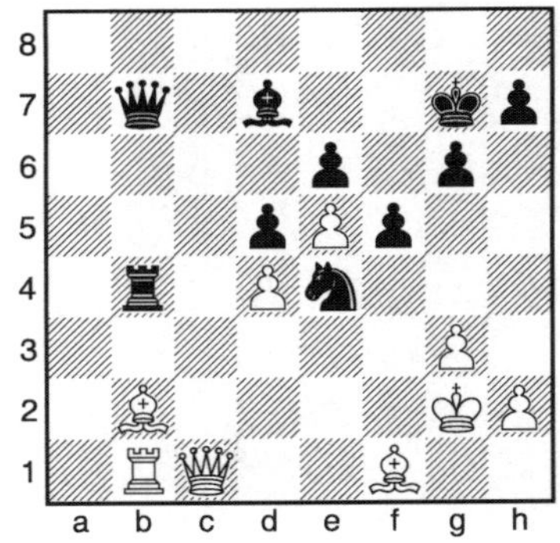

**20**

**Ahues,C – Schoris,G**

Dresden 1907

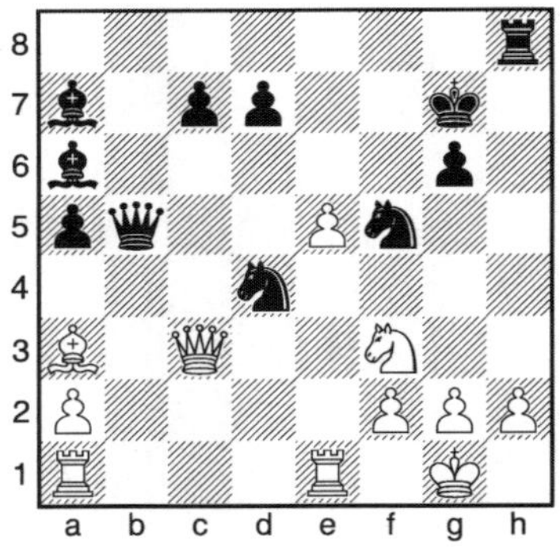

**21 ●**

**N. N. – Zukertort,J**

Berlin 1868

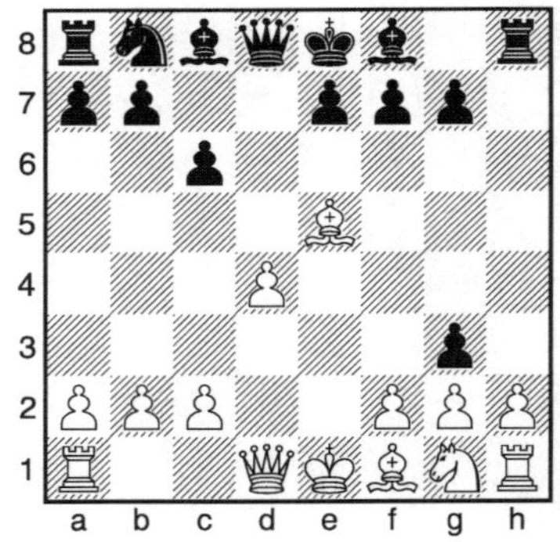

**22 ●**

**Schuster,Th – Carls,C.**

Bremen 1913

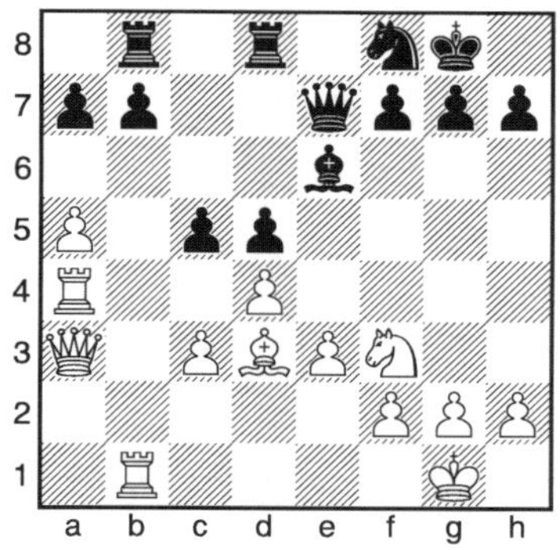

**23 ●**

**Marshall,F – Capablanca,R**

Match New York 1909

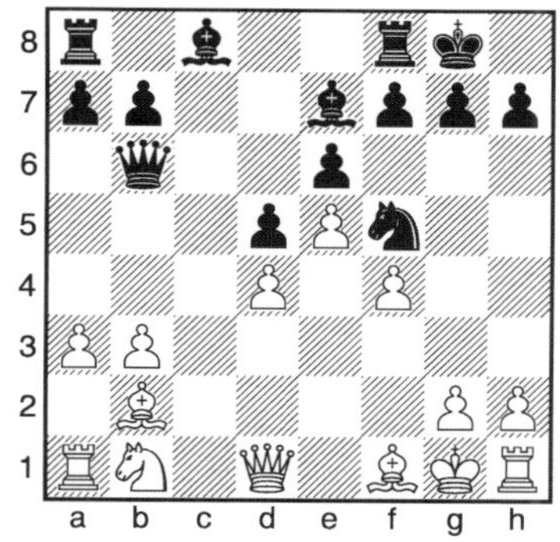

**24 ●**

**Somacarana – Cochrane,J**

Kalkutta 1856

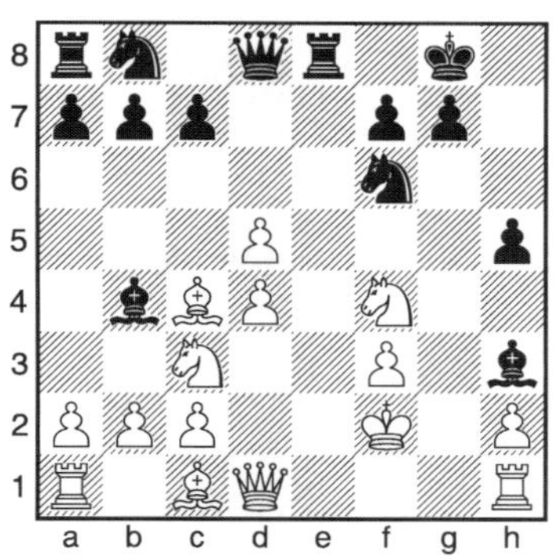

**25 ●**

**Aljechin,A – Levitzky,S** (Analyse)

St. Petersburg 1913

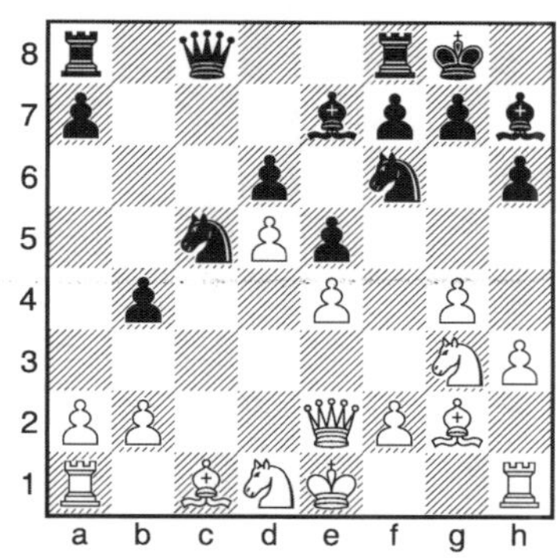

**26 ●**

**Grünfeld,E – Reti,R**

Bad Pistyan 1922

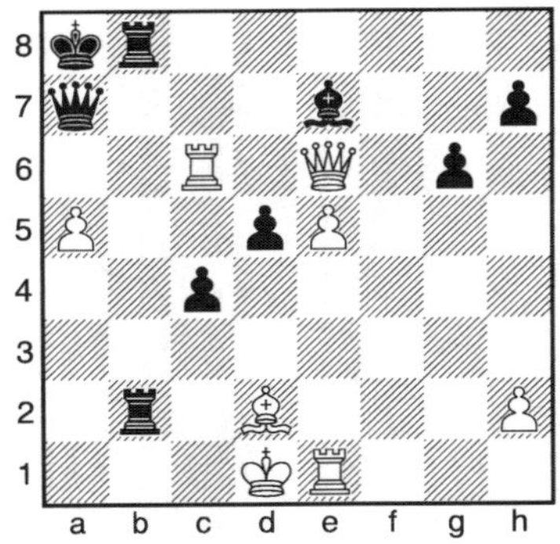

**27 ●**

**Mieses,J – Tarrasch,S**

Match Berlin 1916

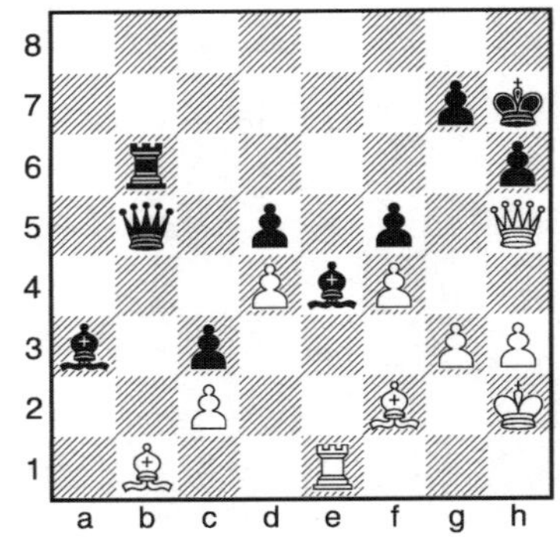

**28 ●**

**Spielmann,R – Tarrasch,S**

San Sebastian 1912

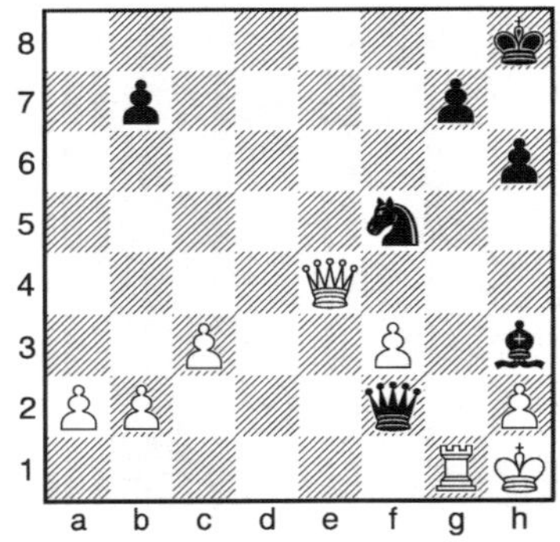

**29 ●**

**Amateur – Andresen**

Christiania DEN 1914

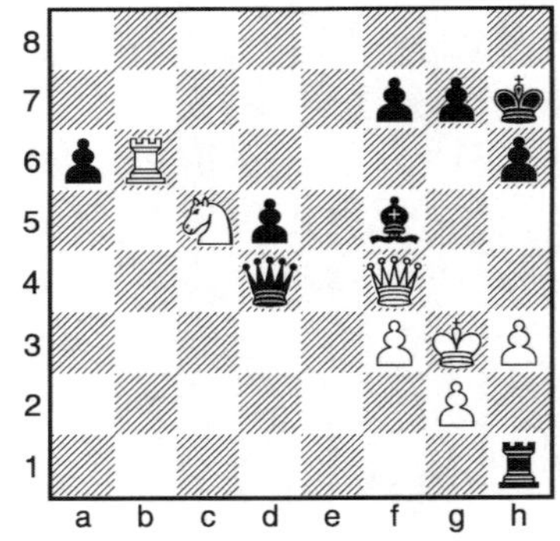

**30 ●**

**Burn,A – Schlechter,C**

Wien 1898

# Lösungen

# LEKTION für FORTGESCHRITTENE 3

## Schach-Geschichte

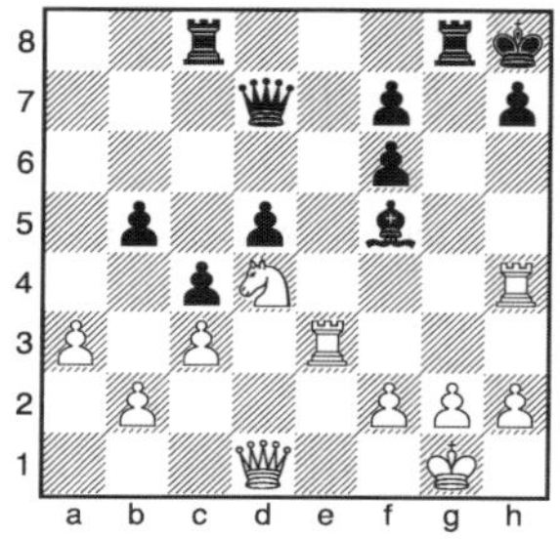

**1.** Capablanca – Morris

Der letzte schwarze Zug ...♕d6–d7 war ein Fehler; ♗f5–g6 war nötig.

**1.♖e3–e7 ♕d7xe7 2.♘d4xf5 --**
**3.♖h4xh7+ ♔h8xh7 4.♕d1-h5#**

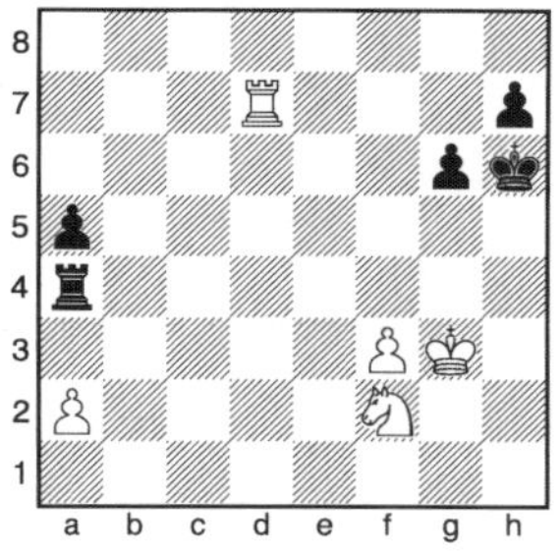

**2.** Aljechin – Nimzowitsch

**1.♘f2–g4+ ♔h6–h5**

Falls 1...♔h6–g5 2.♖d7–d5#

**2.♖d7–d5+ g6–g5 3.♖d5–d6 ♖a4xg4+**
**4.f3xg4#**

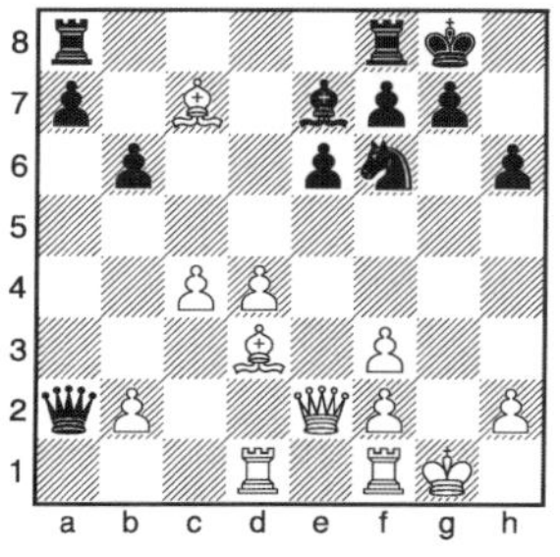

**3.** Tarrasch – Mieses

Ein instruktiver Fall von vergiftetem Bauer, den Weiß gerade mit der Dame geschlagen hatte:

**1.♖d1-a1 ♕a2–b3**
**2.♗d3–c2 ♕b3–b4**
**3.♖a1-a4 ♕b4xb2**
**4.♗c2–h7+**

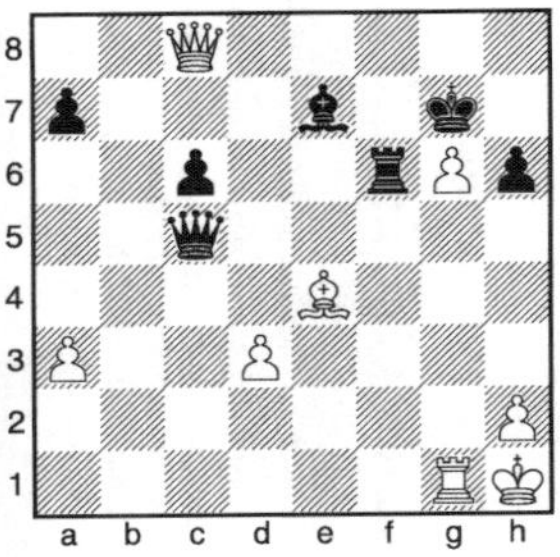

**4.** Bernstein – Capablanca

Mit einem doppelten Opfer sichert Weiß die Umwandlung:

**1.♕c8–h8+ ♔g7xh8**
**2.g6–g7+ ♔h8–g8**
**3.♗e4–h7+ ♔g8xh7 4.g7–g8♕#**

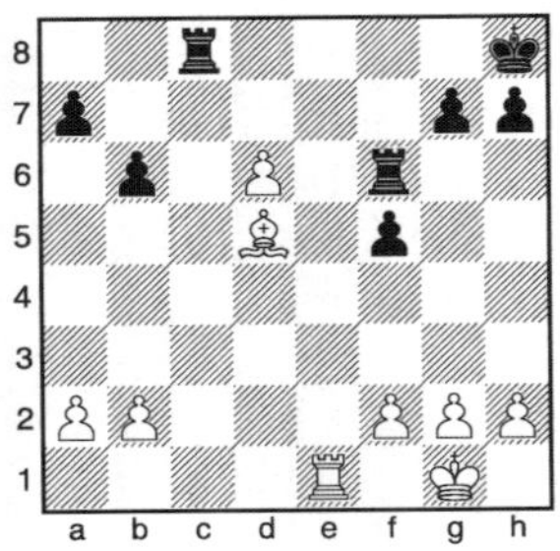

**5.** Aljechin – Penn

Der spätere Weltmeister Aljechin zeigte hier einen cleveren "Trick", um zur Umwandlung zu kommen:

**1.d6–d7 ♖c8–d8 2.♖e1–e8+ ♖f6–f8**
**3.♗d5–f7 g7–g6 4.♖e8xf8+ ♖d8xf8**
**5.♗f7–e8**

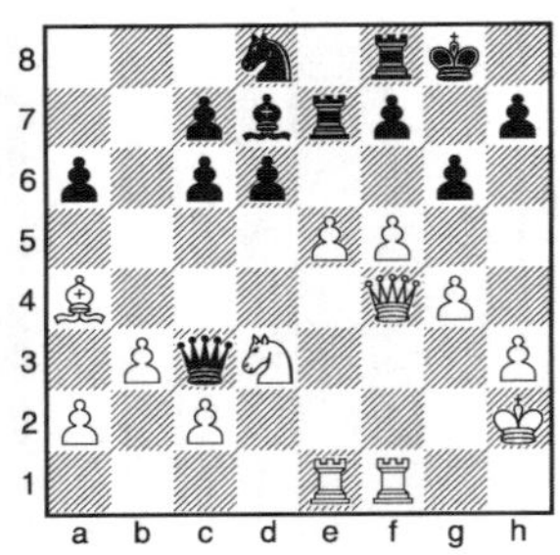

**6.** Marco – Breyer

**1.f5–f6 ♖e7–e8**
**2.♕f4–h6 ♘d8–e6**
**3.e5xd6** 1:0; **♔g8–h8**
**4.♖e1xe6 ♖f8–g8**
**5.♖e6xe8 ♗d7xe8 6.d6xc7**

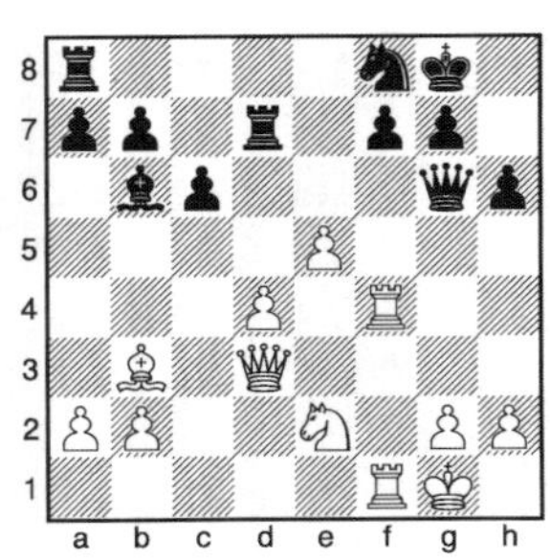

**7.** Spielmann – Schenkein

Der weiße Springer ist weit vom Geschehen entfernt. Aber seine große Stunde kommt am Ende:

**1.♖f4xf7 ♕g6xd3**
**2.♖f7xf8+ ♔g8–h7**
**3.♗b3–g8+ ♔h7–g6**
**4.♘e2–f4+ ♔g6–g5 5.♘f4xd3+–**

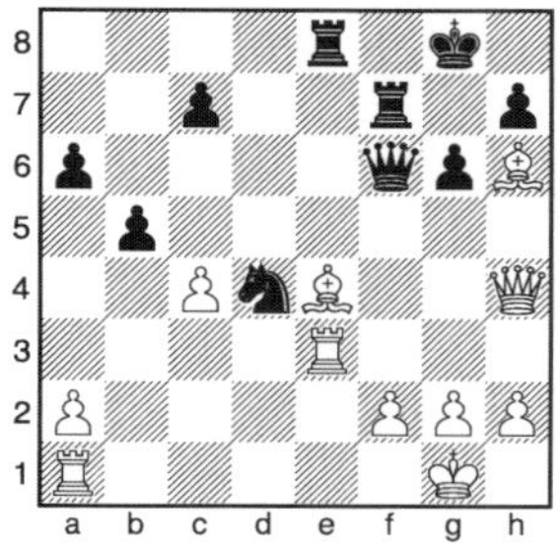

8. Tarrasch – Post

**1.♕h4xf6 ♖f7xf6**
**2.♗e4–d5+ ♘d4–e6**
**3.♖a1-e1 ♔g8–f7**
**4.♗h6–g5 ♖f6–f5**
**5.♖e3xe6 ♖e8xe6 6.♗d5xe6++–**

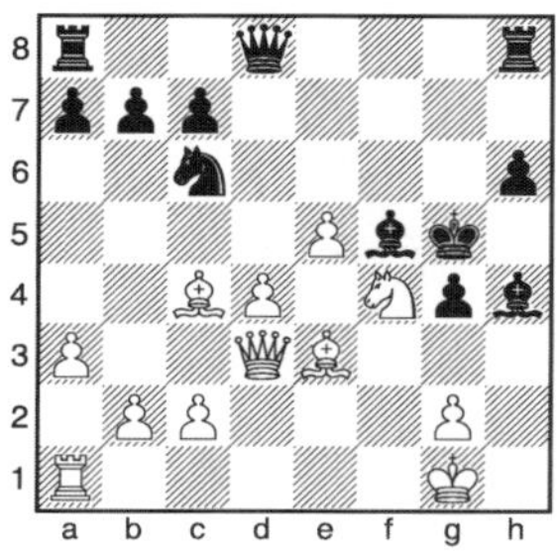

9. Maroczy – Exner

Dies ist ein nettes Beispiel für die Stärke der Leichtfiguren. Wie ein Wolfsrudel jagen sie den König:

**1.♕d3xf5+ ♔g5xf5 2.♗c4–d3+ ♔f5–g5**
**3.♘f4–e6+ ♔g5–h5 4.♘e6–g7#**

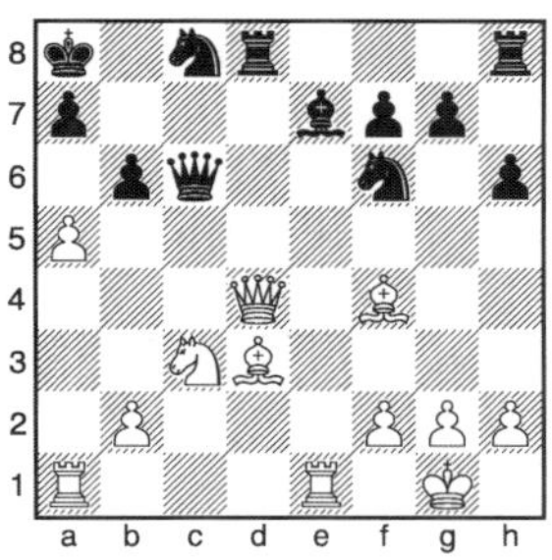

10. Tschigorin – Schiffers

**1.♗d3–b5! ♕c6xb5**

Falls 1...♖d8xd4?? 2.♗b5xc6#;
oder 1...♕c6–b7 2.♕d4–a4 –– 3.♗b5–c6

**2.♘c3xb5 ♖d8xd4 3.♘b5xd4+–**

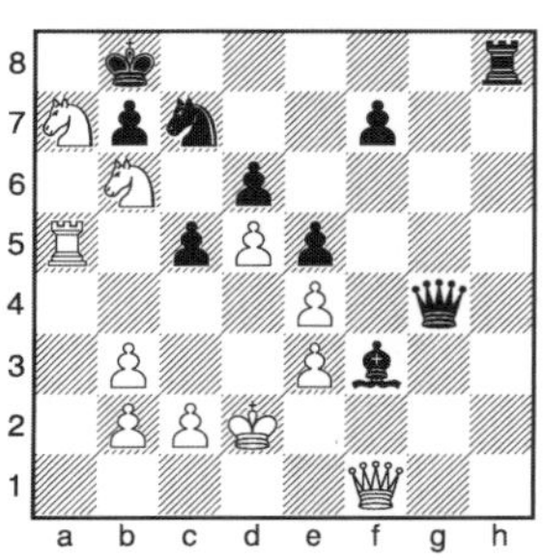

11. Loyd – Rosenthal

**1.♕f1xf3**

Lenkt die Dame von der Deckung des Feldes c7 weg. Nun können die Springer ans Werk gehen:

**1...♕g4xf3 2.♘b6–d7+ ♔b8–a8**
**3.♘a7–c6+ ♘c7–a6 4.♘d7–b6#**

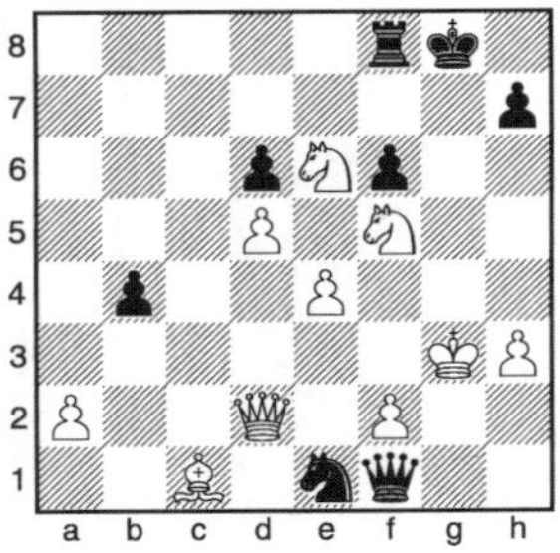

**12.** Urusov – Kalinsky

Ähnlich wie im letzten Beispiel gewinnt Weiß auch hier mit der Kavallerie:

**1.♕d2–g5+ f6xg5**
**2.♘f5–h6+ ♔g8–h8**
**3.♗c1-b2+ ♖f8–f6 4.♗b2xf6#**

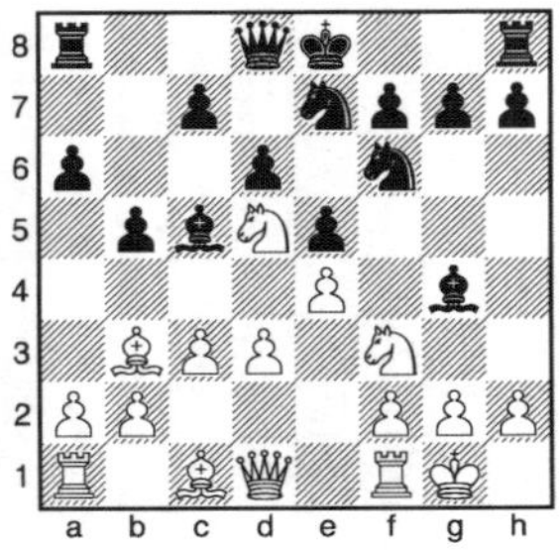

**13.** Tarrasch – Chigorin

**1.♘d5xf6+ g7xf6 2.♘f3xe5 ♗g4xd1?**

Besser, aber ebenfalls verloren ist 2...f6xe5 3.♕d1xg4; oder 2...♗g4–e6 3.♘e5–g4

**3.♗b3xf7+ ♔e8–f8 4.♗c1-h6#**

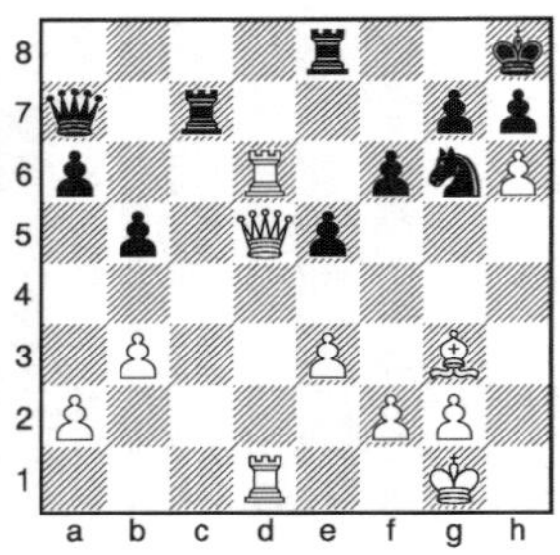

**14.** Rubinstein – Maróczy

Hin– und Weglenkung ist eine scharfe Waffe im Kampf um die 7. und 8. Reihe:

**1.♕d5–e6! ♖e8–f8**

1...♖c7–e7 2.h6xg7+ ♔h8xg7
3.♕e6xf6+ ♔g7–g8 4.♖d6xa6+–

**2.♖d6–d7 g7xh6**
**3.♗g3–h4!** *(D2)* 1:0; **♘g6xh4**
**4.♕e6–e7 ♖c7xd7**
**5.♕e7xf8#**

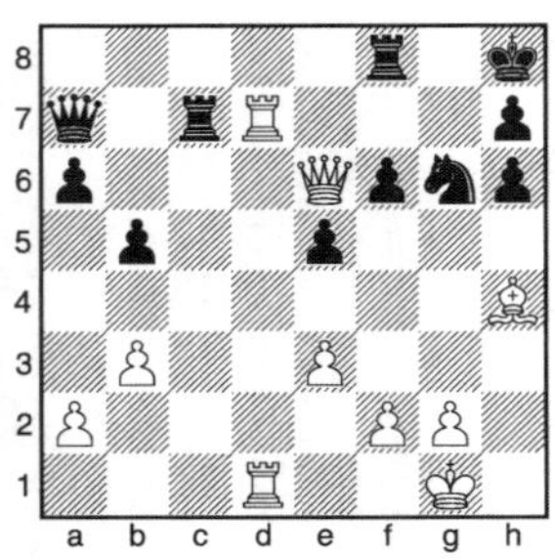

D2

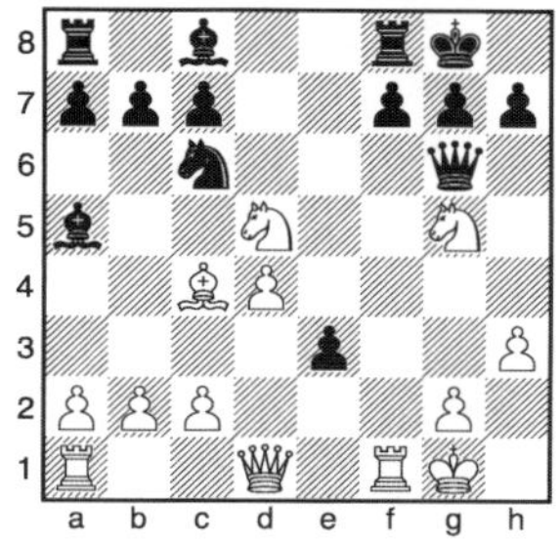

**15.** Tschigorin – Schlechter

**1.♘g5xf7 ♖f8xf7**
**2.♘d5–e7+ ♘c6xe7**
**3.♗c4xf7+ ♕g6xf7**
**4.♖f1xf7** 1:0; **♔g8xf7**
**5.♕d1-h5+ g7–g6 6.♕h5xa5+–**

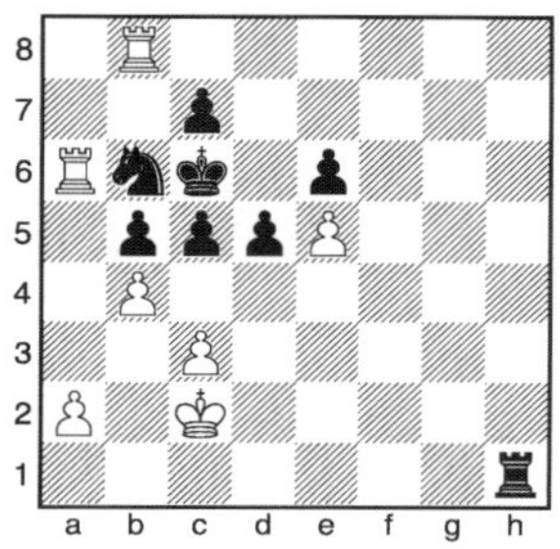

**16.** Tarrasch – N.N

**1.b4xc5 ♔c6xc5 2.♖a6xb6! c7xb6!**
**3.♖b8–c8#**

2...c7–c6 3.♖b6–a6 –– 4.♖b8–c8 vermeidet zwar Matt, ist aber hoffnungslos.

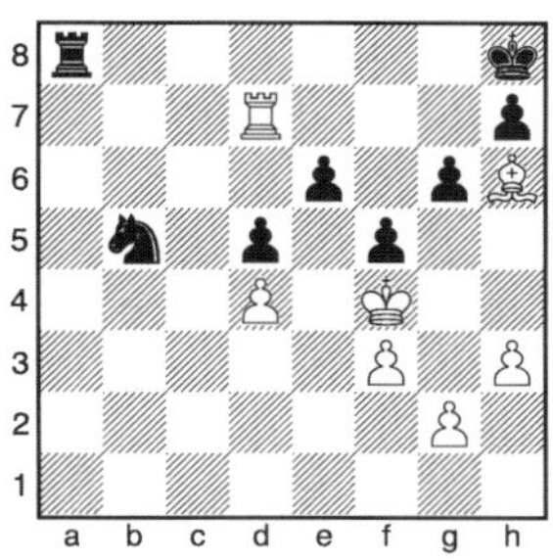

**17.** Tarrasch – Reti

**Im Endspiel ist der König eine starke Figur** – und das auf jeden Fall hier, wo er einfach losmarschiert, um seinen Gegenspieler persönlich fertigzumachen:

**1.♔f4–e5 ♖a8–e8**
**2.♔e5–f6** 1:0; **♖e8–g8**

Falls 2...♔h8–g8 3.♖d7–g7+ ♔g8–h8
4.♖g7–b7 ♘b5–d6 5.♖b7–d7+–

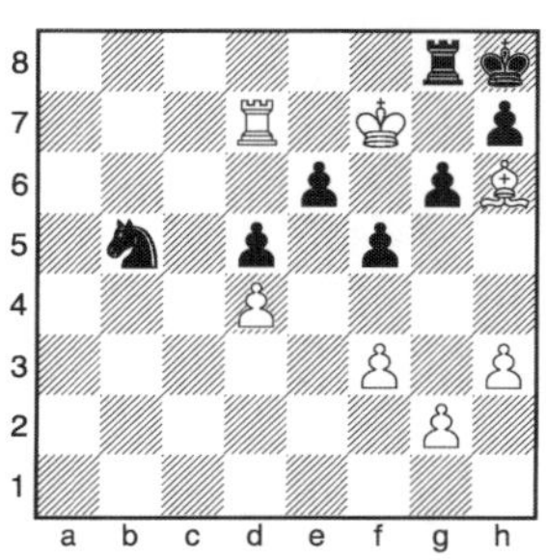

D2

**3.♔f6–f7** *(D2)* **3...––**
**4.♖d7–d8 ♖g8xd8**
**5.♗h6–g7#**

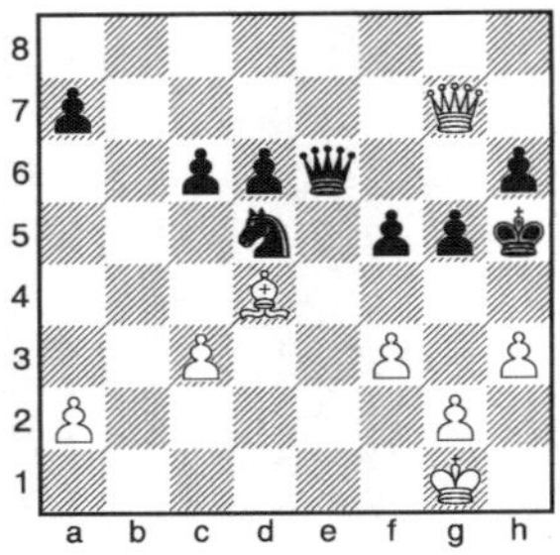

**18.** Schlechter – Metger

**1.g2–g4+ f5xg4**

Nicht besser ist
1...♔h5–h4 2.♕g7xh6+ ♕e6xh6
3.♔g1-h2 f5xg4 4.h3xg4
*(4.f3xg4 ♕h6–f8)*
4...-- 5.♗d4–f2#

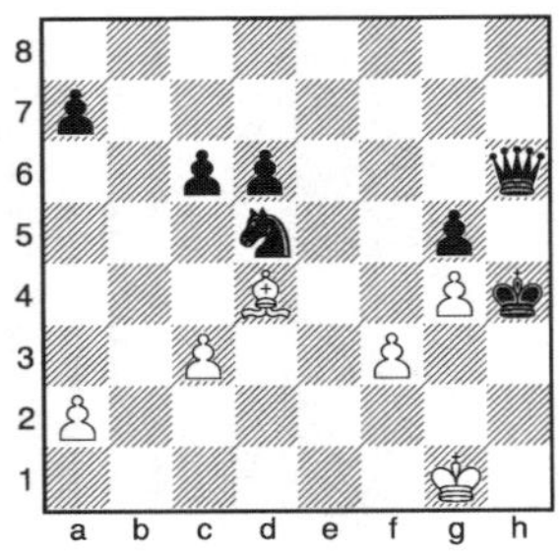

D2

**2.h3xg4+ ♔h5–h4**
**3.♕g7xh6+ ♕e6xh6** *(D2)*
**4.♔g1-h2 --**
**5.♗d4–f2#**

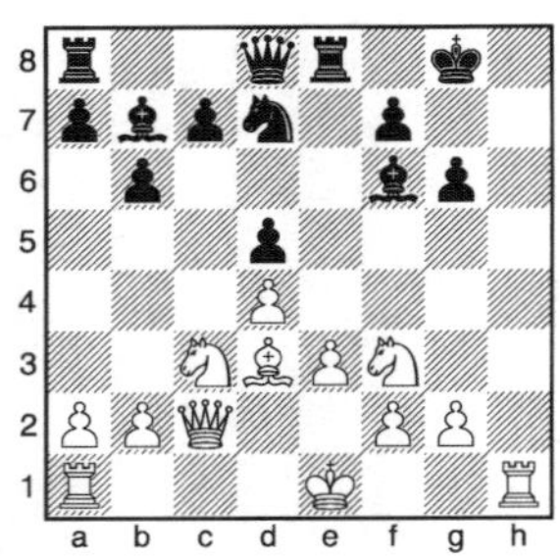

**19.** Marshall – Burn

**1.♗d3xg6 f7xg6**

1...♘d7–f8 2.♗g6–h7+ ♔g8–g7
3.♘c3–e2 (Oder *3.0-0-0)*
3...-- 4.♘e2–g3/f4+–

**2.♕c2xg6+ ♗f6–g7**
**3.♘f3–g5 ♕d8–f6** *(D2)*
**4.♖h1-h8+ ♔g8xh8**
**5.♕g6–h7#**

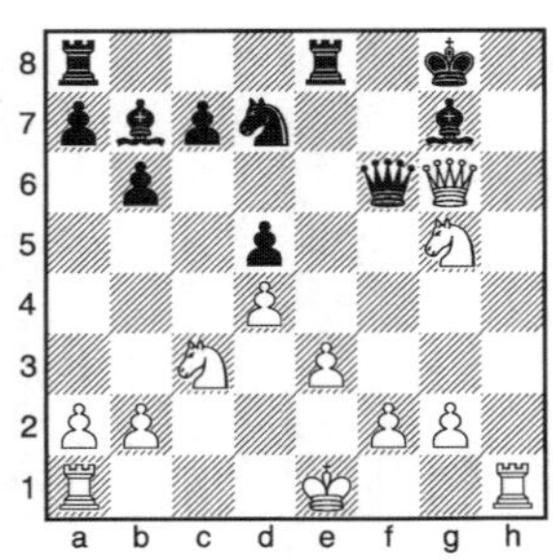

D2

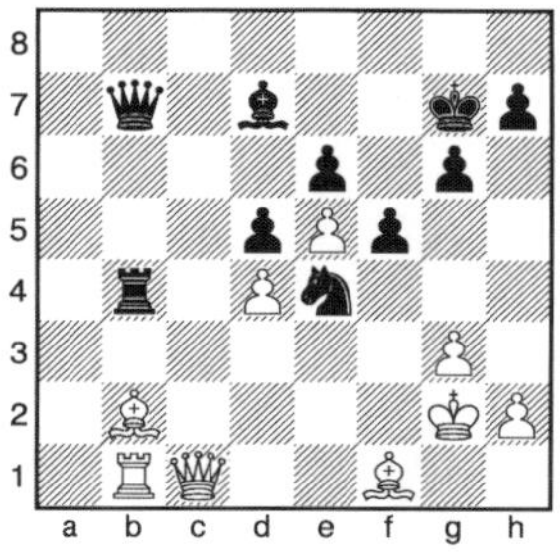

**20.** Ahues – Schoris

Das Läuferpaar steht weit entfernt, ist aber dennoch spielentscheidend:

**1.♗b2–a3! ♖b4xb1**
**2.♕c1-h6+ ♔g7xh6**
**3.♗a3–f8+ ♔h6–h5**
**4.♗f1-e2+ ♔h5–g5 5.h2–h4#**

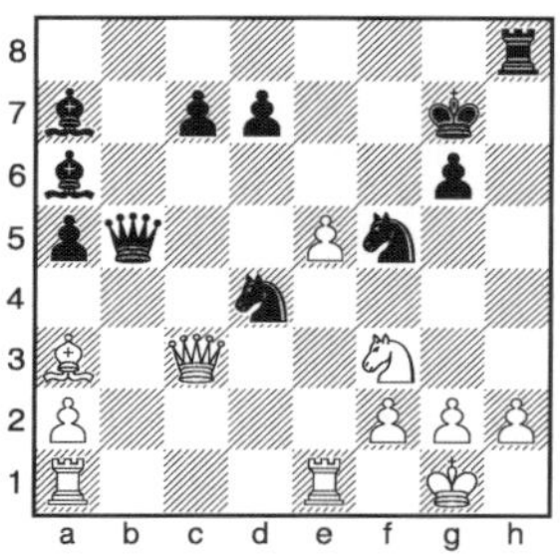

**21.** N. N. – Zukertort

Eine großartige Kombination des späteren Weltmeisterschaftsanwärters:

**1...♕b5–f1+ 2.♖e1xf1 ♘d4–e2+**
**3.♔g1-h1 ♘f5–g3+ 4.f2xg3 ♘e2xg3#**

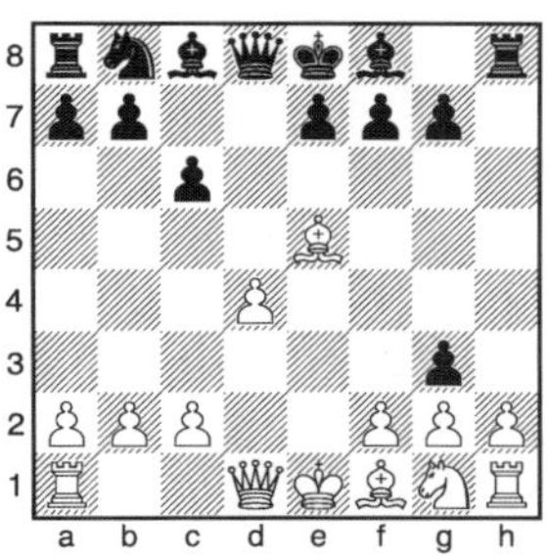

**22.** Schuster – Carls

Meister Carl Carls, bekannt durch seinen Lieblingszug 1.c2–c4, fand diese Eröffnungsfalle:

**1...♖h8xh2**

Das Gleiche ist 1...♕d8–a5+ 2.c2–c3 ♖h8xh2; während 1...g3xf2+ 2.♔e1xf2 ♕d8–b6 nicht viel bringt.

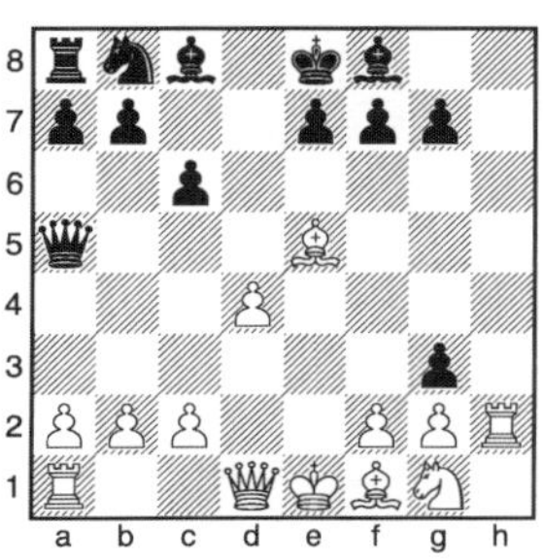

D2

**2.♖h1xh2 ♕d8–a5+** *(D2)*
**3.c2–c3 ♕a5xe5+**
**4.d4xe5 g3xh2**

Und nichts kann die Umwandlung aufhalten!

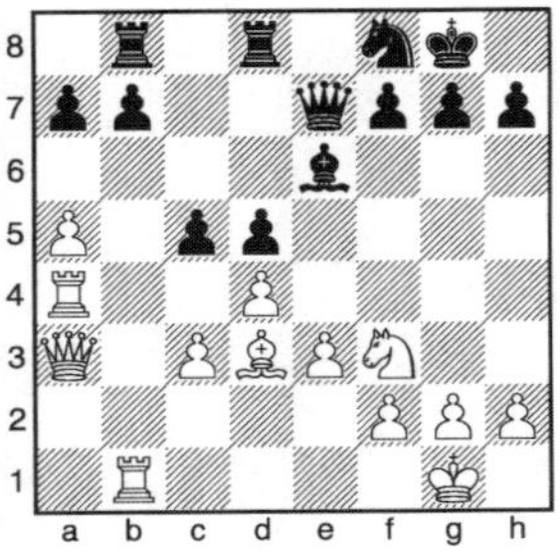

**23.** Marshall – Capablanca

Der Turm auf a4 steht total beengt. Doch um das zu nutzen, brauchst du eine Menge Vorstellungskraft:

**1...♗e6–d7 2.♗d3–b5 ♗d7–f5!**
**3.♖b1-b2 a7–a6 4.♗b5–e2 ♗f5–d7**

Und nun ist der Turm endlich gefangen!

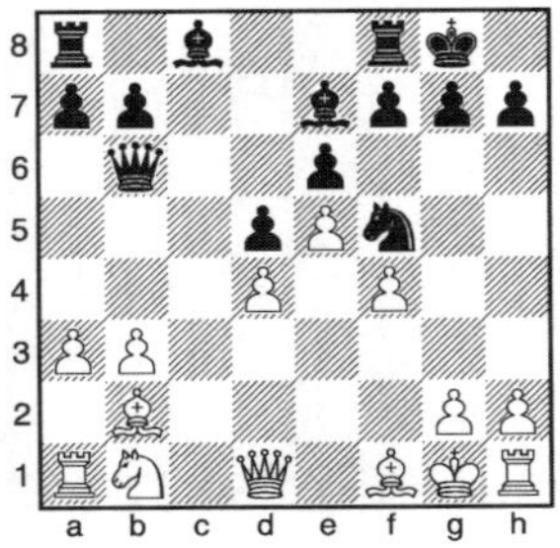

**24.** Somacarana – Cochrane

**1...♘f5xd4 2.♗b2xd4 ♗e7–c5 3.h2–h3**

Weiß kann weder schlagen noch den Läufer decken: 3.♗d4xc5 ♕b6xc5+ 4.♕d1-d4 ♕c5xd4#

**3...♗c5xd4+ 4.♔g1-h2 ♗d4xa1**

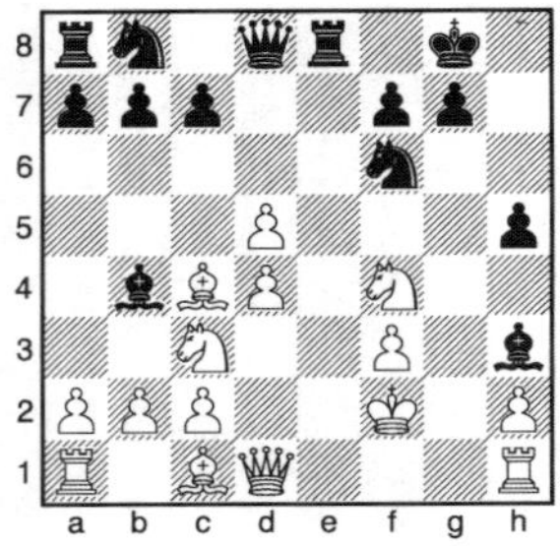

**25.** Aljechin – Levitzky

**1...♘f6–g4+ 2.♔f2–g3**

Falls 2.f3xg4 ♕d8–h4+ *(D2)* 3.♔f2–g1 ♖e8–e1+; Oder
2.♔f2–g1 ♘g4–f2 3.♔g1xf2 ♕d8–h4+

**2...h5–h4+**
**3.♔g3xh3 ♘g4–f2+**
**4.♔h3–g2 ♘f2xd1**

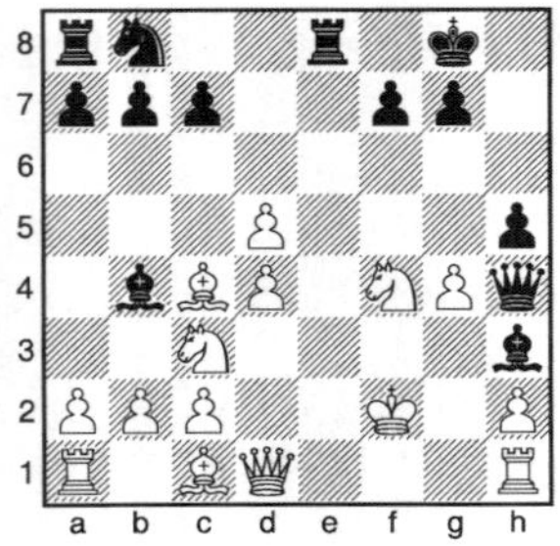

D2

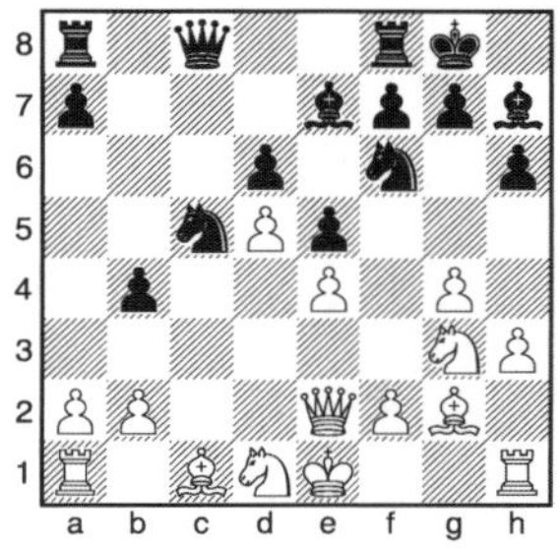

**26.** Grünfeld – Reti

**1...♘f6xd5 2.e4xd5**

Das kleinere Übel ist, den Bauernverlust hinzunehmen und mit 2.0-0 oder 2.♘g3–f5 fortzusetzen.

**2...♘c5–d3+**
**3.♔e1-d2 ♘d3–f4** *(D2)*
**4.♕e2–f3 ♕c8–c2+**
**5.♔d2–e1 ♘f4–d3+**
**6.♔e1-f1 ♘d3xc1-+**

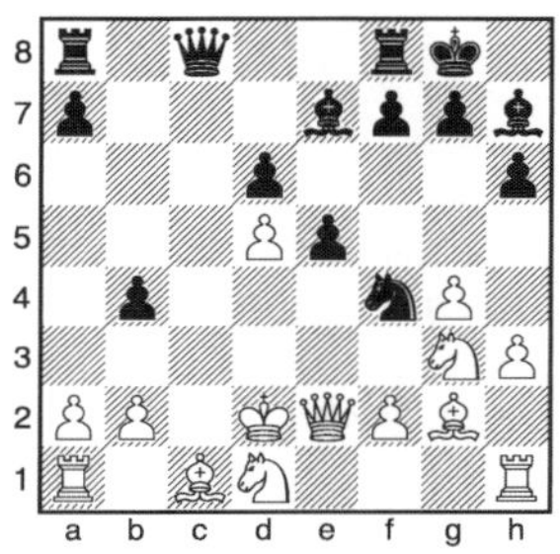

D2

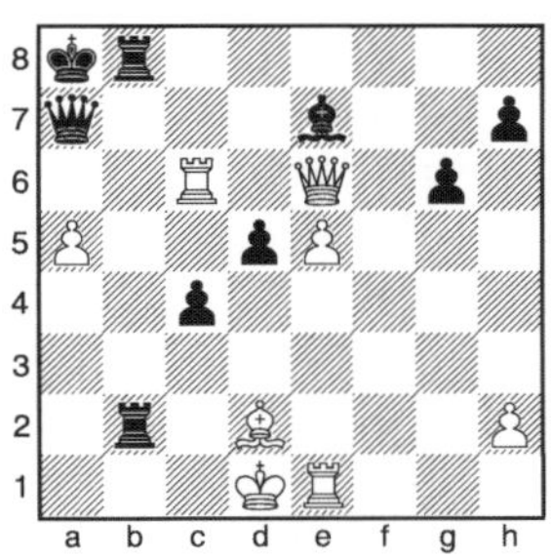

**27.** Mieses – Tarrasch

Mit einem Turmopfer startet Schwarz eine typische Attacke seiner Schwerfiguren:

**1...♖b2xd2+! 2.♔d1xd2**

Oder 2.♔d1-c1 ♗e7–a3+
3.♔c1xd2 ♕a7–f2+ 4.♖e1–e2 ♕f2–d4+
5.♔d2–e1 *(5.♔d2–c2 ♕d4–d3#)*
5...♖b8–b1#

**2...♕a7–d4+**
**3.♔d2–e2 ♖b8–b2+** *(D2)*
**4.♔e2–f3 ♖b2–f2+**
**5.♔f3–g3 ♕d4–h4#**

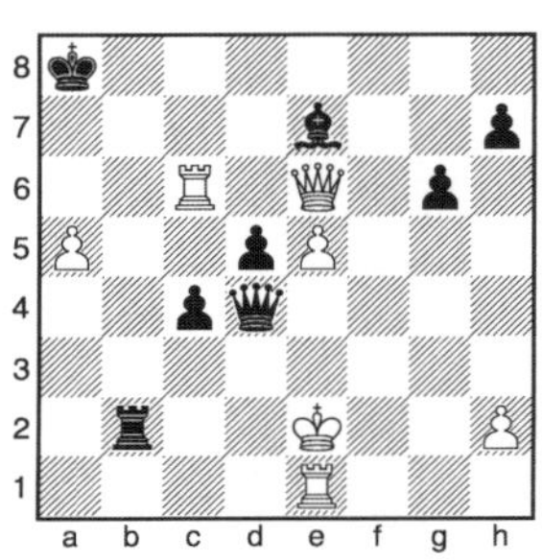

D2

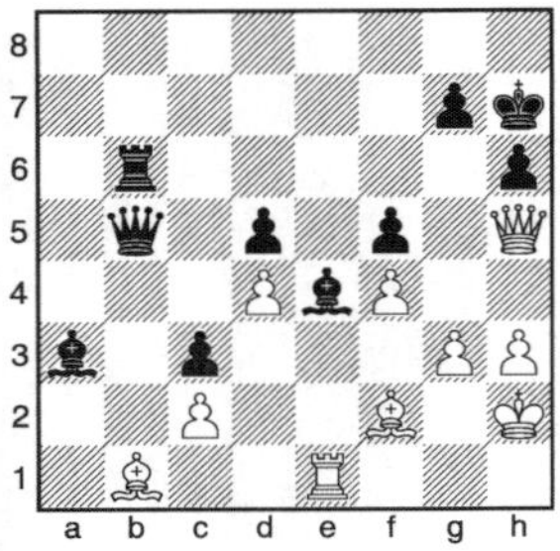

**28.** Spielmann – Tarrasch

**1...♕b5xb1!**
**2.♖e1xb1 ♖b6xb1**
**3.g3–g4 ♗a3–c1**
**4.♗f2–g3 ♗c1-e3** *(D2)* 0:1;

Nur 5.♕h5xf5+ kann Matt vermeiden, ist aber offensichtlich hoffnungslos.

Nur ein Aufschub ist

5.♗g3–h4 ♗e3xf4+ 6.♗h4–g3 ♖b1-h1#

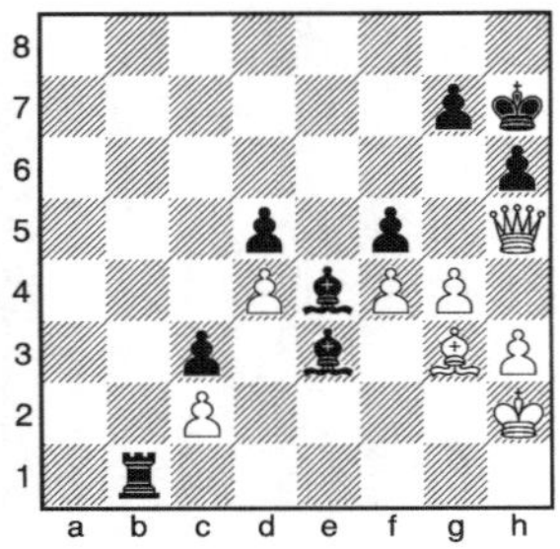

D2

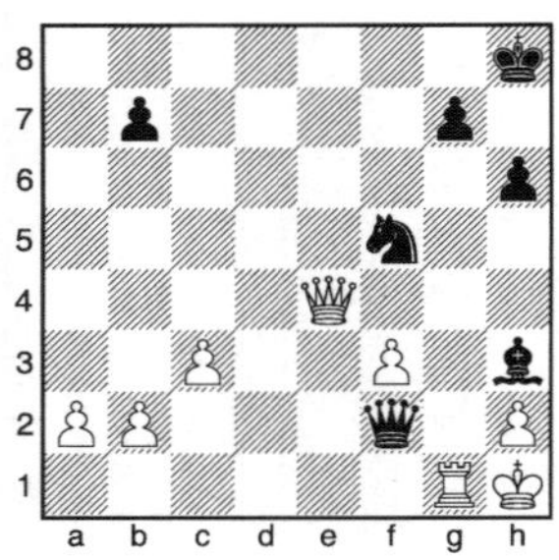

**29.** Amateur – Andresen

Eine klassische Mattmethode:

**1...♗h3–g2+**
**2.♖g1xg2 ♕f2–f1+**
**3.♖g2–g1 ♘f5–g3+**
**4.h2xg3 ♕f1-h3#**

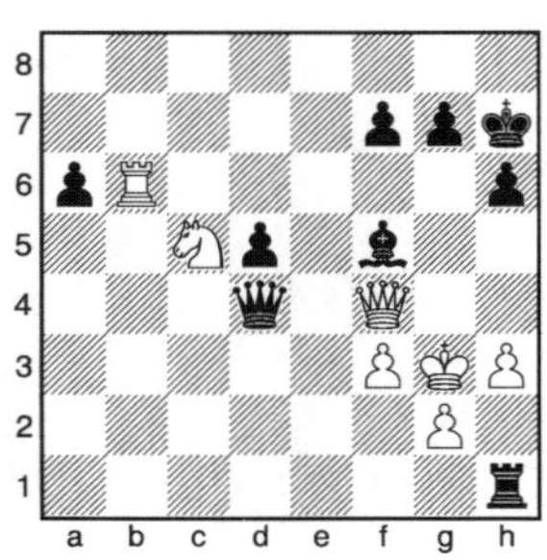

**30.** Burn – Schlechter

**1...♖h1xh3+**
**2.g2xh3 ♕d4–g1+**
**3.♔g3–h4 g7–g5+**
**4.♔h4–h5 ♗f5–g6+**
**5.♖b6xg6 f7xg6#**

# QUICK TEST 4

Nach dem Durcharbeiten von Band 1, womit du die wichtigsten taktischen Motive kennst, plus einiges mehr an Erfahrung, die du durch praktisches Spiel gewonnen hast, solltest du nun in der Lage sein, die folgenden Aufgaben zu lösen.

Einige Leser haben vielleicht doch noch Probleme mit diesen Übungen; besonders diejenigen, die noch nicht lange Schach spielen und wenig praktische Erfahrung haben. Sollte das der Fall sein: Sei nicht traurig und verzagt. Es wird schon werden, braucht aber etwas mehr Zeit. Wenn du aber zu viele Probleme mit diesem oder einem der folgenden Kapitel hast, arbeite ein wenig länger mit Band 1 und Band 2 oder einem anderen Buch über taktische Grundlagen und versuch es danach erneut.

Ich verstehe, dass du ungeduldig bist und es gar nicht erwarten kannst, stärker zu werden. Aber das braucht seine Zeit wie in jeder anderen Sportart auch. Geduldig und ausdauernd zu sein und auf dein Ziel hinzuarbeiten ist ein wichtiger Bestandteil des Schachtrainings.

Und nun geht's wieder los. Halt einen großen Beutel bereit für all die Bauern und Figuren, die wir gleich schlagen werden beim Materialgewinn in bis zu drei Zügen!

# Quick Test 4

## Finde Materialgewinn

## in bis zu drei Zügen!

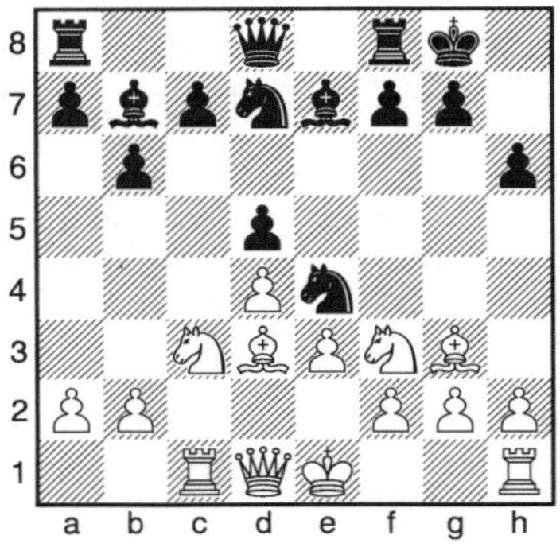

1 ..........................

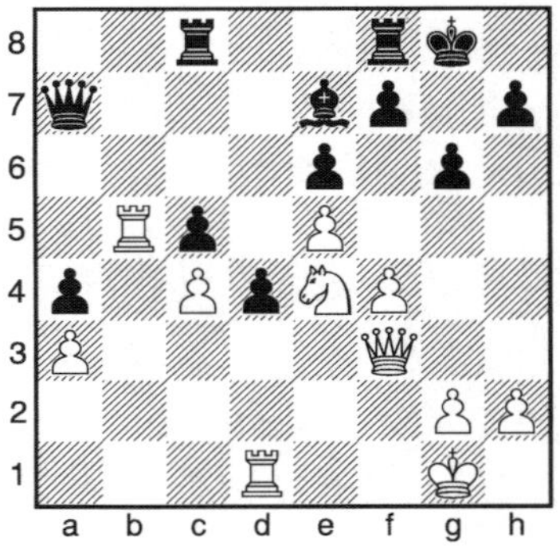

2 ..........................

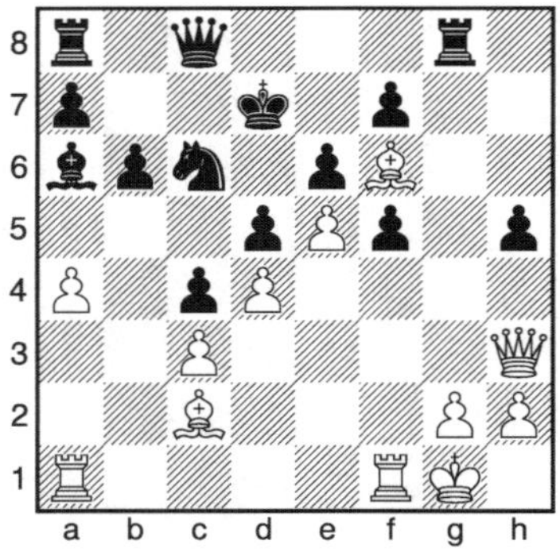

3 ..........................

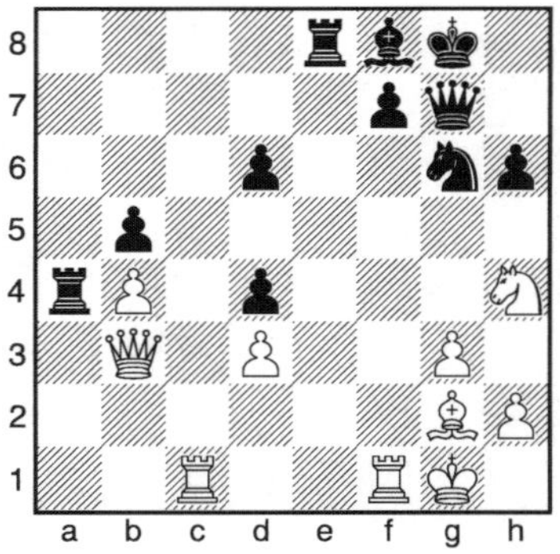

4 ..........................

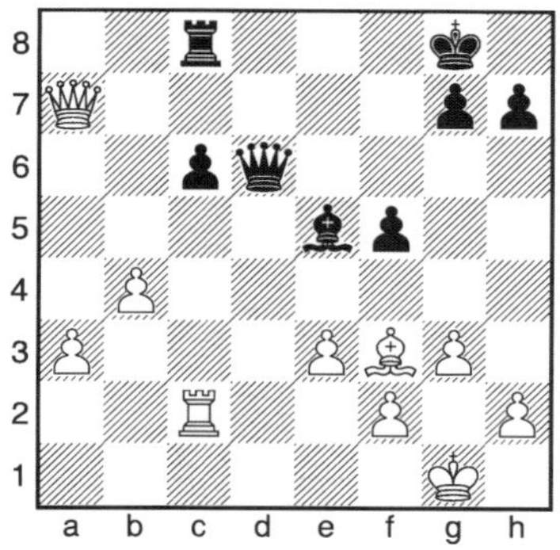

**5** ..........................

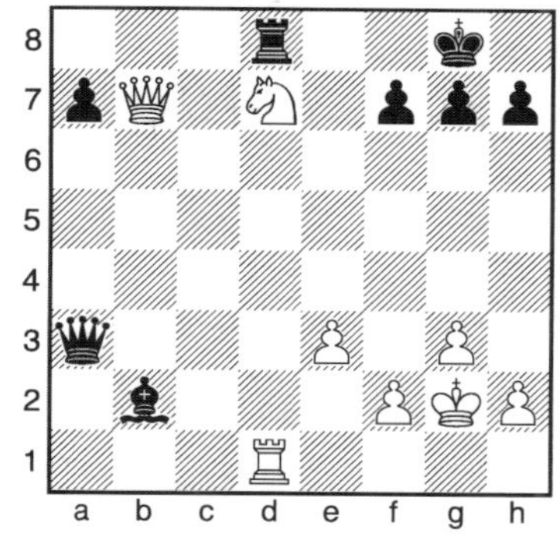

**6** ..........................

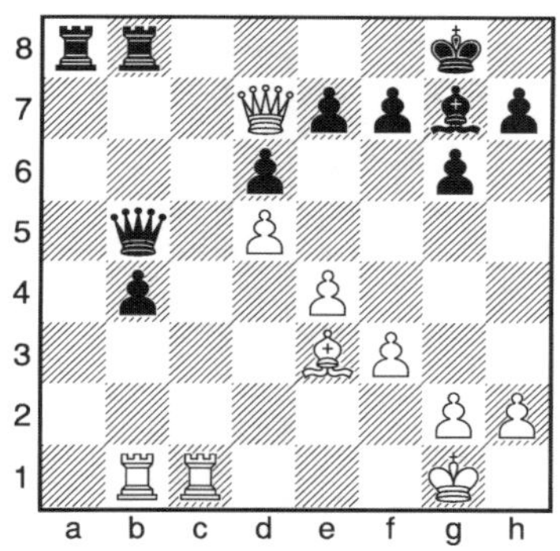

**7** ..........................

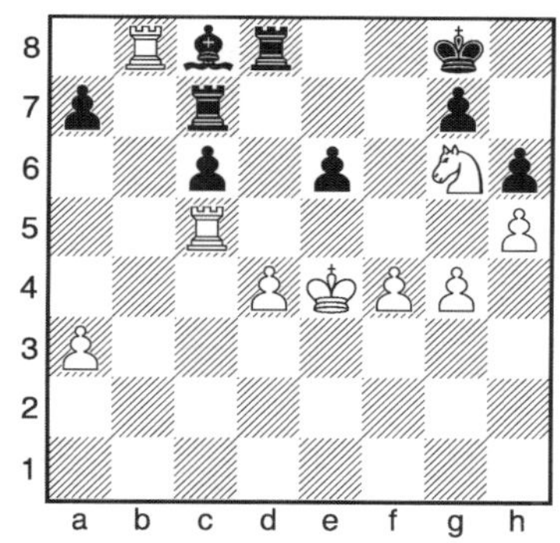

**8** ..........................

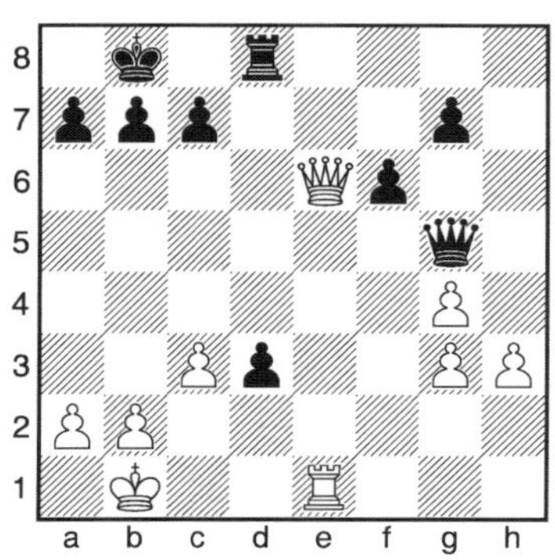

**9** ..........................

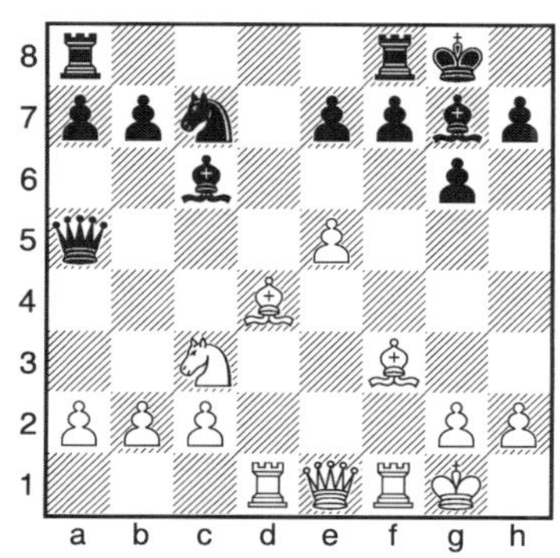

**10** ..........................

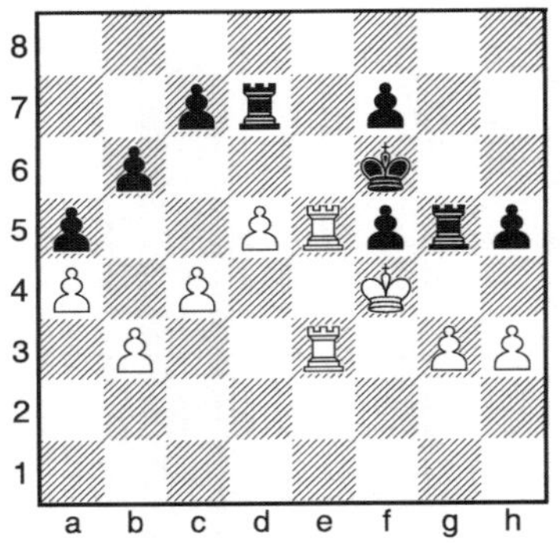

**11** ........................

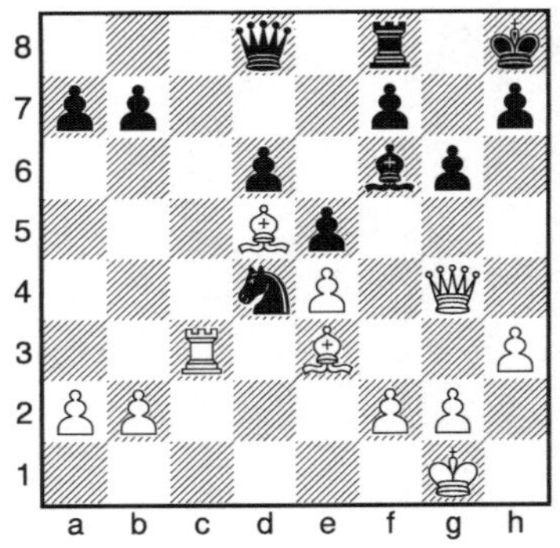

**12** ........................

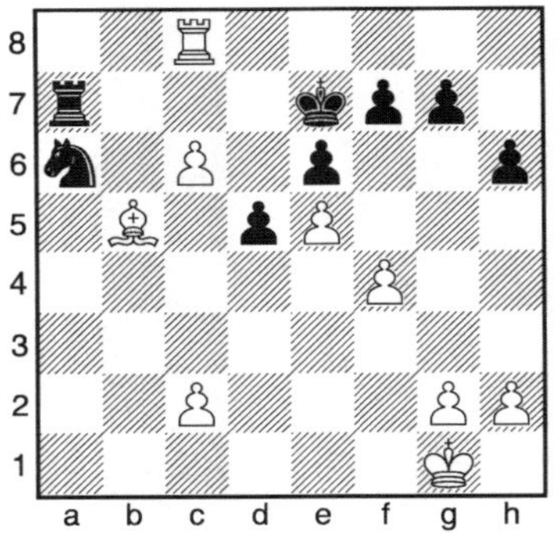

**13** ........................

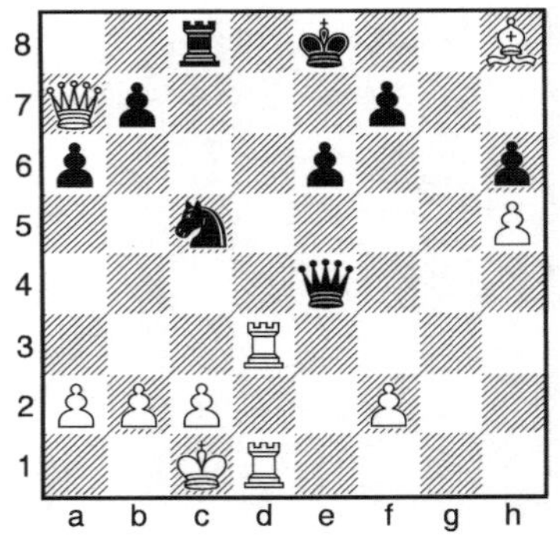

**14** ........................

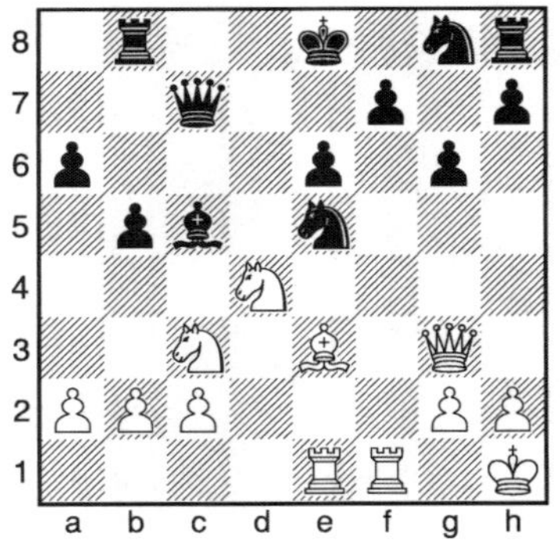

**15** ........................

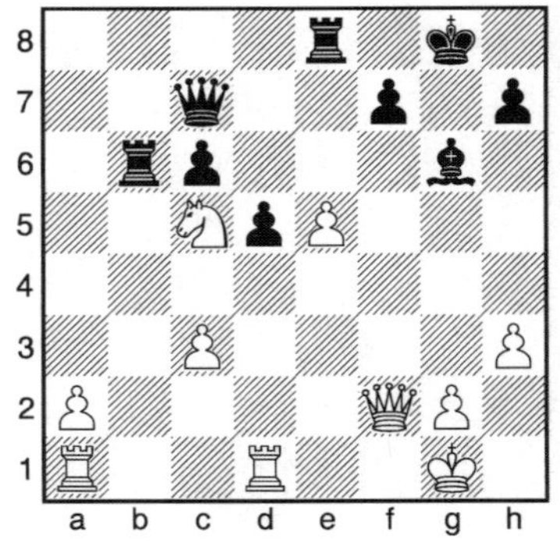

**16** ........................

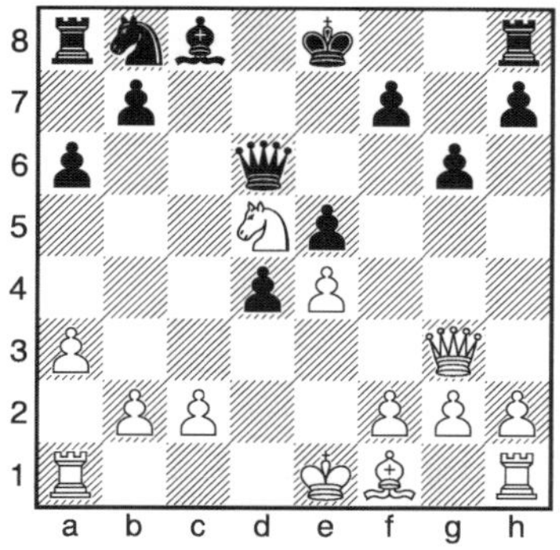

17 ..........................

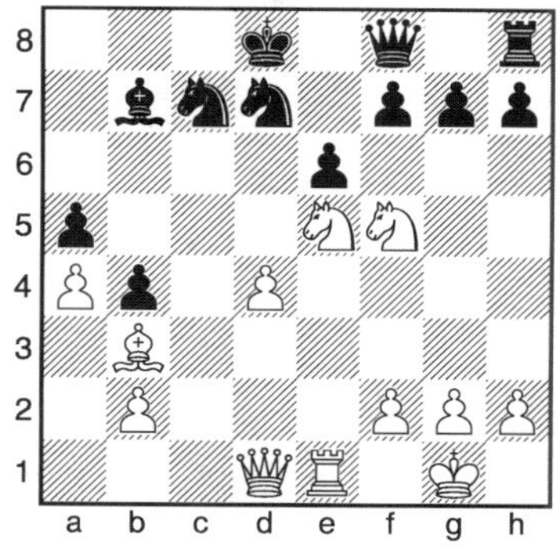

18 ..........................

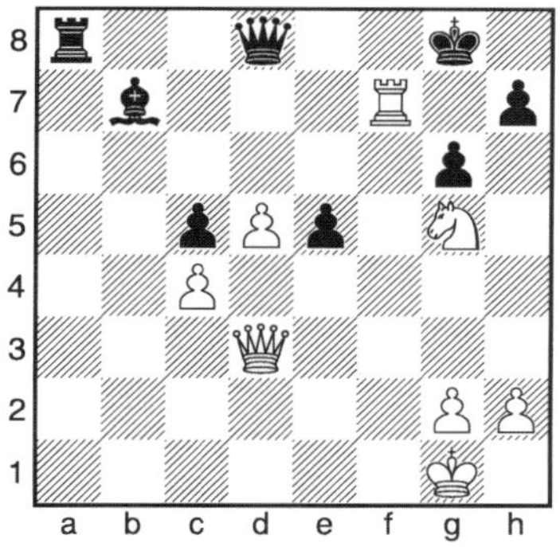

19 ..........................

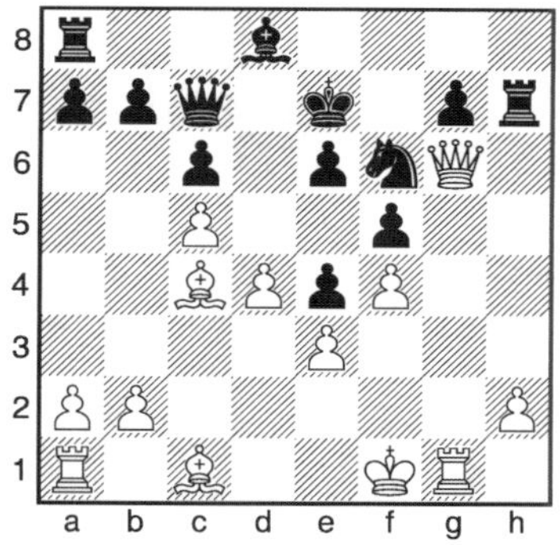

20 ..........................

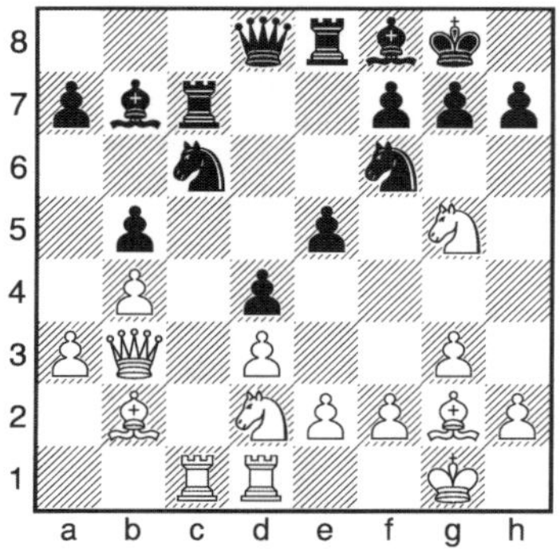

21 ..........................

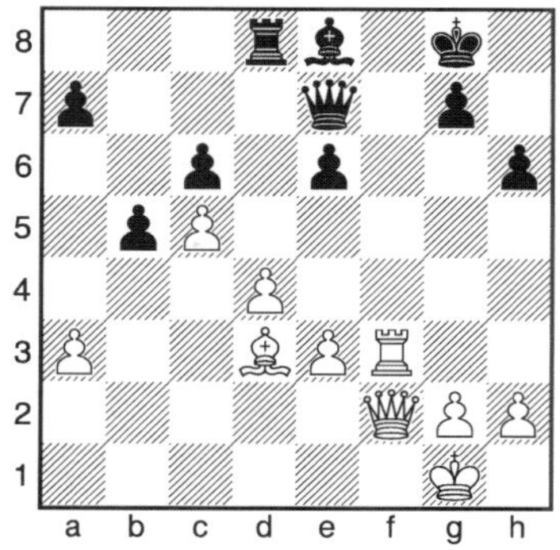

22 ..........................

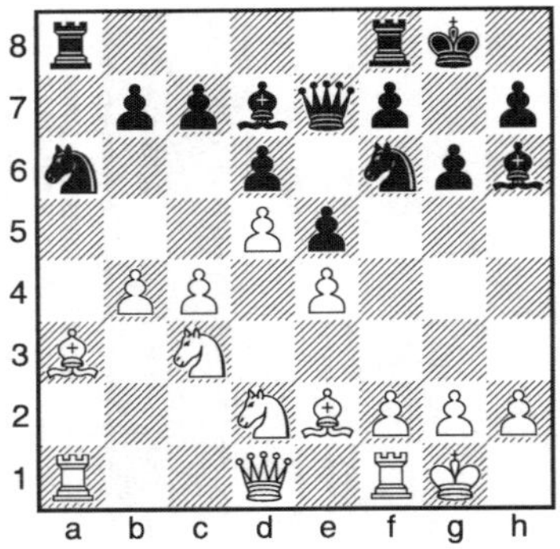

**23** ● ..........................

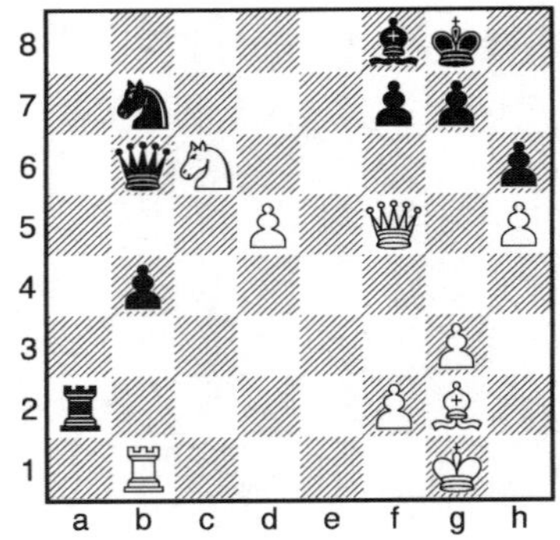

**24** ● ..........................

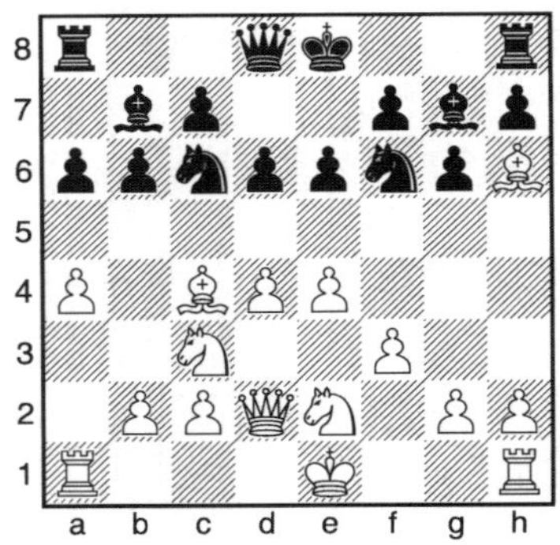

**25** ● ..........................

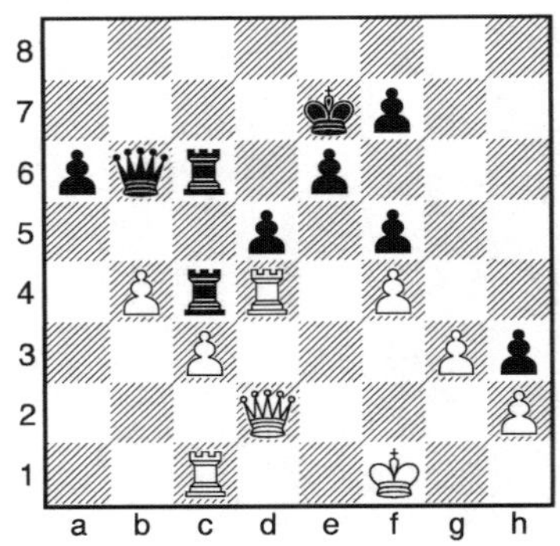

**26** ● ..........................

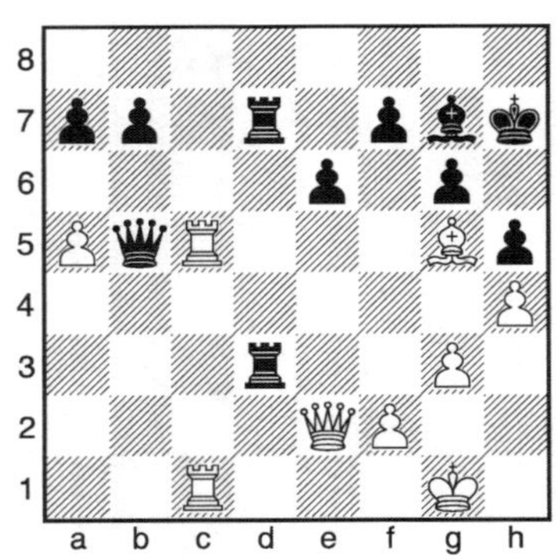

**27** ● ..........................

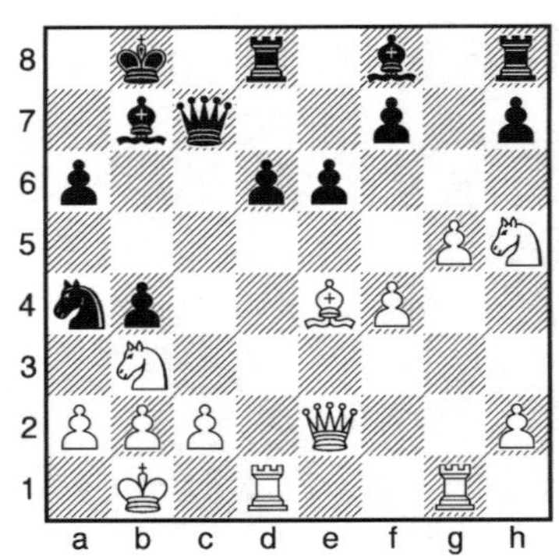

**28** ● ..........................

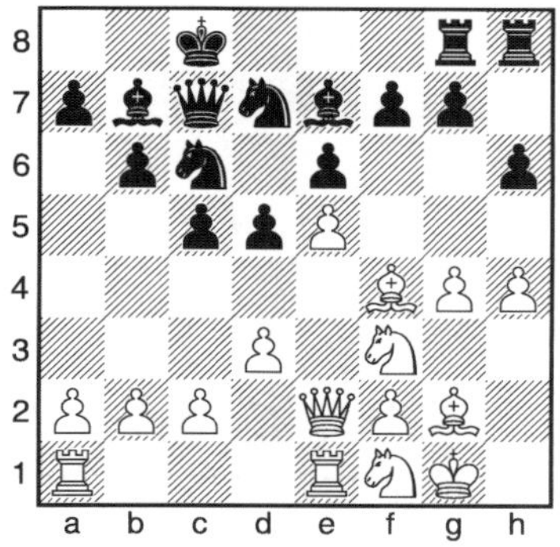

29 ● .........................

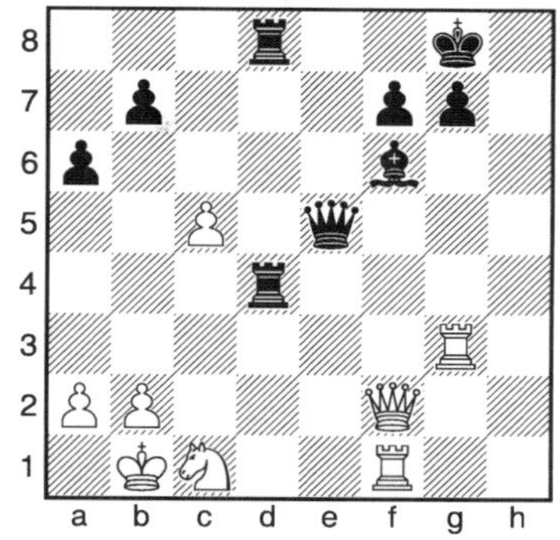

30 ● .........................

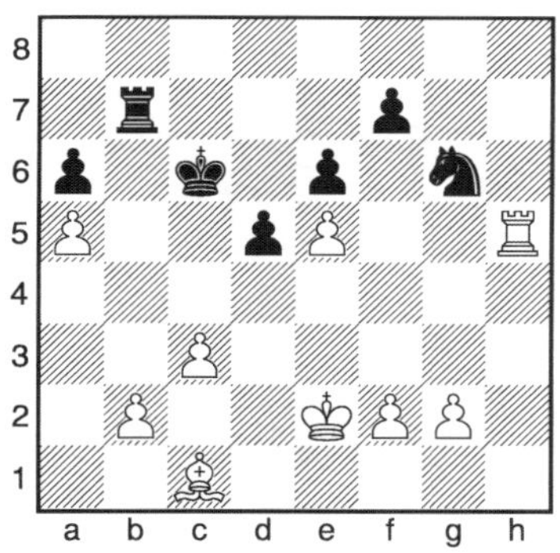

31 ● .........................

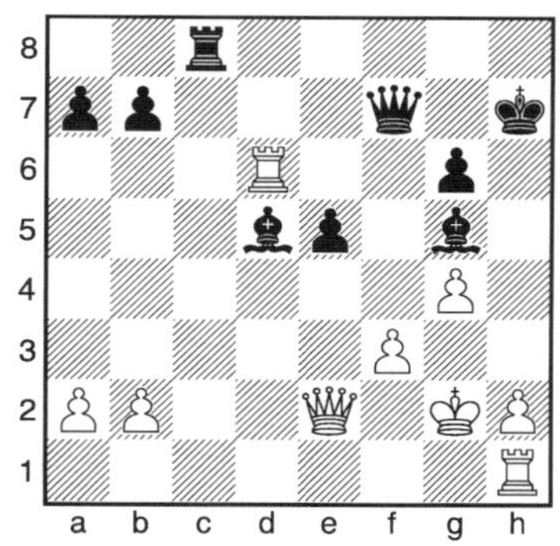

32 ● .........................

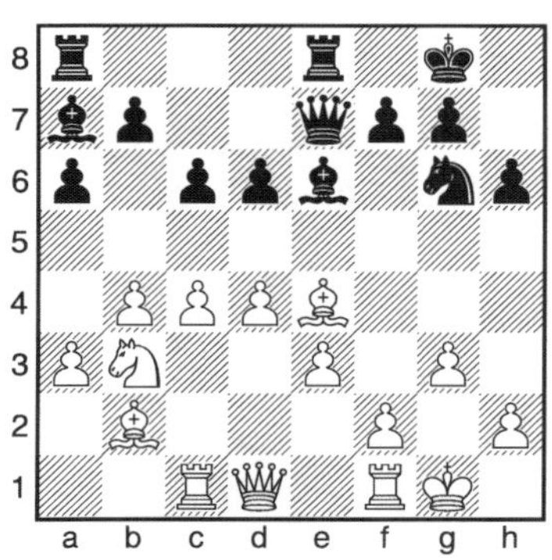

33 ● .........................

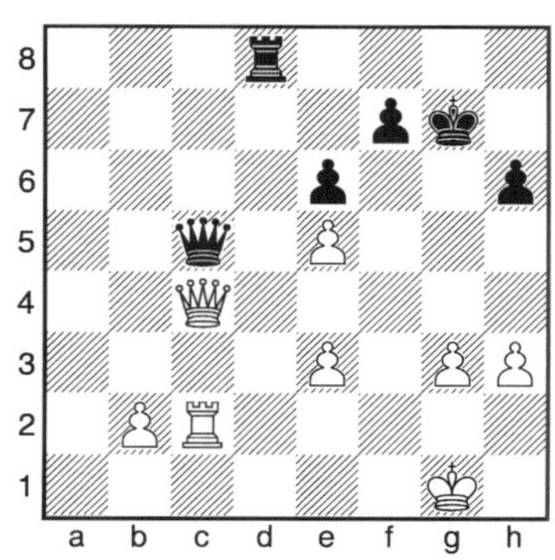

34 ● .........................

# Lösungen

# Quick Test 4

## Vorteil in bis zu drei Zügen!

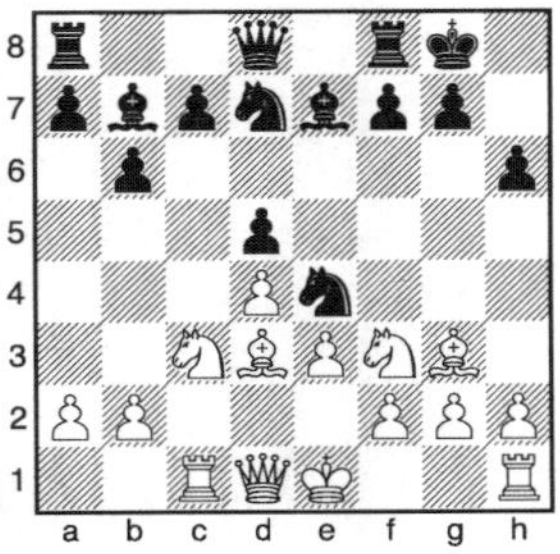

**1.**

**1.♗g3xc7 ♕d8xc7**
**2.♘c3xe4 ♕c7–d8**
**3.♘e4–c3/g3**

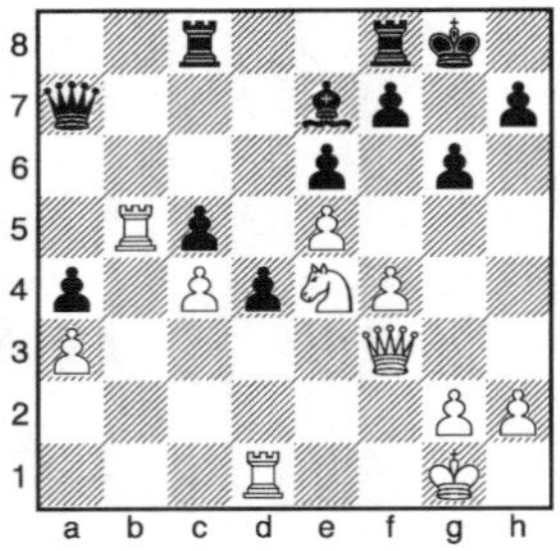

**2.**

**1.♖b5–b7 ♕a7xb7**
**2.♘e4–f6+ ♗e7xf6**
**3.♕f3xb7**

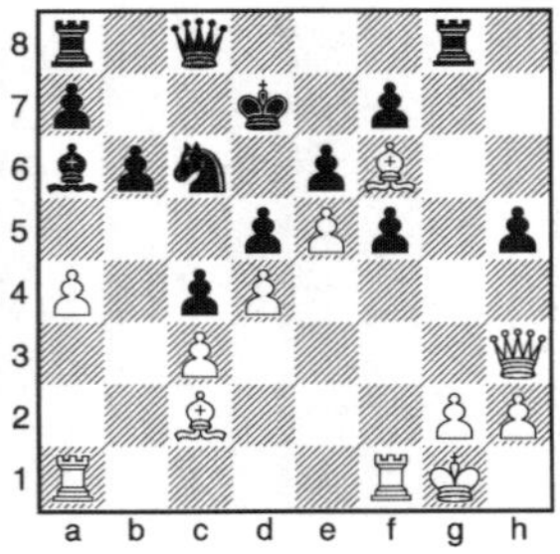

**3.**

**1.♖f1xf5 ♔d7–c7 2.♖f5xh5**

Falls 1...e6xf5?? 2.♗c2xf5+ mit Damengewinn.

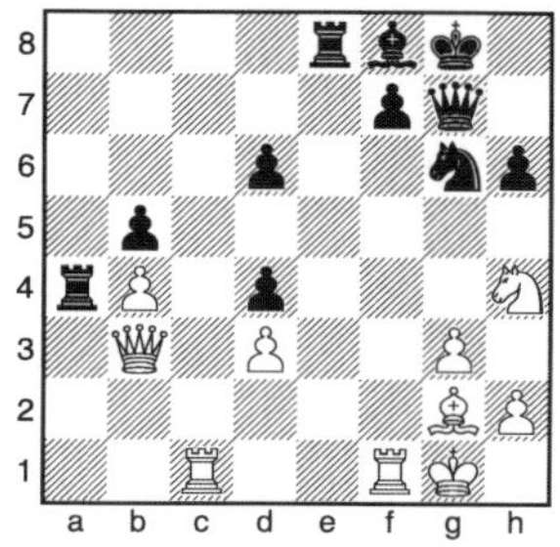

**4.**

**1.♖f1xf7 ♕g7xf7**
**2.♗g2–d5 ♖a4–a7**
**3.♘h4xg6**

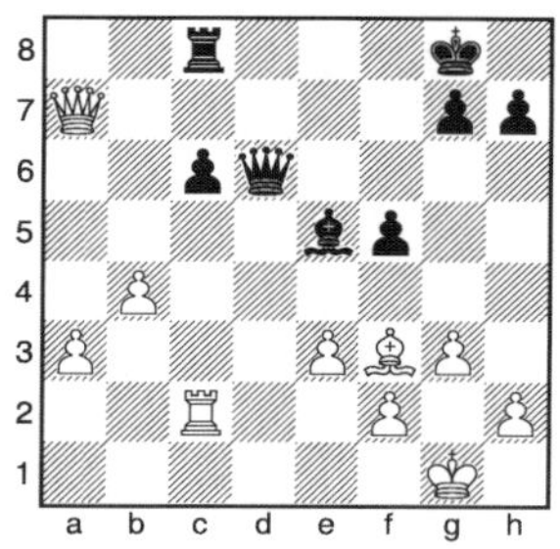

**5.**

**1.♖c2xc6 ♖c8xc6**
**2.♕a7–a8+ ♔g8–f7**
**3.♕a8xc6**

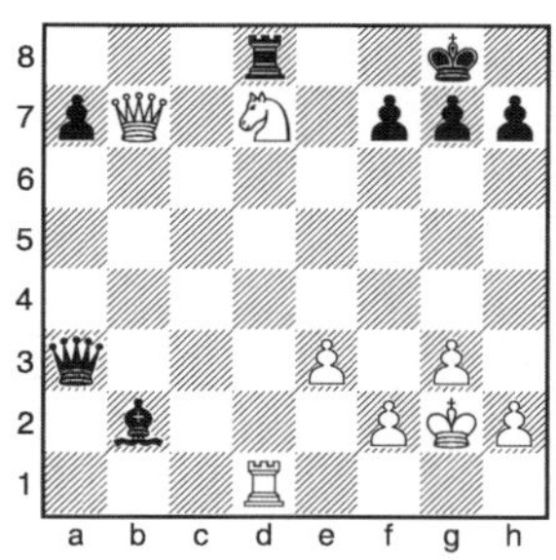

**6.**

**1.♘d7–e5 ♖d8–f8**

Falls 1...♗b2xe5 2.♖d1xd8+

**2.♘e5–c4 -- 3.♘c4xb2**

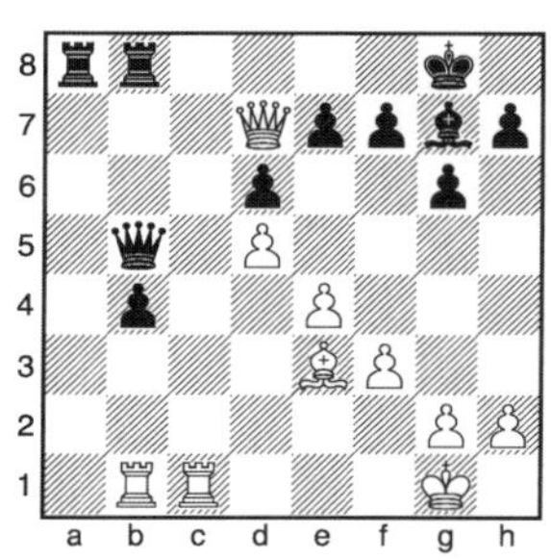

**7.**

**1.♖c1-c8+ ♗g7–f8**
**2.♕d7xb5 ♖b8xc8**
**3.♖b1xb4**

Oder 2...♖b8xb5 3.♖c8xa8

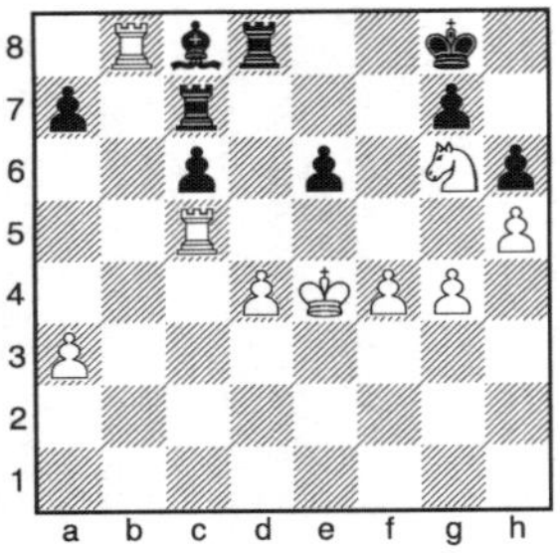

**8.**

**1.♖c5xc6 ♖c7xc6**
**2.♘g6–e7+ ♔g8–f8**
**3.♘e7xc6 ♖d8–e8**
**4.♘c6xa7**

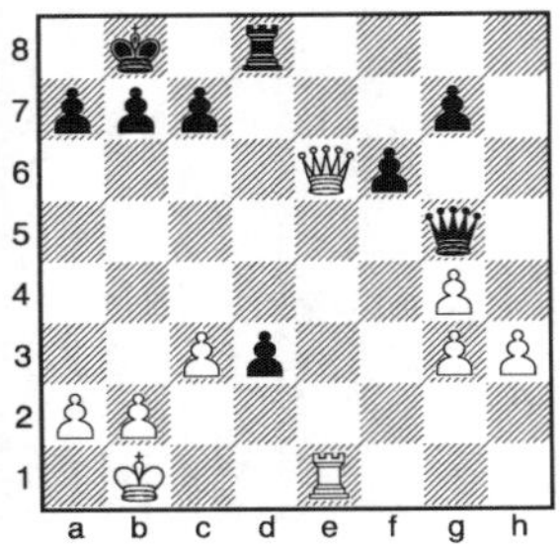

**9.**

**1.♕e6–d7 f6–f5**

Falls 1...♖d8xd7 2.♖e1-e8+ ♖d7–d8 3.♖e8xd8#

**2.♖e1-e8 b7–b6 3.♖e8xd8+**

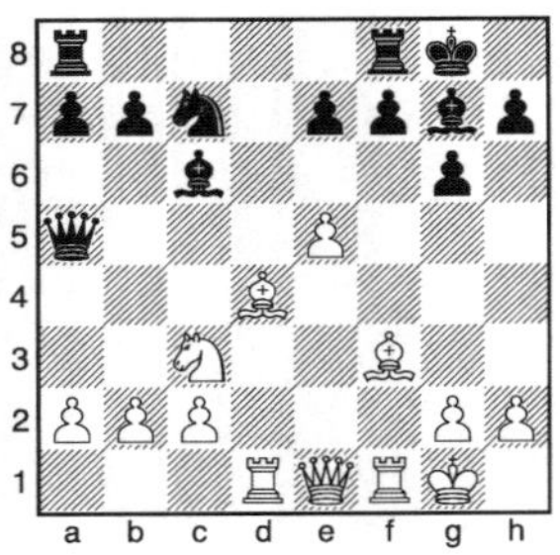

**10.**

**1.♘c3–d5 ♕a5xe1**
**2.♘d5xe7+ ♔g8–h8**
**3.♖d1xe1**

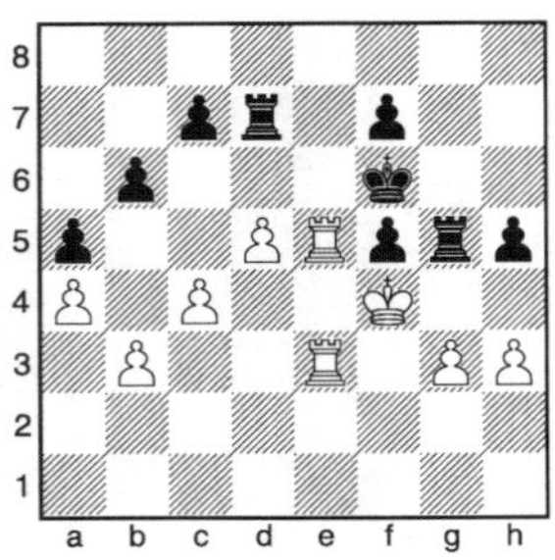

**11.**

**1.♖e5–e6+ f7xe6**

Oder 1...♔f6–g7 2.♔f4xg5

**2.♖e3xe6+ ♔f6–f7 3.♔f4xg5**

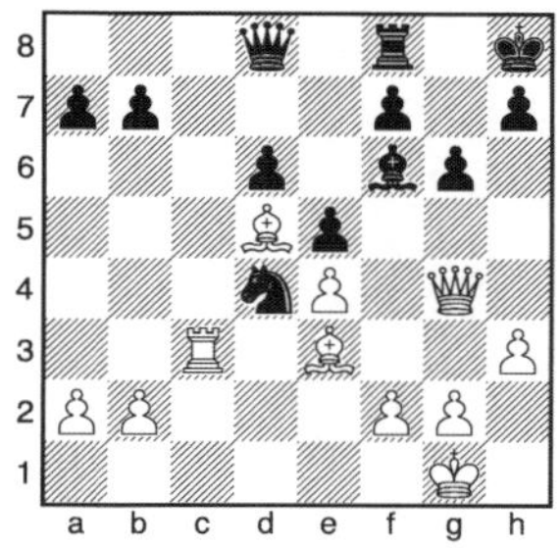

**12.**

**1.♗d5xf7** gewinnt einen Bauer;
**1...♖f8xf7? 2.♖c3–c8**

Und jetzt ist die Dame verloren!

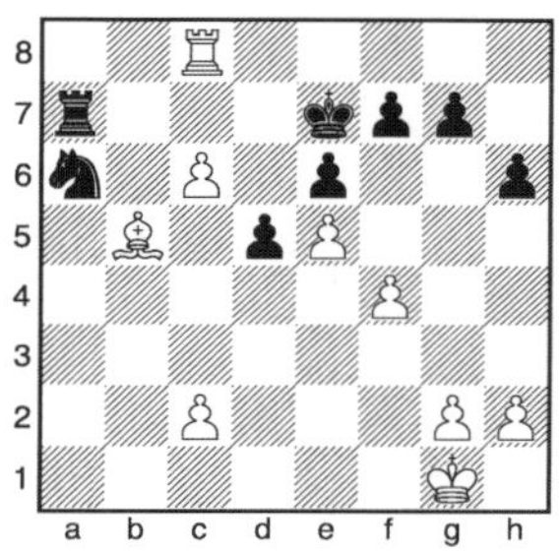

**13.**

**1.♖c8–e8+ ♔e7xe8**
**2.c6–c7+ ♔e8–e7**
**3.c7–c8♕**

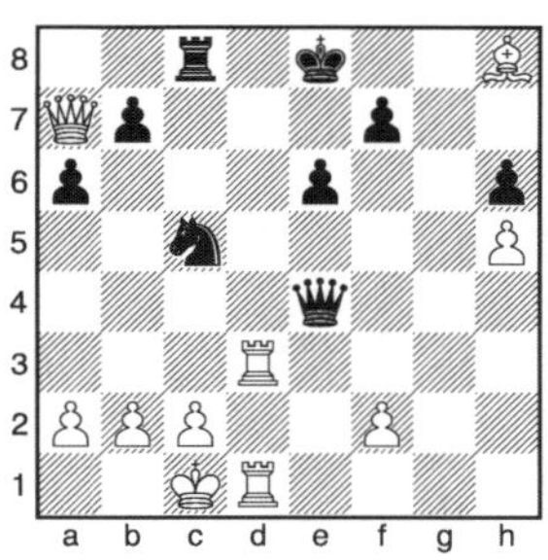

**14.**

**1.♕a7xc5 ♖c8xc5??**
**2.♖d3–d8+ ♔e8–e7**
**3.♖d1–d7#**

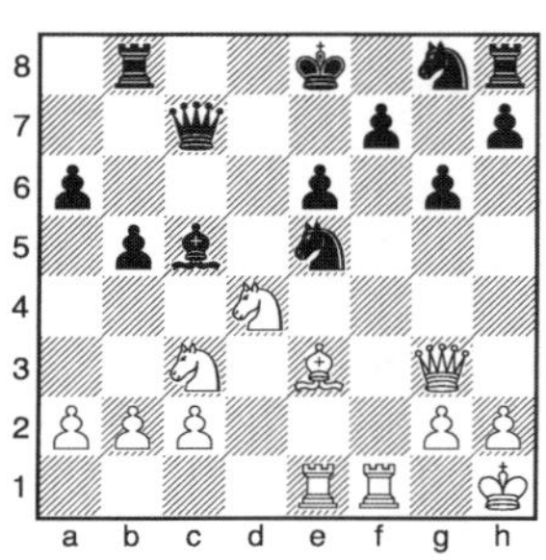

**15.**

**1.♘d4xe6 f7xe6**
**2.♗e3xc5 ♕c7xc5**
**3.♖e1xe5**

Mit der Drohung **–– 4.♖e5xe6+**

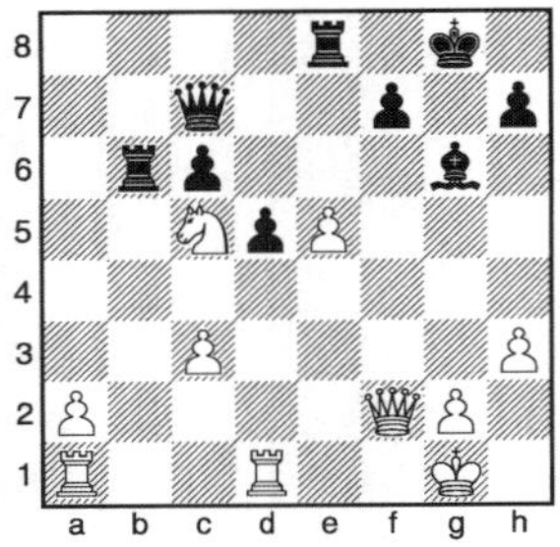

**16.**

**1.♘c5–d7 ♕c7xd7**
**2.♕f2xb6**

Oder 1...♖b6–a6 2.♘d7–f6+

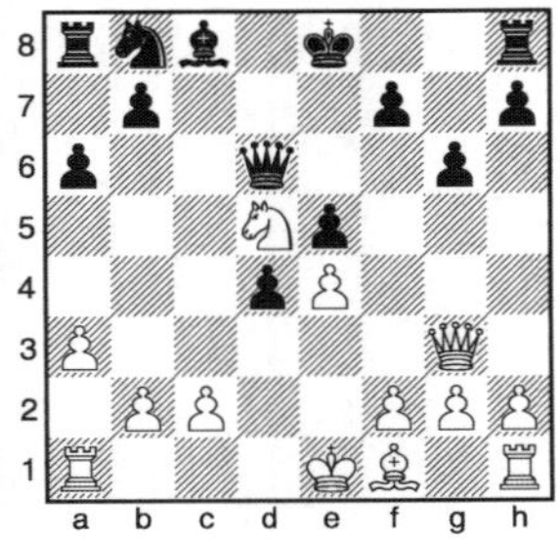

**17.**

**1.♘d5–b6 ♘b8–d7 2.♘b6xa8**

Falls 1...♕d6xb6 2.♕g3xe5+ ♔e8–d7
3.♕e5xh8

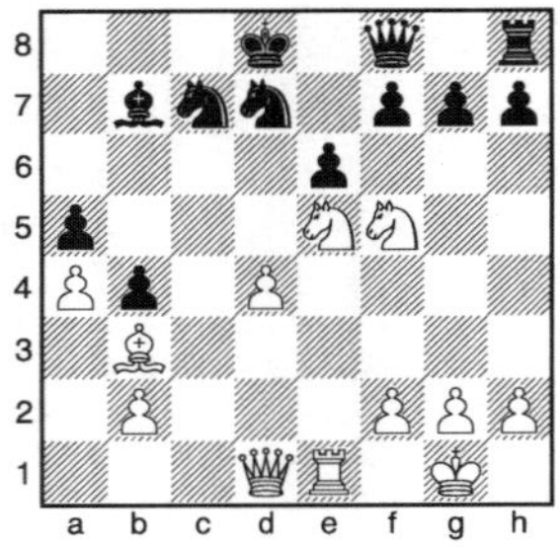

**18.**

**1.♘e5xf7+ ♕f8xf7**
**2.♘f5–d6 ♕f7–f6**
**3.♘d6xb7+**

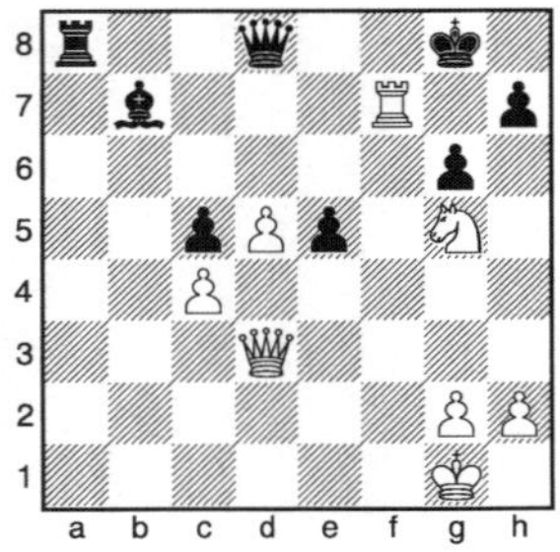

**19.**

**1.♖f7–g7+ ♔g8xg7 2.♘g5–e6+**

Nicht besser
1...♔g8–h8 2.♘g5–f7+; oder
1...♔g8–f8 2.♘g5–e6+

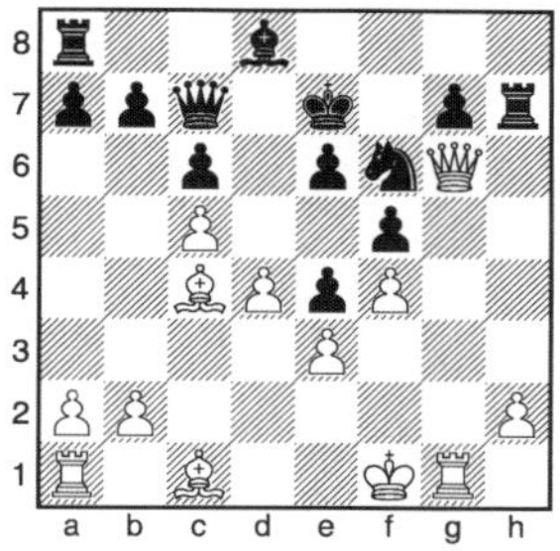

**20.**

**1.♕g6xg7+ ♖h7xg7**
**2.♖g1xg7+ ♔e7–f8**
**3.♖g7xc7 ♗d8xc7**
**4.♗c4xe6**

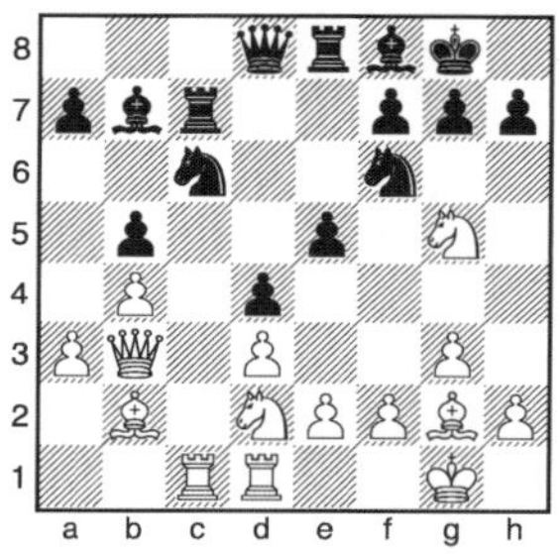

**21.**

**1.♘g5xf7 ♖c7xf7**
**2.♗g2xc6 ♗b7xc6**
**3.♖c1xc6**

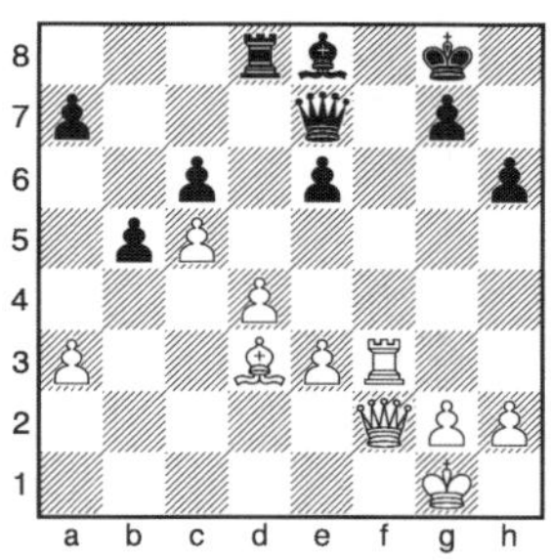

**22.**

**1.♖f3–f8+ ♕e7xf8**
**2.♗d3–h7+ ♔g8xh7**
**3.♕f2xf8**

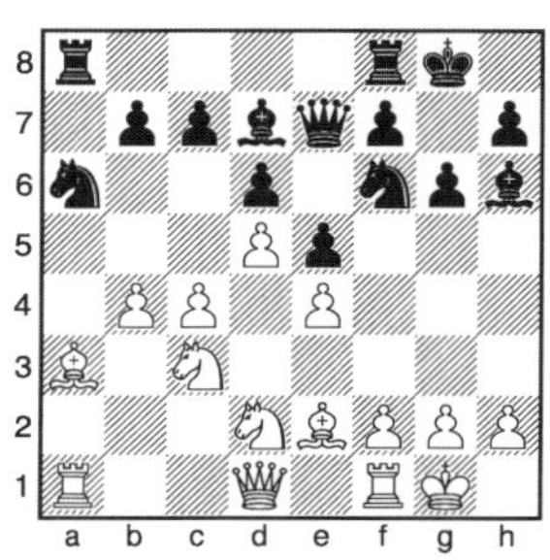

**23.**

**1...♘a6xb4 2.♘d2–b3 ♘b4–a6**

Falls 2.♗a3xb4 ♖a8xa1 3.♕d1xa1 ♗h6xd2

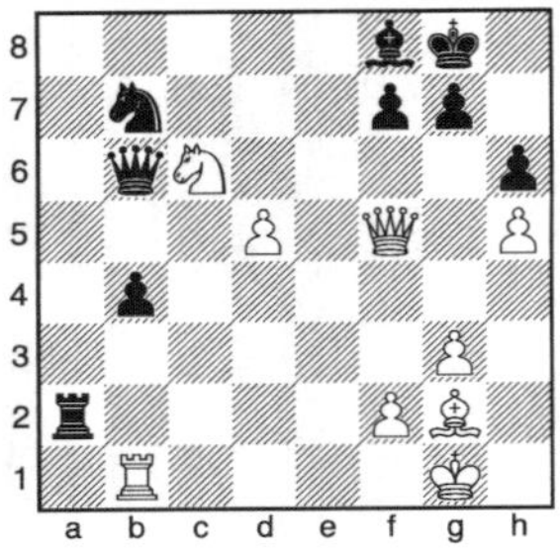

**24.**

**1...♖a2xf2 2.♕f5xf2 ♗f8–c5**

2.♕f5–c8 verzögert nur, aber du musst aufpassen wegen der Drohung Se7+:

2...♖f2–f5+ 3.♔g1-h2 ♖f5xh5+
4.♗g2–h3 ♕b6–f2+ 5.♔h2–h1 ♕f2xg3 usw.

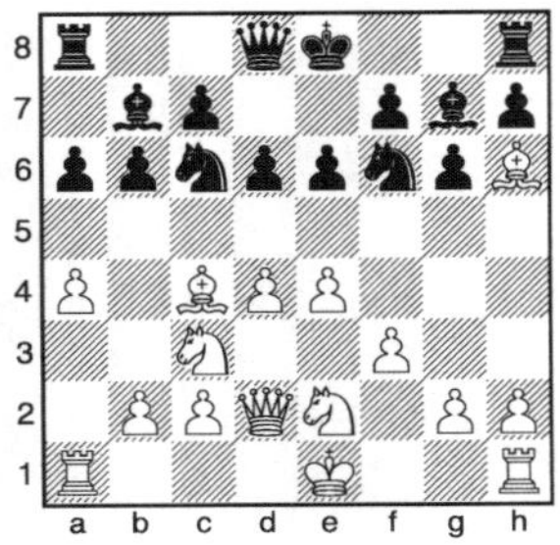

**25.**

**1...♘f6xe4**
**2.♘c3xe4 ♕d8–h4+**
**3.g2–g3 ♕h4xh6**

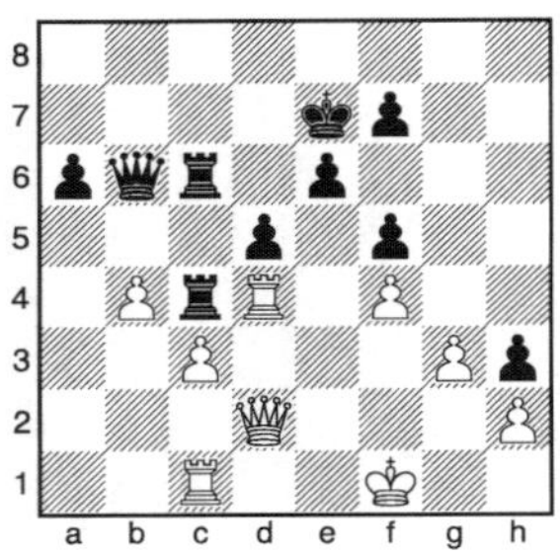

**26.**

**1...♕b6xd4 2.c3xd4**

Oder 2.♕d2xd4 ♖c4xd4 3.c3xd4 ♖c6xc1+

**2...♖c4xc1+ 3.♔f1-e2 ♖c6–c2**

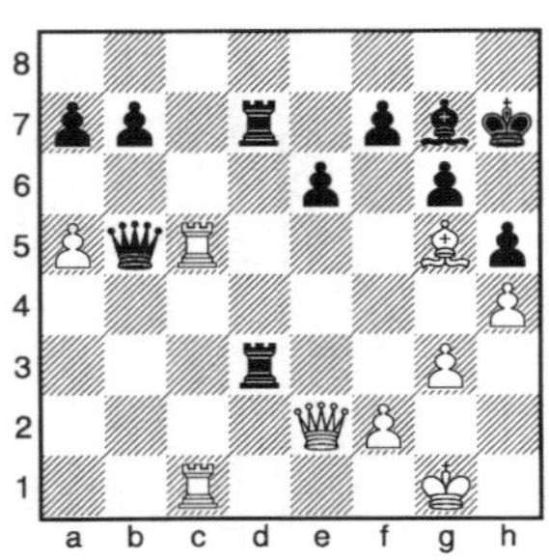

**27.**

**1...♖d3xg3+**
**2.♔g1-f1 ♖g3–g1+**
**3.♔f1xg1 ♕b5xe2**

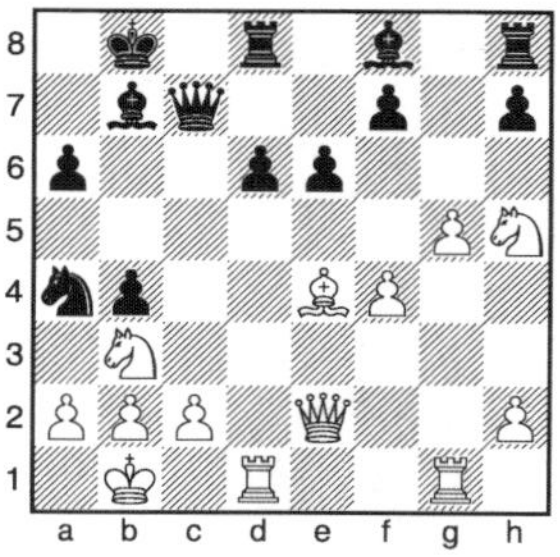

**28.**

**1...♕c7–c3! 2.b2xc3**

Die Drohung war 2.-- ♕c3xb2#

**2...♘a4xc3+ 3.♔b1-b2 ♘c3xe2**

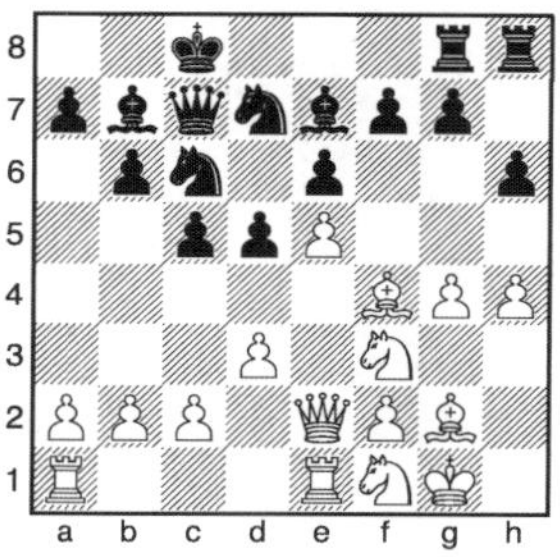

**29.**

**1...♗e7xh4**
**2.♘f3xh4 g7–g5**
**3.♗f4–g3 g5xh4**
**4.♗g3xh4 ♕c7xe5**

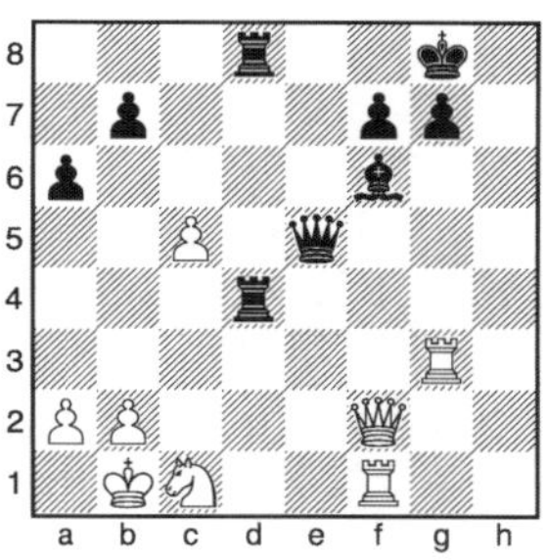

**30.**

**1...♖d4–f4 2.♕f2–g2**

Falls 2.♖g3–f3 ♖f4xf3 3.♕f2xf3?? ♕e5xb2#

**2...♖f4xf1 3.♕g2xf1?? ♕e5xb2#**

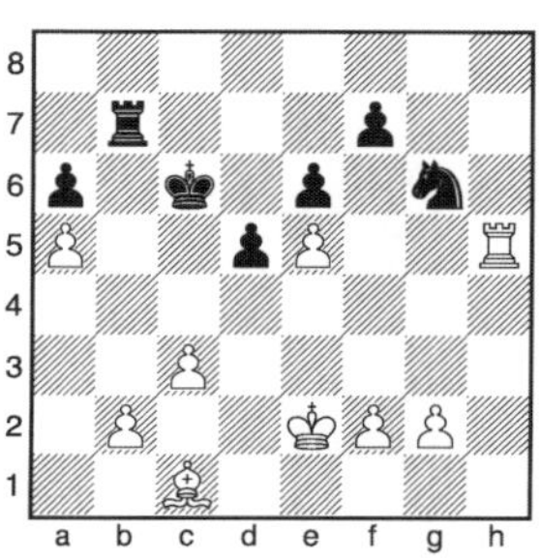

**31.**

**1...♖b7xb2+**
**2.♗c1xb2 ♘g6–f4+**
**3.♔e2–e3 ♘f4xh5**

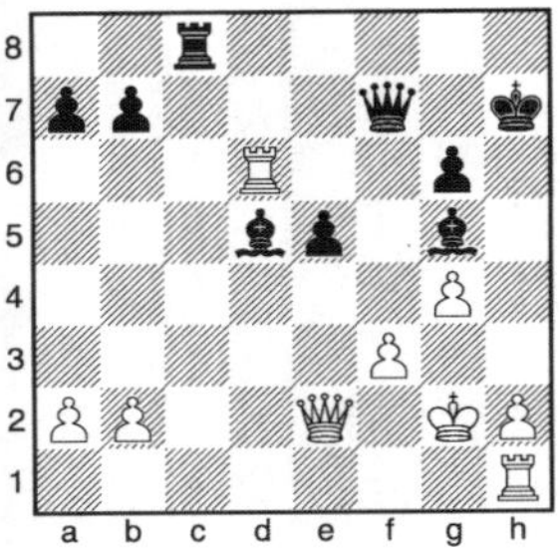

**32.**

**1...♖c8-c2**
**2.♕e2xc2 ♕f7xf3+**
**3.♔g2-g1 ♗g5-e3+**
**4.♕c2-f2 ♕f3xf2#**

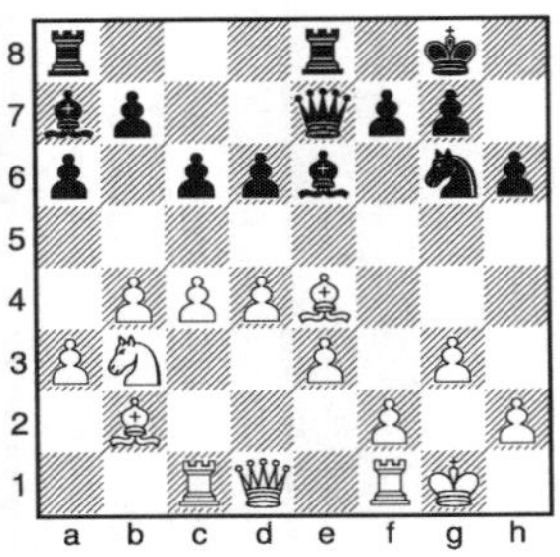

**33.**

**1...♗e6xc4 2.♖c1xc4 ♕e7xe4**

2...d6-d5? ist keine gute Idee, denn es verliert einen Bauern: 3.♗e4xd5 c6xd5.

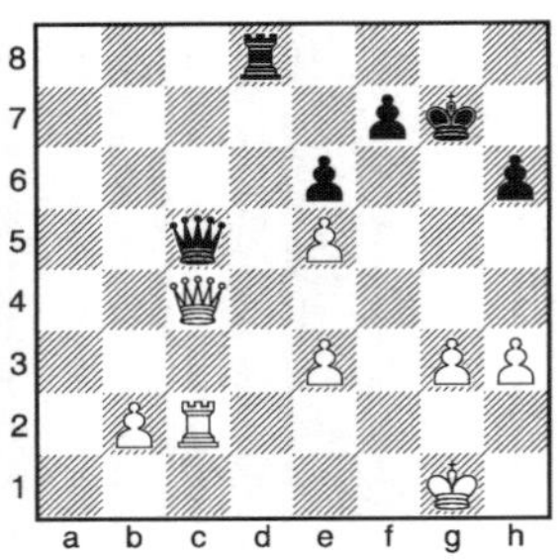

**34.**

**1...♖d8-d1+**
**2.♔g1-f2 ♖d1-d2+**
**3.♖c2xd2 ♕c5xc4**

Oder 3.♔f2-f3 ♖d2xc2

# LEKTION für FORTGESCHRITTENE 4

## Matt in bis zu fünf Zügen

Mit diesem Kapitel überschreiten wir eine Linie. Der durchschnittliche Spieler kann, nachdem er einige Erfahrung gesammelt hat, drei bis vier Züge im Voraus kalkulieren. Doch um starkes Klubniveau zu erreichen, musst du lernen, länger zu rechnen, die Ergebnisse deiner Berechnung im Kopf zu behalten und die verschiedenen Ergebnisse miteinander zu vergleichen und zu bewerten, um die beste Fortsetzung zu finden. Mach dir keine trüben Gedanken über diese Herausforderung, jeder kann das lernen. Es ist nur eine Sache der Übung.

Wir betreten dieses neue Gebiet der Schach-Berechnung Schritt für Schritt. In diesem Kapitel siehst du Matts in bis zu fünf Zügen. Das ist nur ein bis zwei Züge länger, als du es bisher gewohnt bist, und Matts sind leichter zu finden als versteckte Materialvorteile. In den folgenden Kapiteln gehen wir dann weiter mit längeren Matts oder Kombinationen.

Ich habe vorwiegend Kombinationen ausgewählt von in den letzten Jahren gespielten Partien. Manche sind von Meistern und Großmeistern, andere aber auch von ganz normalen Spielern. Gute Ideen sind nicht das Privileg von Top-Spielern, sondern können jederzeit überall erscheinen.

Das sollte eine Motivation für dich sein. Du kannst es auch tun - und sogar öfter und besser, wenn du an deinem Schachgeschick arbeitest, indem du Taktik studierst!

# LEKTION für FORTGESCHRITTENE 4

## Matt in bis zu fünf Zügen

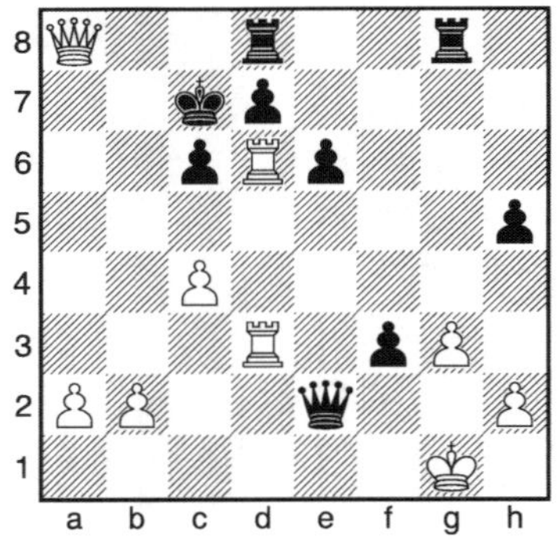

**1**

**Remizov,Y (2354) – Kostenko,P (2472)**

Panchenko Mem Open Chelyabinsk RUS 2019

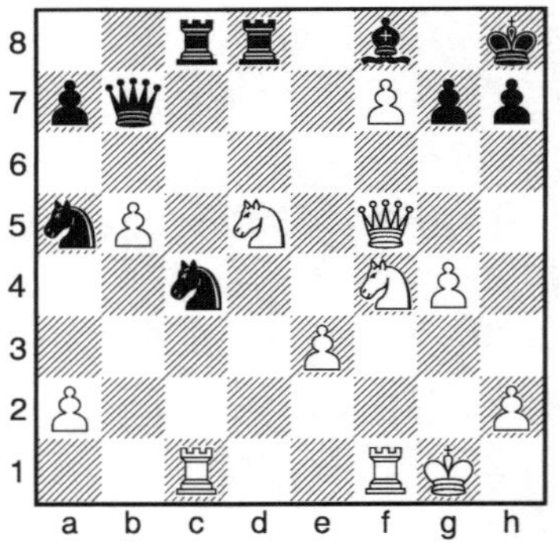

**2**

**Menezes,C (2408) – Yuan Quingyu (2366)**

Junioren WM 2016

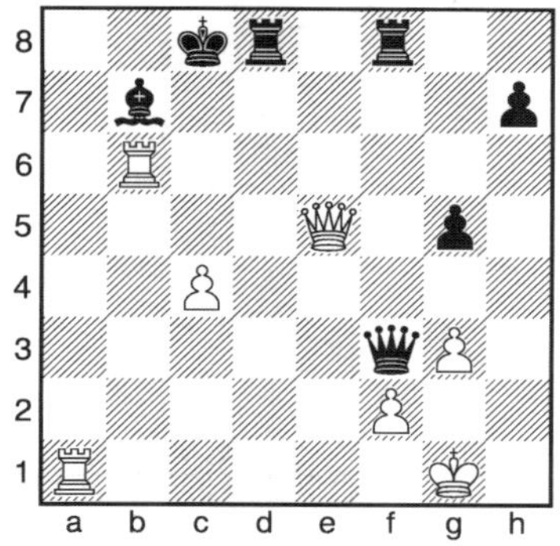

3

**Blübaum,M (2521) – Eltigani (2261)**

Jugend WM Boys u18
Durban RSA 2014

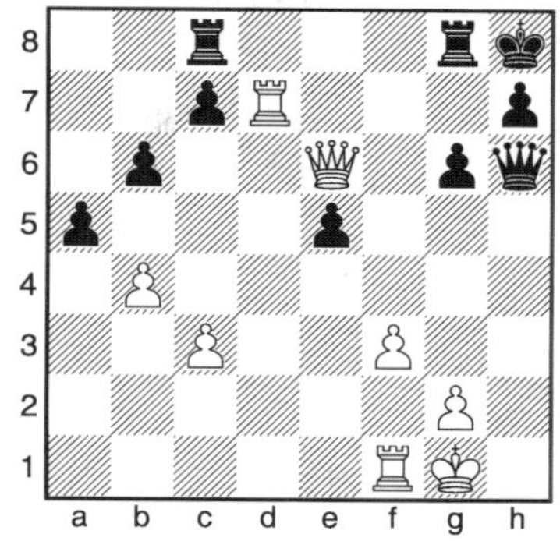

4

**Peng Zhaoqin (2379) – Pähtz,E (2457)**

European chT women
Porto Carras GRE 2011

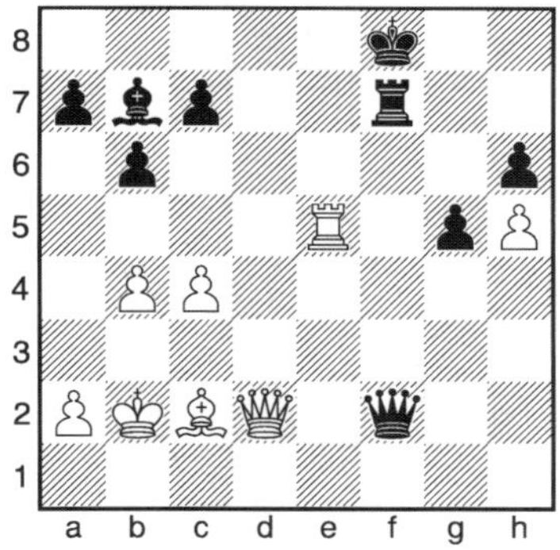

5

**Weissgerber,G – Rellstab,L**

Deutsche Meisterschaft
Bad Pyrmont 1933

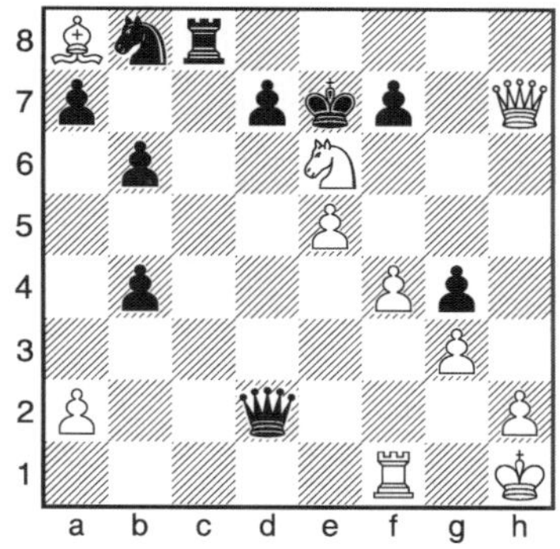

6

**Ernst,S (2598) – Wohl,A (2387)**

Open Dieren NED 2009

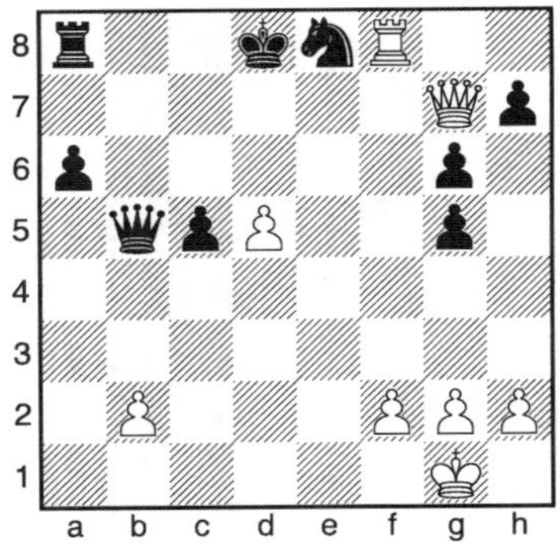

**7**

**Vymazal,B (2347) – Diermair,A (2479)**

Blansko Schach Masters
Blansko CZE 2019

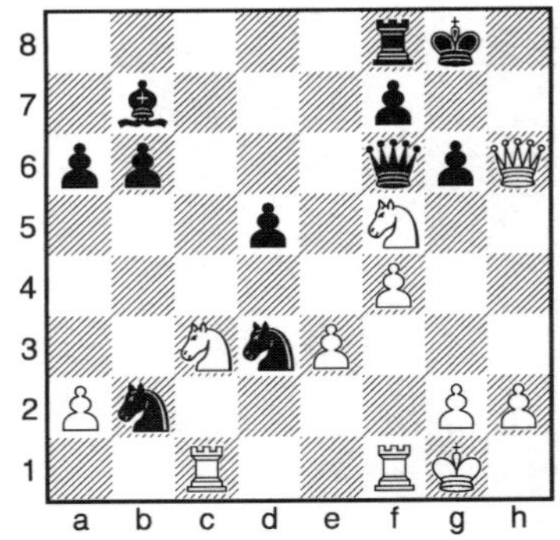

**8**

**Sahoo,U (2329) – Roop,S (1708)**

1st Lakecity Open
Udaipur IND 2019

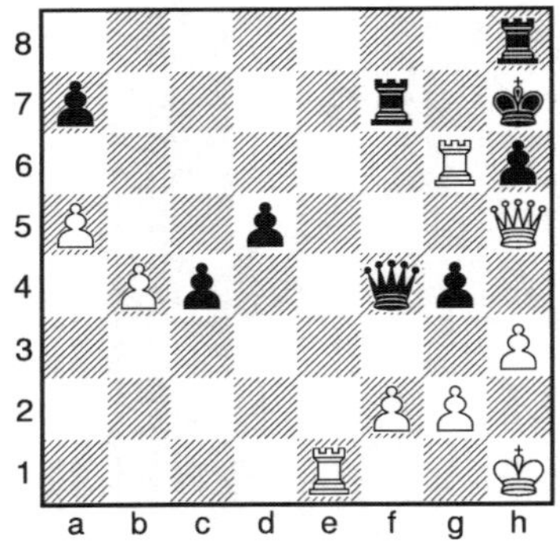

**9**

**Lee Qing Aun (2297) – Khamatgaleev,A (2382)**

Australasian Masters IM
Melbourne AUS 2018

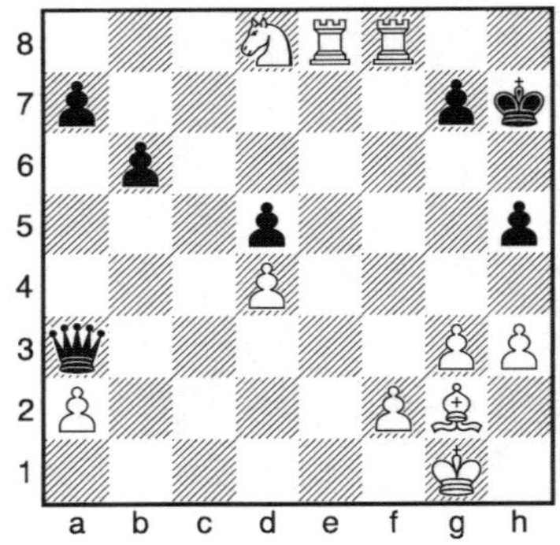

**10**

**Gordievsky,D (2579) – Keisler,Ph (1837)**

ch–Midwest Collegiate
Columbia MO USA 2019

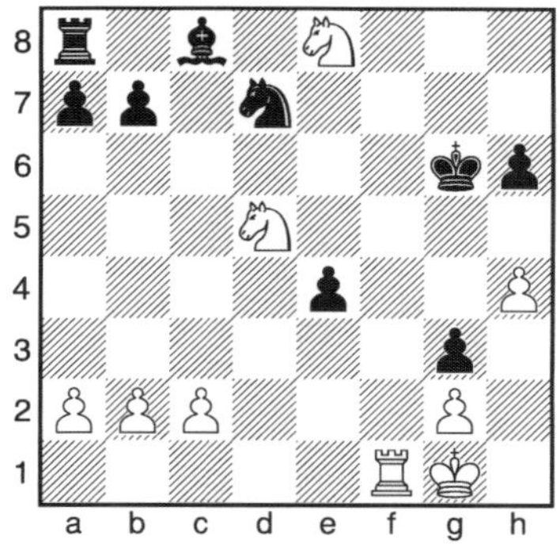

**11**

**Lagarde,M (2626) – Edouard,R (2650)**

94th ch–FRA
Chartres 2019

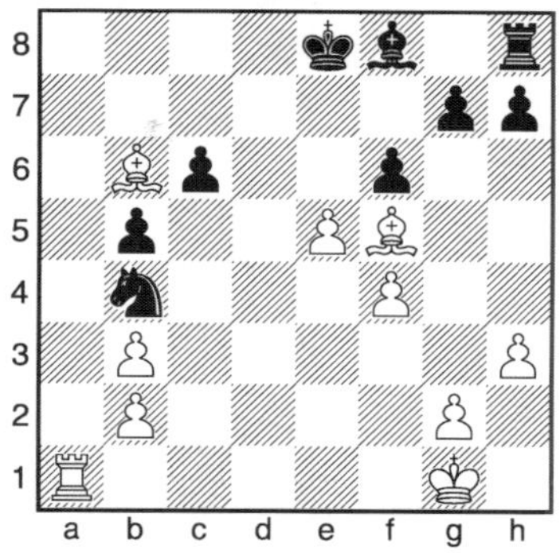

**12**

**Nikologorsky,M (2220) – Kudin,A (1824)**

Chigorin Memorial
St Petersburg 2019

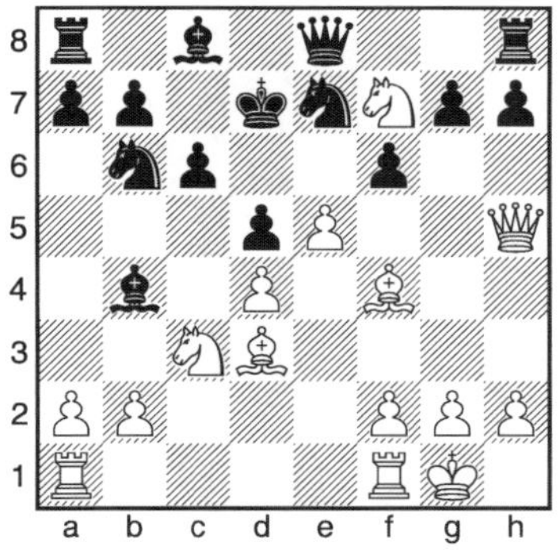

**13**

**Markowski,P (2139) – Kueck,A**

22nd Anderssen Mem
Wroclaw POL 2013

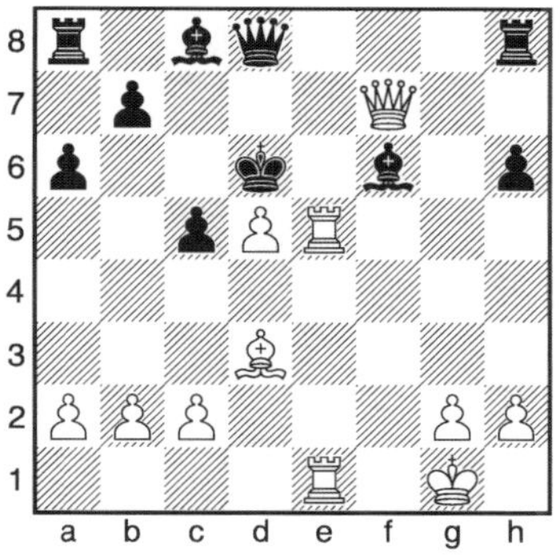

**14**

**Choroszej,A (2054) – Szmyd,M (1921)**

TCh–POL 2nd League
Jastrzebia Godera 2018

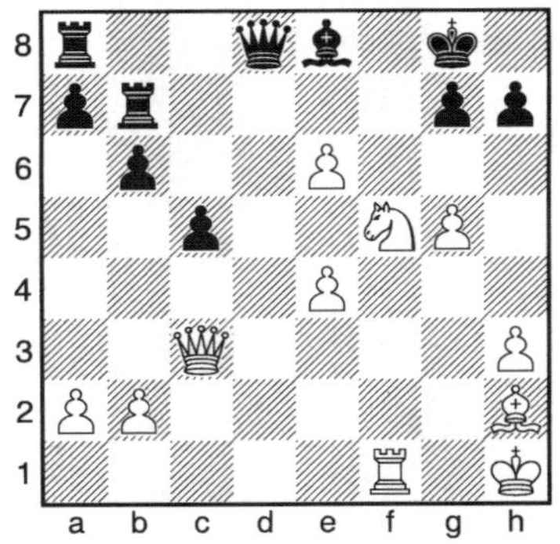

**15**

**Agibileg,U (1957) – Zhang Jiabao (2087)**

Olympiade u16
MON – CHN 2014

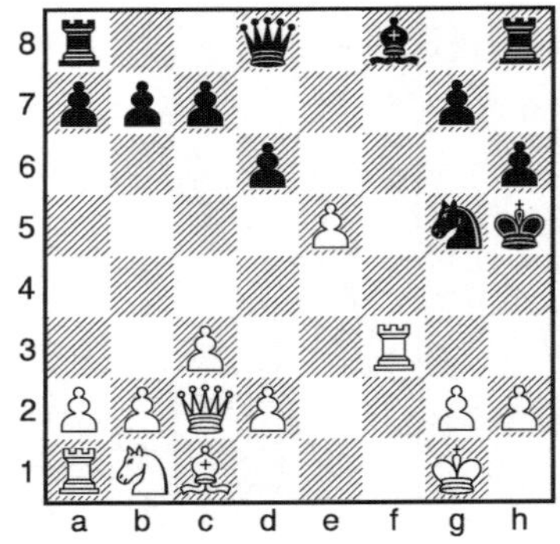

**16**

**Kocak,E (1698) – Zeltner,Richard**

Zirndorf Cup
Zirndorf 2017

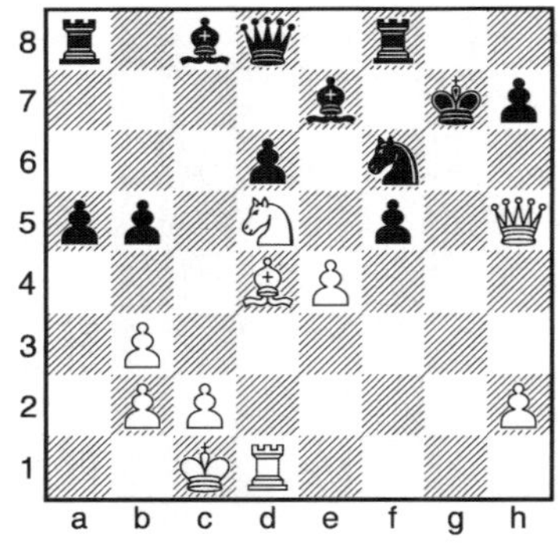

**17**

**Triana (2202) – Machado**

Kuba 2000

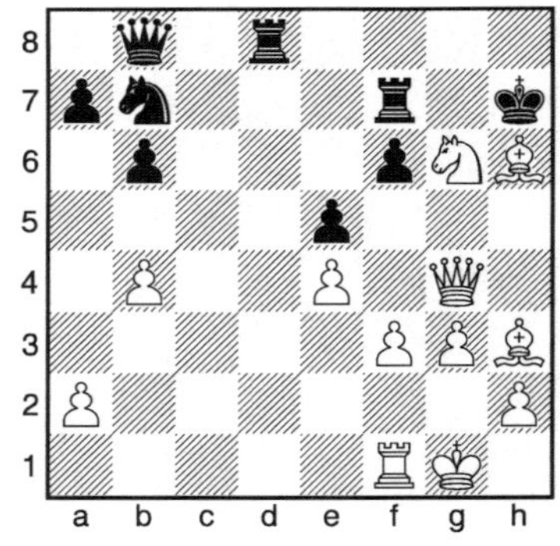

**18**

**Padmini,R (2345) – Lu Miaoyi (1737)**

1st Binhai Cup
Tianjin CHN 2018

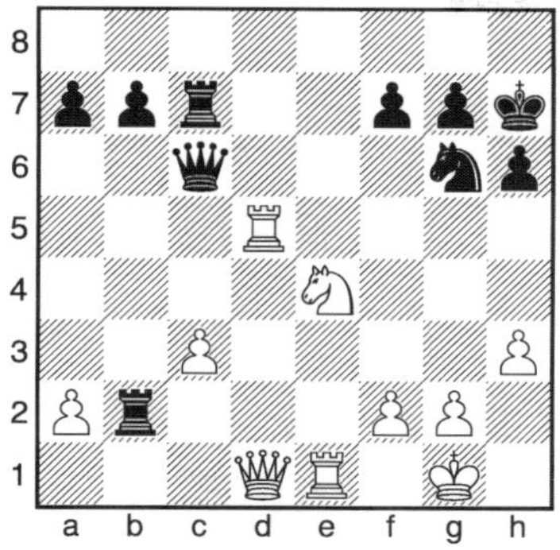

**19**

**Gara,A (2322) – Romanov,E (2647)**

International Open
Oslo 2014

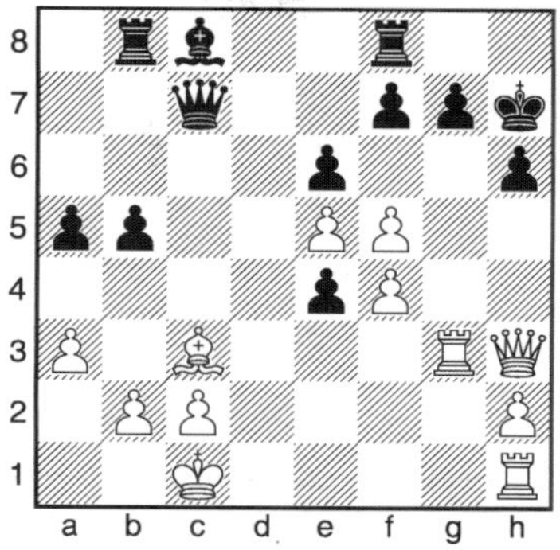

**20**

**Movileanu,D (2173) – Pellicoro,N (1967)**

22nd European Teams Women
Batumi GEO 2019

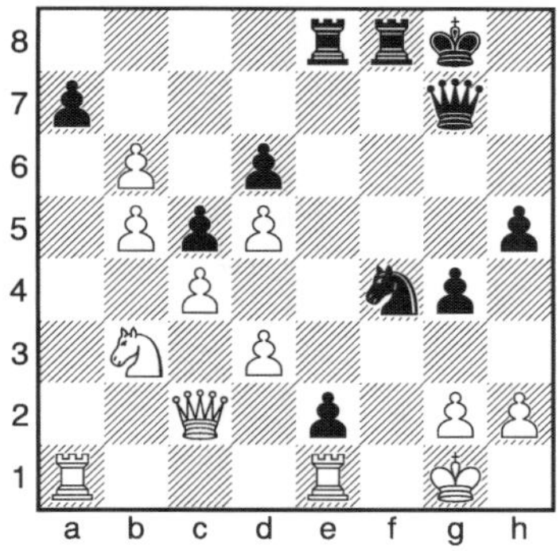

**21 ●**

**Csiki,E (2251) – Santos Latasa,J (2582)**

20th ch–EUR Indiv
Skopje MKD 2019

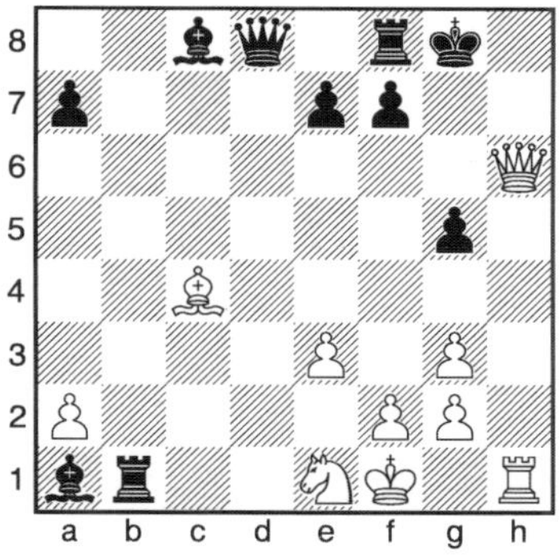

**22 ●**

**Brethes,F (2270) – Maurizzi,M (2329)**

16th Rapid Open
Balagna FRA 2019

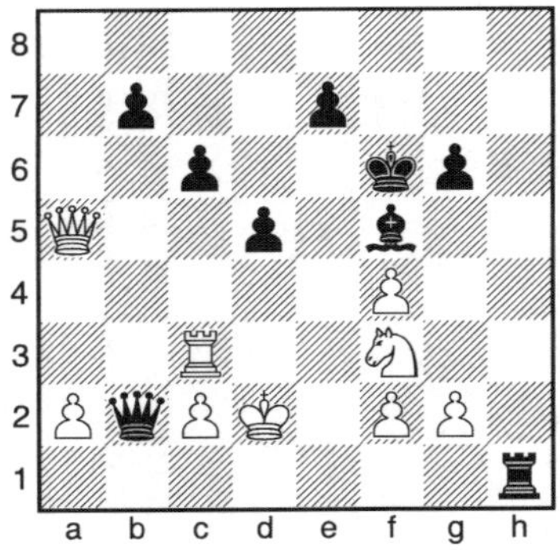

**23 ●**

**Blomqvist,E (2506) – Nepomniachtchi,J (2710)**

EU–Cup
Bilbao ESP 2014

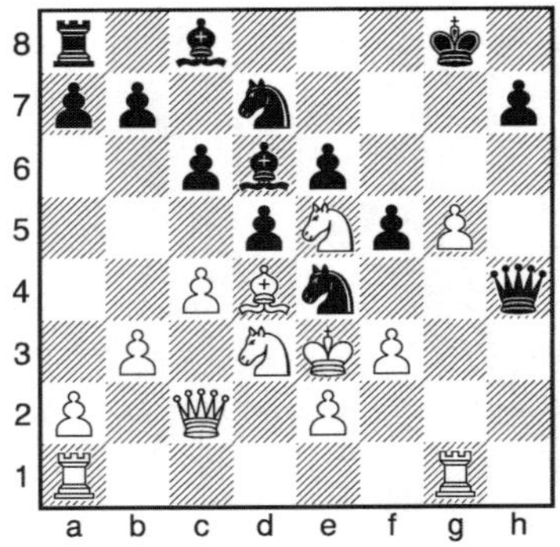

**24 ●**

**Kotov,A – Bondarevsky,I**

Leningrad UdSSR 1936

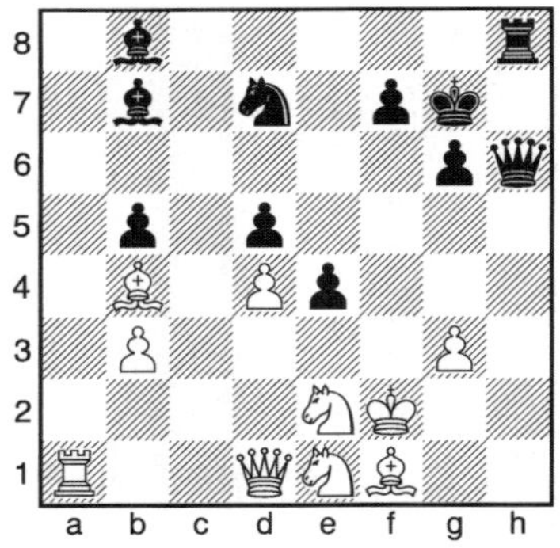

**25 ●**

**Hultin,J (2293) – Hillarp Persson,T (2507)**

SWE chT 1999

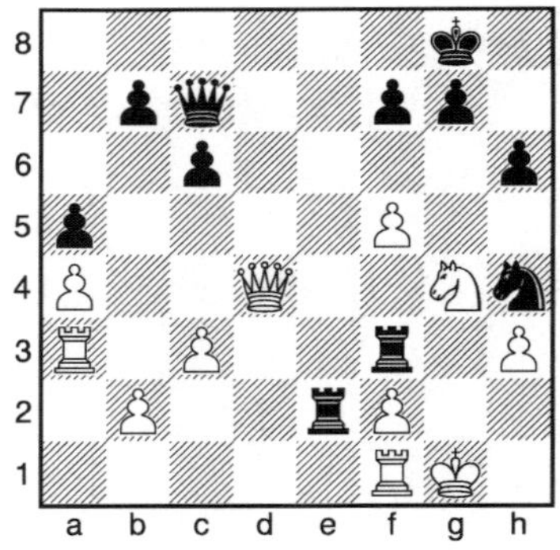

**26 ●**

**Tomazini,Z (2431) – Cheparinov,I (2683)**

20th ch–EUR
Skopje MKD 2019

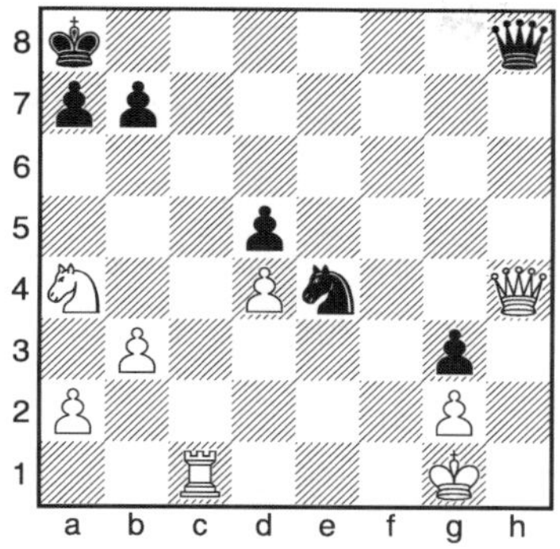

**27 ●**

**Müller,P – Schönhof**

Rhein Main Open
2004

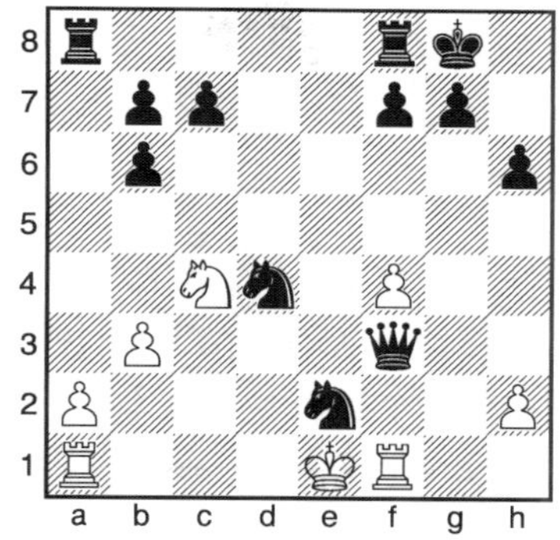

**28 ●**

**Luo – Bartelt** (Variante)

Deutsche Schulschach-Meisterschaft
Husum 2002

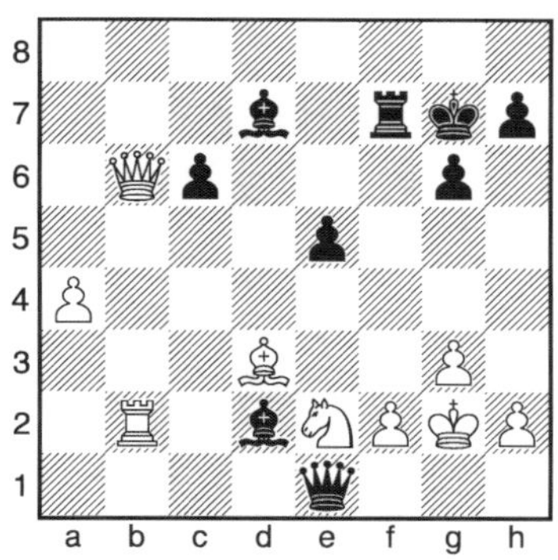

**29 ●**

**Sarkar,J (2328) – Carl,K**

56th Baltimore Open
Linthicum USA 2018

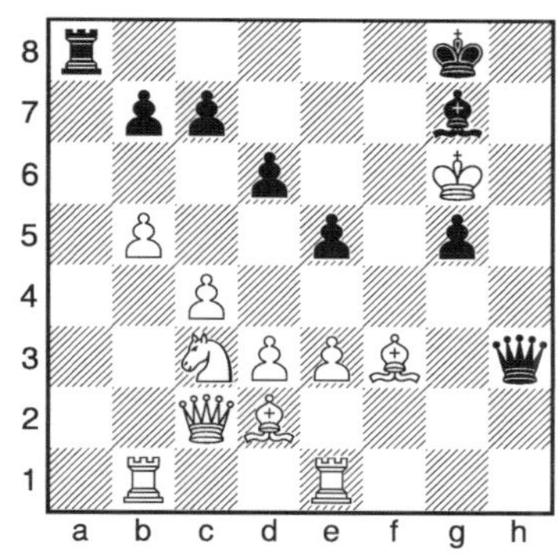

**30 ●**

**Nehyba,M (1806) – Taghizadeh,R (2026)**

Jugend WM
Durban RSA 2014

# LEKTION für FORTGESCHRITTENE 4

## Matt

## In bis zu fünf Zügen

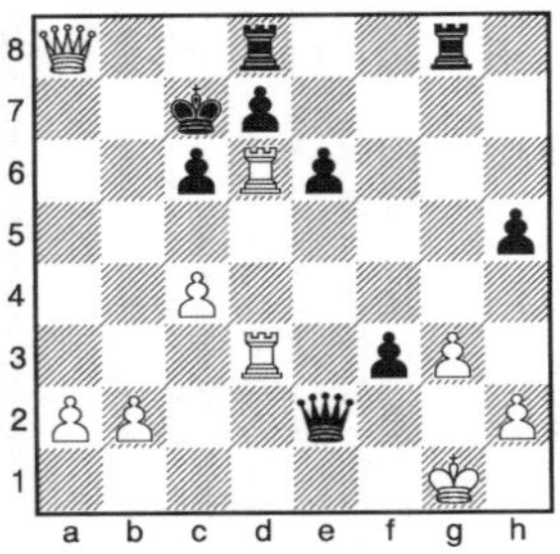

**1.** Remizov – Kostenko

**39.♖d6xd7+ ♖d8xd7**
**40.♕a8–a7+** *(D2)* **♔c7–c8**
**41.♕a7xd7+ ♔c8–b8**
**42.♖d3–b3+ ♔b8–a8**
**43.♕d7–b7#**

Ein umständlicher Gewinnweg ist

***39.♕a8–a7+*** ♔c7–c8
40.♕a7–a6+ ♔c8–b8
41.♕a6–b6+ ♔b8–c8
42.♖d6xc6+ d7xc6
43.♕b6xc6+ ♔c8–b8 usw.

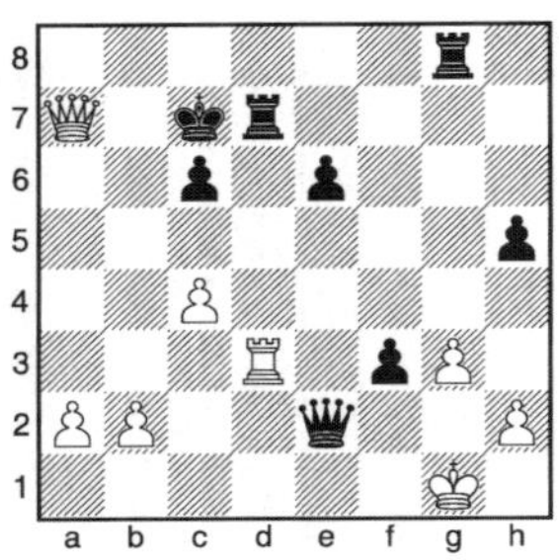

D2

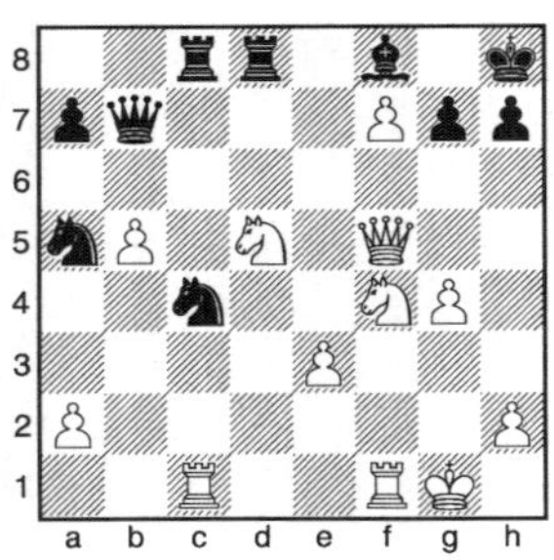

**2.** Menezes – Yuan Quingyu

**1.♘d5–f6 g7xf6**
**2.♕f5xf6+ ♗f8–g7**
**3.♘f4–g6+ h7xg6**
**4.♕f6–h4+** 1:0; **♗g7–h6**
**5.♕h4xh6#**

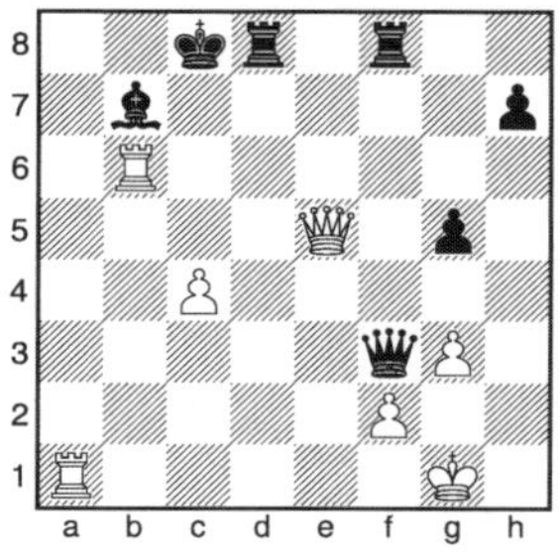

**3.** Blübaum – Eltigani

Eine Variante des sehr seltenen **"Epauletten-Matt"**:

**1.♖a1-a8+ ♗b7xa8**
**2.♕e5–b8+ ♔c8–d7**
**3.♕b8–d6+ ♔d7–e8**
**4.♕d6–e6#**

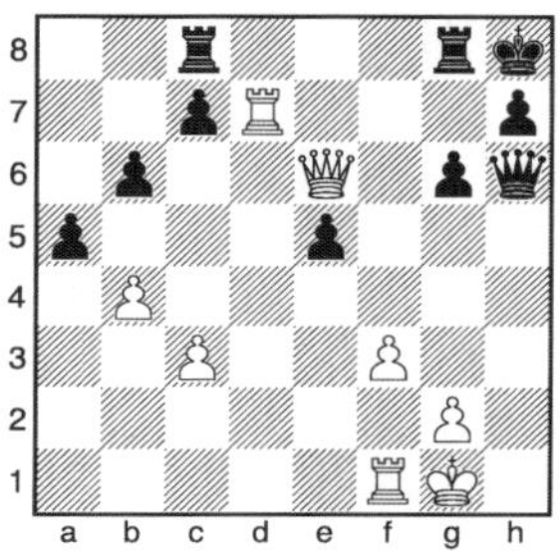

**4.** Peng – Pähtz

**1.♕e6xe5+ ♖g8–g7 2.♖f1-d1 ♖c8–g8**
**3.♖d7–d8 ♕h6–h4**

Falls 3...♖g8xd8 4.♖d1xd8#

**4.♖d8xg8+ ♔h8xg8 5.♕e5–e8#**

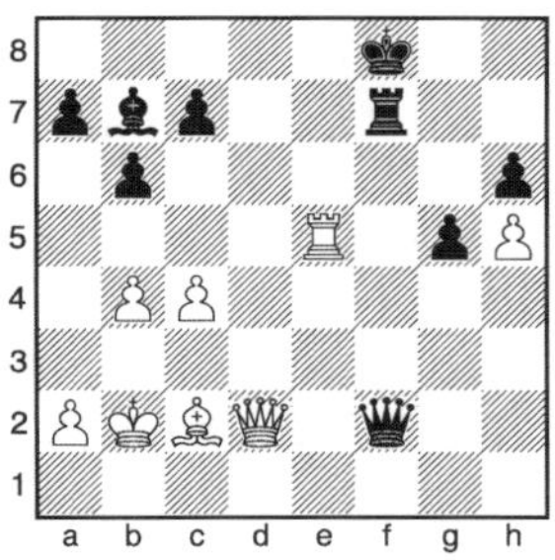

**5.** Weissgerber – Rellstab

**1.♕d2–d8+ ♔f8–g7**
**2.♖e5xg5+! h6xg5**
**3.h5–h6+ ♔g7xh6**
**4.♕d8–h8+ ♖f7–h7**
**5.♕h8xh7#**

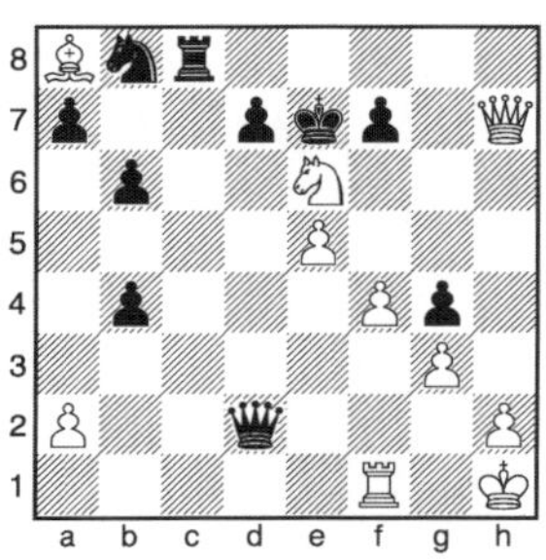

**6.** Ernst – Wohl

**1.♕h7–h4+ ♔e7–e8**
**2.♘e6–g7+ ♔e8–f8**
**3.♕h4–h8+ ♔f8–e7**
**4.♘g7–f5+ ♔e7–e6**
**5.♕h8–f6#**

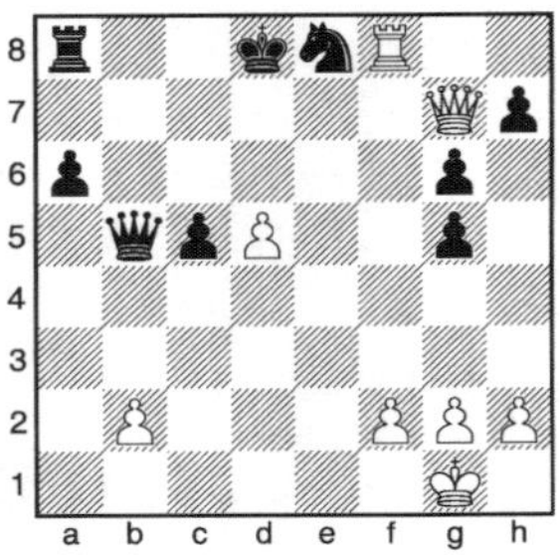

**7.** Vymazal – Diermair

***38.♕g7–f6+*** ♔d8–d7 39.♖f8–f7+
Würde auch gewinnen. Wir können aber mit einem netten Mattangriff das Ende beschleunigen:

**38.d5–d6! ♕b5–d7**

Nicht besser ist 38...♕b5–c6; oder 38...♕b5–b8 39.♕g7–e7+ ♔d8–c8 40.♖f8xe8#

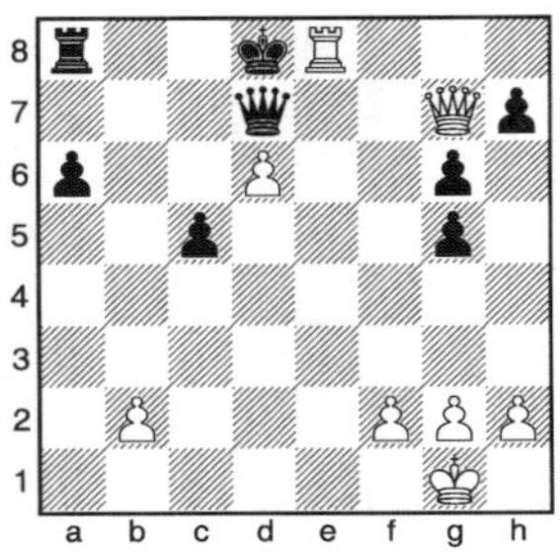

D2

**39.♖f8xe8+** *(D2)* 1:0; **♕d7xe8**
**40.♕g7–c7#**

Falls 39...♔d8xe8 40.♕g7–g8#

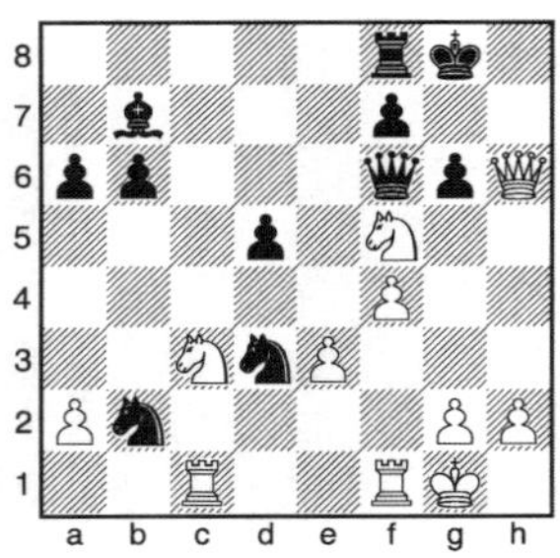

**8.** Sahoo – Roop

**27.♘c3xd5 ♗b7xd5**
**28.♕h6xf8+** 1:0; **♔g8–h7**

Falls 28...♔g8xf8 29.♖c1-c8+ ...

**29.♕f8–h6+ ♔h7–g8 30.♖c1-c8+ ♕f6–d8**
**31.♖c8xd8#**

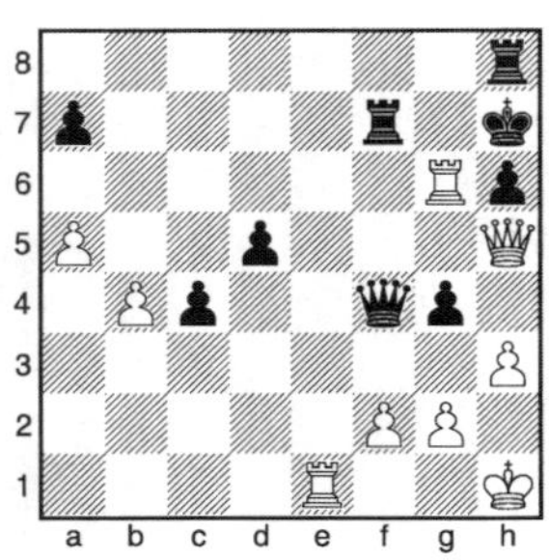

**9.** Lee Qing Aun – Khamatgaleev

**34.♖g6xh6+ ♕f4xh6 35.♕h5xf7+ ♕h6–g7**
**36.♕f7–h5+** 1:0, **♕g7–h6**

Oder 36...♔h7–g8 37.♖e1-e8+ ♕g7–f8 38.♕h5–g6#

**37.♖e1-e7+ ♔h7–g8 38.♕h5–f7#**

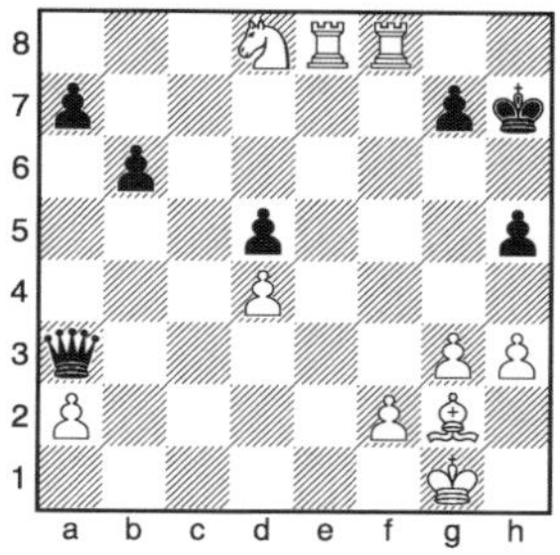

**10.** Gordievsky – Keisler

**32.♖f8–h8+ ♔h7–g6 33.♖e8–e6+ ♔g6–f5**

Oder 33...♔g6–g5 34.f2–f4+ ♔g5–f5 35.♖h8xh5+ g7–g5 36.♖h5xg5#

**34.♖h8xh5+** 1:0; **g7–g5 35.g3–g4+ ♔f5–f4 36.♖e6–f6#**

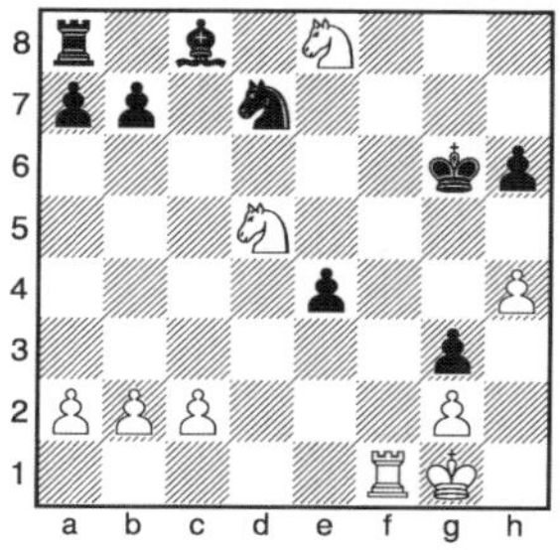

11. Lagarde – Edouard

**28.♘d5–e7+ ♔g6–h7**

In der Partie folgte 28...♔g6–h5 29.♖f1-f4 1:0; 29...-- 30.♘e8–g7#

**29.♖f1-f7+ ♔h7–h8 30.♘e7–g6+ ♔h8–g8 31.♖f7–g7#**

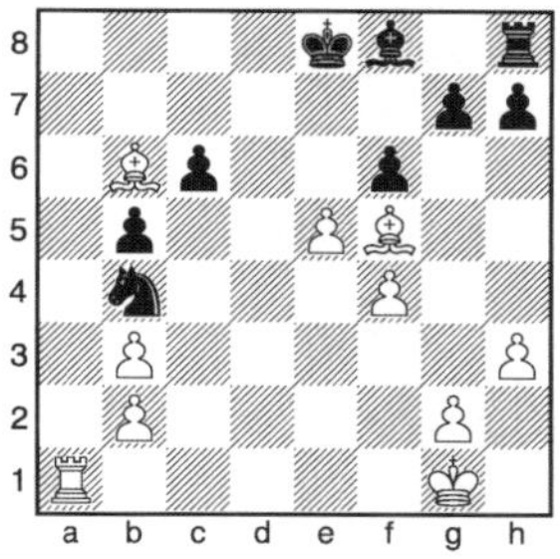

**12.** Nikologorsky – Kudin

**32.♖a1-a8+ ♔e8–f7 33.e5–e6+ ♔f7–g8**

In der Partie folgte 33...♔f7–e7 34.♗b6–c5#

**34.e6–e7 ♔g8–f7 35.e7–e8♕+ ♔f7–g8 36.♕e8–e6#/xf8# / 36.♗f5–e6#**

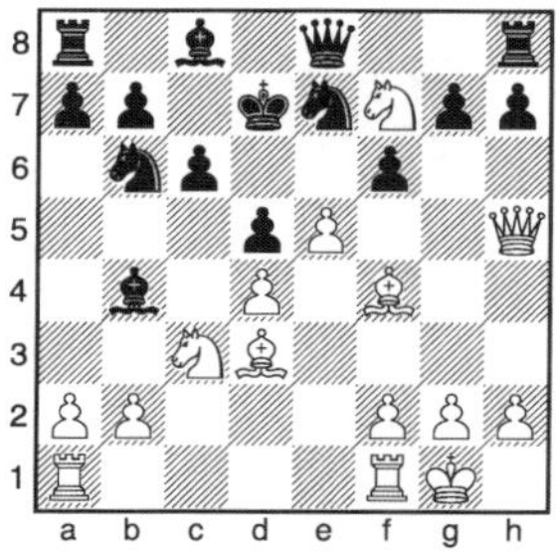

**13.** Markowski – Kueck

**14.e5–e6+**

Partie 14.♕h5–h3+ ♔d7–c7?? *(14...f6–f5 vermeidet Matt)* 15.e5–e6+ ♗b4–d6 16.♗f4xd6#

**14...♔d7xe6 15.♖f1-e1+ ♔e6–d7 16.♗d3–f5+ ♘e7xf5 17.♕h5xf5+ ♕e8–e6 18.♕f5xe6#**

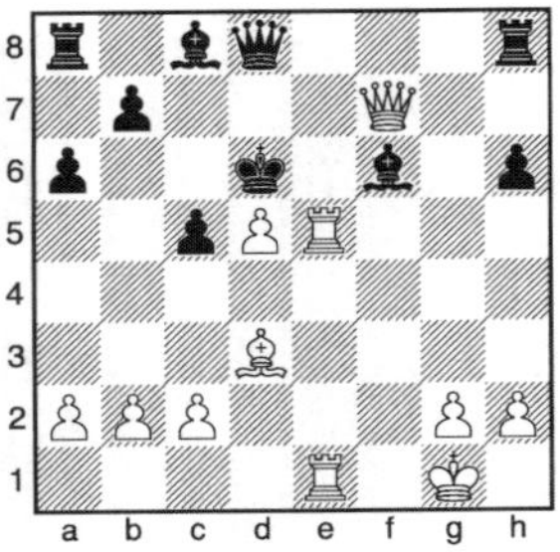

**14.** Choroszej – Szmyd

**24.♖e5–e6+ ♗c8xe6**
**25.♖e1xe6+ ♔d6xd5**
**26.♖e6xf6+ ♔d5–d4**
**27.♕f7–c4+ ♔d4–e5 28.♖f6–e6#**

Oder 27...♔d4–e3 28.♕c4–f4#

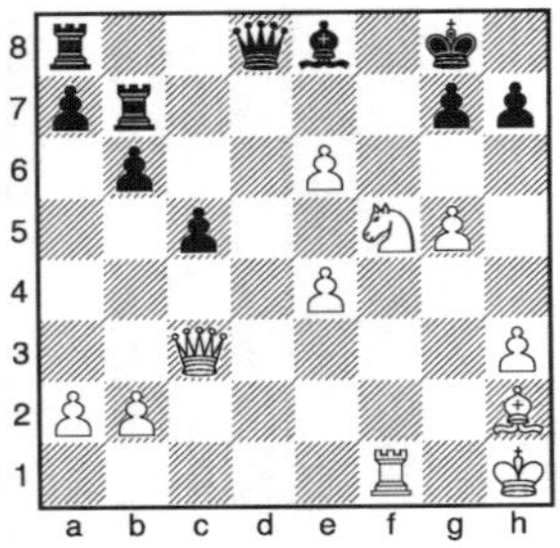

**15.** Agibileg – Zhang

**1.♘f5–h6+ g7xh6 2.♖f1-f8+ ♔g8xf8 3.♕c3–h8+ ♔f8–e7 4.♕h8–f6#**

oder

***1.♕c3xg7*+ ♖b7xg7 2.♘f5–h6+ ♔g8–h8 3.♖f1-f8+ ♖g7–g8 4.♖f8xg8#**

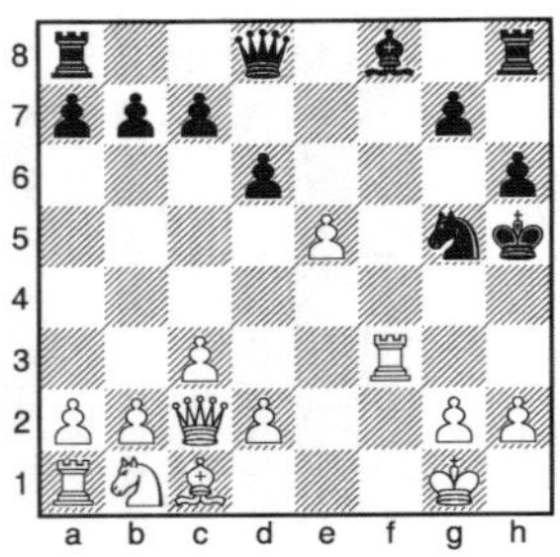

**16.** Kocak – Zeltner

**15.♕c2–f5 ♔h5–h4** *(D2)*

Und nun kannst du wählen zwischen fünf Matts in drei Zügen:

**16.♖f3–f4+ ♔h4–h5 17.g2–g3 d6xe5 18.♖f4–h4#**

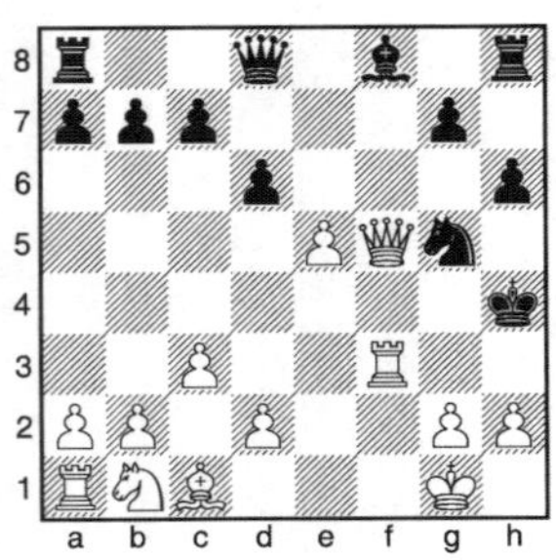

D2

***16.♕f5–f4*+** ♔h4–h5 17.g2–g4 + ♔h5–h4 18.♕f4–g3#;

***16.g2–g3*+** ♔h4–h5 17.♖f3–f4 -- 18.♖f4–h4#

***16.♔g1-h1/f1*** -- 17.♖f3–h3+ ♘g5xh3 18.g2–g3#

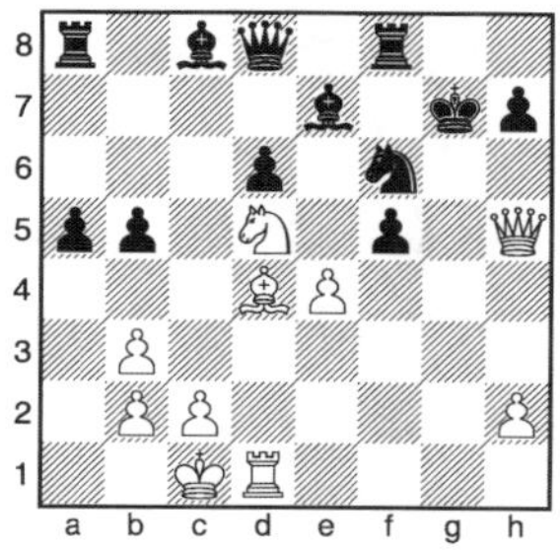

**17.** Triana – Machado

**1.♖d1-g1+ ♔g7–h8**
**2.♕h5–g5** *(D2)* **♖f8–g8**

Nicht besser 2...♖f8–f7 3.♘d5xf6 ♗e7xf6 *(Oder auch 3...♕d8–f8 4.♕g5–g8+ ♕f8xg8 5.♖g1xg8#)* 4.♗d4xf6+ ♕d8xf6 5.♕g5–g8#

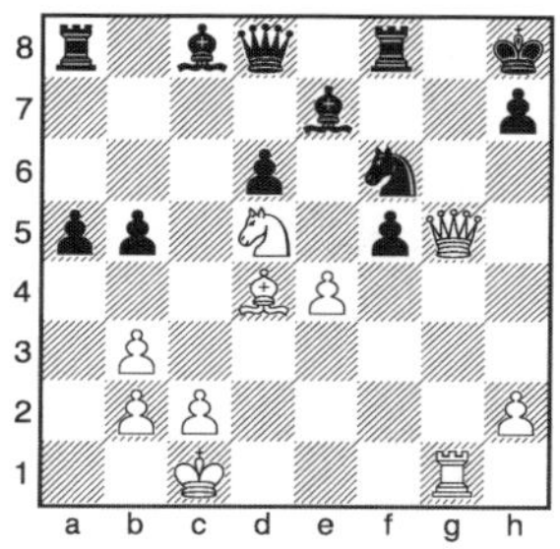

**3.♘d5xe7 ♖g8xg5**
**4.♗d4xf6+ ♖g5–g7**
**5.♗f6xg7#**

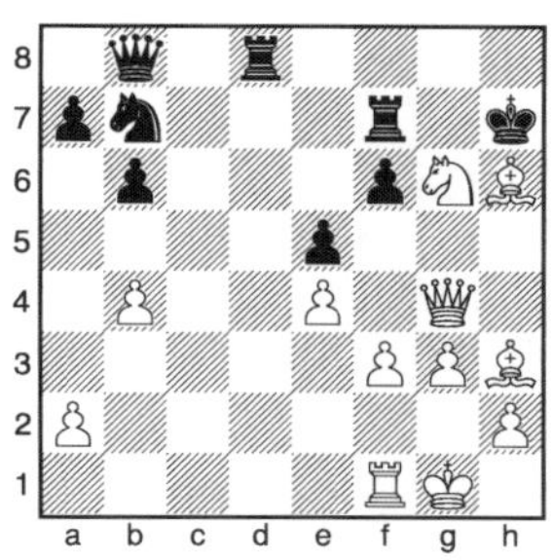

**18.** Padmini – Lu Miaoyi

**31.♕g4–h5 ♔h7–g8**
**32.♗h6–f8 ♖f7xf8**
**33.♕h5–h8+ ♔g8–f7**
**34.♕h8–h7+ ♔f7–e8**
**35.♕h7–e7#**

Eine andere Lösung ist

***31.♕g4–h4*** *(D2)* **♔h7–g8**

Falls 31...♔h7xg6 32.♗h3–f5#

**32.♗h3–e6 --**
**33.♗h6–f8 ♖d8xf8**
**34.♕h4–h8#**

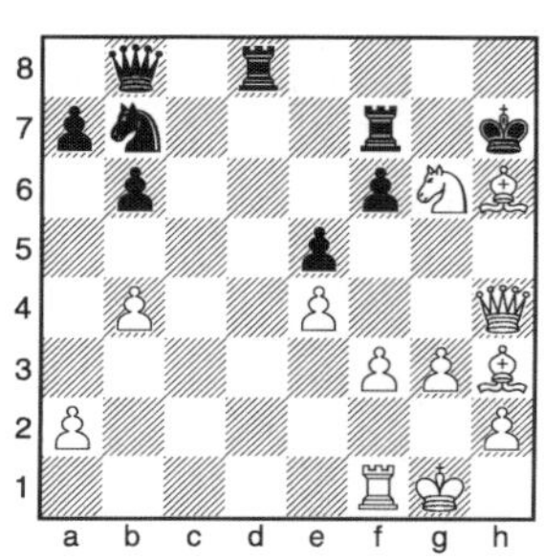

D2

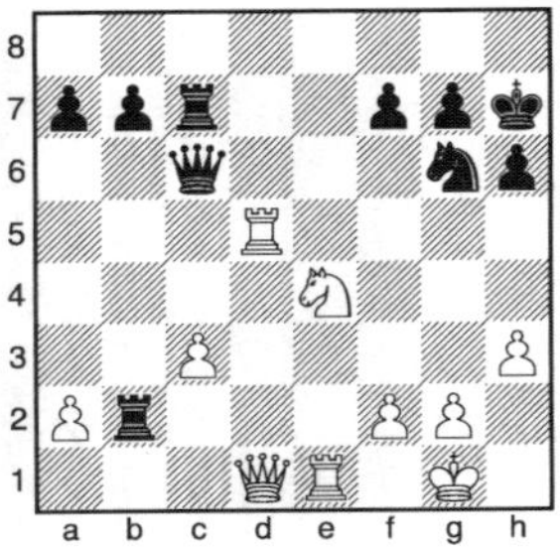

**19.** Gara – Romanov

**33.♘e4-g5+ h6xg5**
**34.♕d1-h5+ ♔h7-g8**
**35.♖d5-d8+** 1:0; **♘g6-f8**
**36.♖d8xf8+ ♔g8xf8**
**37.♕h5-h8#**

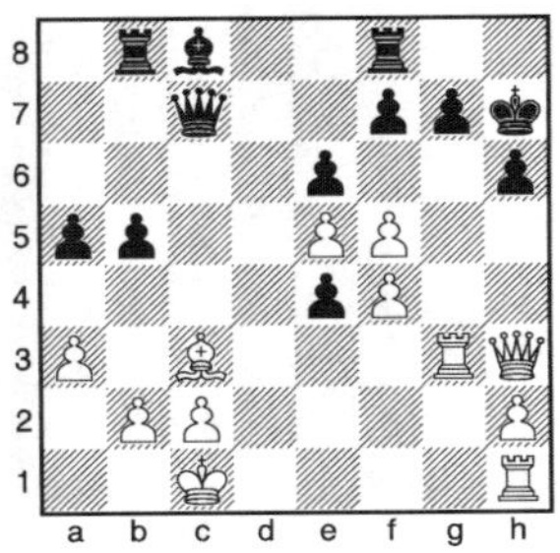

**20.** Movileanu – Pellicoro

**23.f5-f6!**

In der Partie geschah
23.♖g3xg7+ ♔h7xg7 24.♖h1-g1+ ♔g7-h7
25.f5-f6 1:0; 25...♖f8-g8 26.♖g1xg8 ♔h7xg8
27.♕h3xh6 -- 28.♕h6-g7#

**23...♖f8-g8**
**24.♖h1-g1 g7-g5** *(D2)*
**25.♕h3xh6+ ♔h7xh6**
**26.♖g3-h3+ ♔h6-g6**
**27.♖g1xg5#**

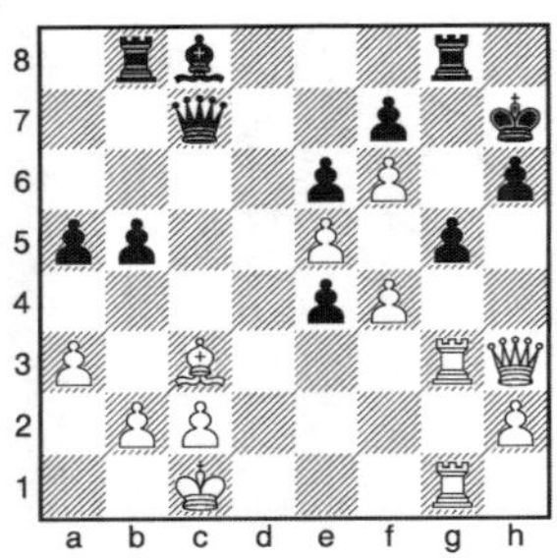

D2

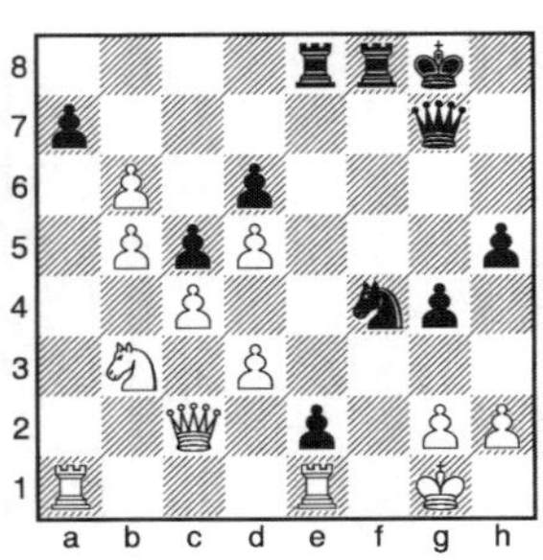

**21.** Csiki – Santos Latasa

**27...♘f4-h3+**
**28.♔g1-h1 ♕g7xa1**
**29.♘b3xa1 ♖f8-f1+** 0:1
**30.♖e1xf1 e2xf1♕#**

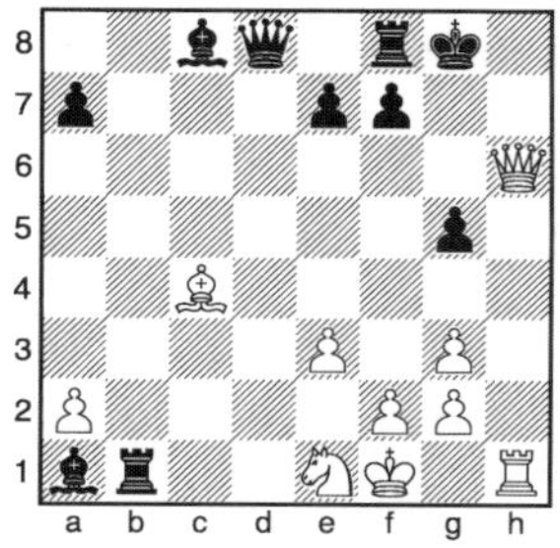

**22.** Brethes – Maurizzi

**21...♖b1xe1+**
**22.♔f1xe1 ♗a1-c3+**
**23.♔e1-e2 ♗c8-g4+**
**24.f2-f3 ♕d8-d2+**
**25.♔e2-f1 ♕d2-e1#**

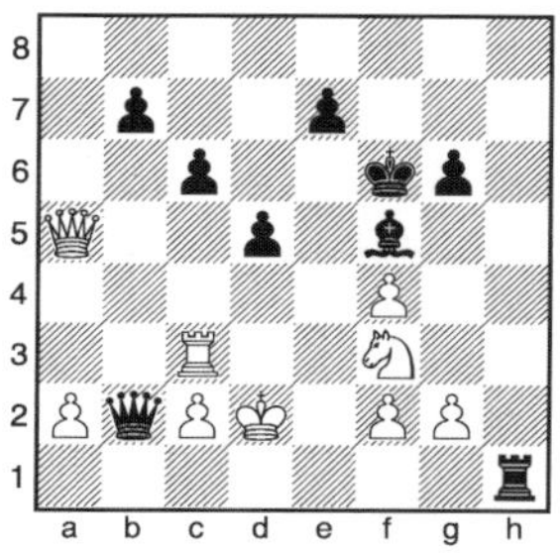

**23.** Blomquist – Nepomniachtchi

**1...♕b2-c1+**
**2.♔d2-e2 ♕c1-d1+**
**3.♔e2-e3 ♖h1-e1+**
**4.♘f3xe1 d5-d4#**

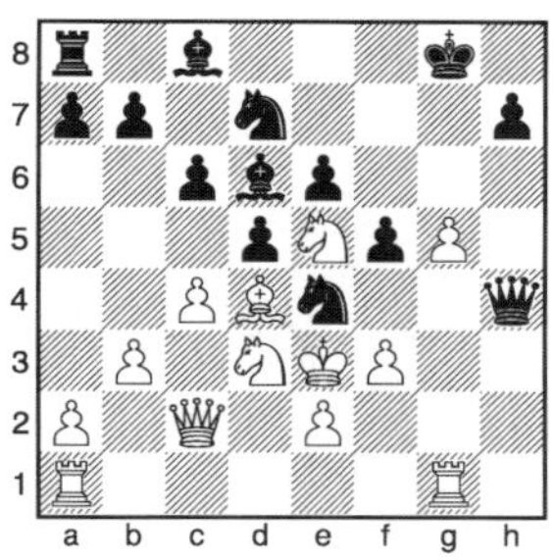

**24.** Kotov – Bondarevsky

**1...f5-f4+**
**2.♘d3xf4 ♕h4-f2+**
**3.♔e3-d3 ♕f2xd4+**
**4.♔d3xd4 ♗d6-c5+**
**5.♔d4-d3 ♘d7xe5#**

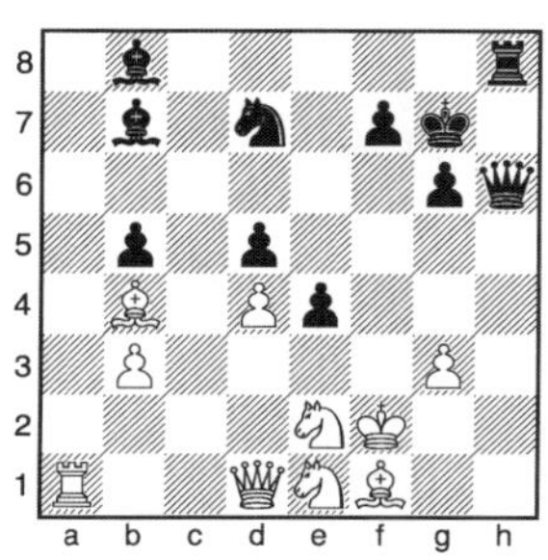

**25.** Hultin – Hillarp Persson

**1...e4-e3+**
**2.♔f2-f3 ♘d7-e5+**
**3.d4xe5 d5-d4+**
**4.♔f3-g4 ♕h6-h5+**
**5.♔g4-f4 ♗b8xe5# / ♕h5-f5#**

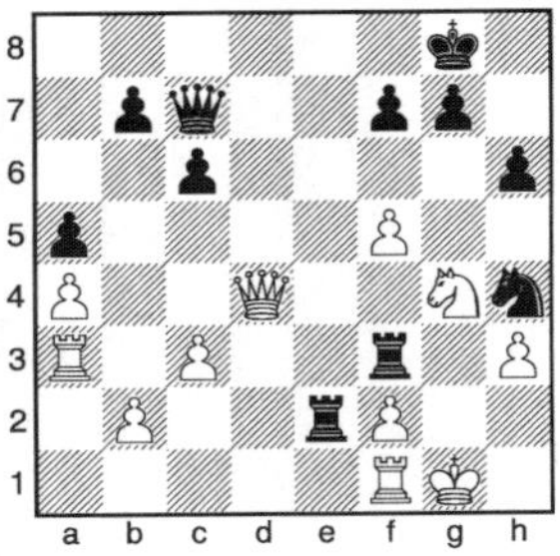

**26.** Tomazini – Cheparinov

**30...♖f3–g3+ 31.♔g1-h1 ♖g3xh3+ 32.♔h1-g1 ♘h4–f3+ 33.♔g1-g2 ♕c7–g3#**

Ein dickeres Opfer führt zum gleichen Resultat:

***30...♕c7–g3+*** **31.f2xg3 ♖e2–g2+ 32.♔g1-h1 ♖f3xf1+ 33.♕d4–g1 ♖f1xg1#**

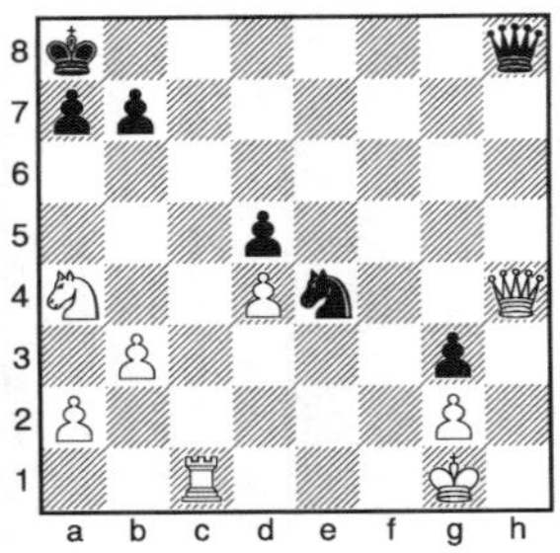

**27.** Müller – Schönhof

Wir sehen eine Variante des erstickten Matt:

**1...♕h8xd4+ 2.♔g1-h1 ♘e4–f2+**
**3.♔h1-g1 ♘f2–h3+**
**4.♔g1-h1 ♕d4–g1+**
**5.♖c1xg1 ♘h3–f2#**

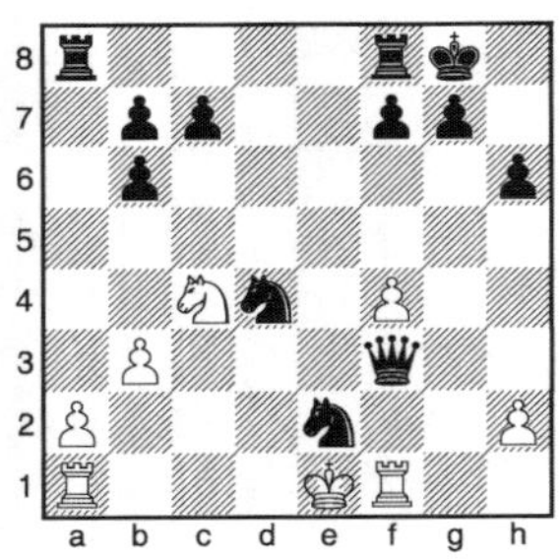

**28.** Luo – Bartelt (Variante)

Schwarz hat bereits eine Gewinnstellung, aber versuchte, mit Stil zu gewinnen – und beeindruckte Zuschauer, Mannschaftskameraden und den Trainer mit einem netten Matt:

**1...♘d4–c2+**
**2.♔e1-d2 ♕f3–c3+** *(D2)*
**3.♔d2xe2**

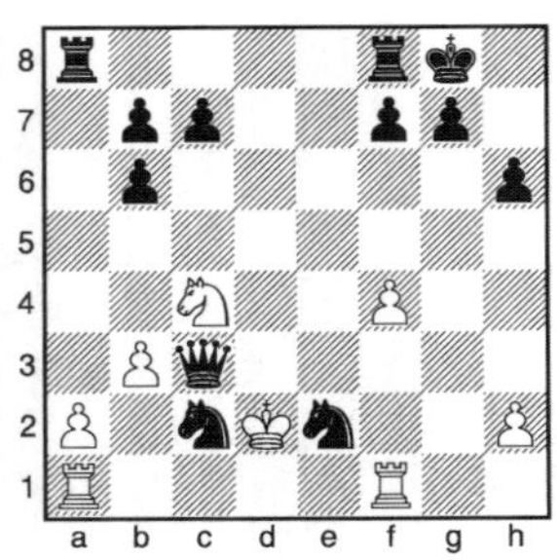

D2

Nicht besser ist

3.♔d2-d1 ♕c3–d3+ 4.♘c4–d2 ♖f8–d8
5.–– ♕d3xd2# oder 5.♖f1-e1 ♘c2–e3#

**3...♘c2–d4+**
**4.♔e2–f2 ♕c3–f3+**
**5.♔f2–g1 ♘d4–e2#**

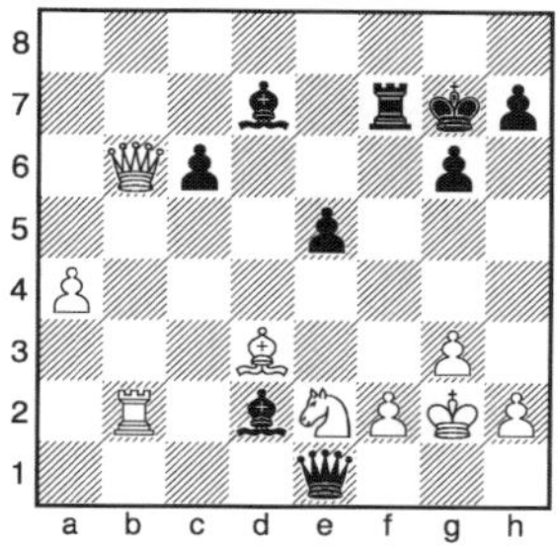

**29.** Sarkar – Carl

**34...♗d7–h3+ 35.♔g2xh3 ♕e1-f1+ 36.♔h3–g4**

Oder 36.♔h3–h4 g6–g5+ 37.♔h4–g4 h7–h5+ 38.♔g4xh5 ♕f1-h3#

**36...h7–h5+ 37.♔g4–h4 g6–g5+ 38.♔h4xh5 ♕f1-h3#**

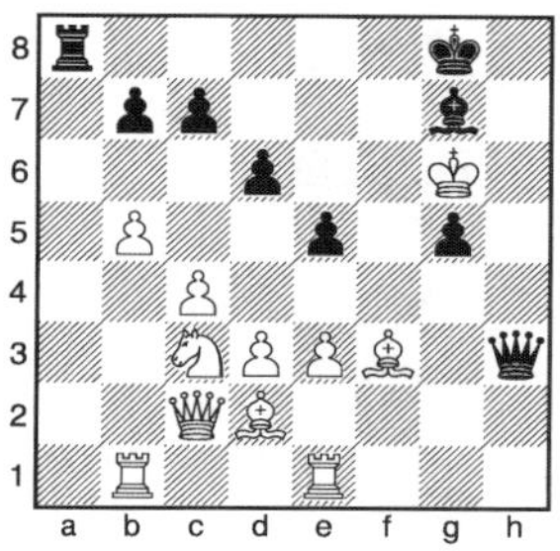

**30.** Nehyba – Taghizadeh

**27...♕h3–h6+**
**28.♔g6–f5 ♖a8–f8+**
**29.♔f5–e4 ♕h6–g6+**
**30.♔e4–d5 ♕g6–f7+**
**31.♔d5–e4 ♕f7xf3#**

Eine gleichwertige Lösung ist

***27...♕h3–e6+***
**28.♔g6xg5** *(D2)* **♗g7–f6+**
**29.♔g5–h6 ♗f6–e7+**
**30.♔h6–h5 ♕e6–f5+**
**31.♔h5–h6 ♗e7–f8# / ♕f5–g5#/h7#**

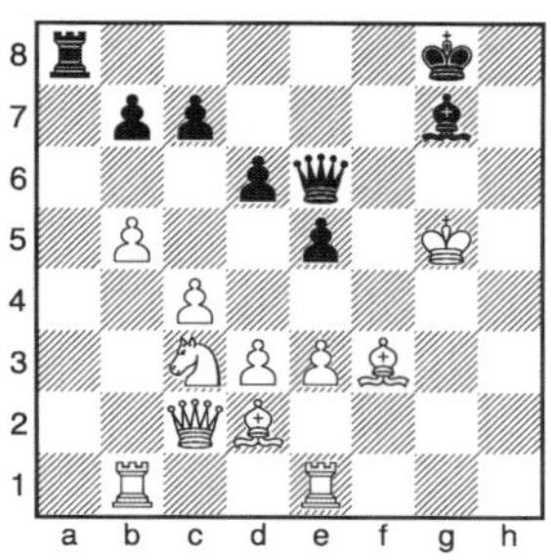

D2

# QUICK TEST 5

In Quick Test 3 hast du Matt-Aufgaben aus modernen Partien in bis zu drei Zügen gelöst. Nun gehen wir einen kleinen Schritt weiter und lösen Matts in vollen drei Zügen. Wir machen auch einen Schritt in der Zeit zurück. Nicht so weit wie in Kapitel 16 von Band 1, sondern nur in die zweite Hälfte des 19.Jahrhunderts.

Das war die Zeit, in der Schach erwachsen wurde. Das Spiel veränderte sich vom wilden Angriffsspiel zum positionellen Stil. William (Wilhelm) Steinitz, der 1.Weltmeister des Schachs, formulierte Prinzipien, die uns heute leiten und dies vermutlich noch bis ans Ende aller Zeit tun werden. Wenn das Spiel auch nicht mehr so aggressiv war wie zuvor, finden wir in dieser Zeit dennoch eine Menge an intelligenten Kombinationen, die helfen, unsere taktischen Kenntnisse zu verbessern. Ich zeige dir also nicht etwa trockenen historischen Stoff, sondern hilfreiche Beispiele.

Und in jedem Fall darfst du wieder träumen, du könntest zurückreisen in der Zeit und all die damaligen starken Spieler besiegen. Das sollte doch kein großes Problem sein für einen modernen Spieler wie dich, oder etwa nicht?

Okay, gleich werden wir sehen, ob du wenigstens ein "Matt in drei Züge Meister" der guten alten Zeit bist!

# Quick Test 5

## Matt in drei Zügen

## Aus der guten alten Zeit!

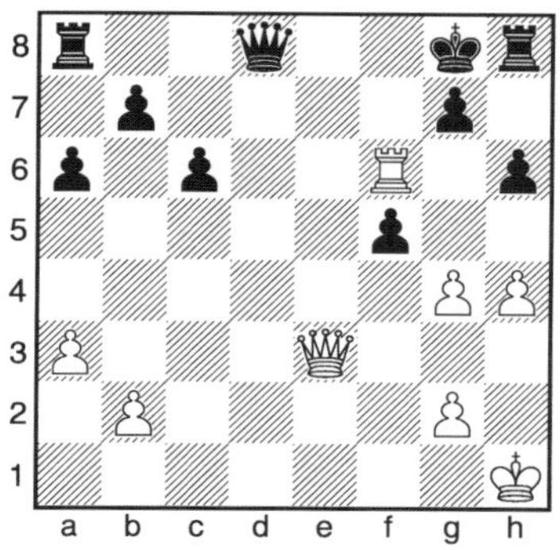

1 ........................

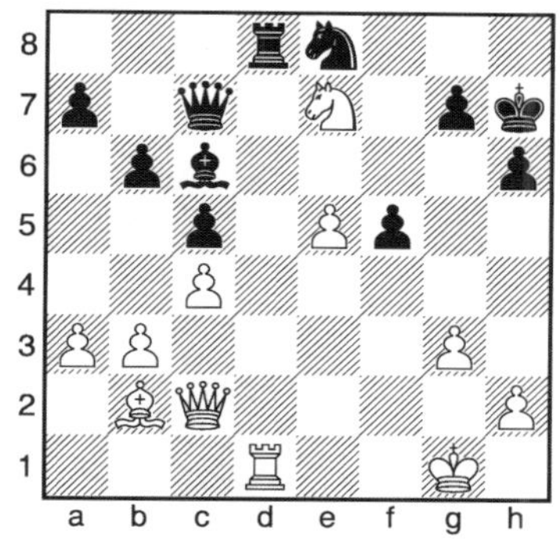

2 ........................

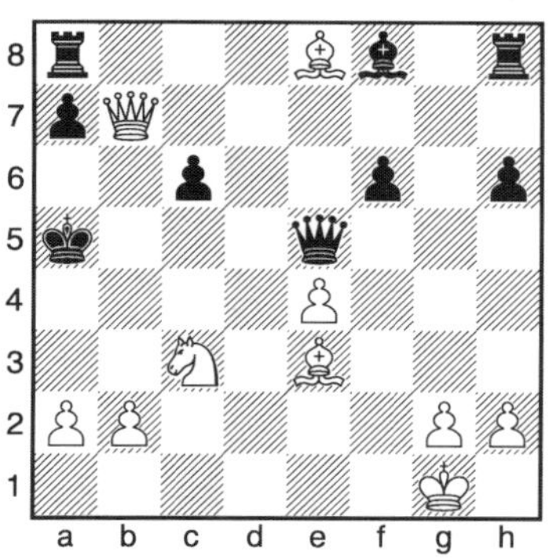

3 ........................

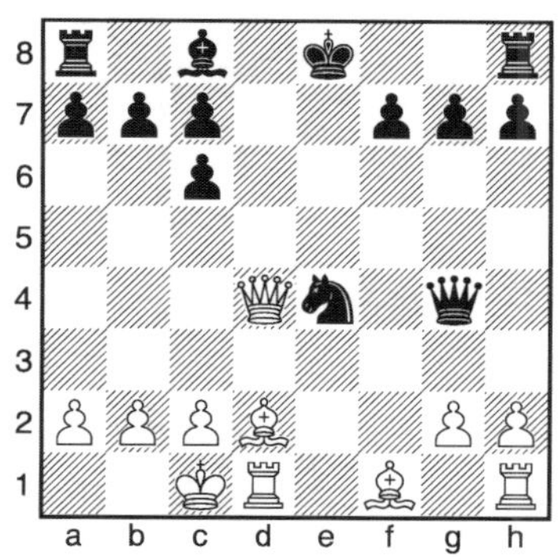

4 ........................

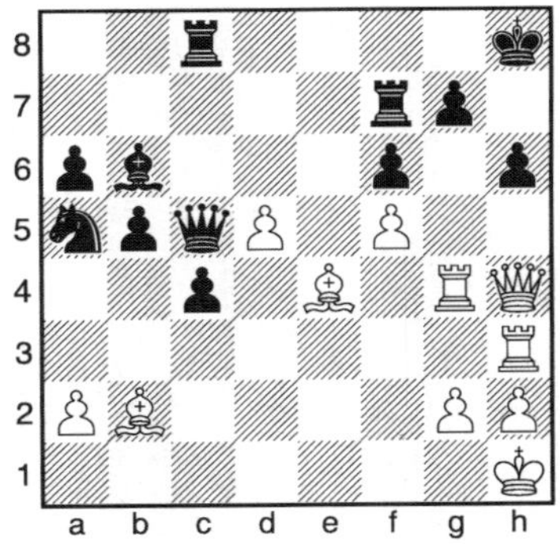

5 ........................

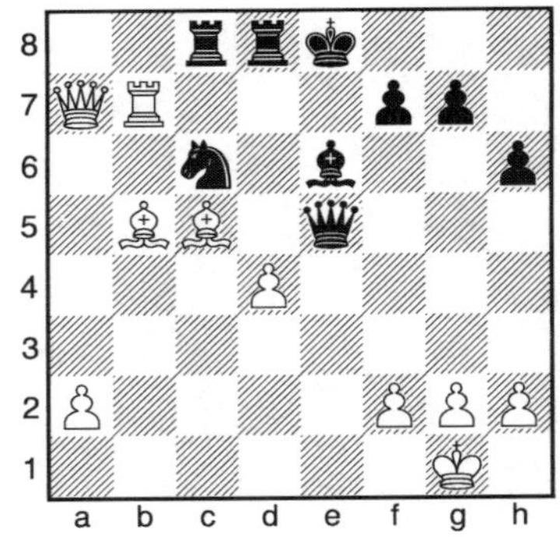

6 ........................

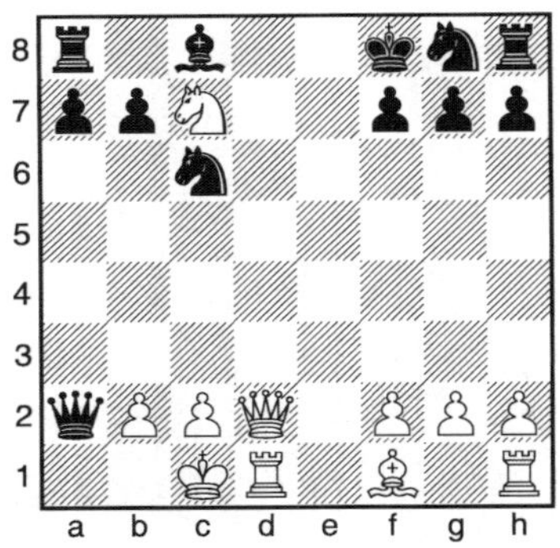

7 ........................

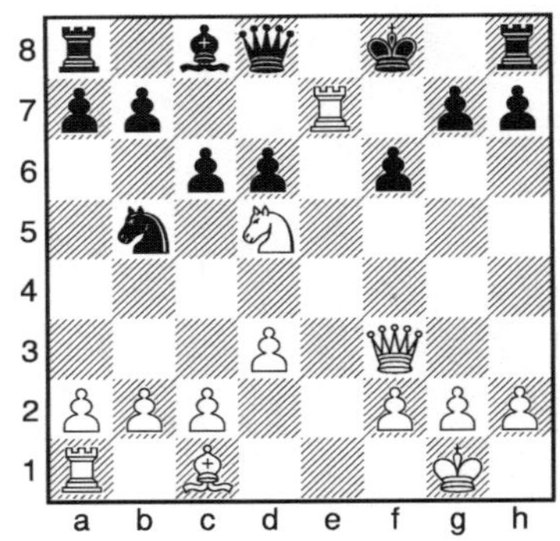

8 ........................

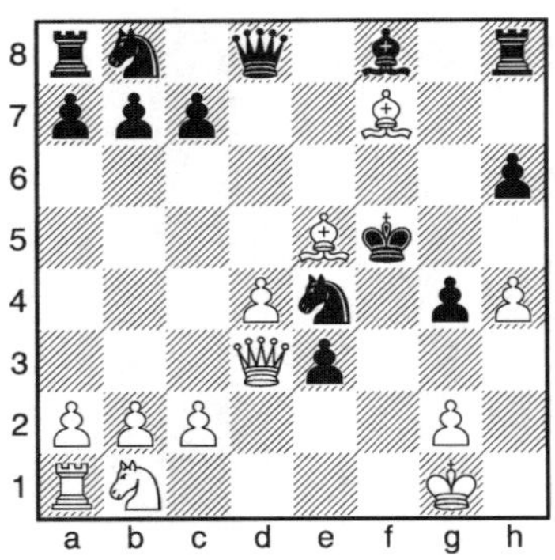

9 ........................

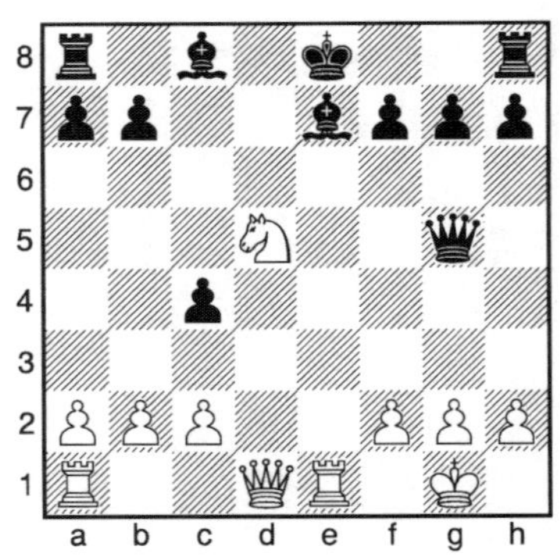

10 ........................

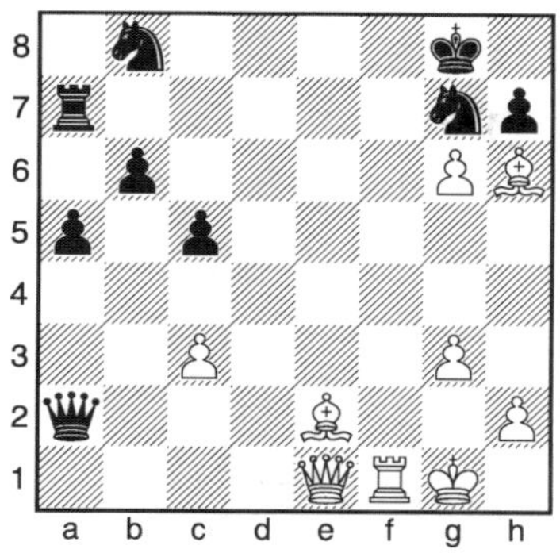

**11** ..........................

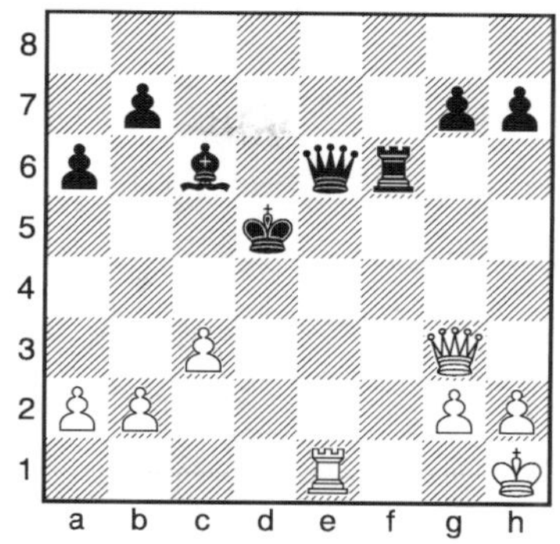

**12** ..........................

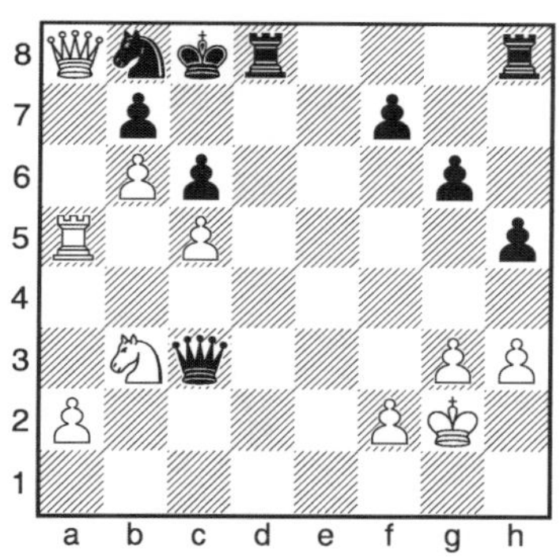

**13** ..........................

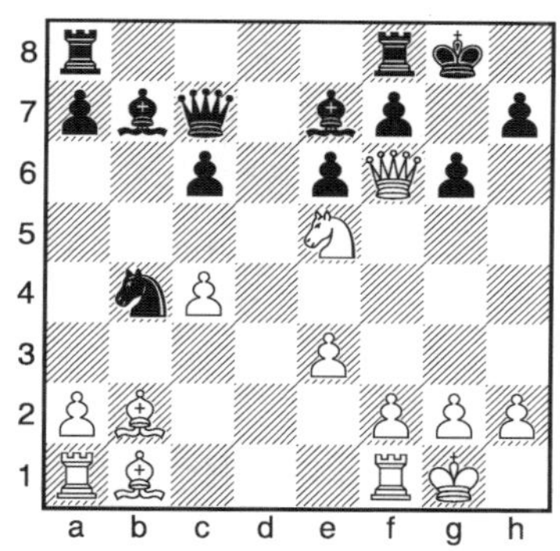

**14** ..........................

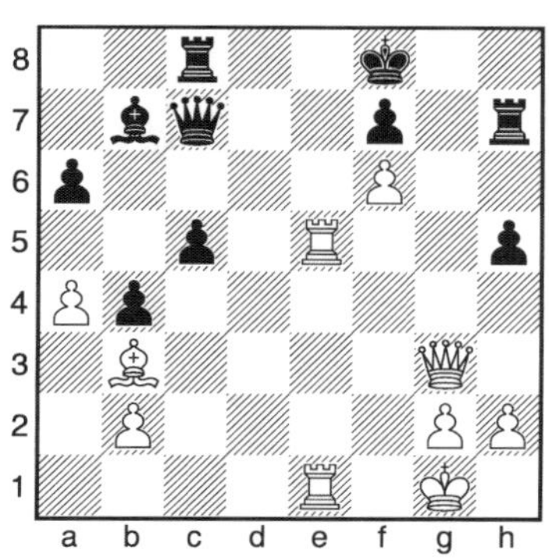

**15** ..........................

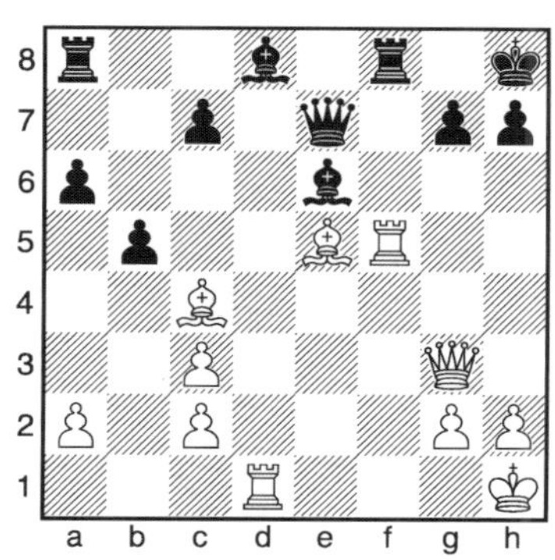

**16** ..........................

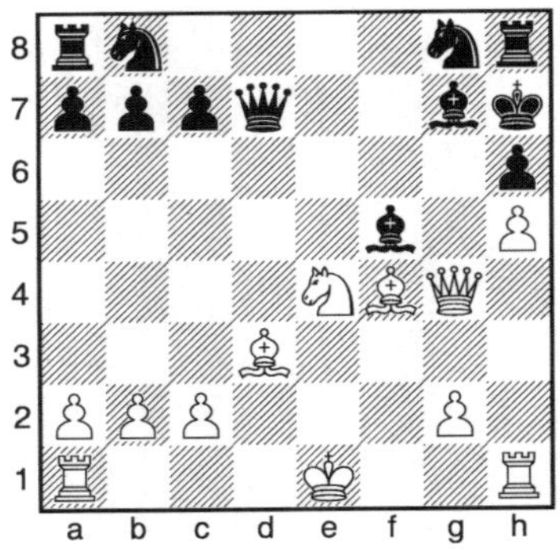

**17** ..........................

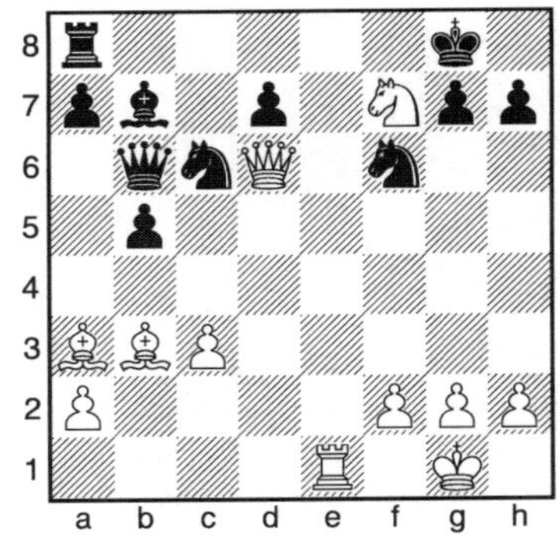

**18** ..........................

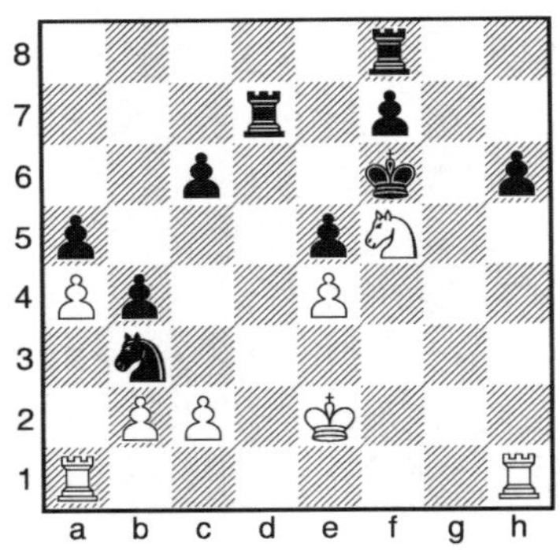

**19** ..........................

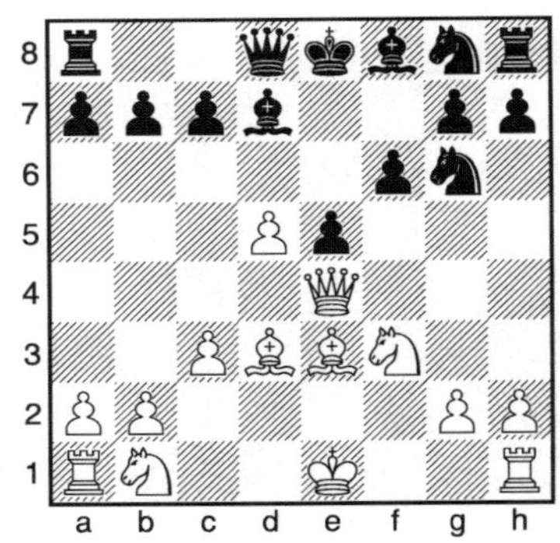

**20** ..........................

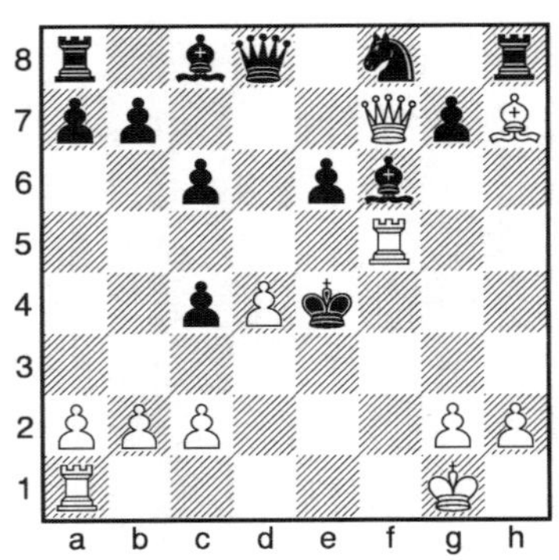

**21** ..........................

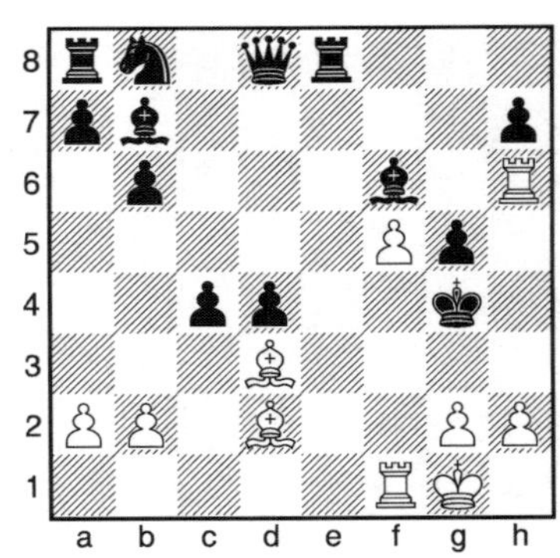

**22** ..........................

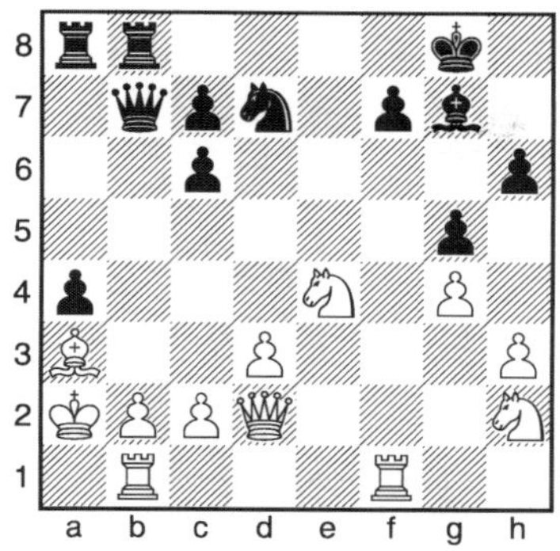

**23** ● ........................

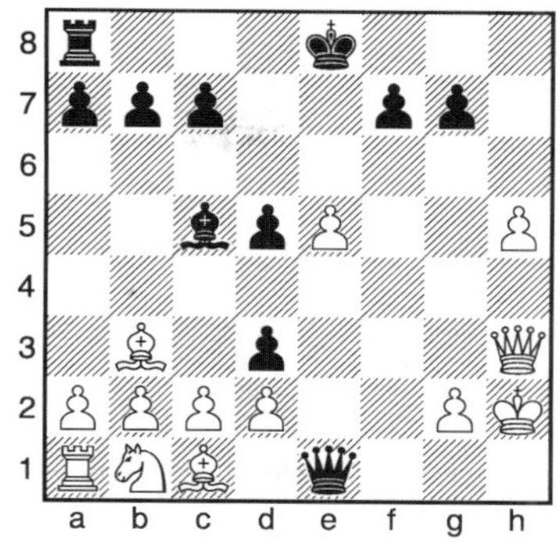

**24** ● ........................

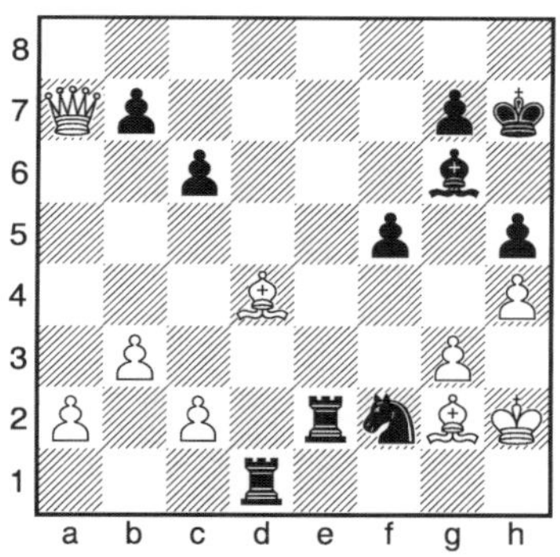

**25** ● ........................

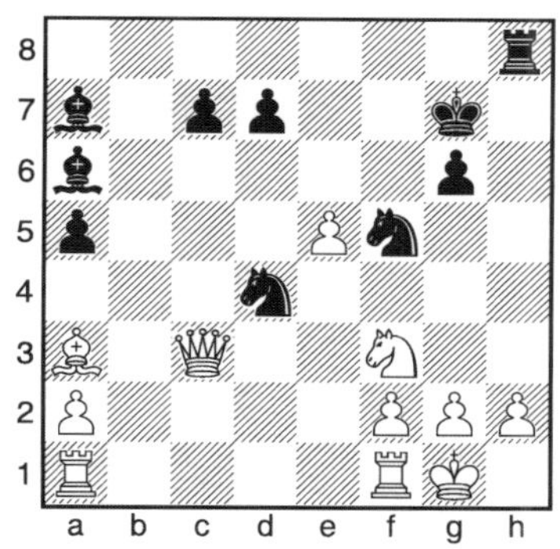

**26** ● ........................

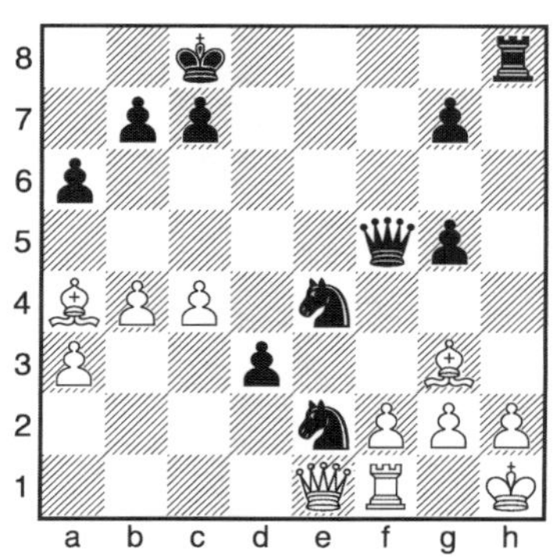

**27** ● ........................

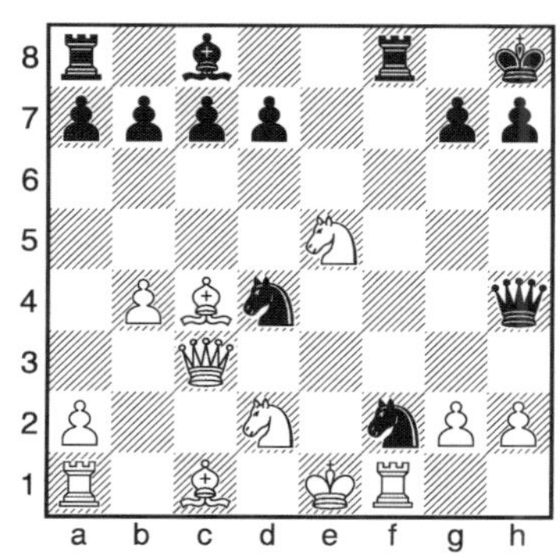

**28** ● ........................

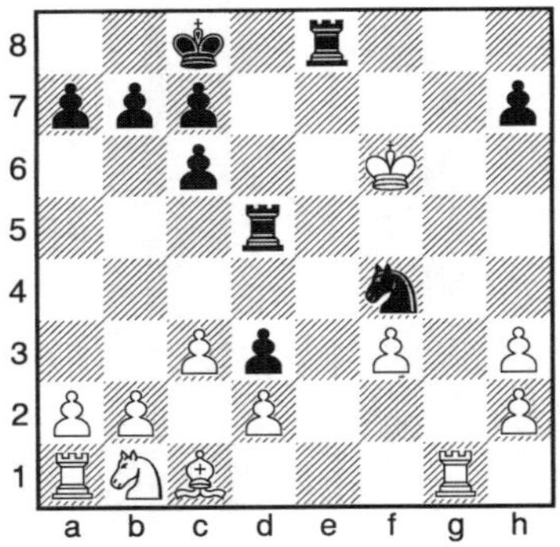

29 ● ........................

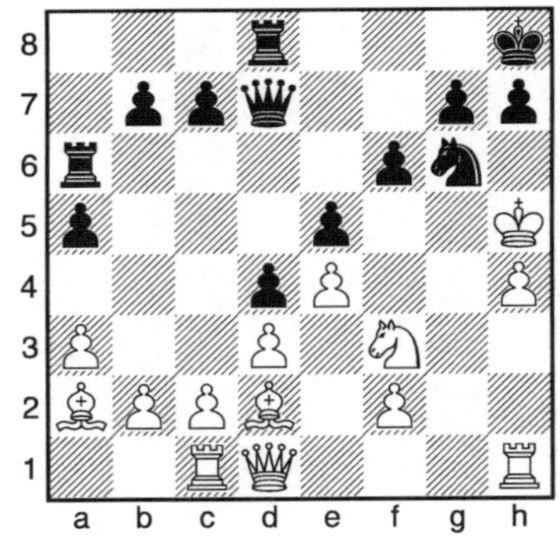

30 ● ........................

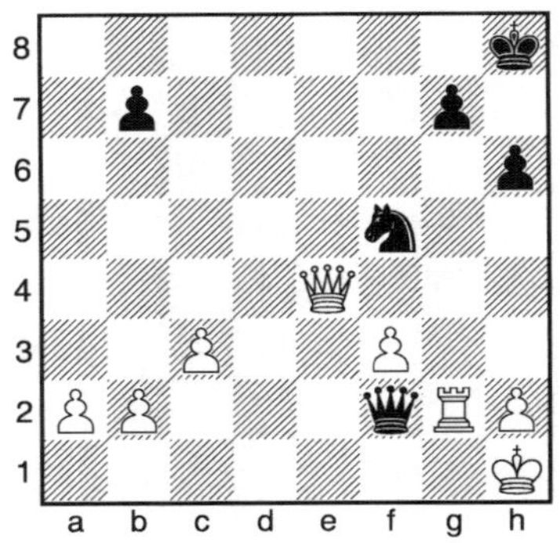

31 ● ........................

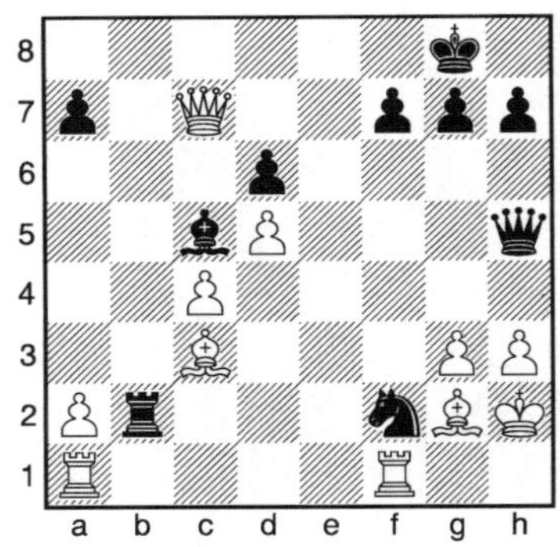

32 ● ........................

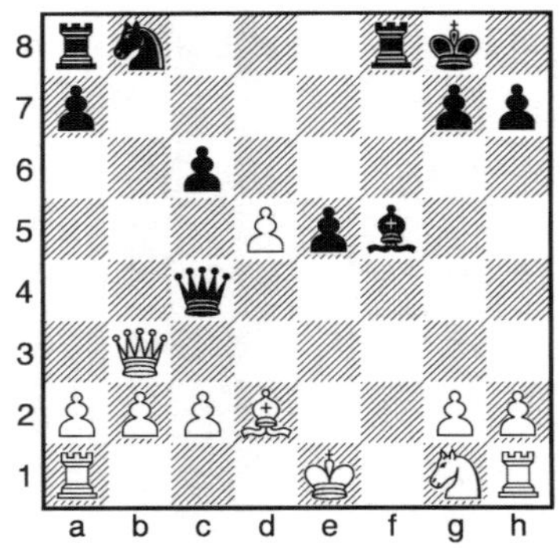

33 ● ........................

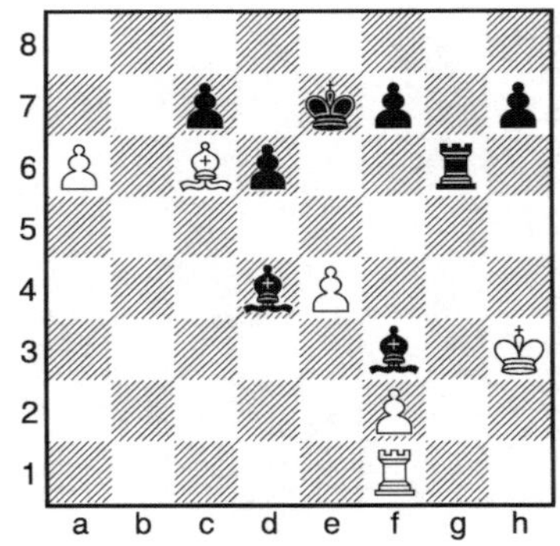

34 ● ........................

# Lösungen Quick Test 5

## Matt in drei Zügen

## Aus der guten alten Zeit!

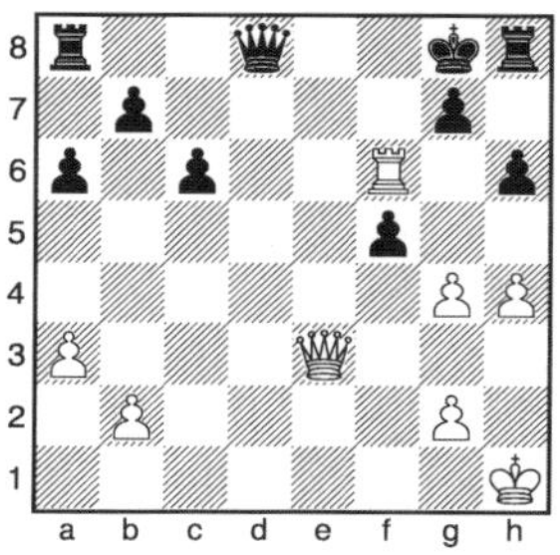

**1.** Steinitz – N.N. Wien 1861

**1.♕e3–e6+ ♔g8–h7**
**2.♖f6xh6+ g7xh6**
**3.♕e6–f7#**

Steinitz war später der erste offizielle Schachweltmeister.

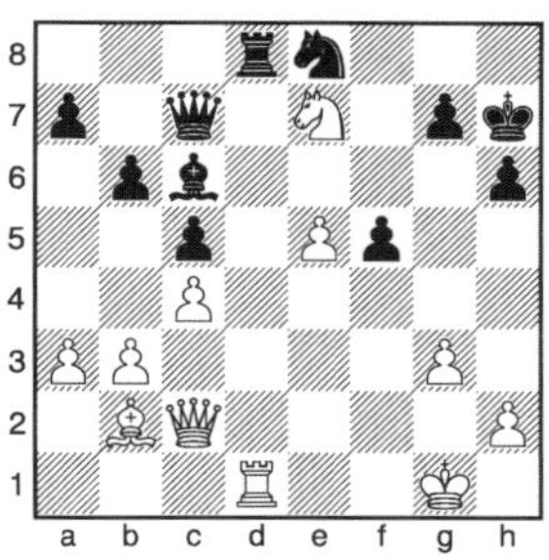

**2.** Deacon – Green London 1862

**1.♕c2xf5+ ♔h7–h8**
**2.♕f5–f8+ ♔h8–h7**
**3.♕f8–g8#**

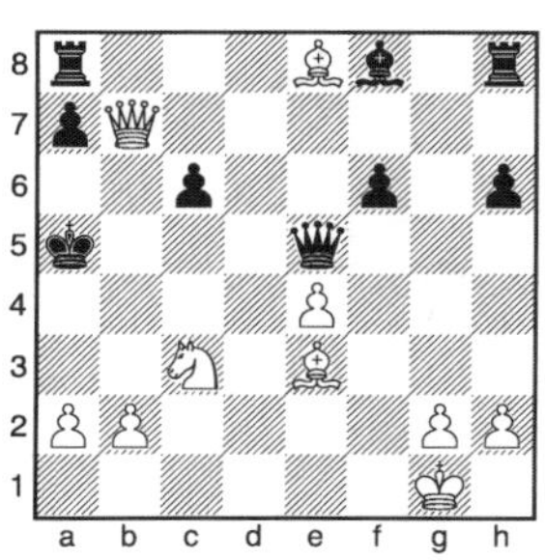

**3.** Amateur – Blackburne 1863

**1.b2–b4+ ♗f8xb4**
**2.♗e3–b6+ a7xb6**
**3.♕b7xa8#**

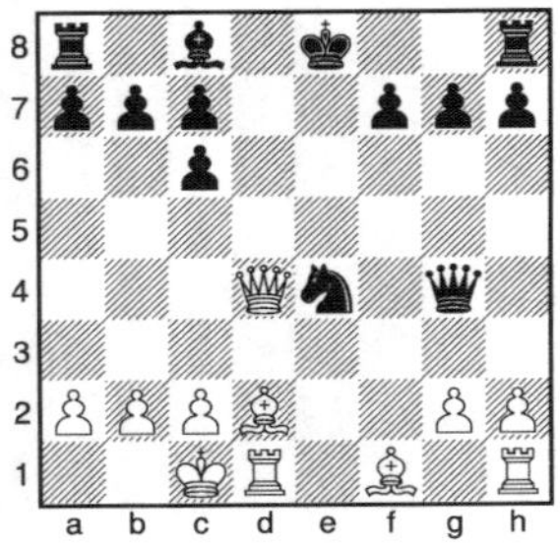

**4.** Maczusky – Kolisch Paris 1864

**1.♕d4–d8+ ♔e8xd8**
**2.♗d2–g5+ ♔d8–e8**
**3.♖d1-d8#**

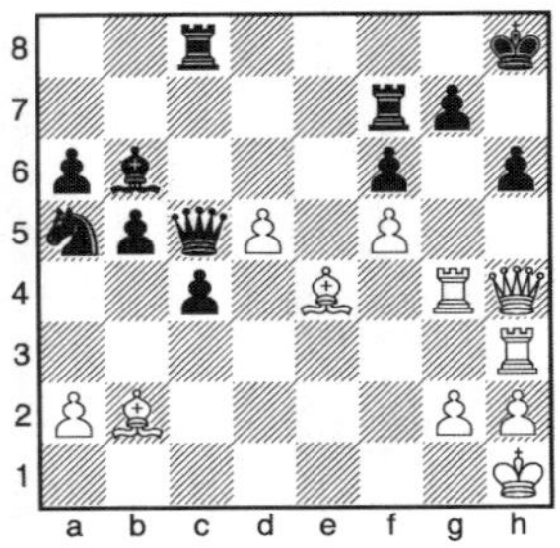

**5.** Zukertort – Beratende Berlin 1869

**1.♕h4xh6+ g7xh6**
**2.♖h3xh6+ ♖f7–h7**
**3.♗b2xf6#**

Zukertort war Steinitz Gegner im ersten je um die Weltmeisterschaft gespielten Match.

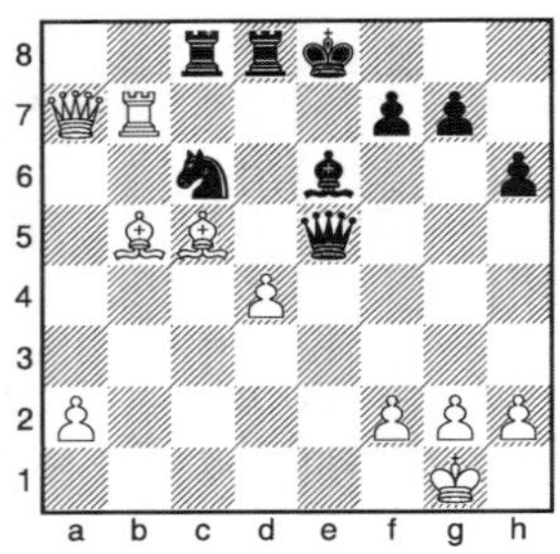

**6.** Blackburne – Schwarz Wien 1874

**1.♖b7–e7+ ♔e8–f8**
**2.♖e7–e8+ ♔f8xe8**
**3.♕a7–e7#**

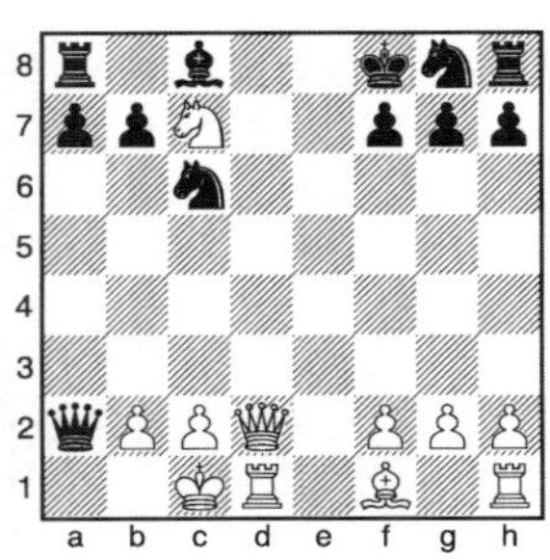

**7.** Steinitz – Grimshaw London 1878

**1.♕d2–d6+ ♘g8–e7**

Falls 1...♘c6–e7 gleich 2.♕d6–d8#

**2.♕d6–d8+ ♘c6xd8 3.♖d1xd8#**

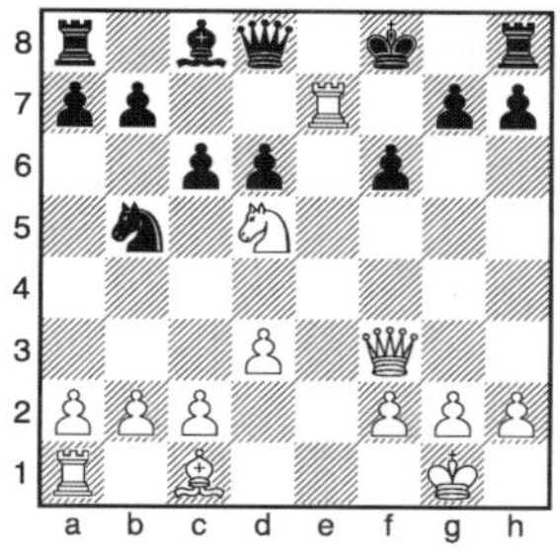

**8.** Bachmann – Fiechtl Regensburg 1887

**1.♕f3xf6+ g7xf6**
**2.♗c1-h6+ ♔f8–g8**
**3.♘d5xf6#**

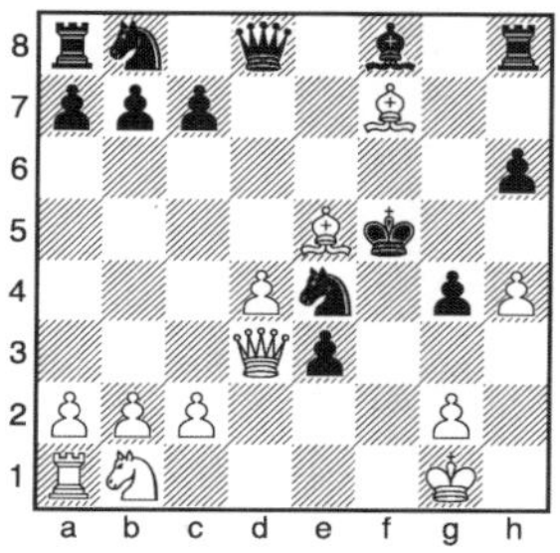

**9.** Mackenzie – Parnell New York 1890

**1.♕d3xe4+ ♔f5xe4 2.♘b1-c3+ ♔e4–f5**
**3.♖a1-f1#**

Eine andere Lösung ist

***1.♘b1-c3* ♕d8xh4 2.♕d3xe4+ ♔f5–g5**
**3.♕e4–g6#/f4#**

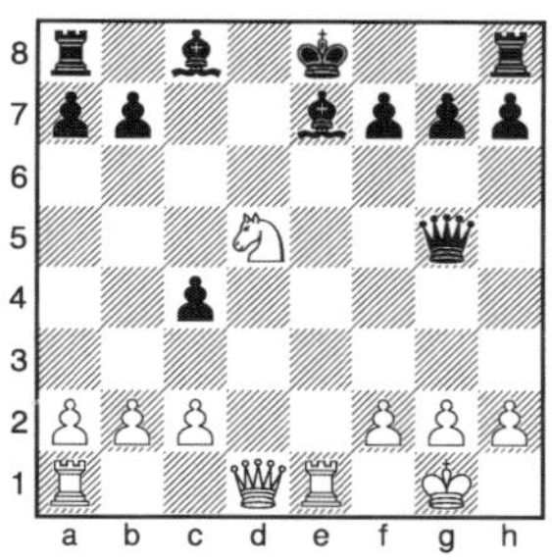

**10.** Tarrasch – Schröder Nürnberg 1894

**1.♘d5–c7+ ♔e8–f8**
**2.♕d1-d8+ ♗e7xd8**
**3.♖e1-e8#**

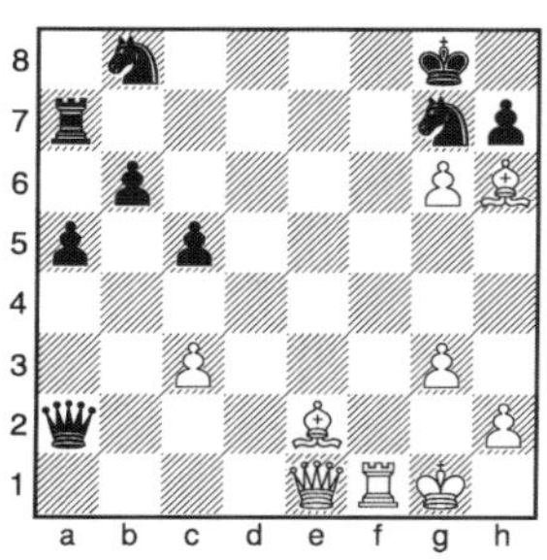

**11.** Tschigorin – NN St.Petersburg 1894

**1.♗e2–c4+ ♕a2xc4**
**2.♕e1-e8+ ♘g7xe8**
**3.♖f1-f8#**

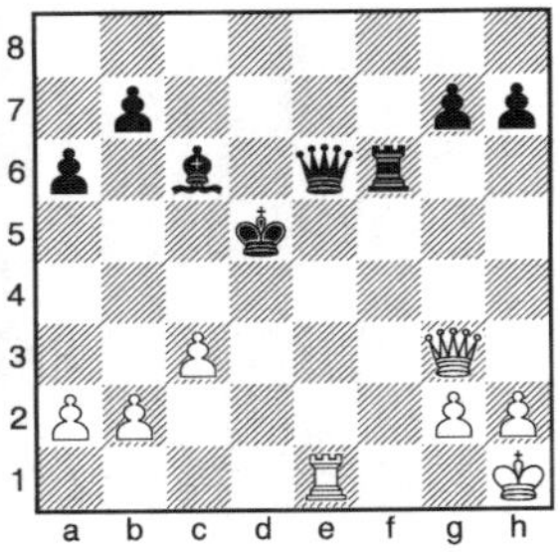

**12.** Blackburne – Burn Hastings 1895

**1.♕g3–d3+ ♔d5–c5**
**2.♕d3–d4+ ♔c5–b5**
**3.♕d4–b4#**

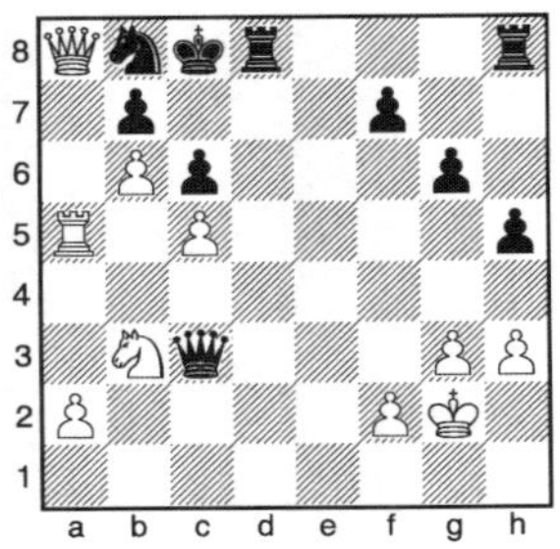

**13.** Mumelter – Amateur Wien 1896

**1.♕a8xb7+ ♔c8xb7**
**2.♖a5–a7+ ♔b7–c8**
**3.♖a7–c7#**

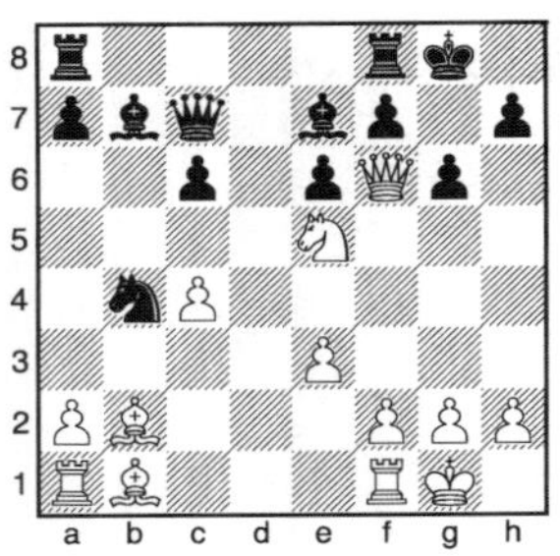

**14.** Delmar – N.N. New York 1898

**1.♕f6–h8+! ♔g8xh8**
**2.♘e5xf7+ ♔h8–g8**
**3.♘f7–h6#**

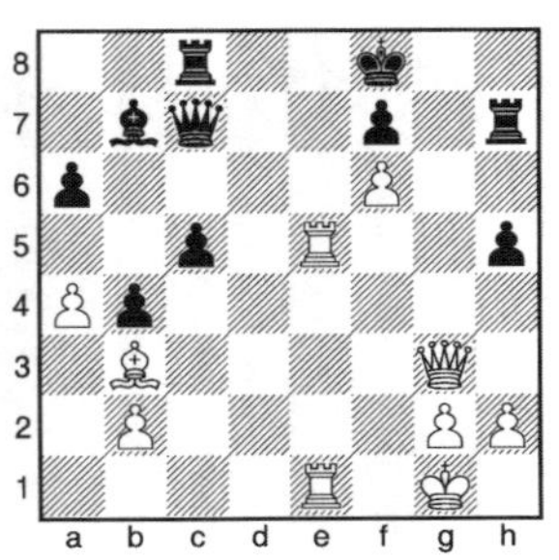

**15.** Caro – Showalter Wien 1898

**1.♕g3–g8+ ♔f8xg8 2.♖e5–e8+ ♖c8xe8**
**3.♖e1xe8#**

Oder andersherum

**1.♖e5–e8+ ♖c8xe8 2.♕g3–g8+ ♔f8xg8**
**3.♖e1xe8#**

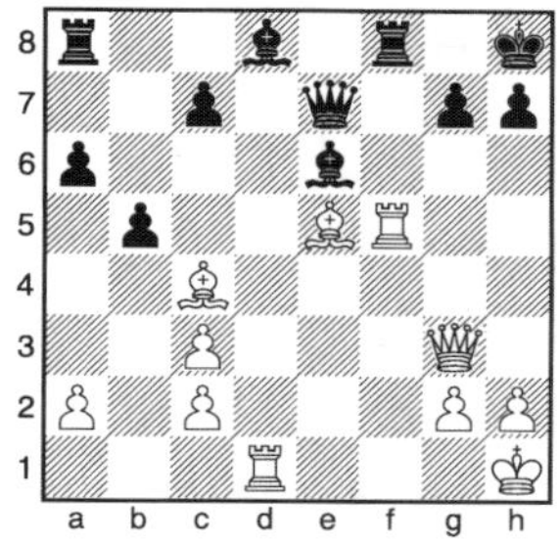

**16.** Marco – Metzer Czernowitz 1900

**1.♕g3xg7+ ♕e7xg7**
**2.♖f5xf8+ ♗e6–g8**
**3.♖f8xg8#**

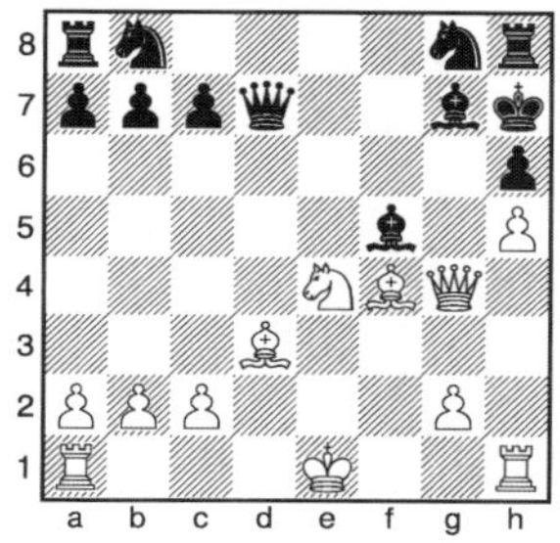

**17.** Napier – Amateur 1904

**1.♕g4–g6+**

Einen Zug mehr braucht 1.♘e4–g5.

**1...♗f5xg6 2.♘e4–g5+ h6xg5#**
**3.h5xg6#** Doppelschach und Matt!

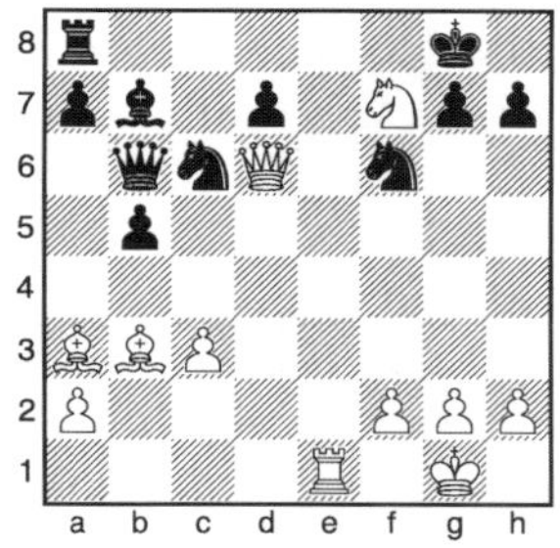

**18.** Leonhardt – Mason London 1904

**1.♘f7–d8+ ♔g8–h8**
**2.♕d6–f8+ ♘f6–g8**
**3.♕f8xg8# / ♘d8–f7#**

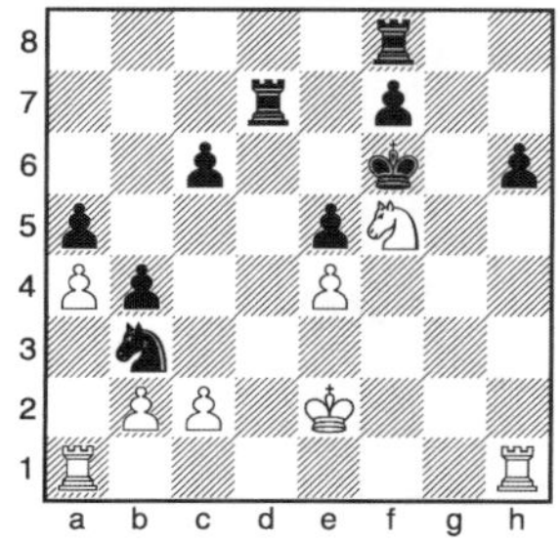

**19.** Mieses – Lange San Sebastian 1907

**1.♖h1xh6+ ♔f6–g5**
**2.♖a1–g1+ ♔g5–f4**
**3.♖h6–h4#**

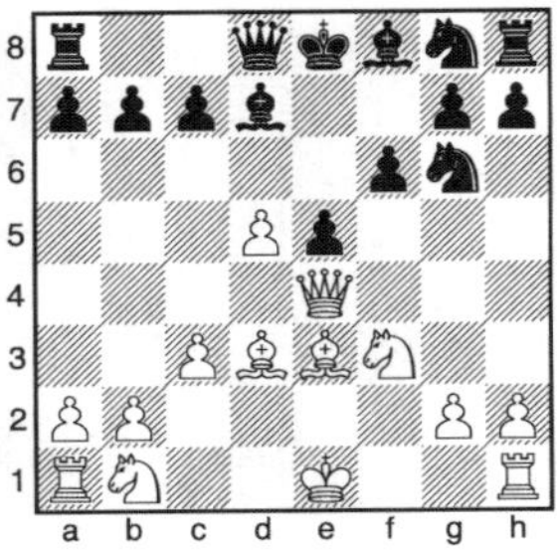

**20.** Künitz – Salamon Tanger 1907

**1.♕e4xg6+ h7xg6**
**2.♗d3xg6+ ♔e8–e7**
**3.♗e3–c5#**

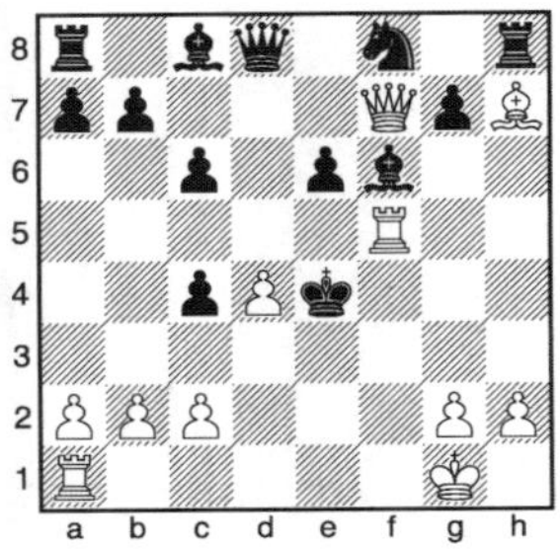

**21.** Capablanca – Amateur Moskau 1914

**1.♖a1-e1+ ♔e4xd4**
**2.c2–c3+ ♔d4–d3**
**3.♖f5–d5#**

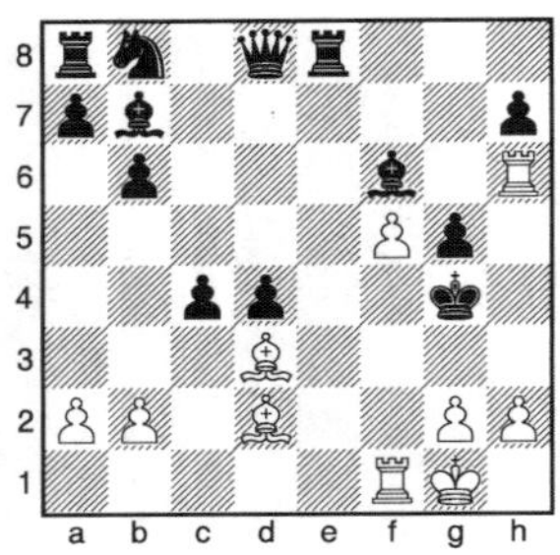

**22.** Johner – Johner Zürich 1905

**1.h2–h3+ ♔g4–g3**
**2.♗d3–e4 ♖e8xe4**
**3.♖f1-f3#**

Falls 2...♗b7xe4 3.♗d2–e1#

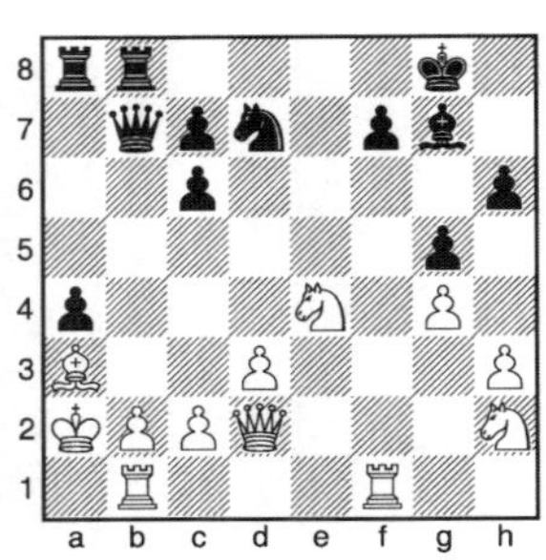

**23.** Minckwitz – Anderssen Berlin 1869

**1...♕b7–b3+ 2.c2xb3**

Falls 2.♔a2–a1 ♕b3xa3#

**2...a4xb3+ 3.♔a2–a1 ♖a8xa3#**

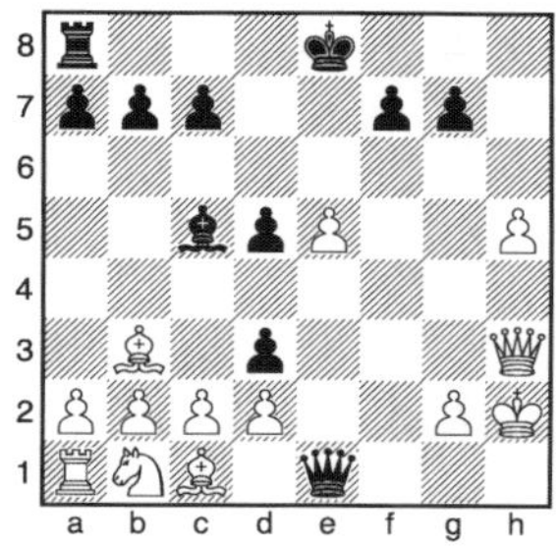

**24.** Anderssen – Lange,Max Breslau 1859

**1...♗c5–g1+**
**2.♔h2–h1 ♗g1-f2+**
**3.♔h1-h2 ♕e1-g1#**

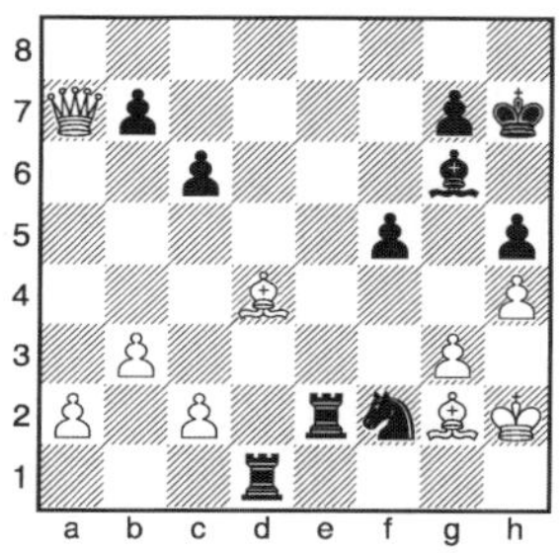

**25.** Robey – Anderssen London 1862

**1...♘f2–g4+**
**2.♔h2–h3 ♖d1-h1+**
**3.♗g2xh1 ♖e2–h2#**

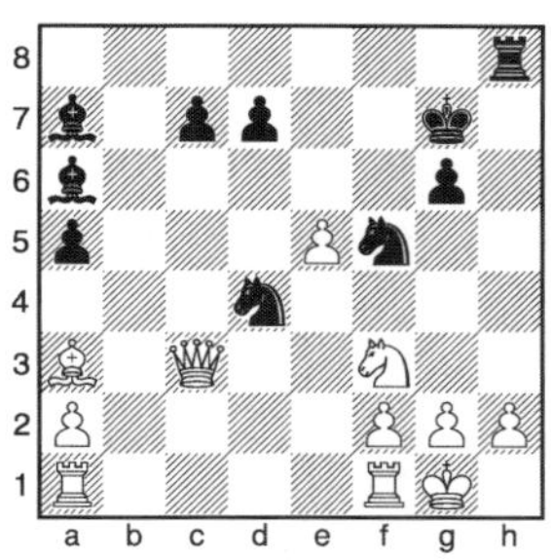

**26.** N.N. – Zukertort Berlin 1868

**1...♘d4–e2+**
**2.♔g1-h1 ♘f5–g3+**
**3.f2xg3 ♘e2xg3#**

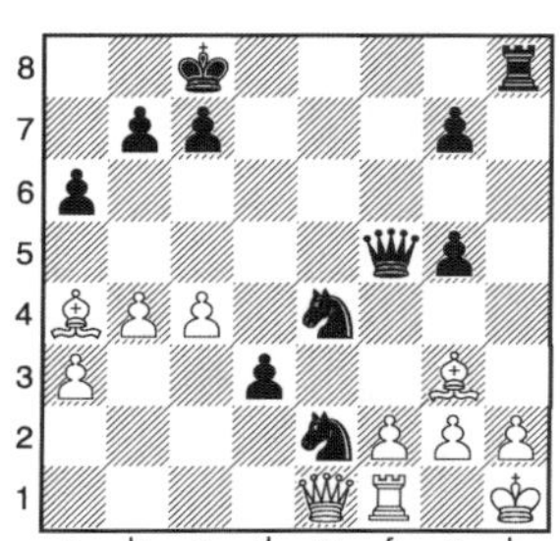

**27.** Gamman – Blackburne London 1869

**1...♘e4xg3+**
**2.f2xg3 ♖h8xh2+**
**3.♔h1xh2 ♕f5–h7#**

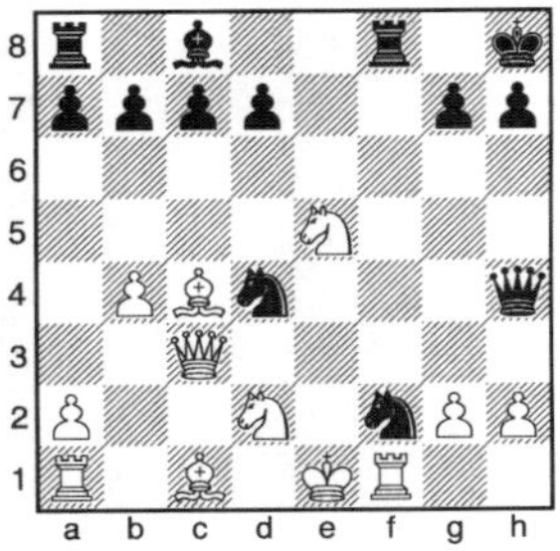

**28.** Rowe – Ward England um 1870

**1...♘f2–d3+** Doppelschach!
**2.♔e1-d1 ♕h4–e1+**
**3.♖f1xe1 ♘d3–f2#**

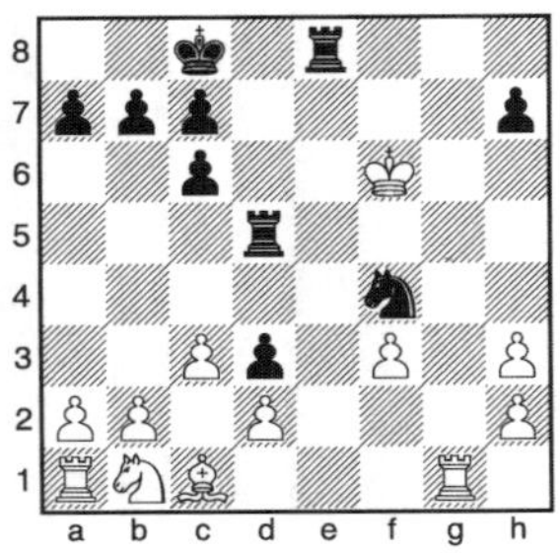

**29.** Cordel – Alexander Weissenfels 1870

**1...♘f4–h5+**
**2.♔f6–f7 ♔c8–d8**
**3.–– ♖d5–d7#**

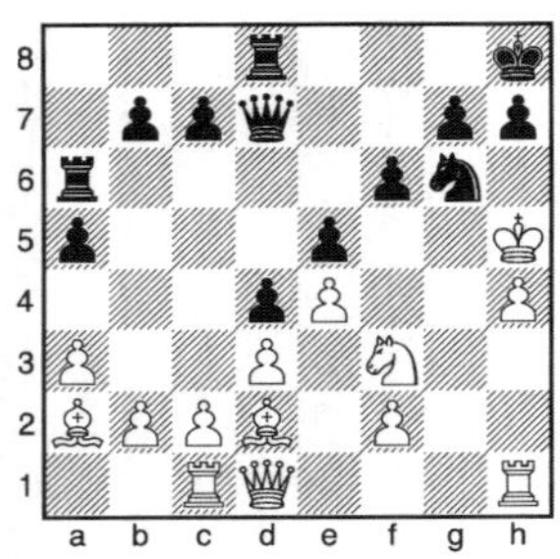

**30.** Pitschel – Blackburne London 1873

**1...♘g6–f4+**
**2.♗d2xf4 g7–g6+**
**3.♔h5–h6 ♕d7–g7#**

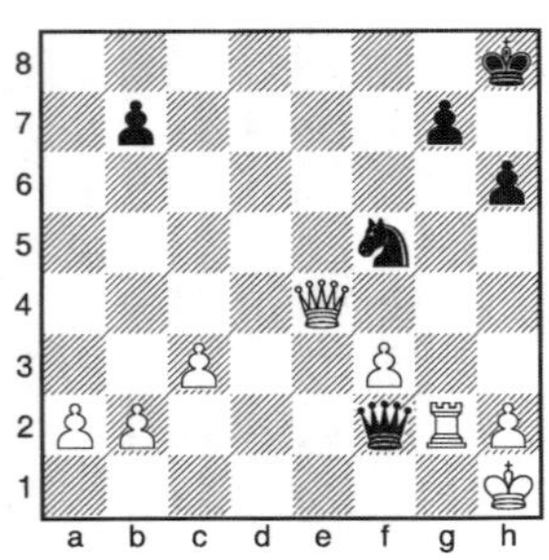

**31.** Amateur – Andresen Christiana 1914

**1...♕f2–f1+**
**2.♖g2–g1 ♘f5–g3+**
**3.h2xg3 ♕f1–h3#**

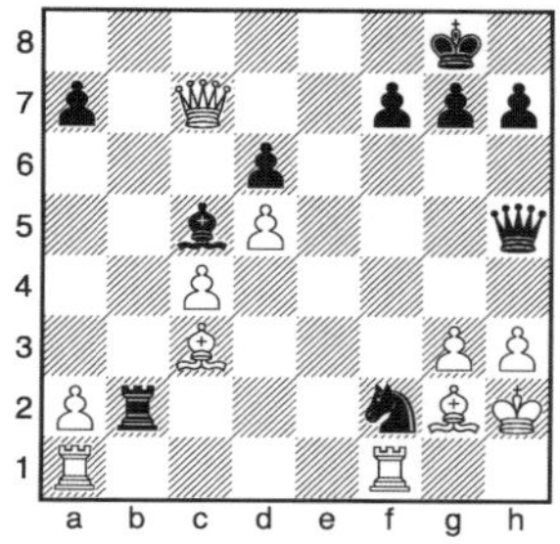

**32.** Lasker – Polner Berlin 1883

**1...♕h5xh3+ 2.♔h2-g1**

Oder 2.♗g2xh3 ♘f2-g4+ 3.♔h2-h1 ♖b2-h2#

**2...♕h3-h1+ 3.♗g2xh1 ♘f2-h3#**

Eine gleichwertige Lösung ist

***1...♘f2-g4+*** 2.♔h2-h1 ♕h5xh3+
3.♗g2xh3 ♖b2-h2#

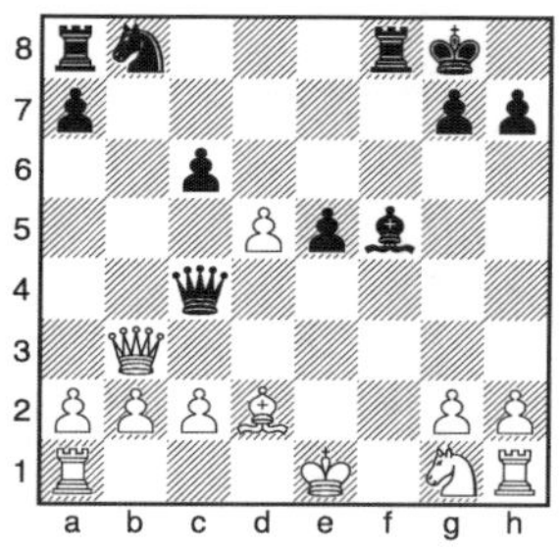

**33.** Schulten – Horwitz New York 1846

**1...♕c4-f1+**
**2.♔e1xf1 ♗f5-d3+**
**3.♔f1-e1 ♖f8-f1#**

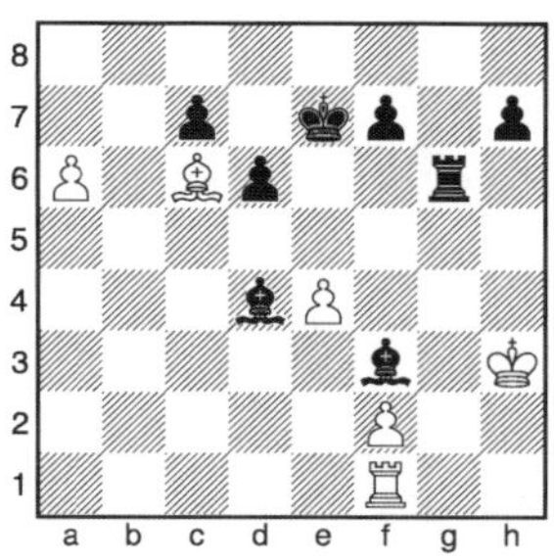

**34.** Barnes – Morphy London 1858

**1...♗d4-e5**
**2.♔h3-h4 ♖g6-h6+**
**3.♔h4-g5 ♖h6-h5#**

Na, wie war deine Zeitreise?

Hast du dich gut geschlagen in der guten alten Zeit und wärest du, falls früher geboren, ein Meister der Vergangenheit geworden?

# LEKTION für FORTGESCHRITTENE 5

## Vorteil oder Matt in bis zu fünf Zügen

Nach den Matts in fünf Zügen im vorherigen Kapitel machen wir einen kleinen Schritt vorwärts und schauen uns Kombinationen ähnlicher Länge an, aber diesmal mit Materialgewinn. Manchmal mag der Spieler auch die Wahl zwischen Matt oder Materialverlust haben.

Wenn du nach Matt Ausschau hältst, kannst du dich stets auf den König und sein Umfeld konzentrieren. Nun aber brauchst du einen weiteren Blick über das Brett. Die Aktion kann ja weit entfernt vom König stattfinden und diesen gar nicht berühren; z.B. ein Bauerngewinn am anderen Flügel.

Längstens nun brauchst du also eine andere Vorgehensweise als du das bei den einfacheren Aufgaben vermutlich angewendet hast.

Schau dir die Stellung sorgfältig an; du musst sie verstehen. Wo siehst du Schwächen, sind schon taktische Muster sichtbar oder kannst du die Partie in eine Richtung steuern, die vielversprechend ist? Zieh keine hastigen, voreiligen Schlüsse, berechne sorgfältig und vermeide Wunschdenken.

Der Gegner muss sich nicht auf deine Vorstellungen einlassen und mag eigene Pläne haben, die dir gefährlich werden können. Zudem mag seine Verteidigung mehr Reserven mobilisieren können als ein flüchtiger Blick zeigt. Er ist keineswegs verpflichtet, in eine Falle zu tappen oder einen schwachen Zug zu machen. Du musst deinen Angriff wasserdicht machen, andernfalls kann es ein böses Erwachen geben, wenn die Realität auf dem Brett dein fehlerhaftes Denken einholt!

Okay, los geht's, lass uns so viel wie möglich Material gewinnen!

# LEKTION für FORTGESCHRITTENE 5

## Vorteil oder Matt

## in bis zu fünf Zügen

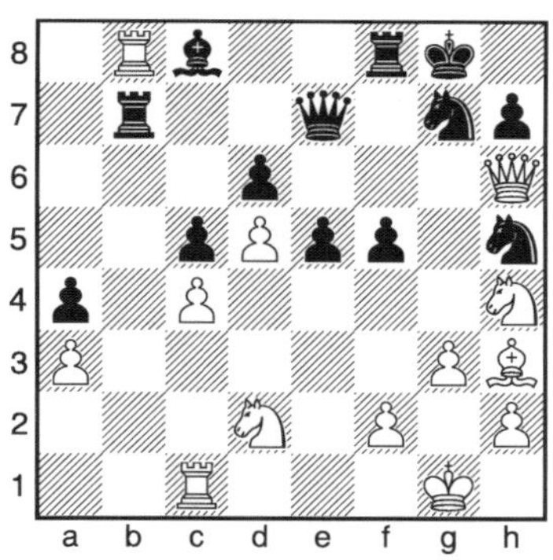

**1**

**Pogosyan,S (2364) – Isfan,I (2206)**

Jugend WM Boys U16
Mumbai IND 2019

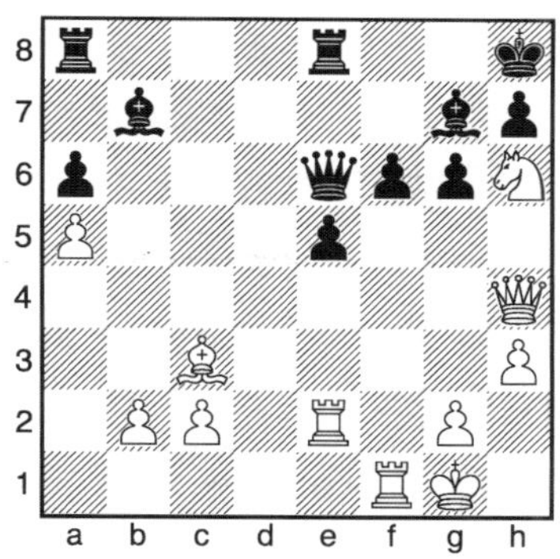

**2**

**Iniyan,P (2509) – Gholami,A (2554)**

Jugend WM Boys U18
Mumbai IND 2019

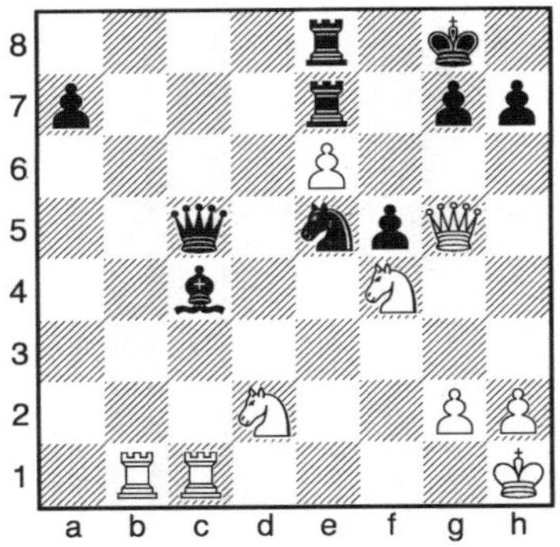

**3**

**Anand,V (2773) – Christiansen,J (2555)**

Blitz WM
St Petersburg 2018

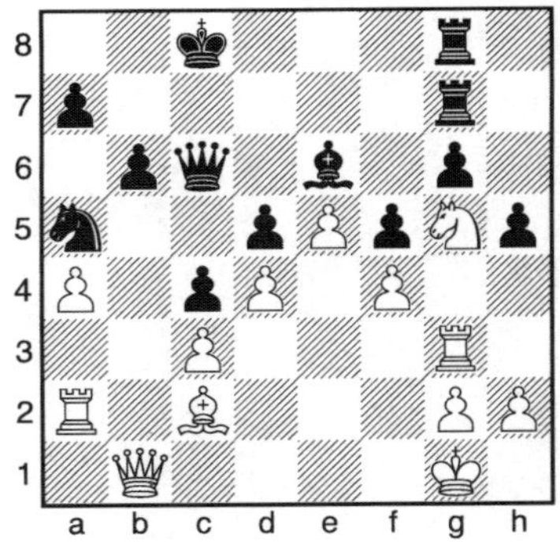

**4**

**Obolentseva,A (2282) – Sankova,S (1926)**

Jugend WM Girls U18
Mumbai IND 2019

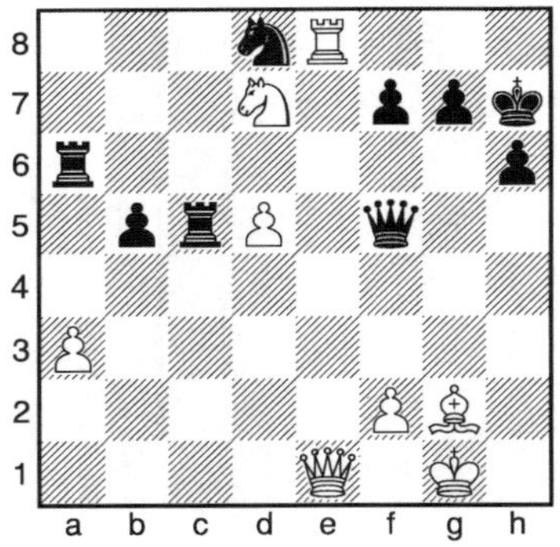

**5**

**Makarian,R (2386) – Turgut,A (2281)**

Jugend WM Boys U16
Mumbai IND 2019

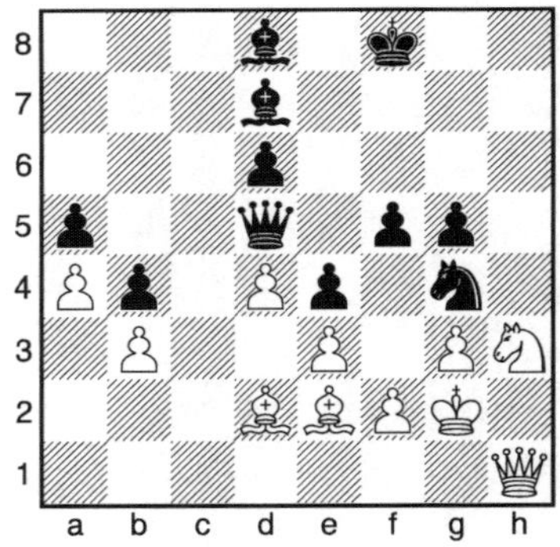

**6**

**Simeone,G (2004) – Pretto,A (1762)**

41st Arco Open
Arco ITA 2019

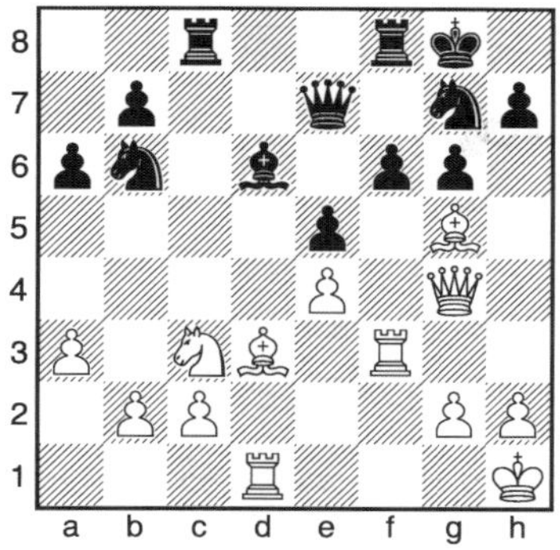

**7**

**Wyss,T (2221) – Simon,Ra (2147)**

Zuoz Open
Zuoz SUI 2019

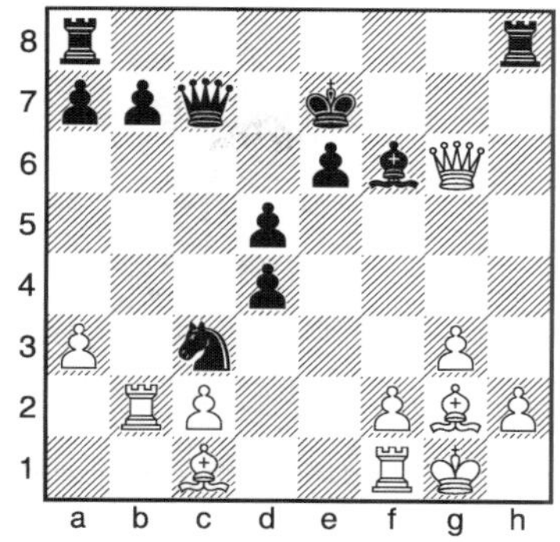

**8**

**Kumargaliev,M (2144) – Pershin,D (2401)**

Chigorin Memorial
St Petersburg 2019

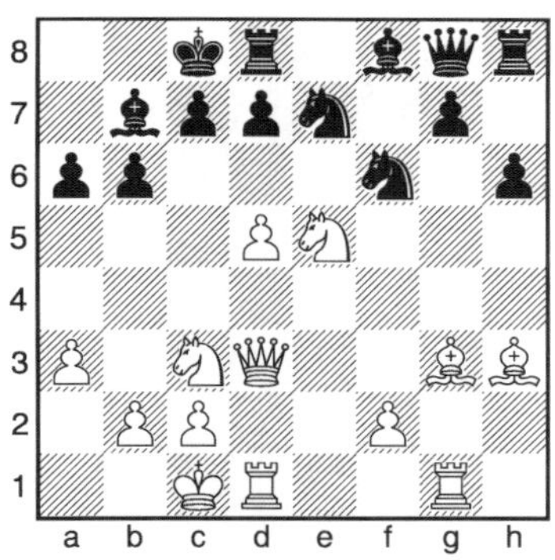

**9**

**Ferrie,P (1357) – Burbach,Bruno (1504)**

Laos Open
Vientiane 2018

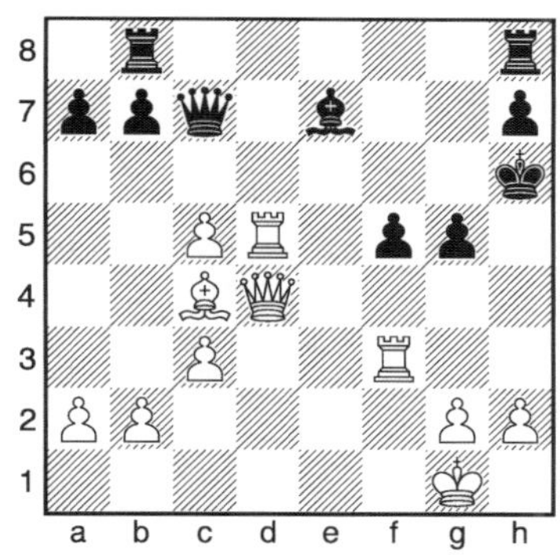

**10**

**Kamalidenova,M (2025) – Roebers,E (2083)**

Jugend WM Girls U14
Mumbai IND 2019

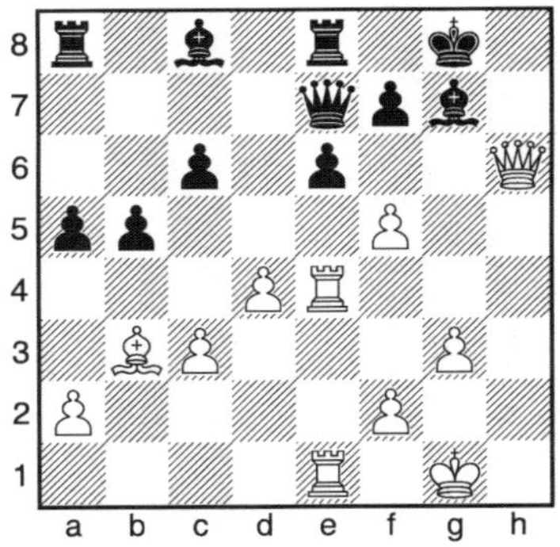

**11**

**Johansen,D (2364) – O'Chee,K (2146)**

Sydney Int. Open
Sydney 2019

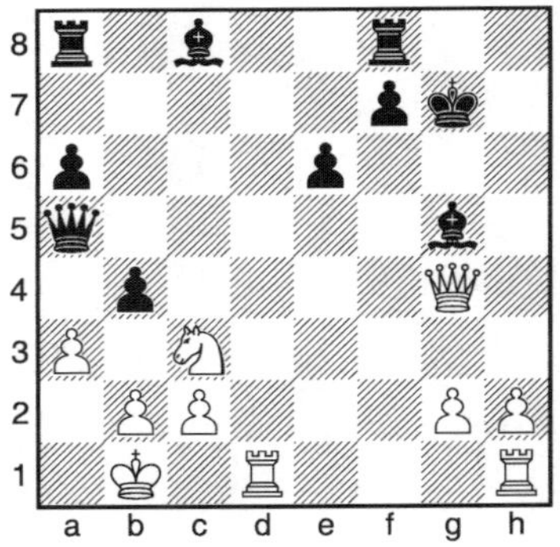

**12**

**Narayanan,SL (2575) – Zweifel,R (2187)**

42nd Christmas Open
Zürich 2018

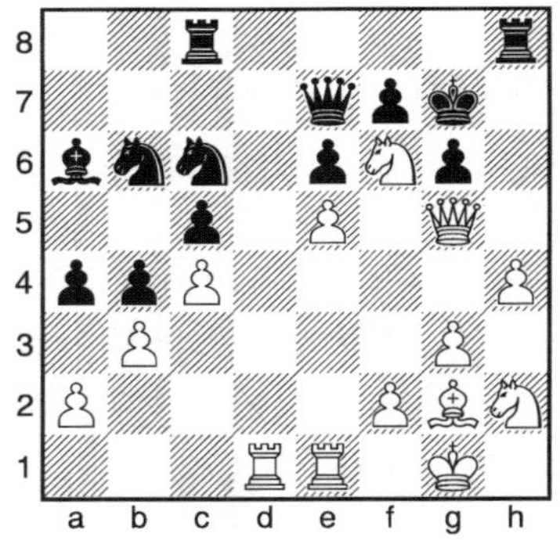

**13**

**Bodnaruk,A (2420) – Tomilova,E (2338)**

Rapid WM Frauen
St Petersburg 2018

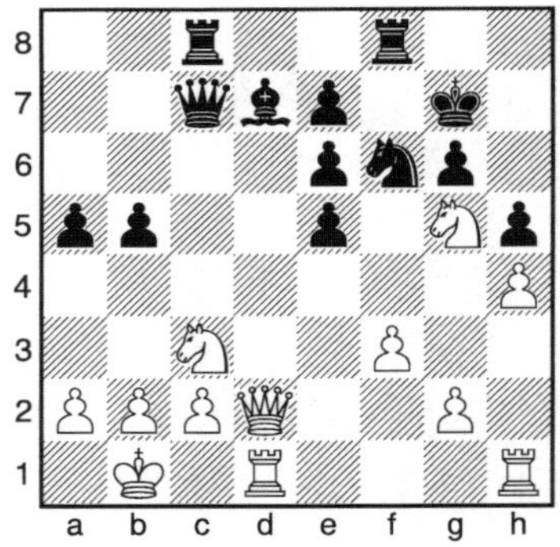

**14**

**Nihal,S (2576) – Salem,AR (2660)**

Blitz WM
St Petersburg 2018

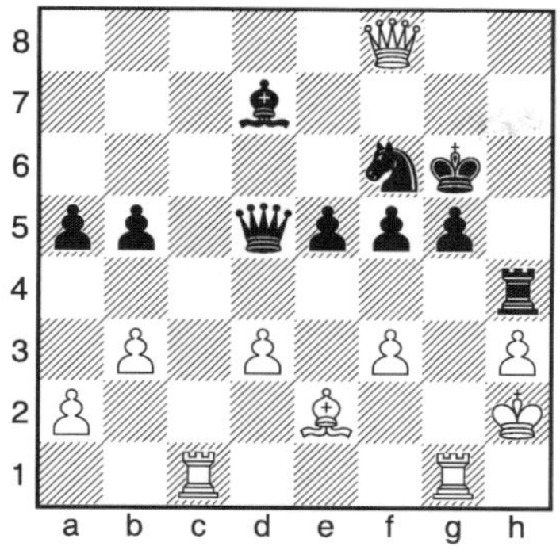

**15**

**Bobomurodova,M (1638) – Hakobyan,Astghik (1978)**

ACF Botvinnik Mem Girls
Moskau 2019

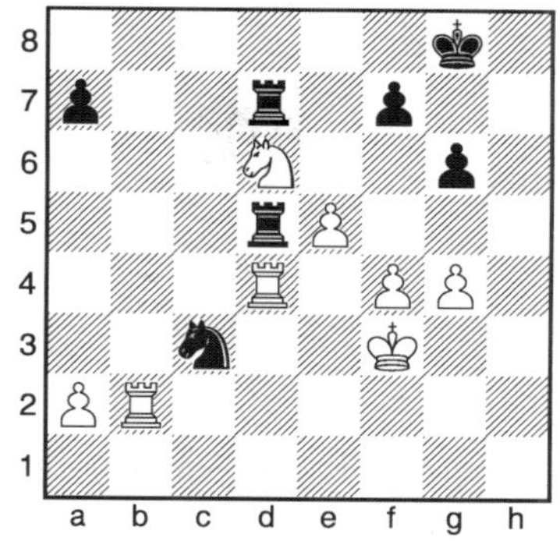

**16**

**Gharibyan,M (2388) – Hilwerda,J (2229)**

Jugend WM Boys U16
Mumbai IND 2019

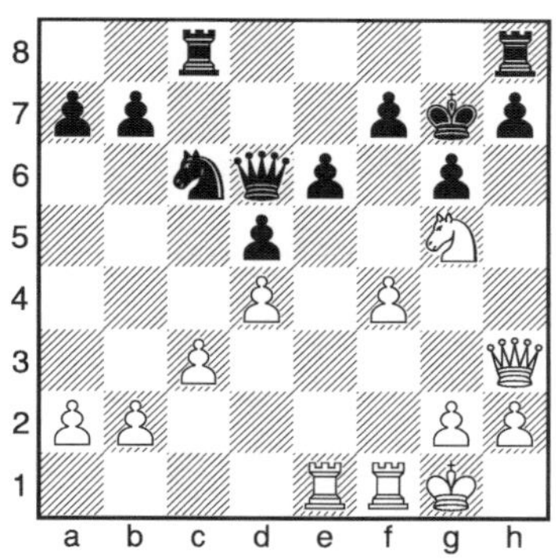

**17**

**Safarli,E (2593) – Rodshtein,M (2684)**

FIDE Chess.com Grand Swiss
Douglas ENG 2019

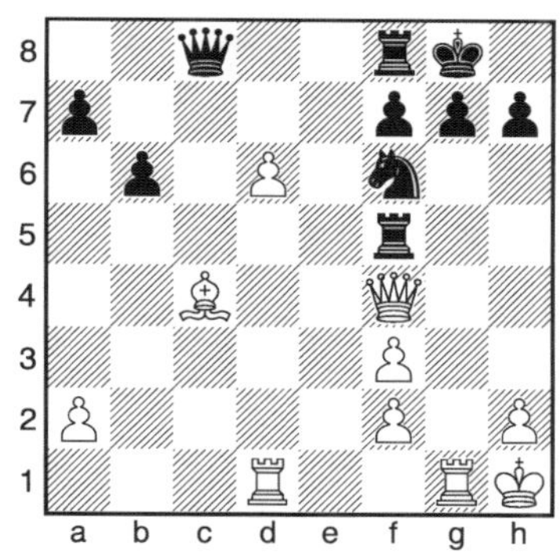

**18**

**Krishna Teja,N (2340) – Keymer,V (2508)**

Sunway Open
Sitges ESP 2018

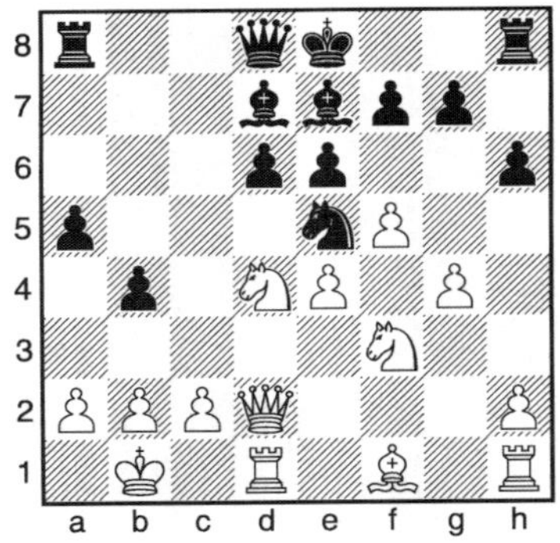

**19**

**Mohammad Fahad,R (2381) – Vatsal,S (2130)**

4th IIFL Wealth Open
Mumbai IND 2018

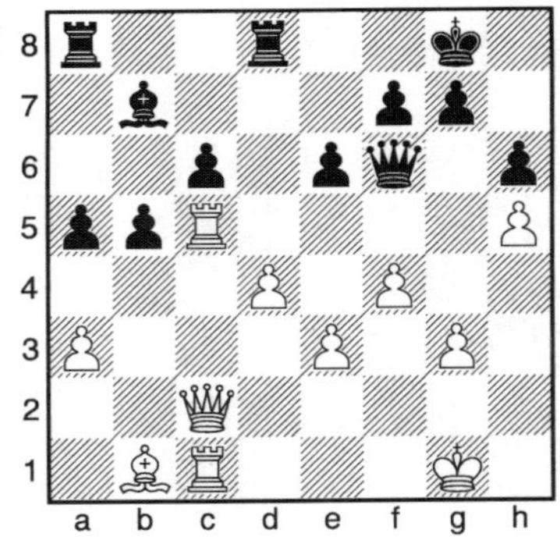

**20**

**Levin,F (2482) – Meessen,M (2208)**

15. Schachtürken Cup
Paderborn 2018

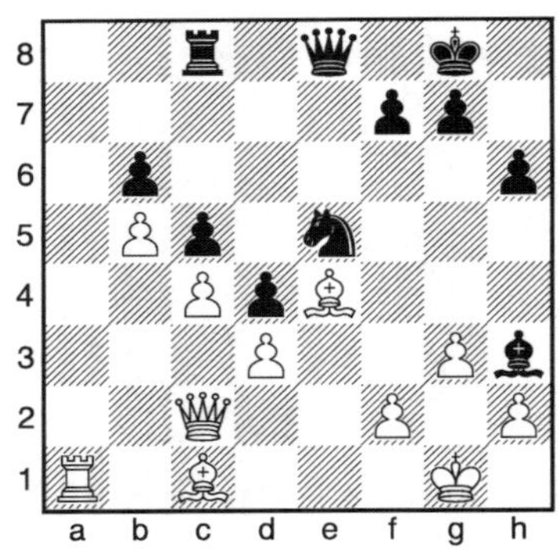

**21 ●**

**Garidmagnai,B (2327) – Buckels,V (2442)**

Jugend WM Boys U18
Mumbai IND 2019

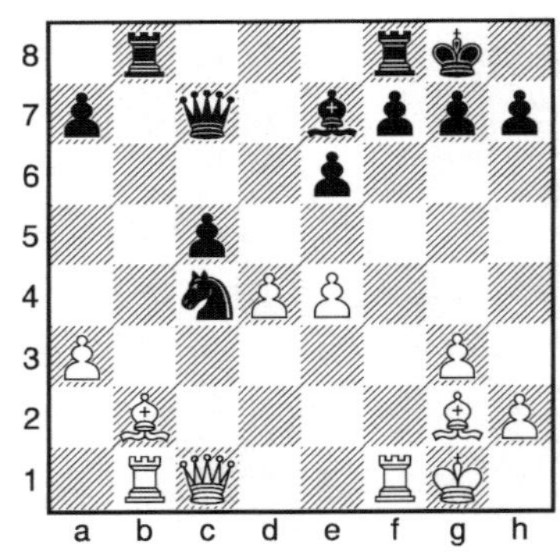

**22 ●**

**Villiers,Th (2201) – Gogia,A (1816)**

Northumbria Masters
Newcastle ENG 2019

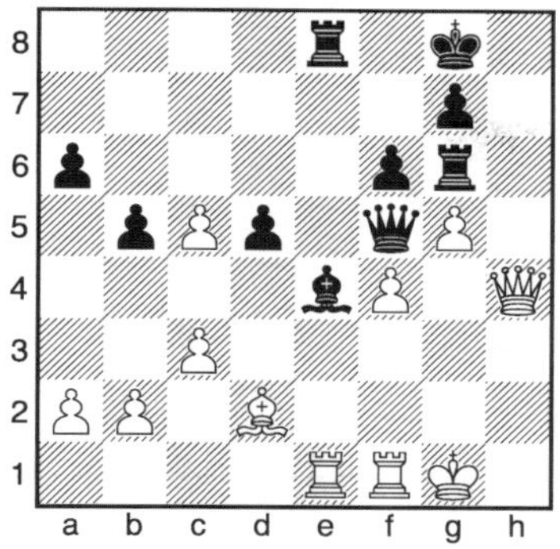

**23 ●**

**Pace,C (2098) – Dukic,Z (2275)**

Toronto Open Crown
Toronto CAN 2019

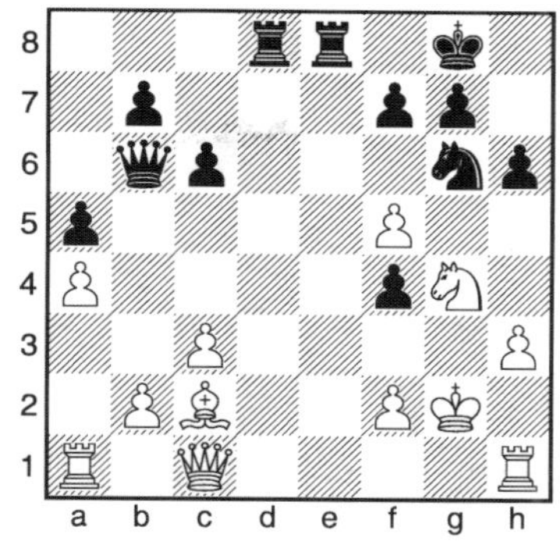

**24 ●**

**Tomazini,Z (2431) – Cheparinov,I (2683)**

20th ch–EUR
Skopje MKD 2019

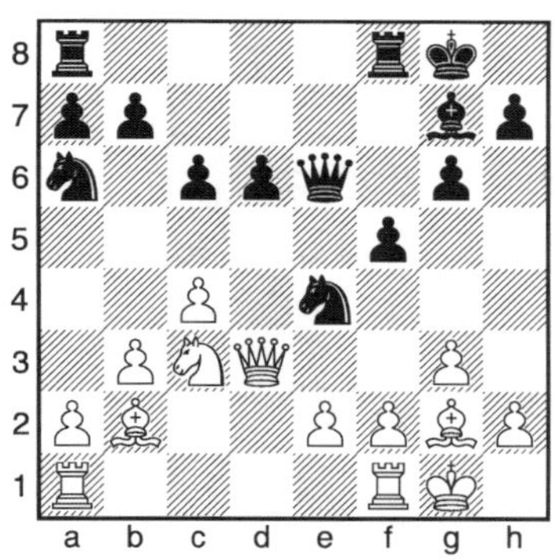

**25 ●**

**Franco Valencia,B (2159) – Baskin,R (2398)**

XXI Open de Sants
Barcelona ESP 2019

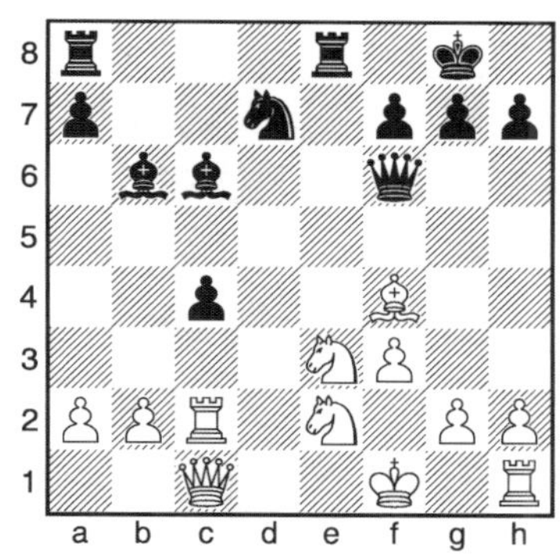

**26**

**Guseva,M (2374) – Kotsur,P (2528)**

Panchenko Mem Open
Chelyabinsk RUS 2019

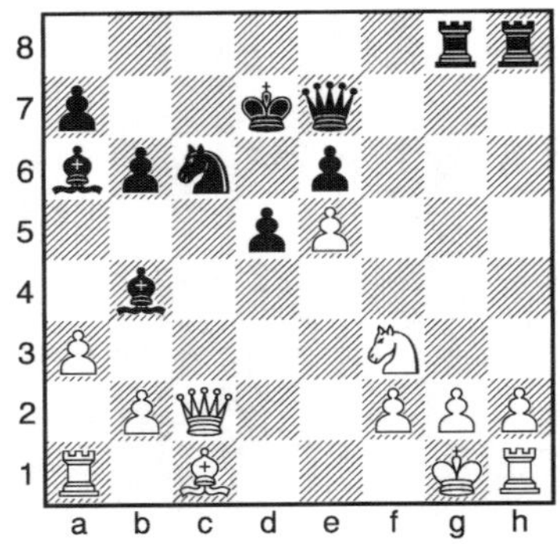

**27 ●**

**Shivika,R (1721) –**
**Sapale,S (2142)**

Jugend WM Girls U18
Mumbai IND 2019

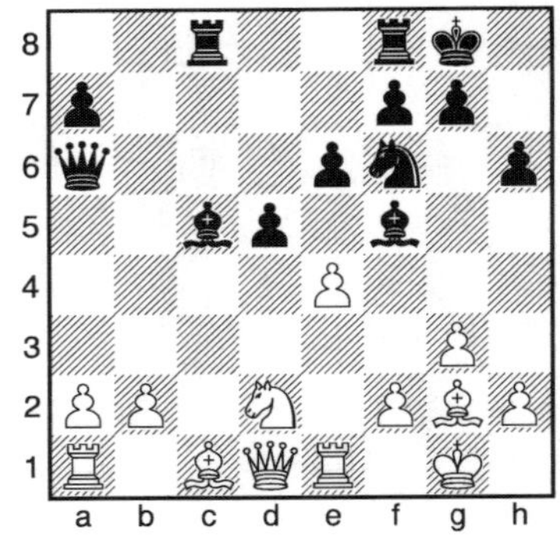

**28 ●**

**Shpanko,N (2213) –**
**Hamedi Nia,V (2057)**

Jugend WM Girls U18
Mumbai IND 2019

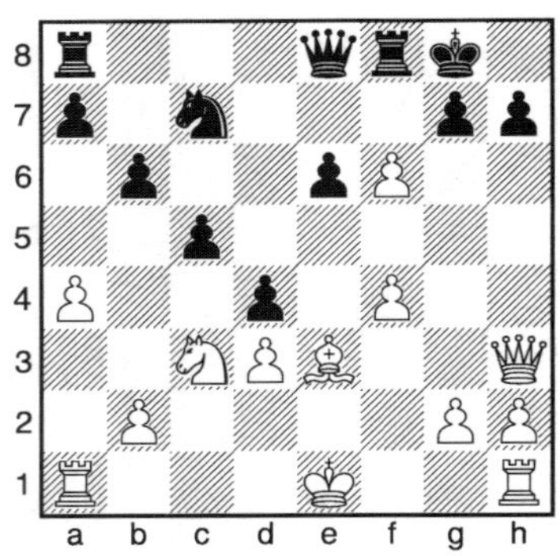

**29 ●**

**Edouard,R (2641) –**
**Stefansson,H (2541)**

22nd European Teams
Batumi GEO 2019

Was tun? ♖f8xf6, g7xf6, d4xc3/e3 ?

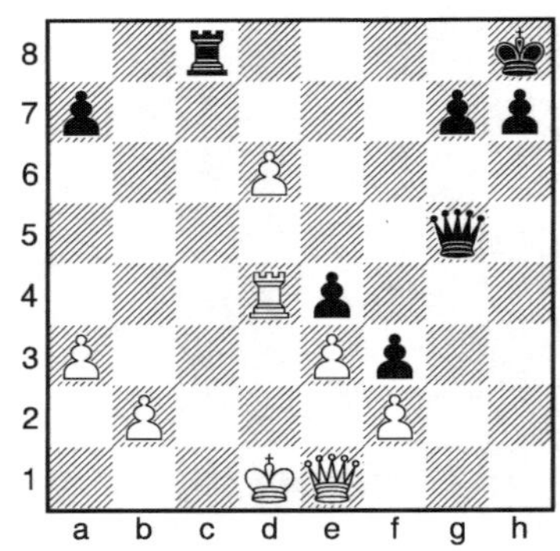

**30 ●**

**Alshameary Puente,I (2444) –**
**Schliebener,S (2111)**

24th City of Barcelona Open
Barcelona ESP 2019

# Lösungen

## LEKTION für FORTGESCHRITTENE 5

## Materialgewinn oder Matt in bis zu fünf Zügen

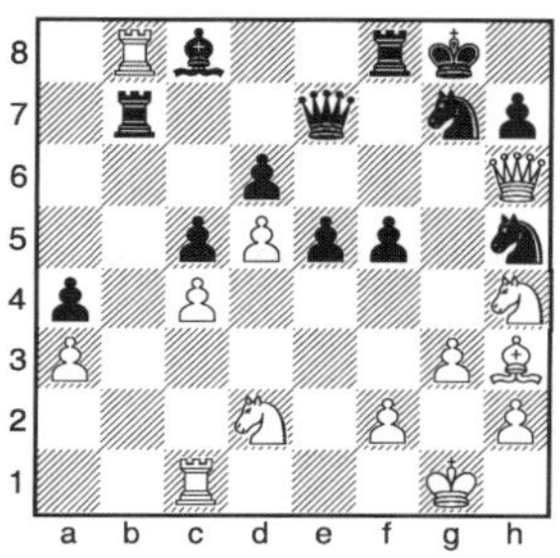

**1.** Pogosyan – Isfan

Der letzte Zug ♖a7–b7 war ein schwerer Fehler. ♕e7–f6 war notwendig.

**25.♖b8xc8 ♖f8xc8** 1:0;
**26.♘h4xf5 ♘g7xf5**
**27.♗h3xf5 ♖c8–f8 28.♕h6xh5+–**

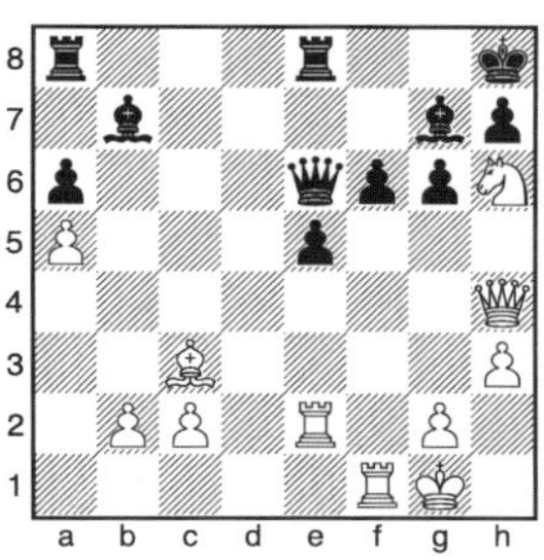

**2.** Iniyan – Gholami

**29.♖e2xe5 f6xe5??**

In der Partie geschah 29...♕e6–c6

**30.♘h6–f7+ ♔h8–g8 31.♘f7–g5+–**

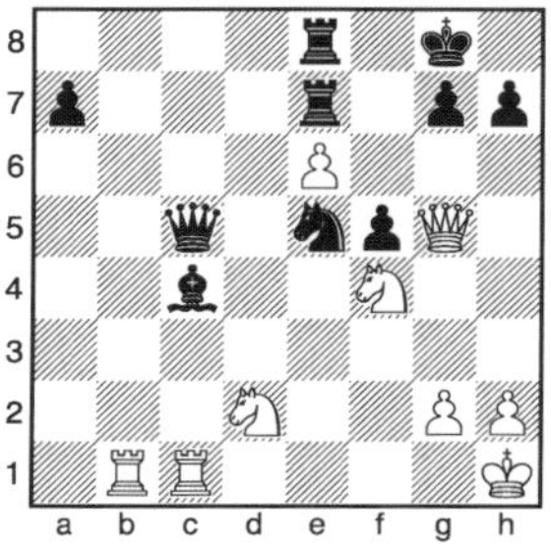

**3.** Anand – Christiansen

**35.♘d2xc4 ♘e5xc4 36.♖c1xc4 ♕c5xc4**
**37.♕g5xe7** 1:0, **♖e8xe7**

Nur das hoffnungslose 37...♕c4–f1+ 38.♖b1xf1 ♖e8xe7+– wendet Matt ab.

**38.♖b1-b8+ ♖e7–e8 39.♖b8xe8#**

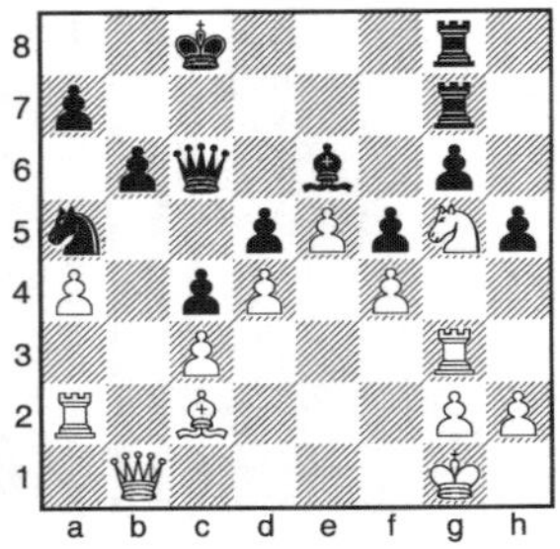

4. Obolentseva – Sankova

**30.♘g5xe6 ♕c6xe6**
**31.♖g3xg6 ♕e6–e7**

Falls 31...♖g7xg6? 32.♗c2xf5

**32.♗c2xf5+ ♔c8–b8**
**33.♖g6xg7 ♖g8xg7 34.♗f5–g6+–**

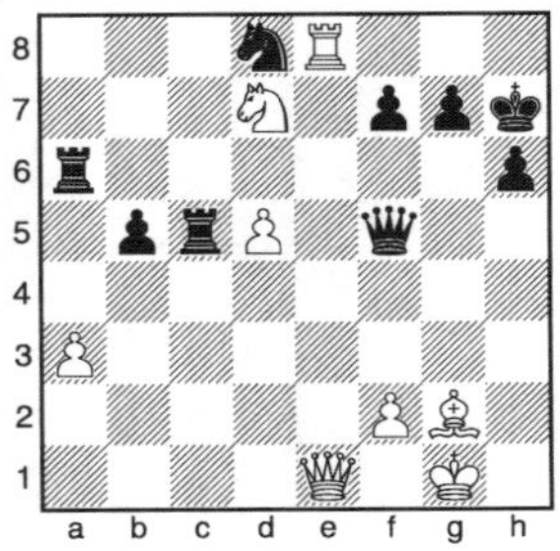

5. Makarian – Turgut

Sicherlich gut genug ist 38.♘d7xc5. Und gleich **♗g2–e4** wird mit ♖a6–g3+ beantwortet. Aber Weiß hat noch eine stärkere Möglichkeit:

**38.♘d7–f8+ ♔h7–g8**
**39.♘f8–e6+ ♔g8–h7**
**40.♗g2–e4** 1-0

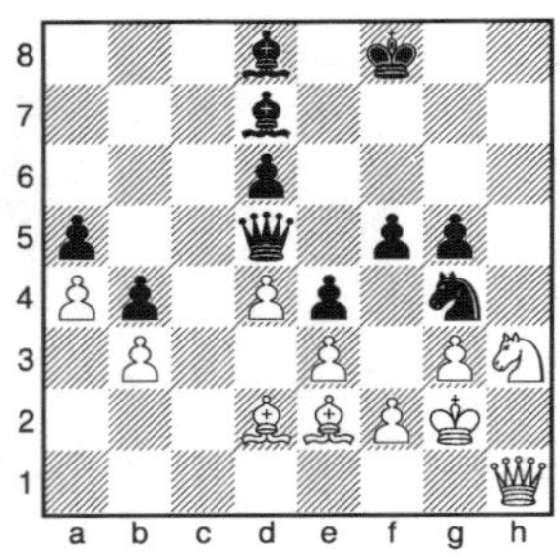

6. Simeone – Pretto

**35.♗e2–c4 ♕d5–c6**
**36.♘h3xg5 ♗d8xg5**
**37.♕h1-h8+ ♔f8–e7**
**38.♕h8–g7+ ♔e7–d8**
**39.♕g7xg5+**

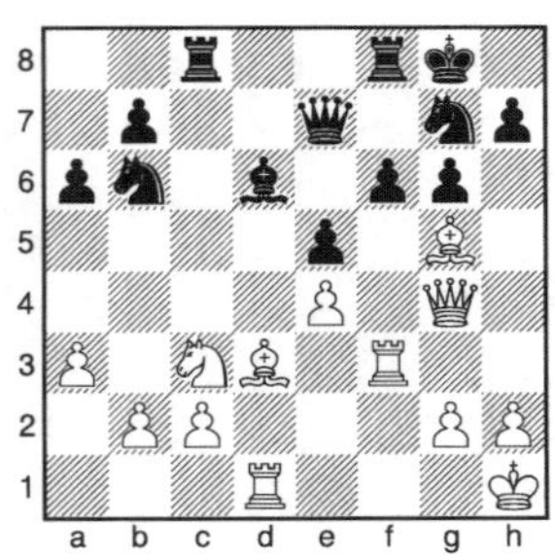

7. Wyss – Simon

**23.♖f3xf6 ♖f8xf6 24.♘c3–d5 ♘b6xd5**

Oder 24...♕e7–f7 25.♘d5xf6+ ♔g8–h8 26.♕g4–h3

**25.♕g4xc8+ ♕e7–f8 26.♕c8xf8+ ♖f6xf8**
**27.♗d3–c4+–**

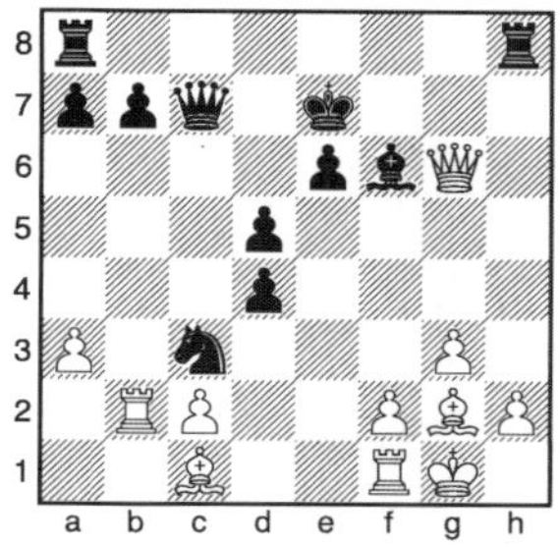

**8.** Kumargaliev – Pershin

**23.♗c1-g5 ♗f6xg5**

Noch schlimmer 23...♖a8–f8 *(D2)* 24.♕g6–g7+ (Oder 24.♗g5xf6+ ♖f8xf6 25.♕g6–g7+ ♖f6–f7 26.♕g7xh8)
24...♔e7–d6 25.♗g5xf6;

Falls 23...♖h8–f8 24.♕g6–g7+ ♔e7–d6 25.♗g5xf6

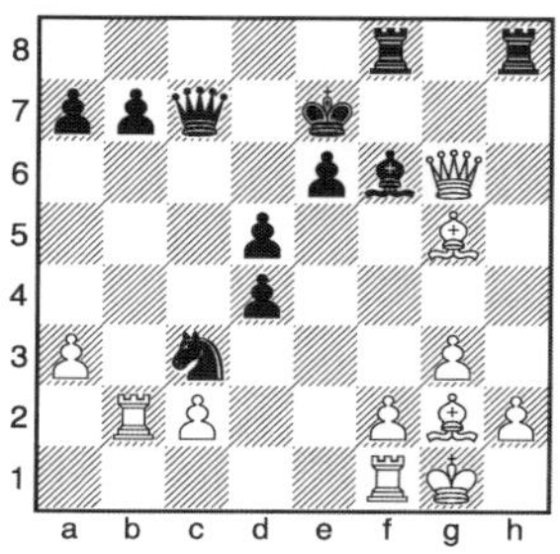

D2

**24.♖b2xb7 ♕c7xb7**
**25.♕g6–g7+ ♔e7–d6**
**26.♕g7xb7+–**

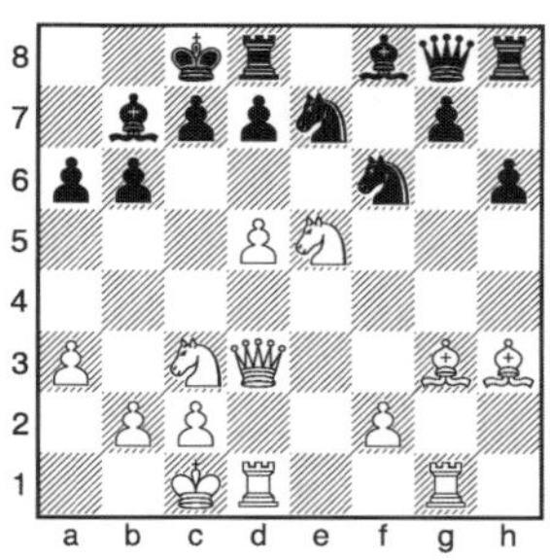

**9.** Ferrie – Burbach

**19.d5–d6! c7xd6**
**20.♘e5xd7 ♘f6xd7**

20...♘e7–d5 Vermeidet zwar Matt, aber die Stellung ist nun ein Desaster:
21.♕d3–c4+ *(D2)* ♘d5–c7 22.♘d7xf6+ ♔c8–b8 23.♘f6xg8

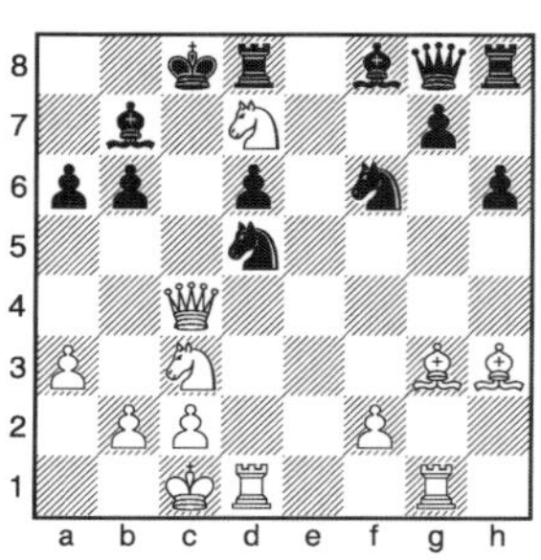

D2

**21.♕d3xd6 ♘e7–d5**
**22.♗h3xd7+**

Unnötig. Da der Springer gefesselt ist, geht direkt 22.♕d6–b8#

**22...♖d8xd7 23.♕d6–b8#**

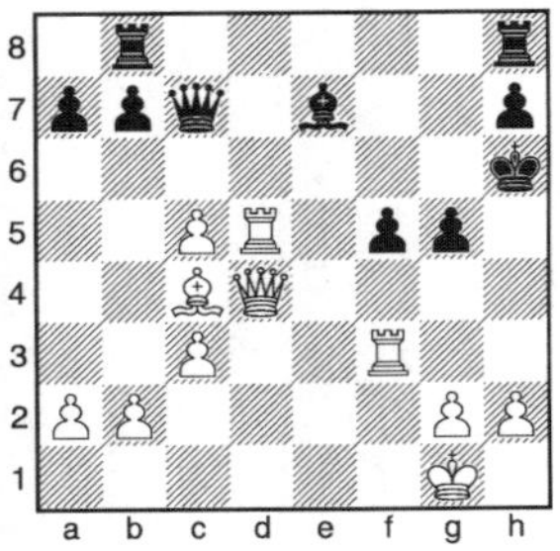

**10.** Kamalidenova – Roebers

**30.♖d5–d7 ♕c7xc5**

Falls 30...♖b8–d8 31.♗c4–f7 -- 32.♖f3–h3#

**31.♖f3–h3+ ♔h6–g6 32.♗c4–f7+** 1:0;
**32...♔g6xf7 33.♕d4xc5**

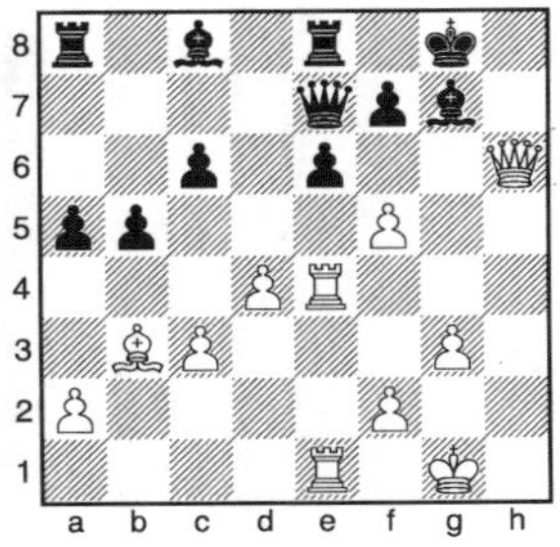

**11.** Johansen – O'Chee

**28.♖e4–g4 f7–f6**
**29.♖e1xe6 ♗c8xe6**
**30.♗b3xe6+ ♔g8–f8**
**31.♕h6–h8+ ♗g7xh8**
**32.♖g4–g8#**

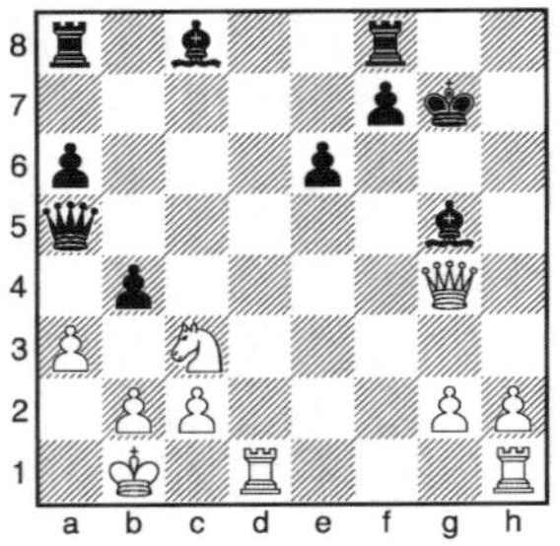

**12.** Narayanan – Zweifel

**22.♖d1-d5 e6xd5**
**23.♕g4xg5+ ♔g7–h8** *(D2)*
**24.♘c3xd5**

Partie 24.♘c3xd5 f7–f6 25.♕g5–h6+;
Ebenfalls zum Gewinn führt 24.♖h1-f1 f7–f5 25.♕g5–h6+ ♔h8–g8 26.♕h6–g6+ ♔g8–h8 27.♖f1-f3+-

**24...f7–f6**
**25.♕g5–h6+ ♔h8–g8**
**26.♕h6–g6+ ♔g8–h8**
**27.♘d5xf6+-**

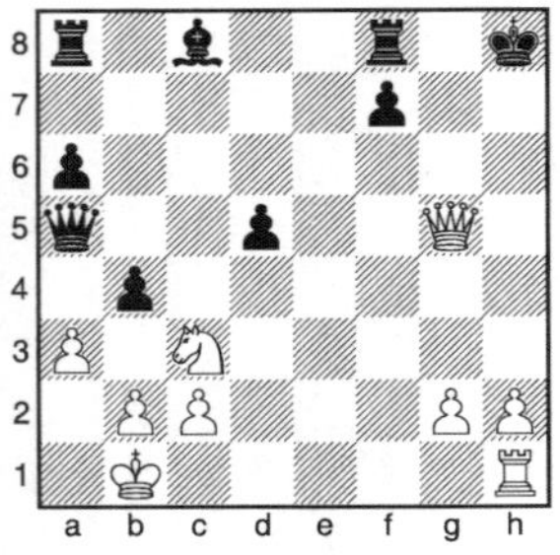

D2

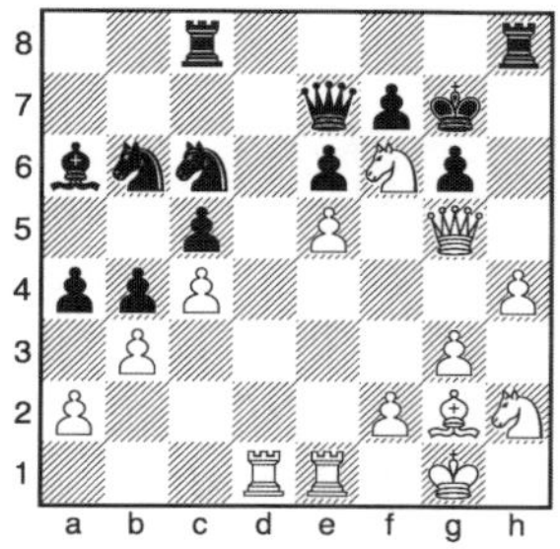

**13.** Bodnaruk – Tomilova

**30.♗g2xc6 ♖c8xc6**
**31.♘f6–h5+ ♔g7–f8**
**32.♖d1-d8+** 1:0, **♕e7–e8**

Falls 32...♕e7xd8 33.♕g5xd8#

**33.♖d8xe8+ ♔f8xe8 34.♖e1-d1+–**

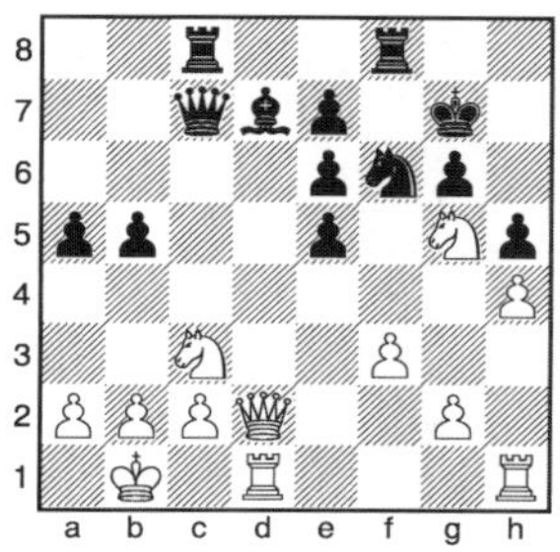

**14.** Nihal Sarin – Salem

**21.♕d2xd7 ♕c7xd7**

Oder 21...♘f6xd7 22.♘g5xe6+ ...

**22.♖d1xd7 ♘f6xd7 23.♘g5xe6+ ♔g7–f6**
**24.♘e6xf8 ♘d7xf8 25.♘c3xb5+–**

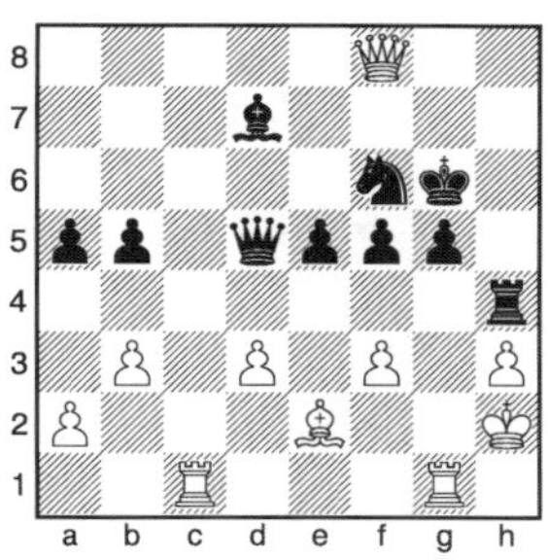

**15.** Bobomurodova – Hakobyan

**40.♖g1xg5+ ♔g6xg5**
**41.♕f8–g7+** *(D2)* **♔g5–h5**

Schwarz kann Matt vermeiden mit
41...♔g5–f4 42.♕g7–g3+ ♔f4–e3 43.♕g3xh4+–

**42.f3–f4+ ♘f6–g4+**
**43.♗e2xg4+** 1:0; **f5xg4**
**44.♕g7–g5#**

Oder 43...♖h4xg4 44.♕g7–h7#

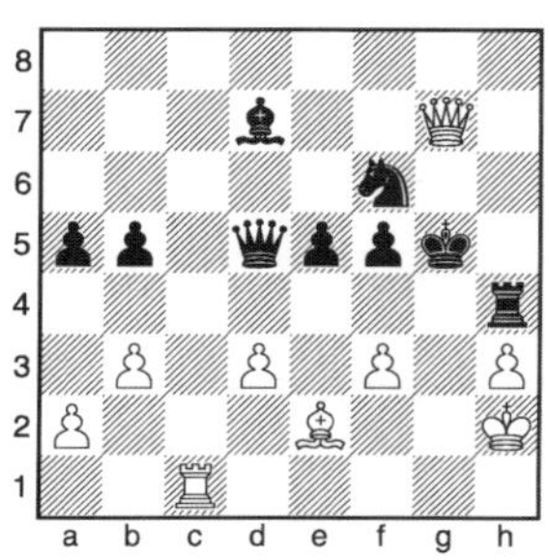

D2

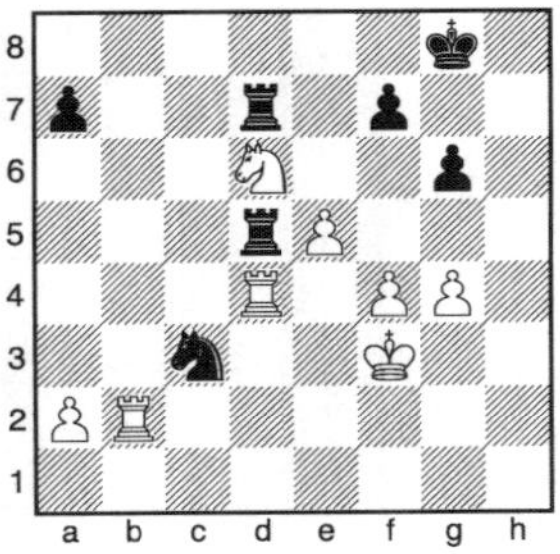

**16.** Gharibyan – Hilwerda

**33.♖b2–b8+ ♔g8–h7**

Oder 33...♔g8–g7 34.♘d6–e8+ ♔g7–f8 35.♘e8–f6+ und Matt folgt.

**34.♘d6–e8 ♖d5xd4 35.♘e8–f6+** *(D2)* 1:0; **35...♔h7–g7**

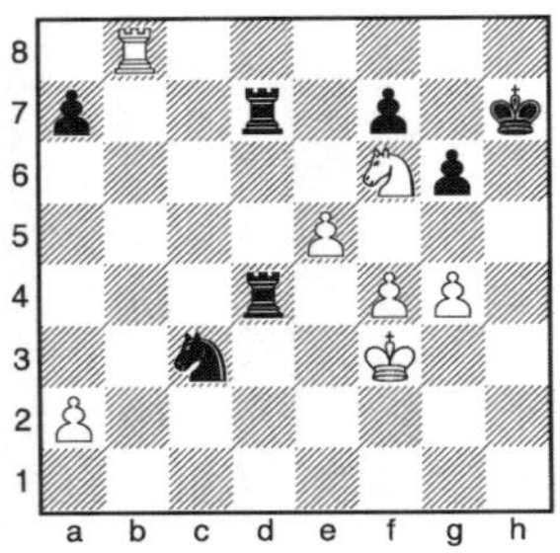

D2

Oder 35...♔h7–h6 36.g4–g5+ ♔h6–g7 37.♖b8–g8#

**36.♖b8–g8+ ♔g7–h6 37.g4–g5#**

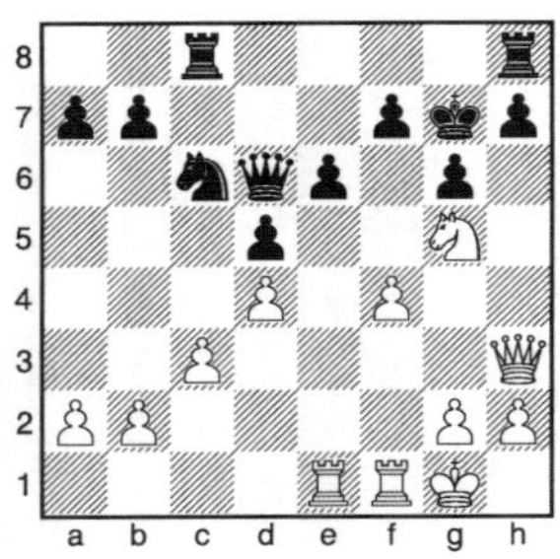

**17.** Safarli – Rodshtein

**22.♕h3–h6+ ♔g7–g8**

Zu schlagen verliert auch:
22...♔g7xh6 23.♘g5xf7+ ♔h6–g7 24.♘f7xd6 ♖c8–c7 25.♖e1xe6+–

**23.f4–f5 e6xf5**

Oder 23...g6xf5 24.♘g5xf7 ♔g8xf7 25.♖f1xf5+

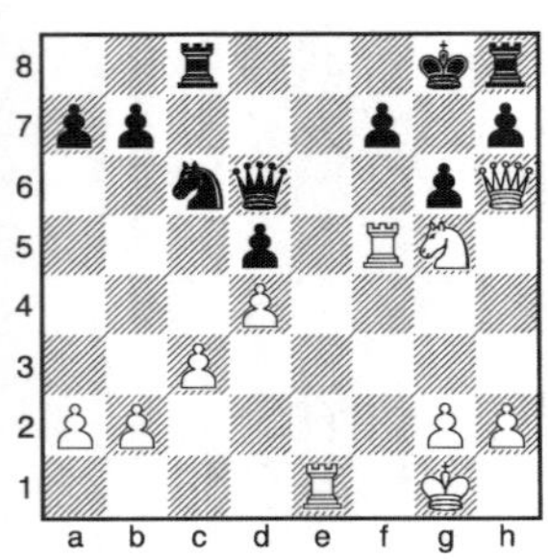

D2

**24.♖f1xf5** *(D2)* **♖c8–f8?**

Mehr Widerstand bietet
24...♕d6–f8 25.♕h6xf8+ ♖c8xf8 26.♖f5xd5

**25.♘g5–e6** 1:0; **f7xe6 26.♖e1xe6+–**

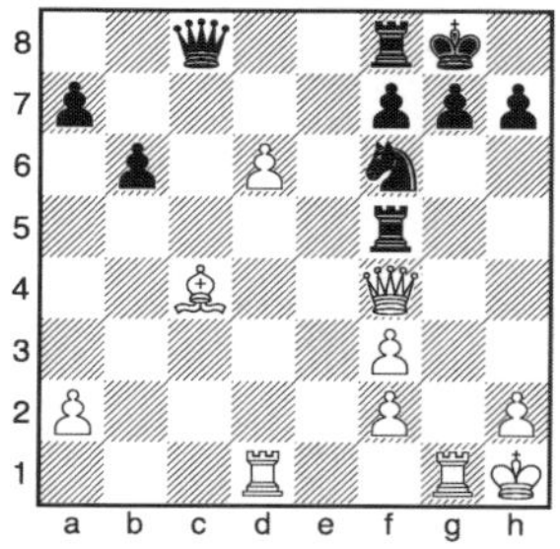

**18.** Krishna Teja – Keymer

**23.♕f4–h6 g7–g6**
**24.d6–d7** *(D2)* 1:0, **♕c8–d8**

Falls 24...♘f6xd7
25.♖g1xg6+ h7xg6
26.♕h6xg6+ ♔g8–h8
27.♕g6–h6+ ♔h8–g8
28.♖d1-g1+ ♖f5–g5
29.♖g1xg5#

**25.♖g1xg6+ h7xg6**
**26.♕h6xg6+ ♔g8–h8**
**27.♕g6xf5+–**

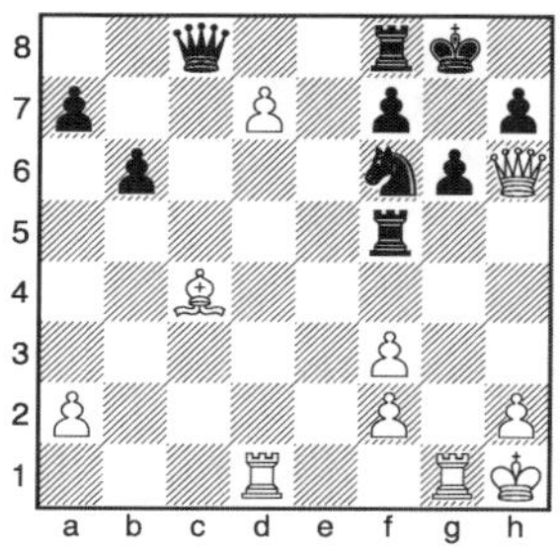

D2

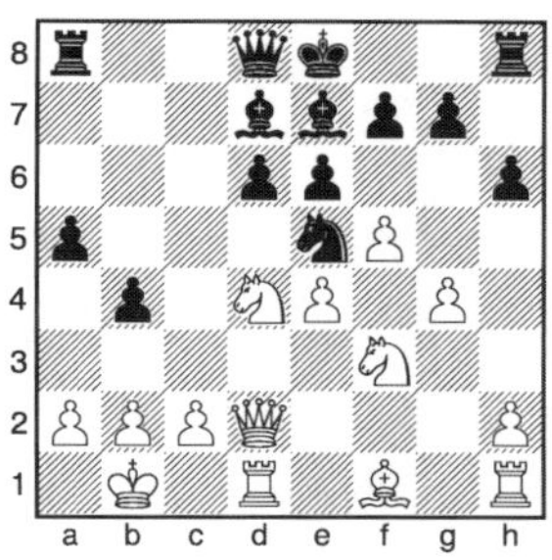

**19.** Mohammad Fahad – Vatsal

**17.f5xe6 f7xe6**

Falls 17...♗d7xe6 18.♘d4xe6 f7xe6 19.♘f3xe5 d6xe5 20.♗f1-b5+ usw.

**18.♘f3xe5 d6xe5**
**19.♘d4xe6** *(D2)* **♗d7xe6**

Oder 19...♕d8–c8 20.♘e6xg7+ ♔e8–f7 (20...♔e8–d8 21.♗f1-b5) 21.♕d2xd7

**20.♗f1-b5+ ♔e8–f7**
**21.♕d2–f2+ ♗e7–f6**
**22.♖d1xd8+–**

Ein nettes Beispiel für eine Räumung, schwer zu sehen!

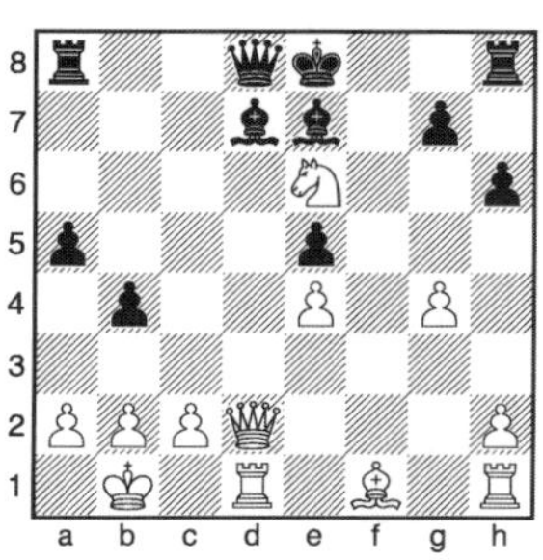

D2

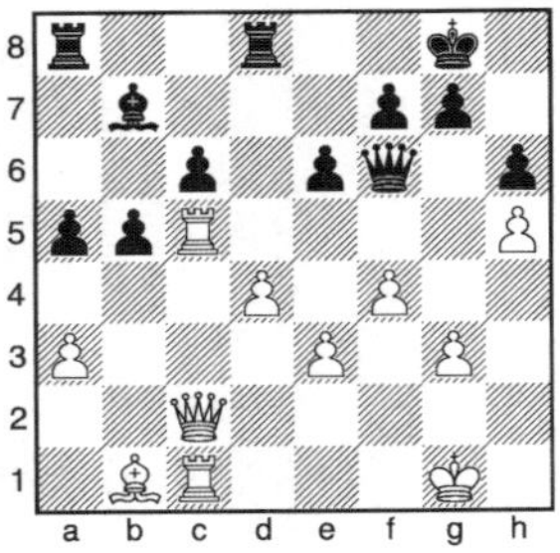

**20.** Levin – Meessen

**30.♖c5xb5 c6xb5**
**31.♕c2–h7+ ♔g8–f8**
**32.♖c1-c7 g7–g6**
**33.h5xg6 f7xg6**
**34.♗b1xg6** 1:0; Matt ist unvermeidlich.

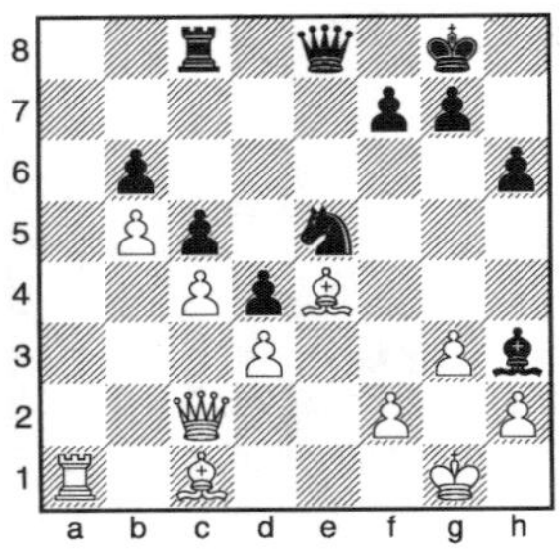

**21.** Garidmagnai – Buckels

Der letzte Zug Lb2–c1?? war der tödliche Fehler:

**26...♘e5–f3+**
**27.♔g1-h1 ♗h3–g2+** 0:1;
**28.♔h1xg2 ♘f3–e1+**
**29.♔g2–f1 ♘e1xc2-+**

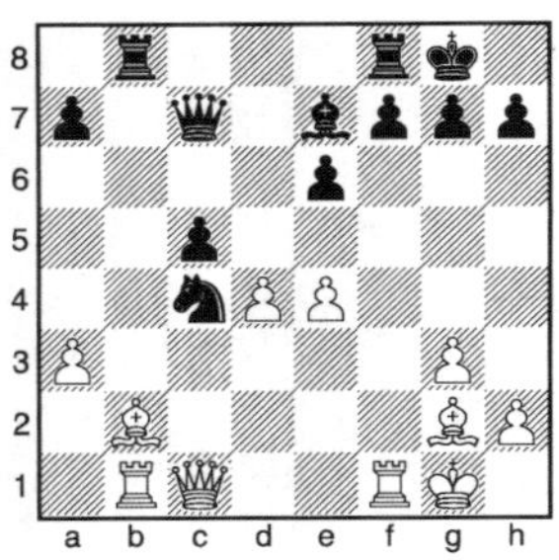

**22.** Villiers – Gogia

**20...♘c4xb2**
**21.♖b1xb2 ♗e7–g5**
**22.♕c1-c2 ♗g5–e3+** *(D2)*
**23.♔g1-h1 ♖b8xb2**
**24.♕c2xb2 c5xd4-+**

Eine andere Lösung nutzt die Überlastung des Läufers:

**20...c5xd4**
**21.♗b2xd4 ♖b8xb1**
**22.♕c1xb1 ♗e7xa3**

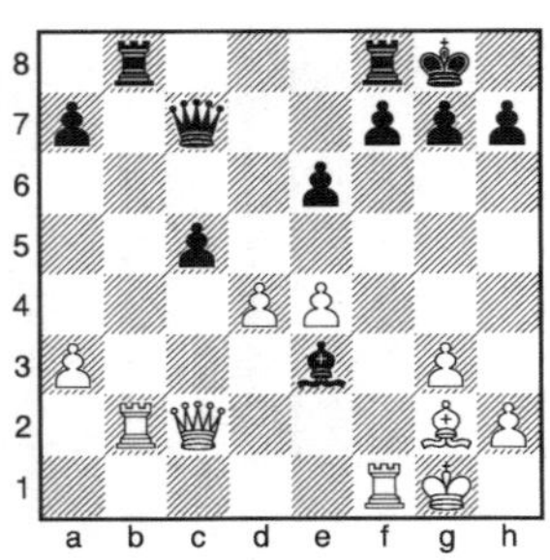

D2

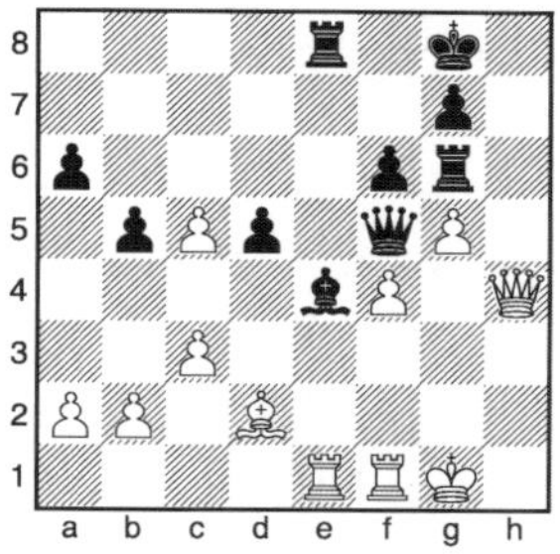

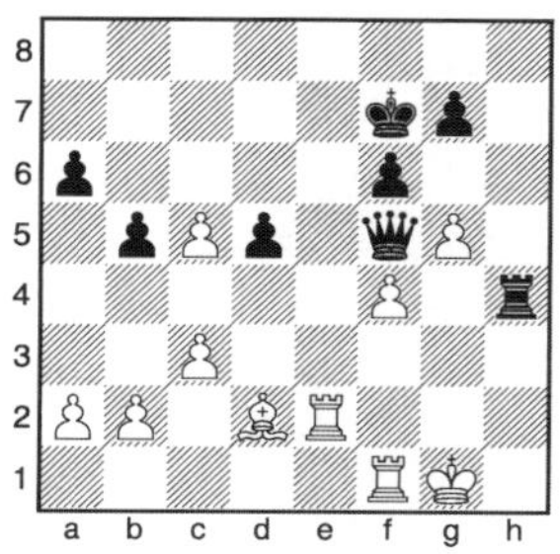

D2

## 23. Pace – Dukic

**33...♖g6–h6** 0:1; **34.g5xh6**

Das hatte Weiß wohl berechnet. Vielleicht gab er etwas zu früh auf. Mehr Widerstand bietet

***34.♖e1xe4*** **♖h6xh4 35.♖e4xe8+ ♔g8–f7 36.♖e8–e2** *(D2)*

Und Weiß kann noch kämpfen.
Hoffnungslos ist dagegen 34.♕h4–g3 ♖h6–h3 und die Dame ist gefangen oder Matt.

**34...♕f5–g6+**
**35.♔g1-f2 ♕g6–g2+**
**36.♔f2–e3 ♗e4–f5+**
**37.♔e3–d4 ♕g2xd2#**

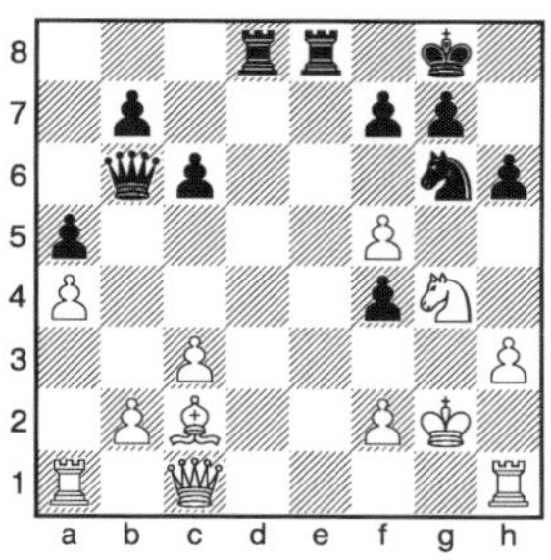

D2

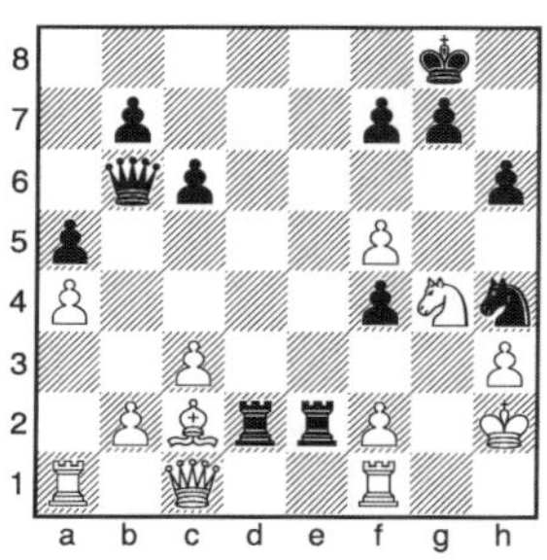

## 24. Tomazini – Cheparinov

**23...♘g6–h4+ 24.♔g2–h2**

Nur ein Umweg ist 24.♔g2–f1 ♕b6–a6+ 25.♔f1-g1 ♖d8–d2

**24...♖d8–d2**
**25.♖h1-f1 ♖e8–e2** *(D2)*
**26.♗c2–d3**

Falls 26.♔h2–g1 ♕b6–d8 27.–– ♕d8–d5

**26...♖d2xd3**
**27.♕c1xf4 ♕b6–d8+–**

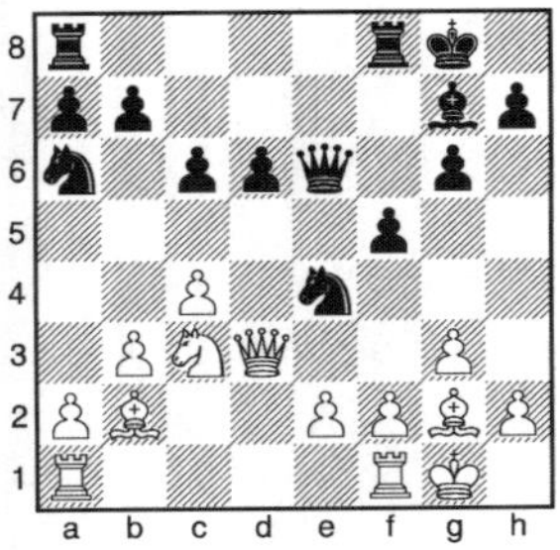

**25.** Franco Valencia – Baskin

**14...♘a6–b4 15.♕d3–f3**

Falls 15.♕d3–d1 ♘e4xc3 16.♗b2xc3 ♗g7xc3

**15...♘e4–d2 16.♕f3–f4 ♘d2xf1 17.♖a1xf1 ♘b4xa2–+**

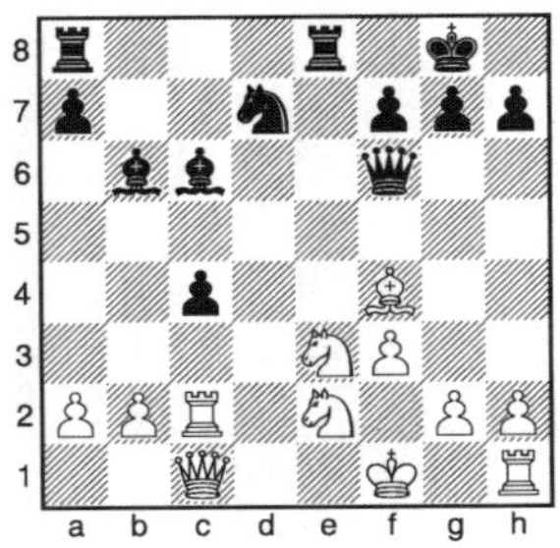

**26.** Guseva – Kotsur

**21...♗c6xf3** 0:1; **22.g2xf3 ♗b6xe3 23.♗f4xe3 ♕f6xf3+ 24.♔f1-g1 ♖e8xe3-+**

Schwächer ist:
21...♗b6xe3 22.♗f4xe3 ♗c6xf3 23.♘e2–f4

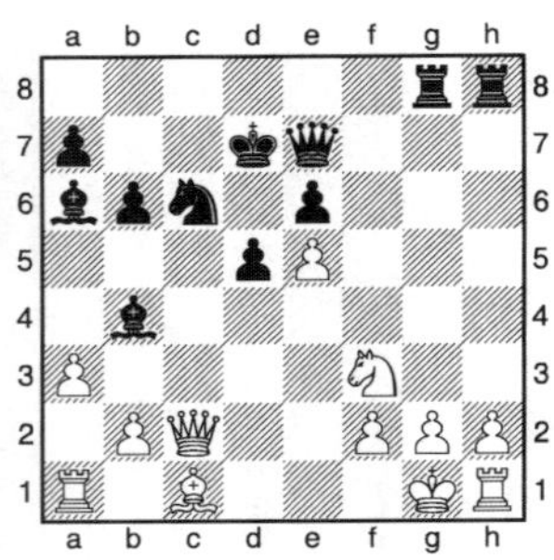

**27.** Shivika – Sapale

**20...♘c6–d4**
**21.♘f3xd4**

Falls 21.♕c2–a4+ ♔d7–d8 22.♕a4xa6 ♘d4xf3+ 23.♔g1-f1 ♘f3xh2+ -+;
oder
21.♕c2–d1 ♘d4–e2+ 22.♔g1-f1 ♘e2–f4+ *(D2)* 23.♔f1-g1 ♘f4–h3#

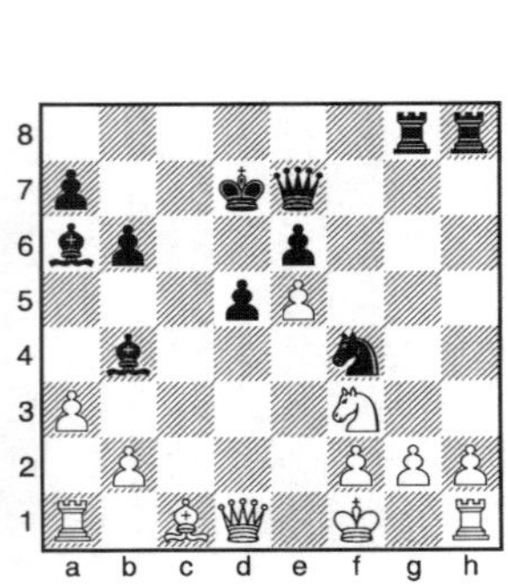

**21...♖g8xg2+**
**22.♔g1xg2 ♕e7–g7+**
**23.♔g2–f3 ♖h8–h3+**
**24.♔f3–f4 ♕g7–h6+**
**25.♔f4–g4 ♕h6–h4#**

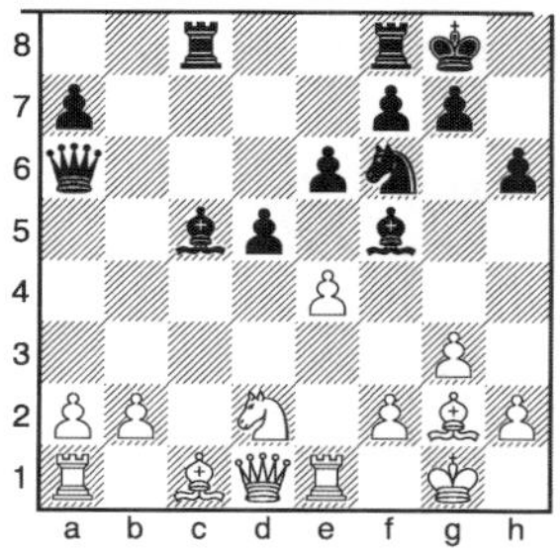

**28.** Shpanko – Hamedi Nia

Der letzte Zug e2–e4 war zu aggressiv, e2–e3 war nötig:

**17...♗c5xf2+ 18.♔g1xf2 ♘f6–g4+** 0:1;

Weiß muss entweder seine Dame geben oder wird ein Opfer des erstickten Matt, das du sicherlich auf der Stelle erkannt hast:

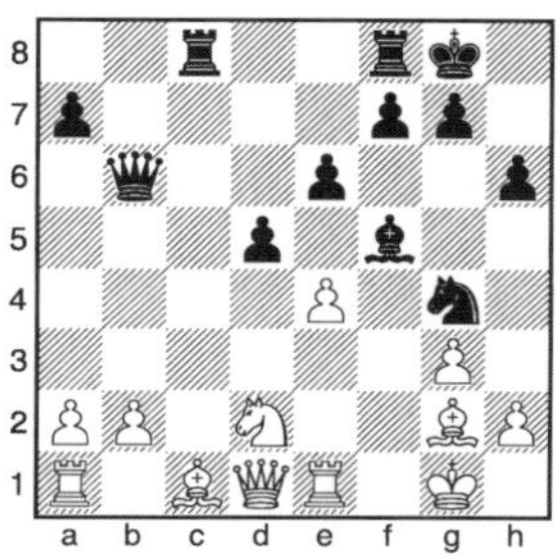

D2

**19.♔f2–g1 ♕a6–b6+** *(D2)*
**20.♔g1-h1 ♘g4–f2+**
**21.♔h1-g1 ♘f2–h3+**
**22.♔g1-h1 ♕b6–g1+**
**23.♖e1xg1 ♘h3–f2#**

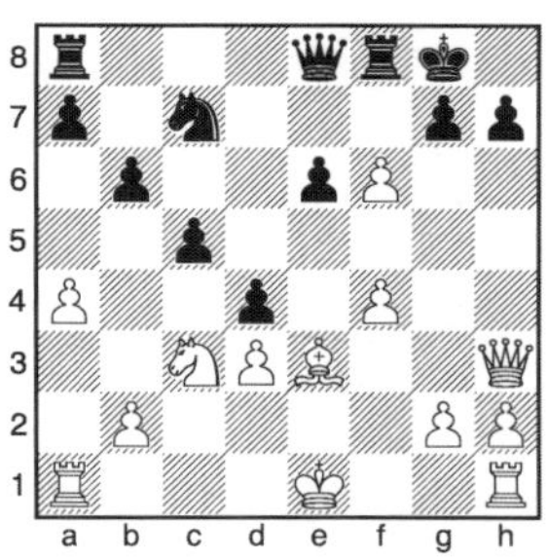

**29.** Edouard – Stefansson

♖f8xf6, g7xf6, d4xc3/e3 – was ist der richtige Zug?

**20...♖f8xf6**

Geschah in der Partie und schaut normal aus, verliert aber, Schwarz gab auf nach

**21.♘c3–e4** wegen **21...♖f6–h6**
**22.♕h3xh6 g7xh6 23.♘e4–f6+**

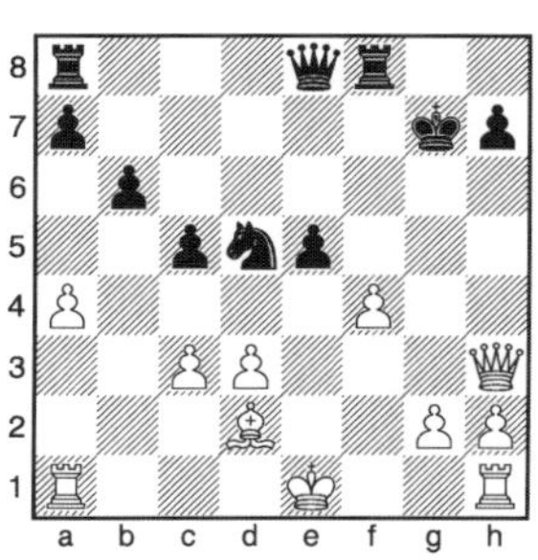

D2

***20...g7xf6=*** oder

***20...d4xe3*** 21.f6xg7 ♖f8xf4= war die bessere Wahl.

Nicht gut ist ***20...d4xc3*** 21.f6xg7 ♔g8xg7 22.b2xc3 ♘c7–d5 23.♗e3–d2 e6–e5∓ *(D2)*

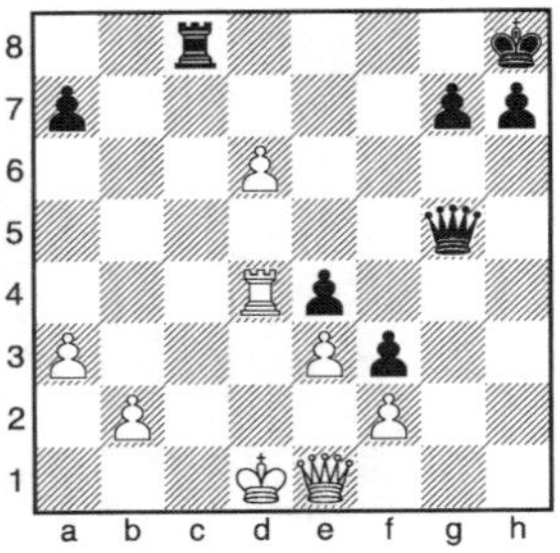

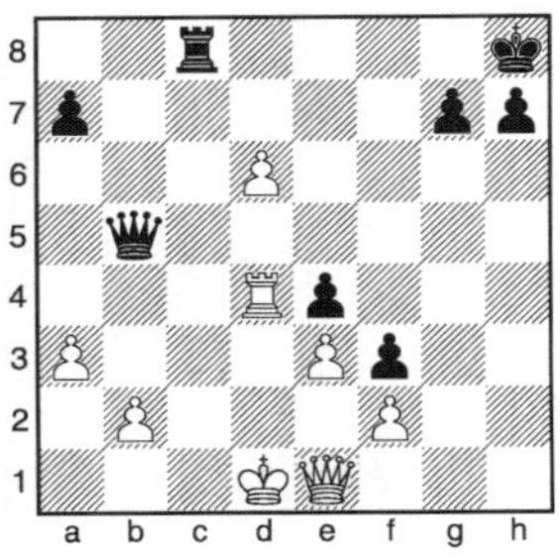

**30.** Alshameary Puente – Schliebener

Die schwarze Dame manövriert ihre Gegenspielerin aus:

**37...♕g5–b5** *(D2)*

Und das ist schon Game over. Die weiße Stellung hat einfach zu viele Schwächen und eine davon zu verteidigen schafft stets neue Probleme:

**38.♕e1-d2**

Andere Züge verlieren noch schneller:

38.♖d4–d2 ♕b5–b3+ 39.♖d2–c2 ♕b3xc2#;

oder

38.♖d4–b4 ♕b5–d3+ 39.♕e1-d2 ♕d3–b1+ 40.♕d2–c1 ♕b1xc1#; oder

38.b2–b4 ♕b5–a4+ 39.♔d1-d2 ♕a4–c2#

**38...♕b5–f1+**
**39.♕d2–e1 ♖c8–c1+**
**40.♔d1xc1 ♕f1xe1+-+**

Zum Ausklang eine nette Kombi, die auch Lesern mit kleinen Ratingzahlen Mut machen sollte. Eine Kombination zu finden ist kein Privileg der Großmeister, sondern Taktik ist für alle da!

**Alhomsi,M (1288) – Alkhour,S (1444)** Sharjah Rapid UAE 2021

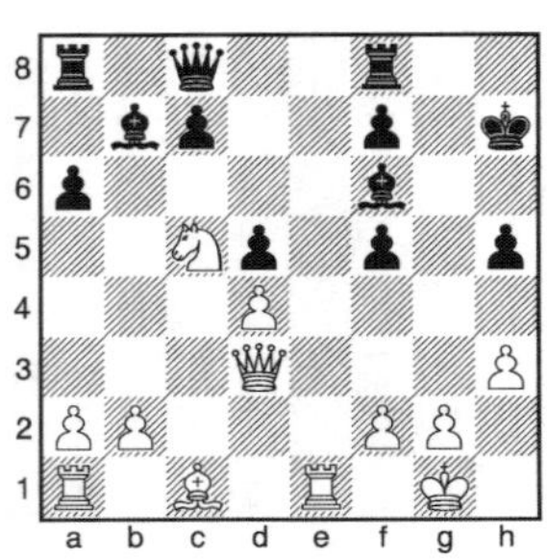

Die schwarze Dame ist mit der Deckung von Lb7 und Bf5 überlastet:

**25.♘c5xb7 ♕c8xb7 26.♕d3xf5+ ♔h7–g7**

Matt verhindert 26...♔h7–g8 27.♕f5xf6 ♕b7–b6 , was aber total verloren ist.

**27.♗c1-h6+ ♔g7xh6 28.♕f5xf6+ ♔h6–h7**
**29.♖e1-e5**

aufgegeben, Matt in 2 Zügen folgt

# 6. Fesselung & Überlastung

Die Fesselung ist das am häufigsten vorkommende Taktik-Motiv; ausgenommen auf dem Niveau von Anfängern und sehr schwachen Spielern, bei denen der Doppelangriff überwiegt. Das Motiv "Überlastung" ist verwandt mit der Fesselung und auch ein häufiger Gast in Turniersälen.

Das ist der Grund, warum wir diesen beiden Motiven ein eigenes Kapitel gewidmet haben. Ich hoffe, du hast schon Kapitel 12, 13 und 14 in Band 1 durchgearbeitet, bist also bereits vertraut mit ihnen und hast eine Reihe von Aufgaben dazu gelöst. Doch es ist gut, sich dies wieder ins Gedächtnis zu rufen und diese Kenntnisse zu vertiefen. Das häufige Vorkommen dieser Motive selbst in den Partien starker Spieler zeigt, dass wir an diesem Bereich gar nicht genug arbeiten können.

Die folgenden Aufgaben enden meist mit Materialvorteil und manchmal auch mit Matt in bis zu vier Zügen. Aber mach dir keine Sorgen; meistens ist die Situation klar nach zwei Zügen.

Und nun geht's wieder los. Wir fesseln alles, was wir kriegen können, gegen das Brett und überlasten die Verteidiger, bis sie brechen!

# Quick Test 6

## Fesselung & Überlastung in Aktion

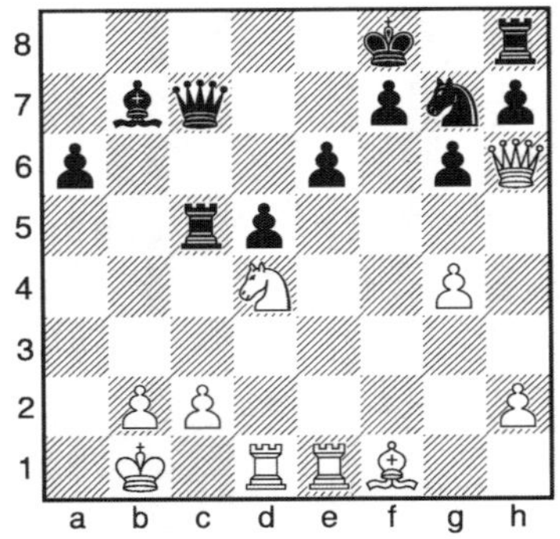

**1** ..........................

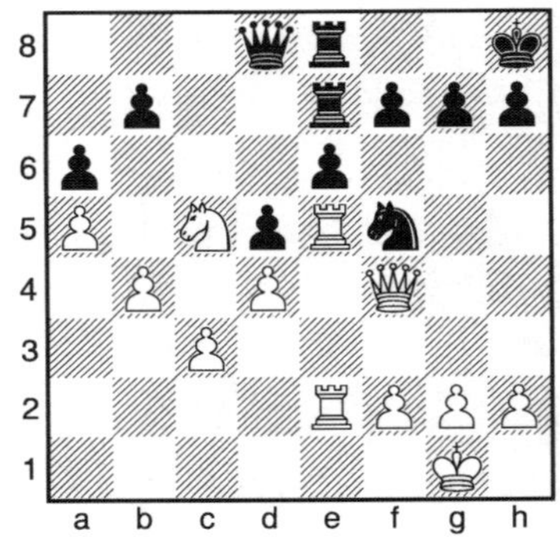

**2** ..........................

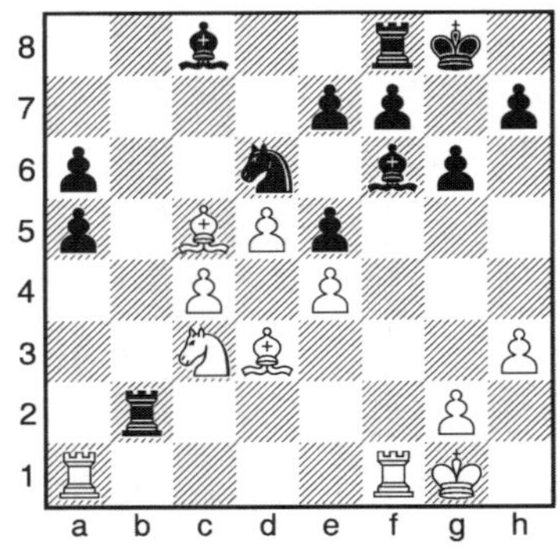

**3** ..........................

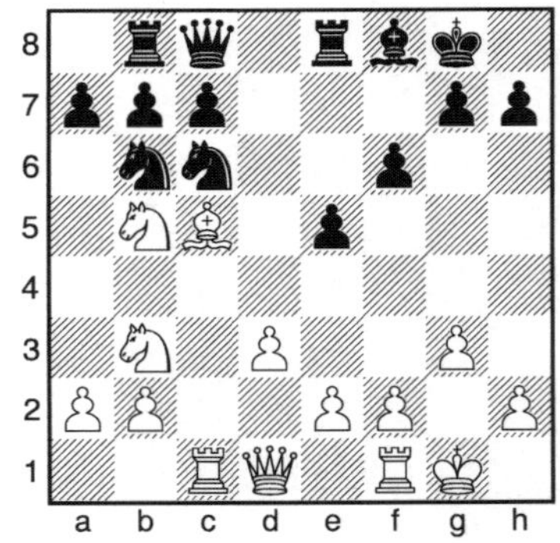

**4** ..........................

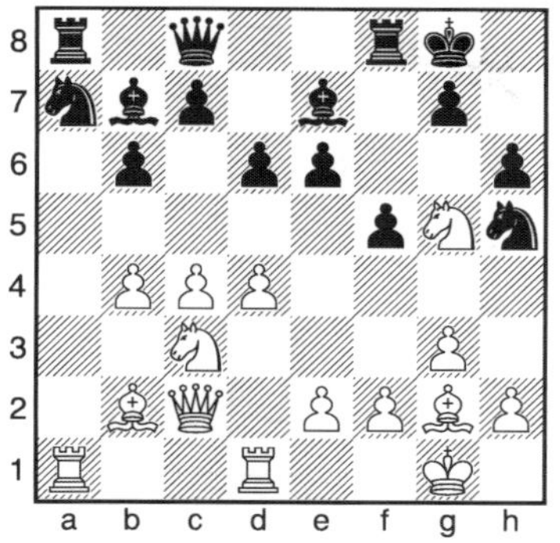

5 ........................

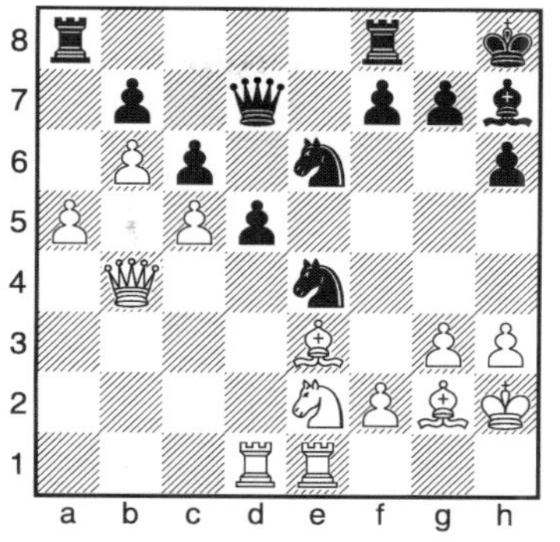

6 ........................

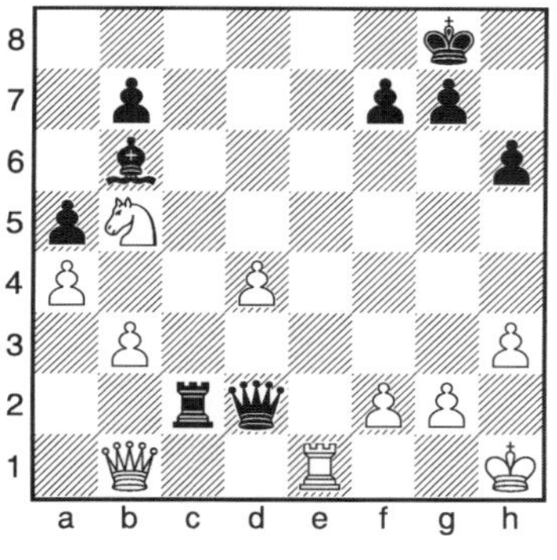

7 ........................

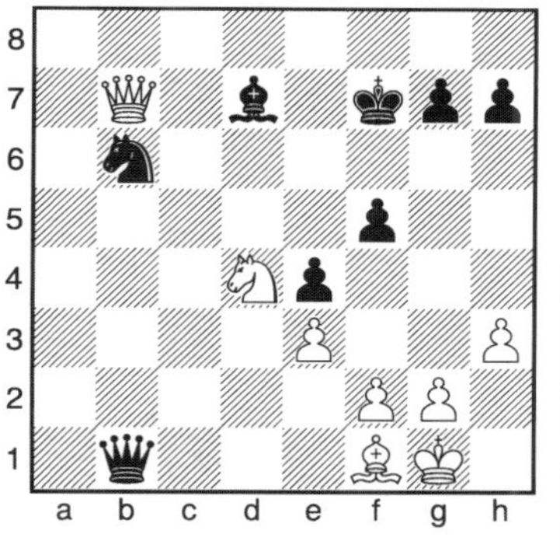

8 ........................

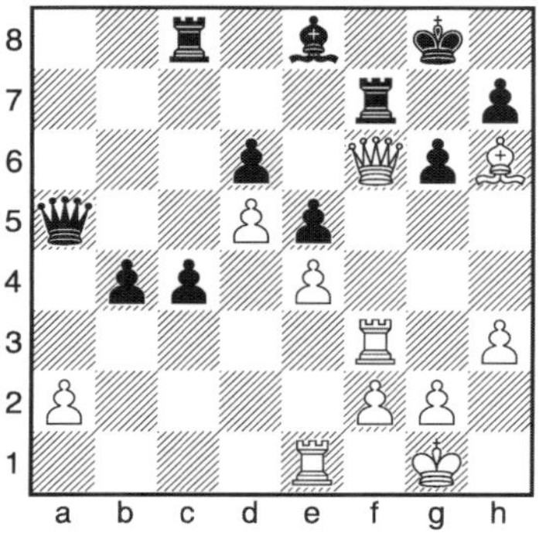

9 ........................

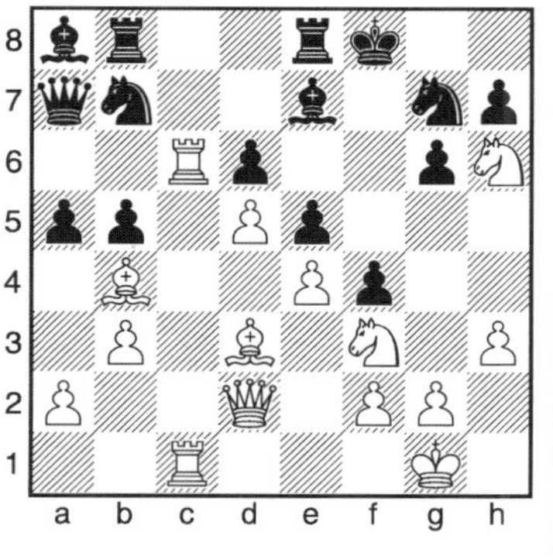

10 ........................

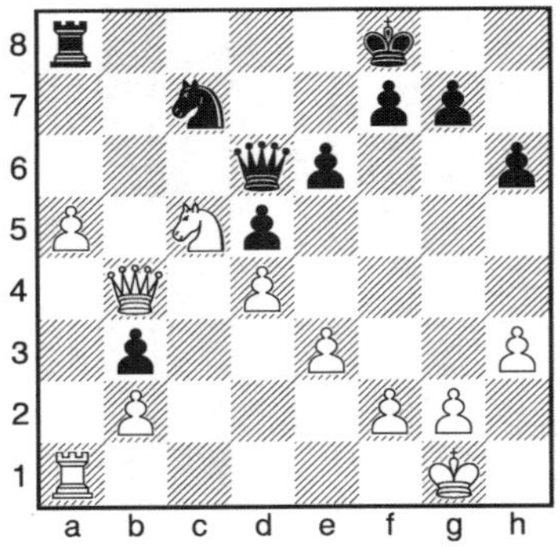

**11** ..........................

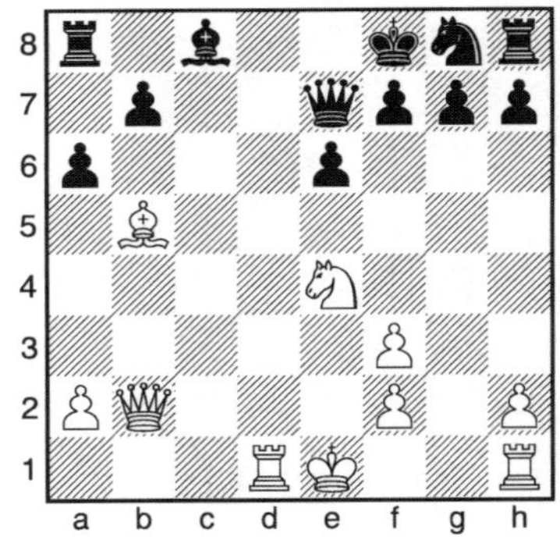

**12** ..........................

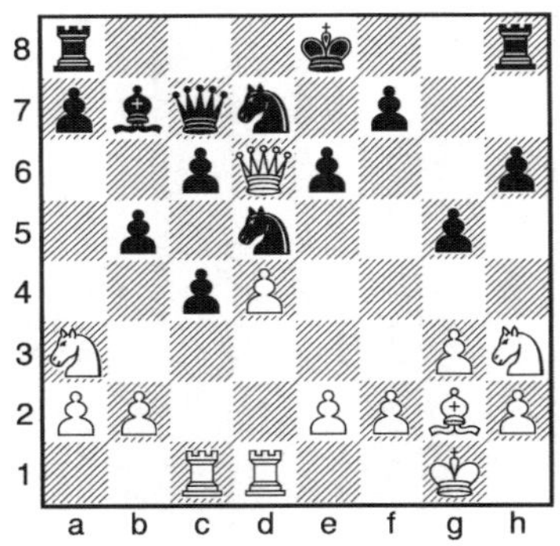

**13** ..........................

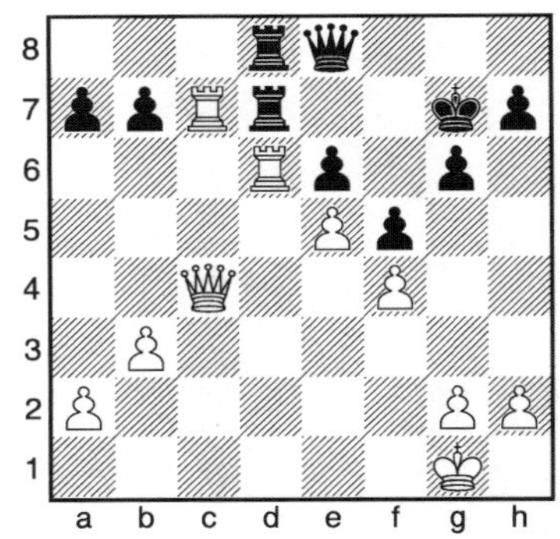

**14** ..........................

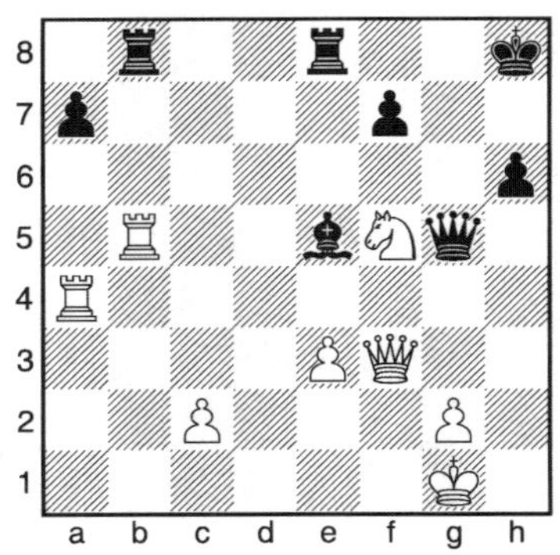

**15** ..........................

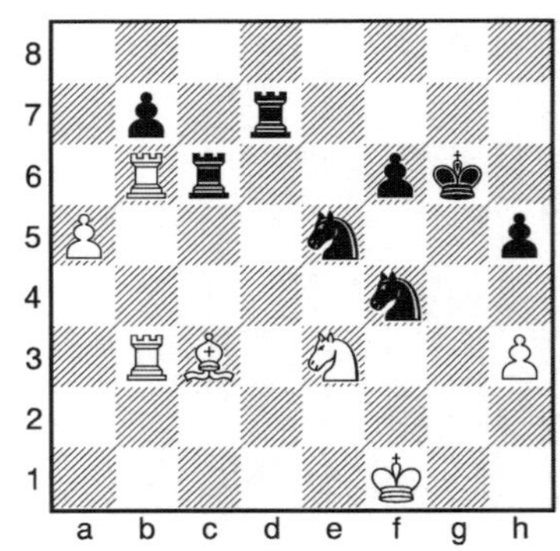

**16** ..........................

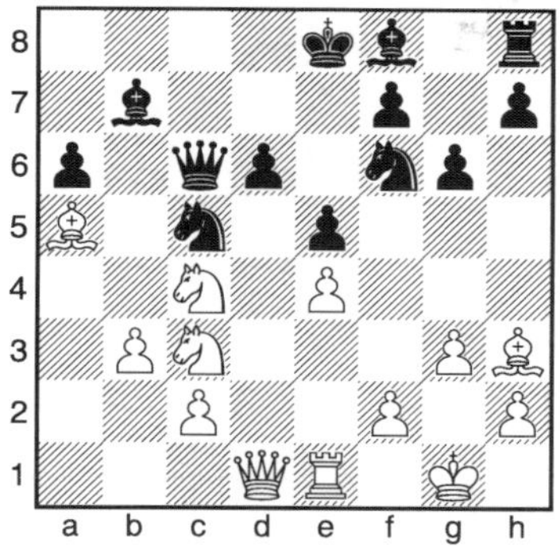

17 ..........................

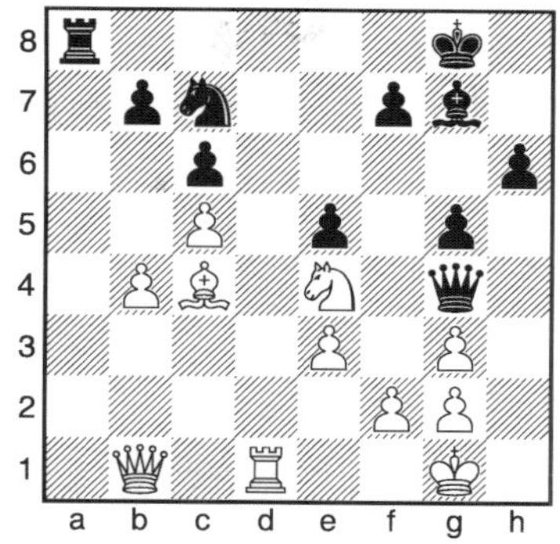

18 ..........................

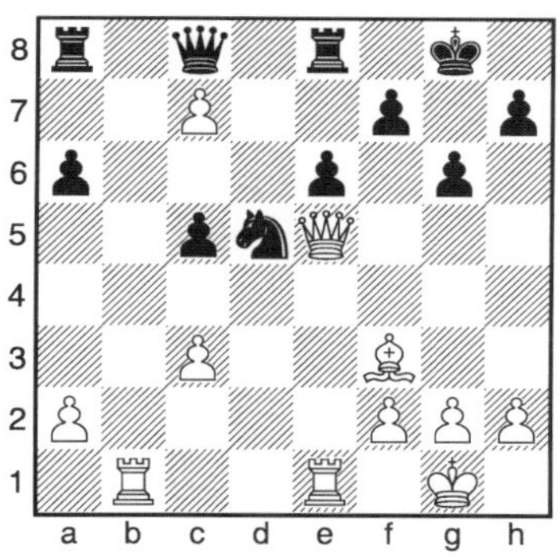

19 ..........................

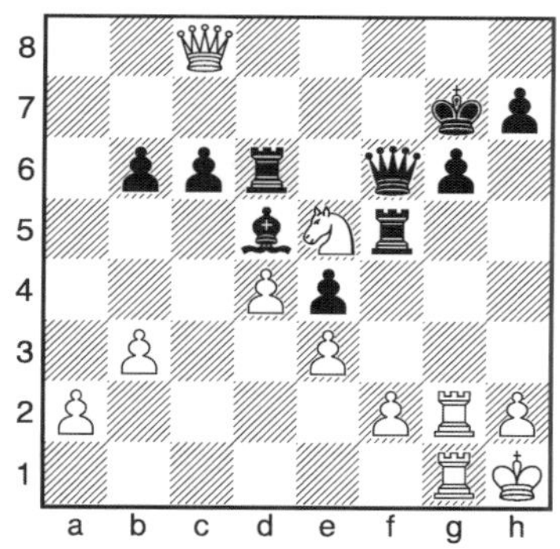

20 ..........................

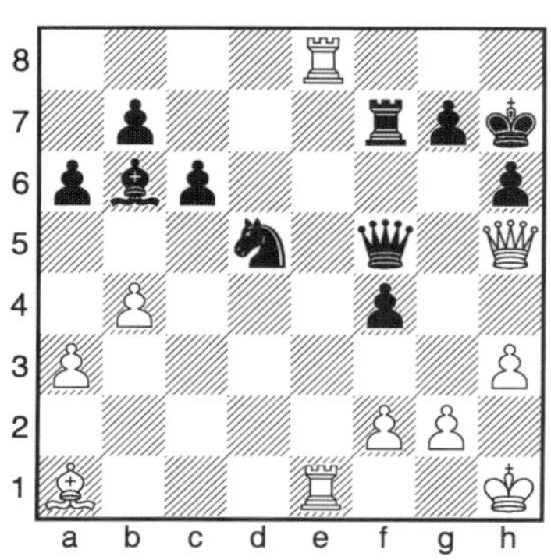

21 ..........................

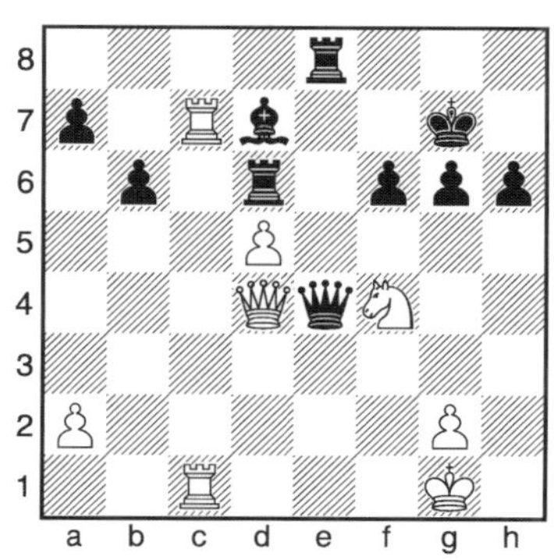

22 ..........................

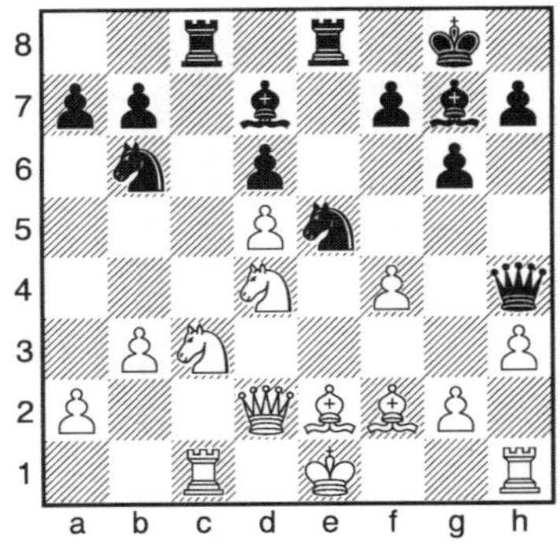

**23** ● ..........................

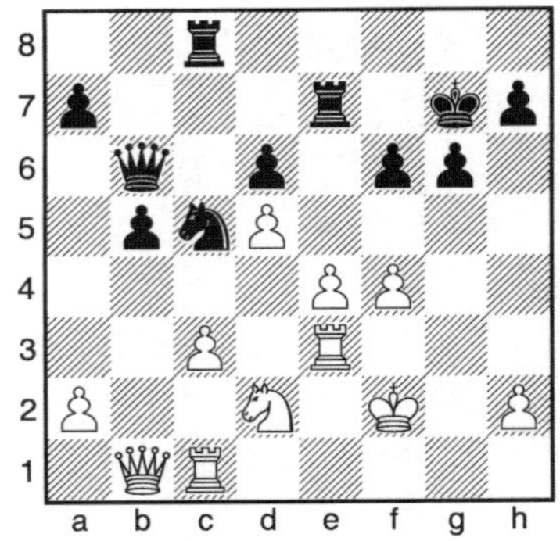

**24** ● ..........................

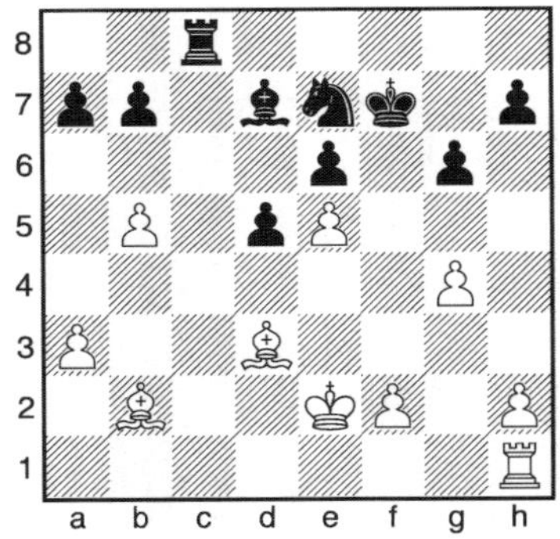

**25** ● ..........................

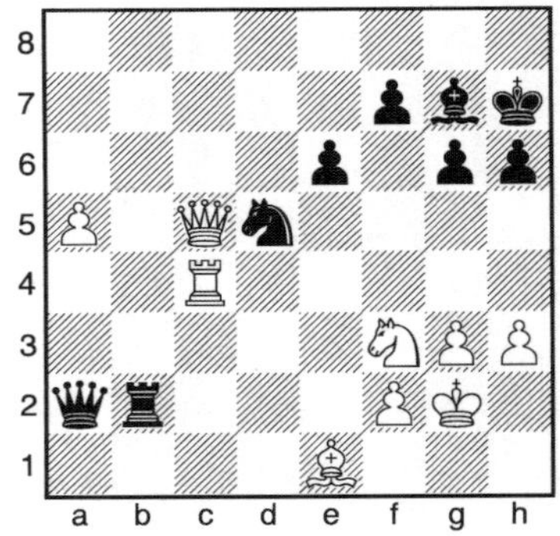

**26** ● ..........................

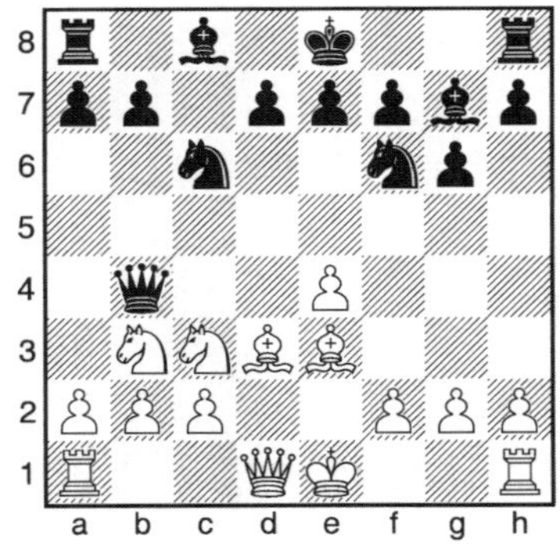

**27** ● ..........................

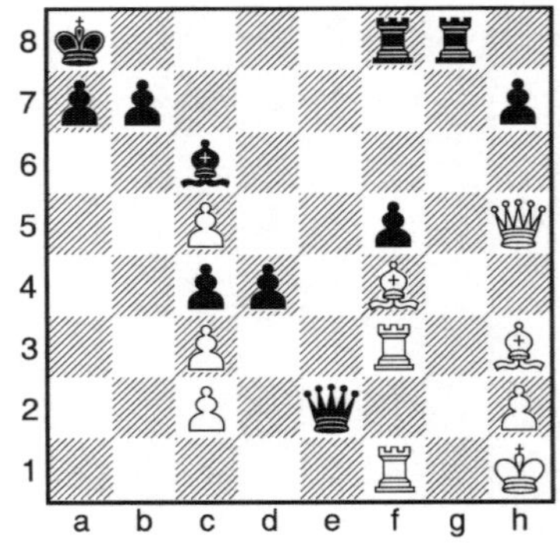

**28** ● ..........................

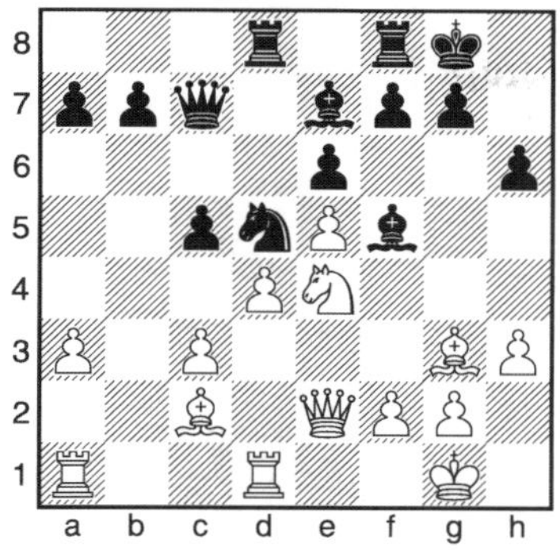

29 ● .........................

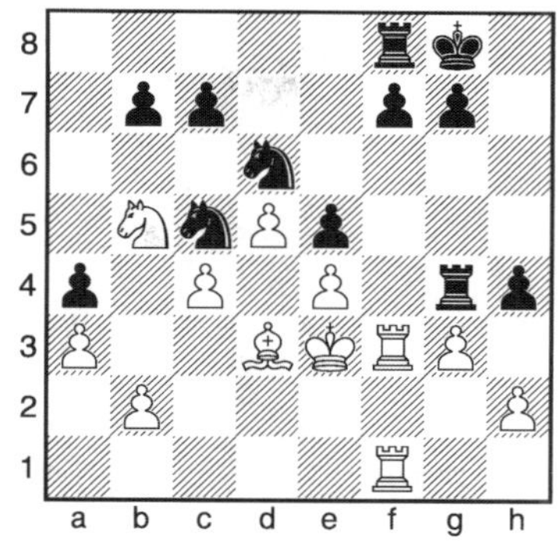

30 ● .........................

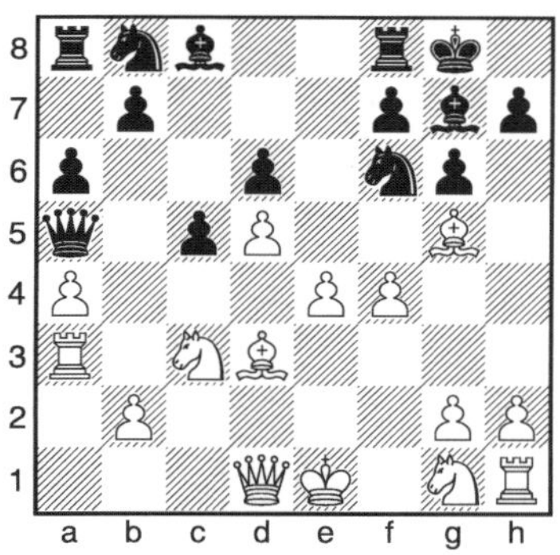

31 ● .........................

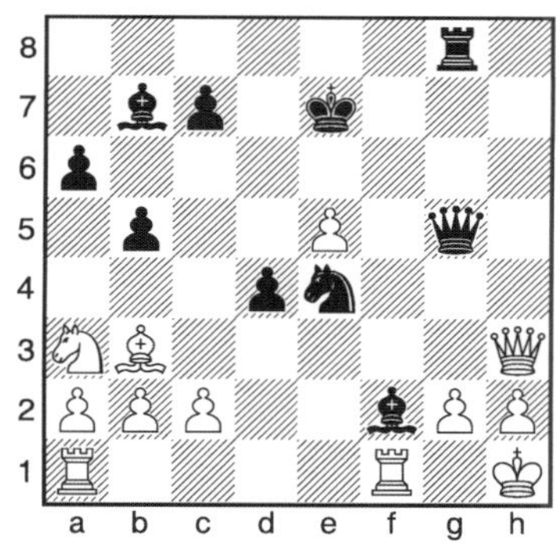

32 ● .........................

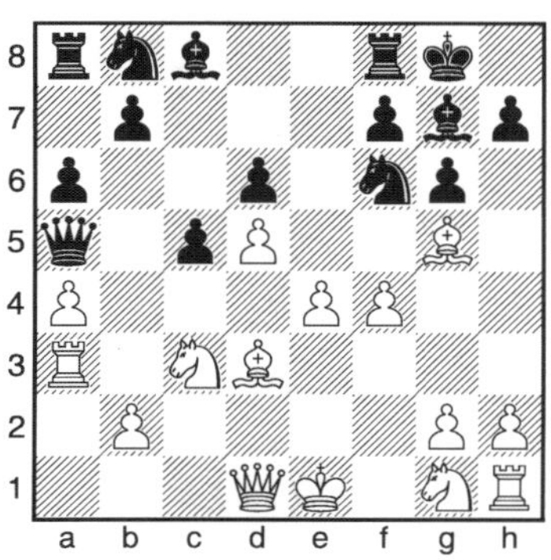

33 ● .........................

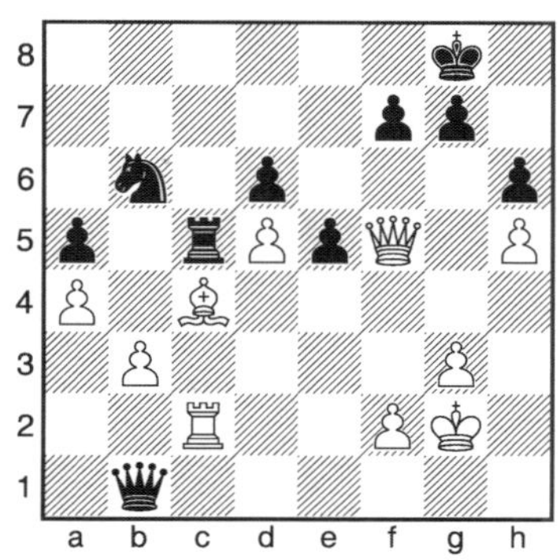

34 ● .........................

# Lösungen

# Quick Test 6

## Fesselung & Überlastung in Aktion

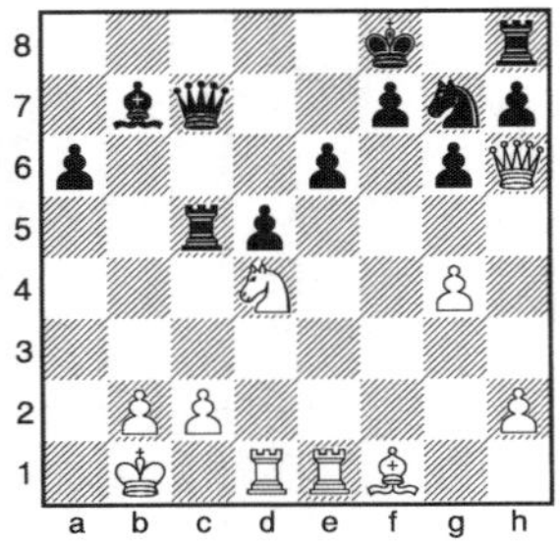

**1.**

**1.♖e1xe6 ♔f8–g8 2.♖e6–e2**

Falls 1...f7xe6?? 2.♘d4xe6+

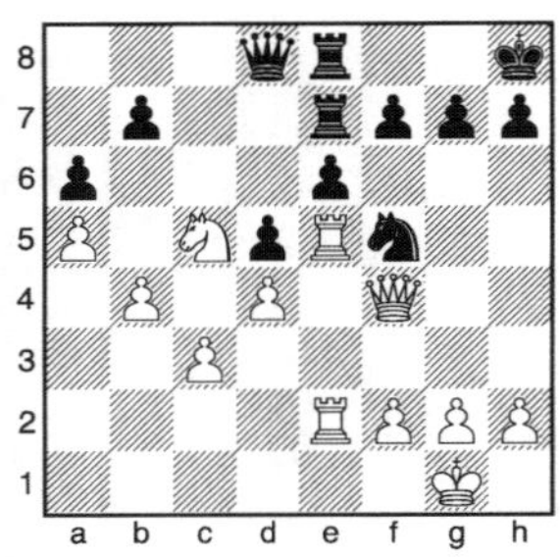

**2.** Carlsen,M (2861) – Wei Yi (2736)
Cote d'Ivoire Blitz Abidjan 2019

Wir sehen die Fesselung sogar in den Partien von Superspielern:

**26.♘c5xb7 ♖e7xb7 27.♕f4xf5 ♖b7–c7 28.♕f5–d3**

27...e6xf5? 28.♖e5xe8+ ♕d8xe8 29.♖e2xe8#

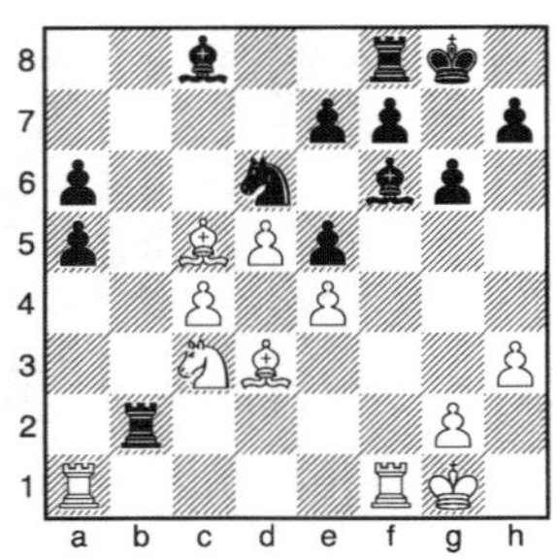

**3.**

**1.♗c5xd6 e7xd6 2.♖f1xf6**

Und eine zweite, schwächere Lösung ist

***1.♖f1xf6*** e7xf6 2.♗c5xd6

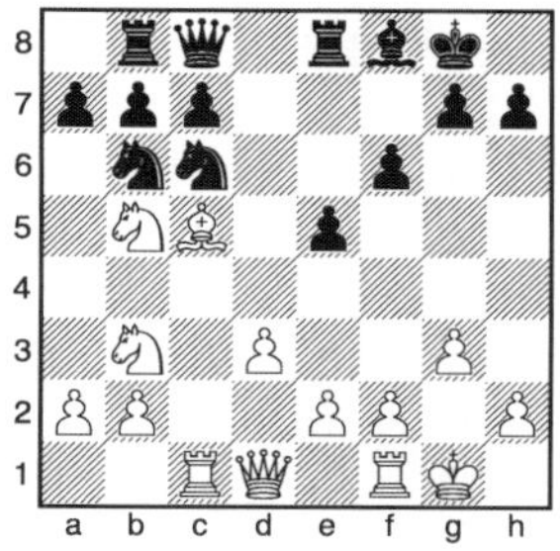

**4.**

**1.♘b5xa7 ♘c6xa7**
**2.♗c5xb6 ♘a7–c6 3.♗b6–c5**

Aus der Partie
So,W (2767) – Duran Vega,S (2387)
FIDE World Cup Khanty–Mansiysk RUS 2019

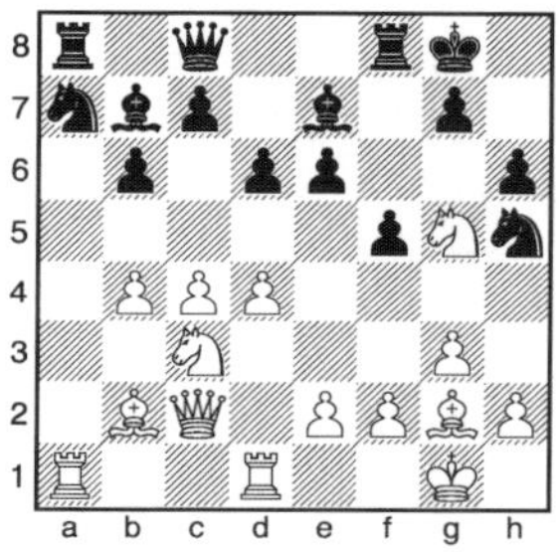

**5.**

**1.♘g5xe6 ♖f8–f7 2.d4–d5**

Falls 1...♕c8xe6?? 2.♗g2xb7 (droht 3.♗b7–d5) und Schwarz muss den Turm geben.

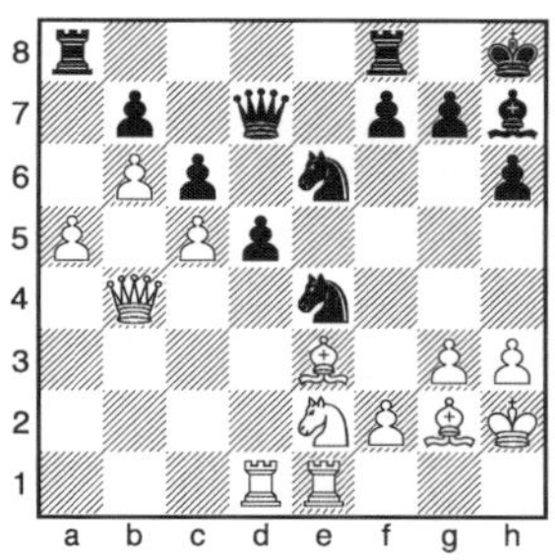

**6.**

**1.♗g2xe4 ♗h7xe4**
**2.♕b4xe4 d5xe4? 3.♖d1xd7**

Lass den Gegner nicht in deine Stellung kommen, wenn du es vermeiden kannst!

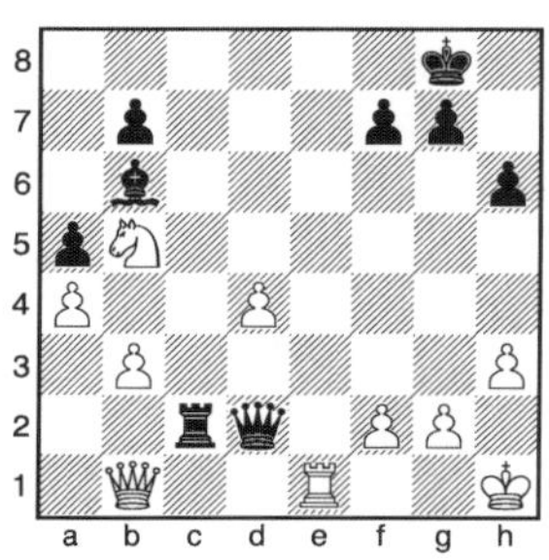

**7.**

**1.♖e1-e8+ ♔g8–h7**
**2.♖e8–c8 –– 3.♕b1xc2+**

Ein Fehler wäre
2.♘b5–a3? ♕d2–c1+ 3.♖e8–e1 ♕c1xb1
4.♖e1xb1 ♖c2xf2 mit nur Ausgleich.

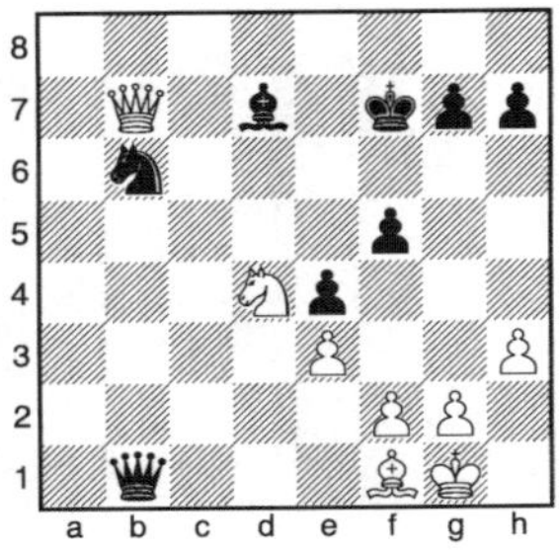

**8.**

Fesselung und Abzugsdrohung gewinnen hier:

**1.♘d4–b5 –– 2.♕b7xb6**

Der Springer kann nicht wegziehen. Falls z.B. 1...♘b6–c4 2.♕b7xd7+ oder 2.♘c4–d6+ und Damengewinn.

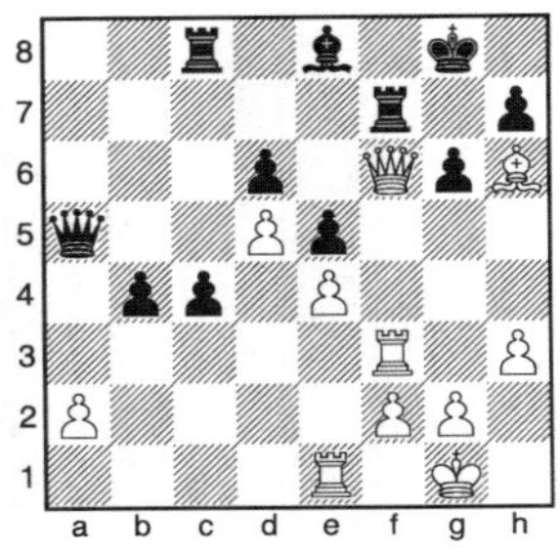

**9.**

**1.♕f6–e7 ♕a5–c7**

Falls 1...♖f7xf3 2.♕e7–g7#. Der Turm ist gegen das Mattfeld gefesselt.

**2.♕e7–f8+ ♖f7xf8 3.♖f3xf8#**

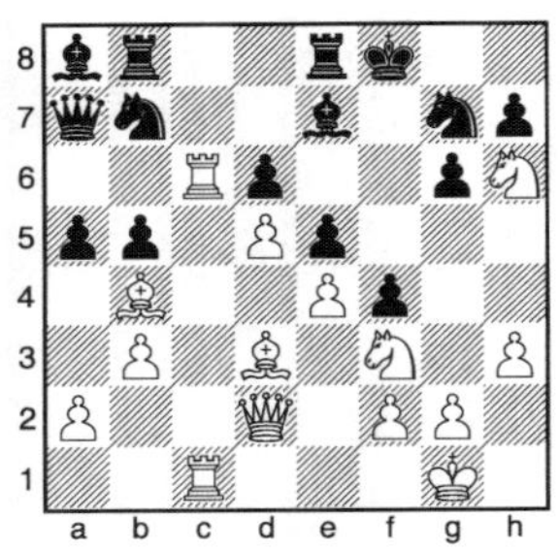

**10.**

**1.♘f3xe5! d6xe5?? 2.♖c6–f6#**

Schwarz muss sich verteidigen gegen 1...–– 2.♘e5–d7# und 2.♕d2xf4; seine Stellung ist einfach nur hoffnungslos.

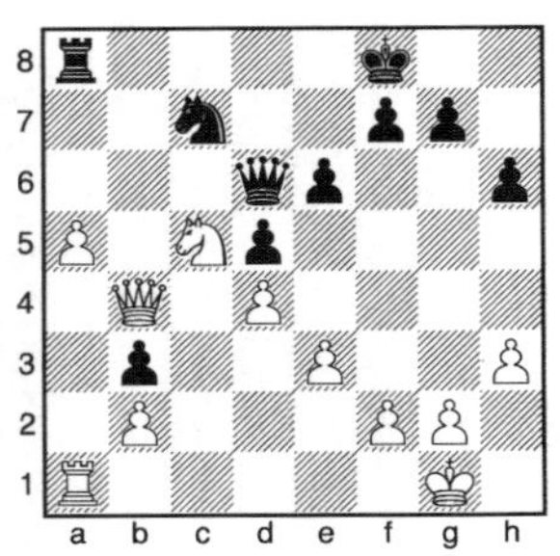

**11.**

**1.♘c5xe6+ ♔f8–e7**
**2.♘e6xc7 ♕d6xb4**
**3.♘c7xd5+ ♔e7–d6**
**4.♘d5xb4**

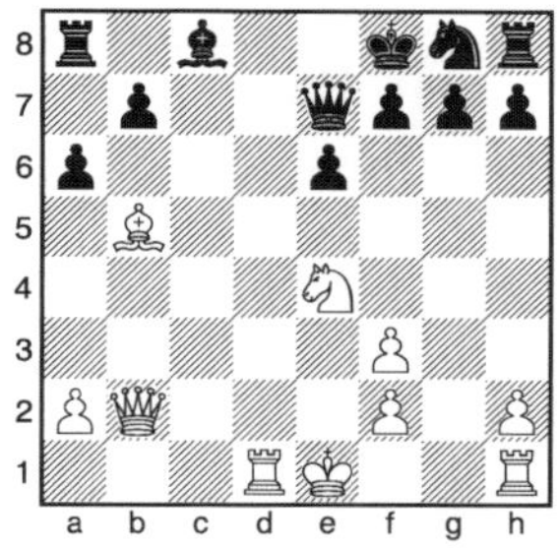

**12.**

**1.♕b2–a3! ♕e7xa3**

Falls 1...g7–g6 2.♖d1-d8+ ♔f8–g7 3.♖d8xg8+ ♖h8xg8 4.♕a3xe7

**2.♖d1-d8+ ♔f8–e7 3.♖d8–e8#**

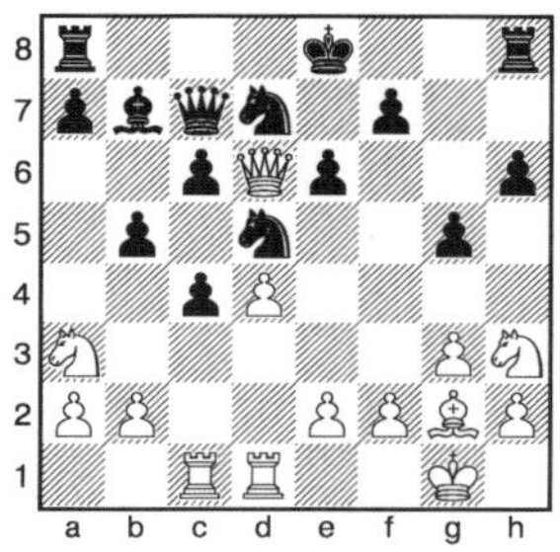

**13.**

**1.♘a3xb5 c6xb5**
**2.♕d6xc7 ♘d5xc7**
**3.♗g2xb7**

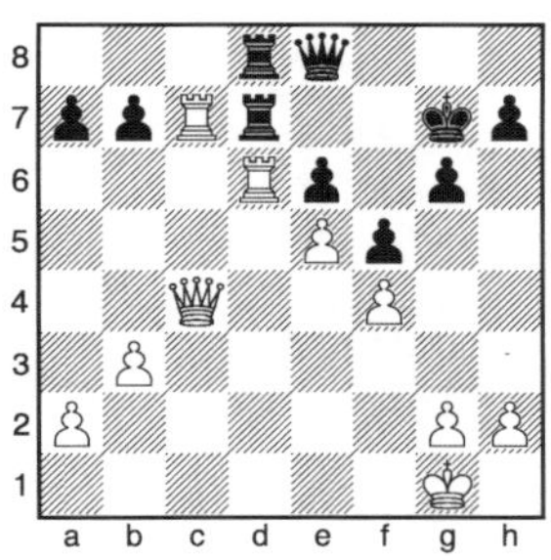

**14.**

**1.♖d6xd7+ ♖d8xd7 2.♕c4–b5!**

Nun ist der Turm sowohl gegen den König wie auch gegen seine Dame gefesselt.

**2...♖d7–e7 3.♕b5xe8**

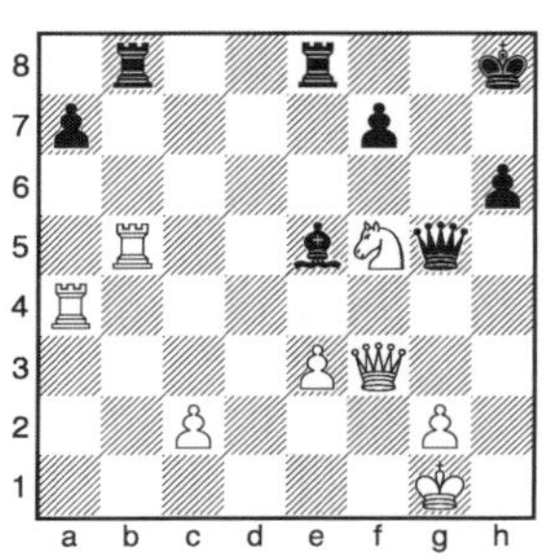

**15.**

**1.♘f5–d6 ♖b8xb5 2.♘d6xf7+**

Oder 1...♕g5–f6 2.♘d6xe8 ♖b8xe8 3.♖a4xa7

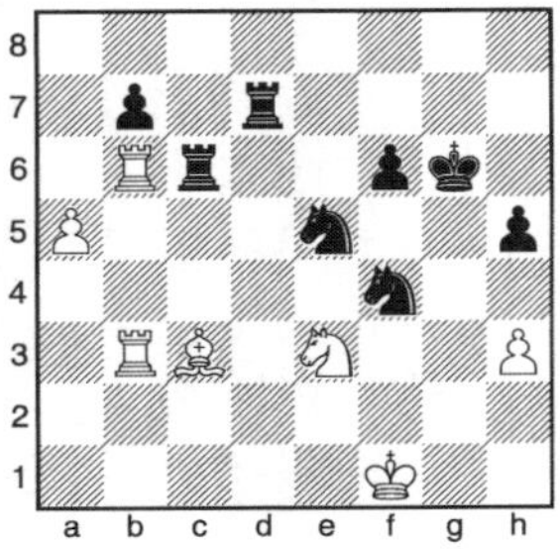

**16.**

**1.♗c3xe5 f6xe5**
**2.a5–a6 ♖c6xb6**
**3.♖b3xb6+ ♔g6–g5**
**4.a6xb7**

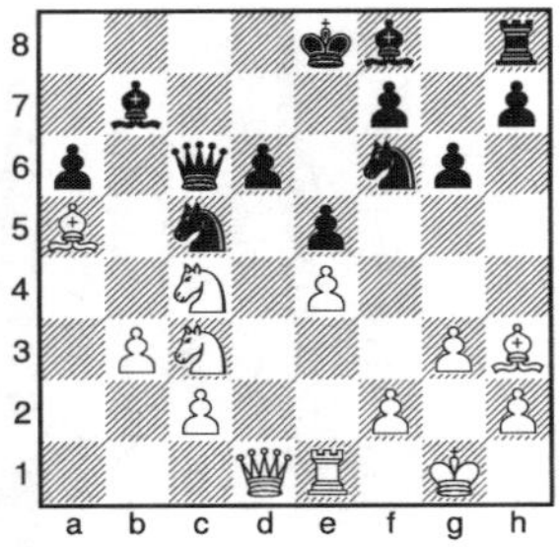

**17.**

**1.♘c4xe5**

Und die Dame sitzt in der Falle, da der d6 Bauer gegen das Mattfeld d8 gefesselt ist!

**1...d6xe5 2.♕d1-d8#**

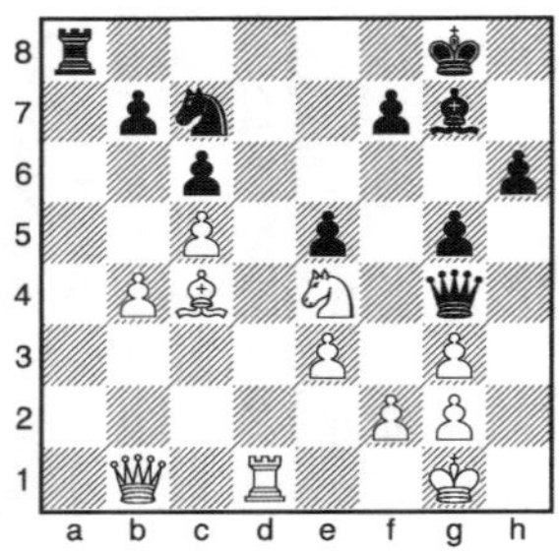

**18.**

**1.♘e4–f6+ ♗g7xf6**
**2.♕b1-g6+ ♗f6–g7**
**3.♕g6xf7+ ♔g8–h8**
**4.♖d1-d7**

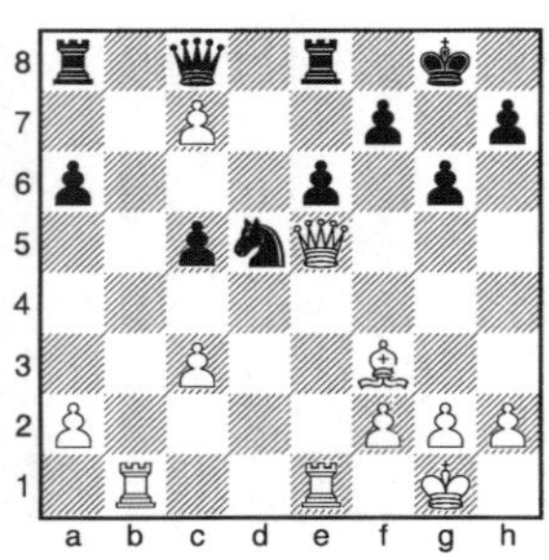

**19.**

Die Fesselung des Be6 schaut harmlos aus. Aber du solltest stets ein wenig weiter rechnen, sonst mag eine Überraschung auf dich warten.

**1.♗f3xd5 e6xd5 2.♕e5xe8+ ♕c8xe8**
**3.♖e1xe8+ ♖a8xe8 4.♖b1-b8 ♔g8–f8**
**5.♖b8xe8+ ♔f8xe8 6.c7–c8♕+**

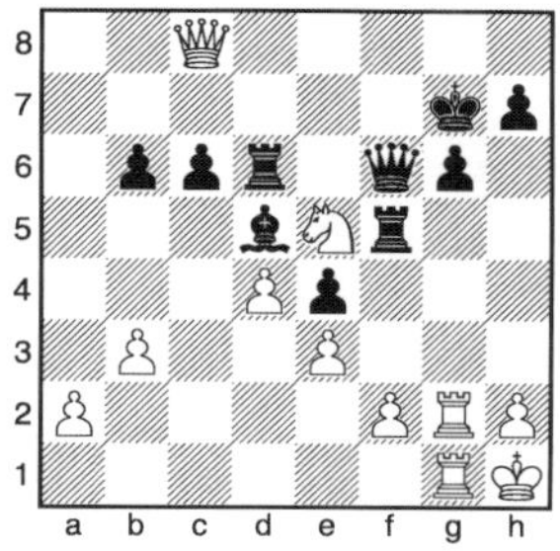

**20.**

**1.♘e5xg6 h7xg6**
**2.♖g2xg6+ ♕f6xg6**
**3.♕c8xf5**

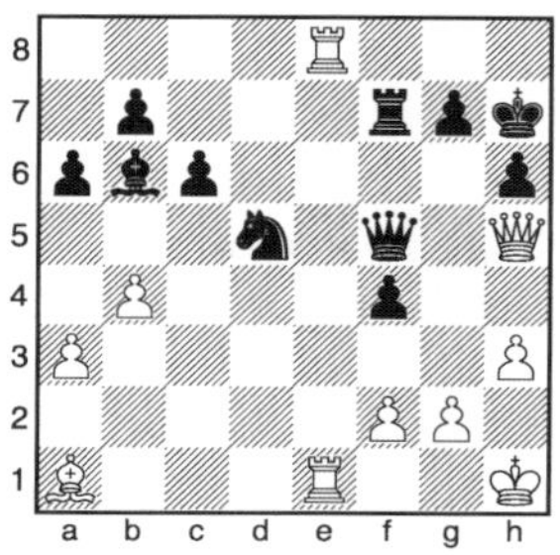

**21.**

**1.♖e8–h8+ ♔h7xh8**
**2.♕h5xh6+ ♕f5–h7**
**3.♖e1-e8+ ♖f7–f8**
**4.♖e8xf8#**

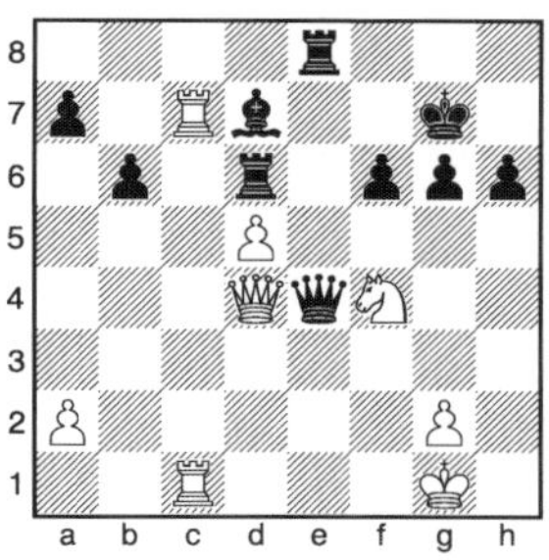

**22.**

**1.♕d4xe4 ♖e8xe4 2.♖c1-c6! ♖d6xc6 3.d5xc6 ♔g7–f8 4.c6xd7**

Oder 3.♖c7xd7+ ♔g7–f8 4.d5xc6 ♖e4xf4 5.c6–c7 ♖f4–c4 6.♖d7–d8+

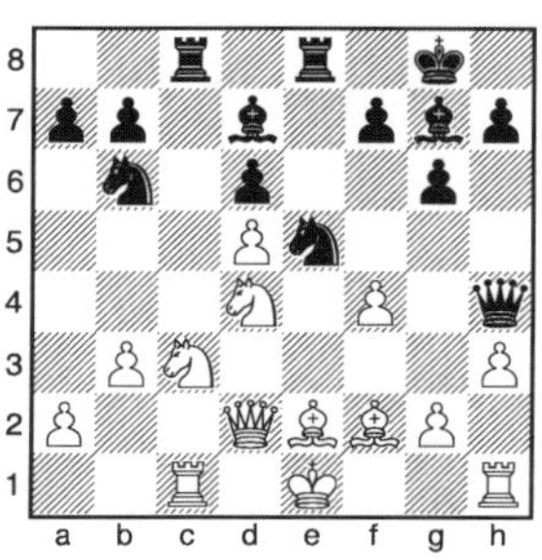

**23.**

**1...♕h4xf4**
**2.♕d2xf4 ♘e5–d3+**
**3.♔e1-d1 ♘d3xf4**

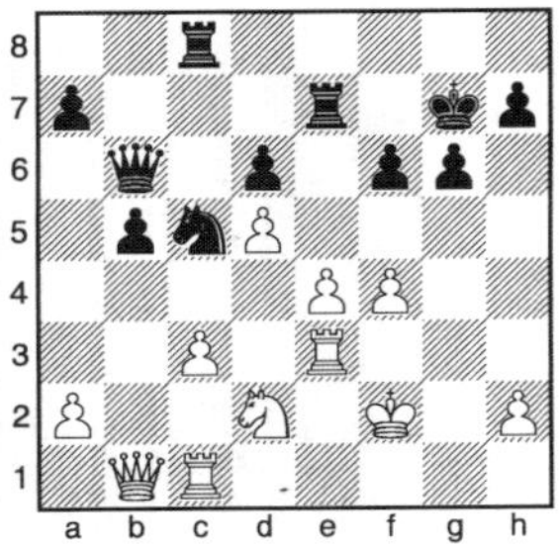

**24.**

**1...♘c5xe4+ 2.♘d2xe4 f6–f5 3.♔f2–f3**

Noch schlimmer ist 3.♖c1-e1? ♖e7xe4

**3...♖c8–c4 4.-- f5xe4+**

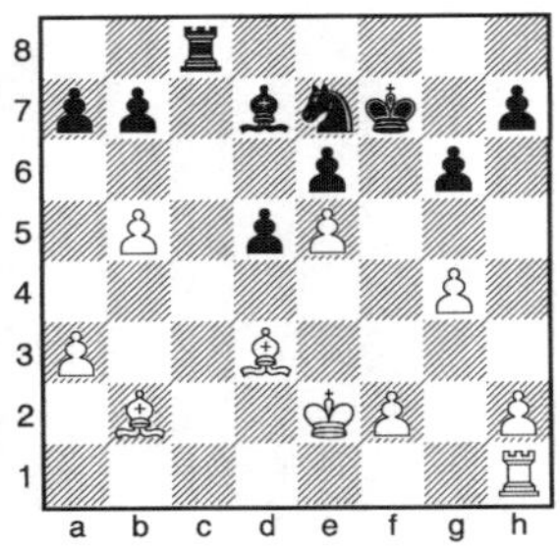

**25.**

**1...♗d7xb5**
**2.♗d3xb5 ♖c8–c2+**
**3.♔e2–e3 ♖c2xb2**

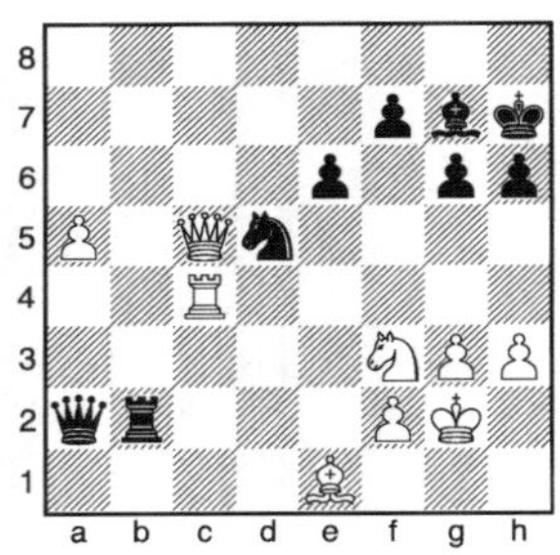

**26.**

**1...♕a2xc4**
**2.♕c5xc4 ♘d5–e3+**
**3.♔g2–g1 ♘e3xc4**

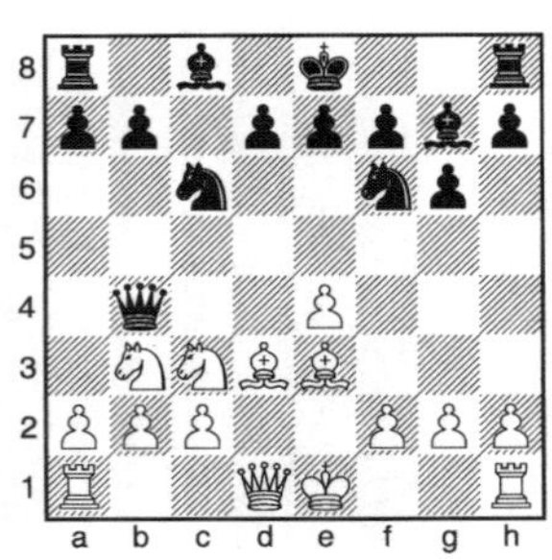

**27.**

**1...♘f6xe4**
**2.♗d3xe4 ♗g7xc3+**
**3.b2xc3 ♕b4xe4**

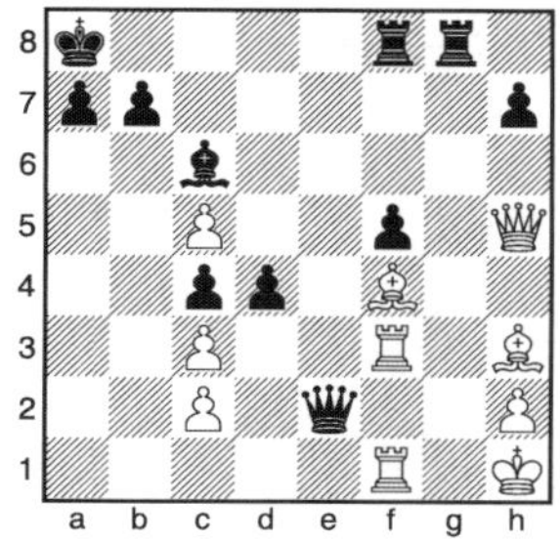

**28.**

**1...♖g8–g4! 2.♗h3xg4 ♕e2xf1#**

Mehr Widerstand bietet 2.♕h5xg4 ♕e2xf1+ (oder einfach *2...f5xg4* )

3.♗h3xf1 f5xg4, aber Weiß ist auch dann total verloren.

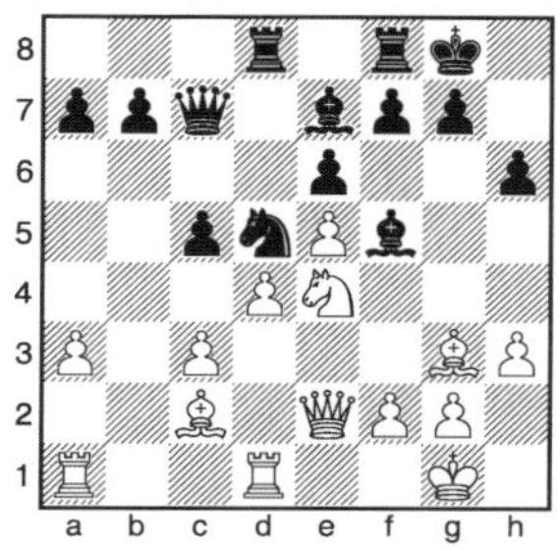

**29.**

**1...♘d5xc3**
**2.♘e4xc3 ♗f5xc2**
**3.♕e2xc2 c5xd4**

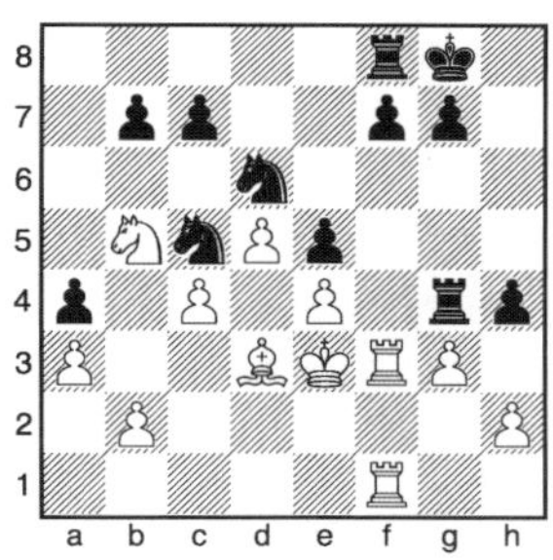

**30.**

**1...♘d6xc4+ 2.♔e3–e2 ♘c4xb2**

Falls 2.♗d3xc4? ♖g4xe4+ 3.♔e3–f2 ♖e4xc4

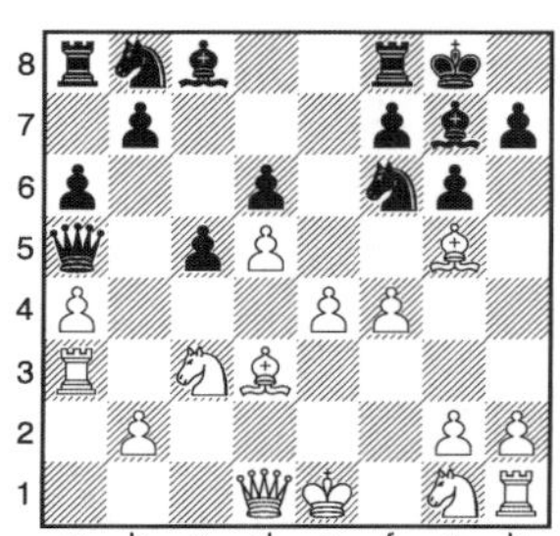

**31.**

**1...♘f6xe4 2.♗d3xe4 ♖f8–e8 3.♕d1-d2**

Falls 3.♘g1-e2 ♖e8xe4

**3...♗g7xc3 4.♕d2xc3 ♖e8xe4+**

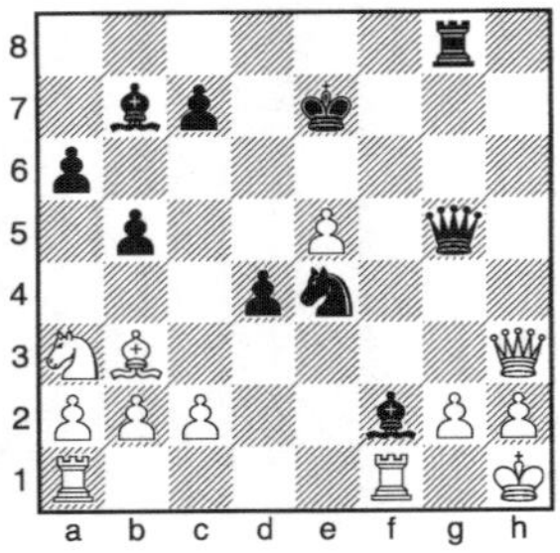

## 32.

**1...♕g5xg2+**
**2.♕h3xg2 ♘e4-g3+**
**3.h2xg3 ♖g8-h8#**

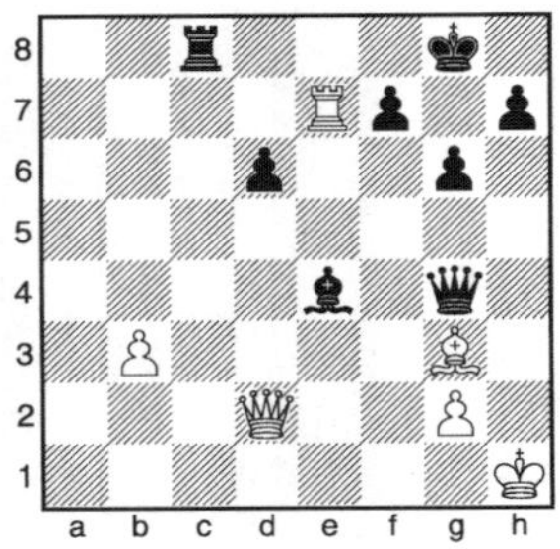

## 33.

**1...♖c8-c1+ 2.♗g3-e1**

Falls 2.♕d2xc1 ♕g4-h3+ 3.♔h1-g1 ♕h3xg2#

**2...♖c1xe1+ 3.♕d2xe1 ♕g4xg2#**

Oder 3.♔h1-h2 ♕g4-h4#

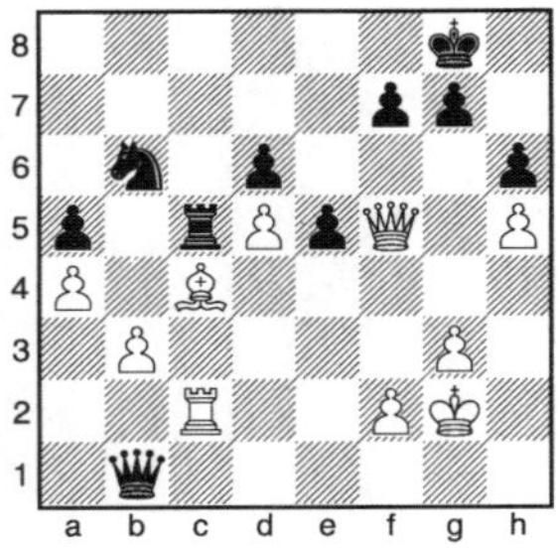

## 34.

**1...♘b6xc4**
**2.b3xc4 ♖c5xc4**
**3.-- ♖c4/♕b1xc2**

# LEKTION für FORTGESCHRITTENE 6

## Alle Arten von Remis

Während ich nach interessanten Beispielen für Remisen suchte, fand ich eine lustige Studie, die mich an Kapitel 6 von Band 2 *"Wie man ins gegnerische Lager eindringt" erinnerte*. Hier die Antwort "Gar nicht!"

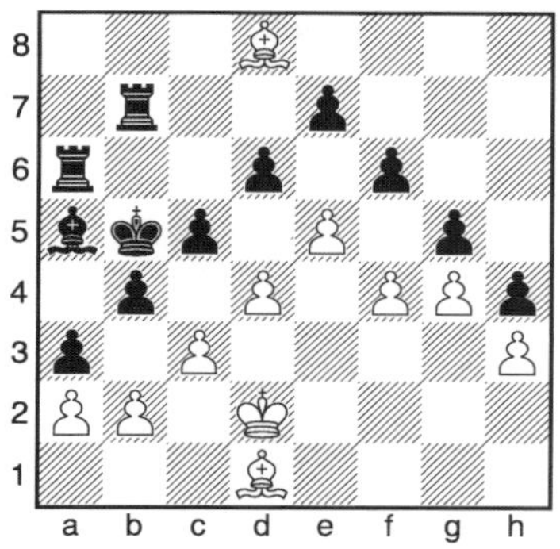

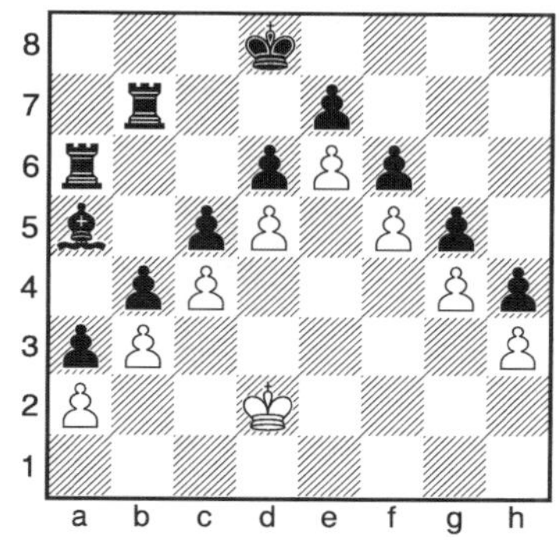

Rudolph,E – Studie 1912

**1.♗d1–a4+! ♔b5xa4 2.b2–b3+ ♔a4–b5 3.c3–c4+ ♔b5–c6 4.d4–d5+ ♔c6–d7 5.e5–e6+ ♔d7xd8 6.f4–f5 =** *(D rechts)*

Der einsame König kann überleben trotz einer Armee von Feinden! Falls der Schwarze stur ist und sein Pech nicht wahrhaben mag, kann die Partie noch 50 Züge lang dauern, bis die entsprechende Remisregel dem Unsinn ein Ende bereitet; Zugwiederholung kann Schwarz ja für lange Zeit vermeiden. Du erinnerst dich? Wenn 50 Züge lang kein Bauer gezogen und kein Stein geschlagen worden ist, kann Remis reklamiert werden.

Ein Freund erzählte mir, er hätte eine solche verblockte Stellung in einem Schnellturnier gehabt. Der Gegner hatte einige Minuten mehr Zeit auf der Uhr und wollte weiterspielen und der unfähige Schiedsrichter weigerte sich, das Remis anzuerkennen. Für mehr als zehn Minuten zogen nun beide Spieler einen Läufer hin und her so schnell sie konnten. Mein Freund reduzierte die Zeitdifferenz zwar auf nur 30 Sekunden, verlor aber am Ende. Es muss wohl ein großes Spektakel gewesen sein, aber auch ein noch größerer Fall von Unfairness und Inkompetenz. So etwas soltest du nicht tun:

Spiel stets fair. Und wenn eine Stellung wirklich remis ist, akzeptiere das!

# LEKTIONEN für FORTGESCHRITTENE 6

## Alle Arten von Remis

Finde das Remis -
durch Dauerschach, Zugwiederholung
Patt oder was immer auch!

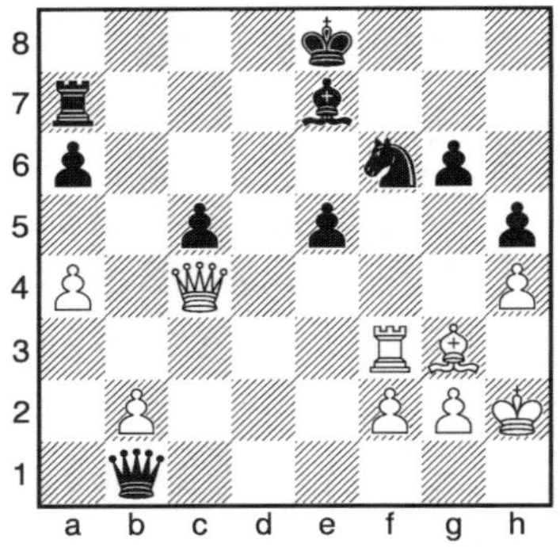

**1**

**Semprun Martinez,F (2209) – Vasquez Schroeder,R (2554)**

Gibraltar Masters
Caleta 2018

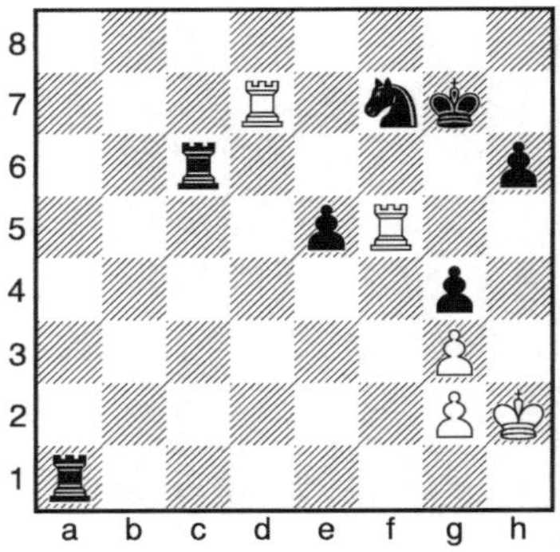

**2**

**Sevian,S (2601) – Garcia,Jan (2436)**

45th Annual World Open
Philadelphia USA 2017

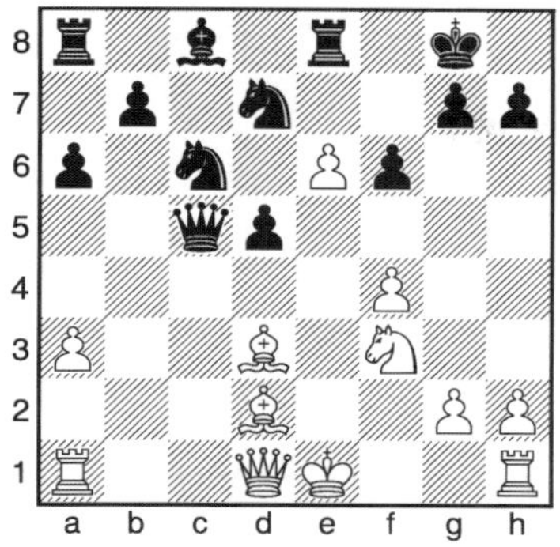

**3**

**Svane,R (2288) – Lampert,J (2371)**

GM Turnier Korbach Wiesbaden 2012

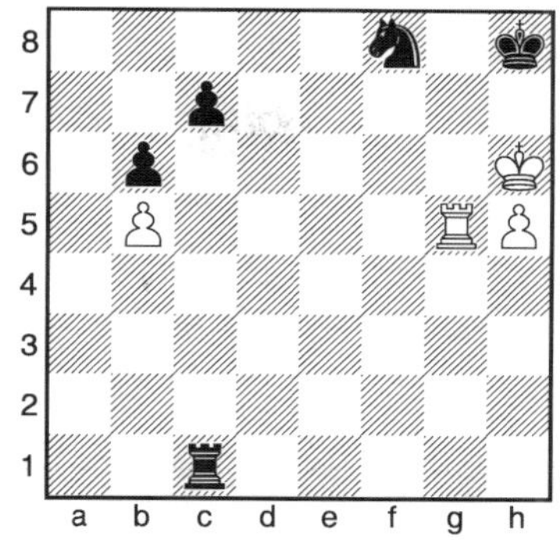

**4**

**Neidze –**

Studie 1957

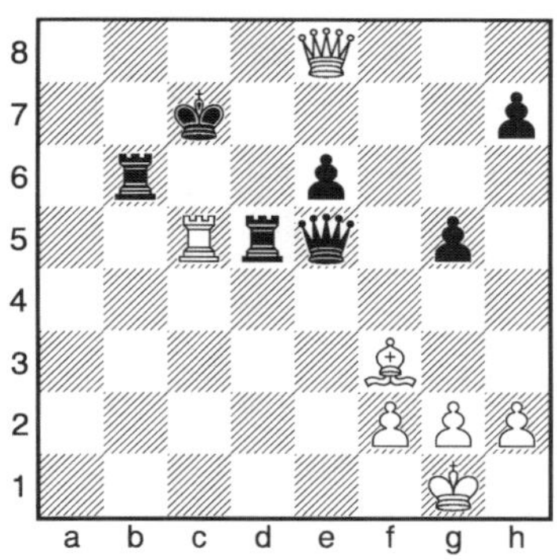

**5**

**Richter,K – Grob,H**

Bad Nauheim 1935

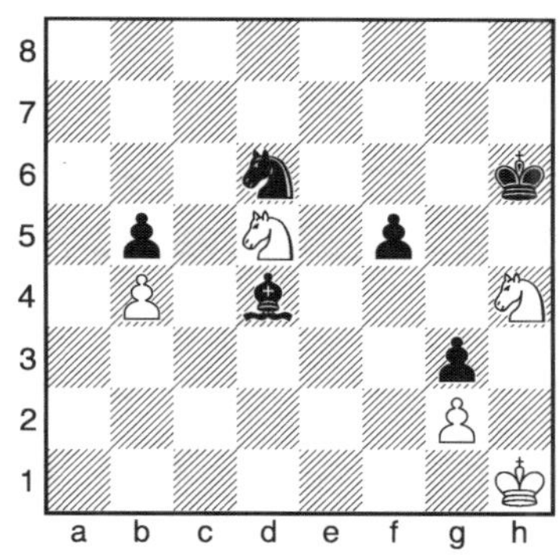

**6**

**Gurgenidze – Dzhindzhikhashvili**

UdSSR 1970

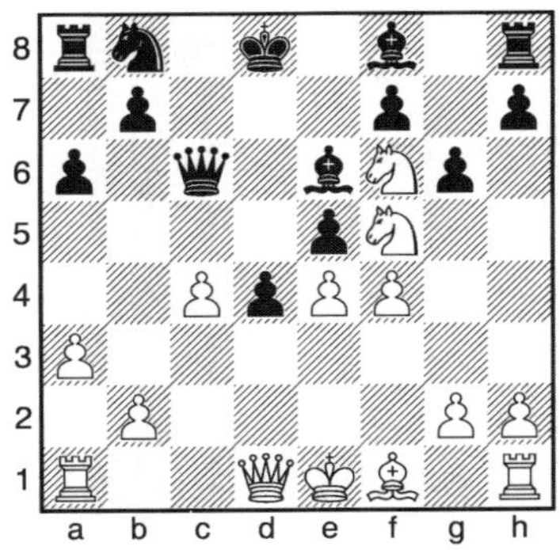

**7**

**Praggnanandhaa,R (2569) – Yilmaz,M (2614)**

26th Abu Dhabi Masters
Abu Dhabi UAE 2019

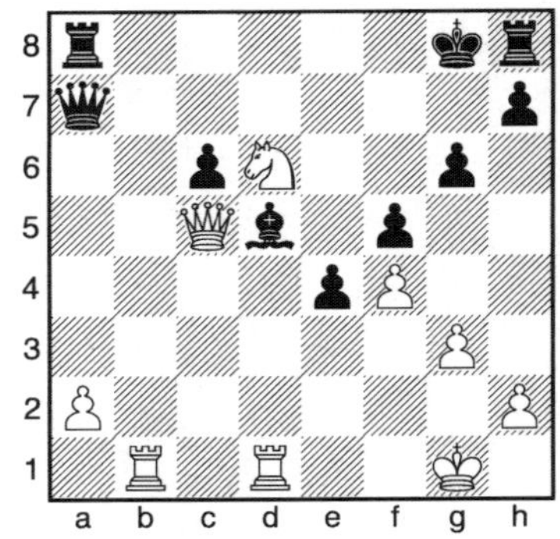

**8**

**Hamad,E (1849) – Kukelko,A (2342)**

Junioren WM
New Delhi IND 2019

Ein nettes Remis – oder sogar mehr?

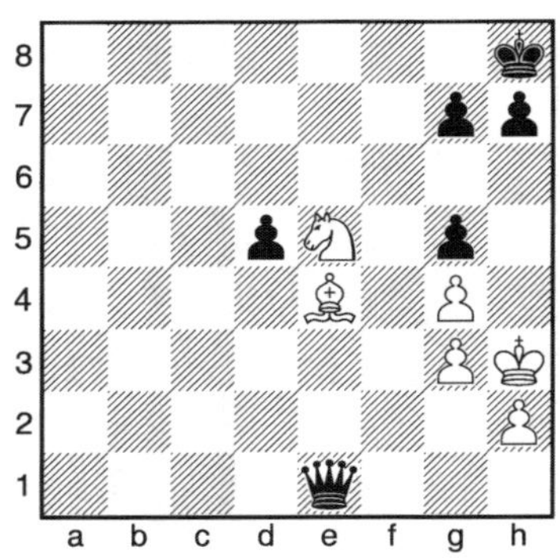

**9**

**Hashek –**

Studie 1965

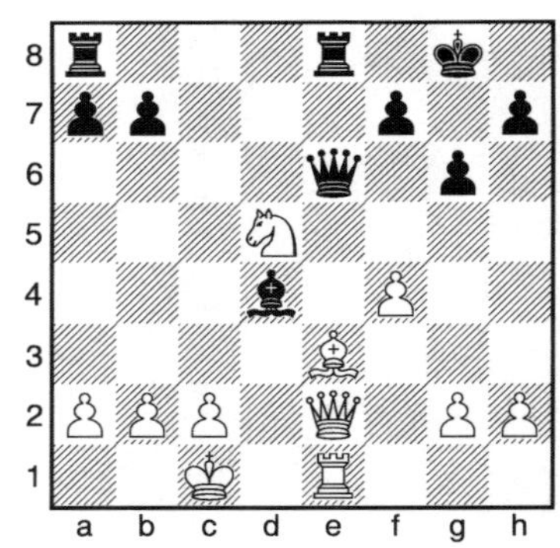

**10**

**Aljechin,A – Mesirov**

Blindsimultan
Chicago 1933

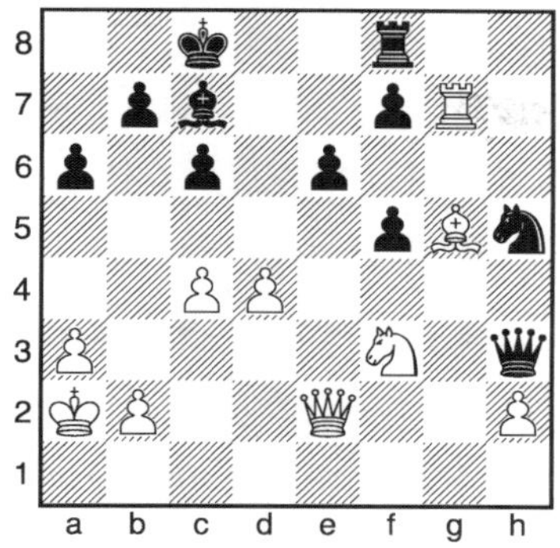

**11**

**Lasker,E – Nimzowitsch,A**

St. Petersburg 1914

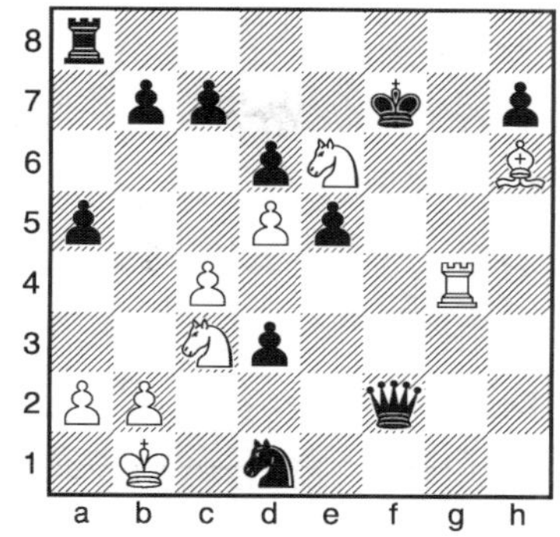

**12**

**Aronian,L (2797) – Radschabow,T (2734)**

SportAccord Basque Beijing 2014

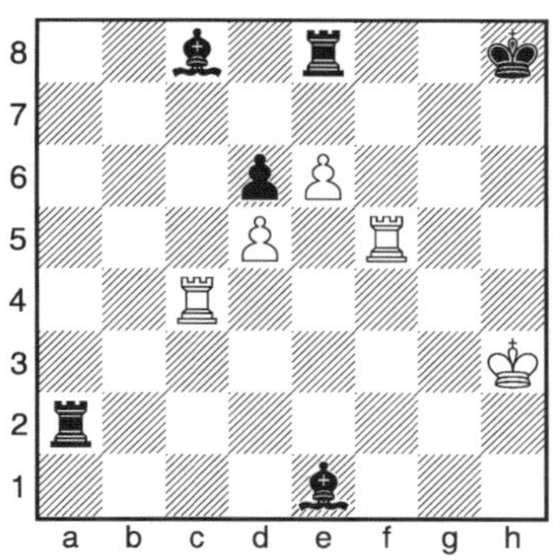

**13**

**W.Holzhausen –**

Studie 1900

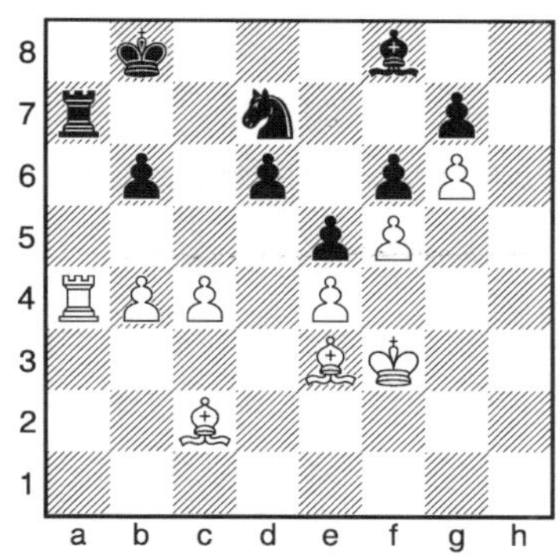

**14 ●**

**Paulich – Vazovich**

Yugoslavia 1976

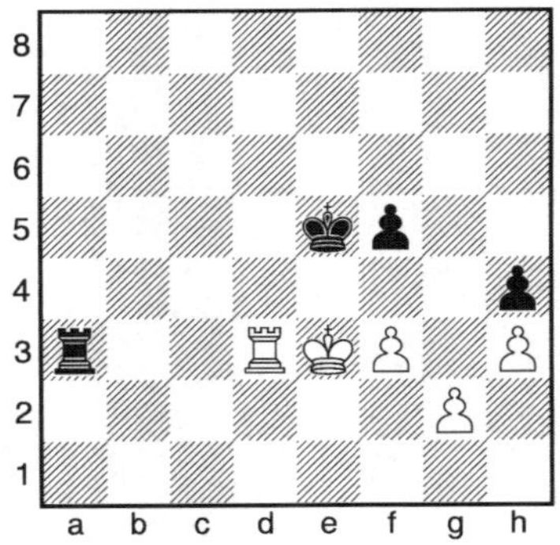

**15 ●**

**Reinemer – Kemmler**

Leverkusen (rapid) 2014

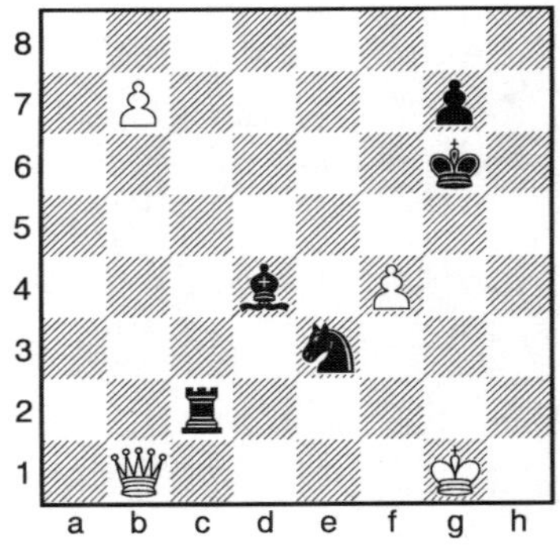

**16 ●**

**Agdestein,S (2590) – Speelman,J (2630)**

Hastings ENG 1991

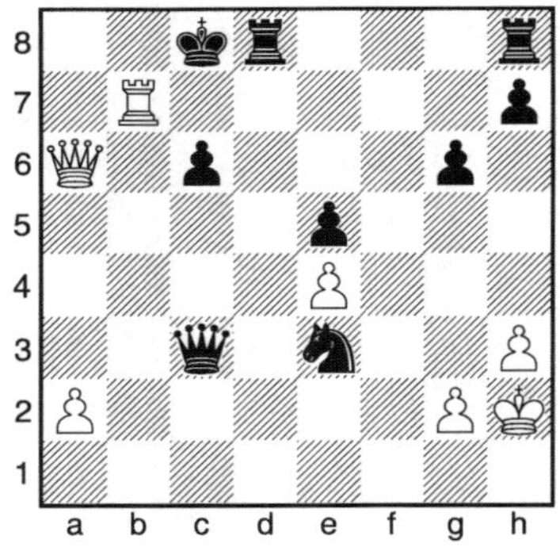

**17 ●**

**Hahnke – Richter,K**

Berlin 1931

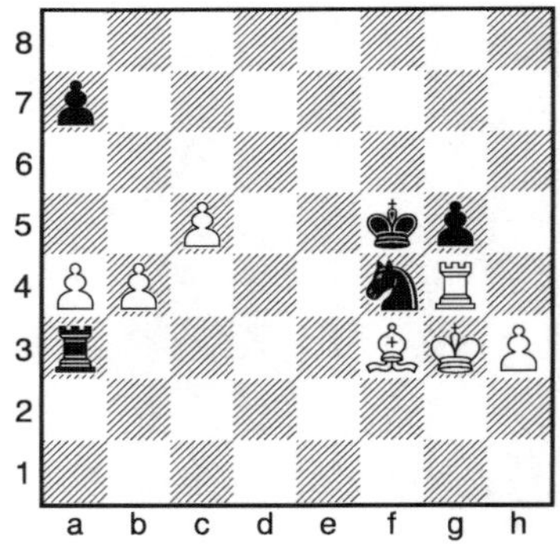

**18 ●**

**N.N. – Capablanca,J**

New York 1927

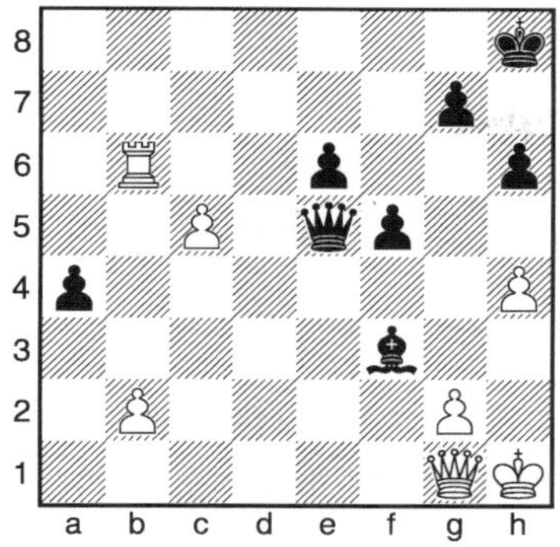

**19 ●**

**Yudovich,M – Ignatiev**

UdSSR 1971

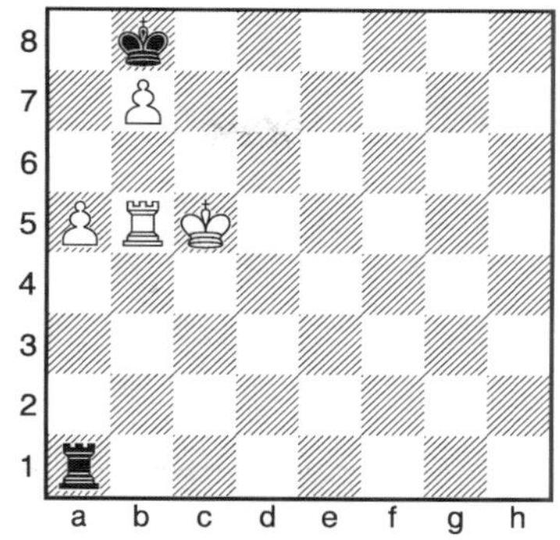

**20 ●**

**Geilmann – Bernstein**

Berlin 1901

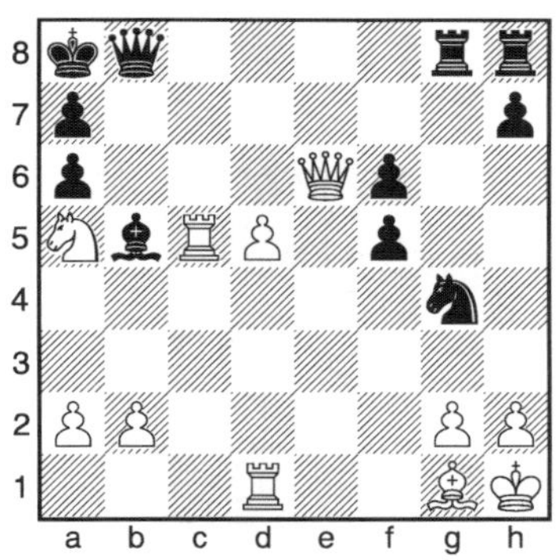

**21 ●**

**Haase,P (2141) – Pycha,P (1998)**

18th Prague Open
Prag 2019

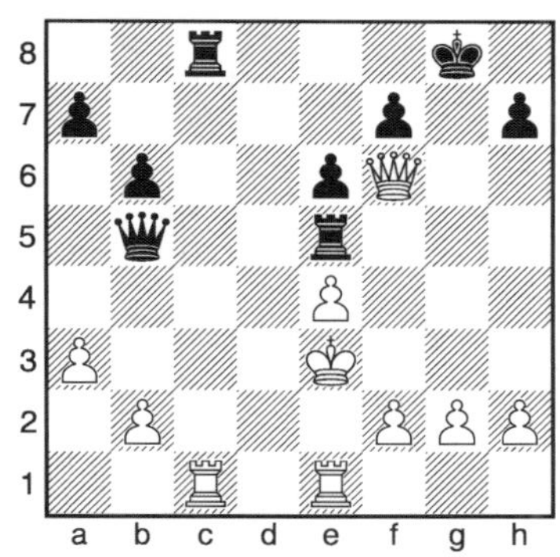

**22 ●**

**Nikolov,Mo (2545) – Gascon Del Nogal,J (2477)**

17th Rochefort Open
Rochefort FRA 2018

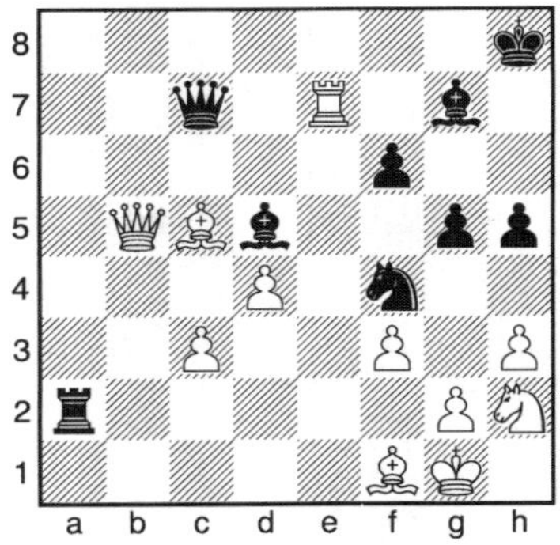

**23 ●**

**Yellamraju,A (1314) – Heutling,E (1637)**

World Cadets ch
Pocos de Caldas Brasil 2017

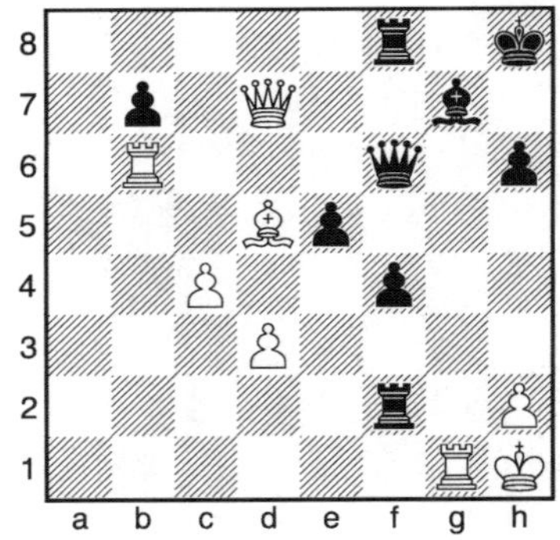

**24 ●**

**Lhotska,A (1966) – Kuna,M (1969)**

Skalica Open
Skalica SVK 2019

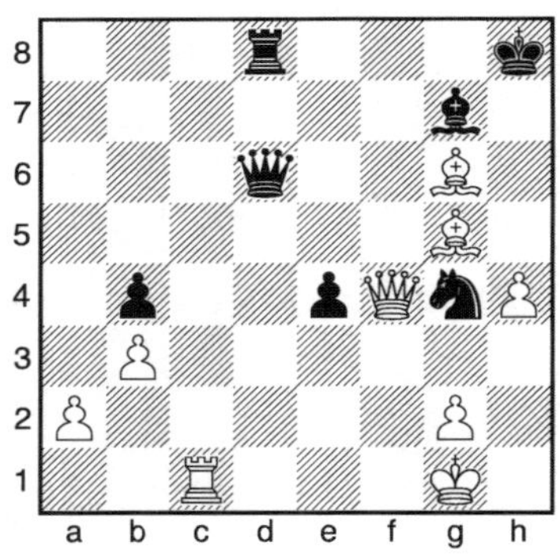

**25 ●**

**Sandipan,C (2529) – Konguvel,P (2374)**

2nd Gujarat Open
Ahmedabad IND 2019

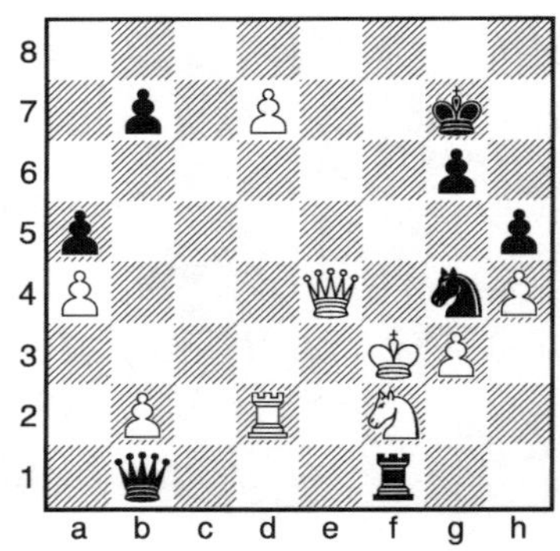

**26 ●**

**Sampilov – Aboderin**

UdSSR 1971

Ein nettes Remis –
aber konnte Schwarz noch mehr erreichen?

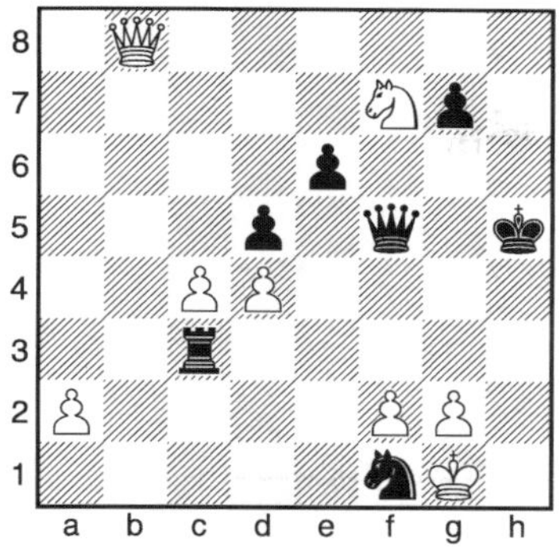

**27 ●**

**Lama,M (1976) – Doluweera (2191)**

58th Junioren WM
New Delhi IND 2019

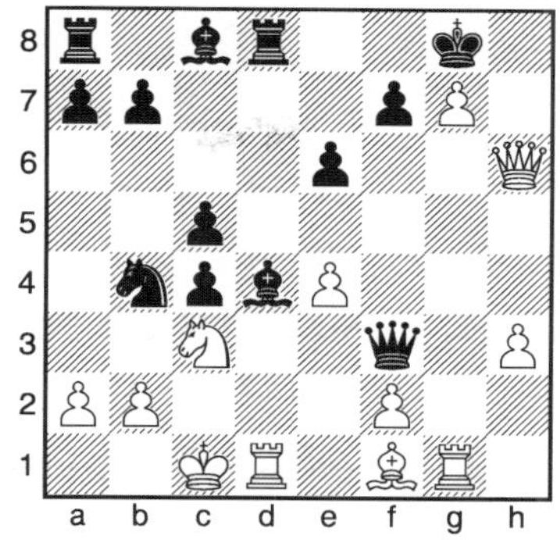

**28 ●**

**Costachi,M (2463) – Wang Shixu B (2370)**

58th Junioren WM
New Delhi IND 2019

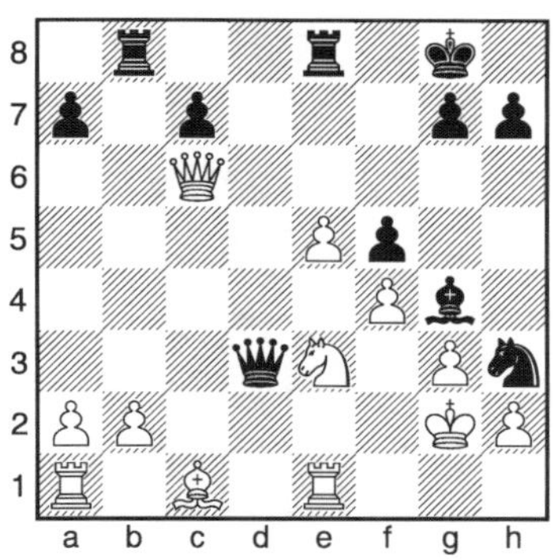

**29 ●**

**Xu Xiangyu (2567) – Li Di (2488)**

15th Vandoeuvre Open
Nancy FRA 2019

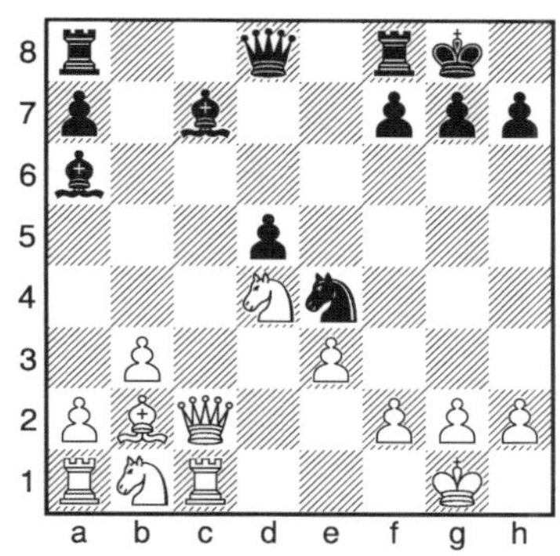

**30 ●**

**Bocharov,I (2557) – Tsvetkov,An (2373)**

Panchenko Mem Open
Chelyabinsk RUS 2019

# Lösungen
# LEKTION für FORTGESCHRITTENE 6

## Alle Arten von Remis

## Finde das Remis - durch Dauerschach, Zugwiederholung, Patt oder was immer auch!

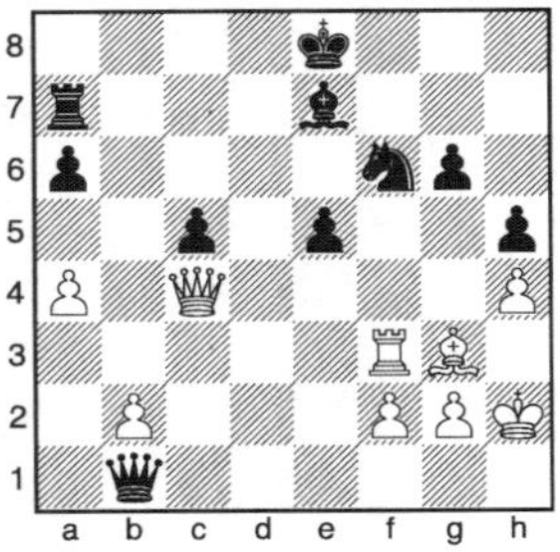

**1.** Semprun Martinez – Vasquez Schroeder

**32.♖f3xf6 ♗e7xf6 33.♕c4–g8+ ♔e8–d7 34.♕g8–d5+ ♔d7–e8 35.♕d5–g8+** =

Falls 34...♔d7–c8? 35.♕d5–c6+ ♖a7–c7 36.♕c6xf6±

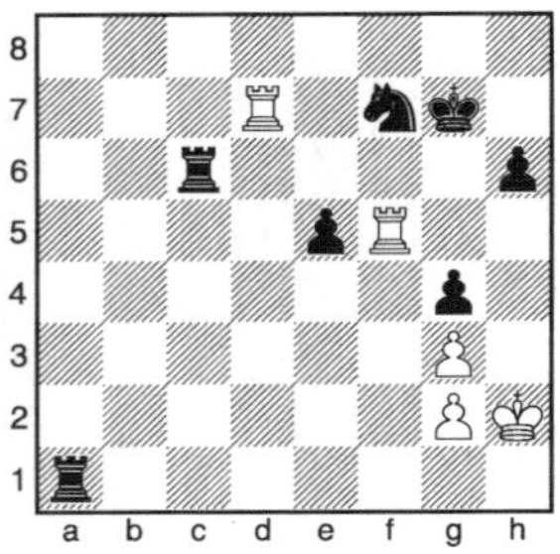

**2.** Sevian – Garcia

**34.♖d7xf7+ ♔g7–g6**

Falls 34...♔g7–g8 35.♖f7–f8+=

**35.♖f7–f6+ ♖c6xf6 36.♖f5xf6+ ♔g6xf6 /** ***g5*** **37.♖f6–f5+**, beides Dauerschach oder Patt

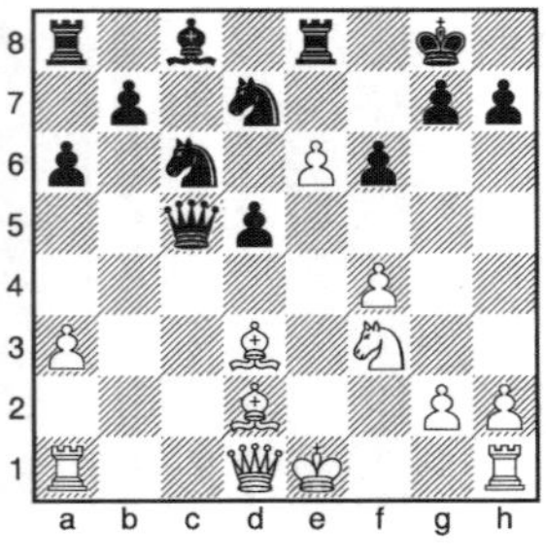

**3.** Svane – Lampert

In kritischer Sellung ein Remis zu sichern ist stets ein gutes Resultat:

**1.♗d3xh7+ ♔g8xh7 2.♘f3–g5+ f6xg5 3.♕d1-h5+ ♔h7–g8 4.♕h5–f7+=**

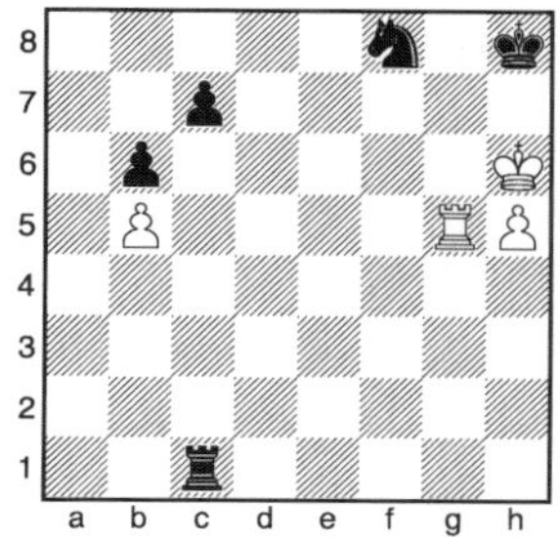

4. Neidze – 1957

**1.♖g5–g1 ♖c1–c2**
**2.♖g1–g2 ♖c2–c3**
**3.♖g2–g3 ♖c3–c4**
**4.♖g3–g4 ♖c4–c5**
**5.♖g4–g8+ ♔h8xg8** Patt.

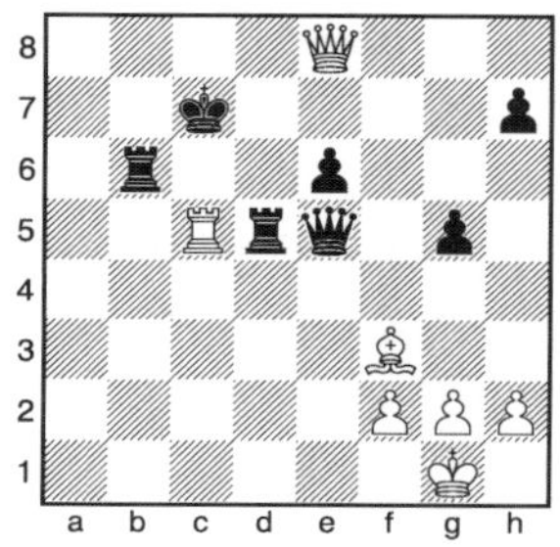

5. Richter – Grob

**1.♖c1xc5+ ♖d5xc5**
**2.♕e8–e7+ ♔c7–c8**
**3.♕e7–e8+ =**

Falls 2...♔c7–b8?? 3.♕e7–d8+ ♖c5–c8 4.♕d8xb6; oder 3...♔b8–a7 4.♕d8–a8#

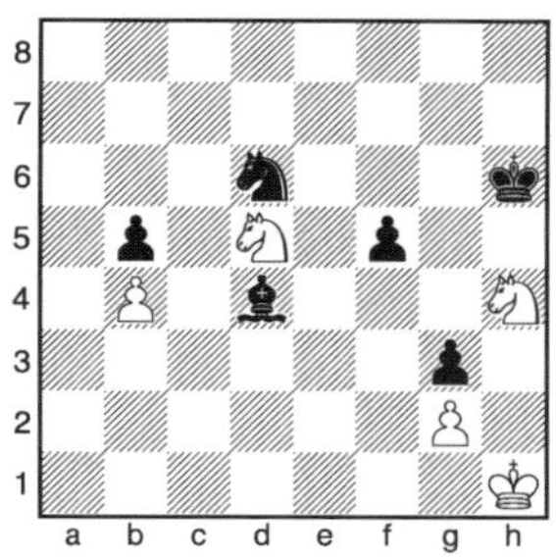

6. Gurgenidze – Dzhindzhikhashvili

**1.♘h4xf5+ ♘d6xf5 2.♘d5–e7 ♘f5–e3**

Oder 2...♗d4–c3 3.♘e7xf5+ ♔h6–g5 4.♘f5–d4=

**3.♘e7–f5+! ♘e3xf5** Patt

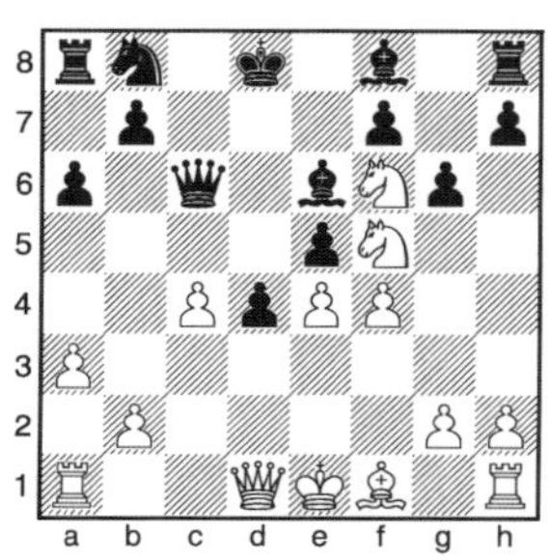

7. Praggnanandhaa – Yilmaz

**14.♘f5xd4 e5xd4 15.♕d1xd4+ ♕c6–d6**

Keine gute Idee ist 15...♔d8–c8/e7? 16.♘f6–d5 ♖h8–g8 17.♘d5–b6++-

**16.♕d4–c3 ♕d6–c6 =**

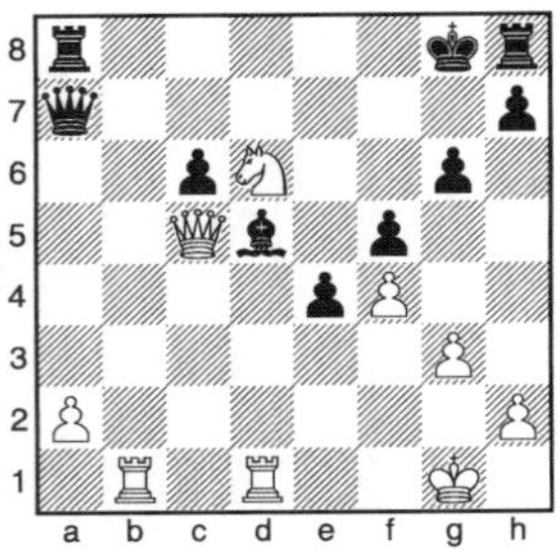

**8.** Hamad – Kukelko

**27.♖d1xd5 c6xd5 28.♖b1-b8+ ♕a7xb8 29.♕c5xd5+ ♔g8–g7** *(D2)* **30.♕d5–d4+??**

Aus Respekt für seinen 500 Punkte ratinghöheren Gegner war Weiß zufrieden mit dem halben Punkt anstatt den einfachen Gewinn zu realisieren. Hier die Hauptvariante, du findest alles andere selber:

***30.♕d5–e5+*** **♔g7–h6 31.♘d6xf5+ ♔h6–h5 32.♘f5–d6+ ♔h5–g4 33.♕e5–e6+ ♔g4–f3 34.♕e6xe4+ ♔f3–g4 35.f4–f5+ ♔g4–h5 3 36.♕e4–h4#**

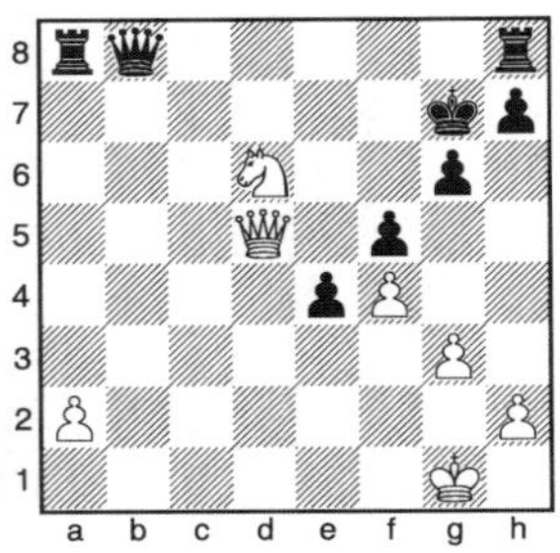

D2

In der Partie ging es weiter mit dem Dauerschach

30...♔g7–g8 31.♕d4–d5+ ♔g8–g7 32.♕d5–d4+ =

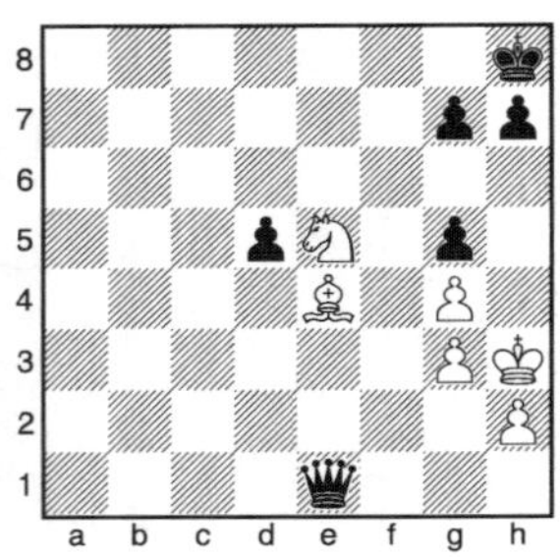

**9.** Hashek – Studie 1965

**1.♘e5–g6+! h7xg6**
**2.♗e4xd5 ♕e1-c1**
**3.♔h3–g2! ♕c1-d2+**
**4.♔g2–h3** *(D2)* **♕d2–d3!**

Falls 4...♕d2xd5 Patt

**5.♗d5–e! ♕d3–d4**
**6.♗e4–d5 ♕d4–f2**

Oder 6...♕d4–d2 7.♗d5–c4 ♕d2–e1 8.♗c4–d5=

**7.♗d5–c4 ♕f2–g1**
**8.♗c4–d5 =**

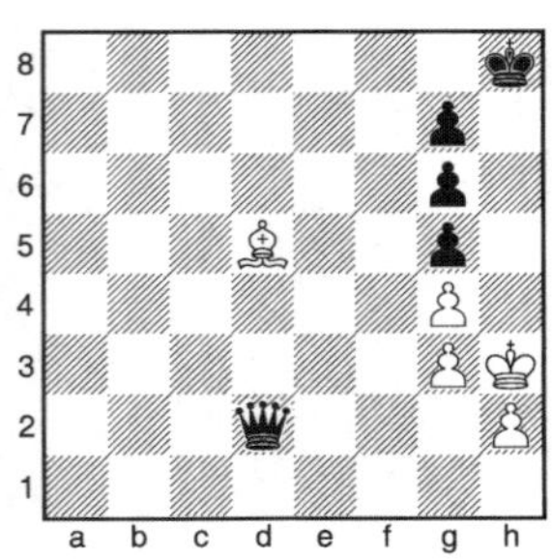

D2

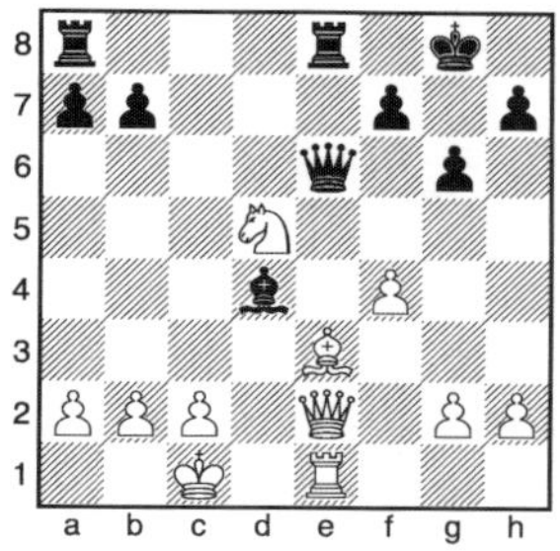

**10.** Aljechin – Mesirov

**1.♗e3xd4! ♕e6xe2**

1...♕e6xd5?? 2.♕e2xe8+ ♖a8xe8 3.♖e1xe8#

**2.♘d5–f6+ ♔g8–f8**

2...♔g8–h8? 3.♘f6xe8+ f7–f6 4.♖e1xe2+–

**3.♘f6xh7+** *(D2)* **♔f8–g8**
**4.♘h7–f6+ =**

Falls 3...♔f8–e7 4.♖e1xe2+ ♔e7–d6
5.♔c1-d2+–

Der Weltmeister sah blindsimultan ganz klar mehr als die meisten Schachspieler mit beiden Augen!

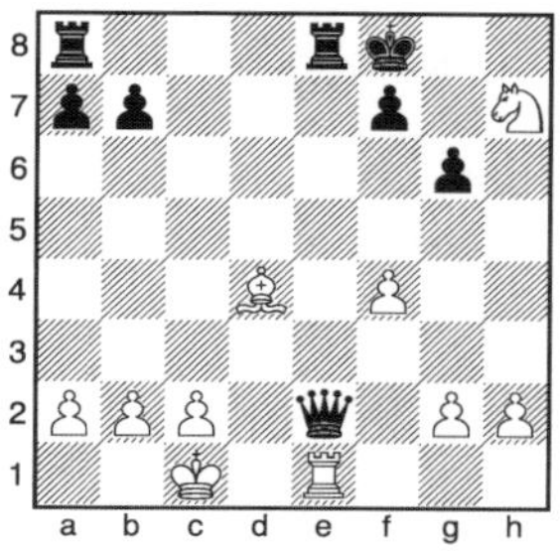

D2

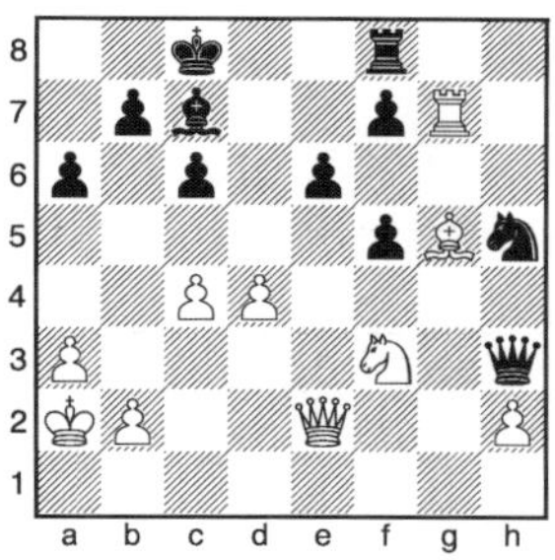

**11.** Lasker – Nimzowitsch

**1.♖g7xf7 ♖f8xf7**
**2.♕e2xe6+ ♖f7–d7**

2...♔c8–b8 3.♕e6–e8+ ♔b8–a7
4.♕e8xf7 ♕h3xf3 5.♕f7xc7±

**3.♘f3–e5 ♗c7xe5**
**4.♕e6–e8+** *(D2)* **♔c8–c7**
**5.♕e8xe5+ ♔c7–c8**

Oder 5...♔c7–b6 6.♕e5–c5+ ♔b6–c7
7.♕c5–e5+=

**6.♕e5–h8+/e8+** =

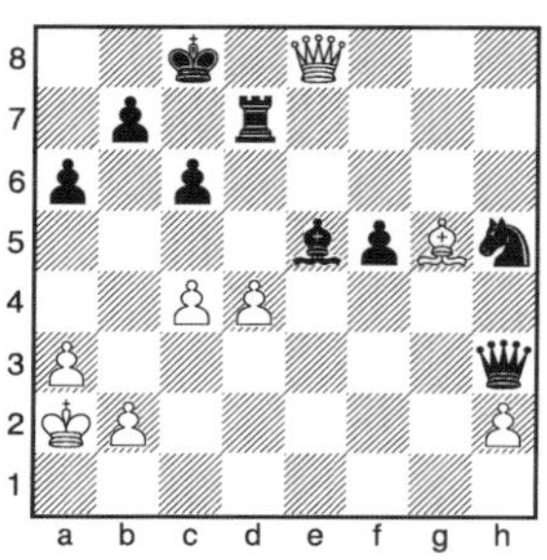

D2

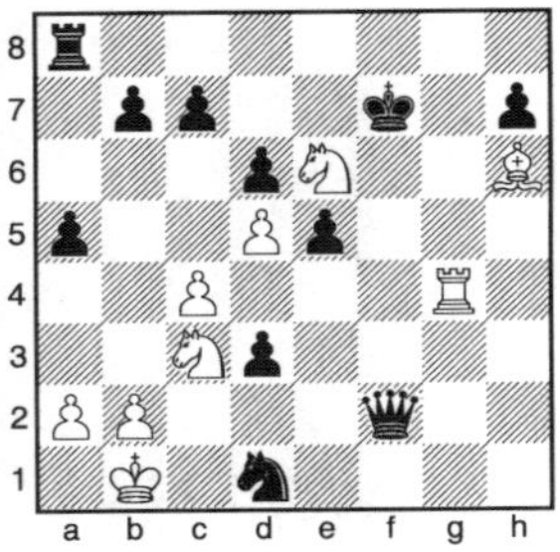

**12.** Aronian – Radjabow

Schwarz sieht auf den ersten Blick wie der sichere Sieger aus. Aber das Motiv von Remis mit Turm und Springer rettet Weiß den Tag:

**1.♖g4–g7+ ♔f7–e8**

1...♔f7–f6?? 2.♘c3–e4+ ♔f6–f5 3.♘e4xf2

**2.♘e6xc7+ ♔e8–d8 3.♘c7–e6+ ♔d8–e8 4.♘e6–c7+** =

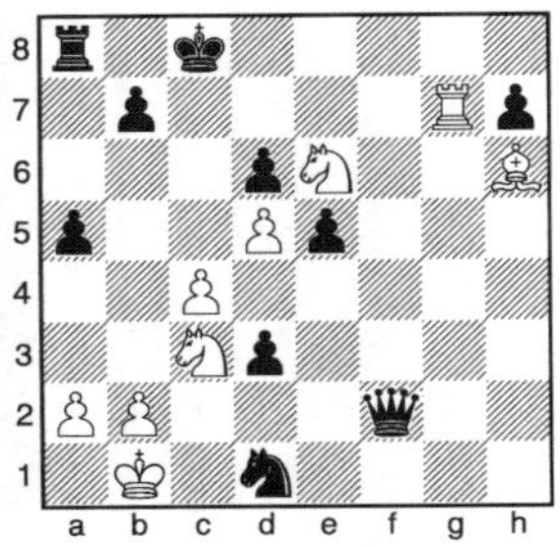

D2

Falls 3...♔d8–c8 *(D2)* kann Weiß ein anderes Dauerschach nutzen:

4.♖g7–g8+ ♔c8–d7 5.♖g8–g7+=

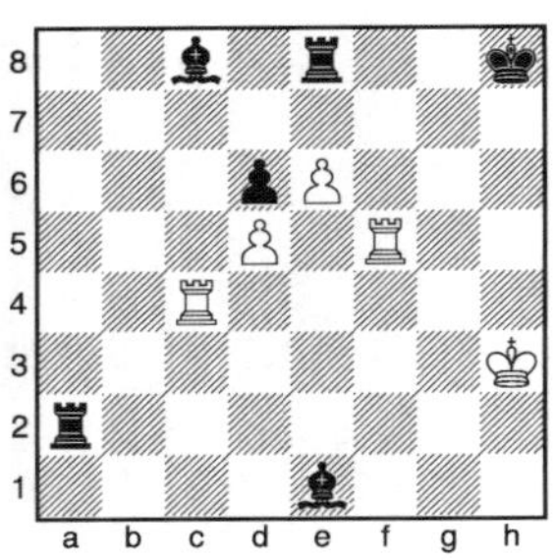

**13.** W.Holzhausen – Studie 1900

**1.♖f5–h5+ ♔h8–g7**
**2.♖c4–g4+ ♔g7–f6**
**3.♖h5–h6+ ♔f6–e7**

3...♔f6–e5 4.♖h6–h5+ ♔e5–f6=

**4.♖h6–h7+ ♔e7–d8** *(D2)*
**5.♖h7–d7+! ♗c8xd7**
**6.e6–e7+ ♔d8–c7** Patt

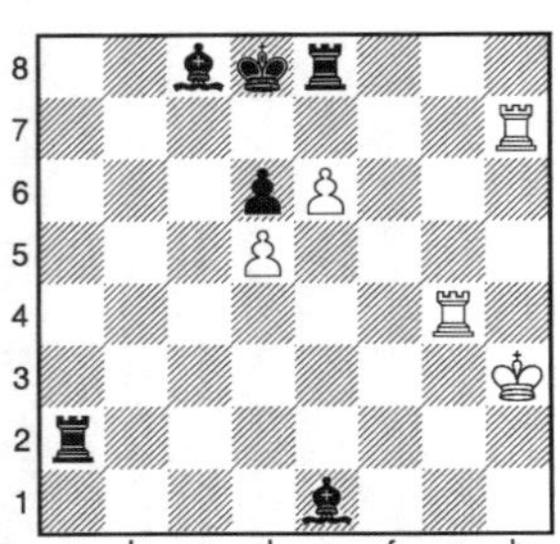

D2

Oder ebenso 6...♔d8xe7; oder

6...♖e8xe7; der Turm ist gefesselt und der König stand bereits auf Patt.

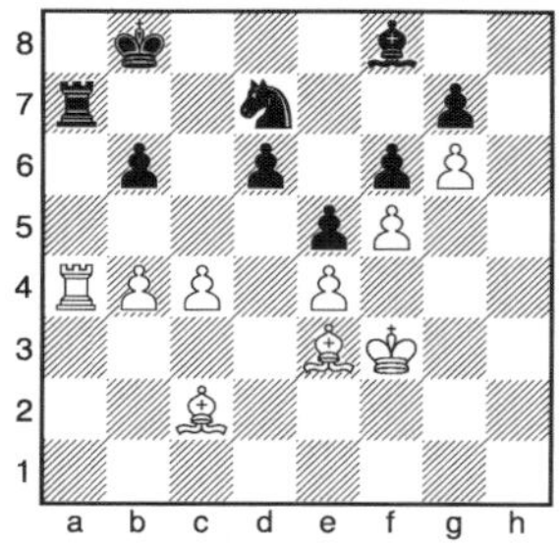

**14.** Paulich – Vazovich

**1...♘d7–c5! 2.♖a4xa7**

Oder ebenso 2.b4xc5 ♖a7xa4 3.♗c2xa4 d6xc5 4.♔f3–e2 ♔b8–c7

**2...♔b8xa7**
**3.b4xc5 d6xc5**
**4.♗c2–a4** *(D2)* **♔a7–b8**
**5.♔f3–e2 ♔b8–c7 =**

Die schwarze Festung hält; sein Läufer zieht einfach nur zwischen d6 und f8, so ist kein Zugzwang möglich.

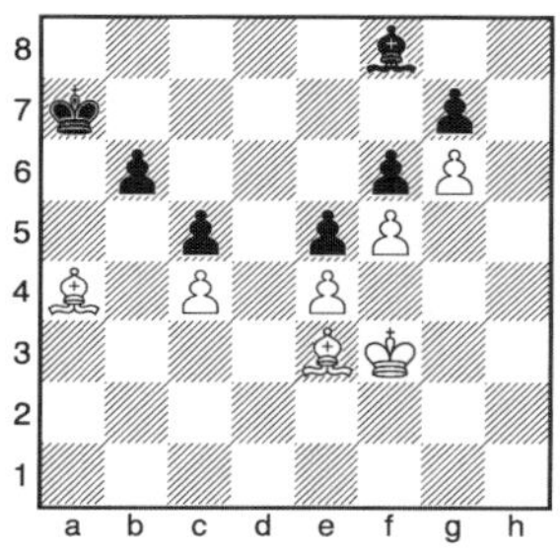

D2

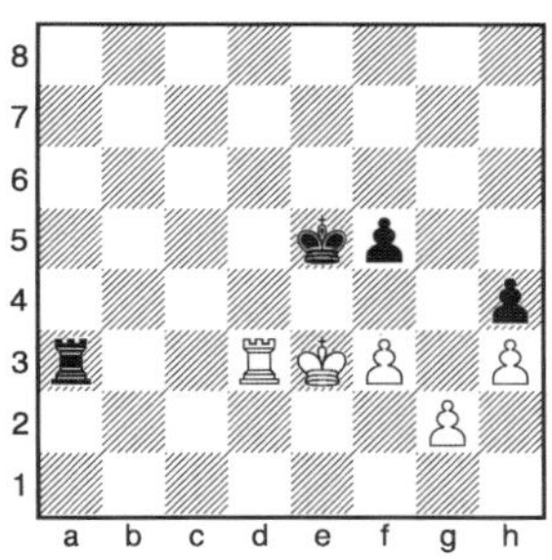

**15.** Reinemer – Kemmler

Normalerweise kannst du nicht abtauschen, wenn du einen Bauern im Rückstand bist. Aber Schwarz hat hier weiter gerechnet:

**1...♖a3xd3+ 2.♔e3xd3 ♔e5–f4**
**3.♔d3–e2 ♔f4–g3 4.♔e2–f1 f5–f4**
**5.♔f1–g1** Patt!

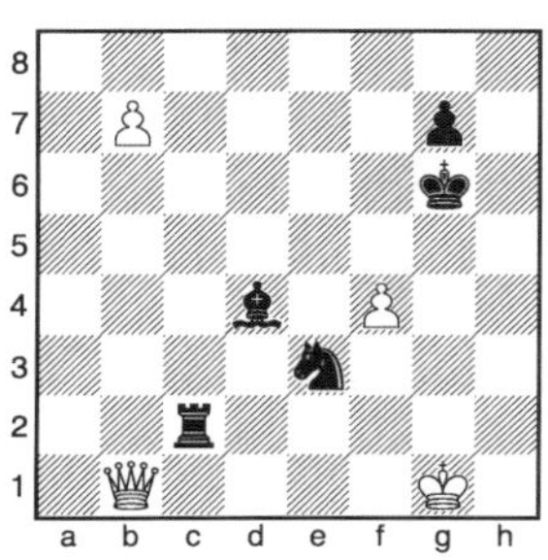

**16.** Agdestein – Speelman

**1...♘e3–f5+ 2.♔g1–f1**

Falls 2.♔g1-h1?? ♘f5–g3#

**2...♘f5–e3+ 3.♔f1–g1 =**

Falls 3.♔f1-e1?? ♗d4–c3#

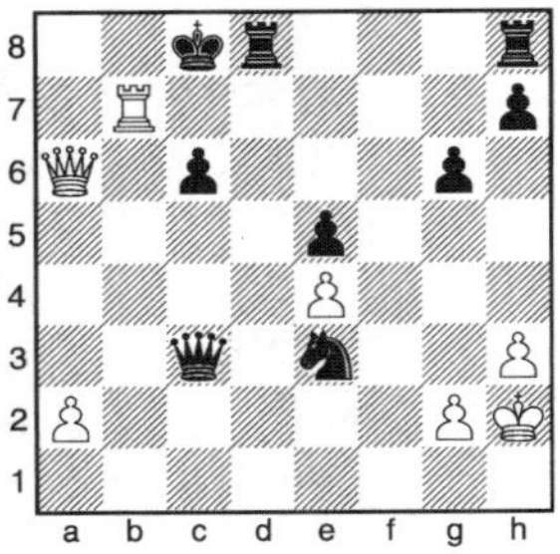

**17.** Hahnke – Richter

**1...♘e3–f1+ 2.♔h2–h1**

Das Gleiche ist 2.♔h2–g1 ♕c3–e3+ 3.♔g1-h1 ♘f1-g3+ 4.♔h1-h2=; 2.♕a6xf1? ♔c8xb7 ist offensichtlich verloren.

**2...♘f1-g3+** *(D2)* **3.♔h1-h2 =**

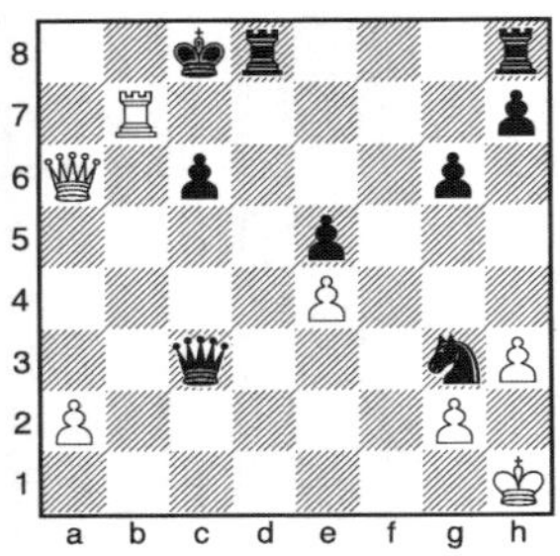

D2

Versuche bloß nicht, dem Dauerschach zu entkommen:

3.♔h1-g1?? ♖d8–d1+ 4.♔g1-h2 ♖d1-h1#

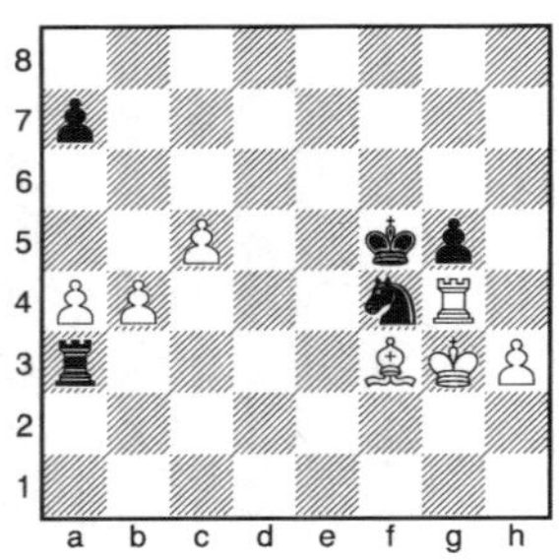

**18.** N.N. – Capablanca

**1...♖a3–a2 2.♗f3–c6**

Falls 2.c5–c6?? ♘f4–h5#

Wegen dieser Drohung hat Weiß nur zwei Züge; entweder mit dem Läufer oder dem h–Bauern. Aber keiner davon ändert etwas:

2.h3–h4 ♘f4–h5+ 3.♔g3–h3 ♘h5–f4+ *(D2)* 4.♔h3–g3 ♘f4–h5+ =

**2...♖a2–a3+**
**3.♗c6–f3 ♖a3–a2 =**

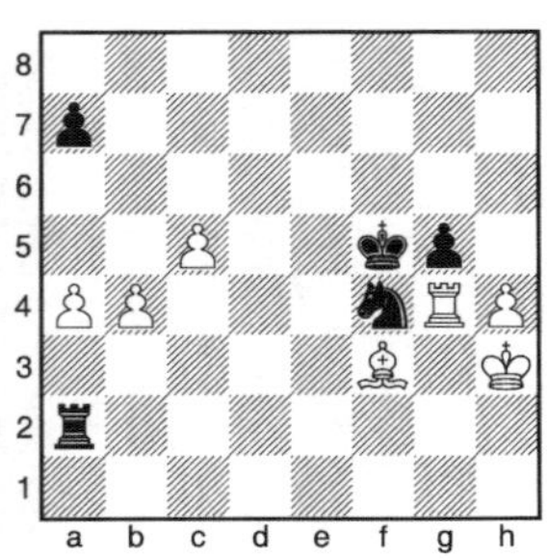

D2

Und Remis durch Zugwiederholung.

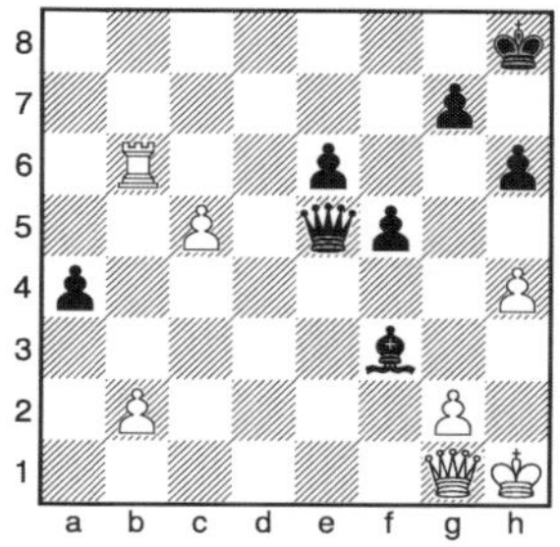

**19.** Yudovich – Ignatiev

**1...♕e5–g3 2.g2xf3**

2.♕g1-h2 ♕g3–e1+ 3.♕h2–g1 ♕e1xh4+=; oder 2.♖b6xe6 ♕g3xh4+ 3.♕g1-h2 ♕h4–f2=

**2...♕g3–h3+ 3.♕g1-h2 ♕h3–f1+ =**

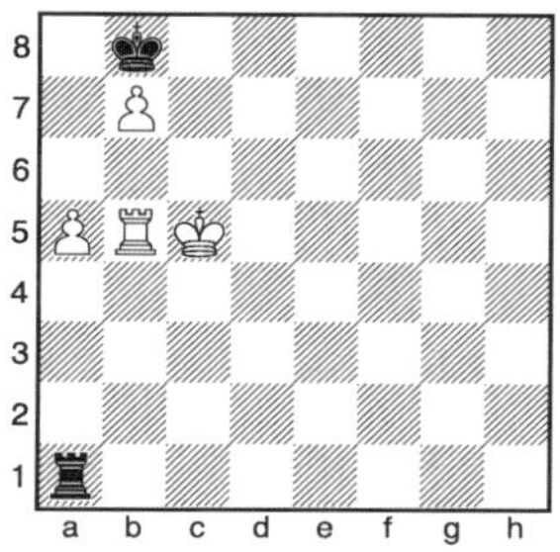

**20.** Geilmann – Bernstein

**1...♖a1-c1+ 2.♔c5–b6**

2.♔c5–d4 ♖c1-c6 3.♔d4–d5 ♖c6–a6=

**2...♖c1-c7** *(D2)* **3.♔b6–a6**

Oder 3.a5–a6 ♖c7xb7+ 4.a6xb7 Patt.

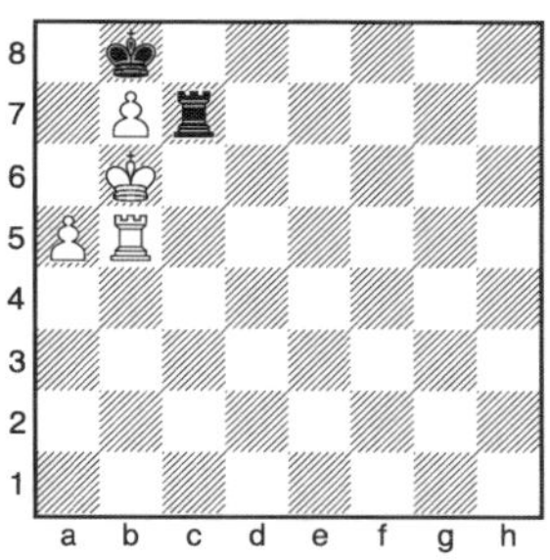

D2

**3...♖c7–c6+**
**4.♖b5–b6 ♖c6xb6+**
**5.♔a6xb6** oder ***5.a5xb6***, beides Patt.

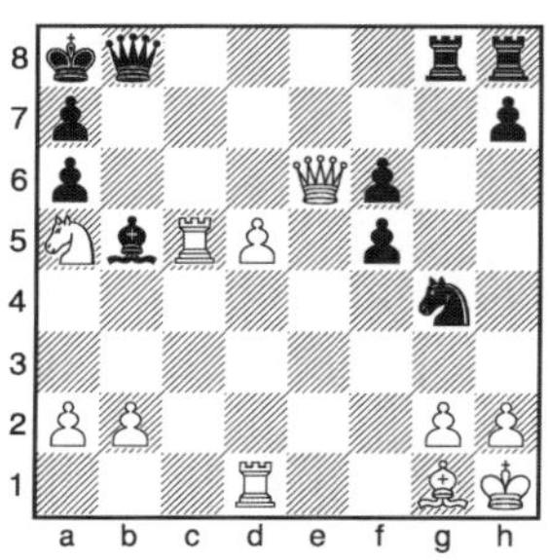

**21.** Haase – Pycha

**28...♕b8xh2+**
**29.♗g1xh2 ♘g4–f2+**
**30.♔h1-g1 ♘f2–h3+**
**31.♔g1-h1 ♘h3–f2+** =

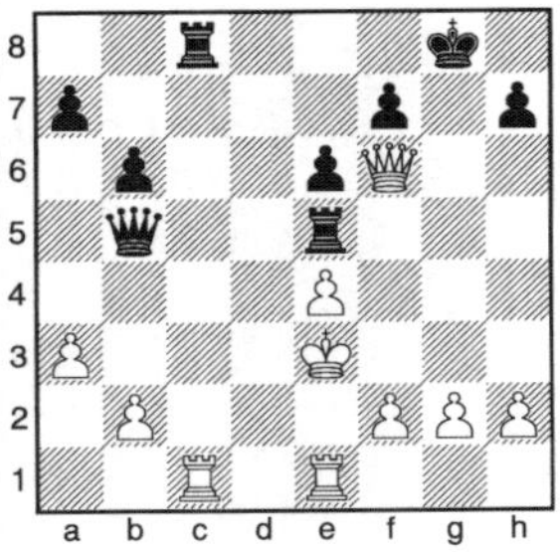

**22.** Nikolov – Gascon Del Nogal

**25...♖c8xc1 26.♖e1xc1 ♖e5xe4+ 27.♔e3xe4 ♕b5–e2+ 28.♔e4–d4 ♕e2–d2+ 29.♔d4–e4 ♕d2–e2+** =

Remislich ist auch 29...♕d2xc1 30.♕f6–d8+ ♔g8–g7 31.♕d8–d4+ usw.

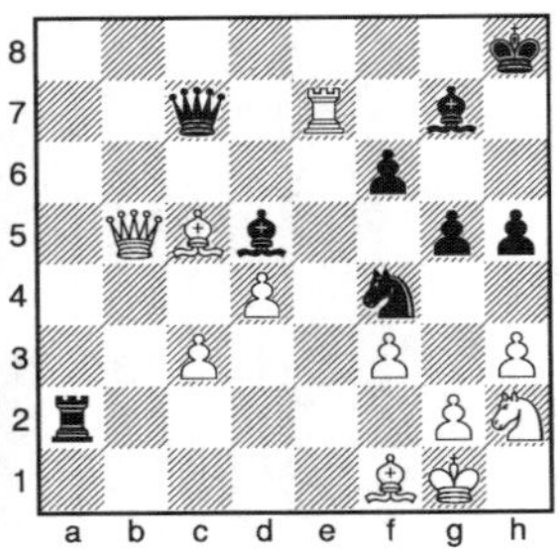

**23.** Yellamraju – Heutling

**38...♘f4xh3+ 39.♔g1-h1**

Falls 39.g2xh3?? ♕c7xh2#

**39...♘h3–f2+ 40.♔h1-g1 ♘f2–h3+** usw., ½-½

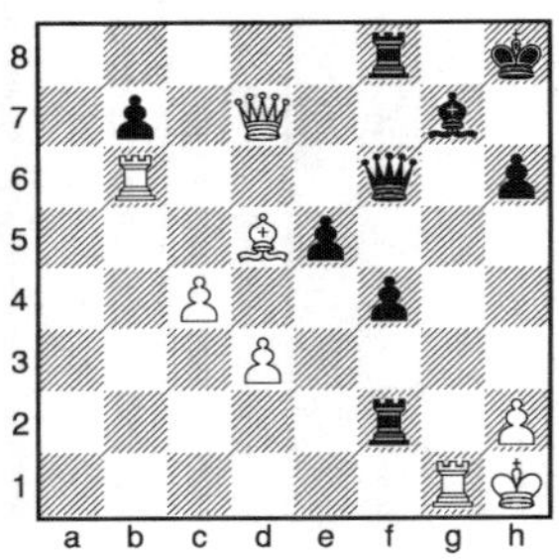

**24.** Lhotska – Kuna

In Stellungen mit Schwerfiguren kann ein Opfer zur Linienöffnung zu einem Dauerschach führen:

**35...♖f2xh2+**
**36.♔h1xh2 ♕f6–h4+** *(D2)*
**37.♕d7–h3**

37.♔h2–g2 ♕h4–g3+ 38.♔g2–f1 ♕g3xd3+=

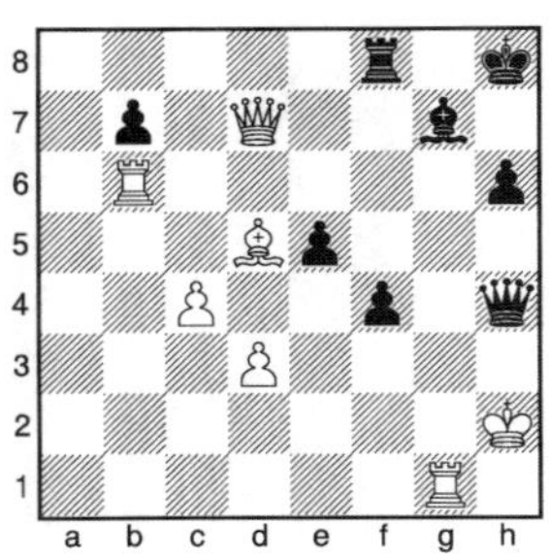

D2

**37...♕h4–f2+**
**38.♕h3–g2 ♕f2–h4+ ½-½**

Falls 38.♖g1-g2? ♕f2xb6

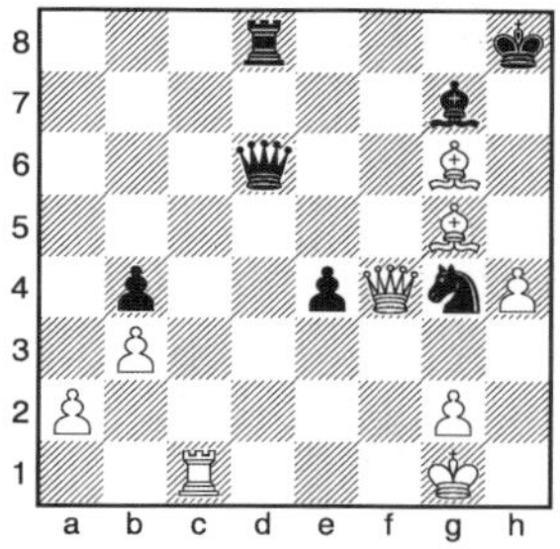

**25.** Sandipan – Konguvel

**36...♕d6–d1+ 37.♕f4–f1**

37.♖c1xd1?? ♖d8xd1+ 38.♕f4–f1 ♗g7–d4+ 39.♔g1-h1 ♖d1xf1#

**37...♕d1-d4+ 38.♔g1-h1** *(D2)* **♕d4–d6**

Oder 38...♘g4–f2+ 39.♔h1-g1 ♘f2–d3+ 40.♔g1-h1 ♘d3–f2+

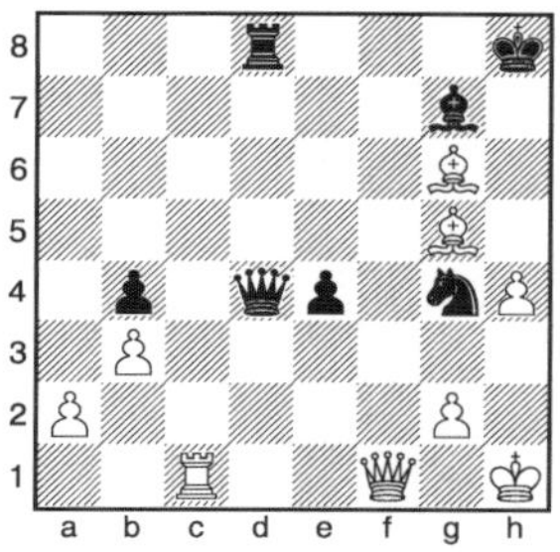

D2

**39.♕f1-f4 ♕d6–d1+**

Und Remis durch Zugwiederholung.

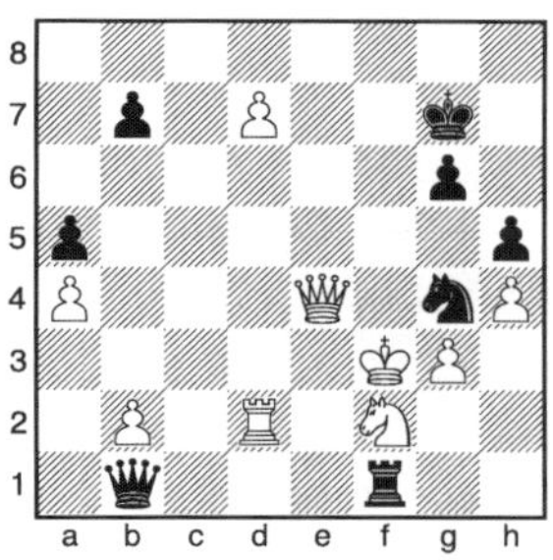

**26.** Sampilov – Aborin

Beim Blättern durch ein altes Heft mit einer Sammlung von Remisabwicklungen fand ich diese Stellung. Schwarz sicherte Remis mit einer netten Kombination, konnte aber leicht gewinnen:

**1...♖f1xf2+!** Das Ausrufezeichen im Heft sollte durch ein Fragezeichen ersetzt werden, denn Spieler wie Autor übersahen beide:

***1...♕b1-d1+!*** *(D2)* **2.♕e4–e2**

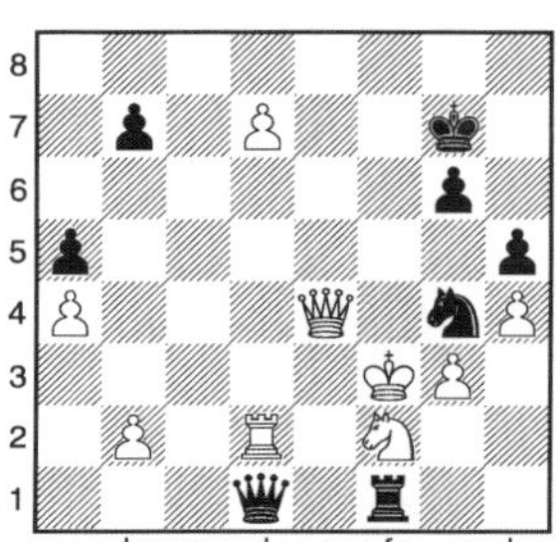

D2

Nach 2.♖d2xd1 oder 2.♖d2–e2 ♖ f1xf2#

**2...♖f1xf2+ 3.♔f3–e4 ♖f2xe2+** und gewinnt!

In der Partie folgte:

**2.♖d2xf2 ♕b1-h1+ 3.♔f3–f4 ♕h1-c1+ 4.♔f4–f3 ♕c1-h1+ =**

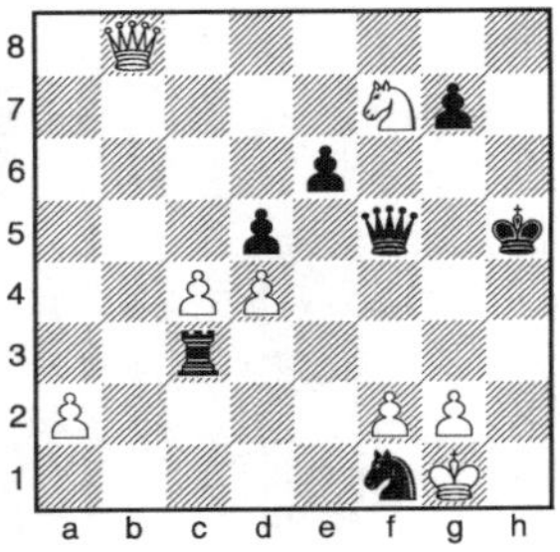

**27.** Lama – Doluweera

**43.♕b8–h8+ ♔h5–g6**
**44.♘f7–e5+ ♔g6–g5**
**45.♕h8xg7+ ♔g5–f4**
**46.♕g7–h6+** *(D2)* **♕f5–g5**

Falls 46...♔f4–e4 47.♕h6–h4+ ♕f5–f4 48.f2–f3+ ♖c3xf3 *(48...♔e4–e3 49.♕h4–f2#)* 49.g2xf3+

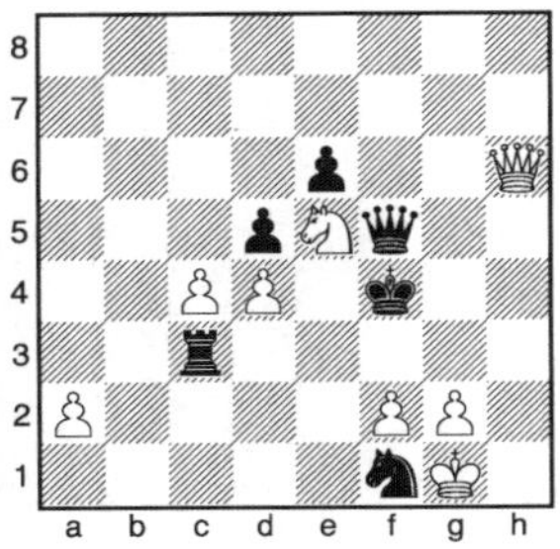

D2

**47.♘e5–g6+?**

Weiß verpasste den Gewinn ***47.♕h6–h7*** ♘f1-d2 48.♘e5–d3+ ♖c3xd3 49.♕h7xd3. In dieser komplizierten Stellung ist das aber verständlich.

**47...♔f4–f5 48.♘g6–h4+ ♔f5–f4**
**49.♘h4–g6+** Remis!

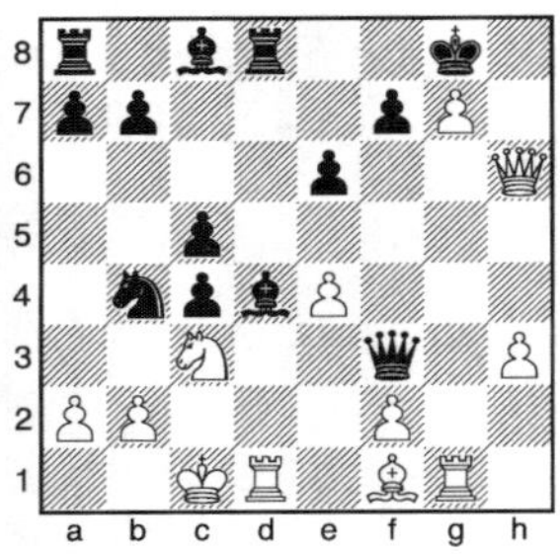

**28.** Costachi – Wang Shixu B

**17...♗d4–e3+!**
**18.f2xe3 ♘b4xa2+ 19.♔c1–c2**

Falls 19.♘c3xa2?? ♕f3xd1#

**19...♘a2–b4+ 20.♔c2–c1 ♘b4–a2+** usw., Remis!

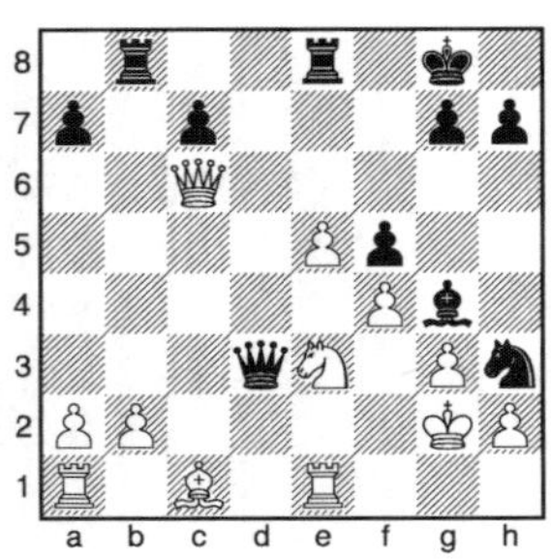

**29.** Xu Xiangyu – Li Di

**25...♖b8xb2+**
**26.♗c1xb2 ♕d3–d2+**
**27.♔g2–h1 ♘h3–f2+**
**28.♔h1–g1 ♘f2–h3+**
**29.♔g1-h1** usw., Remis

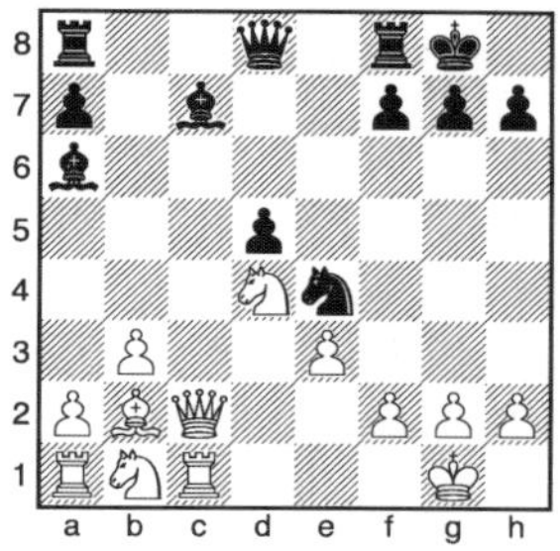

**30.** Bocharov – Tsvetkov

**15...♗c7xh2+**
**16.♔g1xh2 ♗a6–d3!** *(D2)*
**17.♕c2xd3**

Alle anderen Damenzüge führen zum Verlust:

17.♕c2–d1 ♕d8–h4+
18.♔h2–g1 ♕h4xf2+
19.♔g1-h2 ♕f2–g3+
20.♔h2–g1 ♕g3xe3+ *(D3)*

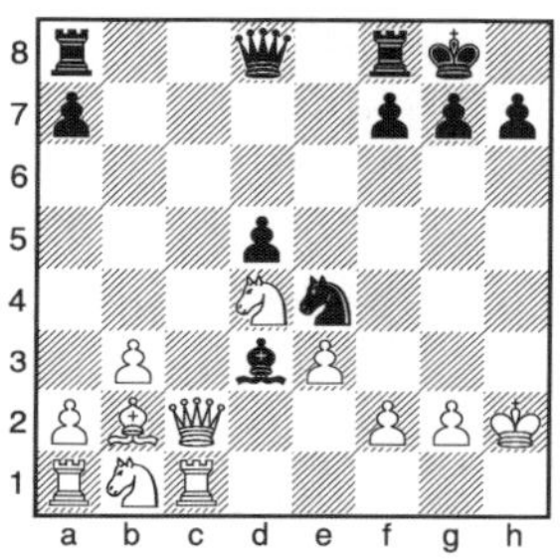

D2

Wir sehen einen Sonderfall der "**Zwickmühle**":

21.♔g1-h2 ♕e3–g3+
22.♔h2–g1 ♕g3–f2+
23.♔g1-h2 ♕f2xb2

**17...♕d8–h4+**
**18.♔h2–g1 ♕h4xf2+**
**19.♔g1-h1 ♕f2–h4+**

und so weiter, Remis!

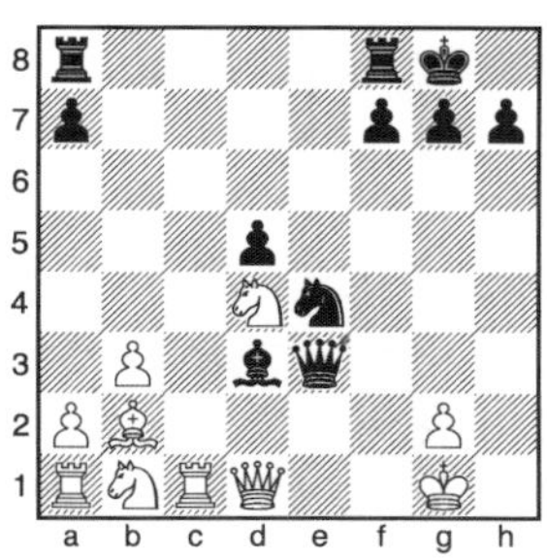

D3

**Ein Rat zum Ende des Kapitels:**

Wenn du in einer kritischen Stellung bist, gib nicht gleich innerlich auf, sondern halte Ausschau nach Rettungsmöglichkeiten wie Patt, Dauerschach oder Zugwiederholung. Lass dich nicht vom Rating oder Rang des Gegners einschüchtern. Die Wahrheit liegt auf dem Brett, nicht in der Ratingliste!

Falls du die bessere Stellung hast, bleib immer konzentriert und wachsam bis zum Ende. Schon viele scheinbare Gewinnstellungen scheiterten durch gute Ideen eines Gegners mit Kampfgeist und Vorstellungskraft.

**Resigniere nicht, sei nicht sorglos! Kämpfen!**

# QUICK TEST 7

Wieder machen wir einen Schritt vorwärts und gehen nun Materialvorteil in bis zu vier Zügen an. Das ist schon mittleres Klub Niveau. Aber keine Bange; ich habe zunächst meist Aufgaben ausgesucht, die keine oder nur eine Variante aufweisen und daher nicht zu kompliziert sind.

Je mehr Züge unsere Aufgaben haben, desto mehr solltest du meinem schon mehrfach geäußerten Rat folgen, dir zuerst die ganze Stellung anzuschauen, ihre Schwächen und Probleme zu erkennen und erst dann den taktischen Schlag zu suchen, statt einfach drauflos zu ballern. Gleich nach einem taktischen Muster zu schauen hat gewirkt bei einfachen Aufgaben - sogar viel schneller, als die Position zu betrachten - aber mit längeren Kombinationen wird dies viel schwerer und oft sogar unmöglich.

Denk auch immer daran: Es ist nicht wichtig wie viele und wie schnell du die Aufgaben löst. Unser Ziel ist zu lernen und zu verstehen - und dies kann schwerlich geschehen, wenn du zu schnellen Schlüssen neigst, ohne die Stellung wirklich betrachtet zu haben.

So bitte, lass dir etwas Zeit, schau dir die Brettstellungen näher an, bevor du dich ans Lösen machst!

# QUICK TEST 7

## Finde Matt oder Materialvorteil in bis zu vier Zügen

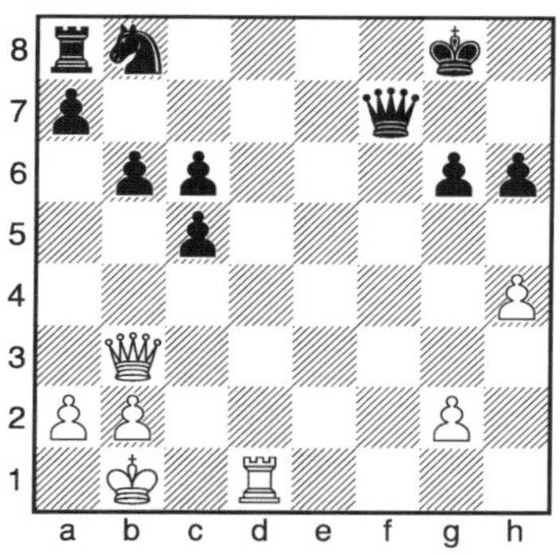

**1** ..........................

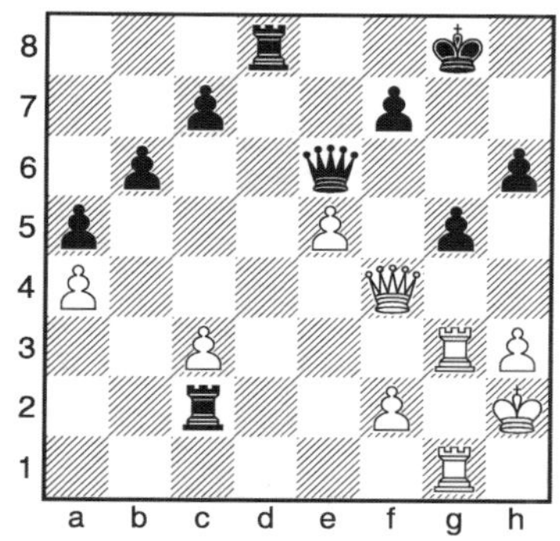

**2** ..........................

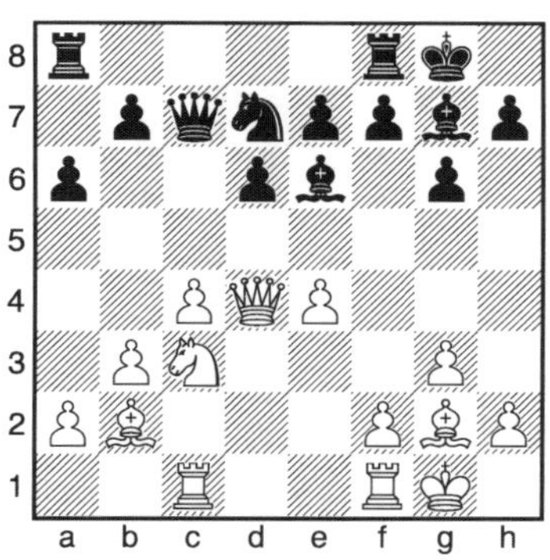

**3** ..........................

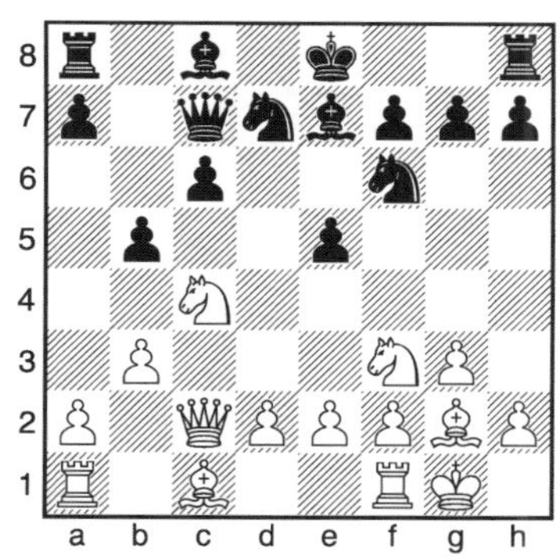

**4** ..........................

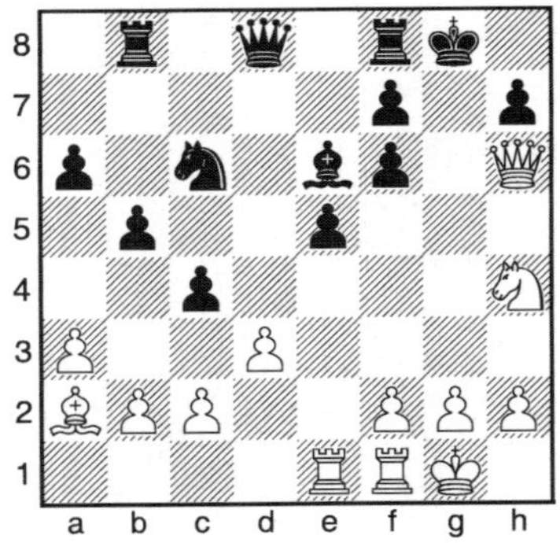

5 ...........................

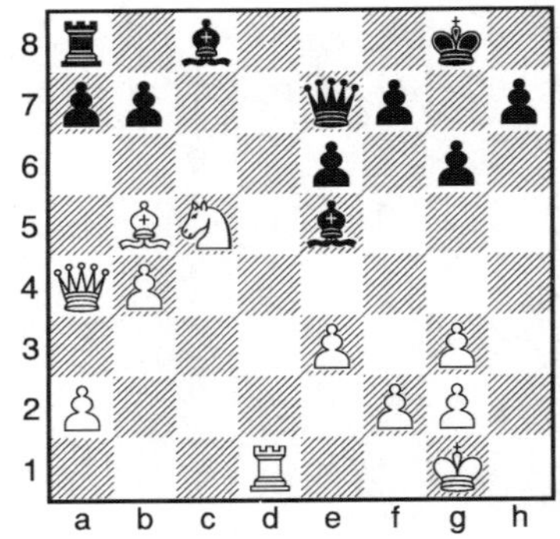

6 ...........................

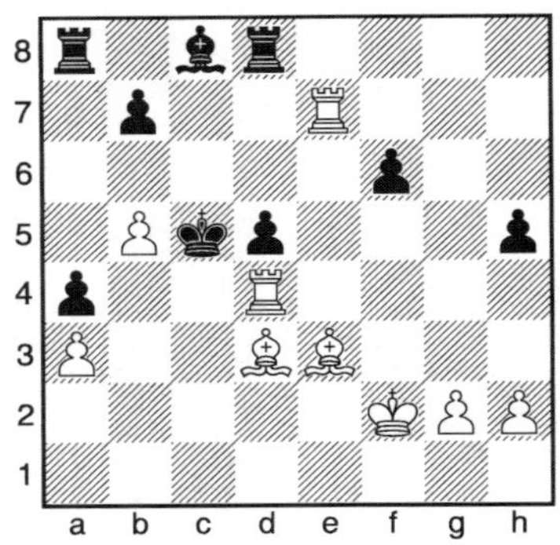

7 ...........................

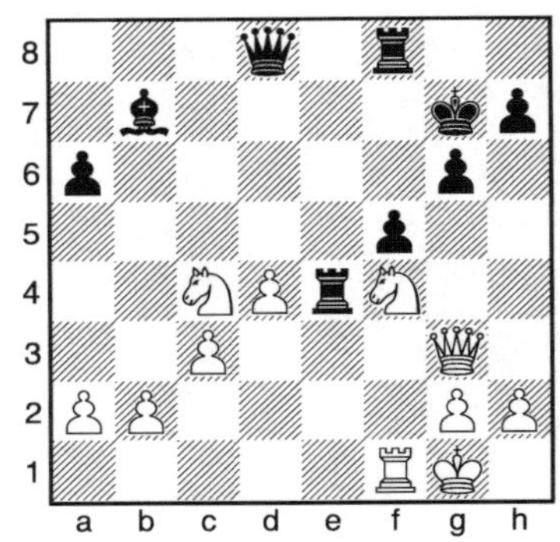

8 ...........................

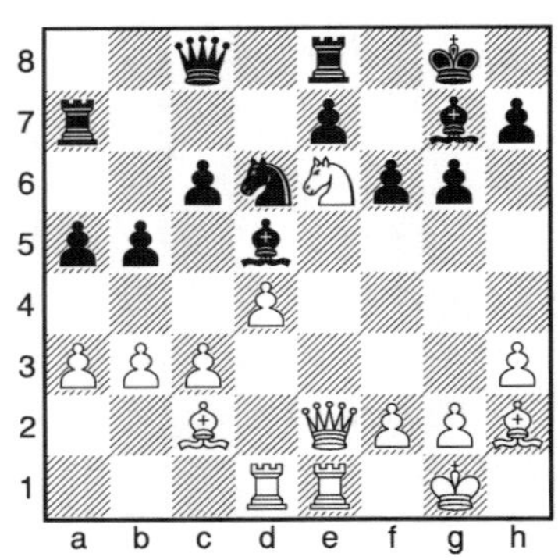

9 ...........................

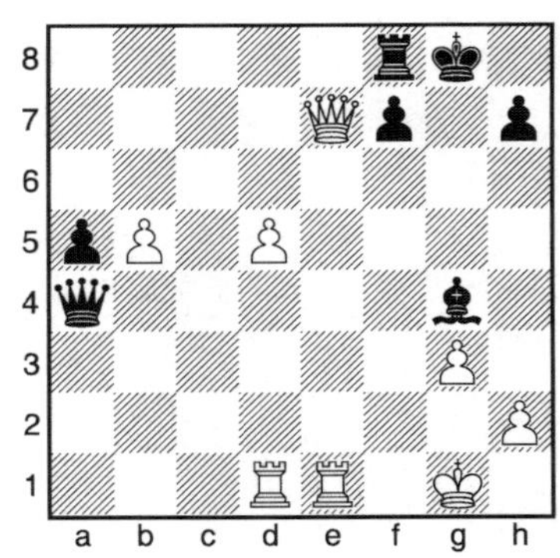

10 ...........................

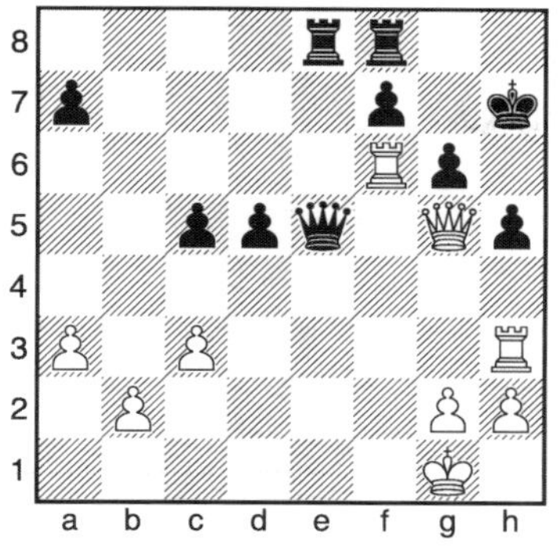

11 .........................

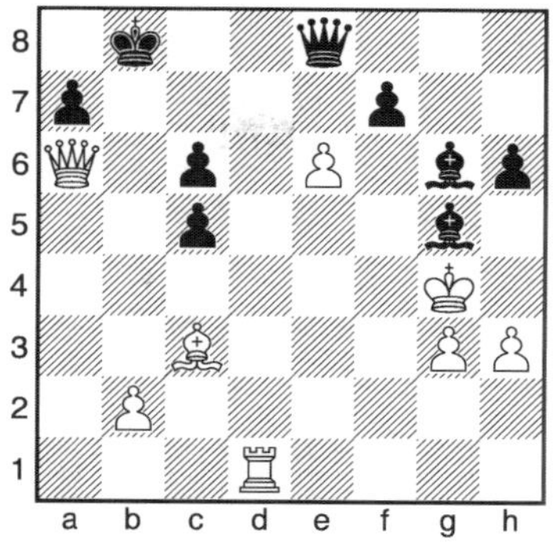

12 ❍ / ● ....................

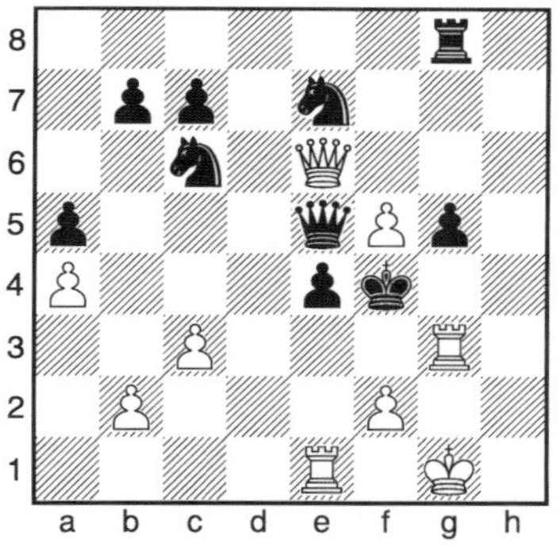

13 .........................

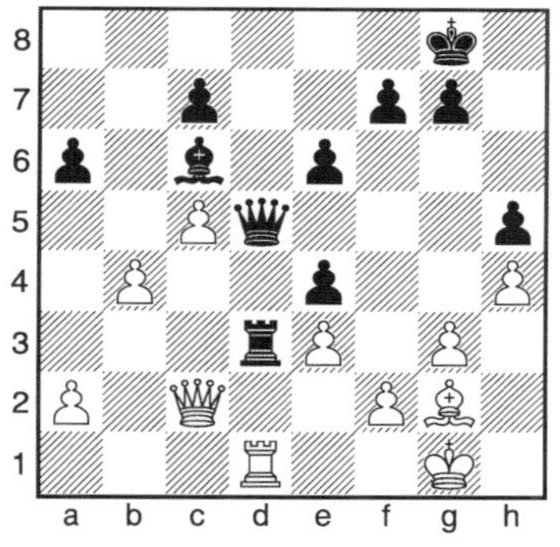

14 .........................

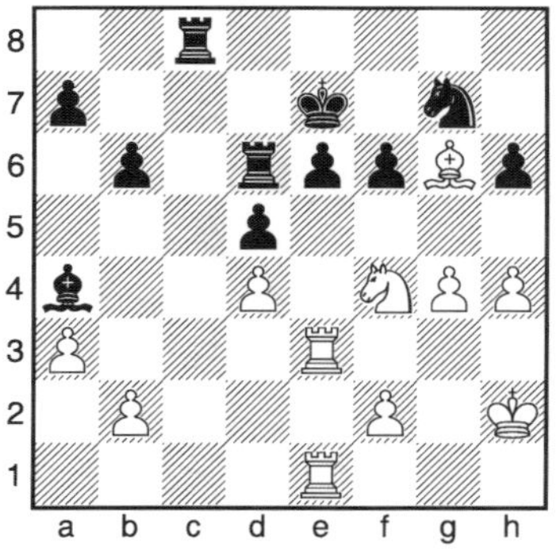

15 .........................

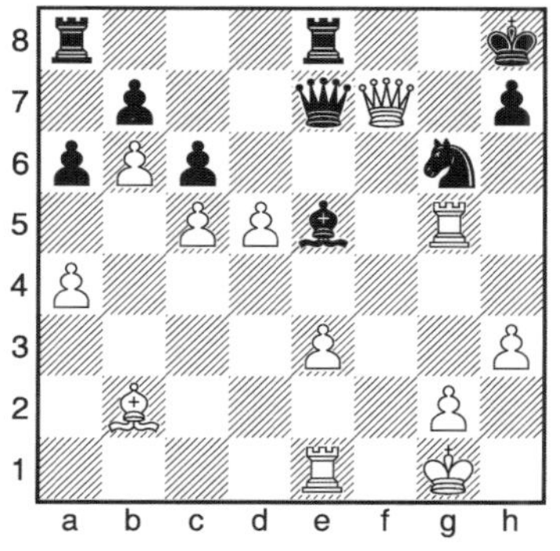

16 .........................

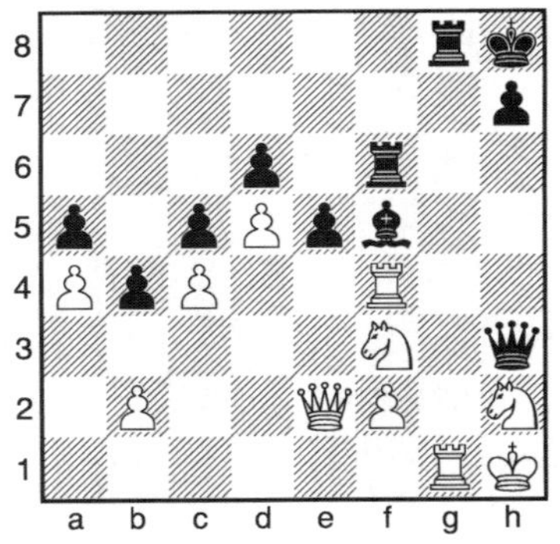

**17** ..........................

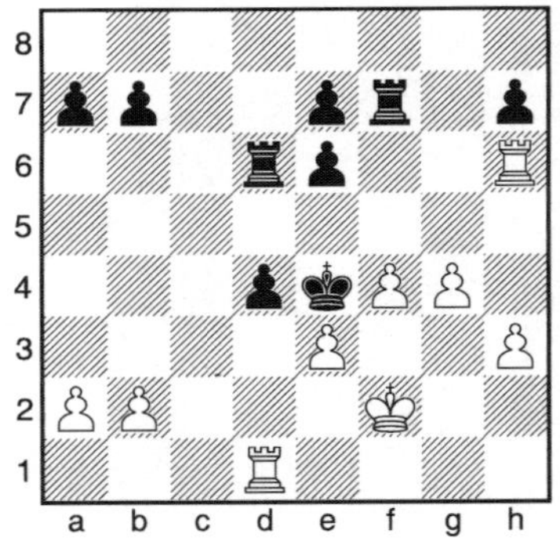

**18** ..........................

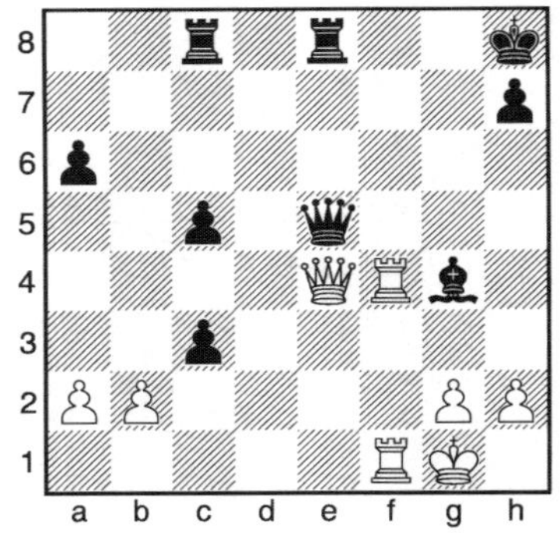

**19** ..........................

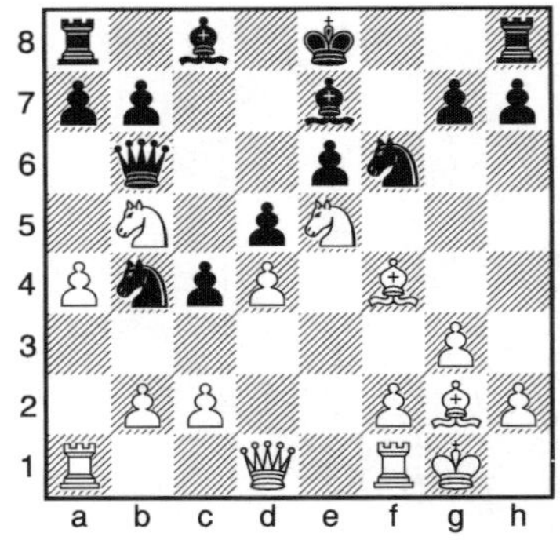

**20** ..........................

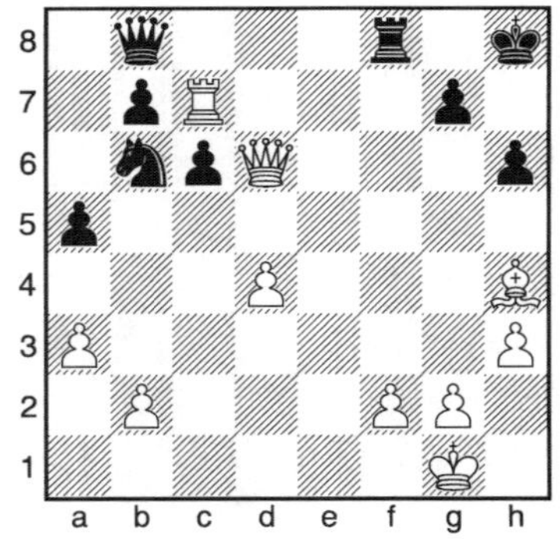

**21** ..........................

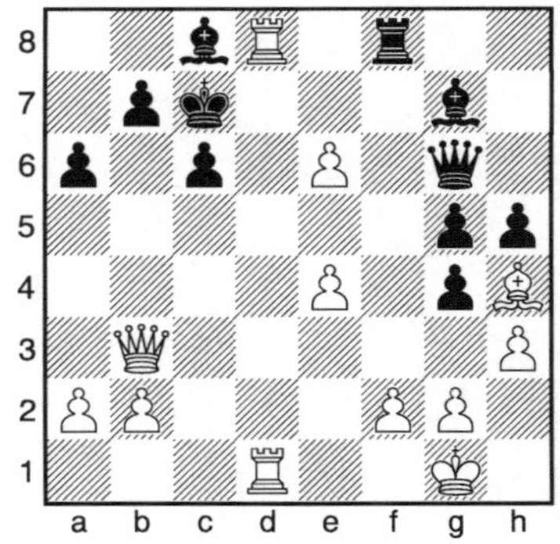

**22** ..........................

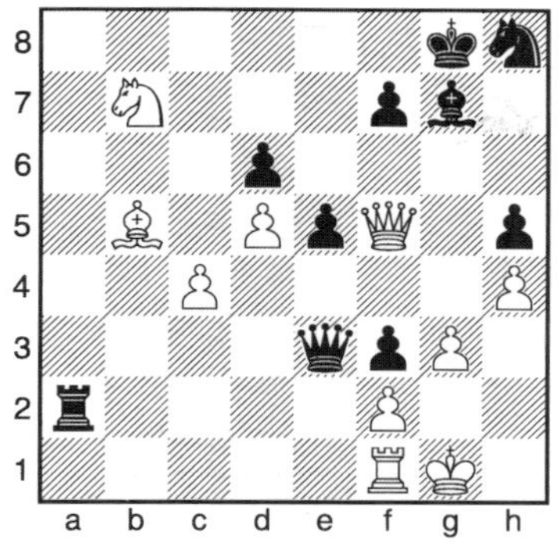

23 ● ........................

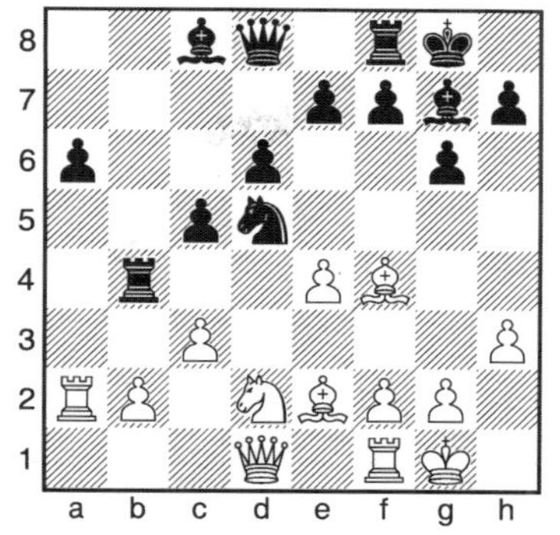

24 ● ........................

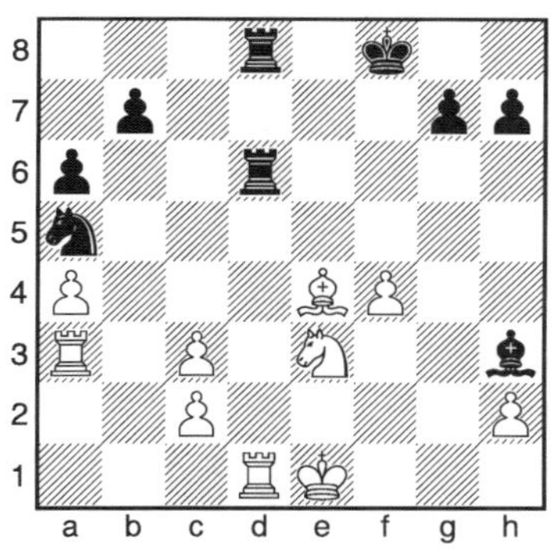

25 ● ........................

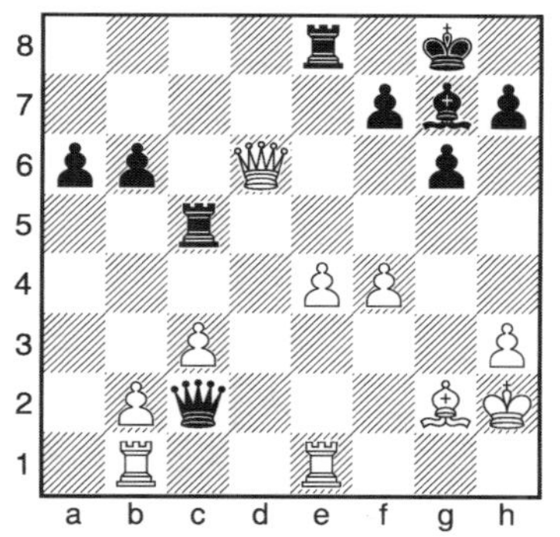

26 ● ........................

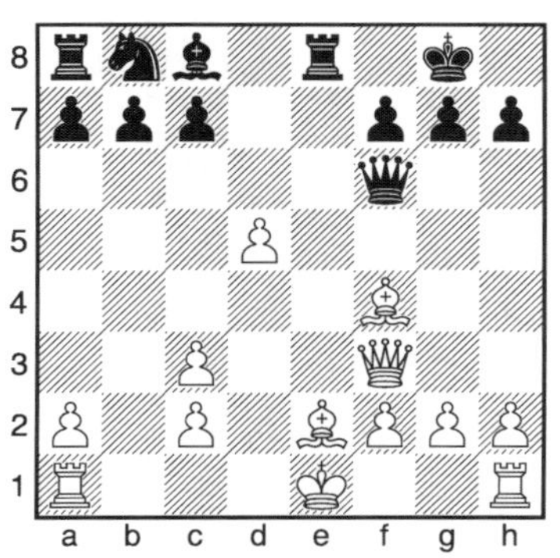

27 ● ........................

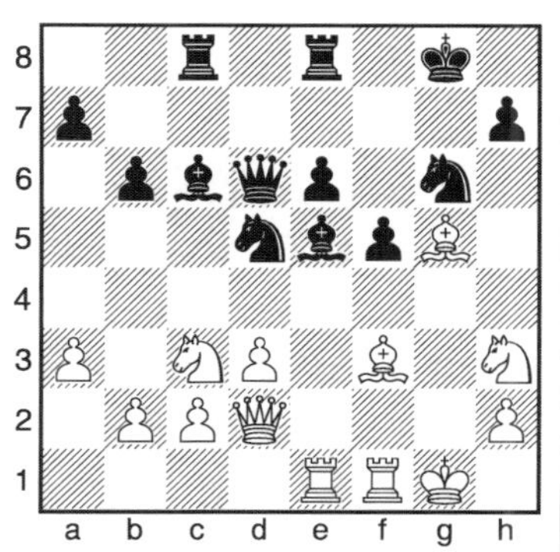

28 ● ........................

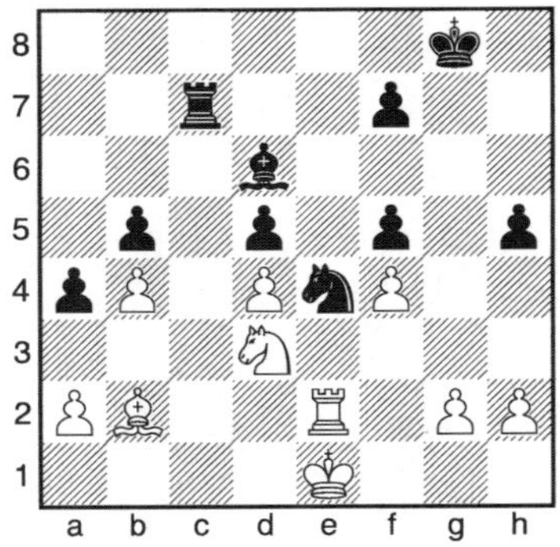

**29** ● ........................

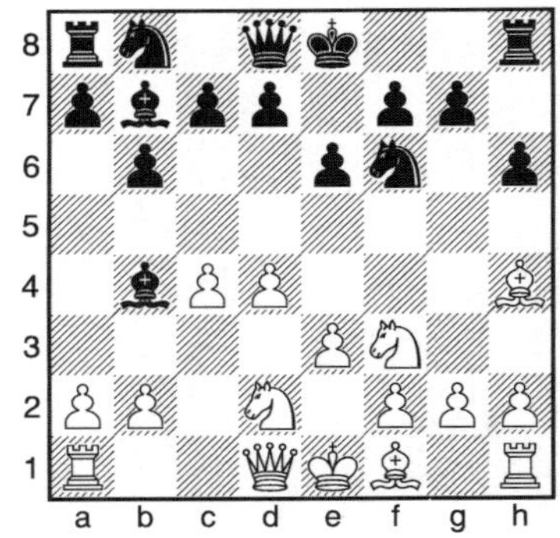

**30** ● ........................

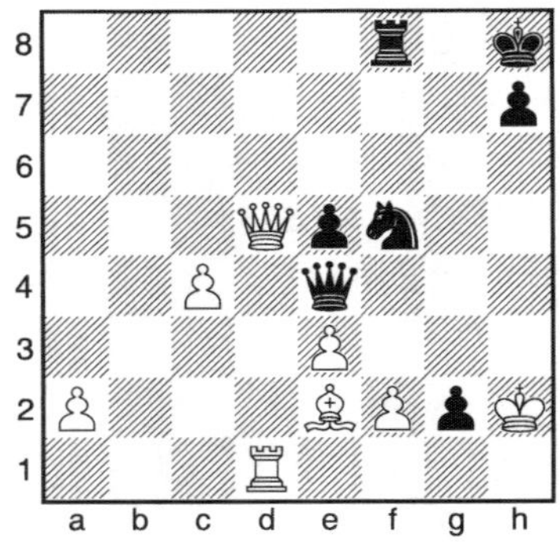

**31** ● ........................

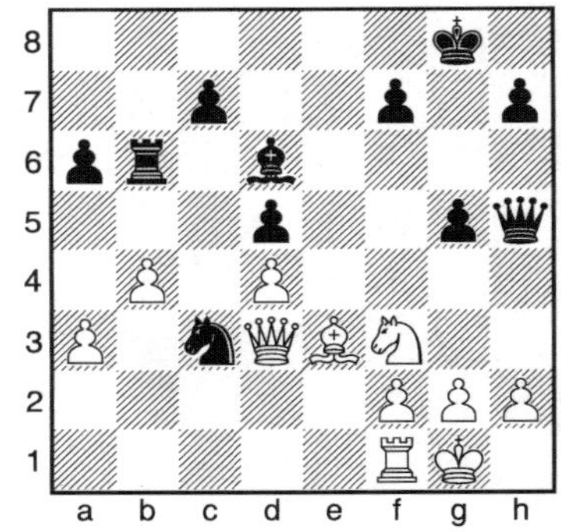

**32** ● ........................

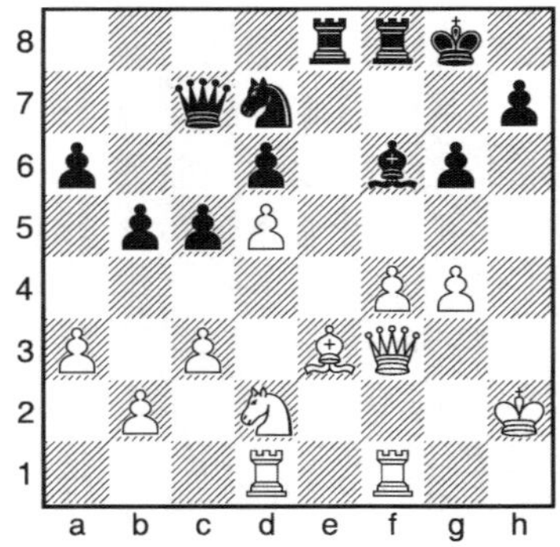

**33** ● ........................

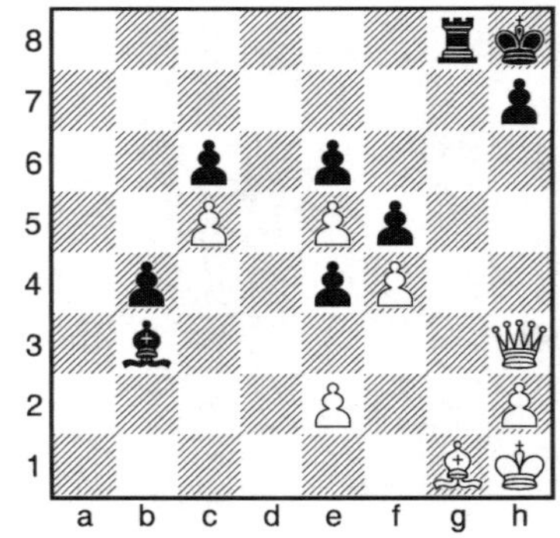

**34** ●........................

# Lösungen

## QUICK TEST 7

### Finde Matt oder Materialvorteil in bis zu vier Zügen

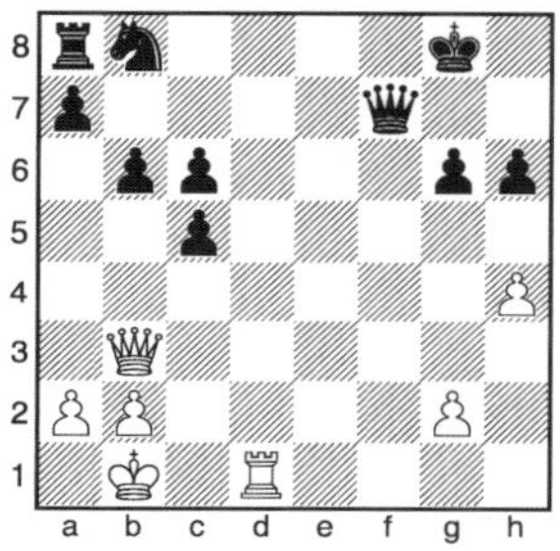

**1.**

**1.♖d1-d8+ ♔g8-g7**
**2.♕b3-c3+ ♕f7-f6**

Falls 2...♔g7-h7?? 3.♕c3-h8#

**3.♖d8-g8+ ♔g7-f7 4.♖g8-f8+**

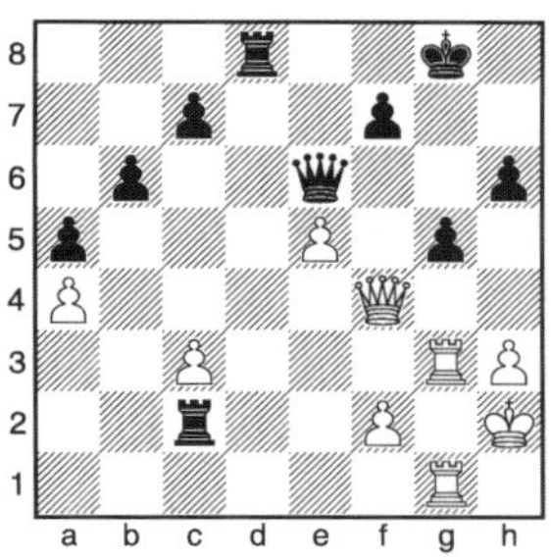

**2.**

**1.♖g3xg5+ h6xg5**
**2.♕f4xg5+ ♔g8-f8**
**3.♕g5xd8+ ♕e6-e8**
**4.♖g1-g8+ ♔f8xg8**
**5.♕d8xe8+**

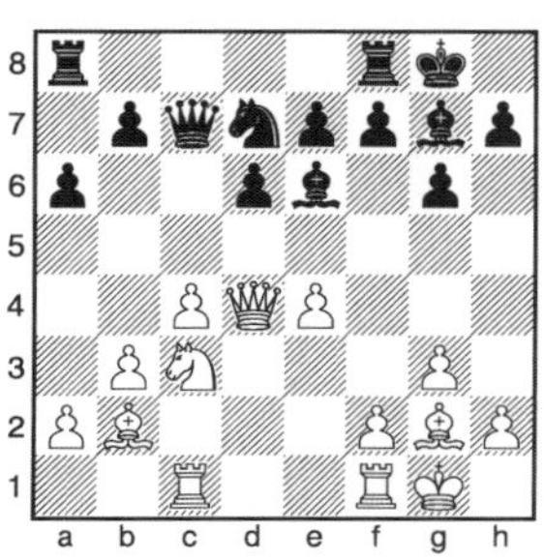

**3.**

**1.♕d4xg7+ ♔g8xg7**
**2.♘c3-d5+ ♔g7-h6**
**3.♘d5xc7**

2...♔g7-g8?? wird bestraft durch 3.♘d5xe7#

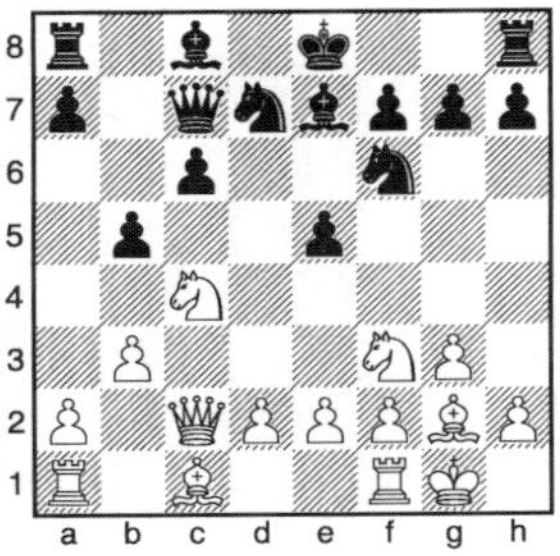

**4.**

Der letzte Zug ...b7–b5? war ein dicker Fehler:

**1.♘c4xe5 ♗c8–b7**

1...♘d7xe5? verliert:
2.♘f3xe5 ♕c7xe5 3.♗c1-b2 -- 4.♕c2xc6+

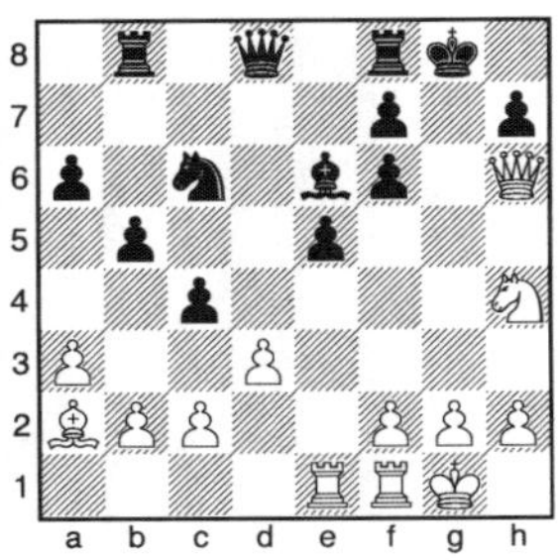

**5.**

**1.d3xc4 b5xc4 2.♗a2xc4 ♘c6–e7 3.♖e1-e3**

Ein schwerer Fehler wäre

2...♗e6xc4?? 3.♘h4–f5 -- 4.♕h6–g7#

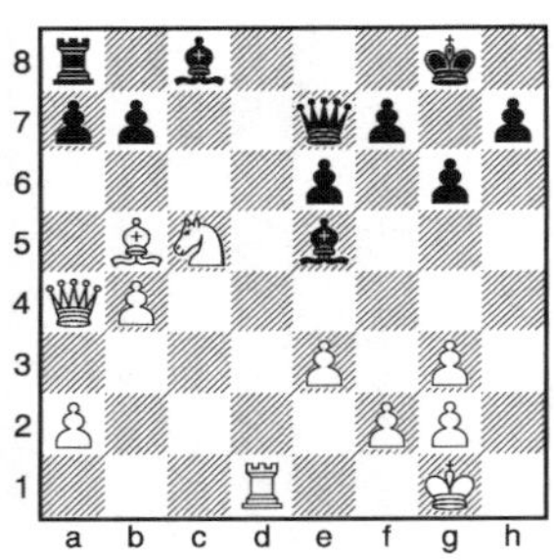

**6.**

**1.♘c5xb7 ♕e7xb7**

Falls 1...♗c8xb7 2.♖d1-d7 ♕e7–f6 3.♖d7xb7

**2.♗b5–c6 ♕b7–b8 3.♗c6xa8 ♕b8xa8**
**4.♖d1-d8+ ♔g8–g7 5.♕a4–e8**

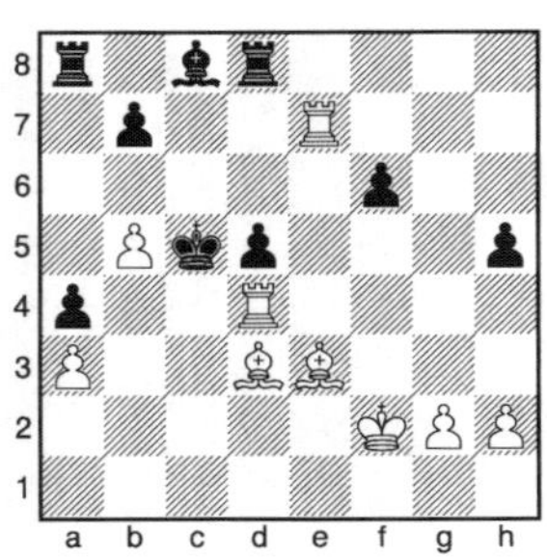

**7.**

**1.♖d4–c4+** Doppelschach! **♔c5xb5**

Falls 1...♔c5–d6 2.♗e3–c5#

**2.♖c4–b4+** wieder Doppelschach!
**2...♔b5–c6 3.♖b4–b6#**

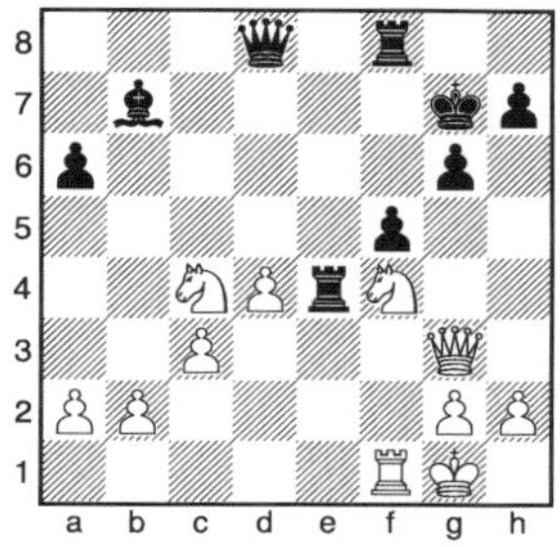

**8.**

**1.♘c4–d6 ♕d8–d7 2.♘d6xe4**

Falls 1...♕d8xd6?? 2.♘f4–h5+ ♔g7–g8 3.♕g3xd6

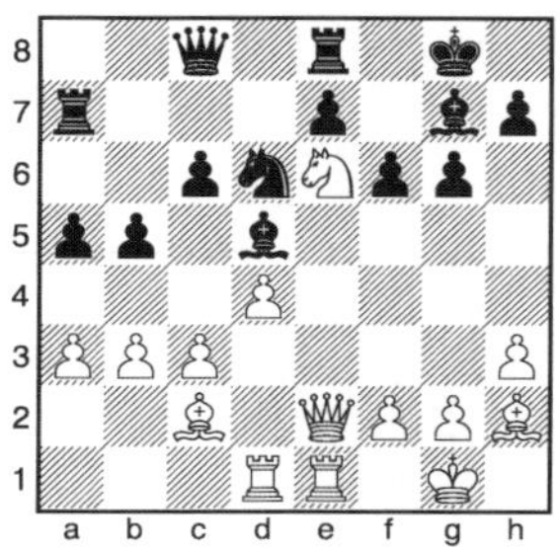

**9.**

**1.♘e6xg7 ♔g8xg7**
**2.♗h2xd6 e7xd6**
**3.♕e2xe8 ♕c8xe8**
**4.♖e1xe8**

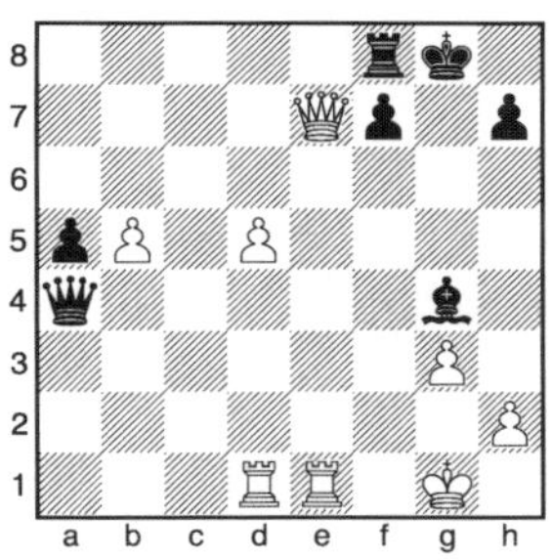

**10.**

**1.♕e7–g5+ ♔g8–h8**
**2.♕g5–f6+ ♔h8–g8**
**3.♖d1-d4 ♕a4xd4+ 4.♕f6xd4**

Die traurige Alternative ist 3...-- 4.♖d4xg4#

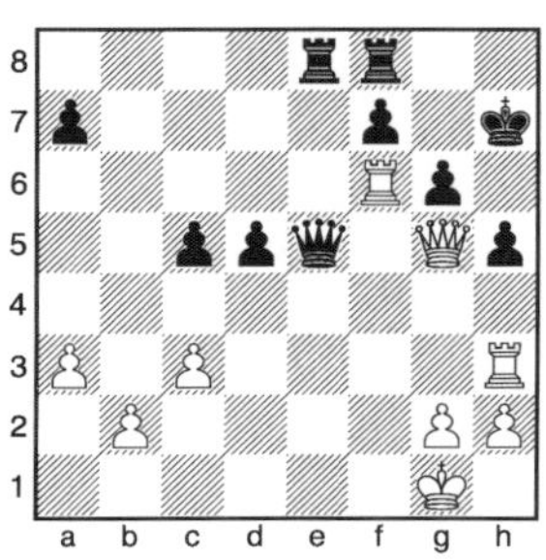

**11.**

**1.♖h3xh5+ ♔h7–g7**
**2.♖f6xg6+ f7xg6**
**3.♕g5xe5+ ♖e8xe5**
**4.♖h5xe5**

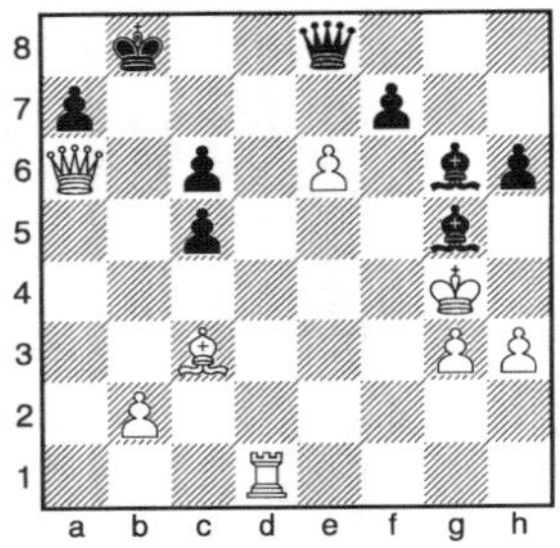

**12.**

❍ **1.♗c3–e5+ ♔b8–a8**
**2.♖d1-d8+ ♕e8xd8 3.♕a6xc6#**

Falls 2...♗g5xd8 3.♕a6–c8

● **1.–– ♗g6–h5+ 2.♔g4xh5 f7–f5#**

Oder 2.♔g4–f5 ♕e8xe6#

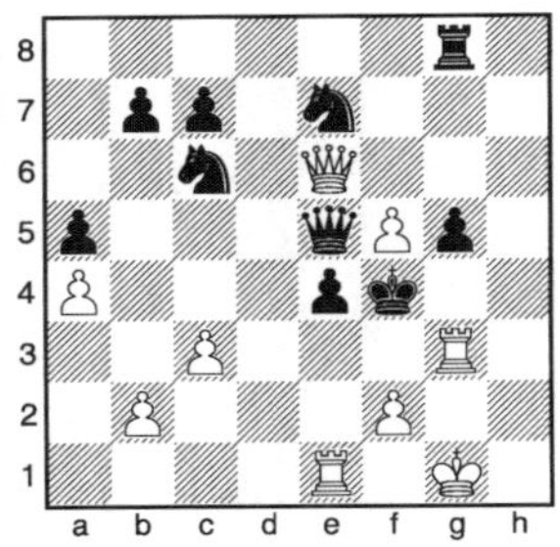

**13.**

**1.♖e1xe4+**

Oder 1.♖g3–g4+ ♔f4xg4 2.♖e1xe4+ ♕e5xe4 3.♕e6xe4+

**1...♕e5xe4 2.♖g3–g4+ ♔f4xg4 3.♕e6xe4+**

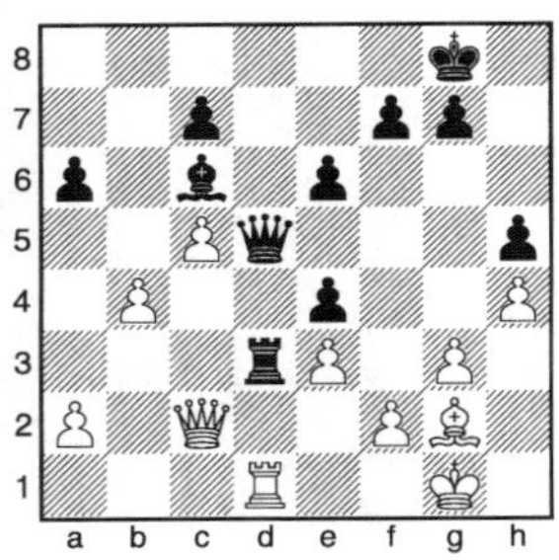

**14.**

**1.♕c2xd3 e4xd3**

Oder 1...♕d5xd3 2.♖d1xd3 e4xd3 3.♗g2xc6 d3–d2 4.♗c6–a4/f3

**2.♗g2xd5 ♗c6xd5 3.♖d1xd3**

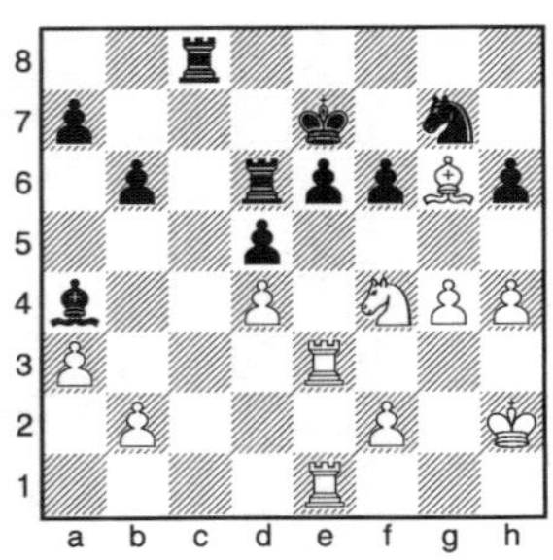

**15.**

**1.♘f4xe6 ♖d6xe6**
**2.♖e3xe6+ ♘g7xe6**
**3.♖e1xe6+ ♔e7xe6**
**4.♗g6–f5+**

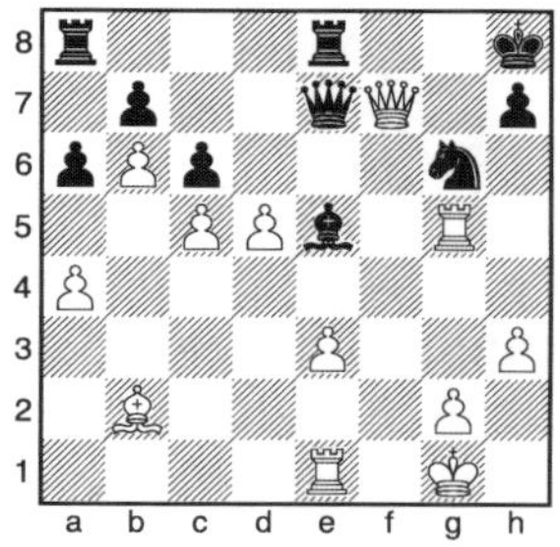

**16.**

**1.♗b2xe5+ ♘g6xe5**
**2.♖g5–g8+ ♖e8xg8 3.♕f7xe7**

Mit **3...♘e5–f3+** gewinnt Schwarz zwar Material zurück, aber es ist zu wenig und zu spät.

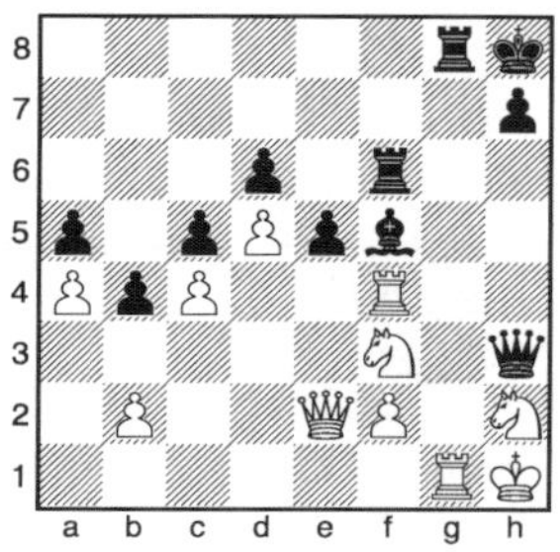

**17.**

**1.♖g1xg8+ ♔h8xg8 2.♖f4–h4**

Und Schwarz muss den Läufer geben, um seine Dame zu retten:

**2...♗f5–d3 3.♕e2xd3 ♕h3–d7**

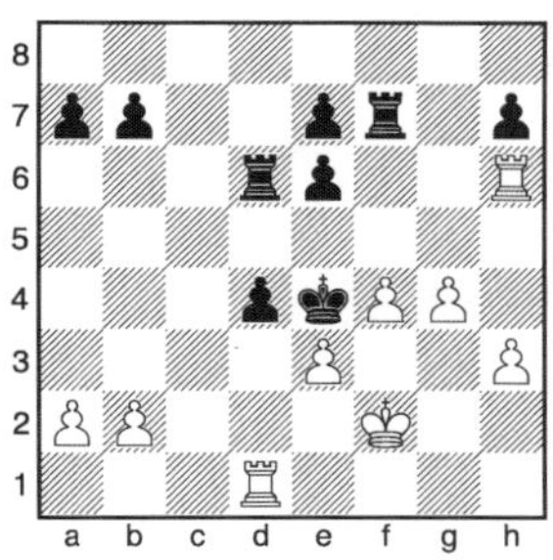

**18.**

**1.♖h6xe6+ ♔e4–d5**

Falls 1...♖d6xe6?? 2.♖d1xd4#

**2.♖e6xd6+ ♔d5xd6 3.♖d1xd4+**

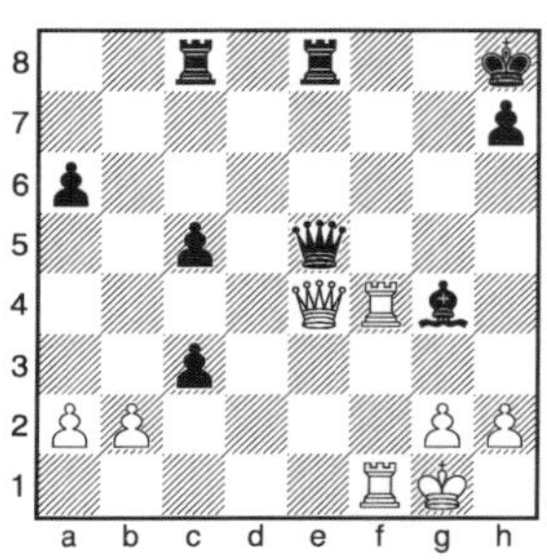

**19.**

**1.♖f4–f8+ ♖e8xf8**

Falls 1...♔h8–g7? 2.♕e4xg4+ ♔g7–h6 3.♖f1-f6+ ♕e5xf6 4.♖f8xf6#

**2.♕e4xe5+ ♔h8–g8 3.♕e5–g5+**

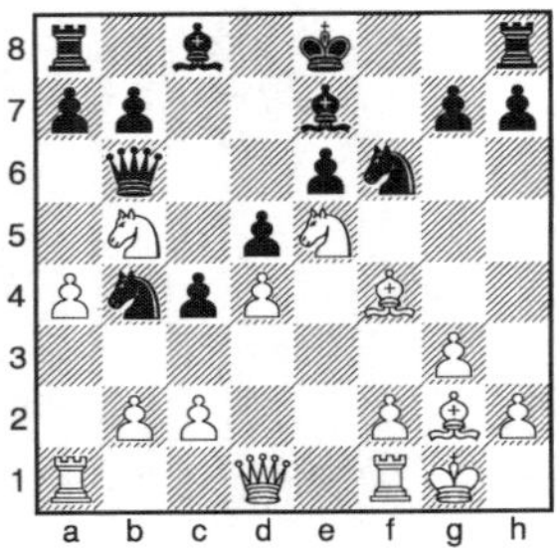

## 20.

**1.♘e5xc4 d5xc4 2.♘b5–c7+ ♔e8–d8 3.♘c7xa8**

Oder 3.a4–a5 und die Dame ist gefangen; 3...♕b6xc7 4.♗f4xc7+ ♔d8xc7

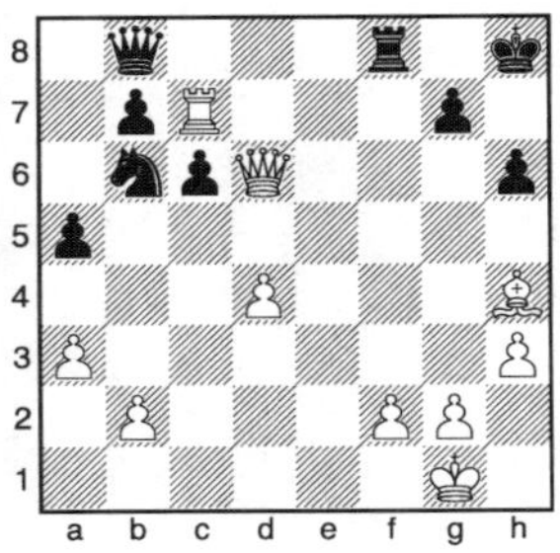

## 21.

**1.♕d6–e7 ♖f8–g8 2.♗h4–f6 ♕b8–f8**

Falls 2...♕b8xc7 3.♕e7xc7 g7xf6 4.♕c7xb6

**3.♕e7xf8 ♖g8xf8 4.♗f6xg7+**

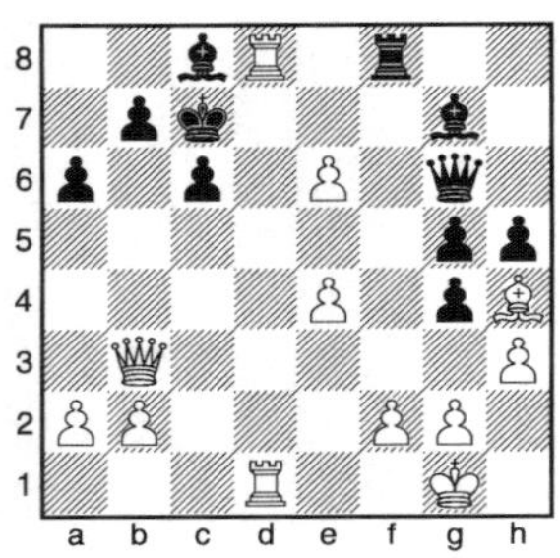

## 22.

**1.♖d1-d7+**

Die Züge 1.♗h4–g3+ und 1.♖d8–d7+ verzögern nur und führen ebenfalls zu Matt..

**1...♗c8xd7 2.♖d8xd7+ ♔c7–c8 3.♕b3xb7#**

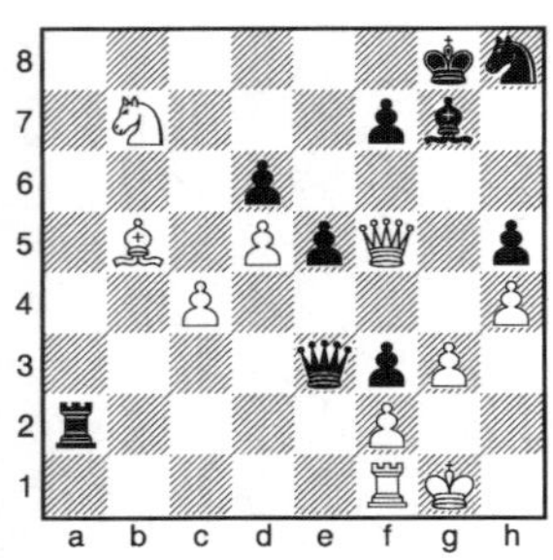

## 23.

Weiß kann das Matt verzögern. Aber am Ende kommt es doch zu:

**1...♖a2xf2 2.♖f1xf2 ♕e3–e1+ 3.♖f2–f1 ♕e1xg3+ 4.♔g1-h1 ♕g3–g2#**

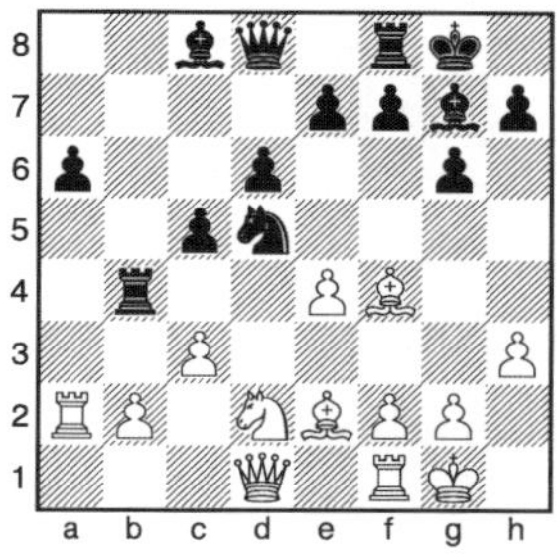

**24.**

**1...♖b4xb2**
**2.♖a2xb2 ♘d5xc3**
**3.♕d1-e1 ♘c3xe2+**
**4.♕e1xe2 ♗g7xb2**

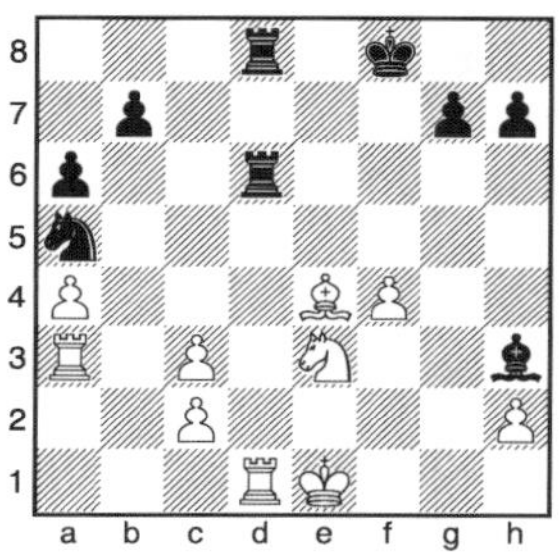

**25.**

**1...♖d6xd1+**
**2.♘e3xd1 ♖d8–e8**
**3.♘d1-f2 ♗h3–f5**

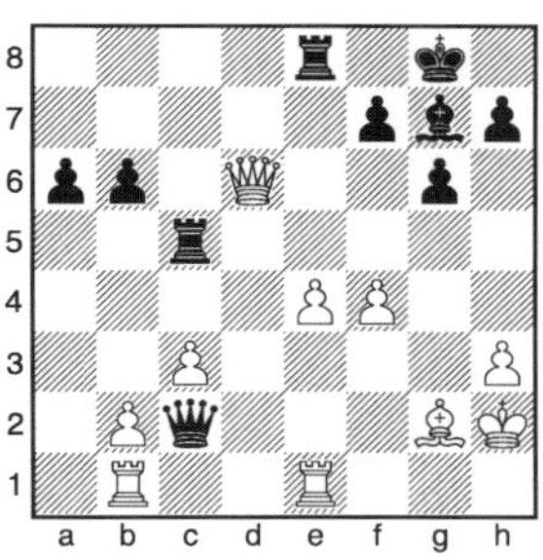

**26.**

**1...♖c5–g5 2.♖e1-g1**

2.f4xg5 ♗g7–e5+ gewinnt die Dame.

**2...♖g5xg2+ 3.♖g1xg2 ♕c2xb1**

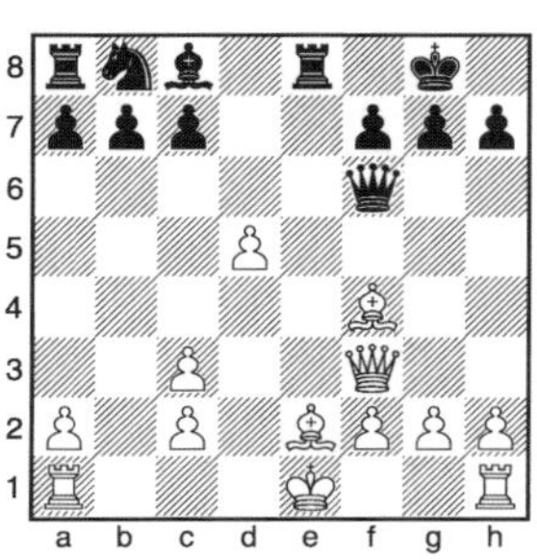

**27.**

**1...♗c8–g4 2.♕f3xg4 ♕f6xc3+ 3.♔e1-d1**

Falls 3.♗f4–d2?? ♕c3xa1+ 4.♗d2–c1 ♕a1xc1#

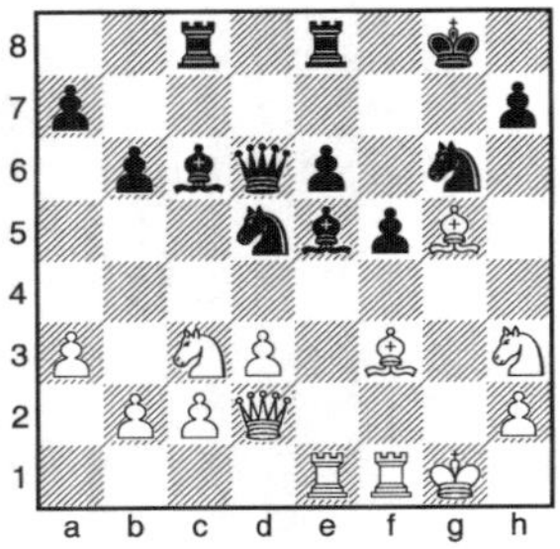

**28.**

**1...♘d5xc3**
**2.b2xc3 ♗c6xf3**
**3.♖f1xf3 ♗e5xc3**
**4.♕d2–e2 ♗c3xe1**
**5.♕e2xe1 ♖c8xc2**

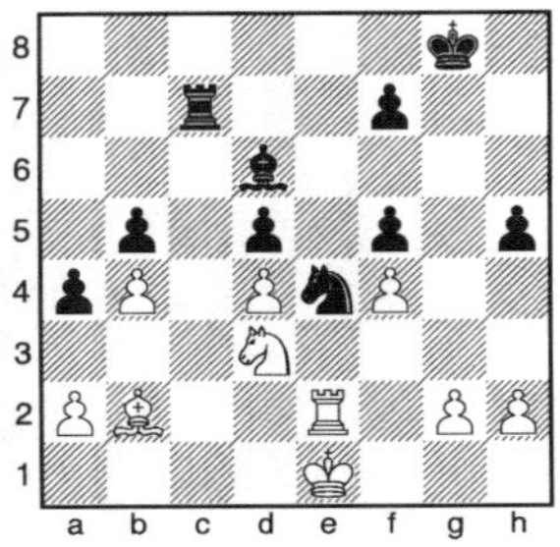

**29.**

**1...a4–a3 2.♗b2–a1**

Ein Fehler ist 2.♗b2xa3? ♖c7–c3;
Falls 2.♗b2–c1 ♗d6xb4+ 3.♔e1-f1

**2...♗d6xb4+ 3.♘d3xb4?? ♖c7–c1#**

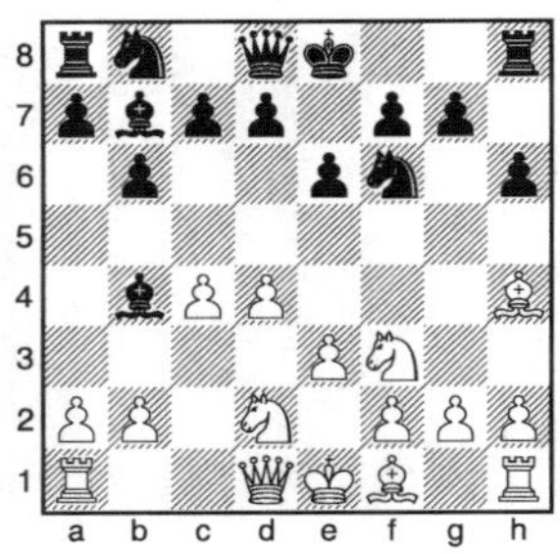

**30.**

Der letzte weiße Zug Sb1–d2 (richtig ist Sc3) war ein schwerer Fehler, auch wenn das nicht offensichtlich ist:

**1...g7–g5 2.♗h4–g3 g5–g4**
**3.♘f3–e5 ♘f6–e4 4.–– ♗b4xd2+**

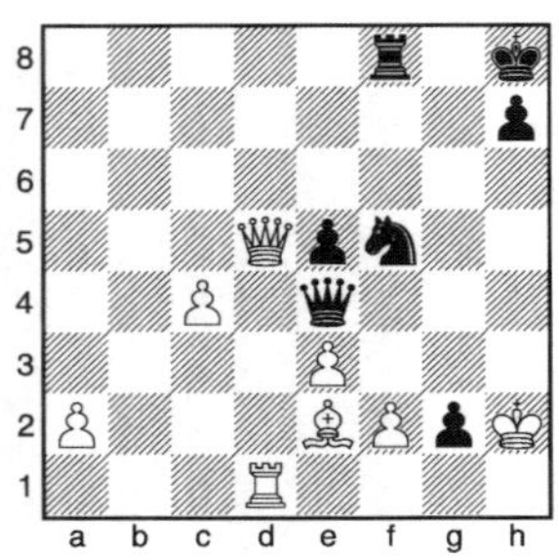

**31.**

**1...♕e4–h4+ 2.♔h2xg2 ♘f5xe3+ 3.♔g2–g1**

Zu einem schnellen Ende führt
3.f2xe3 ♖f8–f2+ 4.♔g2–g1 ♕h4–h2#

**3...♘e3xd5** und Matt folgt.

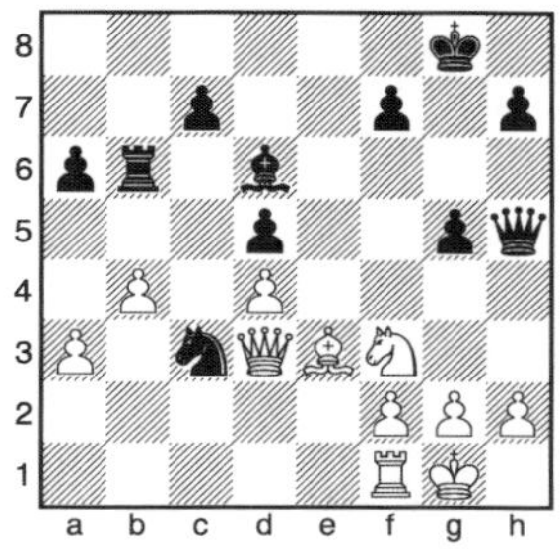

**32.**

**1...♗d6xh2+ 2.♘f3xh2**

Falls 2.♔g1-h1 ♗h2–f4+ 3.♔h1-g1 ♖b6–h6 und Matt folgt.

**2...♘c3–e2+ 3.♔g1-h1**

3.♕d3xe2 ♕h5xe2 vermeidet Matt, ist aber hoffnungslos.

**3...♕h5xh2+ 4.♔h1xh2 ♖b6–h6#**

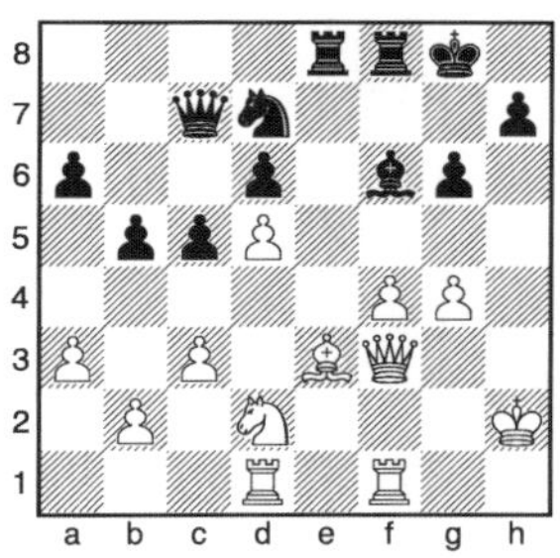

**33.**

**1...♘d7–e5! 2.♕f3–h3**

2.f4xe5? ♗f6xe5+ mit Materialgewinn.

**2...♘e5xg4+ 3.♕h3xg4 ♖e8xe3**

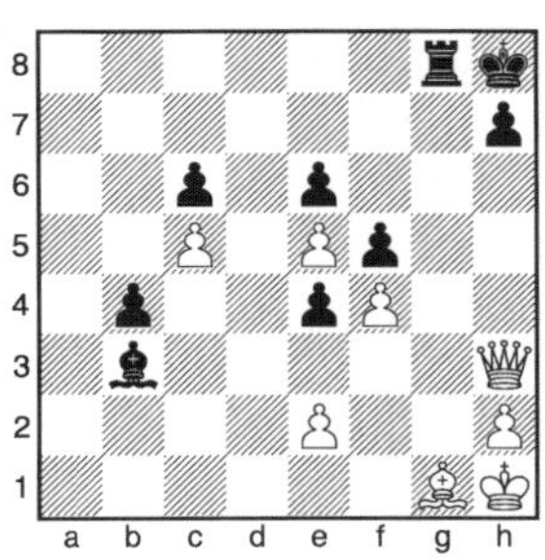

**34.**

**1...e4–e3!**
**2.♗g1xe3 ♗b3–d5+**
**3.♕h3–f3 ♗d5xf3+**
**4.e2xf3 b4–b3**

Oder 4...♖g8–d8 5.♔h1-g2 b4–b3 6.♗e3–c1 ♖d8–d1 oder ♖d8–d2+; erzwingt die Umwandlung.

**5.♗e3–c1 ♖g8–d8**

# Meisterklasse 1

## Vorteil in fünf oder mehr Zügen oder überraschende Züge

Wieder machen wir einen Schritt vorwärts in Richtung auf ein höheres Schach Niveau. In Lektion 5 galt es, Kombinationen in *bis zu* fünf Zügen zu lösen. Nun haben wir Stellungen mit *mindestens* fünf Zügen und also auch mehr.

Da dieses Kapitel und die folgenden auf einem deutlich höheren Niveau sind als die zuvor nenne ich sie "Meisterklasse". Natürlich hast du, um ein richtiger Meister zu werden, noch einen weiten Weg vor dir. Aber fünf und mehr Züge zu berechnen ist schon mehr als es der durchschnittliche Klubspieler üblicherweise tun kann.

Der Schwierigkeitsgrad einer Kombination wird aber nicht nur an ihrer Länge gemessen, sondern auch an ihrer Originalität, Komplexität (z.B. an der Zahl der Varianten und Untervarianten) oder dem Faktor Überraschung. Einen außergewöhnlichen Zug zu finden kann schwerer sein als z.B. ein Matt in zehn Zügen zu lösen, das zwar lang ist, aber ohne oder mit nur wenigen leicht verständlichen Varianten relativ leicht auszurechnen ist.

Auch auf die Gefahr, dass es dich nervt, muss ich mich wiederholen:

Rate nicht herum, was wohl der Lösungsweg sein könnte. Geh systematisch an die Sache heran, schau dir die Stellung an und versuche, sie zu verstehen. Im Turnierschach musst du ja auch gezielt berechnen und kannst nicht einfach gedanklich herumstochern und hin und her springen. Die korrekte Methode zu schauen, verstehen und entscheiden sollte dir zur zweiten Natur werden.

Wenn du dir das zu Herzen nimmst, wirst du dich sicher verbessern. Daran besteht kein Zweifel!

# Meisterklasse 1

## Vorteil in fünf oder mehr Zügen oder überraschende Züge

Noch einmal kurz für alle Leser, die bedauerlicherweise den einleitenden Text überblättert haben:

Rate nicht einfach drauflos, sondern schau dir die Stellung an. Versuche, sie zu verstehen, Schwächen und Angriffsmarken zu erkennen. Nachdem du das getan hast, sollte es nicht schwer sein, "Kandidatenzüge" zu finden, die du dann überprüfen kannst.

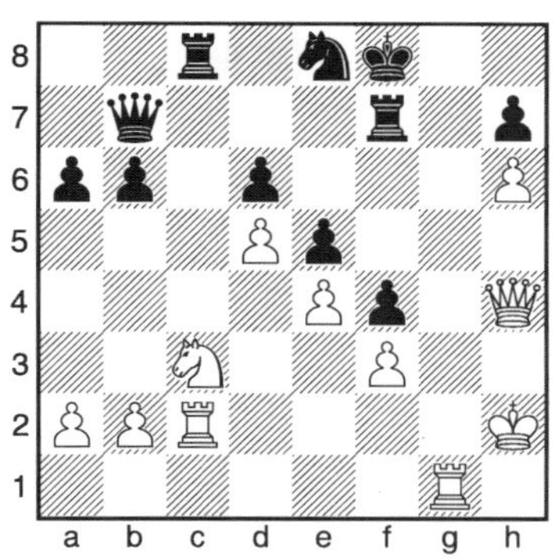

1

**Costachi,M (2463) – Micu,I (2165)**

TCh–ROU 1st League
Mamaia 2019

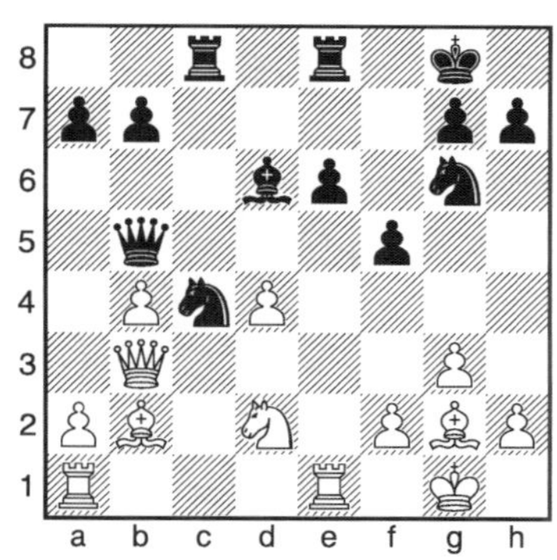

2

**Rantanen,Y (2309) – Quinn,Joh (2105)**

TCh–EUR Senior +65
Mali Losinj CRO 2019

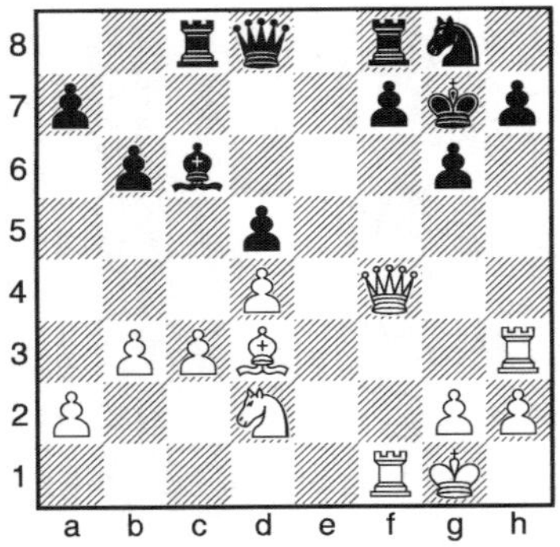

**3**

**Rakhimberdiyev,A (2133) – Zybura,A (1977)**

Wch seniors
Kamena Vorula 2012

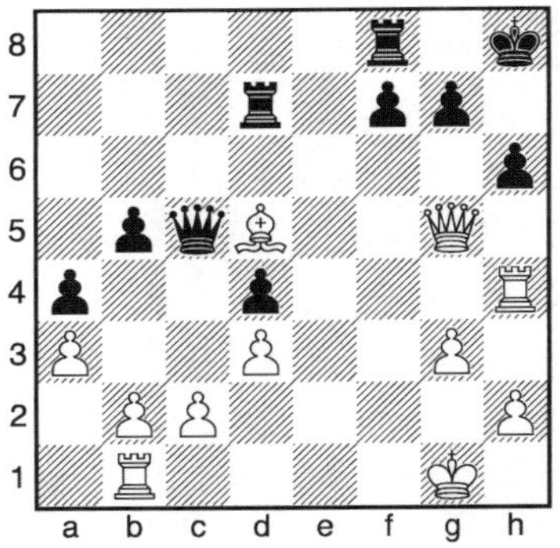

**4**

**Wasala,W (1521) – Luberanski,J (1762)**

14th Baltic Pearl Open
Lazy POL 2018

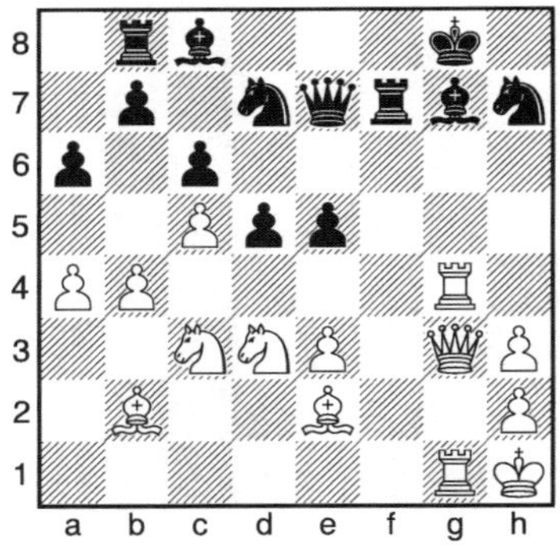

**5**

**Lazavik,D (2300) – Daneshvar,B (2324)**

17th Somov Memorial
Kirishi RUS 2019

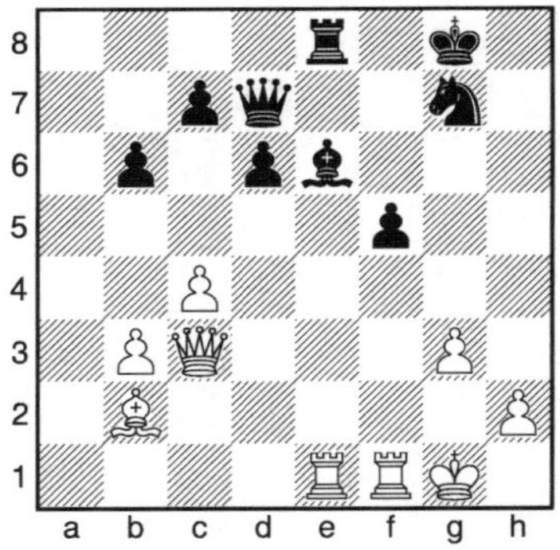

**6**

**Gholami Orimi,M (2423) – Mammadov,S (2205)**

Nakhchivan Open
Nakhchivan AZE 2019

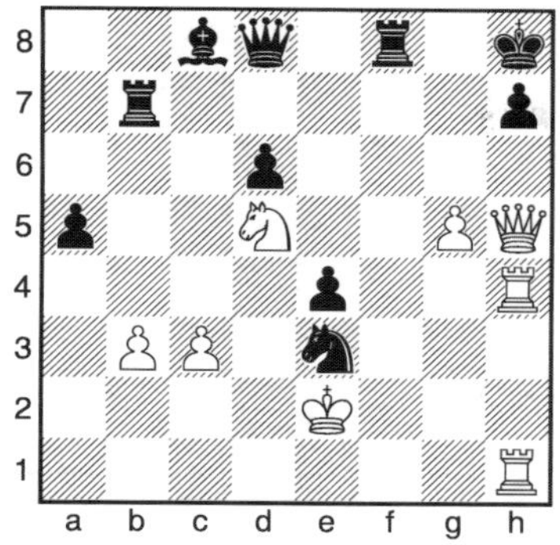

**7**

**Chojnacki,K (2362) – Kukula,P (2195)**

TCh–POL 2nd League Jastrzebia Gora 2019

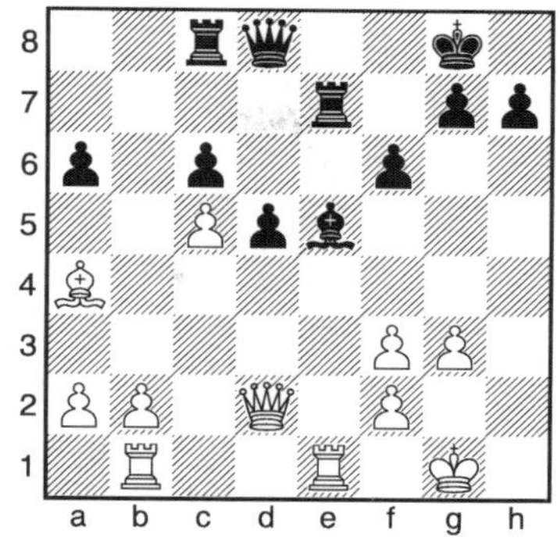

**8**

**Havlikova,K (2310) – Uhlmann,W (2319)**

Pobrady CZE 2012

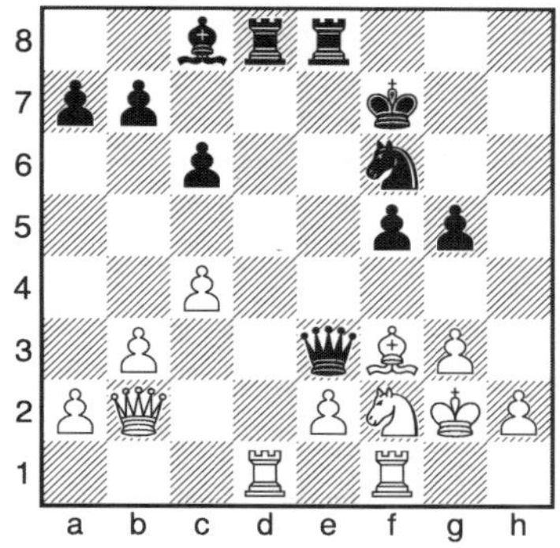

**9**

**Luther,Th (2541) – Georgiadis (2483)**

Österreichische Bundesliga 2016

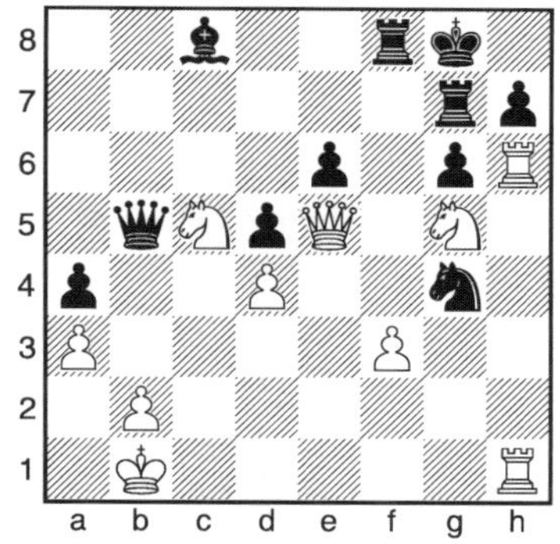

**10**

**Khusainova,O (1674) – Kurbonboeva,S (2297)**

ch–UZB Women Tashkent UZB 2019

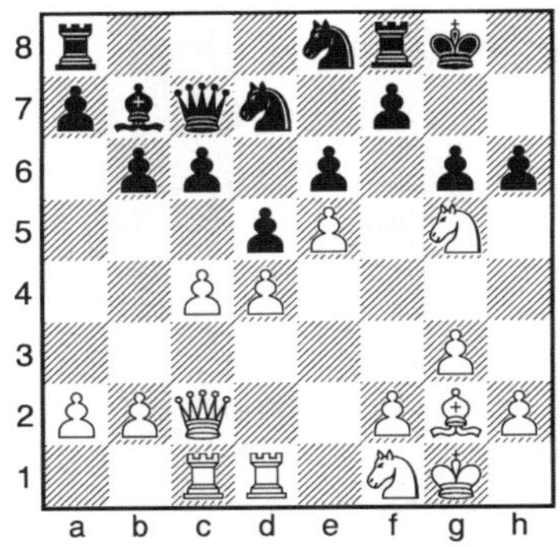

**11**

**Krebs,Jo (2226) – Lauritzen,E (1990)**

TCh-EU Senior +50
Mali Losinj CRO 2019

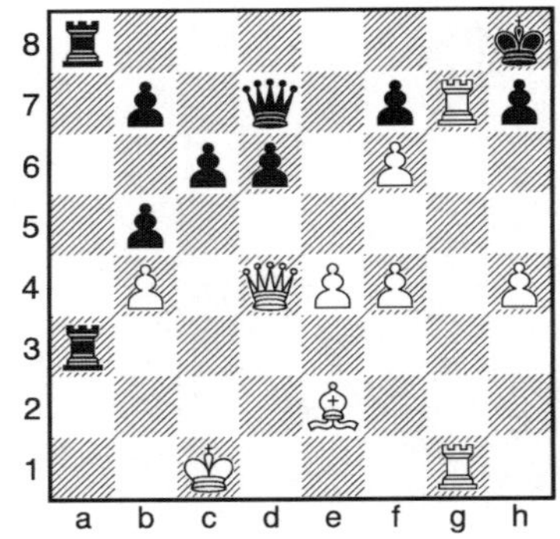

**12 ❍ / ●**

**Kopylov,D (2243) – Yi,D (2070)**

Deutsche Jugend MM
Hannover 2017

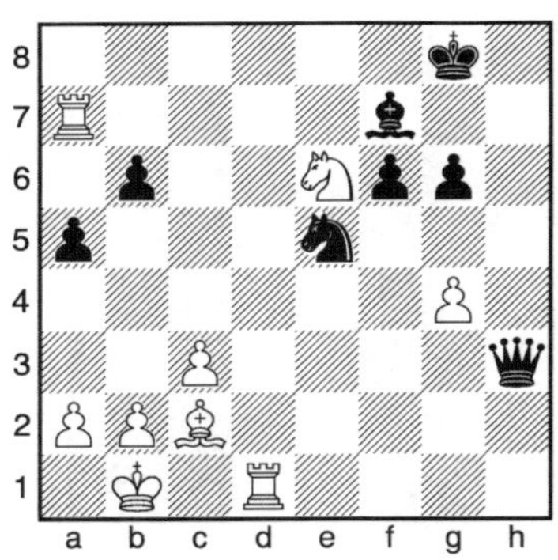

**13**

**Dilanian,G (2230) – Israyelyan,E (1795)**

Armenian Clubs
Yerevan 2018

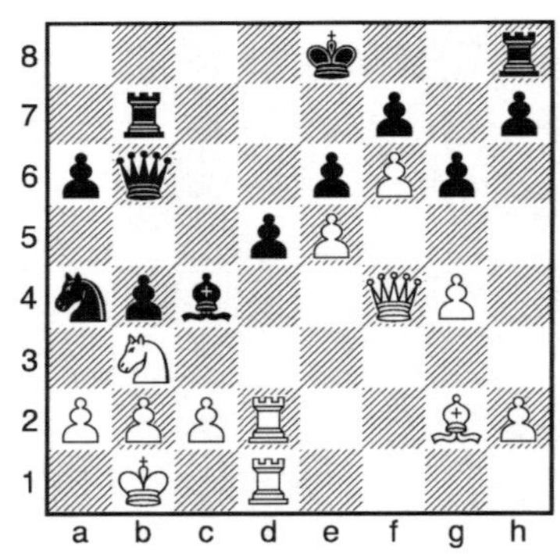

**14**

**Sieber,F (2228) – Hoolt,S (2331)**

Bundesliga Frauen
Deutschland 2019

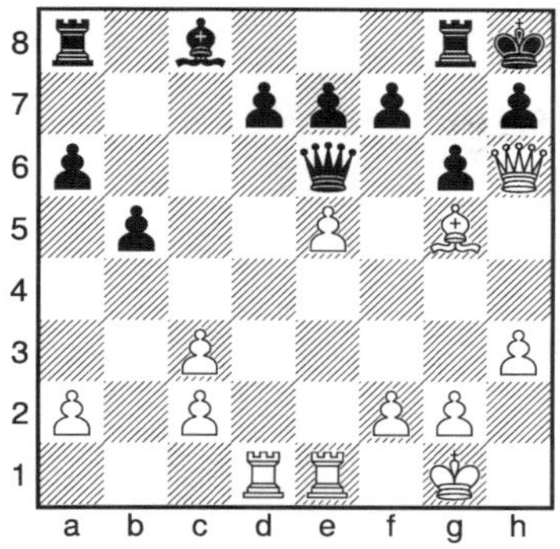

**15**

**Segovic,G (2301) – Tisaj,D (2296)**

29th TCh–SLO
Slovenia 2019

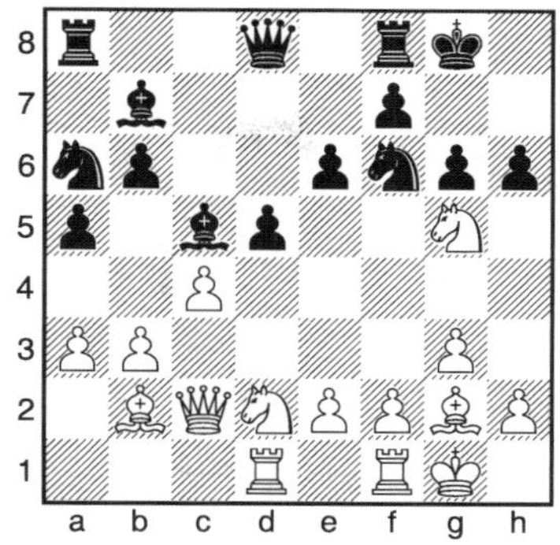

**16**

**Roelle,Ph (2052) – Zimmer,S (1909)**

11. Rheinland–Pfalz Open
Weilerbach 2019

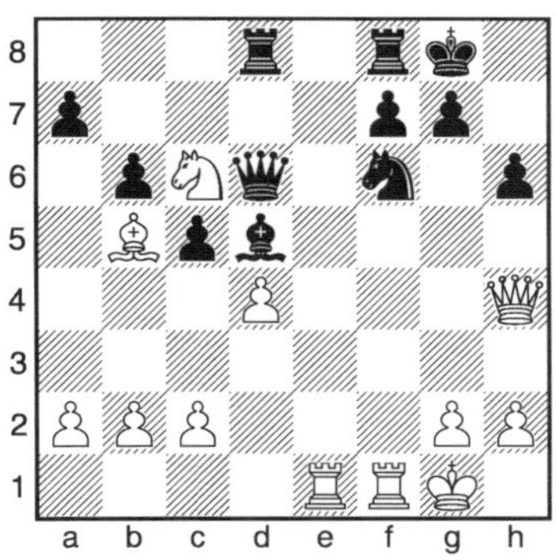

**17**

**Narciso Dublan,M (2489) – Diaz Del Valle,L (2063)**

Platja d'Aro Open
Platja d'Aro ESP 2019

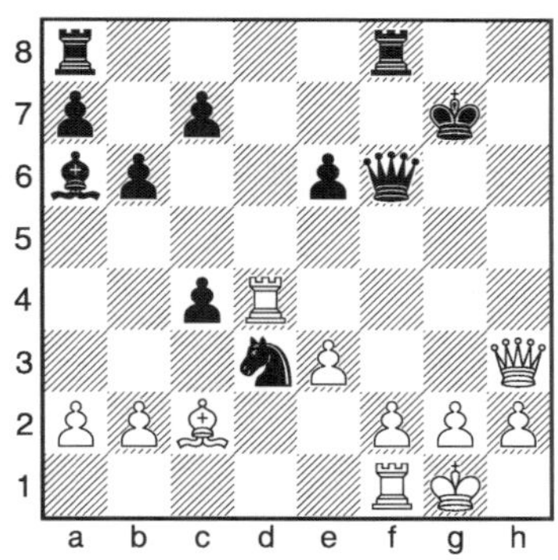

**18**

**Waddington,M (2023) – Villiers,Th (2218)**

DCCA Ron Bruce Premier
Paignton ENG 2019

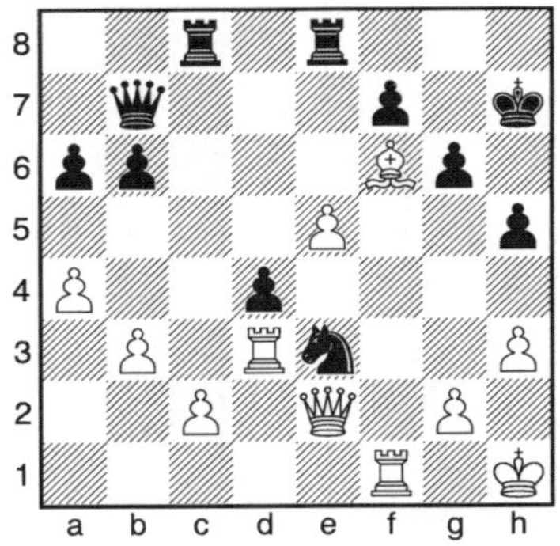

**19**

**Aveskulov,V (2424) – Averjanov,A (2381)**

Rector Cup
Charkov UKR 2005

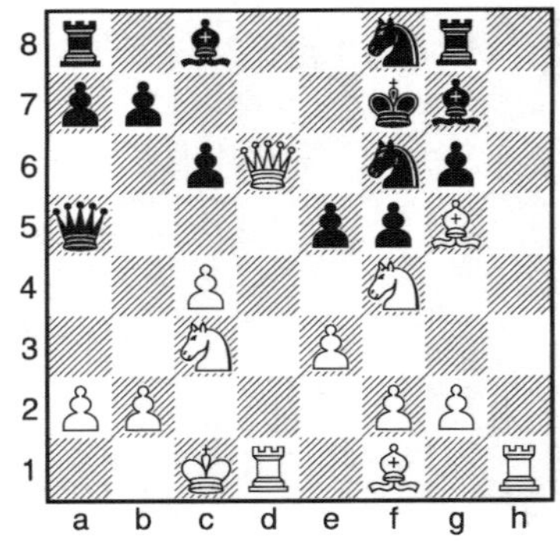

**20**

**Koneru,H (2531) – Sorbe,S (2340)**

Kuala Lumpur Open
MAS 2005

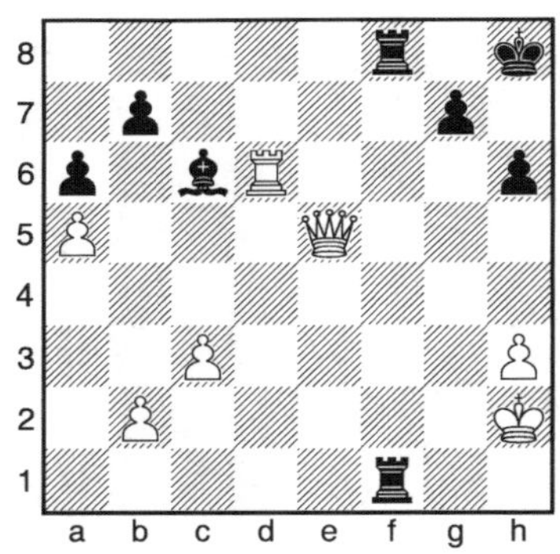

**21 ●**

**Enkhnar,E (2374) – Amartuvshin,G (2391)**

ch–MGL Murun 2019

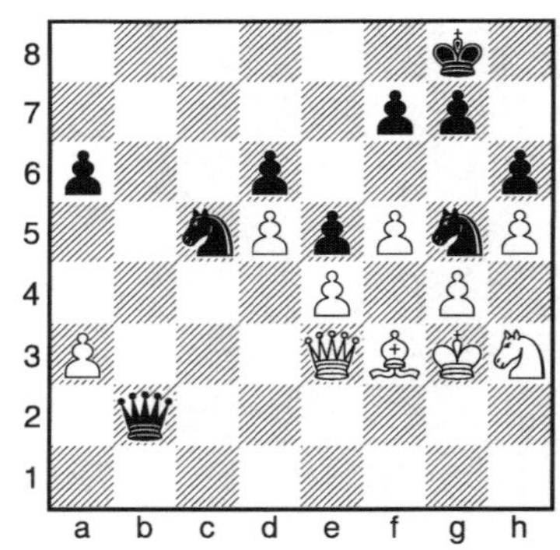

**22 ●**

**Greet,A (2441) – Cordova,E (2609)**

43.Olympiade
Batumi GEO 2018

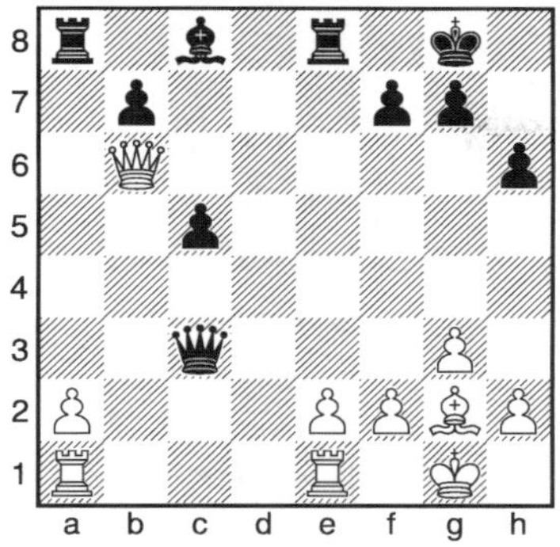

**23 ●**

**Jezidzic,G (2011) – Kalajzic,I (2105)**

13th Hum na Sutli Open
Hum na Sutli CRO 2019

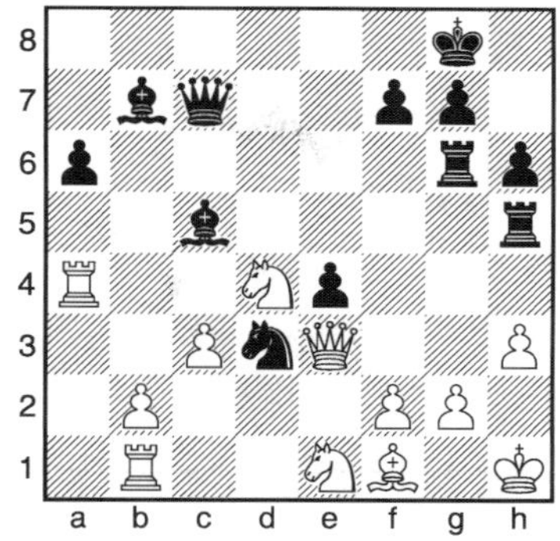

**24 ●**

**Neuschmied,S (2295) – Kranzl,J (2215)**

3. Innsbruck Open
Innsbruck 2019

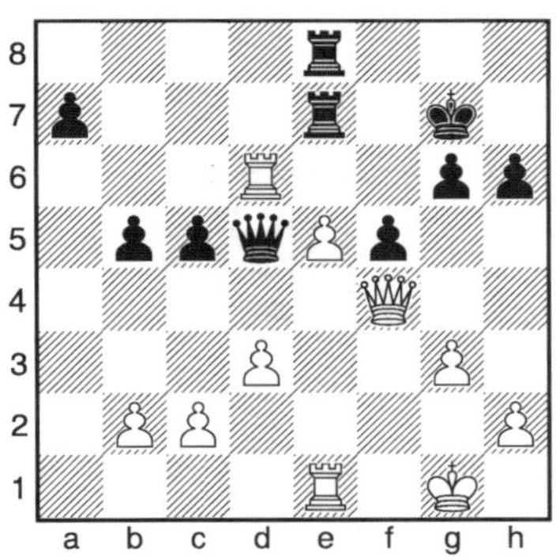

**25 ●**

**N.N. – Nan**

Internet Blitz 2019

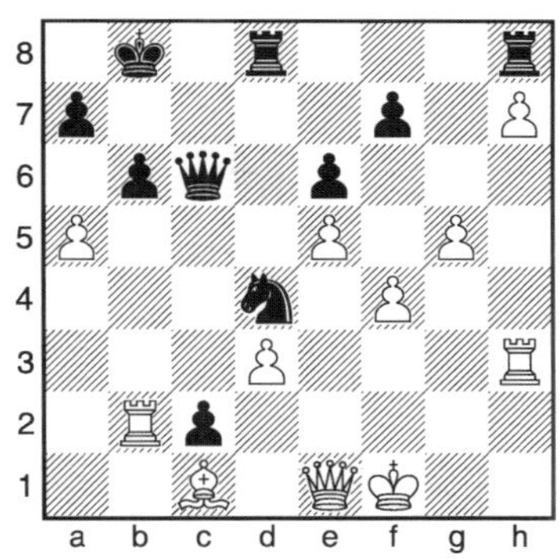

**26 ●**

**Martinez,Ay (2169) – Navrotescu,A (2242)**

Fuerteventura w Masters
Corralejo ESP 2019

# Lösungen Meisterklasse 1

## Vorteil oder Matt in fünf oder mehr Zügen oder überraschende Züge

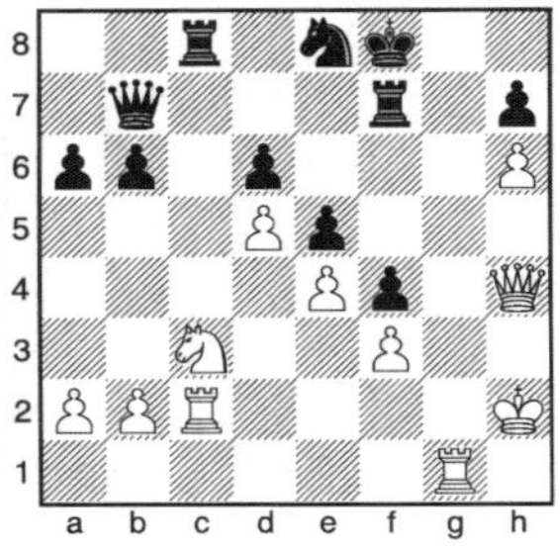

**1.** Costachi – Micu

**34.♖c2–g2 ♘e8–f6 35.♕h4xf6** 1:0; **♖f7xf6 36.♖g2–g8+ ♔f8–e7 37.♖g1-g7+ ♖f6–f7 38.♖g7xf7+ ♔e7xf7 39.♖g8–g7+ ♔f7–f6 40.♖g7xb7+–**

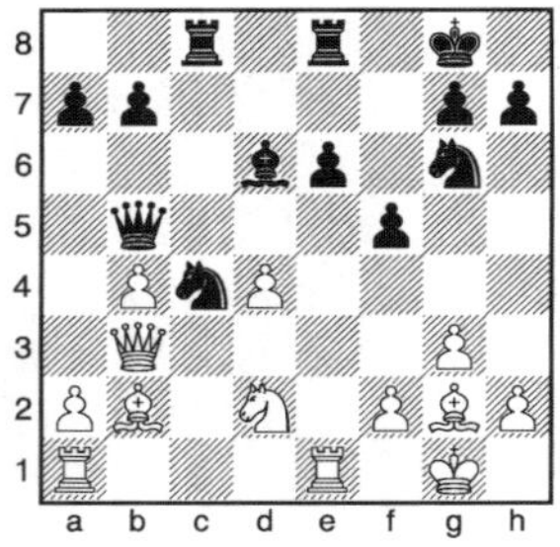

**2.** Rantanen – Quinn

**22.♘d2xc4 ♕b5xc4**

Falls 22...♖c8xc4 23.♗g2–f1

**23.♕b3xc4 ♖c8xc4 24.♖e1xe6 ♖e8xe6 25.♗g2–d5 ♖c4xb4 26.♗d5xe6+ ♔g8–f8 27.♗b2–c3±**

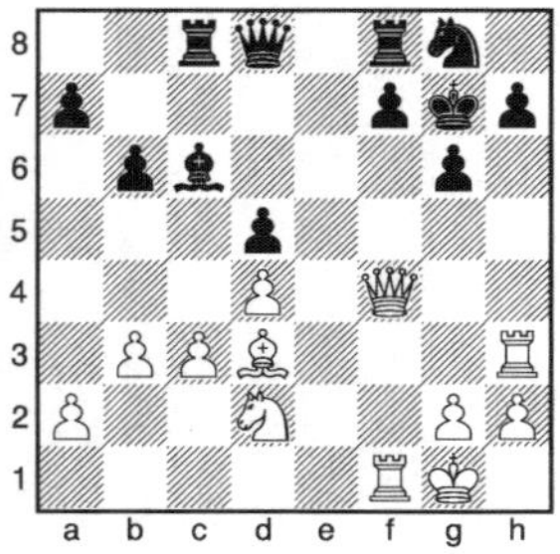

**3.** Rakhimberdiyev – Zybura

**1.♕f4–e5+ f7–f6**

Matt vermeidet 1...♘g8–f6 2.♖f1xf6 ♕d8xf6 3.♖h3xh7+ ♔g7xh7 4.♕e5xf6+–

**2.♖h3xh7+ ♔g7xh7 3.♕e5–h5+ ♔h7–g7 4.♕h5xg6+ ♔g7–h8 5.♕g6–h7#**

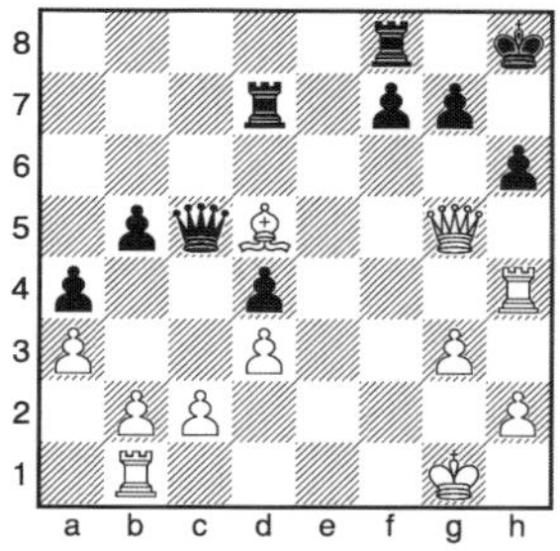

**4.** Wasala – Luberanski

Offensichtlich ist das Turmopfer auf h6, mit dem Weiß Dauerschach erzwingen kann. Aber mit ein wenig manövrieren schafft Weiß noch mehr:

**30.♖h4xh6+ g7xh6**
**31.♕g5xh6+ ♔h8–g8**
**32.♕h6–g5+** *(D2)* **♔g8–h8**

Falls 32...♔g8–h7? 33.♗d5–e4+ f7–f5 34.♖b1-f1

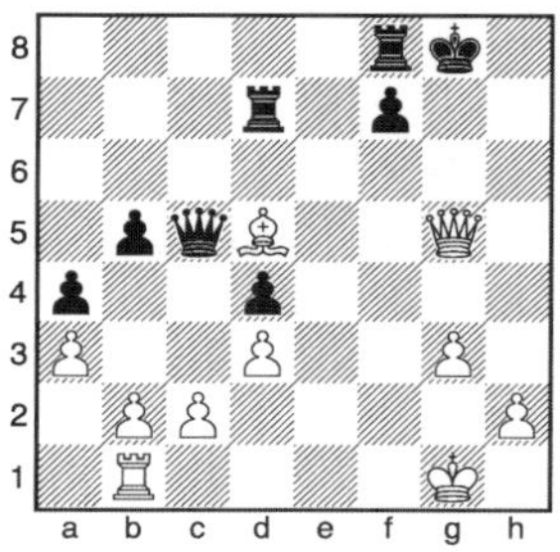

D2

**33.♕g5–h5+ ♔h8–g7**
**34.♕h5–g4+ ♔g7–h8**
**35.♕g4xd7+–**

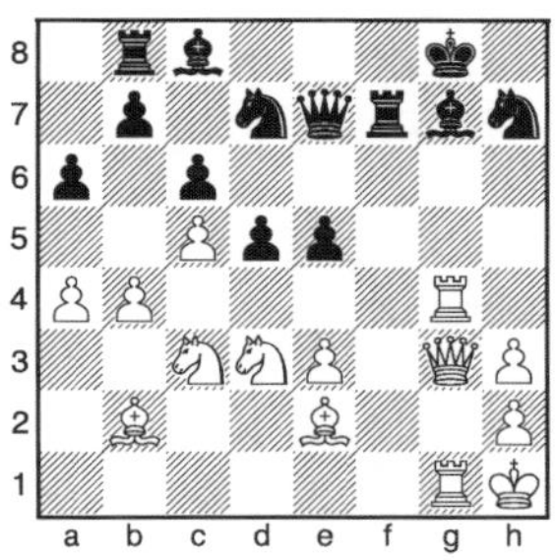

**5.** Lazavik – Daneshvar

**27.♘d3xe5 ♕e7xe5**
**28.♕g3xe5 ♘d7xe5**
**29.♖g4xg7+ ♖f7xg7** *(D2)*
**30.♖g1xg7+ ♔g8xg7**
**31.♘c3xd5 c6xd5**
**32.♗b2xe5++–**

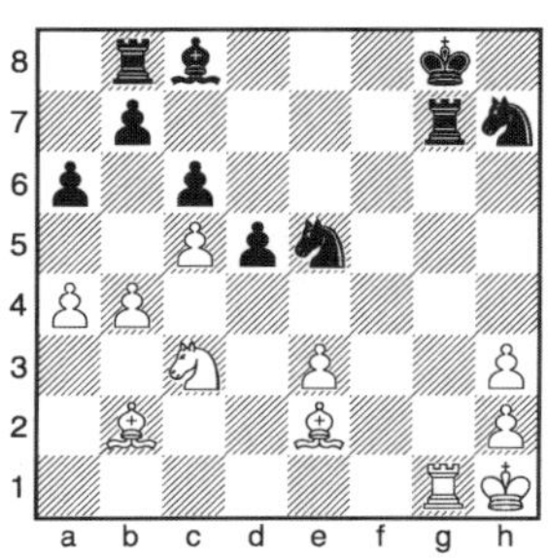

D2

Den Turm zu retten macht es nur noch schlimmer, so z.B.

31...♔g7–f7?? 32.♗b2xe5 ♖b8–a8 33.♘d5–b6

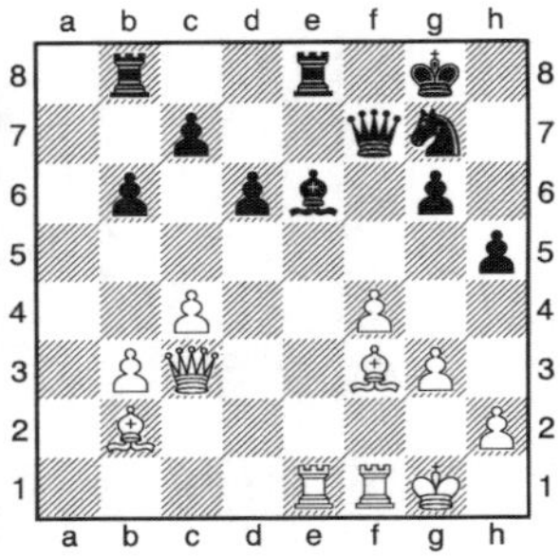

**6.** Gholami Orimi – Mammadov

**27.f4–f5 g6xf5**

27...♗e6xf5?? 28.♗f3–d5 ♘g7–e6? 29.♕c3–h8#

**28.♗f3xh5 ♕f7–d7**
**29.♗h5xe8 ♖b8xe8** *(D2)*

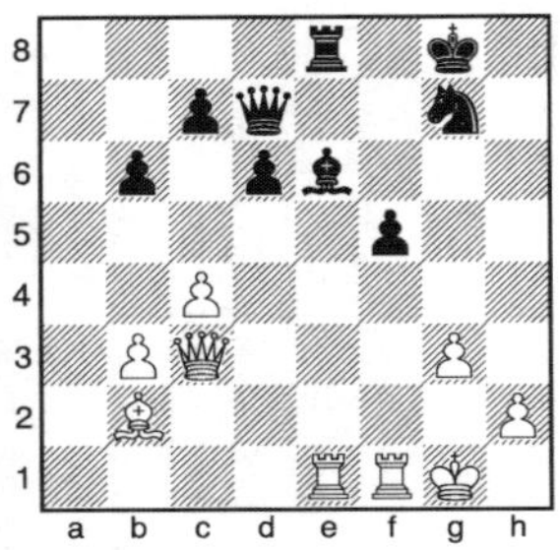

D2

Hier zeigt der Computer andere Züge, die er höher bewertet. Aber du bist gut beraten, deine Partie auf "menschliche Weise" fortzusetzen; d.h., halt es einfach und in einer Weise, die du verstehen kannst. Und das ist:

**30.♕c3xg7+ ♕d7xg7**
**31.♗b2xg7 ♔g8xg7**
**32.♖f1xf5+–**

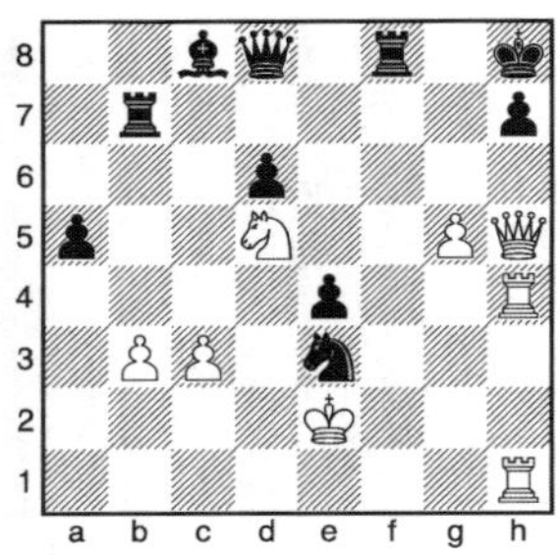

**7.** Chojnacki – Kukula

**29.♕h5xh7+ ♖b7xh7**
**30.♖h4xh7+ ♔h8–g8**
**31.♘d5–f6+ ♖f8xf6**
**32.♖h7–h8+ ♔g8–g7**
**33.g5xf6+ ♕d8xf6** *(D2)*
**34.♖h1-h7+ ♔g7–g6**
**35.♖h7–h6+ ♔g6–g5**
**36.♖h6xf6 ♔g5xf6**
**37.♔e2xe3+–**

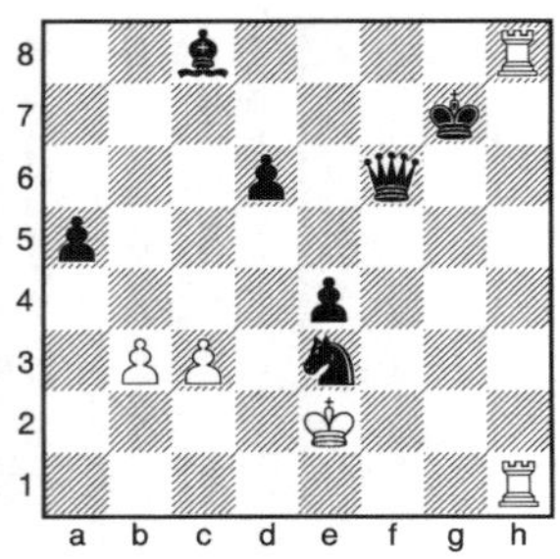

D2

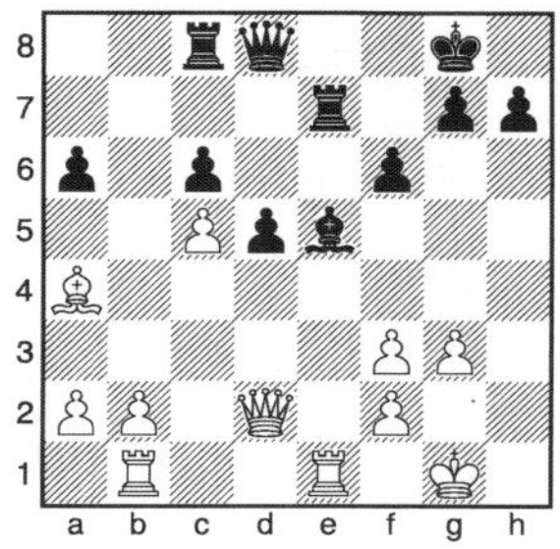

**8.** Havlikova - Uhlmann

**1.f3–f4 ♗e5–b8**
**2.♖e1xe7 ♕d8xe7**
**3.♗a4xc6 ♖c8xc6**
**4.♕d2xd5+ ♕e7–e6**
**5.♕d5–d8+ ♔g8–f7 6.♕d8xb8+–**

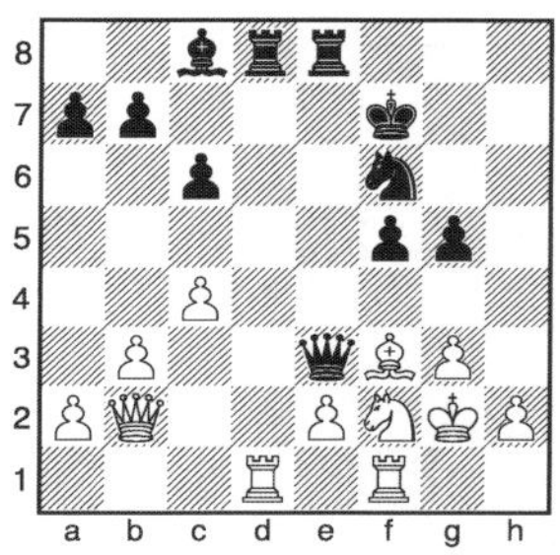

**9.** Luther - Georgiadis

Zwei überraschende Opfer räumen die f-Linie und ermöglichen dank Fesselung eine Springergabel:

**1.♗f3xc6 b7xc6 2.♕b2xf6+ ♔f7xf6**
**3.♘f2–g4+ ♔f6–g6 4.♘g4xe3 ♖d8xd1**
**5.♘e3xd1 ♖e8xe2+ 6.♖f1-f2+–**

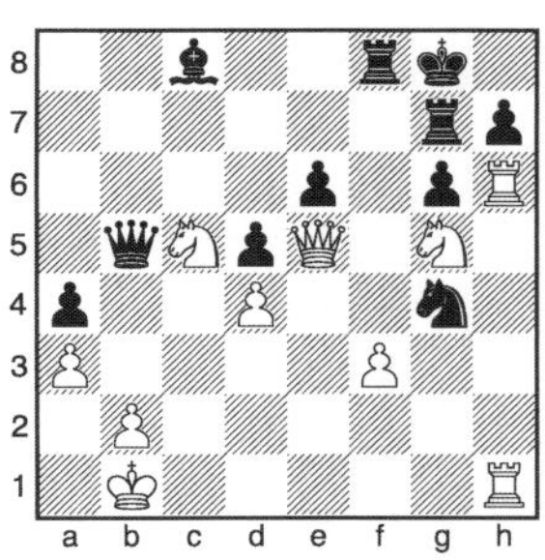

**10.** Khusainova - Kurbonboeva

**28.♕e5xg7+ ♔g8xg7**
**29.♖h6xh7+** *(D2)* **♔g7–f6**

Nicht besser ist 29...♔g7–g8
30.♖h7–h8+ ♔g8–g7
31.♖h1-h7+ ♔g7–f6
32.♖h8xf8+ ♔f6xg5
33.f3–f4#

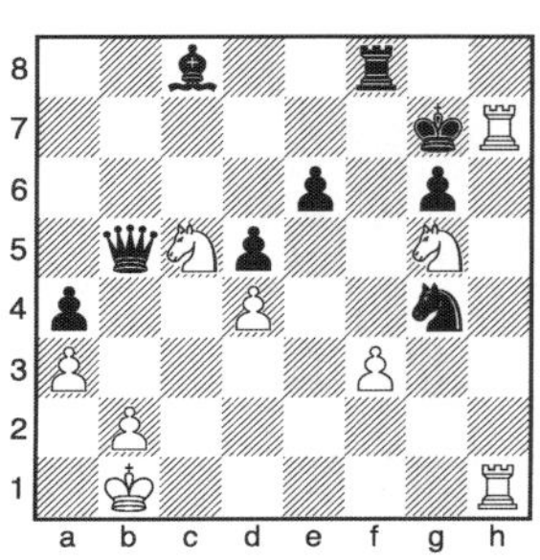

D2

**30.♘g5–e4+ d5xe4**
**31.♘c5xe4+ ♔f6–f5**
**32.♘e4–d6+ ♔f5–f4**
**33.♘d6xb5+–**

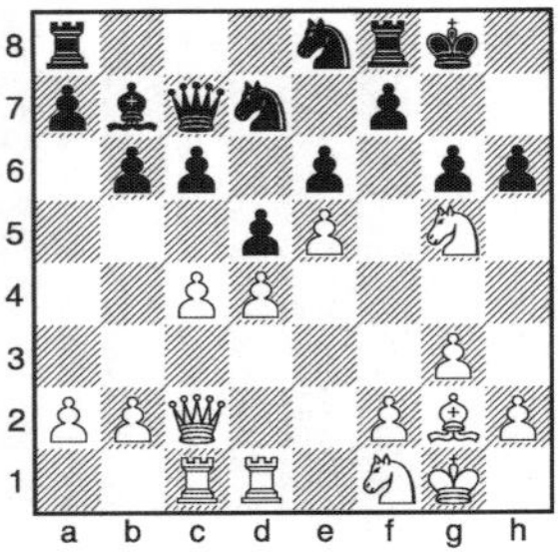

**11.** Krebs – Lauritzen

Der letzte Zug ...h7–h6 war ein typischer Fehler, der die Bauernstellung schwächt:

**16.♘g5xe6 f7xe6**
**17.♕c2xg6+ ♘e8–g7**
**18.c4xd5** *(D2)* **♘d7xe5**

Andere Züge helfen auch nicht:
18...e6xd5?? 19.♗g2xd5+

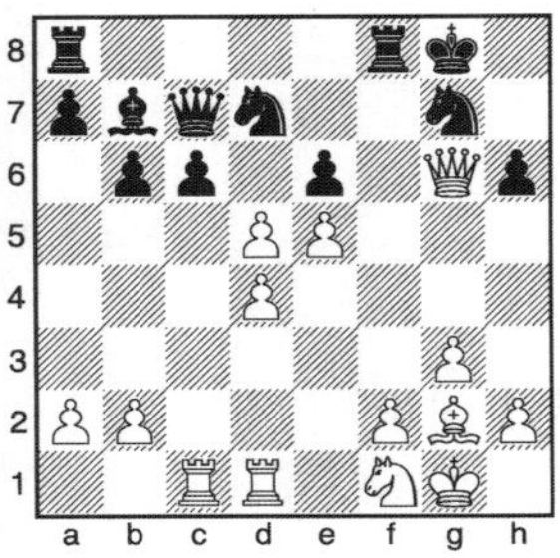

D2

**19.d4xe5 ♕c7xe5**
**20.d5xc6 ♗b7–a6**
**21.c6–c7 ♖a8–c8**
**22.♖d1–d7 ♕e5xb2**
**23.♗g2–e4** und Matt folgt.

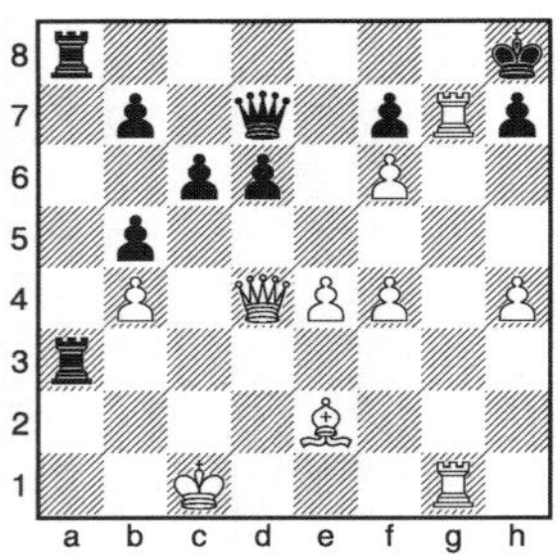

**12.** Kopylov – Yi

***Weiß*** am Zug gewinnt:

**30.♖g7–g8+ ♖a8xg8**
**31.♖g1xg8+ ♔h8xg8**
**32.♕d4–g1+ ♔g8–f8**
**33.♕g1-g7+ ♔f8–e8 34.♕g7–g8#**

***Schwarz*** am Zug kann Remis halten:

**30.–– ♖a3–a1+**
**31.♔c1-d2 ♖a8–a2+** *(D2)*
**32.♔d2–c3 ♖a2–a3+**

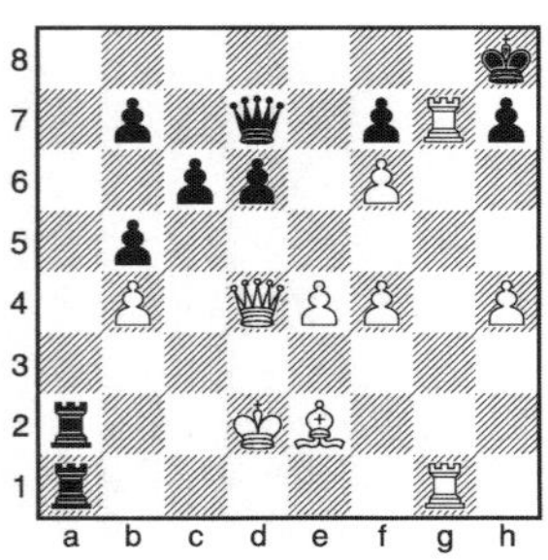

D2

Falls 32.♔d2–e3?? ♖a1xg1
33.♖g7xg1 ♕d7–h3+
34.♔e3–f2 ♕h3–h2+
35.♖g1-g2 ♖a2xe2+-+

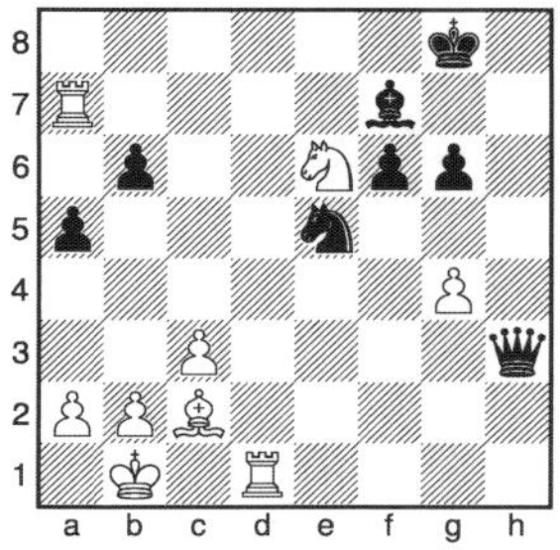

**13.** Dilanian – Israyelyan

**31.♖d1-d8+ ♔g8-h7**
**32.♗c2xg6+ ♘e5xg6**

32...♔h7xg6? 33.♘e6-f4+

**33.♖a7xf7+ ♔h7-h6 34.g4-g5+** *(D2)* 1:0;
**34...f6xg5**

34...♔h6-h5 35.♖f7-h7+ ♔h5-g4
36.♖d8-d4+ gewinnt die Dame.

**35.♖f7-h7+ ♔h6xh7 36.♘e6xg5++–**

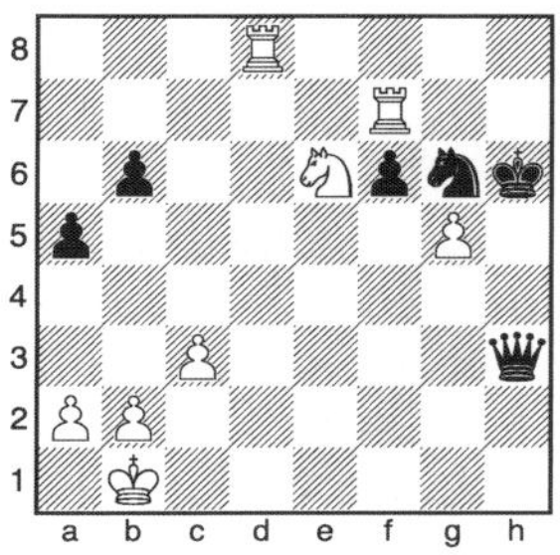

D2

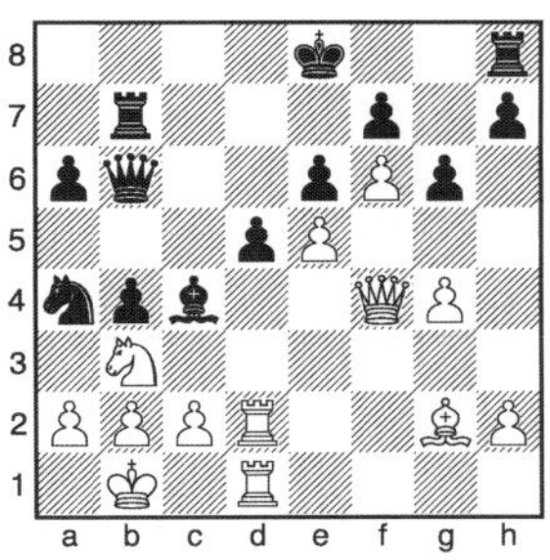

**14.** Sieber – Hoolt

**28.♕f4xc4 d5xc4**
**29.♗g2-c6+ ♖b7-d7**
**30.♗c6xd7+ ♔e8-d8**
**31.♗d7xa4+ ♔d8-c8**
**32.♖d2-d6** *(D2)* **♕b6-e3**
**33.♖d6-c6+ ♔c8-b8**
**34.♘b3-c5+–**

Oder 34.♖c6xc4; in beiden Fällen steht der schwarze König ganz allein allen weißen Angreifern gegenüber.

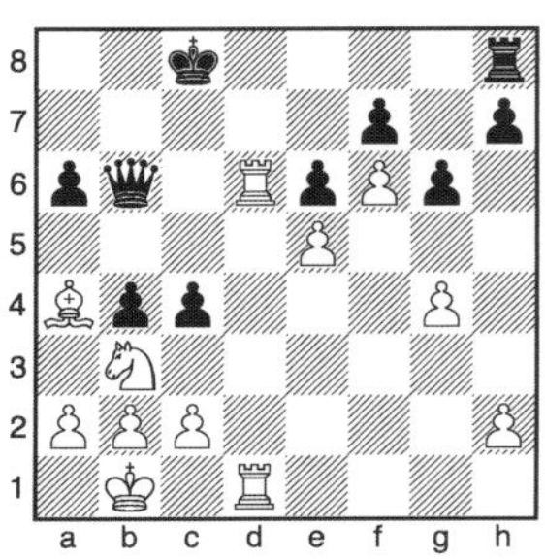

D2

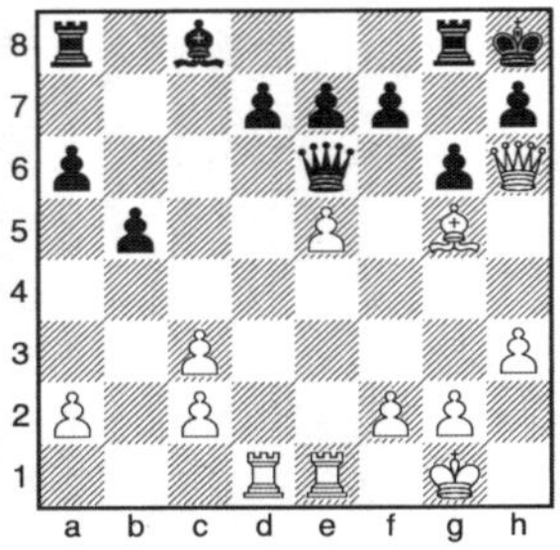

**15.** Segovic – Tisaj

**19.♖d1-d6!** 1:0; **e7xd6**

Falls 19...♕e6–f5 20.♗g5xe7 -- 21.♗e7–f6+

**20.♗g5–f6+ ♕e6xf6 21.e5xf6 ♗c8–b7+–**

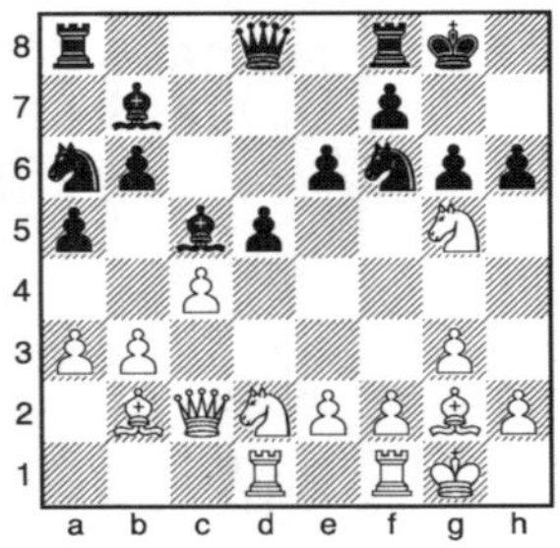

**16.** Roelle – Zimmer

Der Plan für diese Kombination sollte klar sein: Zerstören der Bauernstellung vor dem König und Angriff mit der Dame. Aber sorgfältige Berechnung ist gefordert – oder du stehst am Ende mit leeren Händen da. Es ist gefährlich, sich auf das Bauchgefühl zu verlassen, trau ihm nicht zu sehr.

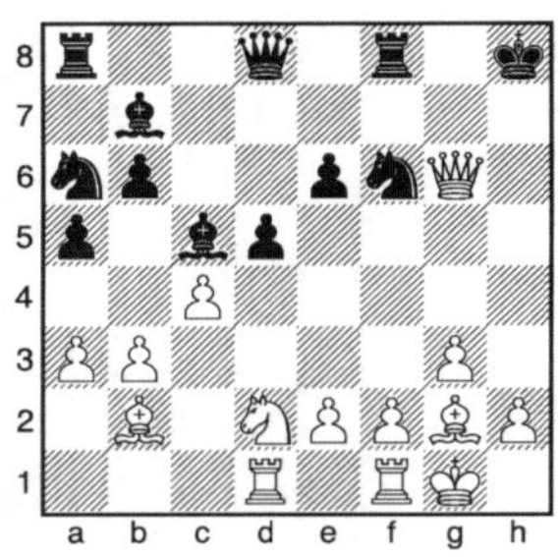

D2

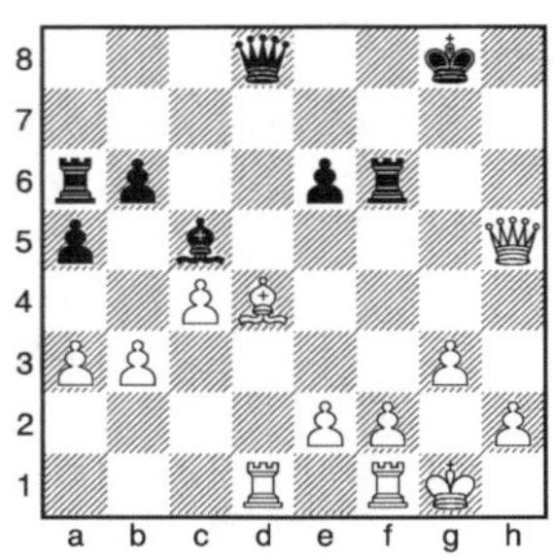

D3

**15.♘g5xe6 f7xe6**
**16.♕c2xg6+ ♔g8–h8**
**17.♕g6xh6+ ♔h8–g8**
**18.♕h6–g6+ ♔g8–h8** *(D2)*
**19.♘d2–e4 d5–d4**
**20.♘e4xf6 ♖f8xf6**
**21.♕g6–h5+ ♔h8–g8**
**22.♗g2xb7 ♖a8–a7**
**23.♗b7xa6 ♖a7xa6**
**24.♗b2xd4** *(D3)* **♗c5xd4**
**25.♕h5–g4+** mit klarem Gewinn.

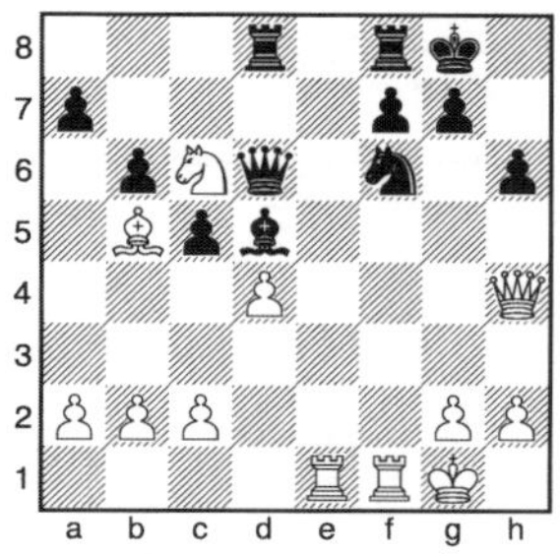

**17.** Narciso Dublan – Diaz Del Valle

Weiß kann die Qualität gewinnen, aber stärker ist

**22.♘c6–e7+ ♔g8–h8**
**23.♘e7–f5 ♕d6–b8** *(D2)*
**24.♘f5xg7**

Falls 24.♘f5xh6 ♘f6–h7 25.♗b5–d3 g7xh6 26.♕h4xh6 f7–f5 27.♖f1xf5

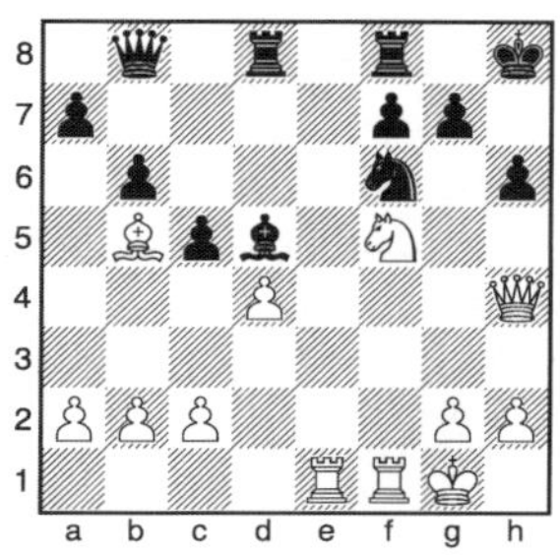

D2

**24...♘f6–h7**
**25.♘g7–f5 ♖f8–g8**
**26.g2–g3 ♗d5–e6**
**27.♖e1xe6 f7xe6**
**28.♘f5xh6**
Mit der entscheidenden Drohung Sf7+.

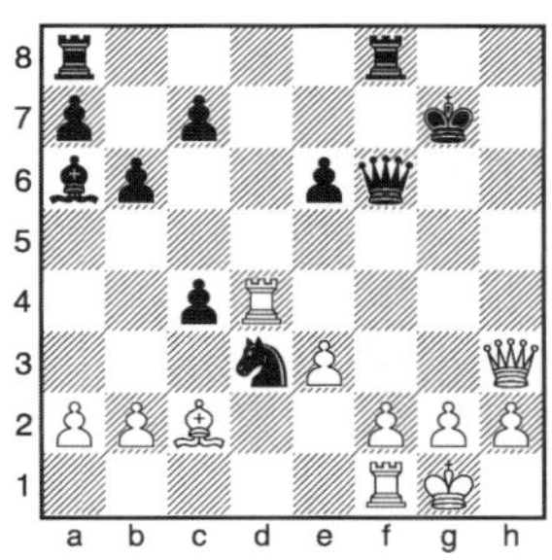

**18.** Waddington – Villiers

**22.♕h3–g3+ ♔g7–f7**
**23.♕g3xc7+**

Schwächer, aber gut genug ist
23.♗c2xd3 e6–e5 24.♗d3xc4+ ♗a6xc4
25.♖d4xc4 c7–c5 26.♖c4–e4+–

**23...♔f7–g8**
**24.♕c7–g3+ ♔g8–f7** *(D2)*

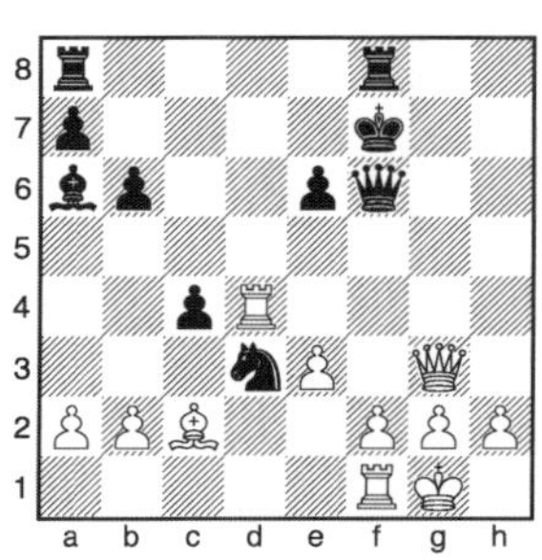

D2

In der Partie wählte Weiß das Remis durch Zugwiederholung und verpasste den klaren Gewinn:

**25.♗c2xd3 c4xd3 26.♖d4–f4+–**

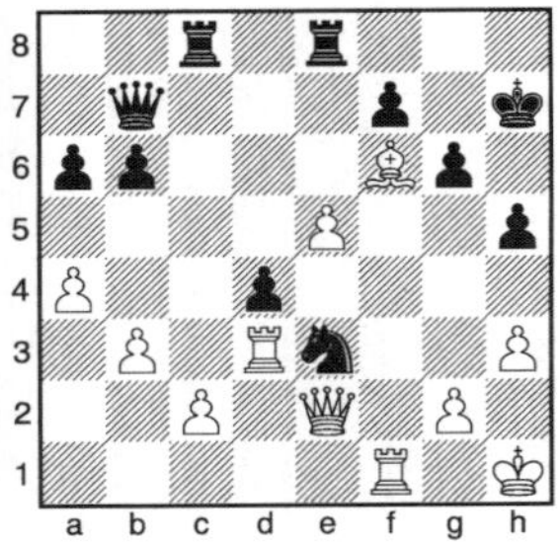

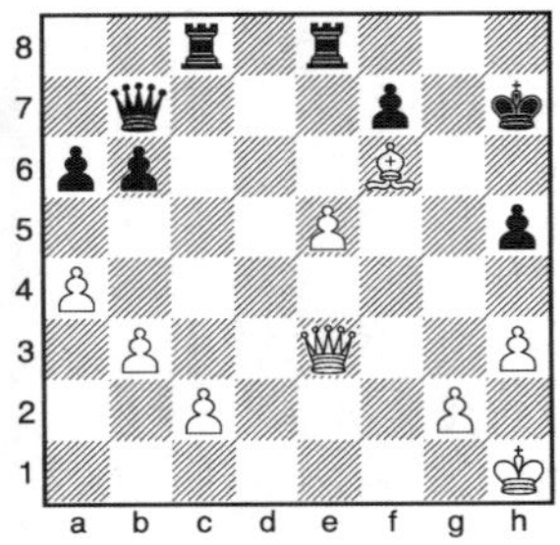

D2

**19.** Aveskulov – Averjanov

**1.♖d3xe3! d4xe3**
**2.♖f1-f5 ♔h7–h6**

Falls 2...g6xf5?? 3.♕e2xh5+ ♔h7–g8 4.♕h5–h8#

**3.♕e2xe3+ ♔h6–h7**
**4.♖f5xh5+ g6xh5** *(D2)*
**5.♕e3–g5 ♕b7xg2+**

Falls 5...♖e8–g8 6.♕g5xh5#

**6.♕g5xg2** 1:0;

Der letzte "Trick", wohl hoffend auf 6.♔h1xg2?? ♖e8–g8∓, war dann doch zu offensichtlich.

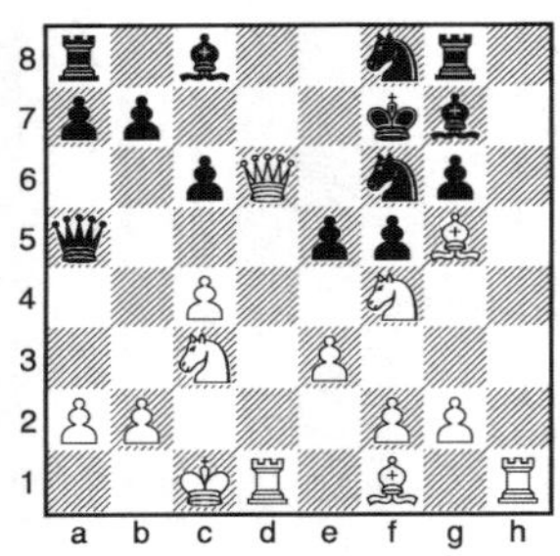

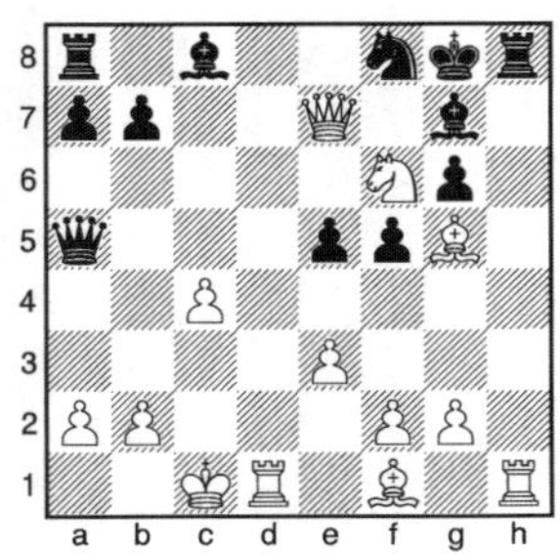

D2

**20.** Koneru – Sorbe

**1.♘f4–d5** / ♘c3–d5 **c6xd5**
**2.♘c3xd5 ♖g8–h8**

Keine Hilfe ist 2...♘f6xd5 3.♖d1xd5 ♕a5–e1+ 4.♖d5–d1+–

**3.♕d6–e7+ ♔f7–g8**
**4.♘d5xf6+** *(D2)* 1:0; **♗g7xf6**
**5.♗g5xf6 ♖h8–h7**
**6.♖h1xh7 -- 7.♕e7–g7# / 7.♖h7–h8#**

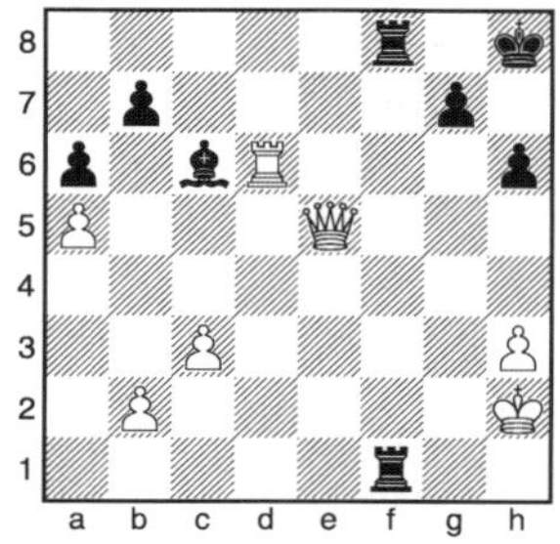

**21.** Enkhnar – Amartuvshin

Selbst ohne seine Dame hat Schwarz eine ausgezeichnete Stellung:

**36...♖f1-h1+ 37.♔h2–g3 ♖h1-g1+ 38.♔g3–h4**

38.♔g3–h2?? ♖g1-g2+ 39.♔h2–h1 ♖f8–f1#

**38...♖f8–f4+** *(D2)* 0:1; **39.♕e5xf4**

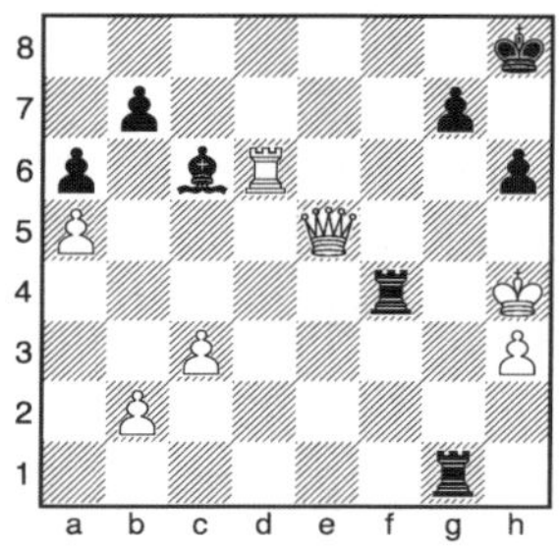

Falls 39.♔h4–h5 ♗c6–f3#

**39...g7–g5+ 40.♕f4xg5 h6xg5+-+**

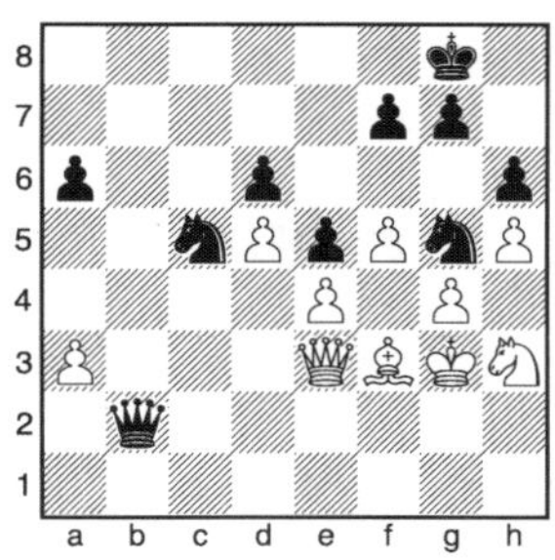

**22.** Greet – Cordova

**35...♕b2–c3**
**36.♕e3xc3**

36.♕e3–e2 ♘c5xe4+
37.♔g3–g2 ♘g5xh3 *(D2)*
38.♔g2xh3 ♘e4–g5+
39.♔h3–g2 ♕c3xa3-+

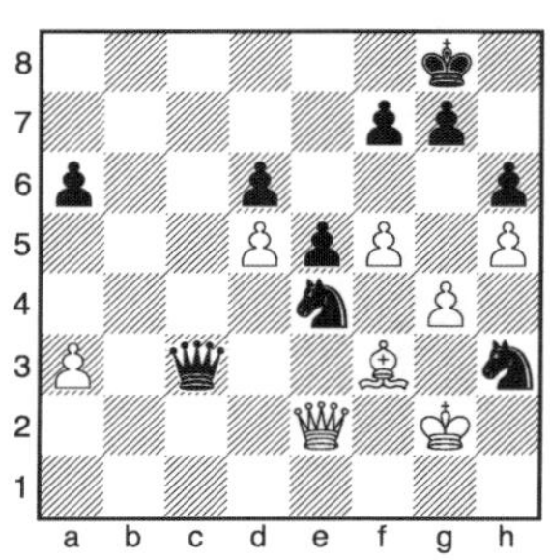

**36...♘g5xe4+**
**37.♗f3xe4 ♘c5xe4+**
**38.♔g3–f3 ♘e4xc3**
**39.–– ♘c3xd5-+**

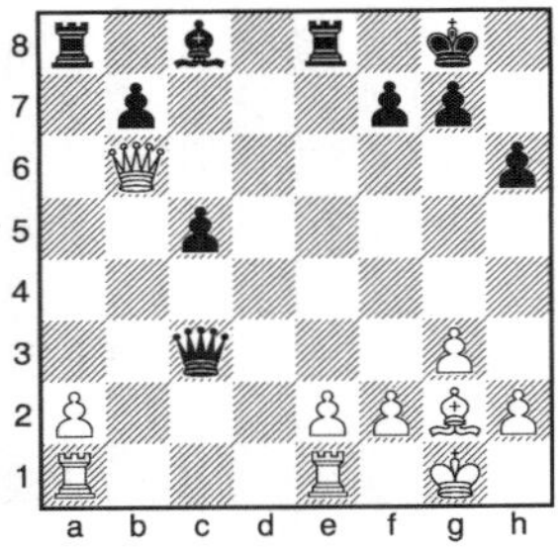

**23.** Jezidzic – Kalajzic

**25...♖a8xa2**
**26.♖a1-c1 ♖a2xe2**
**27.♖e1-d1**

Nicht besser 27.♖c1xc3 ♖e2xe1+ 28.♗g2–f1 ♗c8–h3 29.♕b6–b5 ♖e8–a8; 27.♖e1-f1 ♕c3xc1 28.♖f1xc1 ♖e2–e1+-+

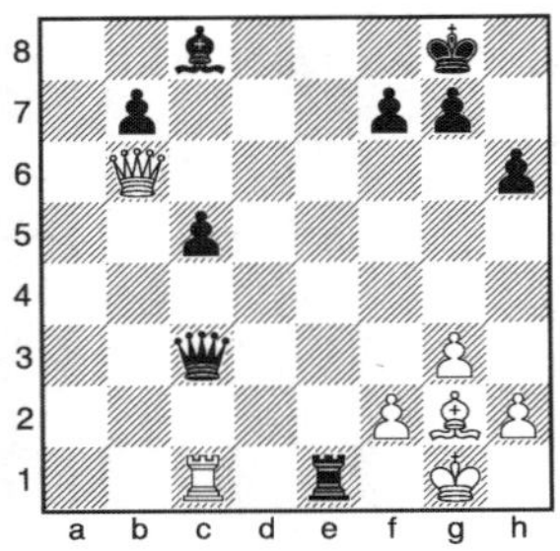

D2

**27...♖e2–e1+**
**28.♖d1xe1 ♖e8xe1+** *(D2)*
**29.♖c1xe1 ♕c3xe1+ 30.♗g2–f1 ♗c8–h3** 0:1;
**31.♕b6–d8+ ♔g8–h7 32.♕d8–d3+ g7–g6**

Und nach Abtausch auf f1 gewinnt Schwarz das Endspiel leicht.

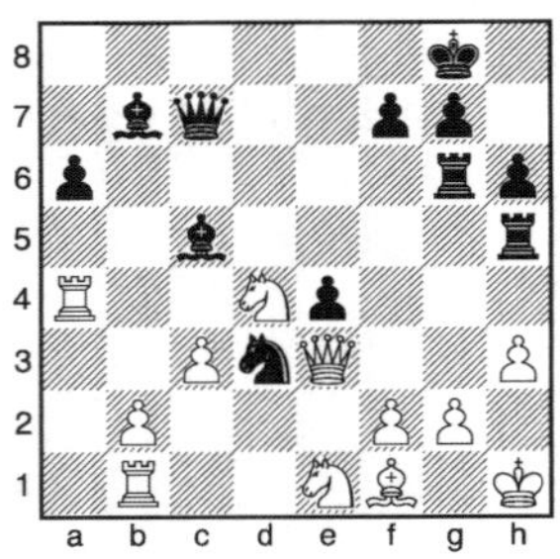

**24.** Neuschmied – Kranzl

In der Partie geschah
35...♘d3xf2+ 36.♕e3xf2 ♖h5xh3+ 37.g2xh3 e4–e3+-+

Noch stärker war der Vorbereitungszug:

**35...♕c7–d7**
**36.♖a4–a1 ♘d3xf2+**
**37.♕e3xf2 e4–e3** *(D2)*
**38.♕f2xe3 ♖h5xh3+**
**39.♔h1-g1 ♖h3xe3-+**

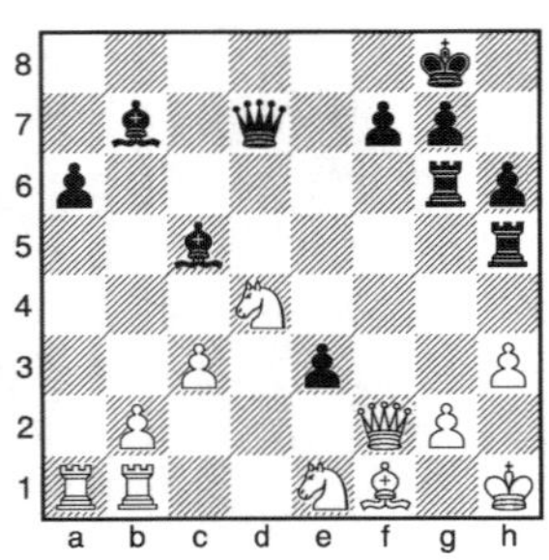

D2

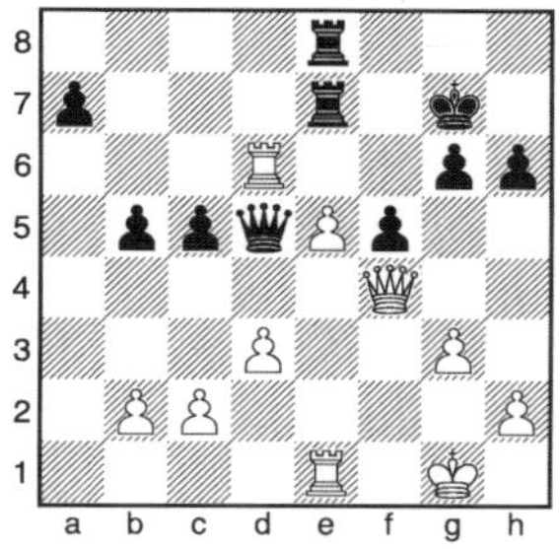

**25.** N.N. – Nan Internet Blitz 2019

**1...♕d5xd6**
**2.e5xd6 ♖e7xe1+**
**3.♔g1-g2 ♖e8–e2+** *(D2)*
**4.♔g2–h3**

Oder 4.♔g2–f3 g6–g5 5.d6–d7 g5–g4+ 6.♕f4xg4+ f5xg4+ 7.♔f3xg4 ♖e2–e8

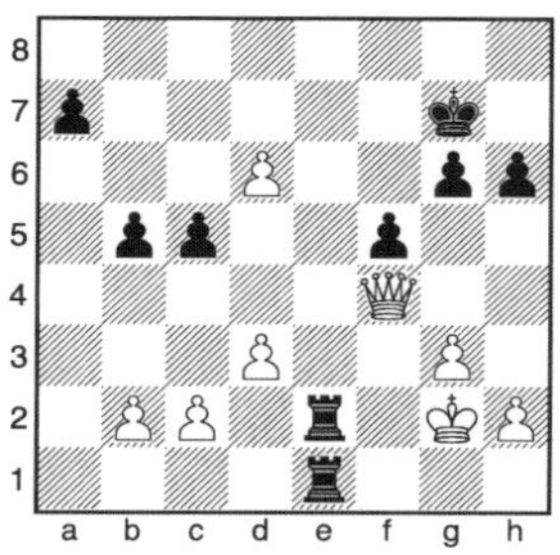

D2

**4...♖e1-h1 5.g3–g4 g6–g5**

Gut genug ist 5...♖h1xh2+ 6.♕f4xh2 ♖e2xh2+ 7.♔h3xh2 ♔g7–f6 8.g4xf5 g6xf5

**6.♕f4xf5 ♖h1xh2+**
**7.♔h3–g3 ♖e2–g2+**
**8.♔g3–f3 ♖g2–f2+-+**

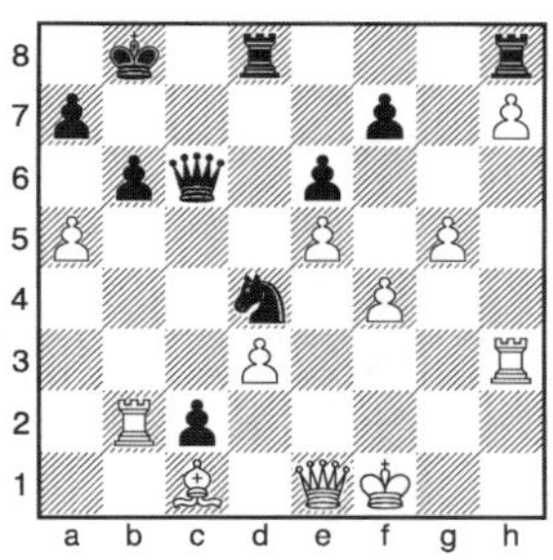

**26.** Martinez – Navrotescu

**31...♖h8xh7**
**32.♖h3xh7 ♕c6–f3+**
**33.♔f1-g1 ♕f3xd3**
**34.♕e1-e3 ♕d3xh7** *(D2)*

Auf andere Züge folgt 35.–– ♖d8–h8.

**35.a5xb6**

Schaut gefährlich aus, doch der weiße Angriff ist keine wirkliche Gefahr.

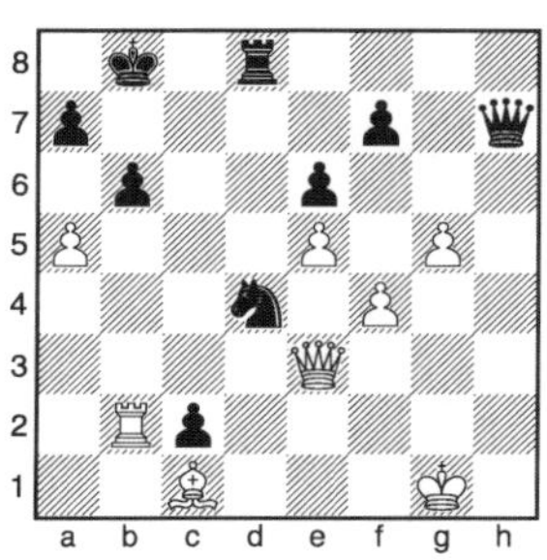

D2

**35...a7–a6**
**36.♕e3–a3 ♘d4–e2+**
**37.♔g1-g2 ♘e2xc1** 1:0;
**38.♕a3xa6 ♖d8–d2+** und Matt folgt.

# QUICK TEST 8

Matt in vier Zügen zu finden sollte nun kein Problem mehr für dich sein. Wenn du mit Band 2 gearbeitet hast, kennst du ja auch bereits solche Aufgaben.

Um gute Klubstärke zu erreichen, musst du in der Lage sein, die meisten Aufgaben in vier Zügen zu lösen, gleich ob Matt oder Materialgewinn. Oder, falls du der Verteidiger bist, solche gegnerischen Möglichkeiten rechtzeitig zu erkennen und zu vereiteln.

Und nun geh hin und eifere einem großen Beispiel nach. Weltmeister Lasker und sein großer Konkurrent Dr.Tarrasch hatten lange Zeit ein sehr frostiges Verhältnis und dies auch während ihres WM-Matches 1908. Tarrasch fasste die Konversation kurz:

*"Ich habe Ihnen nur zwei Worte zu sagen: Schach und Matt!"*

Das solltest du hoffentlich auch zu unseren 34 Kombinationen sagen können! (Und hoffentlich öfter als Tarrasch, der das Match verlor!)

Später verstanden sich die beiden sogar recht gut; Tarrasch war z.B. voll des Lobes über Laskers Spiel bei dessen Gewinn des Turniers St. Petersburg 1914. Das sah übrigens die Geburt des Großmeister-Titels, denn Zar Nikolaus II. ernannte die fünf Finalisten (das Turnier wurde mit Vor- und Endrunde ausgetragen) Lasker, Capablanca, Tarrasch, Aljechin und Marshall zu Großmeistern. Später wurde ein Spieler zum Großmeister ernannt, wenn er mindestens ein großes internationales Turnier gewann, bis 1970 die FIDE spezielle Titelregularien erstellte.

Aber das nur so nebenbei. Du musst jetzt erst einmal eine Reihe von Kombinationen (groß)meistern, viel Glück!

# QUICK TEST 8

## Matt in vier Zügen

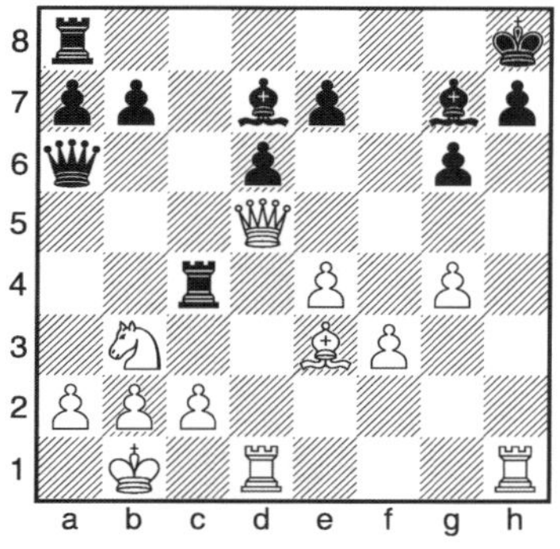

1 ..........................

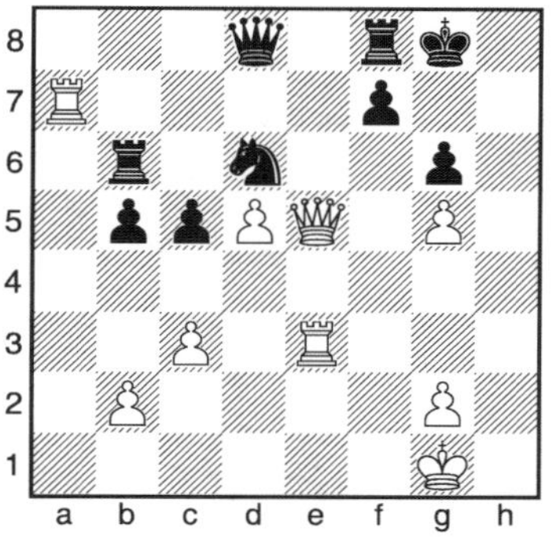

2 ..........................

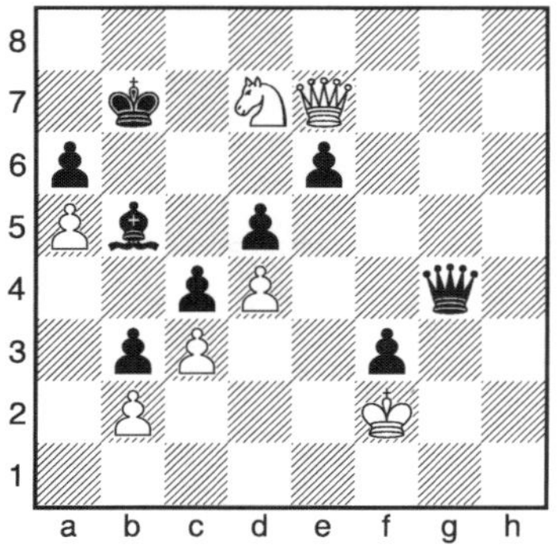

3 ..........................

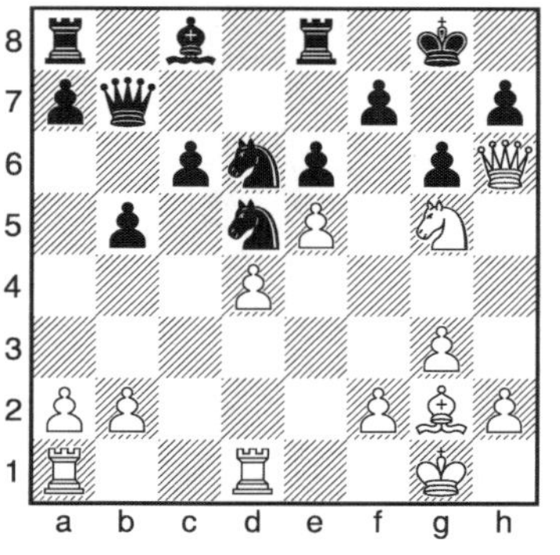

4 ..........................

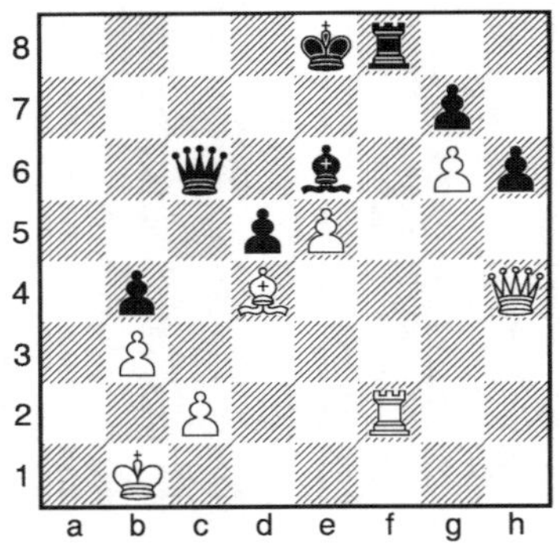

5 ..........................

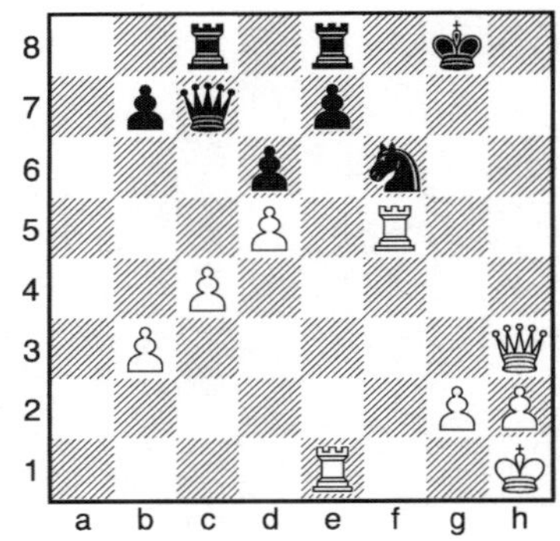

6 ..........................

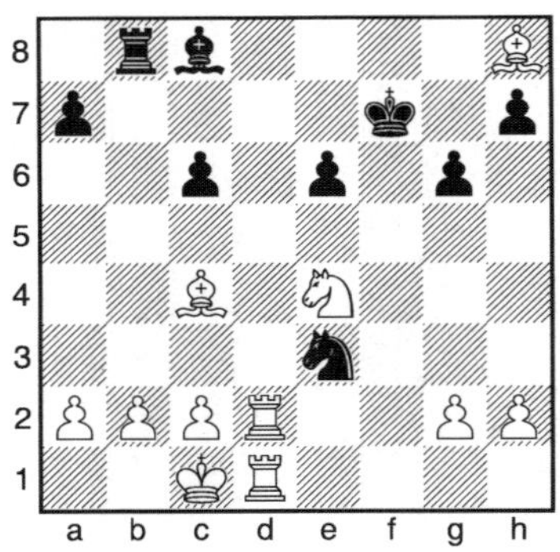

7 ..........................

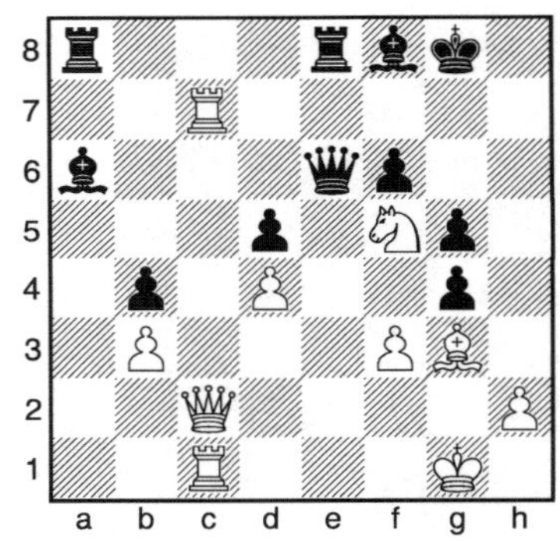

8 ..........................

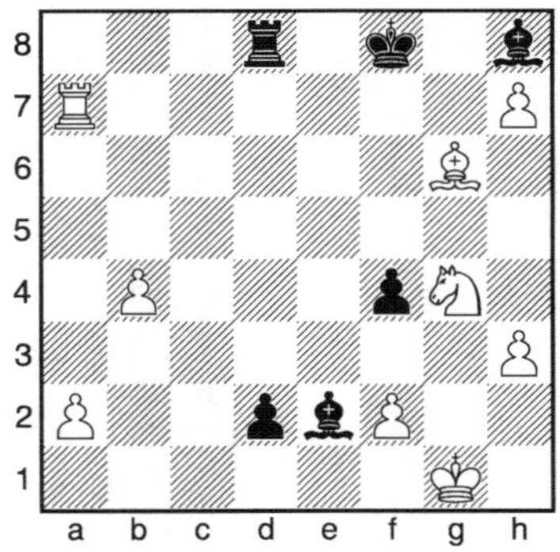

9 ..........................

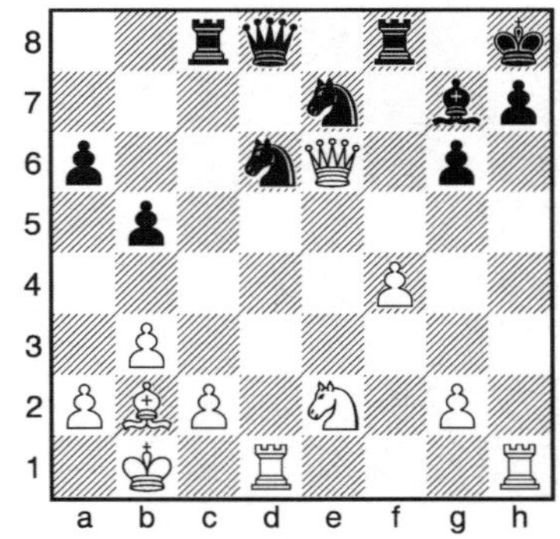

10 ..........................

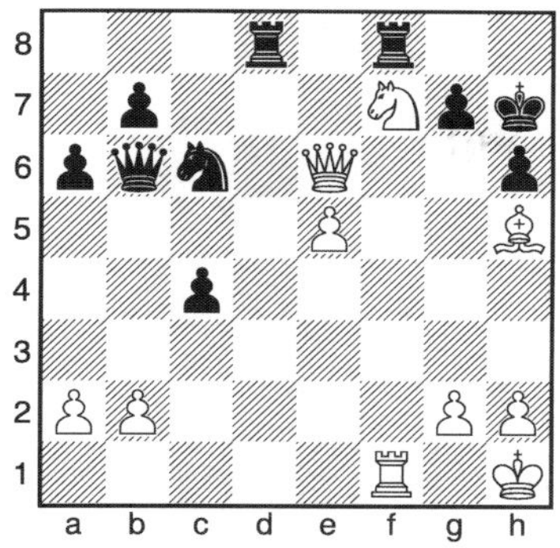

11 ..........................

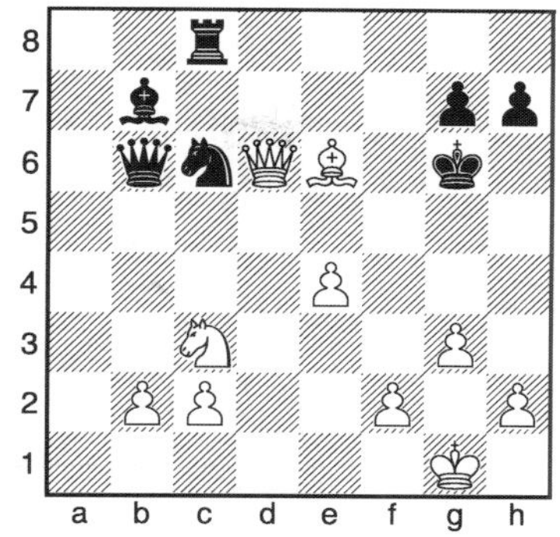

12 ..........................

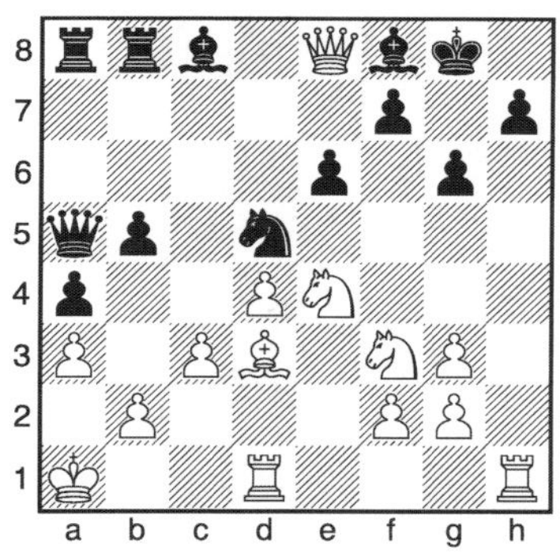

13 ..........................

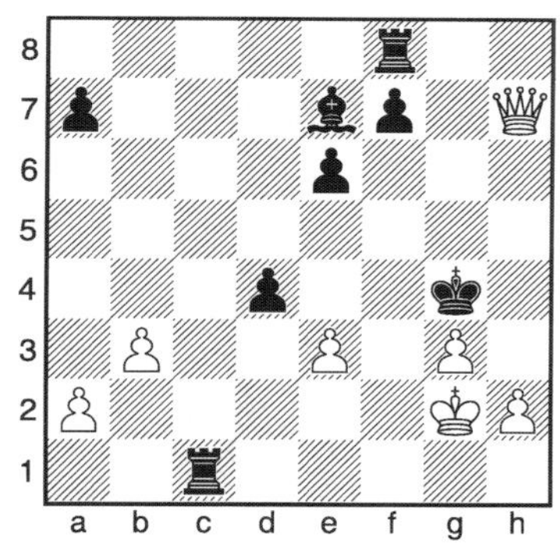

14 ..........................

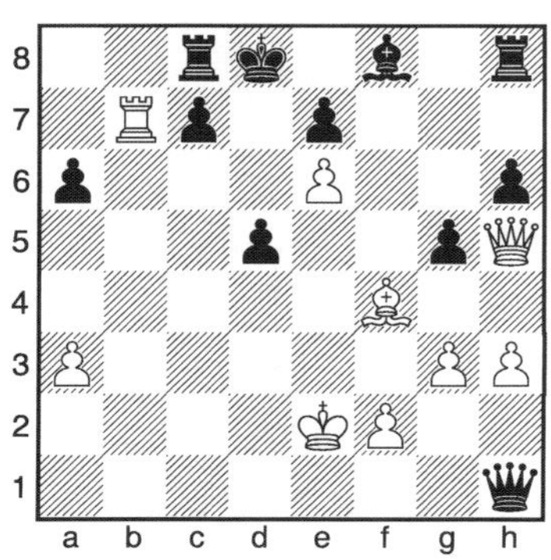

15 ..........................

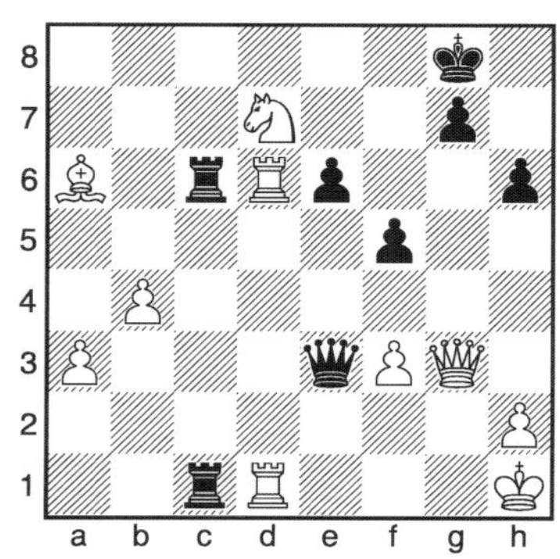

16 ..........................

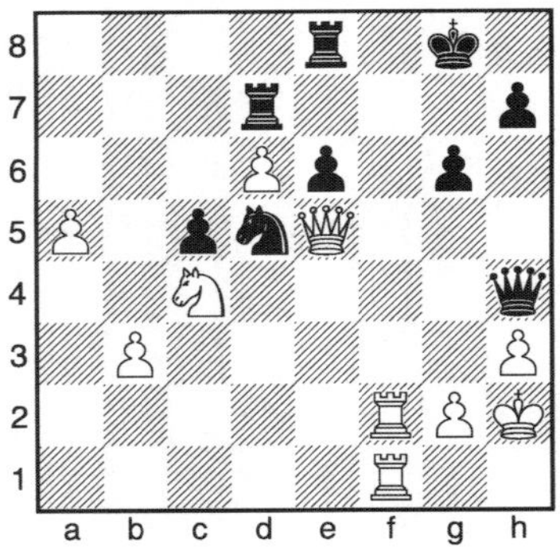

17 ..........................

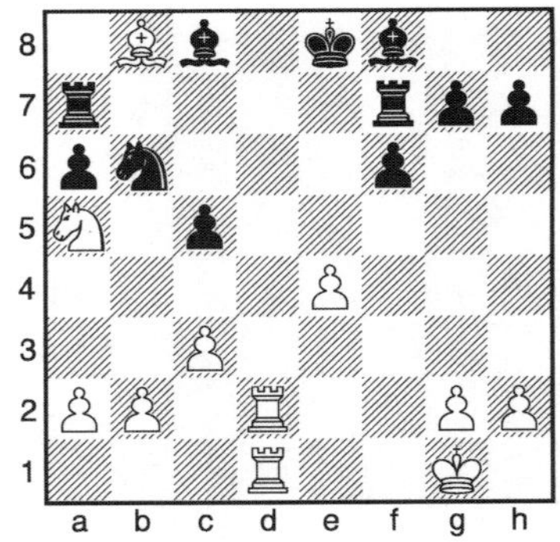

18 ..........................

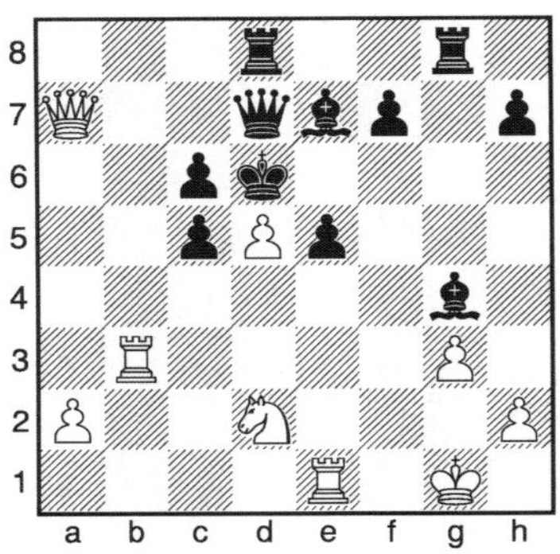

19 ..........................

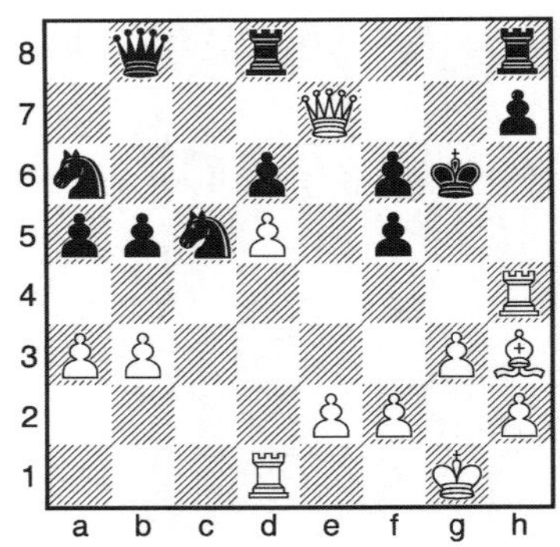

20 ..........................

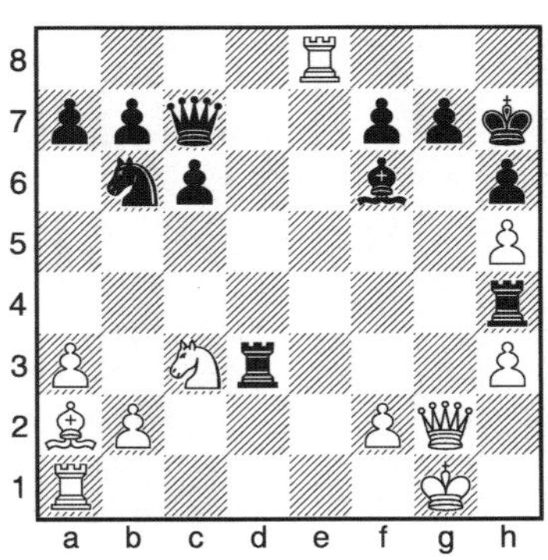

21 ..........................

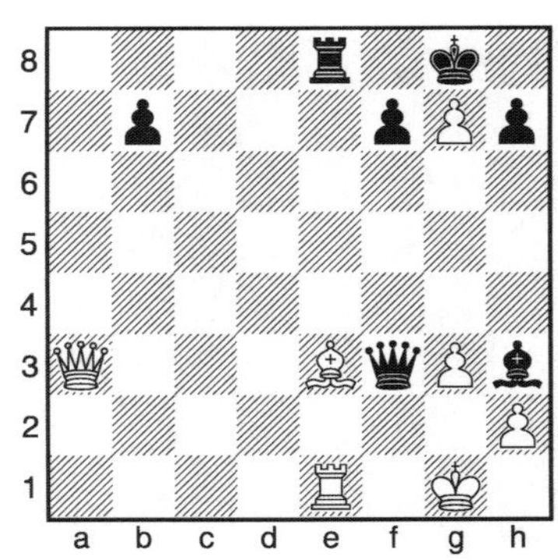

22 ..........................

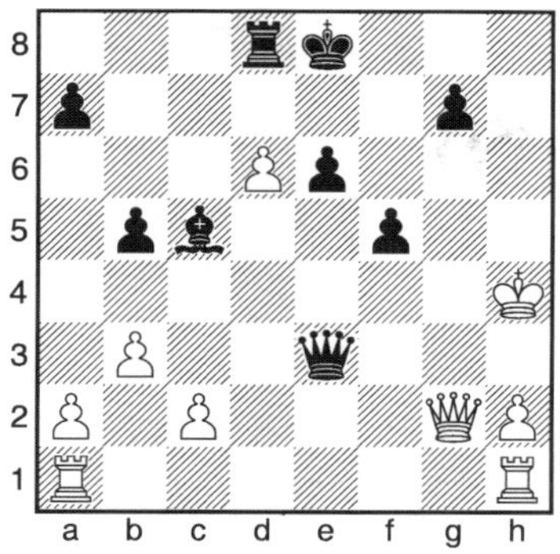

**23** ● ...........................

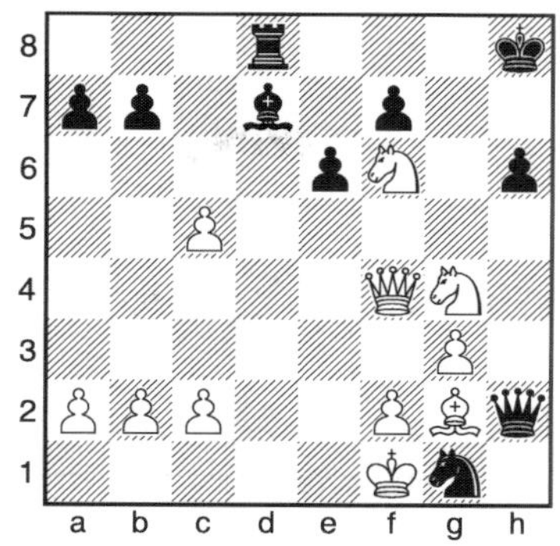

**24** ● ...........................

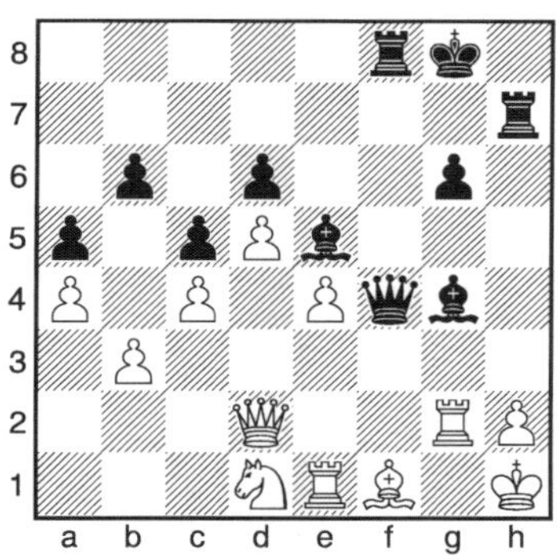

**25** ● ...........................

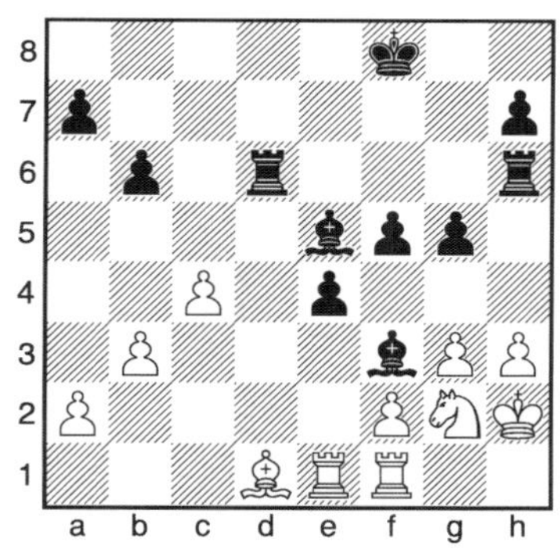

**26** ● ...........................

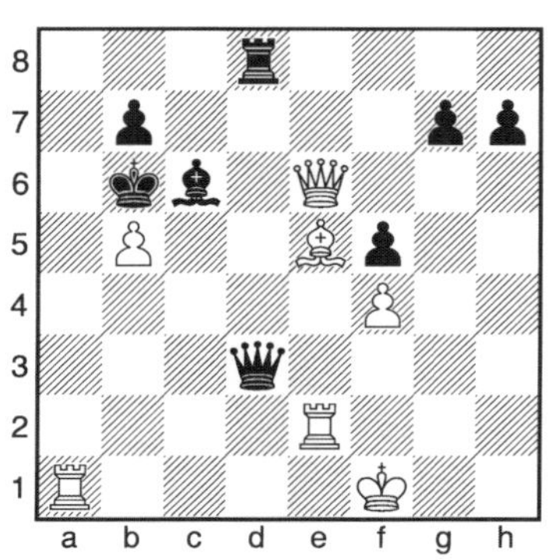

**27** ● ...........................

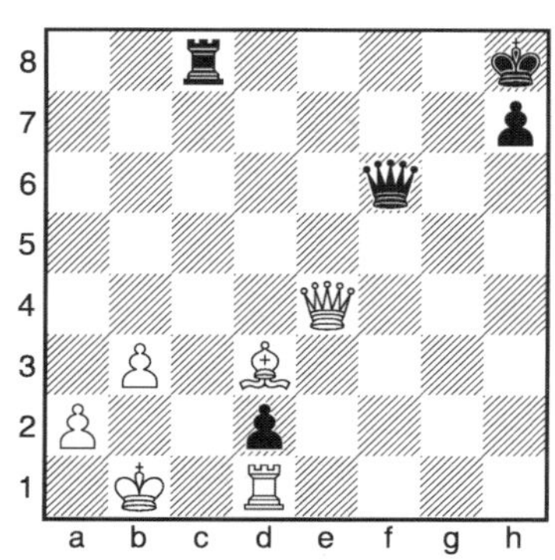

**28** ● ...........................

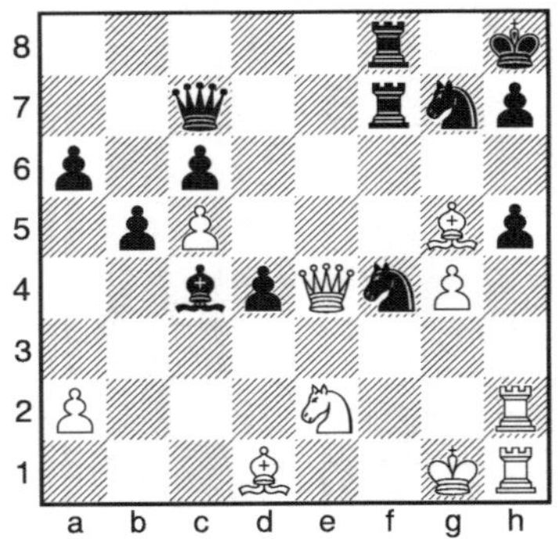

29 ● ..........................

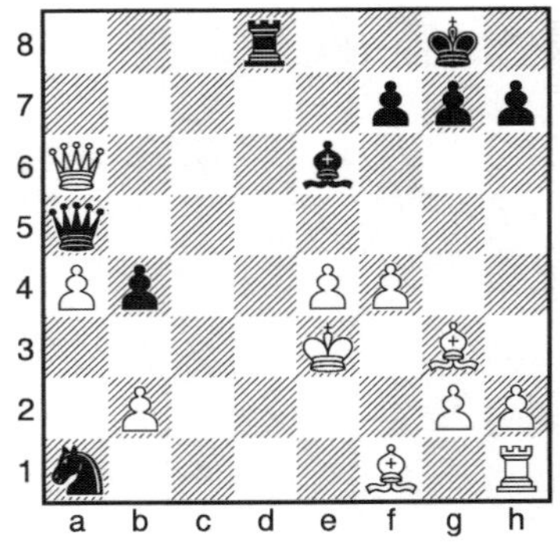

30 ● ..........................

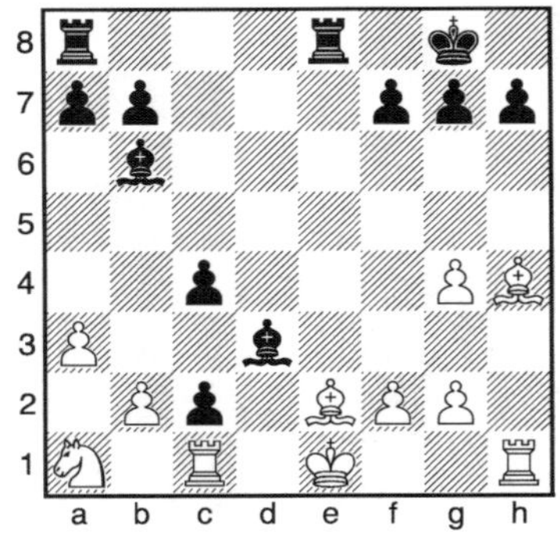

31 ● ..........................

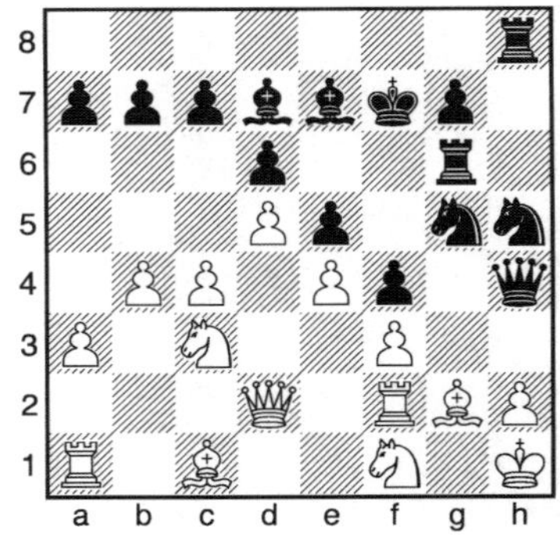

32 ● ..........................

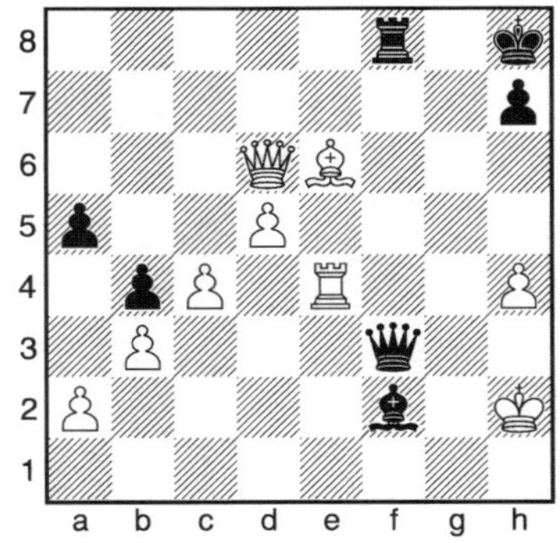

33 ● ..........................

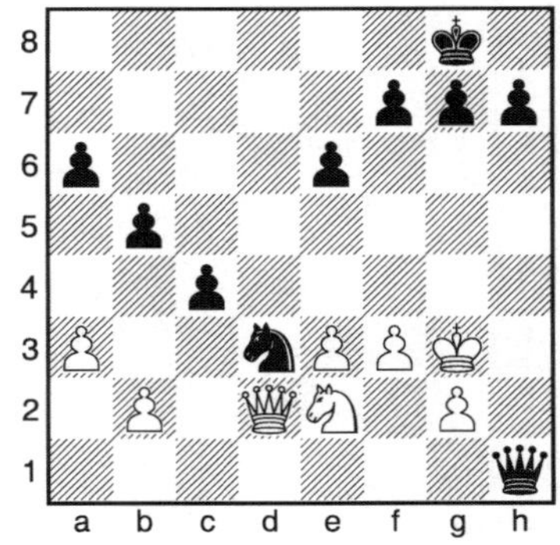

34 ●..........................

# Lösungen

# QUICK TEST 8

## Matt in vier Zügen

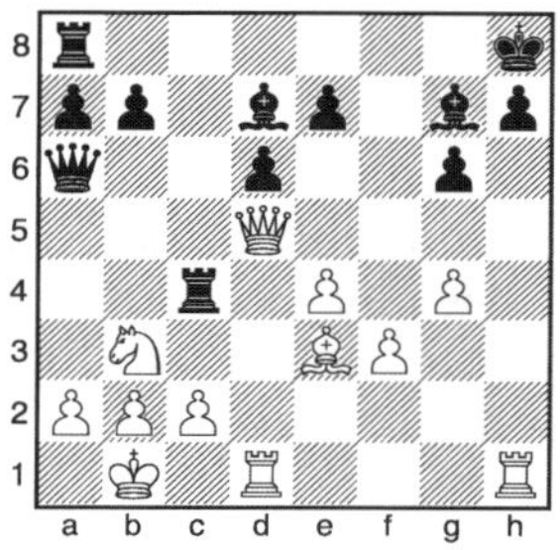

**1.**

**1.♖h1xh7+ ♔h8xh7**
**2.♖d1-h1+ ♗g7-h6**
**3.♕d5–f7+ ♔h7–h8**
**4.♖h1xh6#**

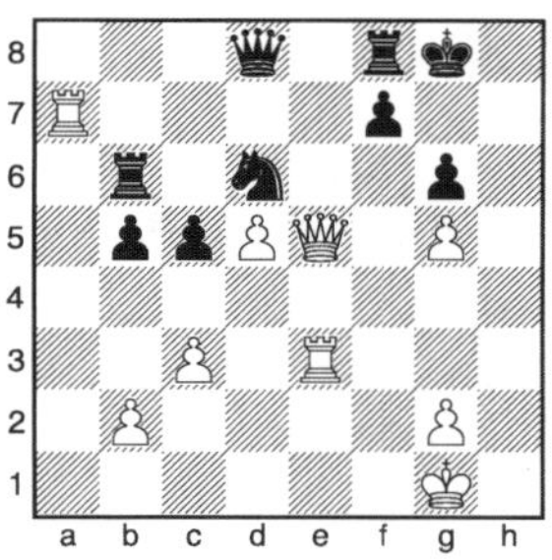

**2.**

**1.♖e3–h3 f7–f6**
**2.♖h3–h8+ ♔g8xh8**
**3.♕e5–h2+ ♔h8–g8**
**4.♕h2–h7#**

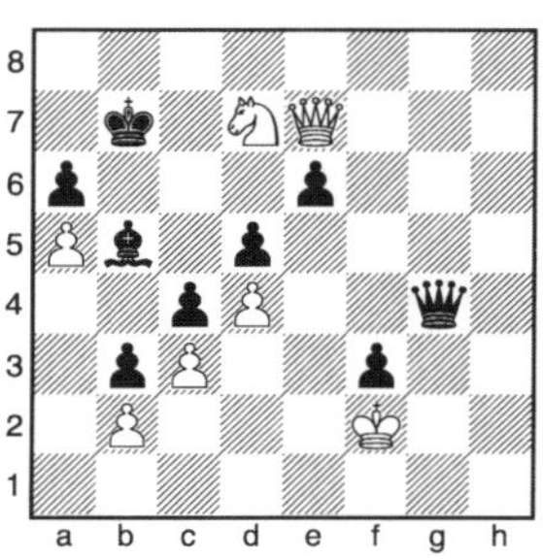

**3.**

**1.♘d7–b6+ ♔b7–b8**
**2.♕e7–d8+ ♔b8–b7**
**3.♕d8–c8+ ♔b7–a7**
**4.♕c8–a8#/c7#**

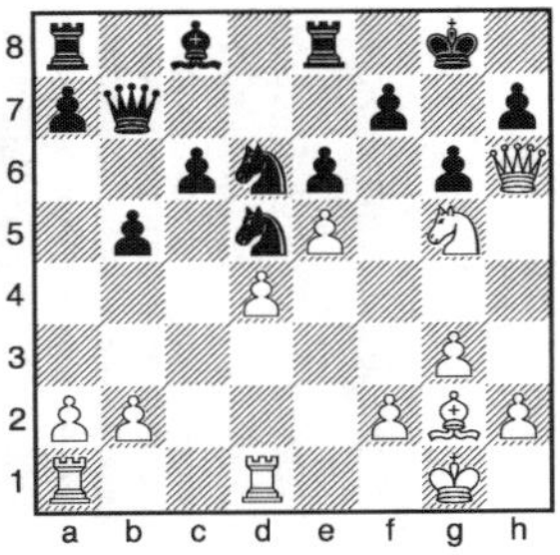

**4.**

**1.♕h6xh7+ ♔g8–f8**
**2.e5xd6 ♘d5–f6**
**3.♕h7–h8+ ♘f6–g8**
**4.♘g5–h7#**

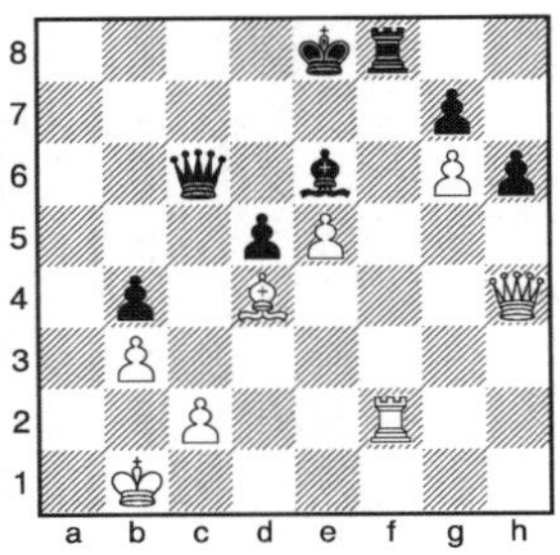

**5.**

**1.♖f2xf8+ ♔e8xf8**
**2.♕h4–d8+ ♕c6–e8**
**3.♗d4–c5+ ♔f8–g8**
**4.♕d8xe8#**

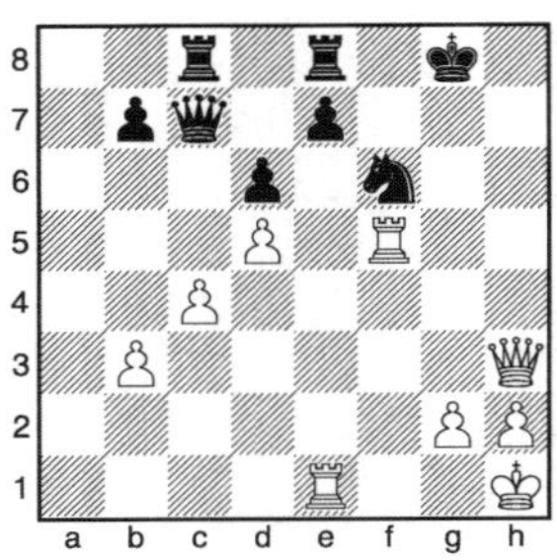

**6.**

**1.♖f5–g5+ ♔g8–f7 2.♕h3–e6+ ♔f7–f8**
**3.♖e1-f1 -- 4.♖g5–g8#**

Aus der Partie Shirov (2714) – Leon Hoyos (2548) World Cup (1) 2011

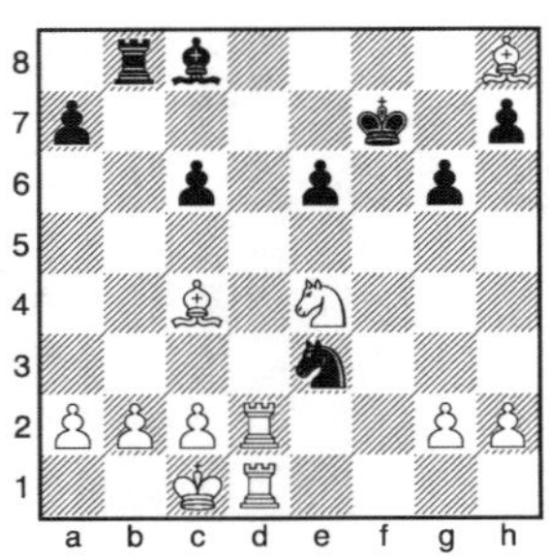

**7.**

**1.♖d2–d7+ ♗c8xd7 2.♖d1xd7+ ♔f7–f8**

Oder 2...♔f7–e8 3.♘e4–f6+ ♔e8–f8 4.♗h8–g7#

**3.♗h8–g7+ ♔f8–e8 4.♘e4–f6#**

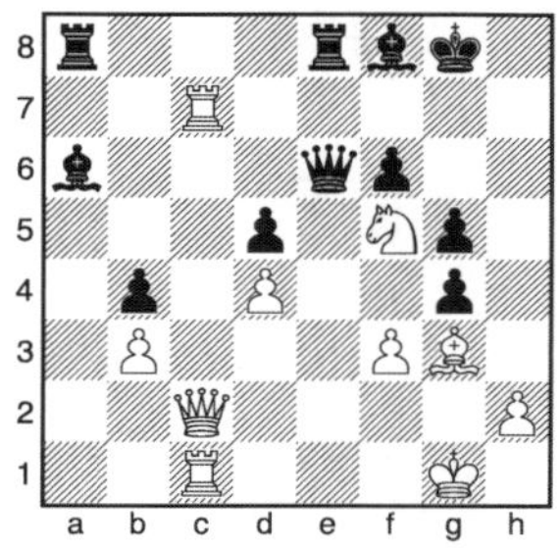

**8.**

**1.♘f5–h6+ ♗f8xh6**
**2.♕c2–h7+ ♔g8–f8**
**3.♕h7xh6+ ♔f8–g8**
**4.♕h6–g7#**

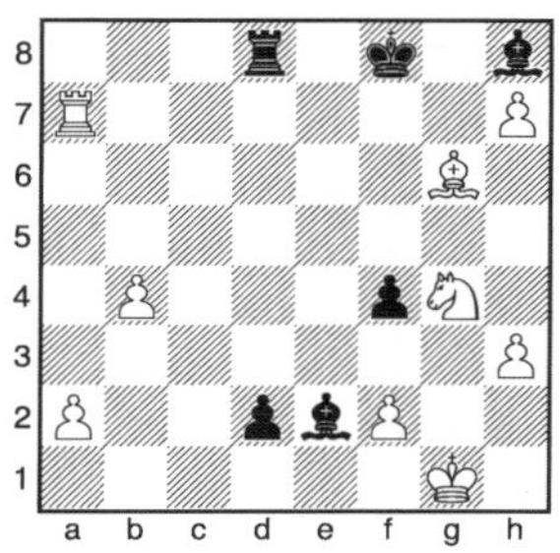

**9.**

**1.♖a7–f7+ ♔f8–e8**
**2.♘g4–f6+ ♗h8xf6**
**3.♖f7–g7+ ♔e8–f8**
**4.h7–h8♕#**

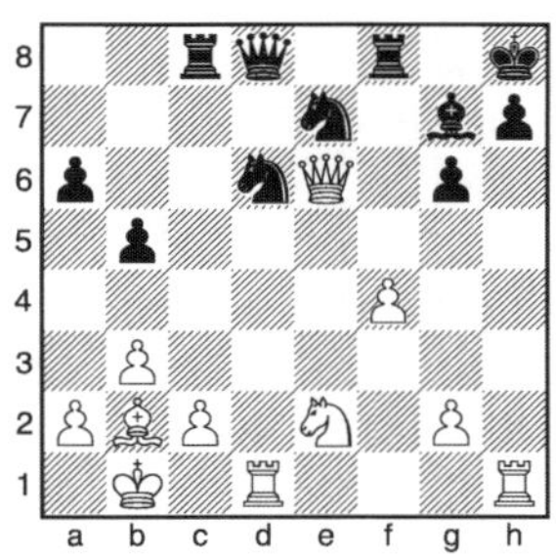

**10.**

**1.♖h1xh7+ ♔h8xh7**
**2.♖d1–h1+ ♗g7–h6**
**3.♖h1xh6+ ♔h7xh6**
**4.♕e6–h3#**

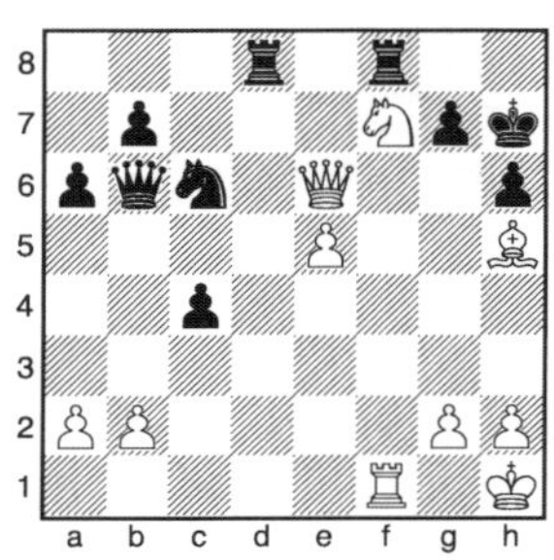

**11.**

**1.♗h5–g6+ ♔h7–g8**
**2.♘f7xh6+ ♔g8–h8**
**3.♕e6–g8+ ♖f8xg8**
**4.♘h6–f7#**

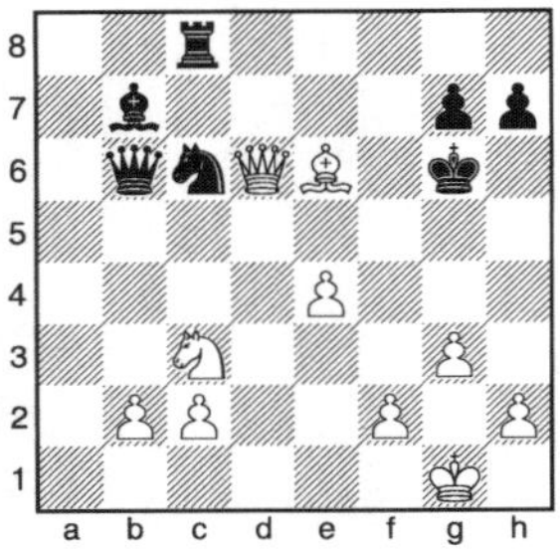

**12.**

Beginnend mit einem Abzugsschach treibt Weiß den König weiter vor, sogar bis in die eigene Stellung:

**1.♗e6–c4+ ♔g6–g5**

Falls 1...♔g6–h5 2.♗c4–e2+ ♔h5–g5 3.h2–h4#

**2.h2–h4+ ♔g5–g4** *(D2)*

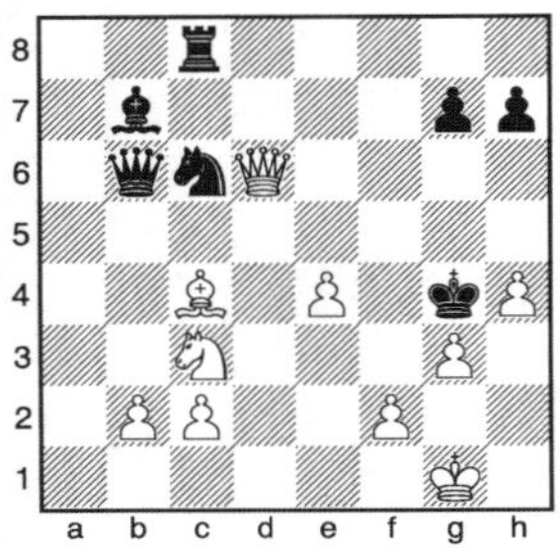

D2

**3.♗c4–e2+**

Oder 3.♕d6–e6+ ♔g4–f3 4.♗c4–e2#

**3...♔g4–h3 4.♕d6–d7# /e6#**

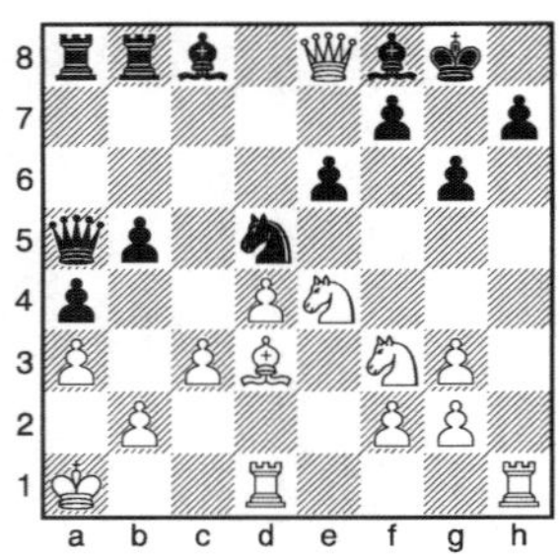

**13.**

**1.♖h1xh7 ♕a5–c7**

Falls 1...♔g8xh7 2.♕e8xf7+ ♔h7–h8 3.♖d1-h1+ ♗f8–h6 4.♖h1xh6#

**2.♖h7–h8+ ♔g8xh8 3.♕e8xf8+ ♔h8–h7 4.♘f3/e4–g5# / ♖d1-h1#**

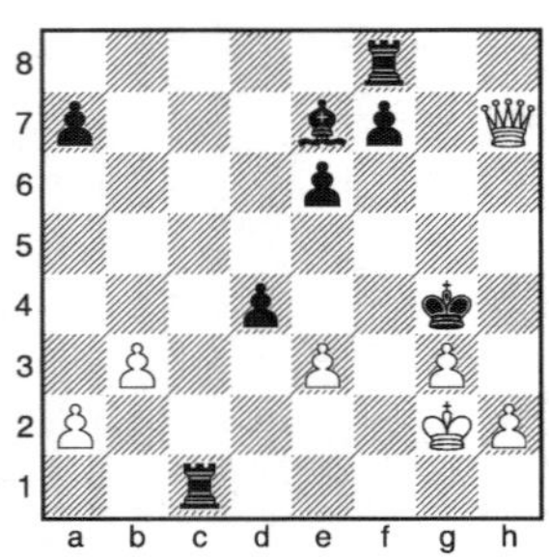

**14.** Carlsen,M – Tallaksen Norweg. Mst. 2005

Kannst du Matt setzen wie jung Magnus?

**1.h2–h3+ ♔g4–g5 2.♕h7–g7+ ♔g5–h5**

Oder 2...♔g5–f5 3.g3–g4+ ♔f5–e4 4.♕g7xd4#

**3.g3–g4+ ♔h5–h4 4.♕g7–h6#**

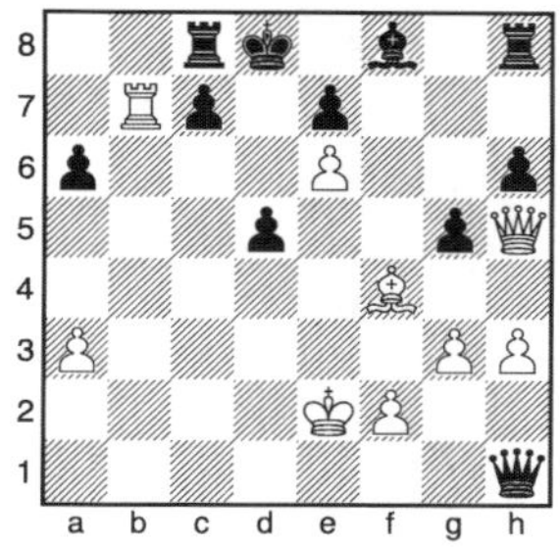

**15.**

**1.♗f4xc7+ ♖c8xc7**
**2.♕h5–e8+ ♔d8xe8**
**3.♖b7–b8+ ♖c7–c8**
**4.♖b8xc8#**

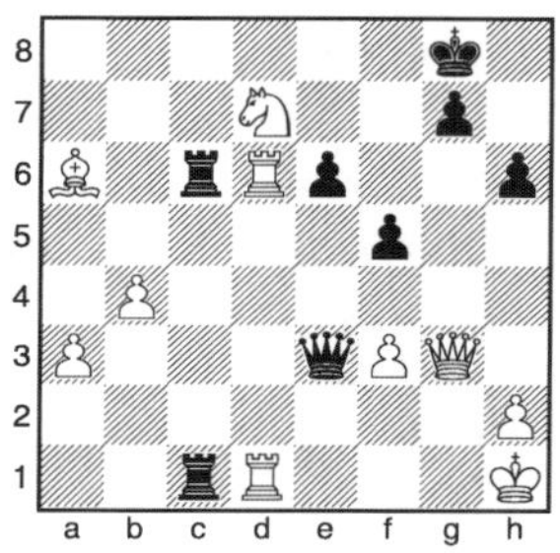

**16.**

**1.♘d7–f6+ ♔g8–f8**
**2.♖d6–d8+ ♔f8–f7**
**3.♖d8–d7+ ♔f7xf6/f8**
**4.♕g3xg7#**

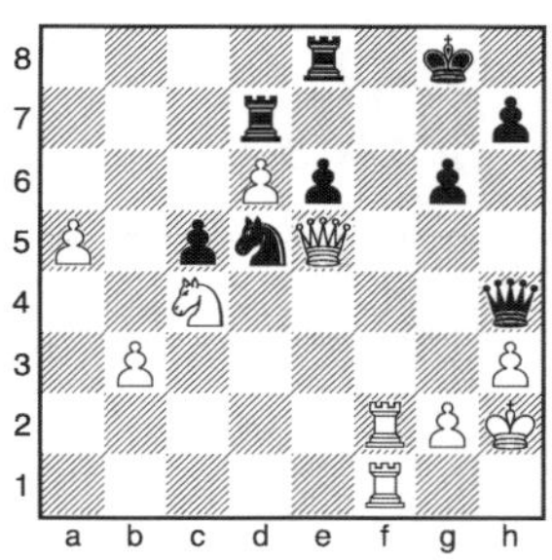

**17.**

**1.♖f2–f8+ ♖e8xf8**
**2.♖f1xf8+ ♔g8xf8**
**3.♕e5–h8+ ♔f8–f7**
**4.♘c4–e5#**

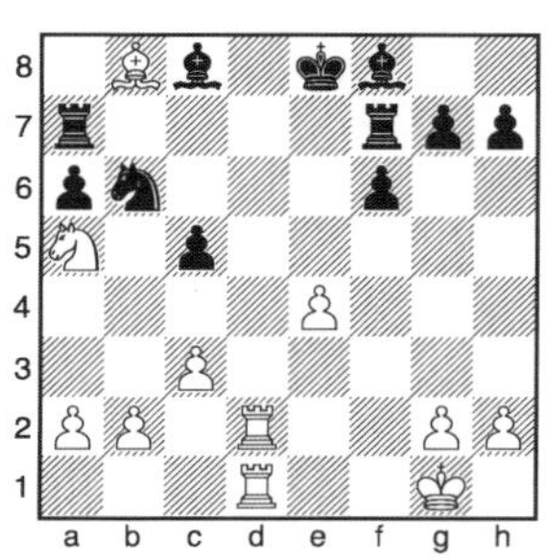

**18.**

**1.♖d2–d8+ ♔e8–e7**
**2.♘a5–c6+ ♔e7–e6 3.♖d8–e8+**

Falls 3.♖d1-d6+ ♗f8xd6 4.♖d8xd6#

**3...♗f8–e7 4.♘c6–d8#**

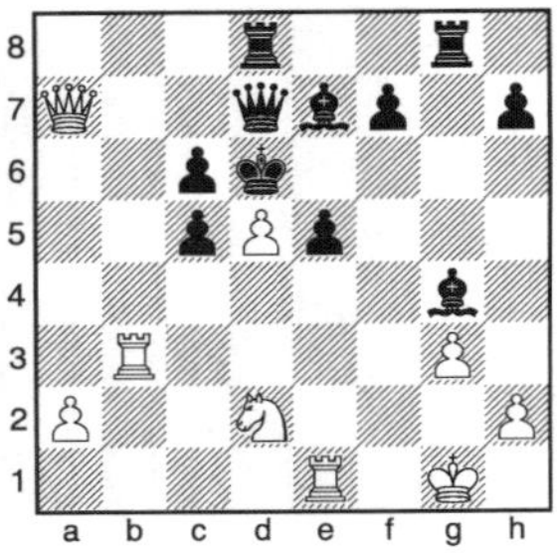

**19.**

**1.♘d2–c4+ ♔d6xd5**
**2.♖e1xe5+ ♔d5–d4**
**3.♕a7–a5 ♔d4xc4**
**4.♕a5–a4#/c3#**

---

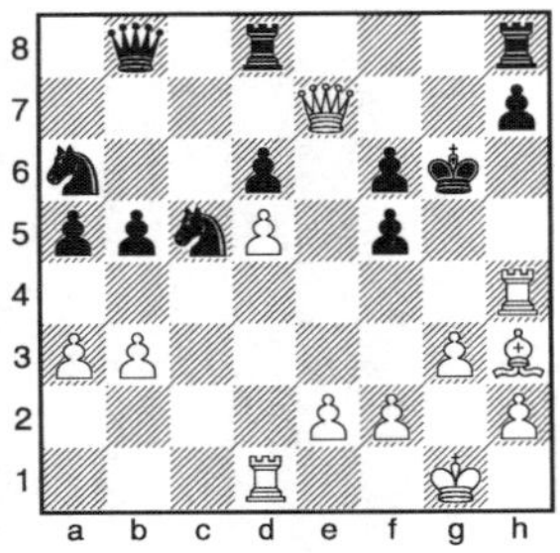

**20.**

Es gibt zwei gleichwertige Lösungen:

**1.♗h3xf5+ ♔g6xf5**
**2.♖h4–f4+ ♔f5–g6**
**3.♕e7xf6+ ♔g6–h5**
**4.g3–g4#**

Oder

**1.♖h4–h6+ ♔g6xh6**
**2.♕e7xf6+** *(D2)* **♔h6–h5**
**3.♗h3xf5 --**
**4.♕f6–h4# / 4.g3–g4#**

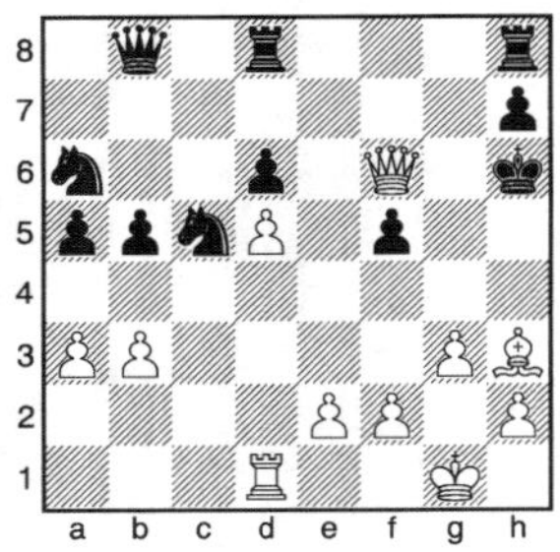

D2

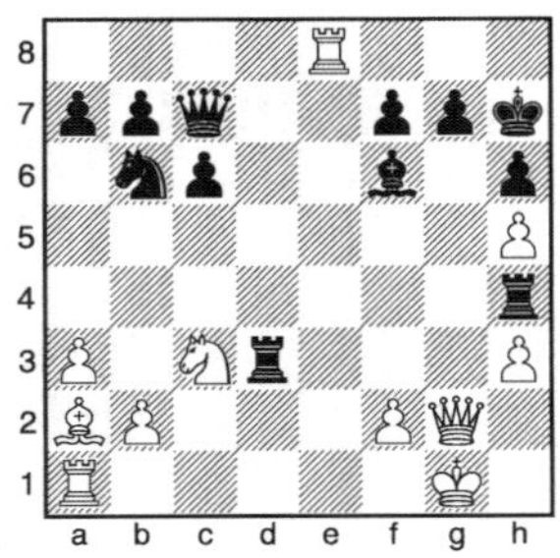

**21.**

**1.♕g2–g6+ f7xg6**
**2.♗a2–g8+ ♔h7–h8**
**3.♗g8–f7+ ♔h8–h7**
**4.♗f7xg6# / 4.h5xg6#**

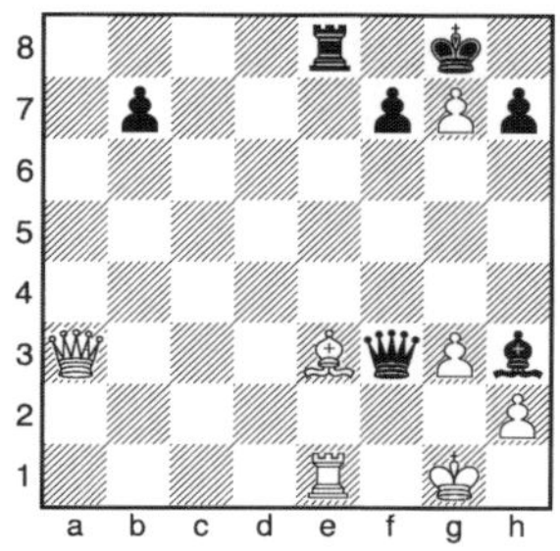

**22.**

**1.♕a3–f8+! ♖e8xf8 2.g7xf8♕+ ♔g8xf8**

Nun siehst du die schon bekannte Methode, den König in Mattposition zu bringen:

**3.♗e3–h6+ ♔f8–g8 4.♖e1-e8#**

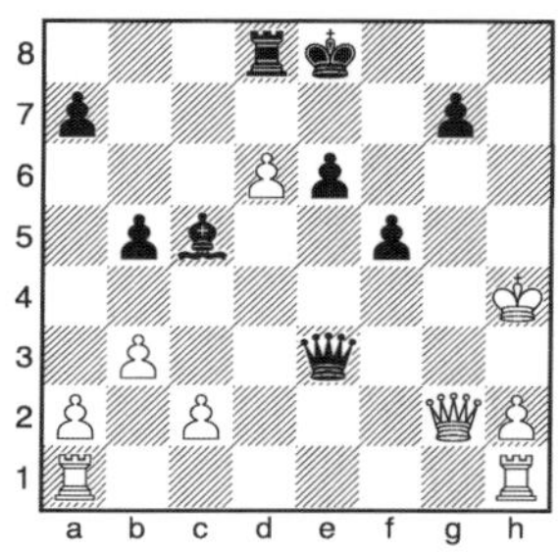

**23.**

**1...♕e3–h6+ 2.♔h4–g3 ♕h6–g5+ 3.♔g3–h3**

Falls 3.♔g3–f3 ♕g5–e3#

**3...♕g5–h5+ 4.♔h3–g3 ♕h5–g4#**

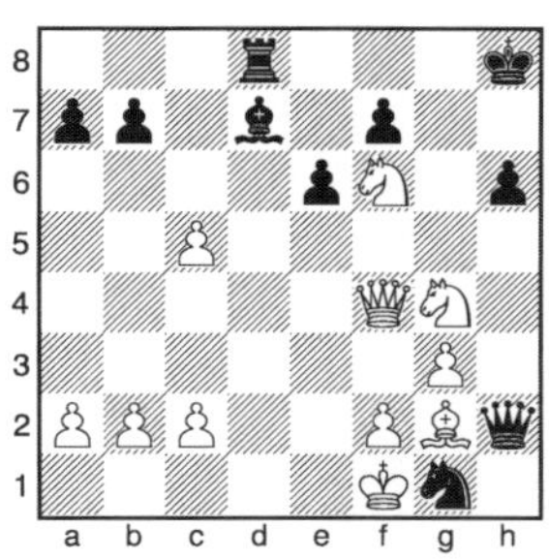

**24.**

**1...♗d7–b5+ 2.♔f1-e1**

Falls 2.c2–c4 ♖d8–d1#

**2...♘g1-f3+ 3.♕f4xf3 ♕h2–g1+**
**4.♗g2–f1 ♕g1xf1#**

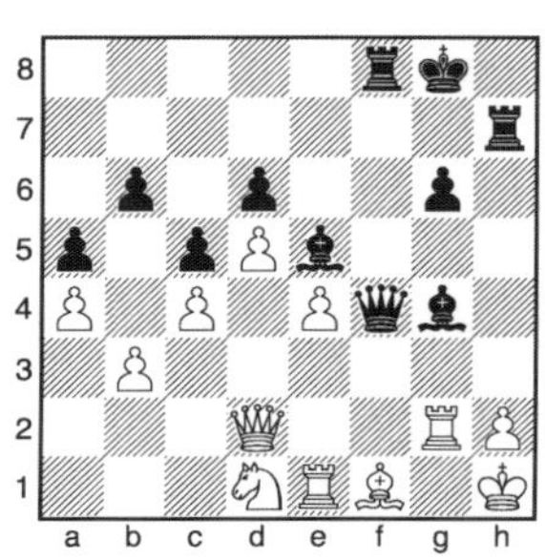

**25.**

**1...♕f4xf1+**
**2.♖e1xf1 ♖f8xf1+**
**3.♖g2–g1 ♗g4–f3+**
**4.♕d2–g2 ♖h7xh2#**

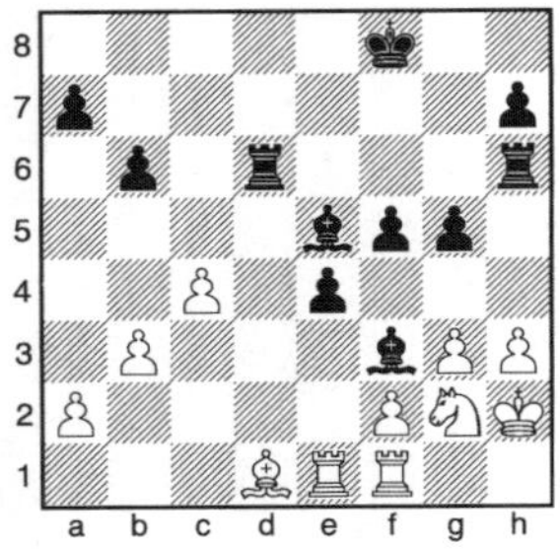

**26.**

**1...♖h6xh3+**
**2.♔h2xh3 ♖d6–h6+**
**3.♘g2–h4 ♖h6xh4+**
**4.g3xh4 g5–g4#**

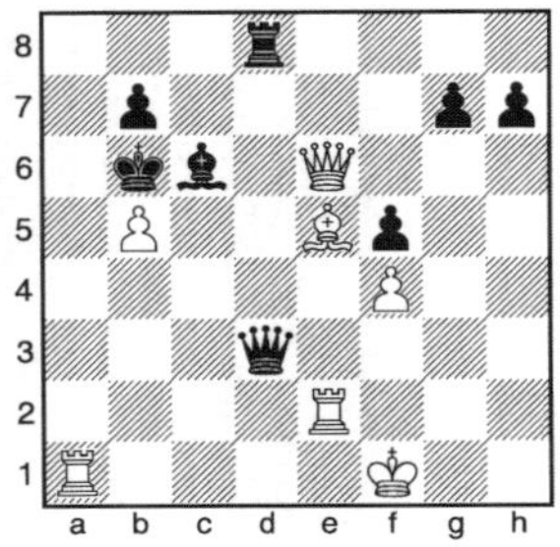

**27.**

**1...♕d3–f3+**
**2.♔f1-e1/g1 ♕f3–h1+**
**3.♔e1-f2 ♕h1-g2+**
**4.♔f2–e1 ♕g2–g1#**

Oder ebenso 4.♔f2–e3 ♕g2–g3#

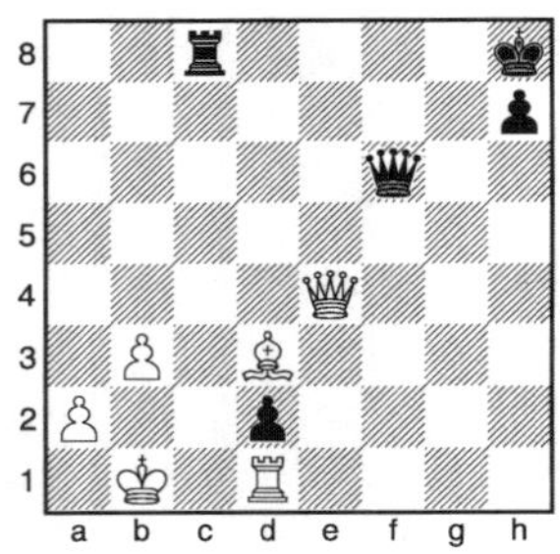

**28.**

**1...♖c8–c1+**
**2.♖d1xc1 ♕f6–a1+**
**3.♔b1xa1 d2xc1♕+**
**4.♗d3–b1 ♕c1-c3#**

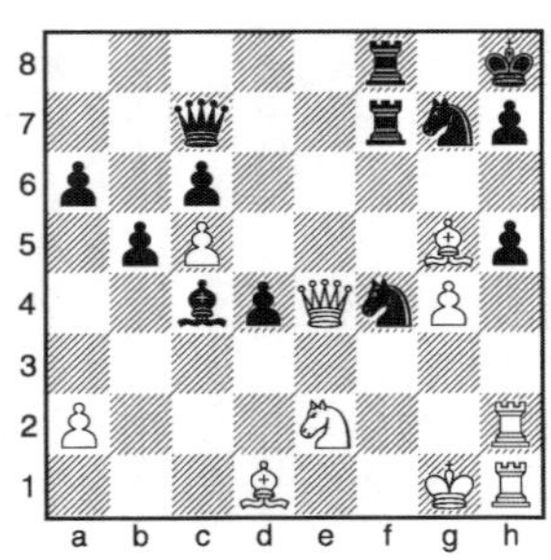

**29.**

**1...♘f4xe2+**
**2.♗d1xe2 ♕c7–g3+**
**3.♖h2–g2 ♖f7–f1+**
**4.♗e2xf1 ♖f8xf1#**

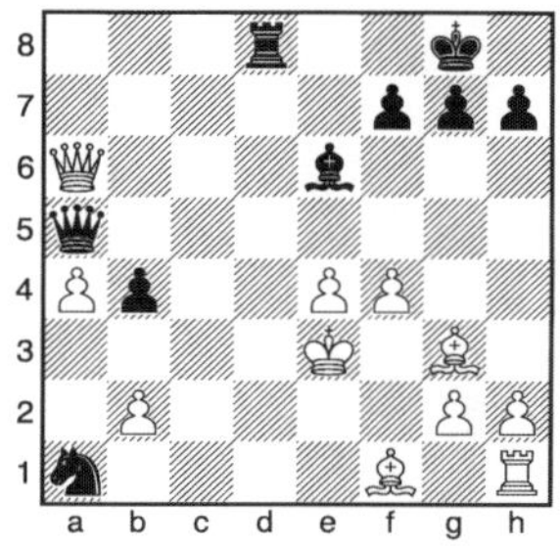

**30.**

**1...♘a1-c2+**
**2.♔e3–f3 ♕a5–h5+**
**3.♔f3–f2 ♕h5–c5+**
**4.♔f2–e2 ♕c5–e3# / ♗e6–g4#**

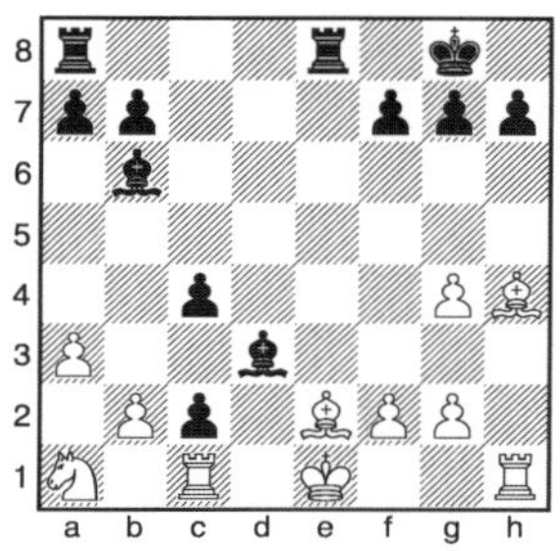

**31.**

**1...♖e8xe2+**
**2.♔e1-f1 ♖e2–e1+**
**3.♔f1xe1 ♗b6–a5+**
**4.b2–b4 c4xb3#** e.p.

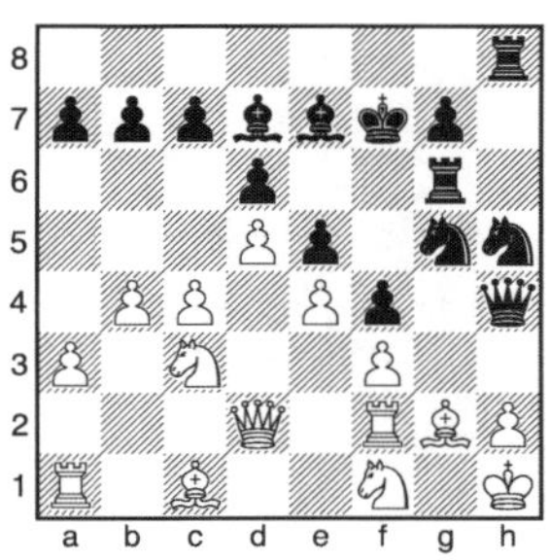

**32.**

**1...♘h5–g3+**
**2.♔h1-g1 ♘g5–h3+**
**3.♗g2xh3 ♘g3–e2+**
**4.♔g1-h1 ♖g6–g1#**

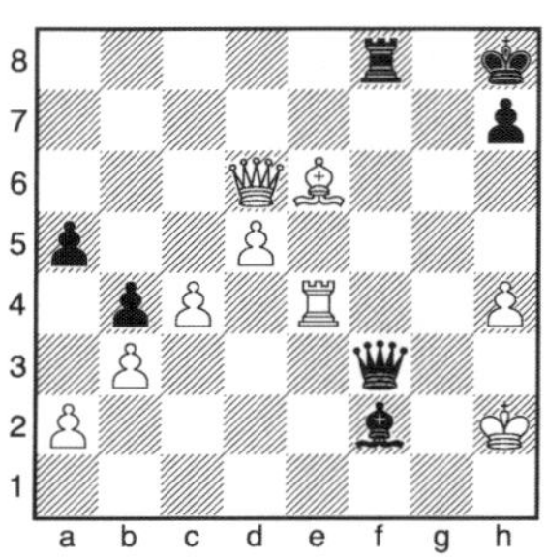

**33.**

**1...♗f2–g1+**
**2.♔h2xg1 ♕f3–f1+**
**3.♔g1-h2 ♖f8–f2+**
**4.♔h2–g3 ♕f1-g2#**

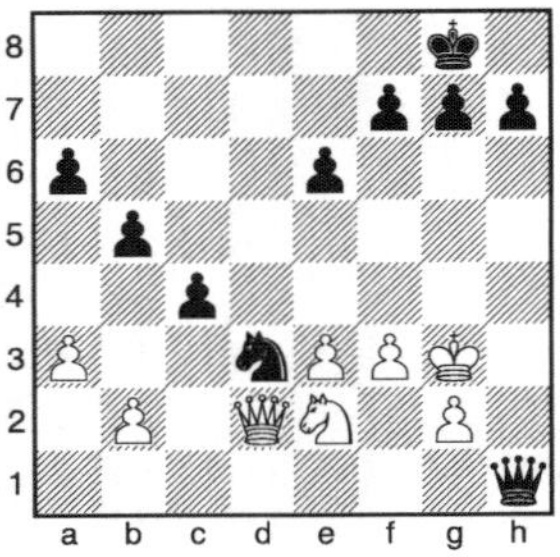

**34.**

Am Ende dieses Kapitels möchte ich dich noch einmal daran erinnern, dass ein Mattangriff nicht unbedingt mit einem Schach oder Opfer beginnen muss. Wenn du eine Position erkennst, die vielleicht zu Matt führen könnte, prüfe, welche Veränderungen der Stellung nötig sind und arbeite darauf hin mit einem oder mehreren Vorbereitungszügen. Hier ein Beispiel:

**1...g7–g5**
**2.f3–f4 ♕h1-h4+**
**3.♔g3–f3 f7–f5** *(D2)*

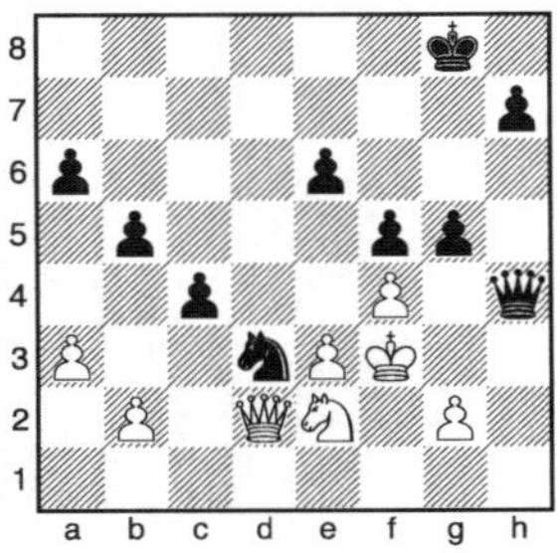

D2

Und nun entweder

**4.f4xg5 ♕h4–f2#/g4# / ♘d3–e5#**;
oder
***4.g2–g3*** ♕h4–h1#;
oder
***4.♘e2–g3*** ♕h4–g4#

Zum Abschluß schauen wir dem US–amerikanischen Wunderkind Awonder Liang (ein sehr programmatischer Vorname, nicht wahr? ☺) bei seinem Mattangriff über die Schulter:

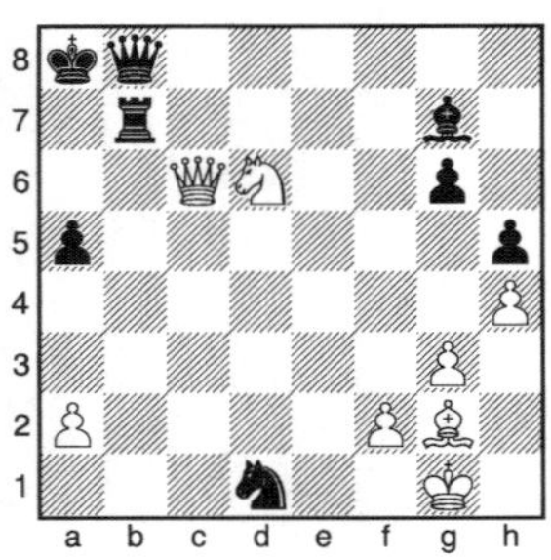

**Liang,Awonder (2592) – Mammadzada,G (2443)**
Baer Polgar Challenge chess24.com INT 2021

**35.♘d6–c8**

Oder 35.♕c6–b6 ♕b8–a7 36.♗g2xb7+ ♔a8–b8 37.♕b6–d8#; Nicht zu Matt führt jedoch 35.♕c6–a6+ ♕b8–a7 36.♗g2xb7+ ♔a8–b8+–

**35...♗g7–d4 36.♕c6–a6+ ♗d4–a7 37.♘c8–b6#**

Oder 36...♕b8–a7 37.♘c8xa7 -- 38.♕a6xb7#

# Meisterklasse 2

# Die Klassiker

Seit dem Ende des 19. Jahrhunderts stieg das Spielniveau kontinuierlich an. Die führenden Meister wie Steinitz, der 1.Weltmeister, and seine geistigen Nachfolger Lasker und Tarrasch waren starke Meister selbst nach heutigem Standard. Nach den Top-Spielern fiel das Niveau aber stark ab. Doch nach dem 2.Weltkrieg stieg das Niveau der Meister zweiter und dritter Klasse kontinuierlich stark an. Besonders in der Sowjetunion, wo sich Schach schnell ausbreitete und zum Volkssport wurde, war die Qualität des Spiels sehr viel besser als zuvor.

In der Zeit nach dem 1.Weltkrieg bis zu den 1980er Jahren sehen wir eine Menge an interessantem Schach, besonders im Bereich der Taktik. Wir können diese Zeit die **"klassische Periode"** des Schachs nennen. Dieser Begriff ist nicht exakt definiert und sollte daher nicht zu eng gesehen werden. In russischen Schachbüchern und -broschüren finden wir eine Menge interessanter und oft erstaunlicher Kombinationen; nicht nur von Meistern, sondern auch von völlig unbekannten Spielern. Gute Ideen kümmern sich nicht um Grenzen, Ränge oder Alter und sind nicht das ausschließliche Privileg der Meister.

Im folgenden Kapitel zeige ich dir eine kleine Auswahl von Kombinationen aus dieser "klassischen Periode". Sie können zu Matt oder Materialgewinn führen. Mit der Verbesserung der Verteidigung werden Matts aber nun seltener vorkommen und der Materialgewinn wird oft auch magerer. Auf diesem Niveau kann der Gewinn eines bescheidenen Bäuerleins schon spielentscheidend sein! Die Tage wilder Angriffe wie in der **"Romantischen Periode"** des Schachs wie etwa vom inoffiziellen Weltmeister Adolph Anderssen (1818-71), dem Gewinner des ersten Schachturniers London 1851, sind lange vorbei. Daher halte nicht Ausschau nach dicken Opfern, denn sie mögen gar nicht möglich sein!

# Meisterklasse 2

# Die Klassiker

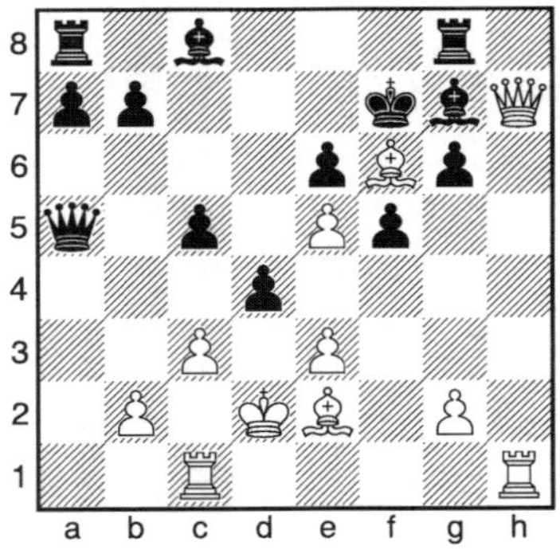

**1**

**Maryasin,B – Kapengut,A**

Minsk UdSSR 1969

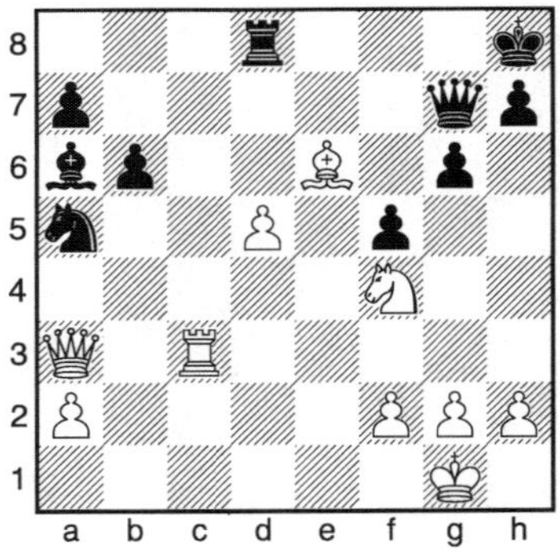

**2**

**Furmann,S – Smyslow,V**

UdSSR–ch
Moskau 1949

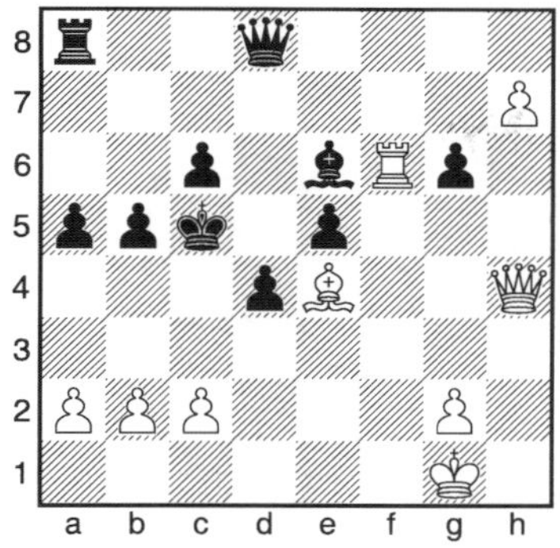

**3**

**Klyukin – Gergel**

Leningrad 1971

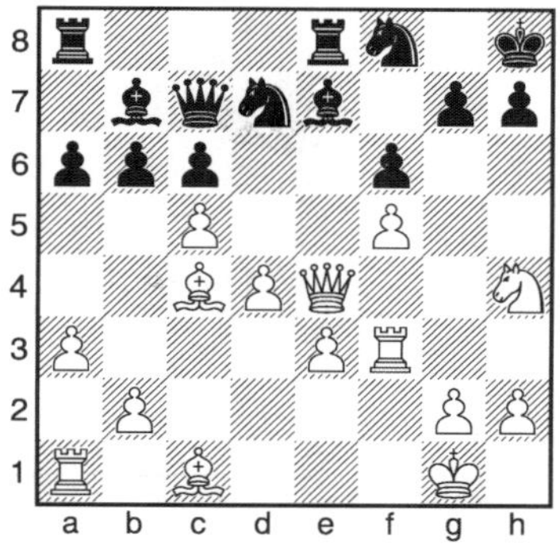

**4**

**Pagantinov,D – Routilin,M**

GRE–ch Athens1935

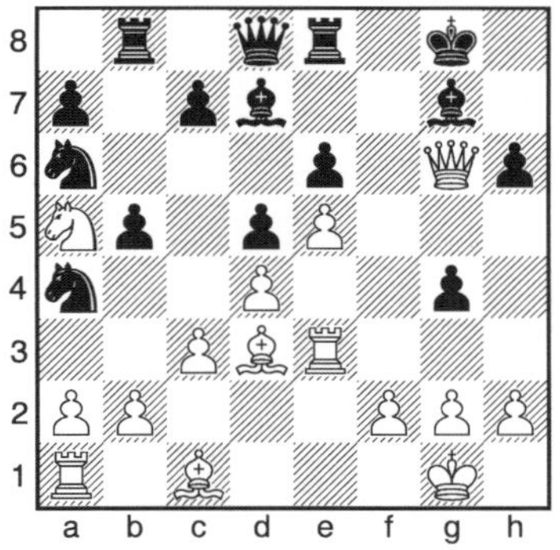

**5**

**Sokolsky,A – Saigin,V**

UdSSR–ch semi final Kiev 1950

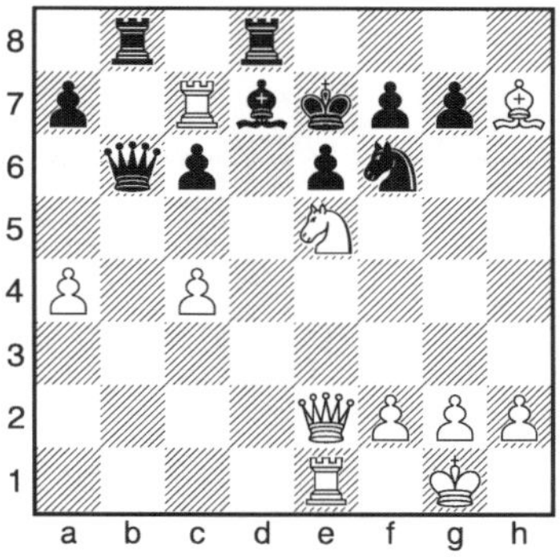

**6**

**Horvath – Udovcic,M**

Zagreb YUG 1948

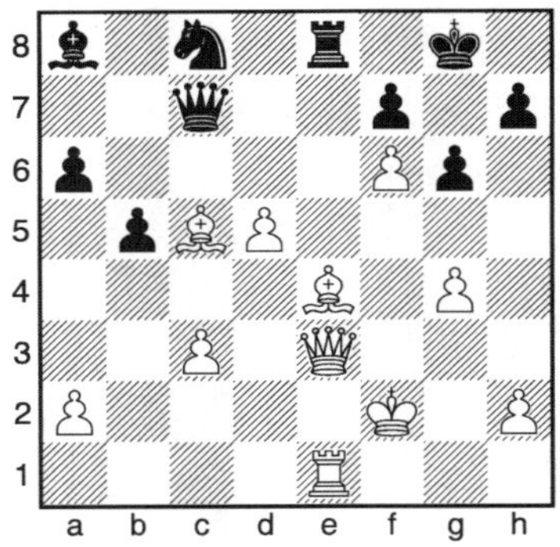

**7**

**Dely,P – Hajtun,J**

HUN–ch Budapest 1954

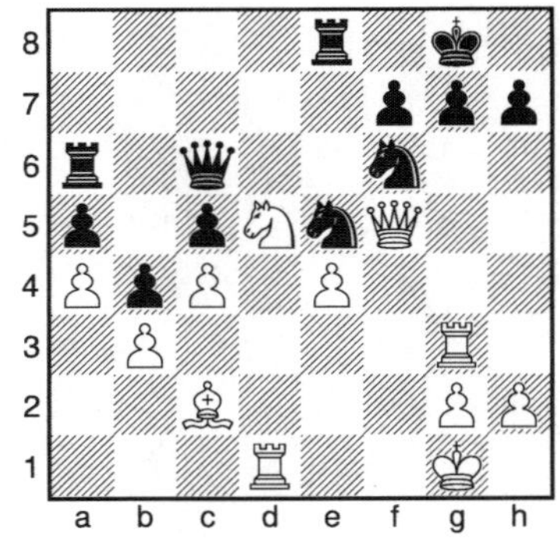

**8**

**Gragger – Dorn**

Wien 1958

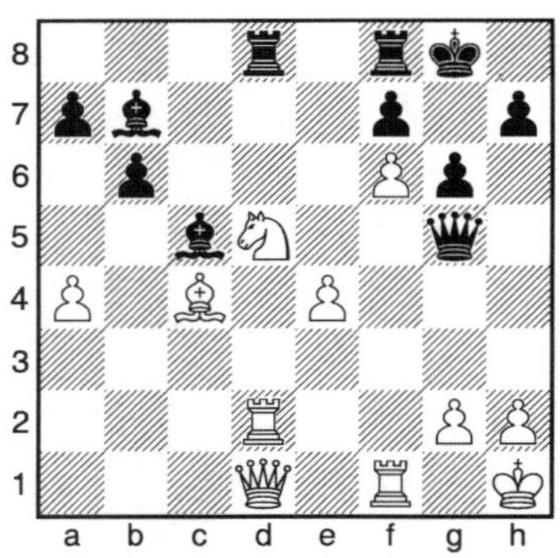

**9**

**Savon,V – Litvinov**

UdSSR 1976

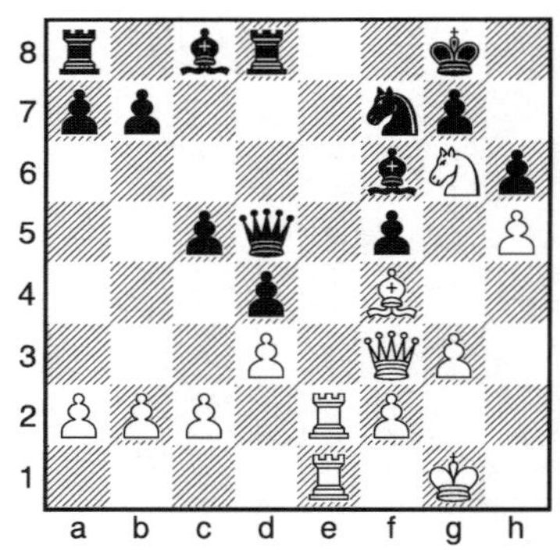

**10**

**Gurgenidze,B – Bagirov,V**

UdSSR–ch Sverdlovsk 1958

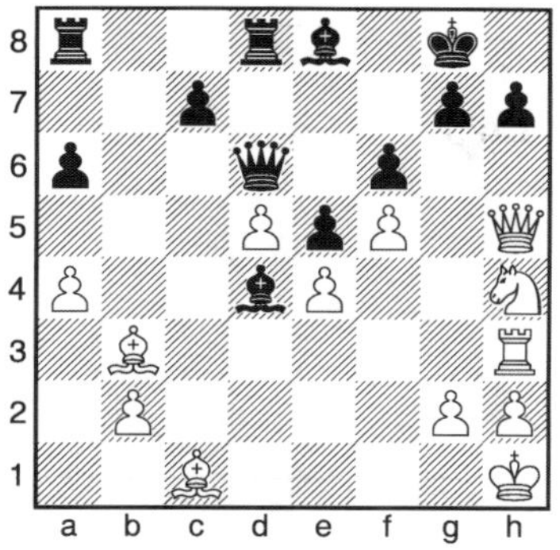

**11**

**Ahues,H –**
**N.N.**

Berlin 1932

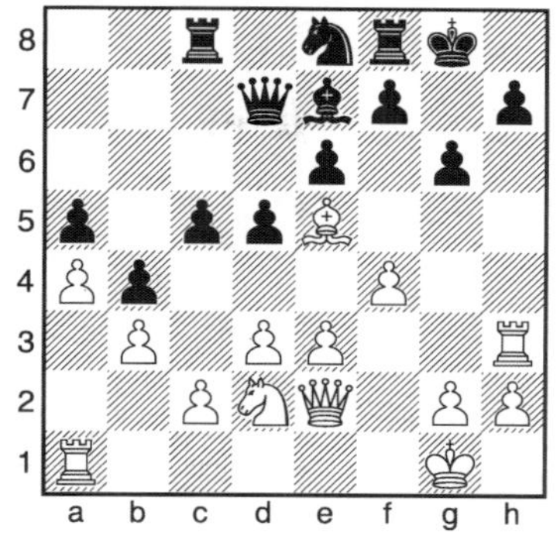

**12**

**Gabrans –**
**Rozlapa**

UdSSR 1971

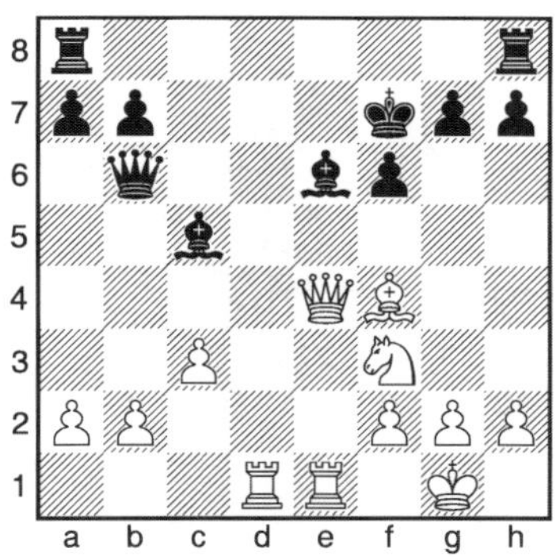

**13**

**Levitina –**
**Shul**

Kislovododsk UdSSR 1974

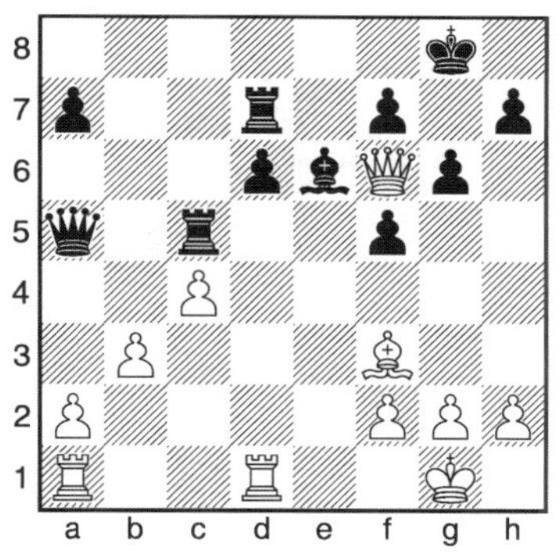

**14**

**Bukic,E (2490) –**
**Romanishin,O (2595)**

EU–Team ch
Moskau 1977

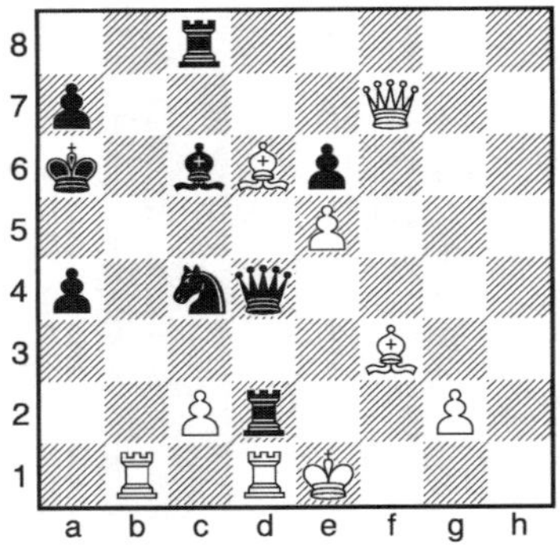

**15**

**Ljublinsky – Nechiperovich**

UdSSR 1950

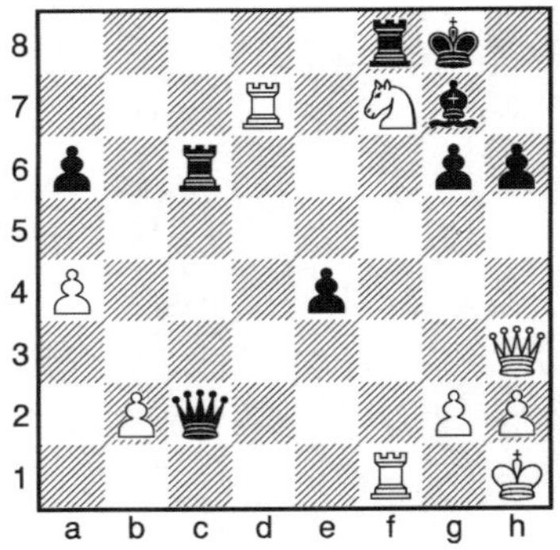

**16**

**Schneider,L (2365) – Tal,M (2705)** Variante

Olympiade Luzern 1982

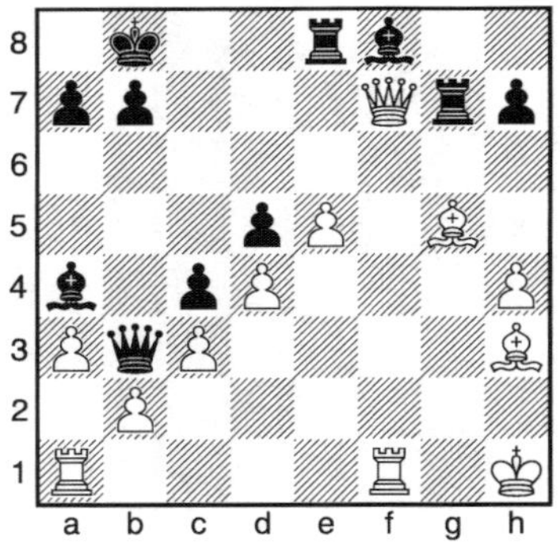

**17**

**Pirisi – Travnicek**

Budapest 1979

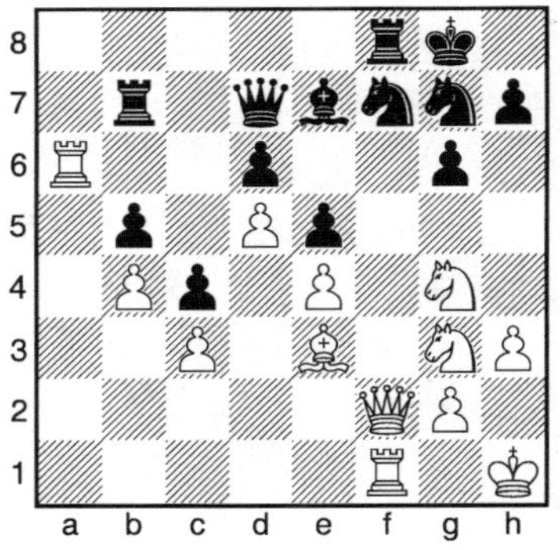

**18**

**Kudryashov – Makarov**

UdSSR 1979

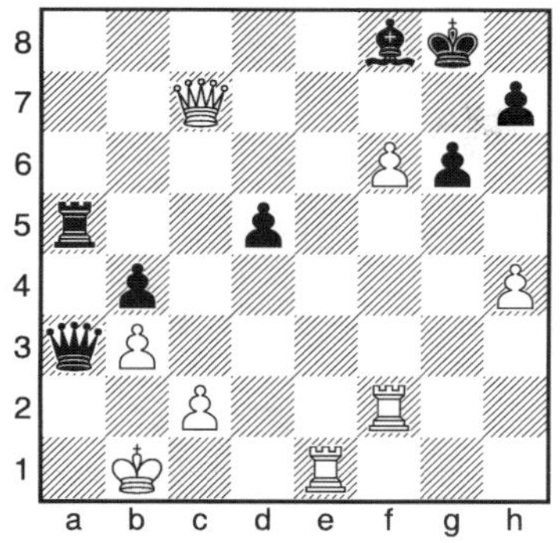

**19**

**Berkovsky – Grigorov**

UdSSR 1977

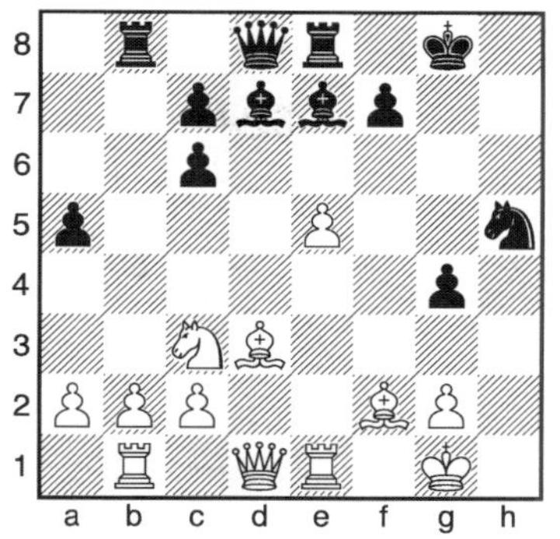

**20**

**Tarrasch,S – Steinitz,W**

Wien 1898

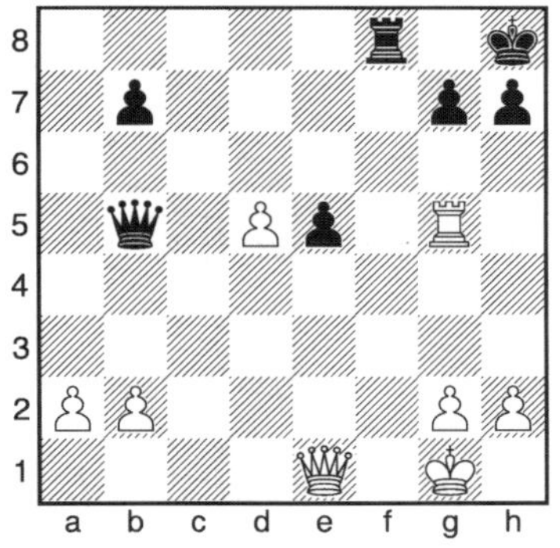

**21 ●**

**Lowcki,M – Tartakower,S**

Pol–ch Yurata 1937

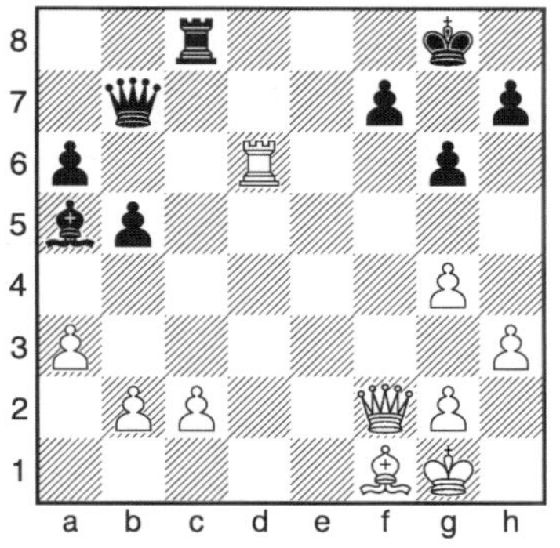

**22 ●**

**Lasker,E – Ragosin,V**

Moskau 1936

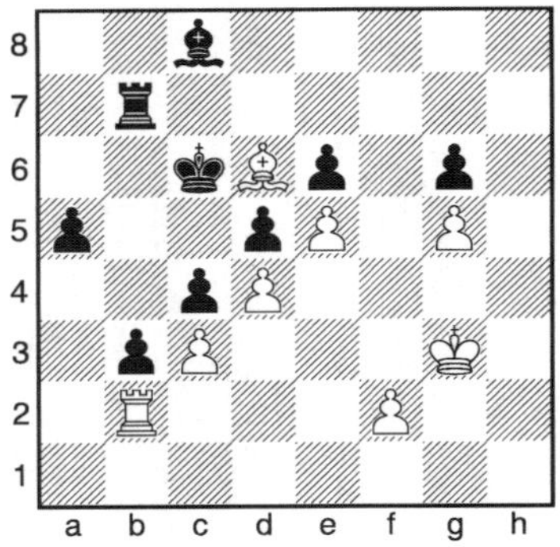

**23 ●**

**Kmoch,H – Nimzowitsch,A**

Niendorf 1927

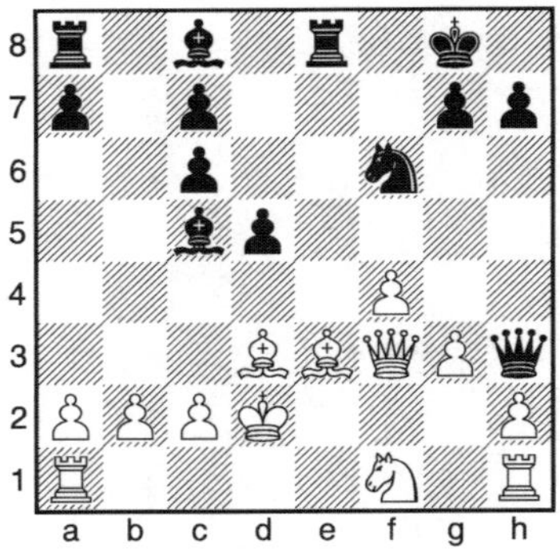

**24 ●**

**Rauzer,V – Ilyin Zhenevsky,A**

UdSSR–ch Tbilisi 1937

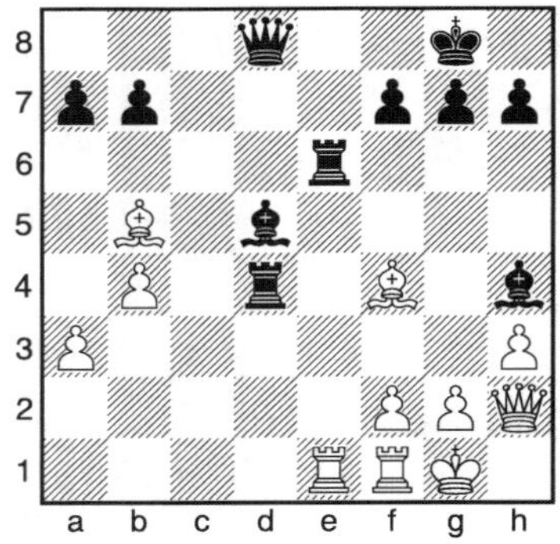

**25 ●**

**Serebryski – Solmanis**

UdSSR 1946

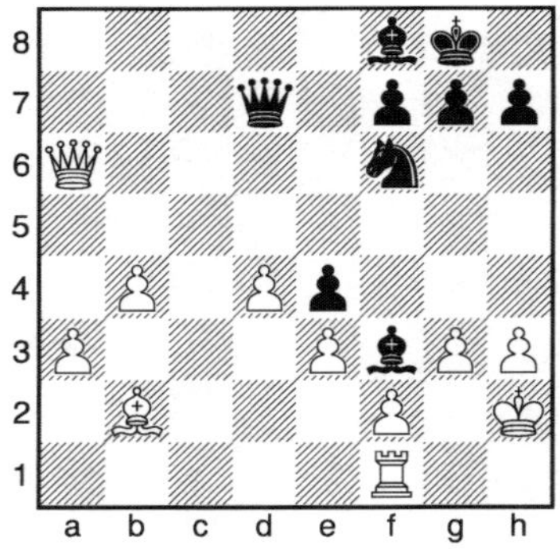

**26 ●**

**Cshanu – Vereczi**

Balatonczeplak HUN 1969

# Lösungen

# Meisterklasse 2

# Die Klassiker

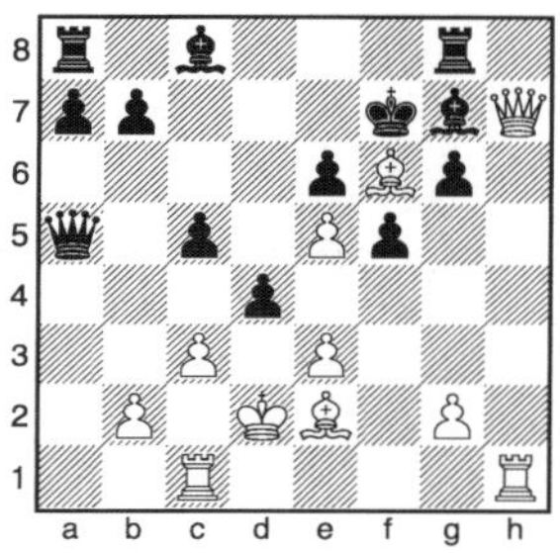

**1.** Maryasin – Kapengut

**1.♕h7xg6+ ♔f7xg6**
**2.♗e2–h5+ ♔g6–h7**
**3.♗h5–f7+ ♗g7–h6**
**4.♖h1xh6+ ♔h7xh6**
**5.♖c1–h1#**

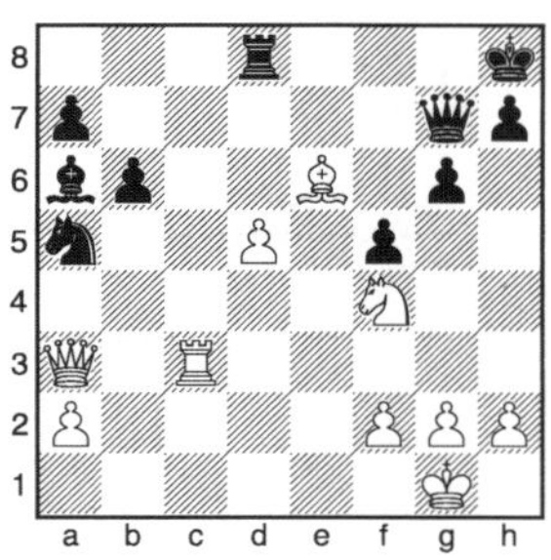

**2.** Furman – Smyslov

**1.♕a3–b2 ♘a5–c4**
**2.♘f4xg6+ ♕g7xg6**
**3.♖c3xc4+ ♕g6–g7**
**4.♕b2xg7+ ♔h8xg7**
**5.♖c4–c7+ ♔g7–f6 6.f2–f4+–**

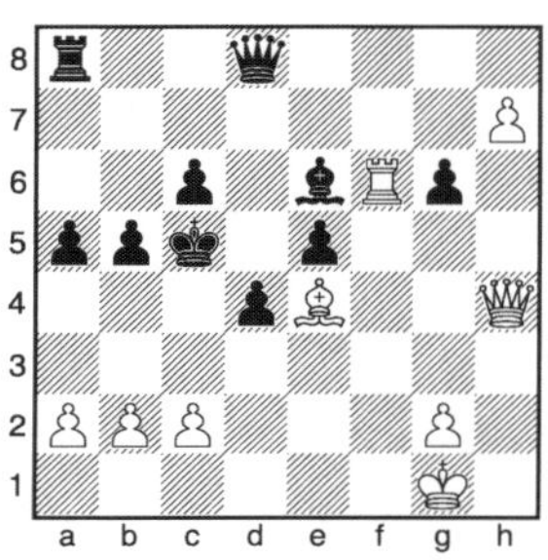

**3.** Klyukin – Gergel

**1.♖f6xe6 ♕d8xh4**

1...♖a8–c8 2.♕h4xd8 ♖c8xd8 verzögert nur.

**2.♖e6xc6+ ♔c5–b4 3.a2–a3+ ♔b4–a4**
**4.♖c6–c4+ b5xc4 5.♗e4–c6#**

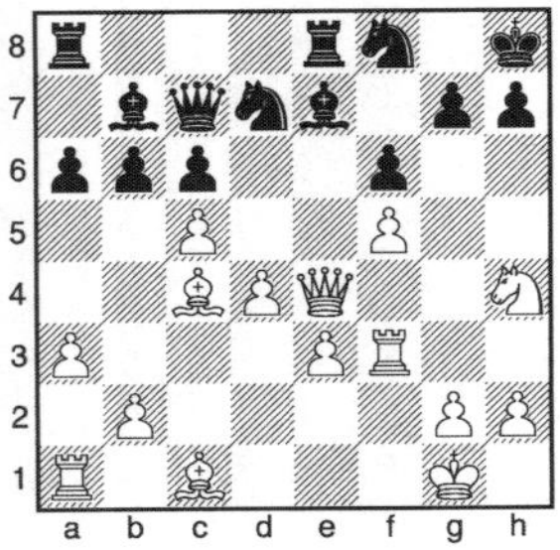

**4.** Pagantinov – Routilin

**1.♕e4–e6 ♘f8xe6**

Nur 1...♕c7xh2+ 2.♔g1xh2 ♗e7–d6+ 3.♕e6xd6+– verhindert Matt.

**2.♘h4–g6+ h7xg6 3.♖f3–h3+ ♔h8–g8 4.♗c4xe6+ ♔g8–f8 5.♖h3–h8#**

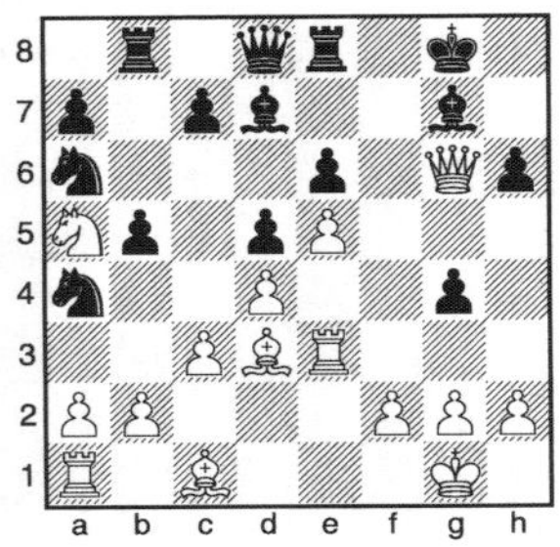

**5.** Sokolsky – Saigin

**1.♖e3–f3! g4xf3 2.♗c1xh6 ♖e8–e7 3.♕g6–h7+ ♔g8–f8**

3...♔g8–f7 4.♕h7xg7+ ♔f7–e8 5.♕g7–f8#

**4.♕h7–h8+ ♔f8–f7 5.♕h8xg7+ ♔f7–e8 6.♕g7–g8#**

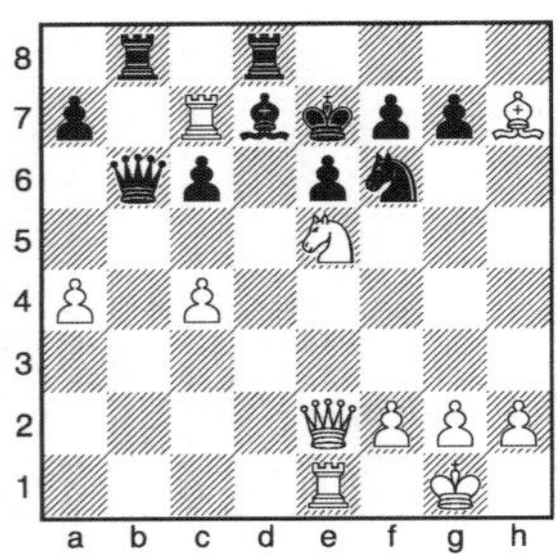

**6.** Horvath – Udovcic

**1.♘e5–g6+ ♔e7–e8**

Falls 1...f7xg6 2.♕e2xe6+ ♔e7–f8 3.♕e6–e7#

**2.♕e2xe6+** *(D2)* **f7xe6**

2...♗d7xe6 3.♖c7–e7#

**3.♖e1xe6+ ♗d7xe6 4.♖c7–e7#**

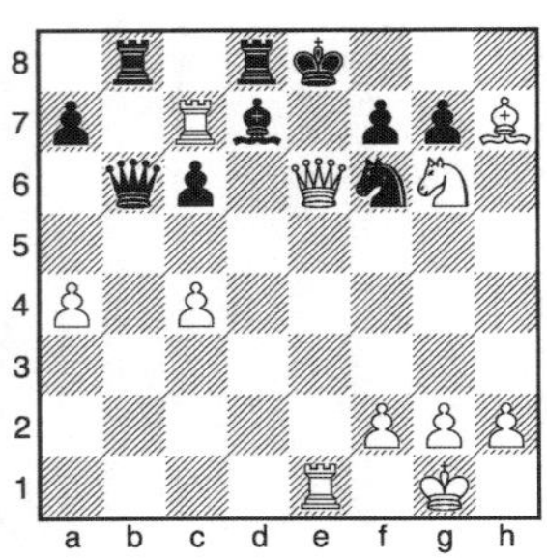

D2

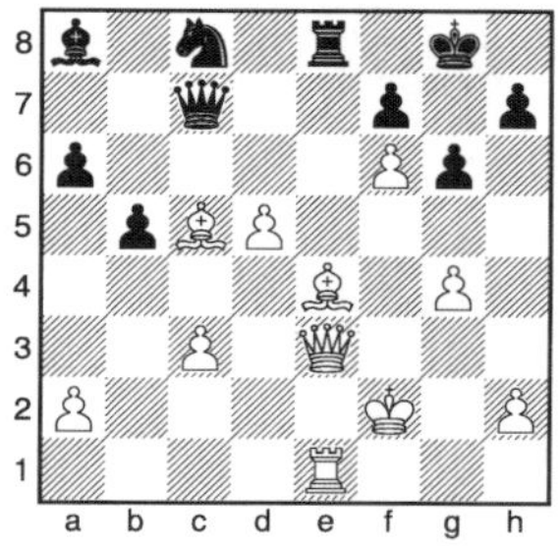

**7.** Dely – Hajtun

**1.♕e3–h6 ♕c7xc5+**
**2.♖e1-e3 ♕c5–f8**
**3.♗e4xg6** *(D2)* **♕f8xh6**

Falls 3...h7xg6 4.♖e3xe8 ♕f8xe8 5.♕h6–g7#

**4.♖e3xe8+ ♕h6–f8**
**5.♗g6xh7+ ♔g8xh7**
**6.♖e8xf8 ♗a8xd5**

Oder 6...♘c8–b6 7.♖f8–b8

**7.♖f8xc8+–**

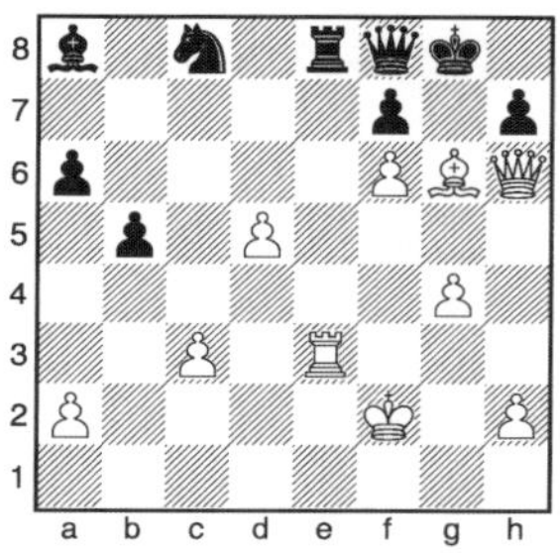

D2

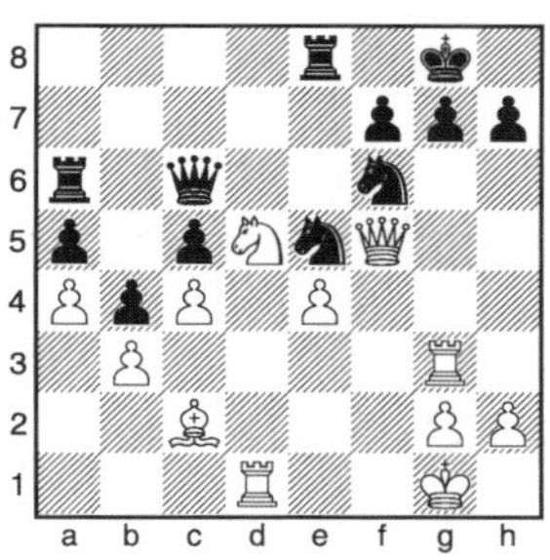

**8.** Gragger – Dodern

**1.♘d5–e7+! ♖e8xe7**
**2.♕f5xf6 ♘e5–g6**

Oder 2...♕c6xf6 3.♖d1-d8+ ♖e7–e8 4.♖d8xe8#

**3.♖d1-d8+**

Falls 3.♕f6xe7 ♖a6–a8 4.♖d1-d8++–

**3...♖e7–e8** *(D2)*
**4.♕f6xc6 ♖a6xc6**
**5.♖d8xe8+ ♘g6–f8**
**6.♖g3–d3+–**

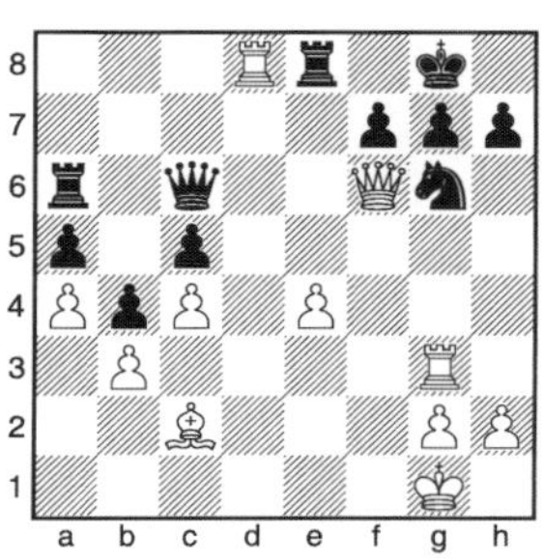

D2

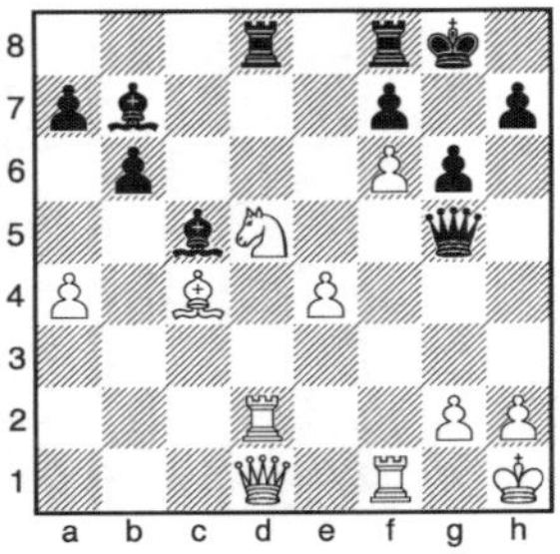

**9.** Savon – Litvinov

**1.♘d5–e7+ ♗c5xe7**
**2.f6xe7** *(D2)* **♕g5xe7**

2...♖d8xd2 3.♗c4xf7+ ♔g8–g7
4.♕d1-a1+ ♔g7–h6 5.e7xf8♕+ und Matt folgt.

**3.♖f1xf7 ♖f8xf7**
**4.♖d2xd8+ ♔g8–g7**
**5.♗c4xf7 ♕e7xe4+–**

Oder 5...♔g7xf7 6.♖d8–d7+–

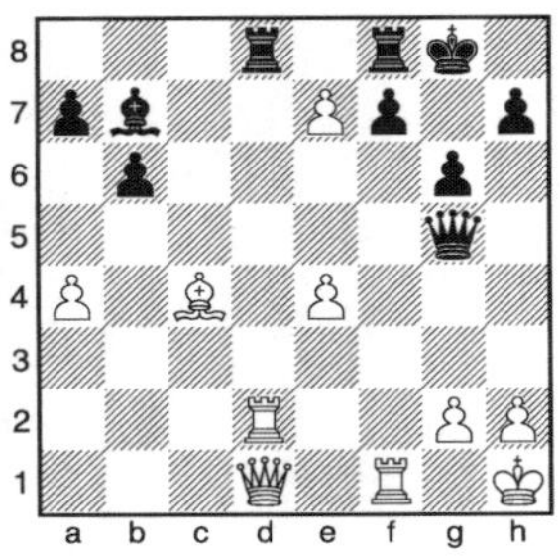

D2

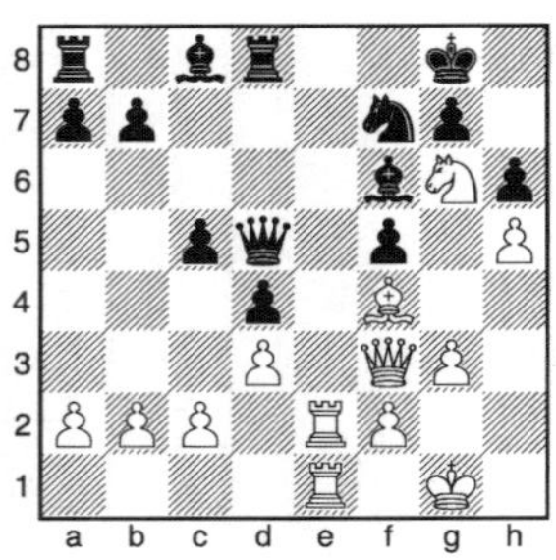

**10.** Gurgenidze – Bagirov

**1.♖e2–e8+ ♔g8–h7**
**2.♘g6–f8+ ♔h7–g8**
**3.♘f8–d7+** *(D2)* 1:0; **♔g8–h7**

Falls 3...♖d8xe8 4.♖e1xe8+ ♔g8–h7
5.♘d7xf6+ g7xf6 6.♕f3xd5

**4.♕f3xd5 ♗c8xd7**
**5.♖e8xd8 ♖a8xd8 / ♘f7xd8**
**6.♕d5xf7+–**

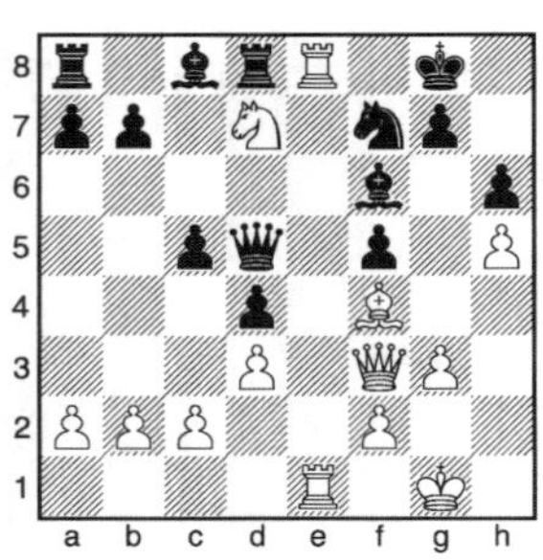

D2

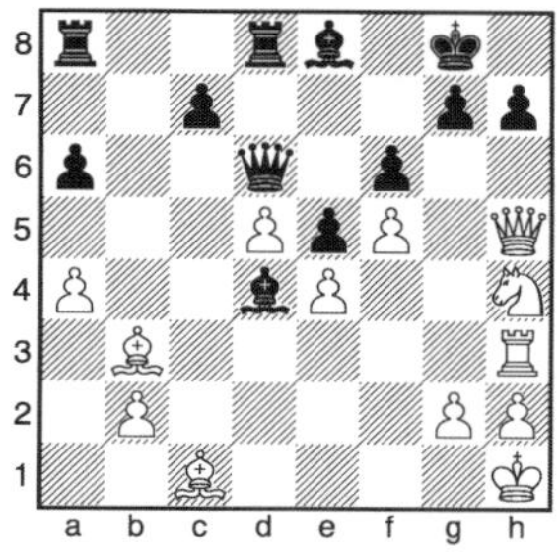

11. Ahues – N.N.

Du magst nicht beeindruckt vom weißen Angriff sein; zumal du für die Fortsetzung die Dame opfern musst. Aber sieh selbst:

**1.♕h5xh7+ ♔g8xh7**

Matt zu vermeiden wird teuer:

***1...♔g8–f8*** 2.♕h7–h8+ ♔f8–e7 3.♕h8xg7+ ♗e8–f7 4.♘h4–g6+ ♔e7–d7 5.♕g7xf7++–

**2.♘h4–g6+ ♔h7–g8**
**3.♖h3–h8+ ♔g8–f7** *(D2)*
**4.♖h8–f8+ ♕d6xf8**
**5.d5–d6#**

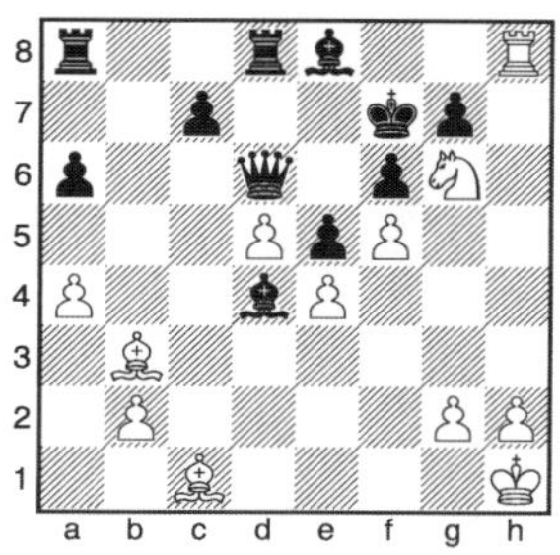

D2

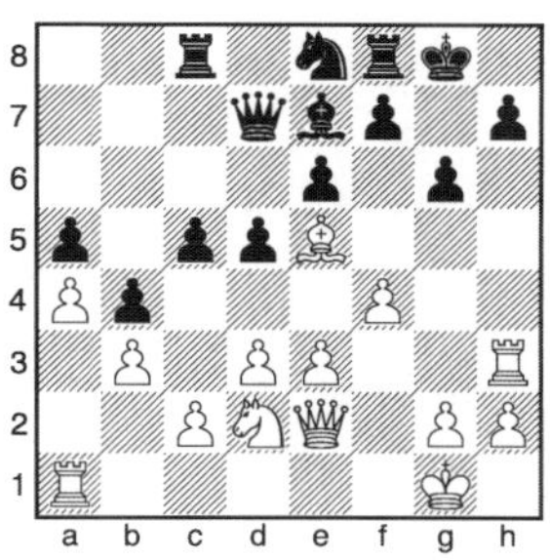

**12.** Gabrans – Rozlapa

Gewaltsame Linienöffnung und eine Zwickmühle knacken die schwarze Königsstellung:

**1.♕e2–h5! g6xh5**
**2.♖h3–g3+ ♘e8–g7**
**3.♖g3xg7+ ♔g8–h8** *(D2)*
**4.♖g7xf7+ ♗e7–f6**

Die Dame ist ohnehin verloren:
4...♔h8–g8 5.♖f7–g7+ ♔g8–h8 6.♖g7xe7+

**5.♗e5xf6+ ♔h8–g8**
**6.♖f7xd7 ♖f8xf6+–**

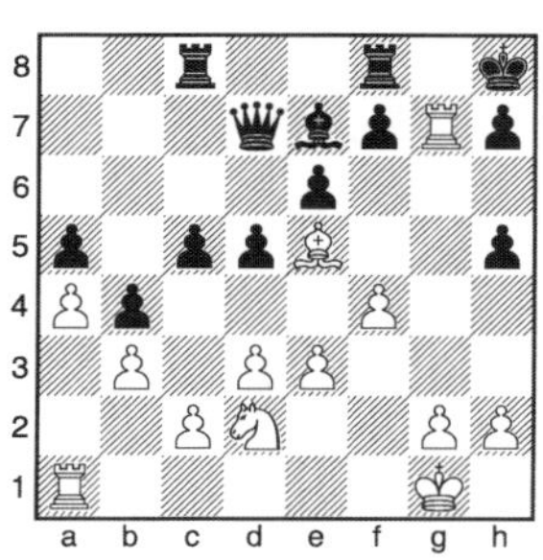

D2

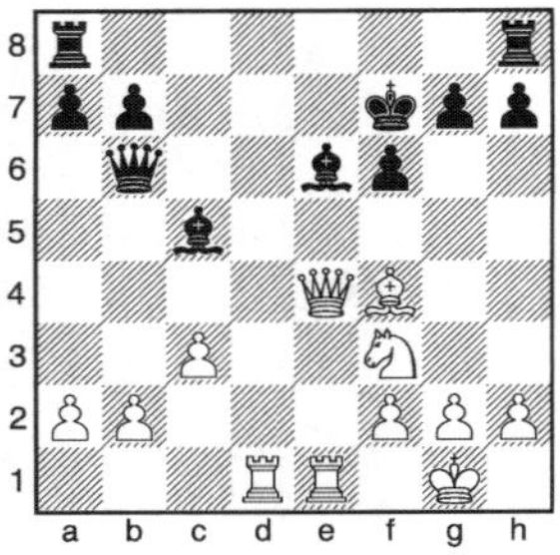

**13.** Levitina – Shul

**1.♖d1-d6! ♗c5xd6 2.♕e4xe6+ ♔f7–g6**

2...♔f7–f8 3.♗f4xd6+ ♕b6xd6 4.♕e6xd6++–

**3.♘f3–h4+ ♔g6–h5 4.♕e6–e2+ ♔h5xh4**
**5.g2–g3+ ♔h4–h3 6.♕e2–h5#**

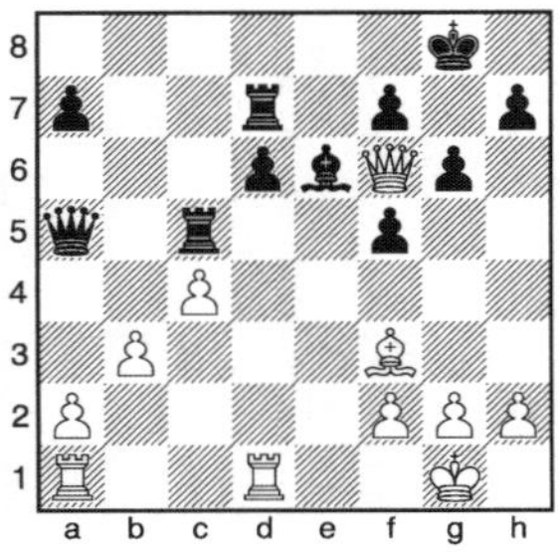

**14.** Bukic – Romanishin

**1.b3–b4 ♕a5xb4**
**2.♖d1-b1 ♕b4xc4**
**3.♗f3–e2** 1:0; **♕c4–c2**
**4.♗e2–d3 ♕c2–c3**
**5.♖b1-b8+ ♖c5–c8 6.♕f6xc3+–**

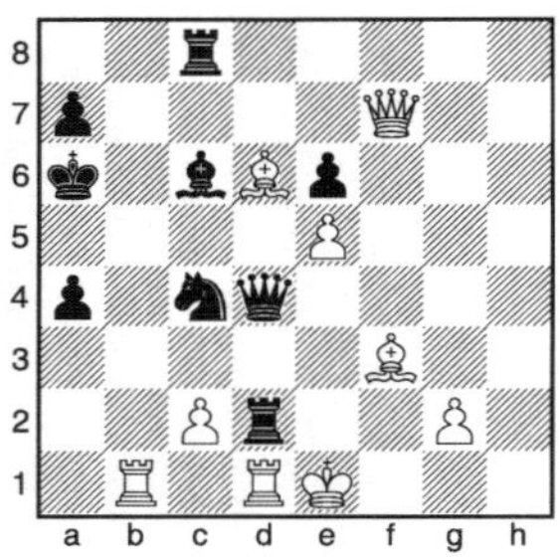

**15.** Ljublinsky – Nechiperovich

Nur eine große Portion Berechnung und Vorstellungskraft kann Weiß retten, denn er ist ja nur zwei Züge vom Matt entfernt:

**1.♕f7–b7+! ♗c6xb7**
**2.♗f3xb7+ ♔a6–a5**
**3.♗d6–b4+ ♔a5–b6** *(D2)*
**4.♗b4–c3+**

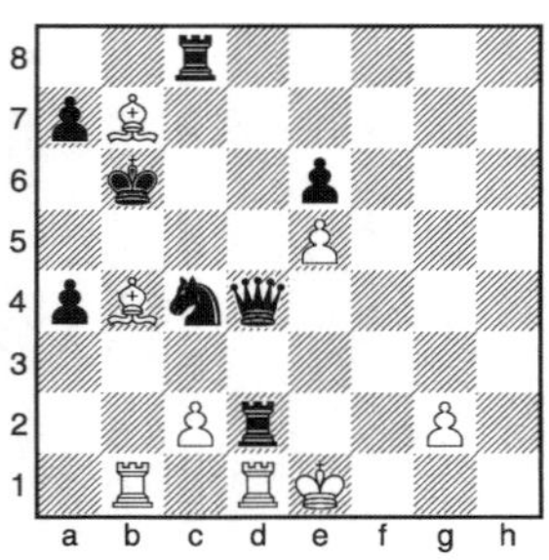

D2

Falls 4.♗b4xd2+ ♔b6–c7 5.♗d2–a5+ ♘c4xa5 6.♖d1xd4 ♘a5xb7 7.♖d4xa4+–

**4...♔b6–c5**
**5.♗c3xd4+ ♖d2xd4**
**6.♗b7xc8+–**

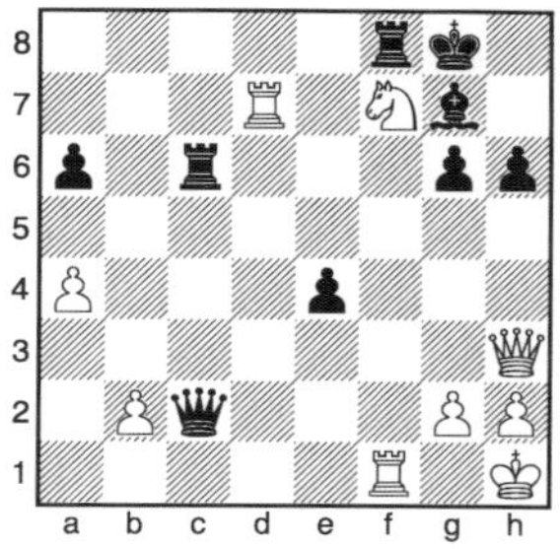

**16.** Schneider – Tal

In der Partie folgte 1.g2–g3 und Schwarz gewann später. Weiß verpasste die große Chance, den großen Taktiker ("Schachzauberer" genannt) und Exweltmeister Mikhail Tal mit seinen eigenen Waffen zu schlagen:

**1.♕h3xh6 ♖f8xf7**

Zu einem schnellen Ende führt

1...♗g7xh6? 2.♘f7xh6+ ♔g8–h8 3.♖f1xf8#;
Oder
1...♕c2–e2 2.♕h6–h8+ ♗g7xh8 3.♘f7–h6#

**2.♖d7–d8+ ♖f7–f8** *(D2)*
**3.♖d8/♖f1xf8+ ♗g7xf8**
**4.♖f1xf8#**

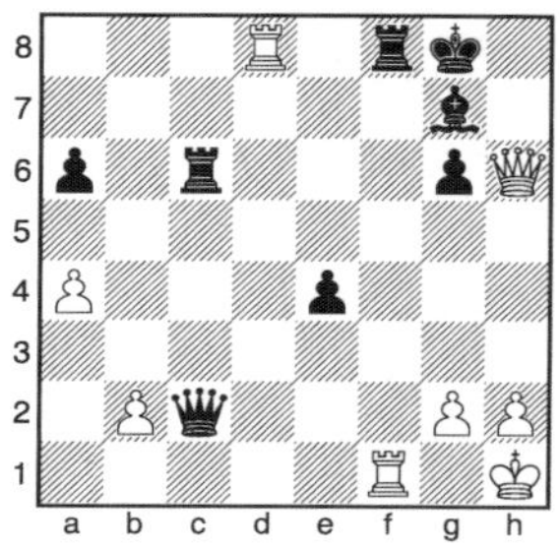

D2

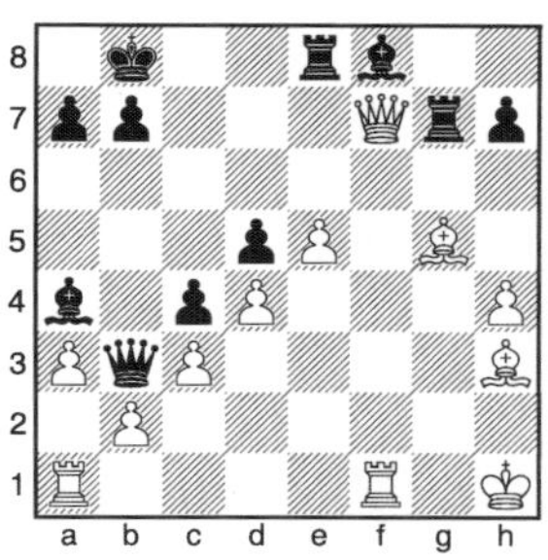

**17.** Pirisi – Travnicek

**1.♕f7xf8 ♖e8xf8**
**2.♖f1xf8+ ♔b8–c7**
**3.♖f8–c8+ ♔c7–b6**
**4.♗g5–d8+** *(D2)* **♔b6–a6**

Falls 4...♔b6–b5? 5.♖c8–c5+ ♔b5–a6 6.♖c5–a5#

**5.♖c8–c5 b7–b6**
**6.♗h3–c8+ ♖g7–b7**
**7.♖c5–c7 ♗a4–c6**
**8.♖c7xc6+–**

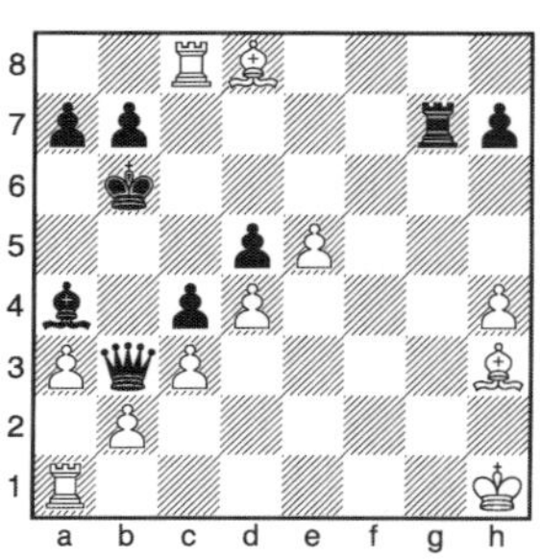

D2

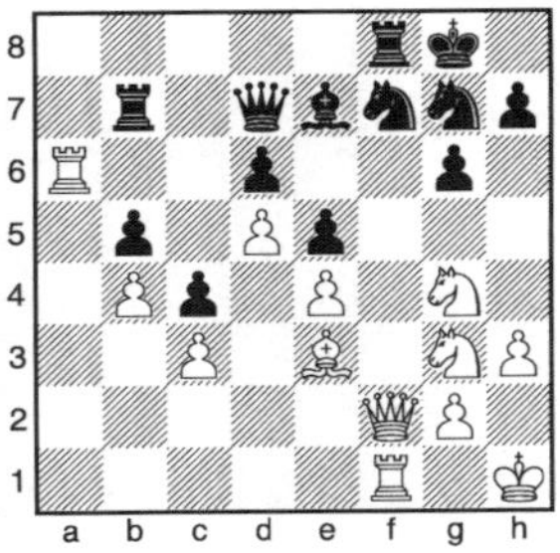

**18.** Kudryashov – Makarov

**1.♕f2xf7+ ♖f8xf7**
**2.♘g4–h6+ ♔g8–h8**

Falls 2...♔g8–f8 3.♖f1xf7+ ♔f8–e8 4.♖a6–a8++–

**3.♘h6xf7+ ♔h8–g8**
**4.♘f7–h6+ ♔g8–h8** *(D2)*
**5.♖a6–a8+ ♘g7–e8**
**6.♖f1-f7+– ––**
**7.♗e3–g5**

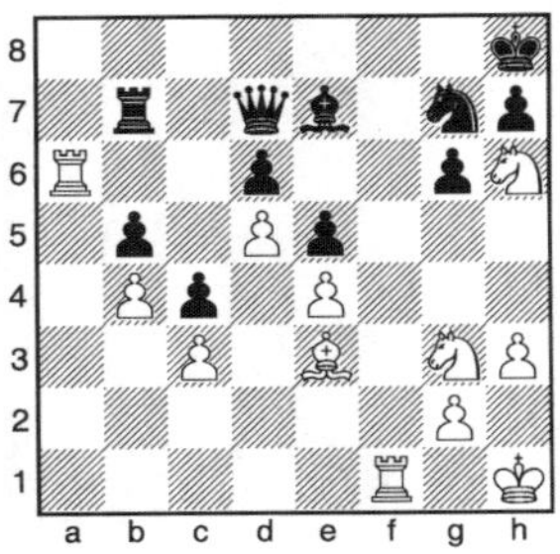

D2

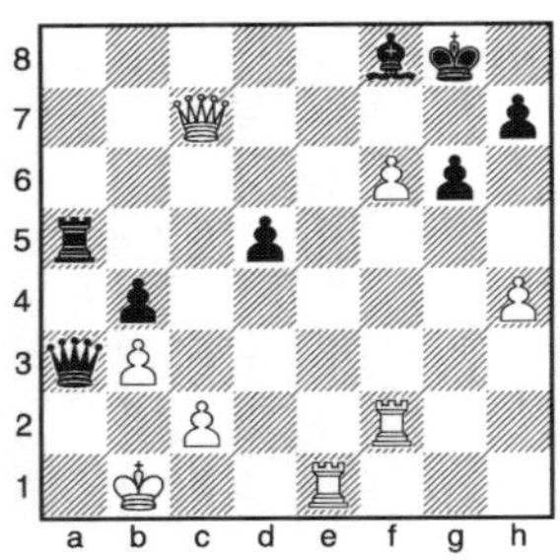

**19.** Berkovsky – Grigoderov

**1.♕c7–g7+! ♗f8xg7**
**2.f6–f7+ ♔g8–h8**
**3.♖e1-e8+ ♗g7–f8**
**4.♖e8xf8+ ♔h8–g7**
**5.♖f8–g8+ ♔g7–h6 6.f7–f8♕+** und Matt folgt.

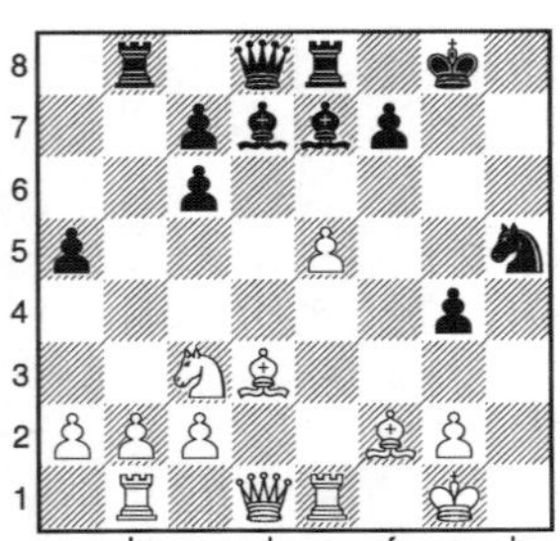

20. Tarrasch – Steinitz

**1.e5–e6 ♗d7xe6 2.♖e1xe6 f7xe6**
**3.♕d1xg4+ ♘h5–g7 4.♕g4–g6 ♖b8–b4**
**5.♖b1-f1 ♖b4–f4 6.♕g6–h7+ ♔g8–f8**
**7.♗d3–g6** 1:0

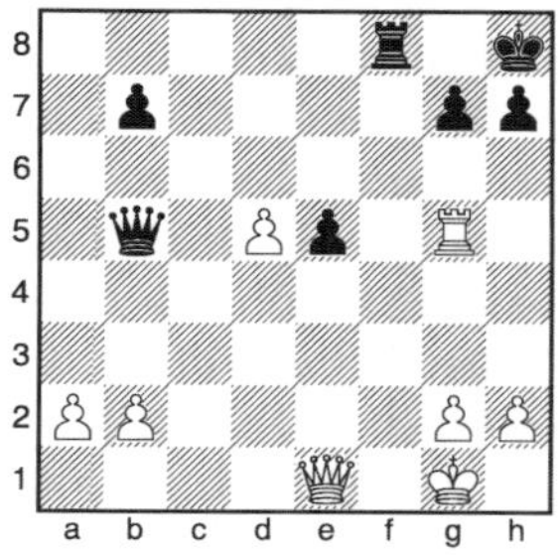

**21.** Lowcki – Tartakower

**1...♕b5–c5+**
**2.♔g1-h1 ♕c5–c4 3.♔h1-g1 ♕c4–d4+**
**4.♔g1-h1 ♕d4–e4 5.♕e1-c1 ♕e4–d3**
**6.♔h1-g1 ♕d3–d4+ 7.♔g1-h1 ♕d4–d2** 0:1

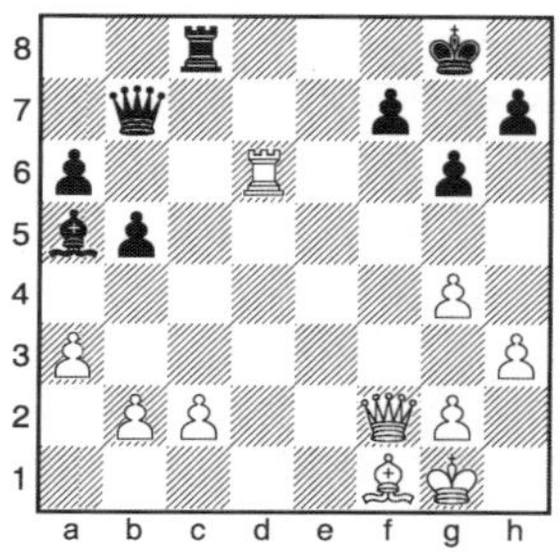

**22.** Lasker – Ragosin

Der weiße Turm muss die Kontrolle über das Feld b6 behalten, um den Spieß zu verhindern. Aber:

**1...♗a5–c7 2.♖d6–f6 ♗c7–d8**
**3.♖f6–d6 ♗d8–e7 4.♖d6–b6 ♕b7xb6**
**5.♕f2xb6 ♗e7–c5+ 6.♕b6xc5 ♖c8xc5-+**

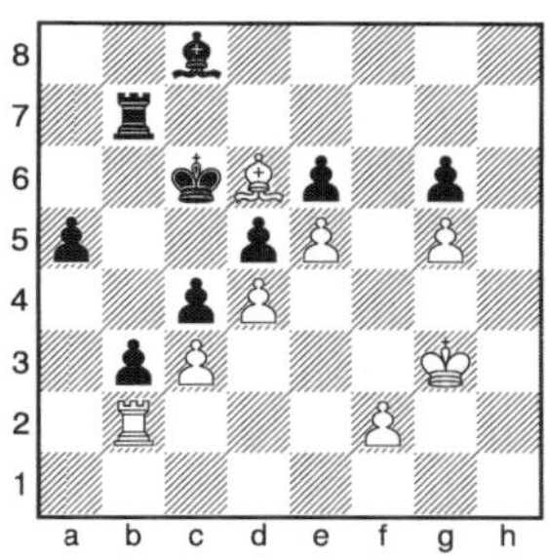

**23.** Kmoch – Nimzowitsch

**1...♖b7–b4 2.c3xb4**

Nicht besser 2.♗d6xb4 a5xb4 3.c3xb4 ♔c6–b5

**2...a5–a4 3.b4–b5+ ♔c6xb5**
**4.♗d6–a3 c4–c3 5.♖b2–b1 ♔b5–c4-+**

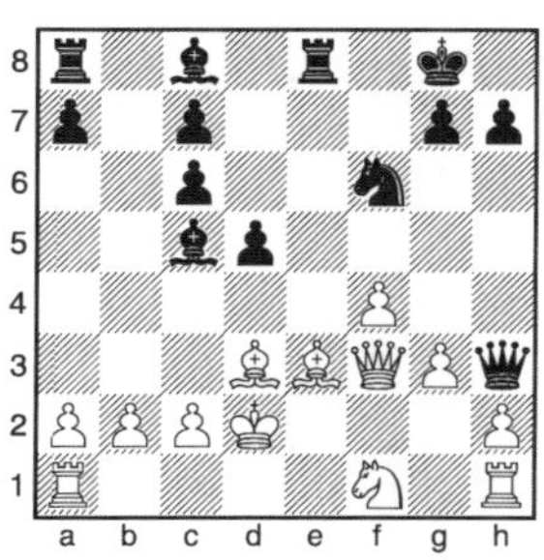

**24.** Rauzer – Ilyin Zhenevsky

**1...♗c8–g4**
**2.♕f3–f2 d5–d4!**
**3.♗e3xd4 ♖e8–e2+**
**4.♗d3xe2 ♘f6–e4+-+**

Ilyin Zhenevsky ist wenig bekannt, aber tatsächlich der Begründer des sowjetischen Schachbooms.

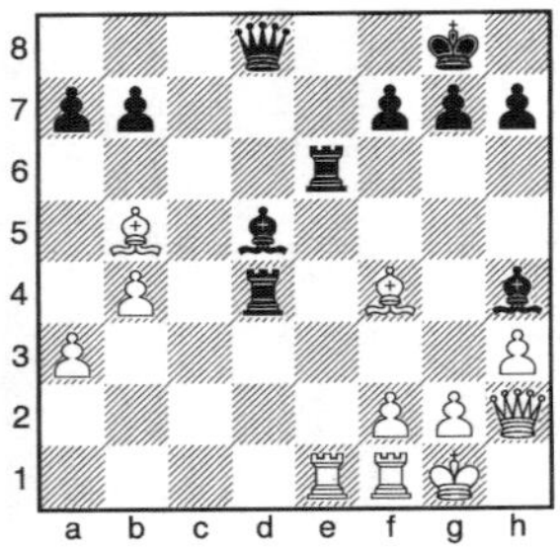

**25.** Serebryski – Solmanis

**1...♗h4xf2+**
**2.♔g1xf2 ♕d8–b6** *(D2)*
**3.♖e1xe6**

3.♗f4–e3 ♖d4–d2+ 4.♔f2–g1 ♖e6xe3 gewinnt; falls 5.♕h2–b8+? ♖e3–e8+-+

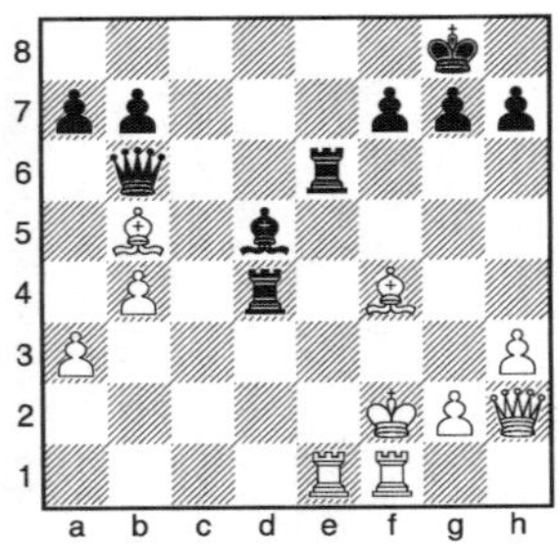

D2

**3...♖d4xf4+**
**4.♔f2–g3 f7xe6**
**5.♖f1xf4 g7–g5**
**6.♖f4–f2 ♕b6–d6+**
**7.♔g3–g4 ♕d6xh2-+**

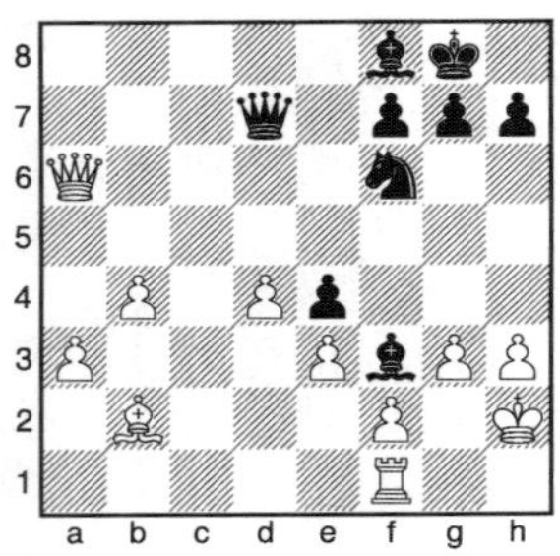

**26.** Cshanu – Vereczi

**1...♘f6–g4+!**
**2.♔h2–g1**

2.h3xg4?? ♕d7xg4 3.♕a6–a5 g7–g5 4.–– ♕g4–h5+ 5.♔h2–g1 ♕h5–h1#

**2...♘g4xe3** *(D2)*
**3.g3–g4**

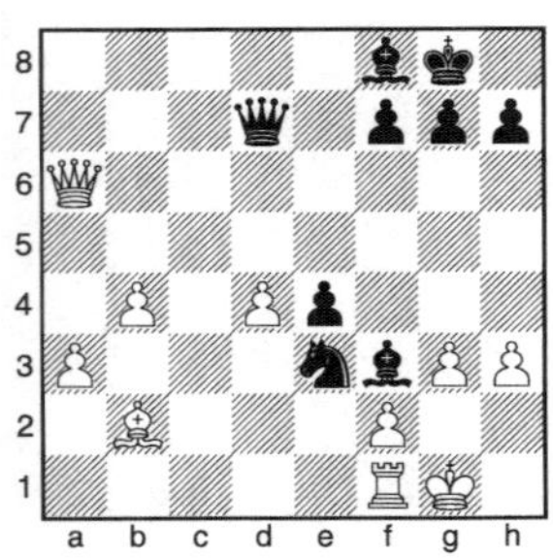

D2

3.f2xe3 ♕d7xh3 4.♔g1-f2 ♕h3–g2+ 5.♔f2–e1 ♕g2xb2-+

**3...♘e3xf1 4.♕a6xf1 h7–h5**

Oder 4.♔g1xf1?? ♕d7–c7

# Quick Test 9

## Bauernumwandlung

In den beiden ersten Bänden haben wir die Bauernumwandlung nur ein paar Mal beiläufig gesehen. Dies ist verständlich, da dieser Fall ja meistens erst im Endspiel vorkommt und wir uns weitgehend auf das Mittelspiel konzentriert hatten. Aber nun weiten wir unseren Blick aus und schauen uns auch das späte Mittelspiel und das Endspiel an.

Eine Menge Taktik kann benutzt werden, um unserem vorrückenden Bauer den Weg freizumachen und seine Umwandlung zu unterstützen. Meistens wird er in eine starke Dame umgewandelt, aber manchmal auch nur in eine schwächere Figur, die sogenannte **"Unterverwandlung"**. Dies geschieht, um ein Patt zu verhindern oder aus einem taktischen Grund, z.B. mit Schach umzuwandeln oder die Initiative zu erlangen.

Einige Kombinationen zur Umwandlung sind einfach, etwa Weglenkung oder Eliminierung eines Verteidigers. Doch andere sind gut verborgen hinter einem vorbereitenden Manöver oder einem Abtausch. Und manchmal sehen wir auch einen echten Geniestreich mit einer Menge Fantasie und Vorausberechnung.

Wenn du noch mit Band 1 oder den ersten Kapiteln von Band 2 arbeitest, mögen einige Aufgaben recht schwer für dich sein.

Doch denk immer daran: Du arbeitest nicht mit diesem Buch, um so viele Aufgaben zu lösen wie möglich, sondern um zu lernen! Sei also nicht sauer, wenn du weniger Lösungen findest, als du erwartet hast. Versuch so angestrengt wie es dir möglich ist, an den Lösungen zu arbeiten. Wenn du nicht weiterkommst, schau dir die Lösungen an und lerne dabei einiges Neues, was auch hilft, dein Spiel zu verbessern.

Und nun puschen wir unsere Bauern auf der Karriereleiter hoch!

# Quick Test 9

## Es geht immer um Bauernumwandlung

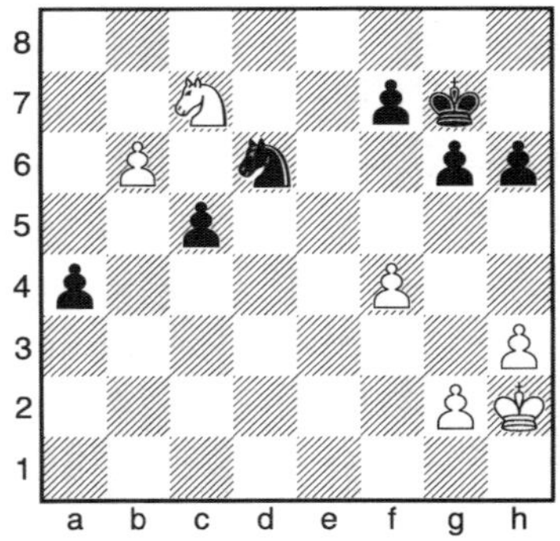

**1** ..........................

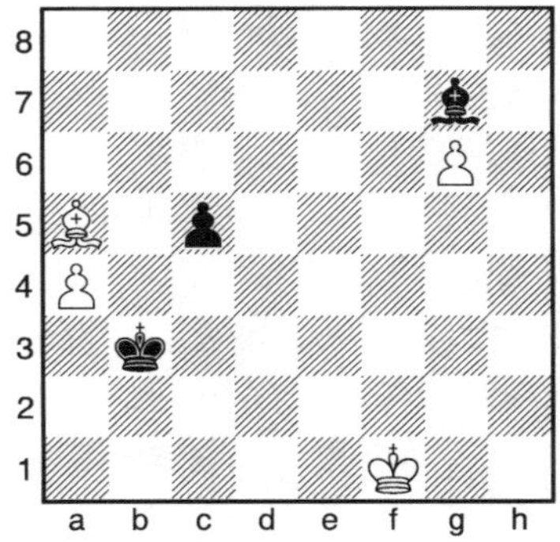

**2** ..........................

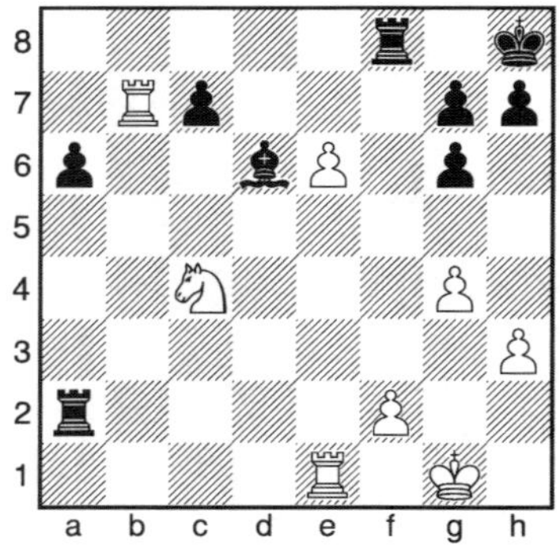

**3** ..........................

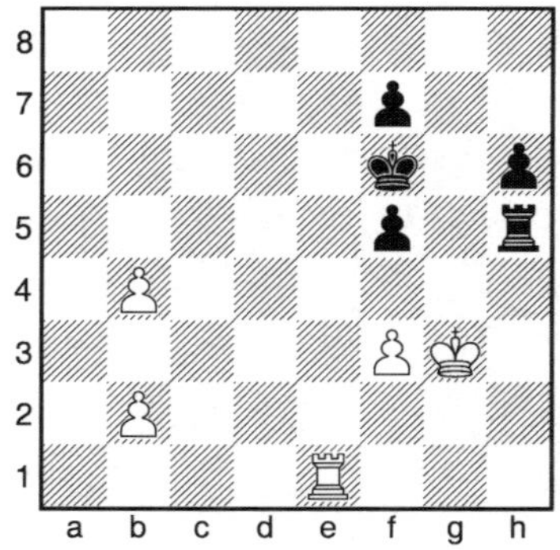

**4** ..........................

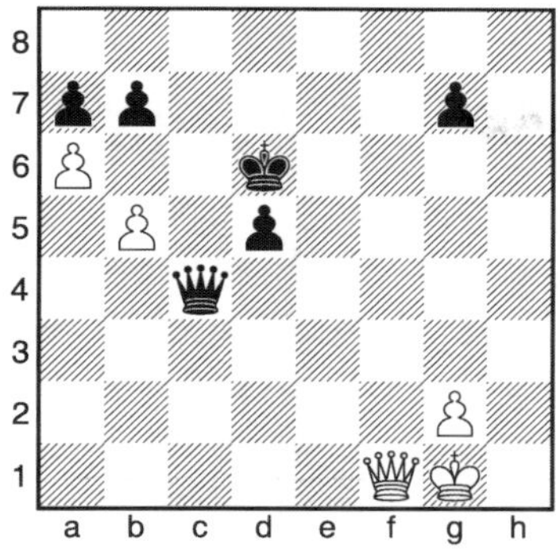

5 ..........................

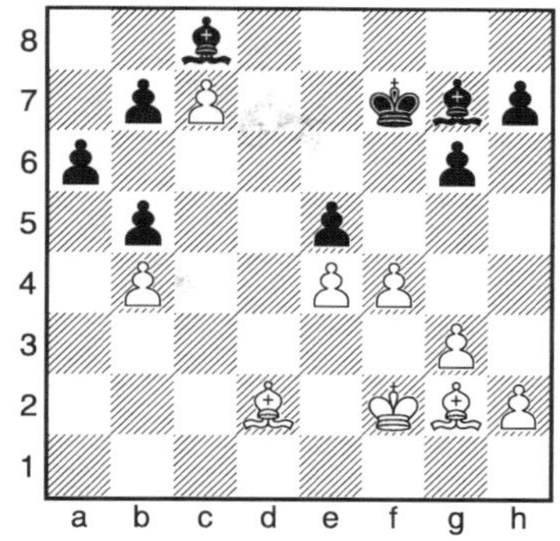

6 ..........................

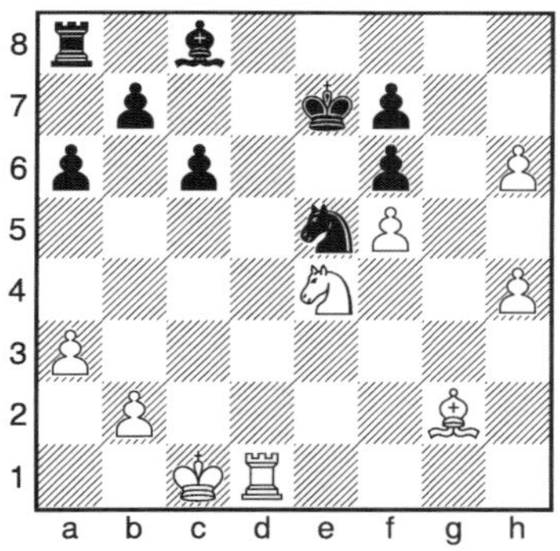

7 ..........................

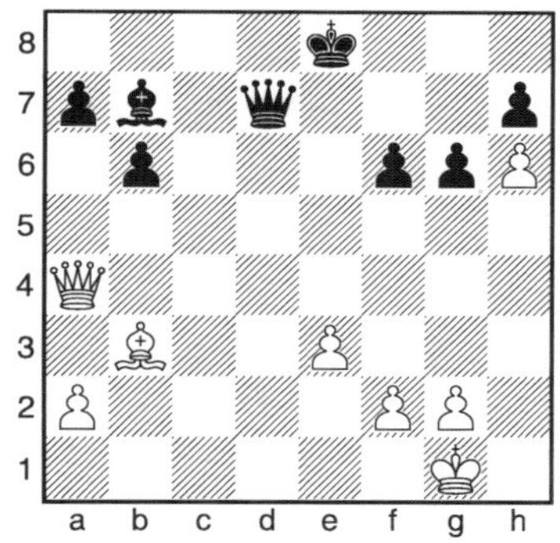

8 ..........................

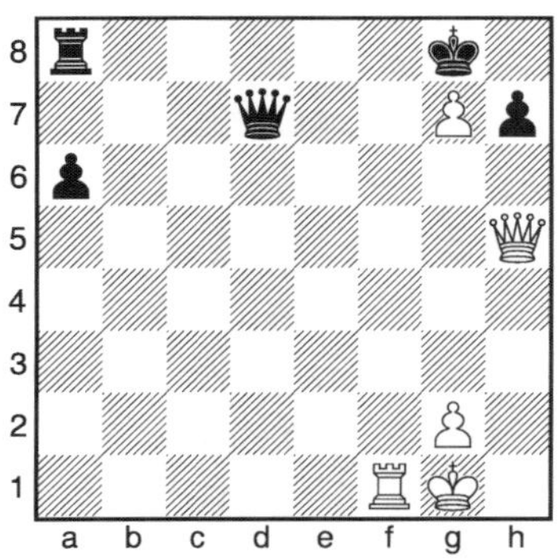

9 ..........................

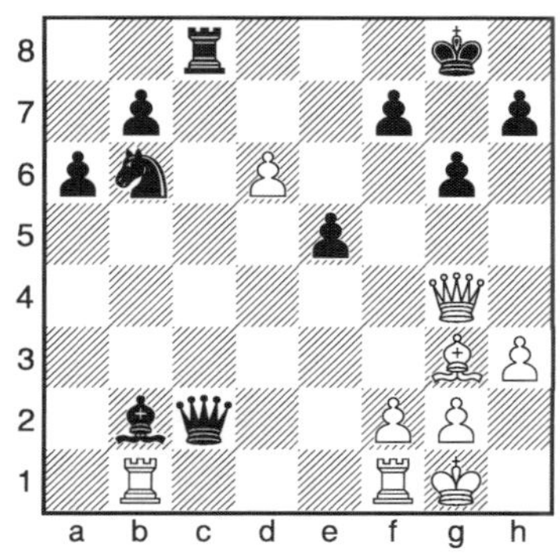

10 ..........................

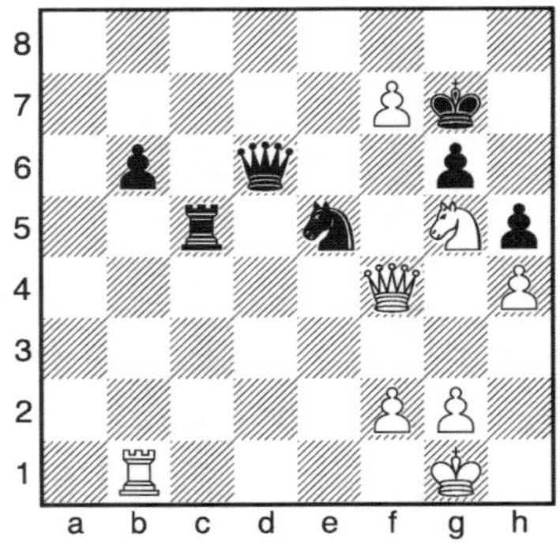

11 ..........................

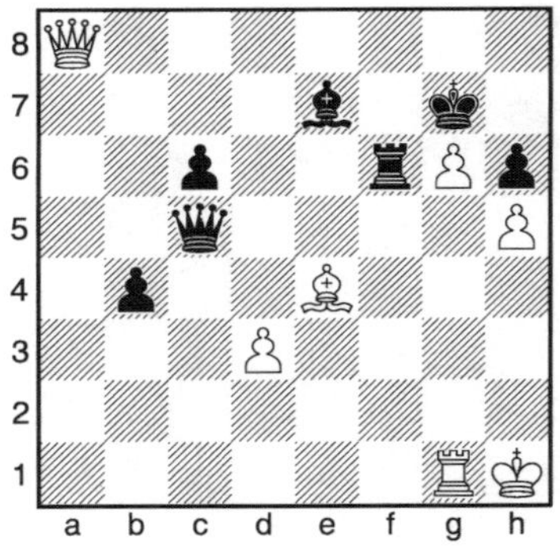

12 ..........................

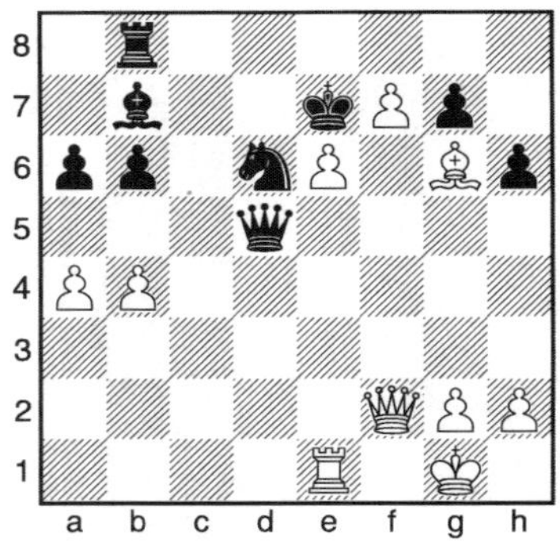

13 ..........................

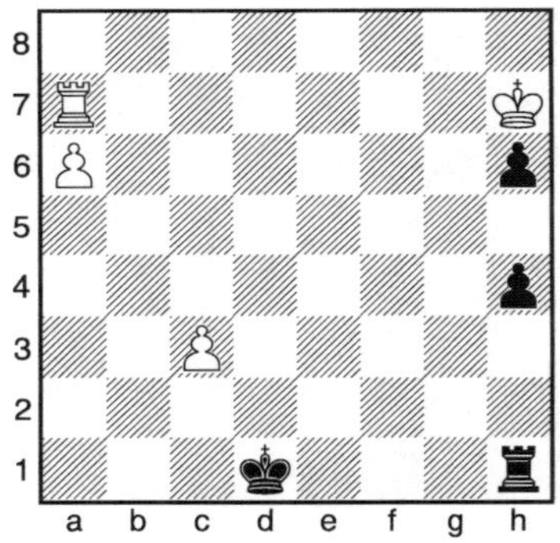

14 ..........................

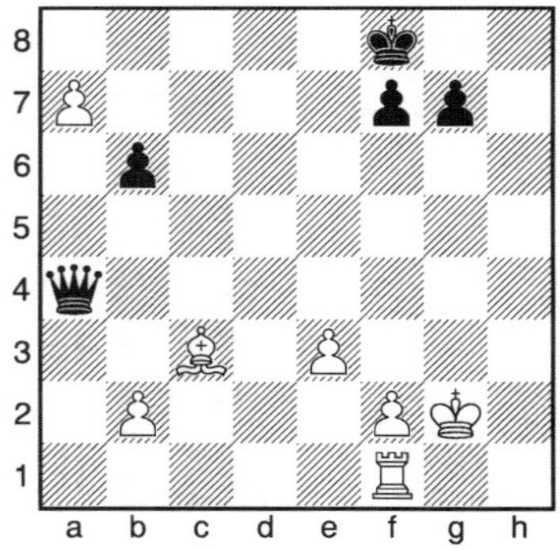

15 ..........................

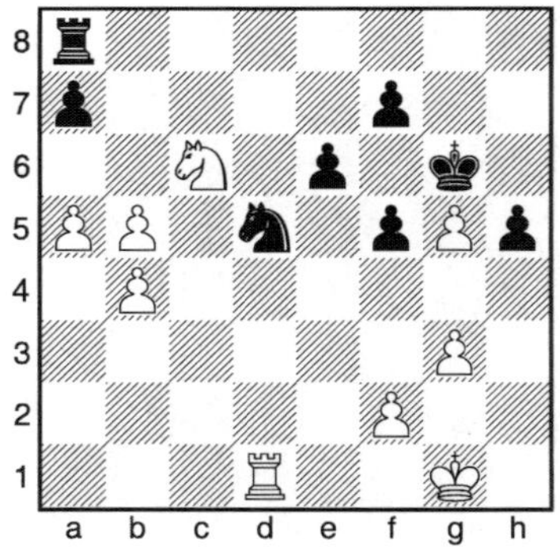

16 ..........................

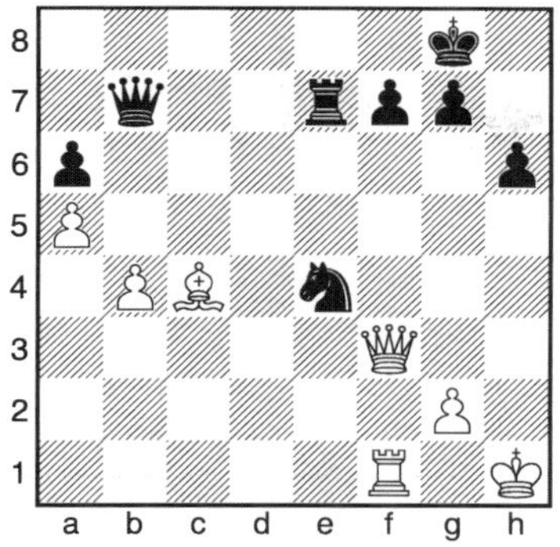

**17** ..........................

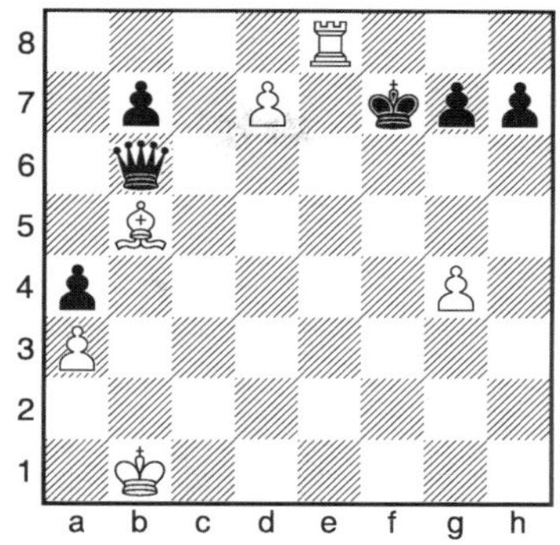

**18** ..........................

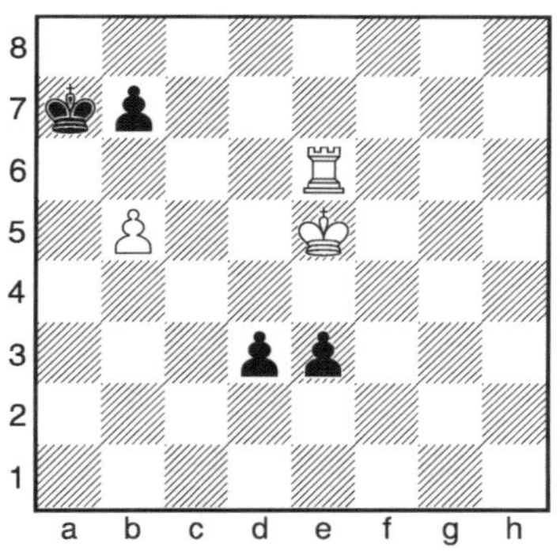

**19** ..........................

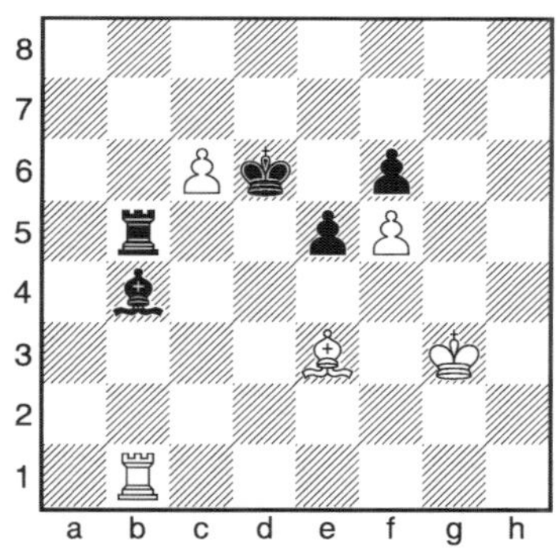

**20** ..........................

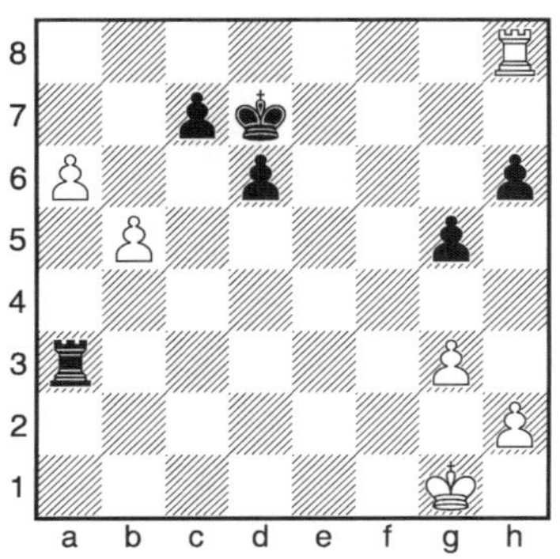

**21** ..........................

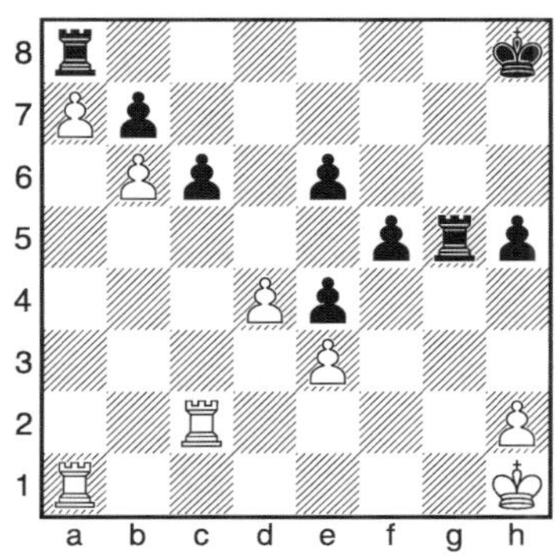

**22** ..........................

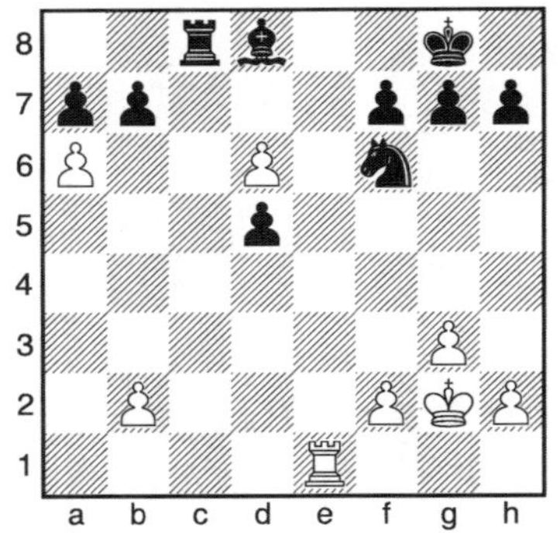

23 ........................

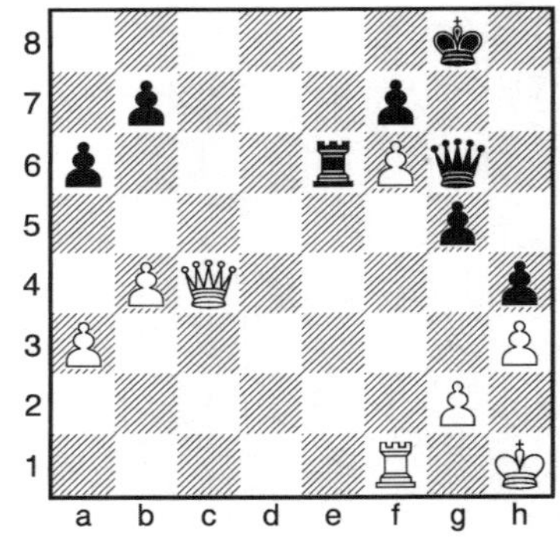

24 ........................

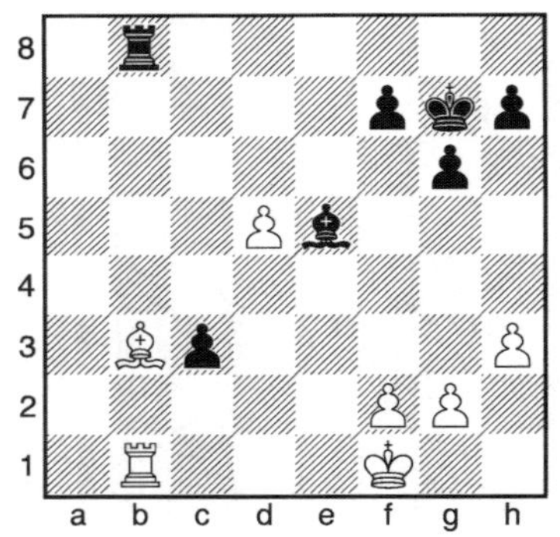

25 ● ........................

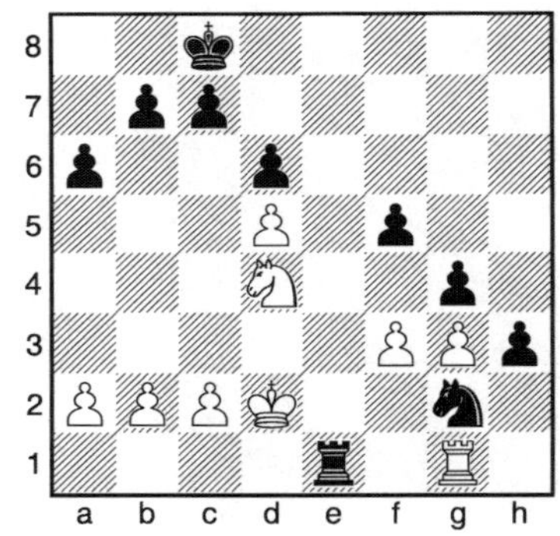

26 ● ........................

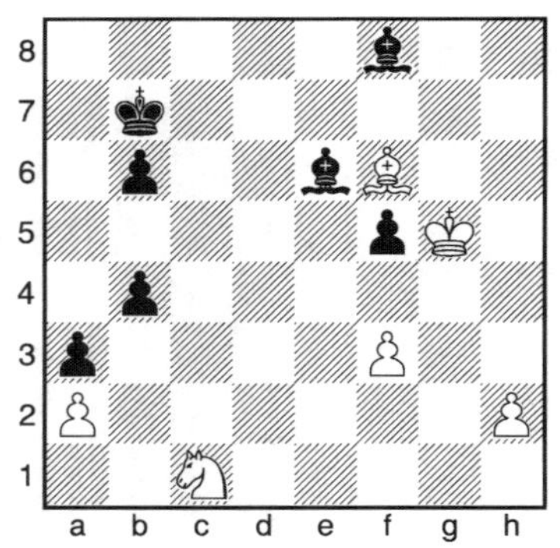

27 ● ........................

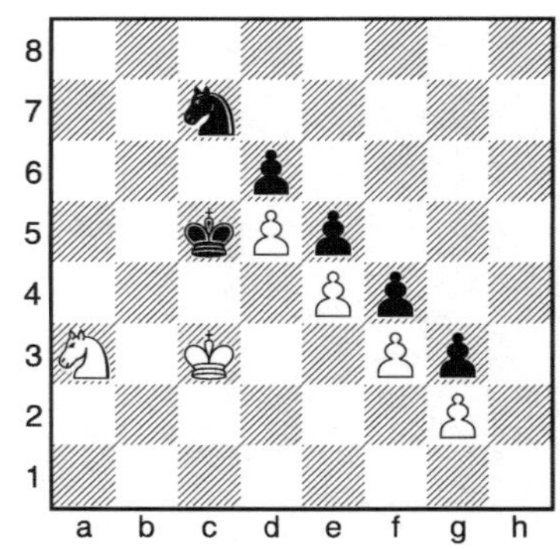

28 ● ........................

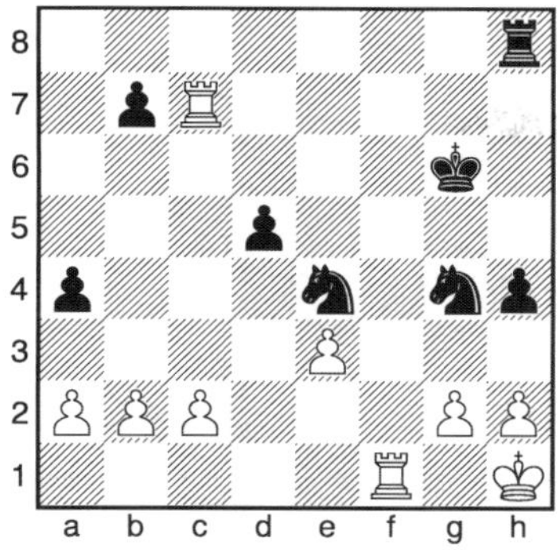

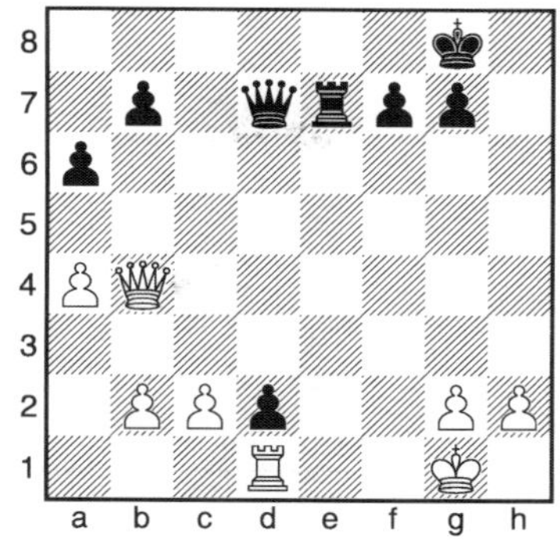

**29** ● ..........................

**30** ● ..........................

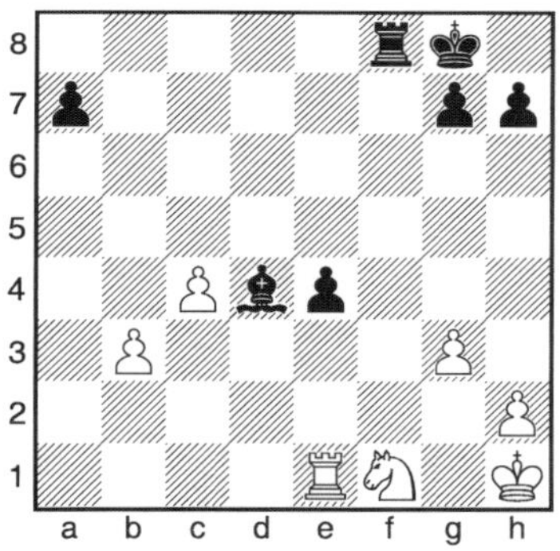

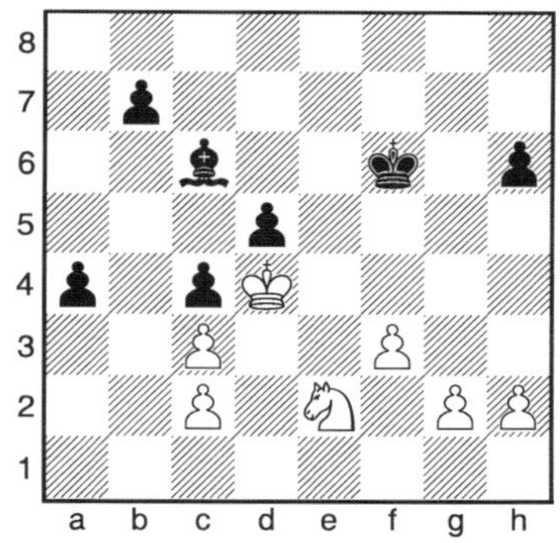

**31** ● ..........................

**32** ● ..........................

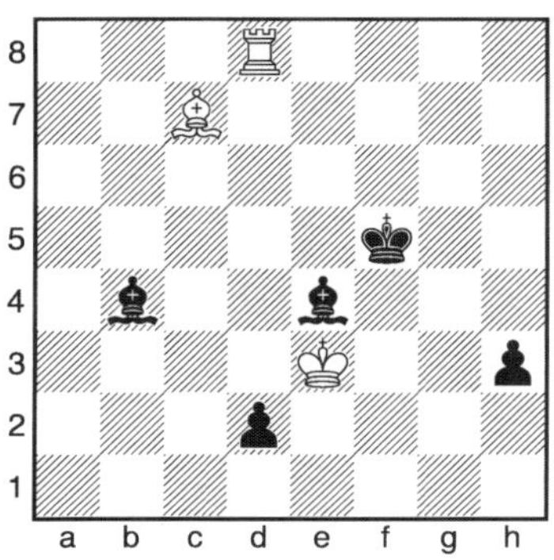

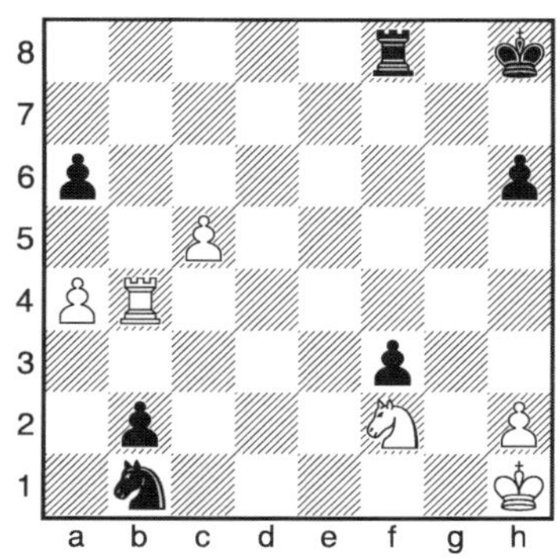

**33** ● ..........................

**34** ● ..........................

# Lösungen

# Quick Test 9

## Es geht immer um Bauernumwandlung

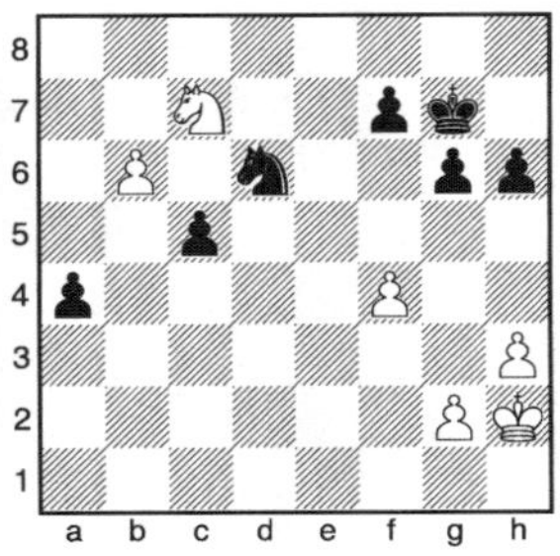

**1.**

Ein häufig vorkommender Fall von Weglenkung des Springers:

**1.♘c7–e8+ ♘d6xe8**
**2.b6–b7 a4–a3 3.b7–b8♕ a3–a2**
**4.♕b8–b2+**

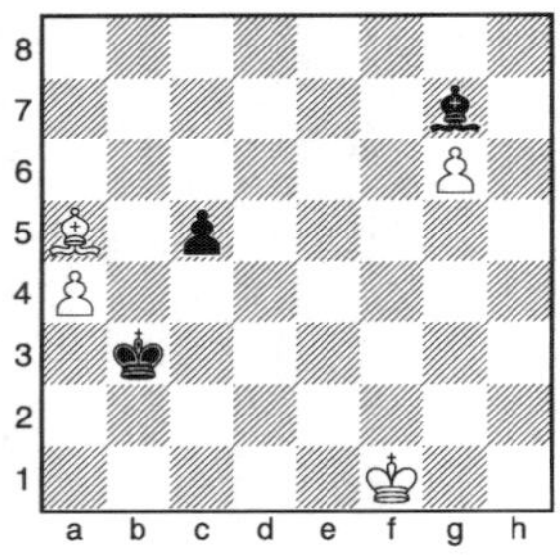

**2.**

Das Motiv Überlastung ist der Schlüssel:

**1.♗a5–c3 ♗g7xc3**
**2.a4–a5 ♗c3xa5**
**3.g6–g7 -- 4.g7–g8♕+**

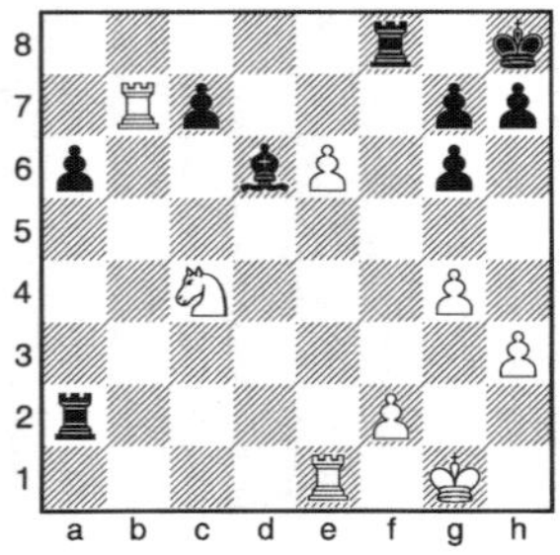

**3.**

**1.♘c4xd6 c7xd6**
**2.e6–e7 ♖f8–e8**
**3.♖b7–b8 ♖e8xb8**
**4.e7–e8♕+ ♖b8xe8**
**5.♖e1xe8#**

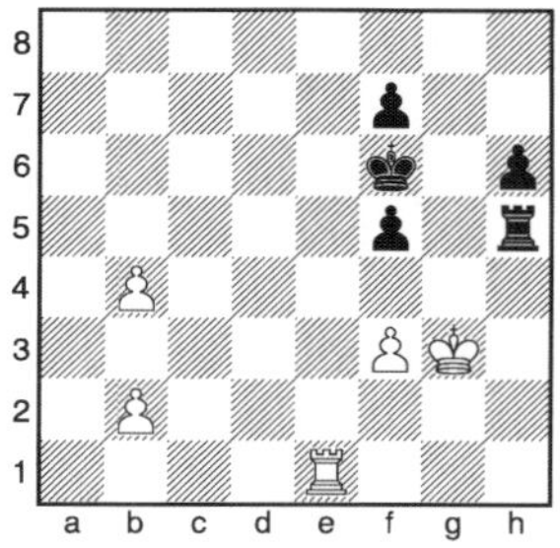

**4.**

**1.f3–f4!**

Macht den Weg für den Freibauer frei, der nun komfortabel zur Umwandlung kommt. Der schwarze Turm geht nirgendwo mehr hin!

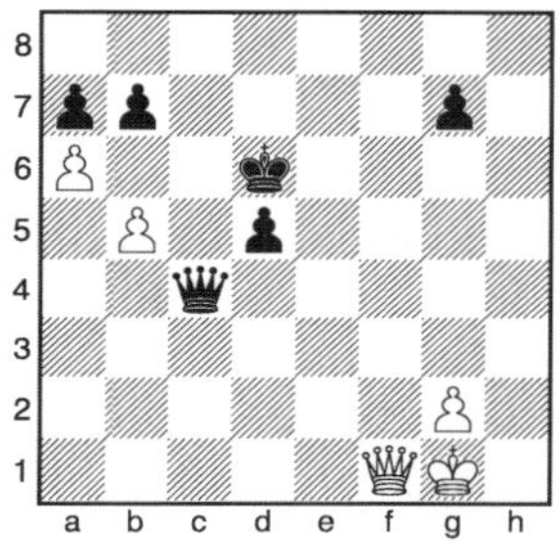

**5.**

**1.♕f1xc4 d5xc4 2.b5–b6 a7xb6**

Ebenso 2...b7xa6 3.b6xa7

**3.a6–a7 -- 4.a7–a8♕+–**

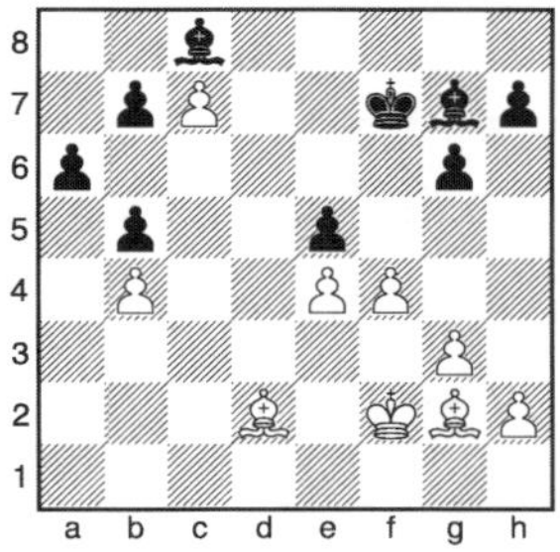

**6.**

**1.♗g2–h3! ♗c8xh3**
**2.f4–f5 g6xf5**
**3.c7–c8♕+–**

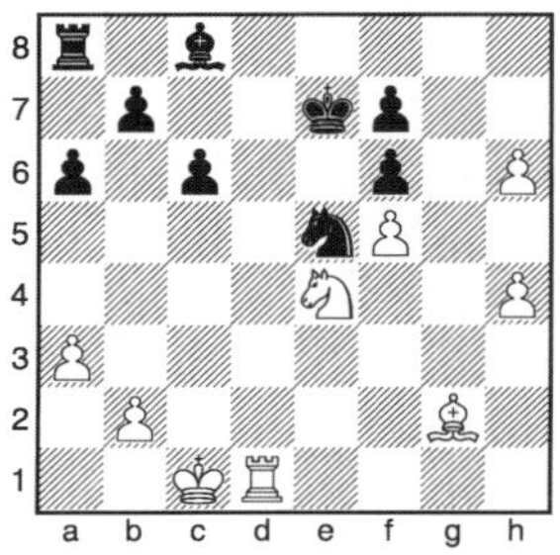

**7.**

**1.♖d1–d8! ♔e7xd8**

Hält die Grundreihe geschlossen und bevor Schwarz sie wieder öffnen kann, hat der Freibauer bereits umgewandelt:

**2.h6–h7 -- 3.h7–h8♕+**

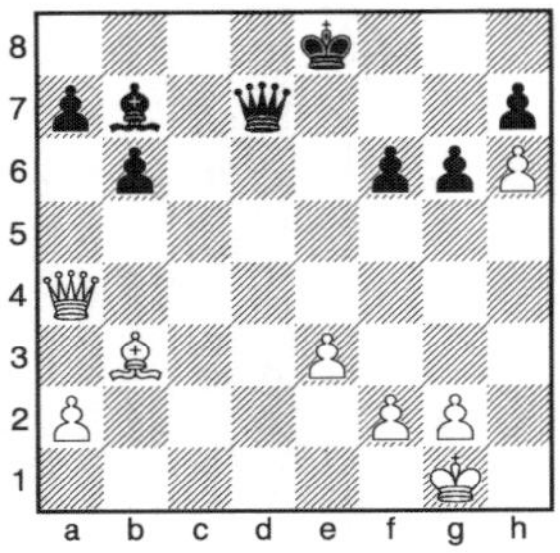

**8.**

**1.♗b3−f7+ ♔e8−d8**
**2.♕a4xd7+ ♔d8xd7**
**3.♗f7xg6 h7xg6**
**4.h6−h7 -- 5.h7−h8♕**

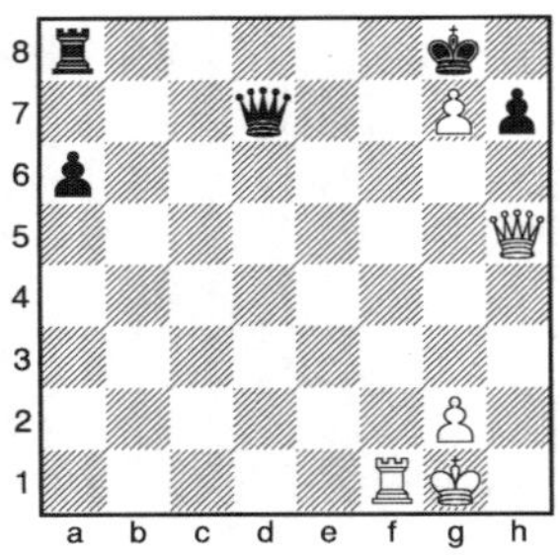

**9.**

Es muss nicht immer eine Dame sein; manchmal ist eine **Unterverwandlung** der Schlüssel zum Gewinn:

**1.♖f1-f8+ ♖a8xf8 2.♕h5xh7+! ♔g8xh7**
**3.g7xf8♘+ ♔h7−g7 4.♘f8xd7+−**

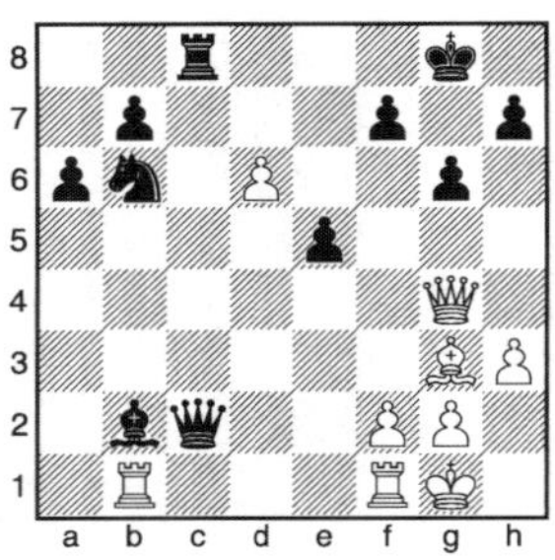

**10.**

**1.♖b1xb2 ♕c2xb2**
**2.♕g4xc8+ ♘b6xc8**
**3.d6−d7**

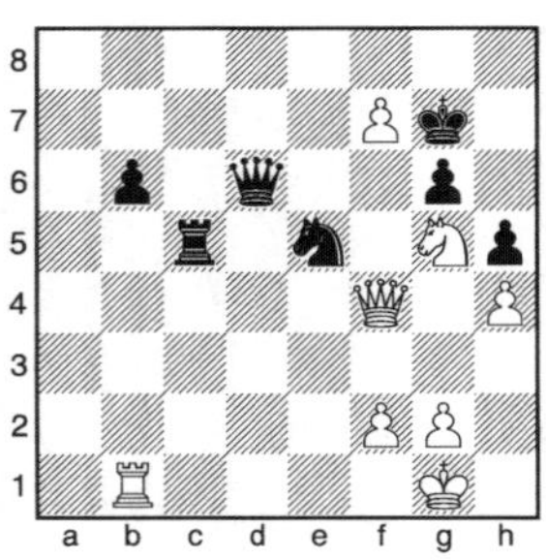

**11.**

Die neue Dame gibt zwar nur ein kurzes Gastspiel auf dem Brett, ermöglicht aber eine Springergabel:

**1.f7−f8♕+ ♕d6xf8**
**2.♕f4xf8+ ♔g7xf8**
**3.♘g5−e6+**

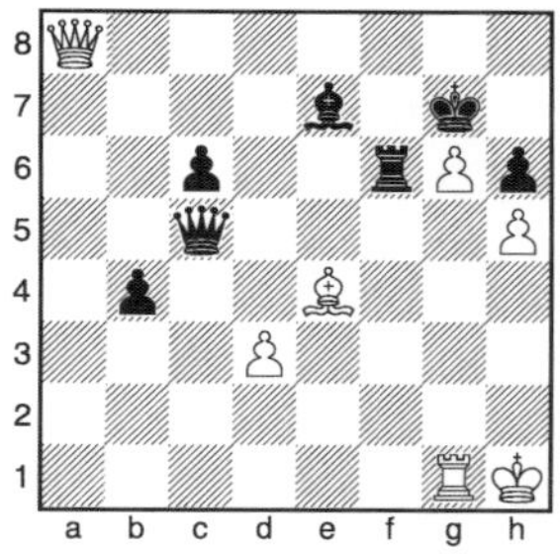

**12.**

**1.♕a8–h8+ ♔g7xh8**
**2.g6–g7+ ♔h8–g8**
**3.♗e4–h7+ ♔g8xh7**/–f7 **4.g7–g8♕#**

Ein typisches Manöver, um den blockierenden König wegzubringen.

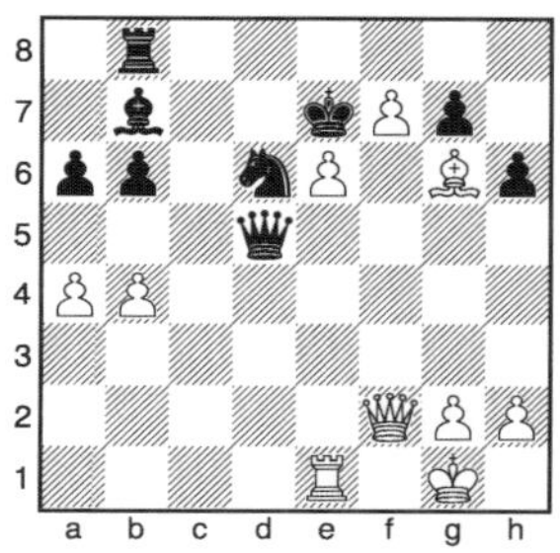

**13.**

Der Mut mehrmals zu opfern wird am Ende mit dem Matt belohnt:

**1.f7–f8♕+ ♖b8xf8 2.♕f2xf8+ ♔e7xf8 3.e6–e7+ ♔f8–g8 4.e7–e8♕+ ♘d6xe8 5.♖e1xe8#**

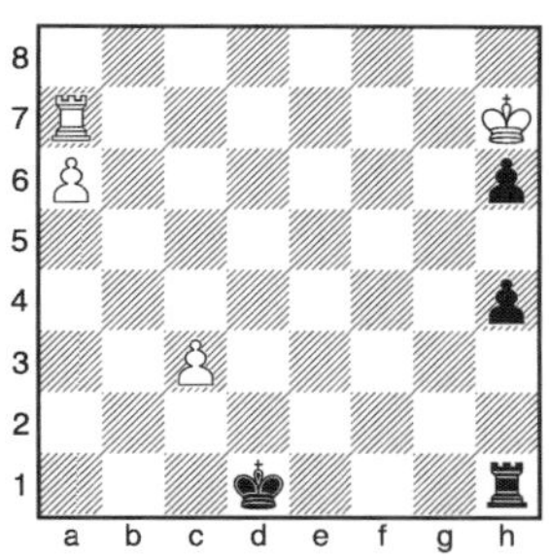

**14.**

**1.♖a7-g7 ♖h1-e1**

Oder 1...♔d1-c2 2.♖g7–g2+ ♔c2–b3 3.♖g2–a2 ♔b3xa2 4.a6–a7 -- 5.a7–a8♕+

**2.♖g7–g1 ♖e1xg1 3.a6–a7 -- 4.a7–a8♕+–**

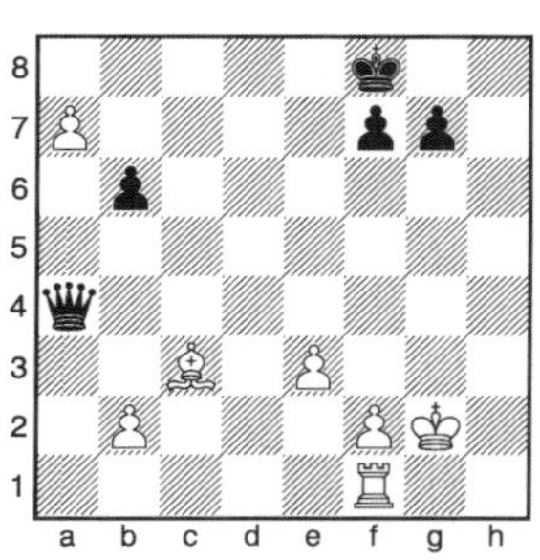

**15.**

Ein schlaues Manöver schließt die Linie hinter dem Freibauer zu:

**1.♖f1-a1 ♕a4xa1 2.♗c3–b4+ ♔f8–e8 3.♗b4–a3** und Umwandlung folgt.

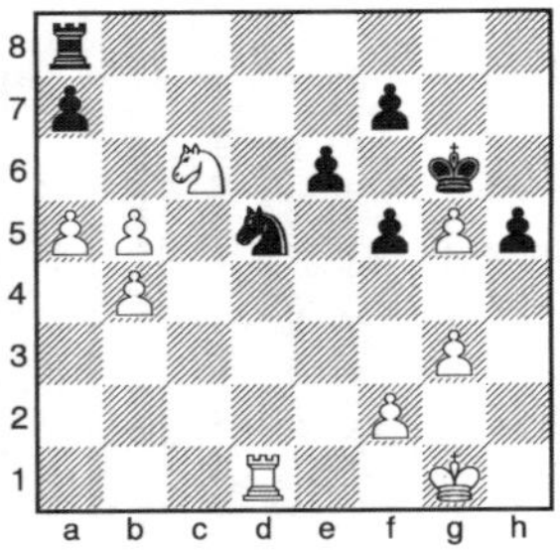

**16.**

**1.♖d1xd5 e6xd5 2.b5–b6 a7xb6 3.a5xb6 ♖a8–e8**

Oder 3...♖a8–a6 4.b6–b7

**4.b6–b7 -- 5.b7–b8♕+–**

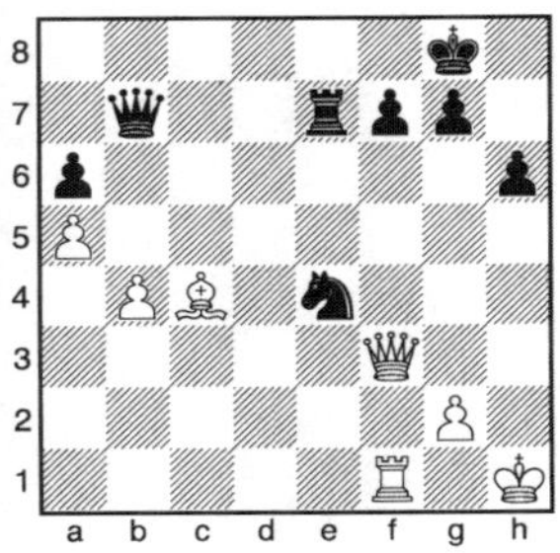

**17.**

**1.b4–b5! a6xb5 2.♕f3xf7+ ♖e7xf7 3.♖f1xf7** *(D2)* **♘e4–f2+**

Falls 3...♕b7xf7 4.♗c4xf7+ ♔g8xf7 5.a5–a6; Die Dame kann nicht entkommen, z.B. 3...♕b7–c6 4.♖f7–c7+ ♕c6xc4 5.♖c7xc4 b5xc4 6.a5–a6;

Mehr Widerstand bietet, ist aber auch verloren: 3...♘e4–g3+ 4.♔h1–h2 ♘g3–f1+ 5.♔h2–g1 ♕b7xg2+ 6.♔g1xg2 ♘f1-e3+ 7.♔g2–g3 ♘e3xc4 8.♖f7–a7+–

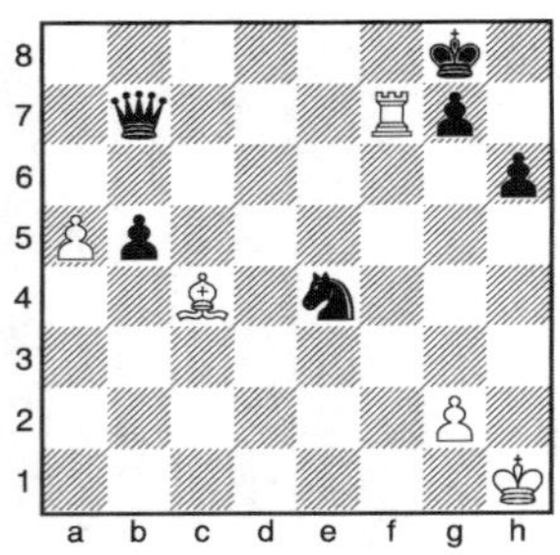

D2

**4.♔h1-g1** 1:0; **♕b7–e4 5.♖f7–f4+**

Das war sehr schwer, denn eine Menge an Berechnung war nötig.

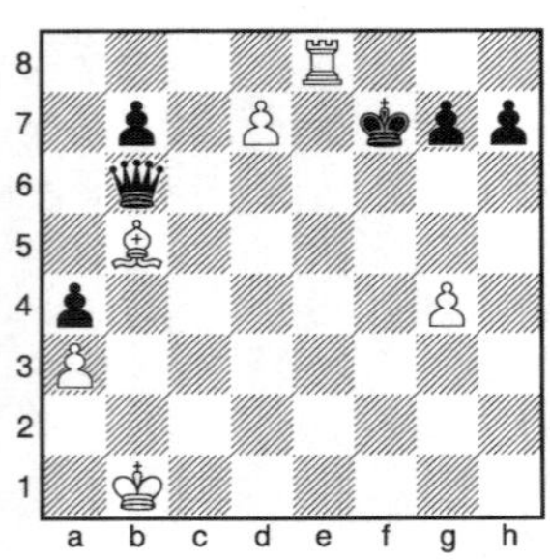

**18.**

Wieder rettet Unterverwandlung den Tag:

**1.d7–d8♘+ ♔f7–f6**
**2.♖e8–e6+ ♕b6xe6**
**3.♘d8xe6 ♔f6xe6 4.♗b5xa4+–**

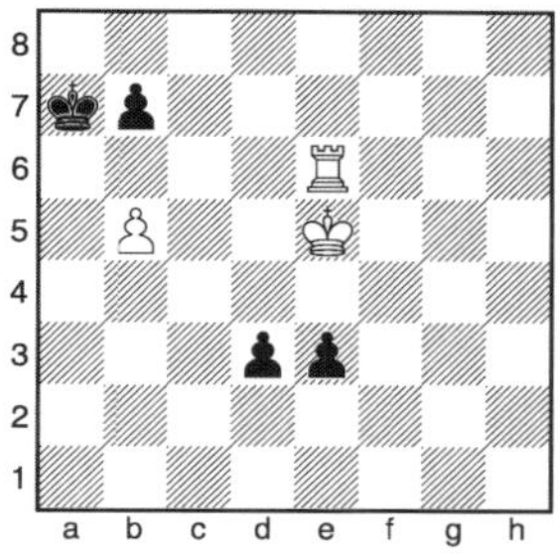

**19.**

**1.♔e5–d6! d3–d2**

Das sieht wie der sichere Gewinnzug aus, aber Weiß hat einen schlauen Plan:

2.♔d6–c7 d2–d1♕
3.♖e6–a6+! *(D2)* b7xa6
4.b5–b6+ ♔a7–a8
5.b6–b7+ ♔a8–a7
6.b7–b8♕#

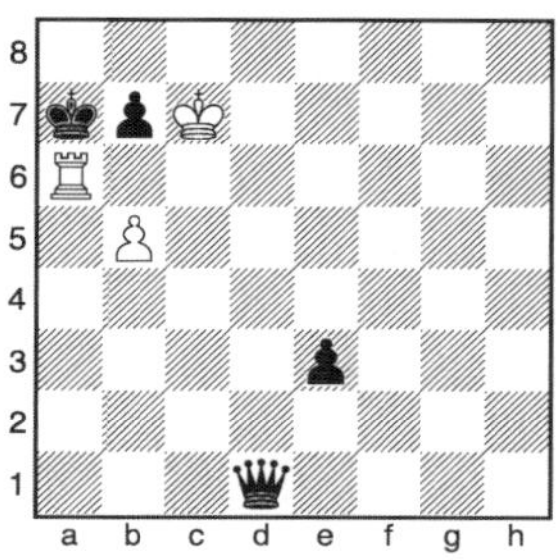

D2

**2...♔a7–b6**
**2.♔d6–d5+ ♔b6xb5**
**3.♖e6xe3 d3–d2**
**4.♖e3–d3+–**

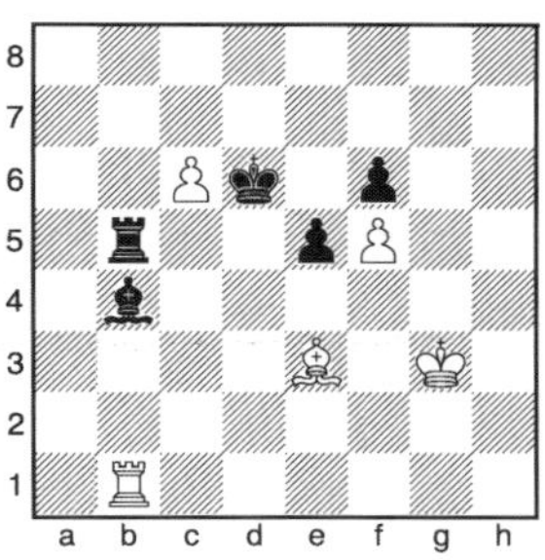

**20.**

**1.♖b1xb4 ♖b5xb4 2.♗e3–c5+ ♔d6xc5**

Oder 2...♔d6xc6 3.♗c5xb4 ♔c6–d7 4.♔g3–g4 mit leicht gewonnenem Endspiel.

**3.c6–c7 –– 4.c7–c8♕++–**

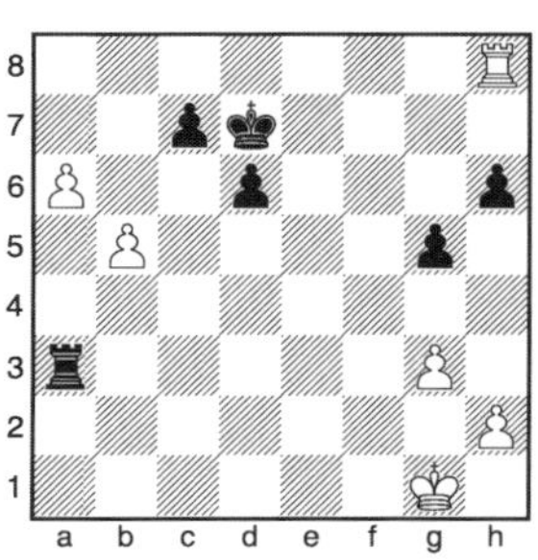

**21.**

**1.b5–b6 c7xb6**

1...♖a3xa6 2.b6–b7 ♖a6–b6 3.b7–b8♕

**2.a6–a7 ♖a3xa7**
**3.♖h8–h7+ ♔d7–c6**
**4.♖h7xa7+–**

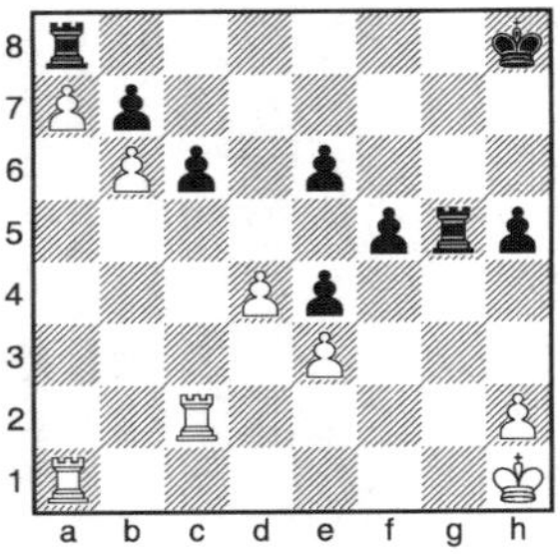

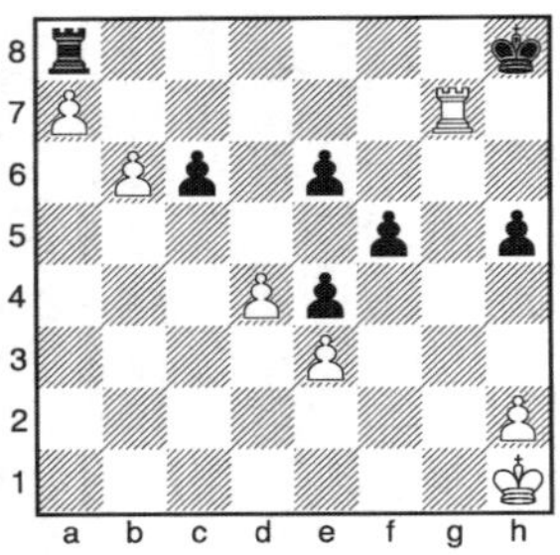

D2

**22.**

**1.♖c2xc6**

Du kannst auch mit 1.♖a1-g1 beginnen.

**1...b7xc6 2.♖a1-g1**

Falls 2.b6–b7? ♖g5–g8=

**2...♖g5–g7**
**3.♖g1xg7** *(D2)* **♔h8xg7**
**4.b6–b7 ♖a8xa7**
**5.b7–b8♕**

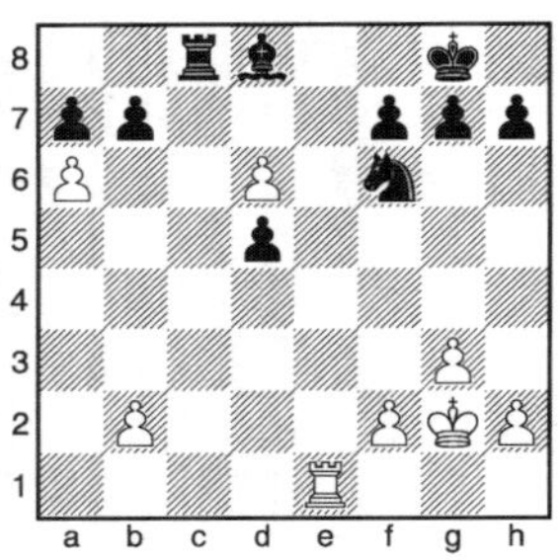

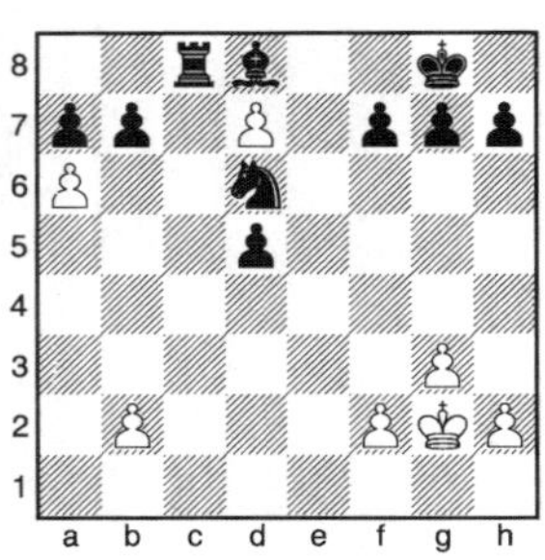

D2

**23.**

**1.♖e1-e8+ ♘f6xe8**
**2.d6–d7 ♘e8–d6** *(D2)*

Keine große Drohung, aber Weiß hat noch einen Pfeil im Köcher:

**3.d7xc8♕ ♘d6xc8 4.a6xb7**

Und diesmal gibt es keinen Ausweg.

Die Verletzlichkeit des Springers gegen Steine – und ganz besonders gegen Bauern – in seiner unmittelbaren Umgebung ist der Schlüssel zu vielen Umwandlungskombinationen.

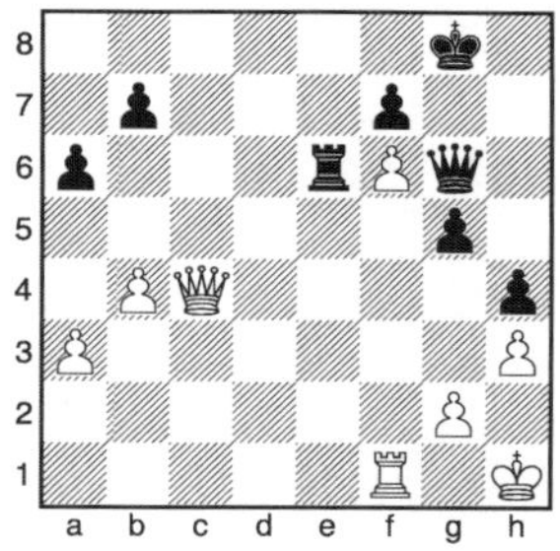

**24.**

Unterschätze nicht Stellungen mit Schwerfiguren, die auf einen flüchtigen Blick remislich aussehen:

**1.♕c4–c8+ ♔g8–h7**
**2.♕c8xe6 f7xe6 3.f6–f7 ♕g6xf7**
**4.♖f1xf7+**

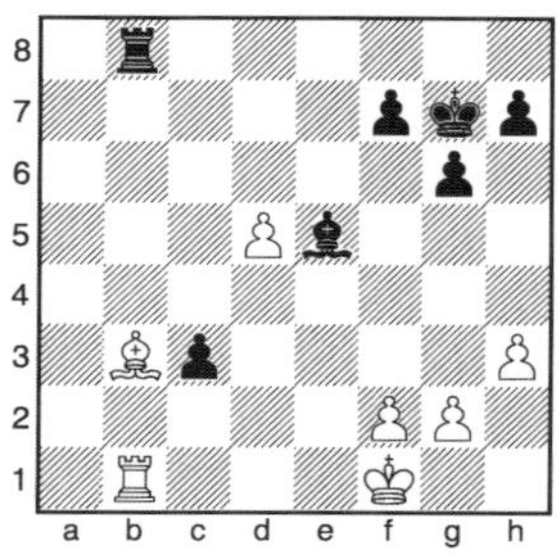

D2

**25.**

**1...♖b8xb3 2.♖b1xb3 c3–c2**

Und der Turm kann die Umwandlung nicht verhindern.

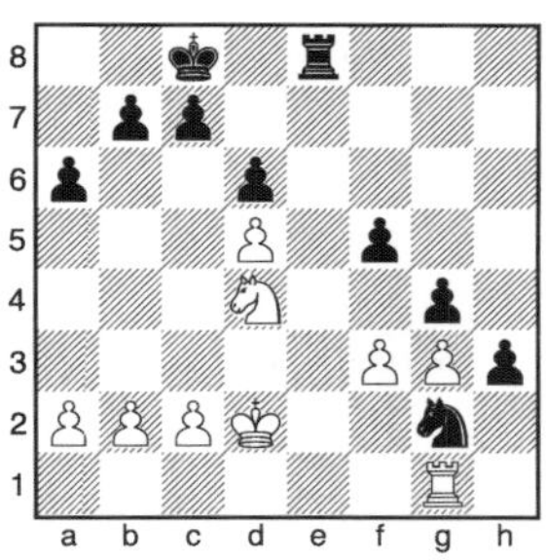

**26.**

Früher oder später würde Schwarz wohl gewinnen, aber ein Opfer macht sofort alles klar:

**1...♖e8–e1! 2.♖g1xe1 ♘g2xe1**
**3.♔d2xe1 h3–h2 4.–– h2–h1♕+**

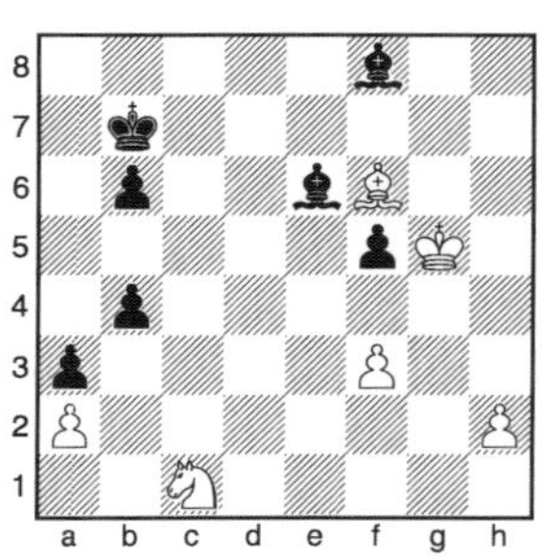

**27.**

**1...♗e6xa2 2.♘c1xa2 b4–b3 3.♘a2–c3**

Oder 3.♘a2–c1 b3–b2

**3...b3–b2 4.–– a3–a2 5.♘c3xa2 b2–b1♕**

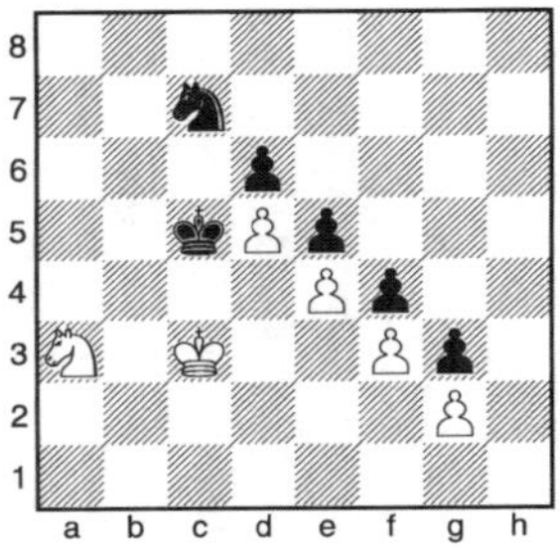

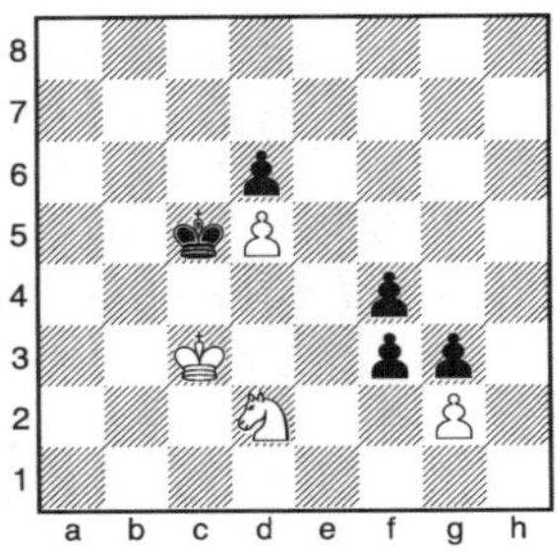

D2

**28.**

Eine Variante des klassichen Durchbruchs, den du vielleicht schon kennst:

**1...♘c7xd5+!**
**2.e4xd5 e5–e4!**
**3.♘a3–c4 e4xf3**
**4.♘c4–d2** *(D2)* **f3–f2!**

Langsamer gewinnt 4...f3xg2 5.♘d2–f3 ♔c5xd5

**5.♔c3–d3 f4–f3!**
**6.♔d3–e3 f3xg2-+**

Oder 6.g2xf3 g3–g2-+

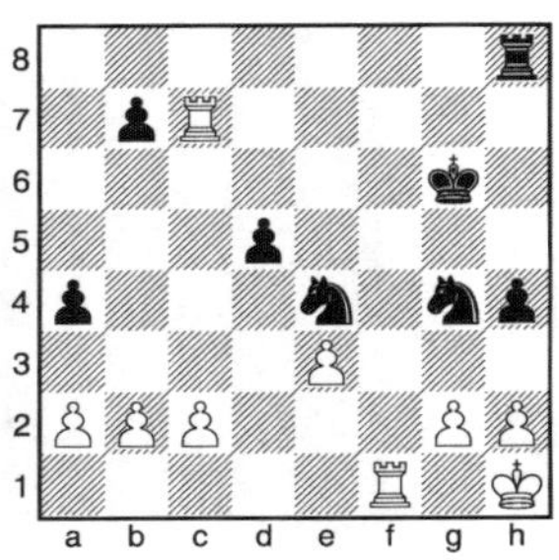

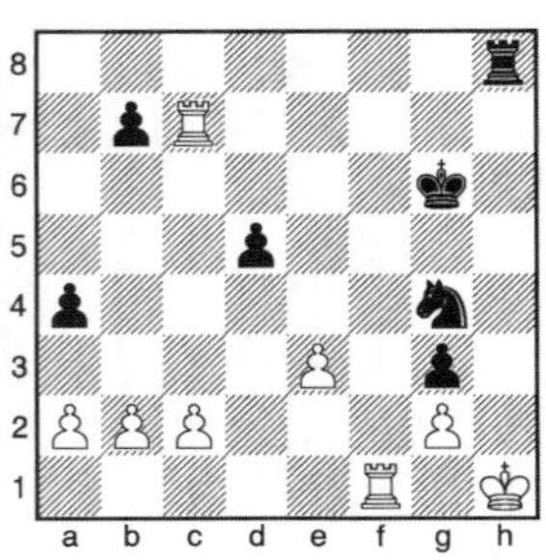

D2

**29.**

**1...♘e4–g3+ 2.h2xg3**

2.♔h1-g1 ♘g3xf1 3.♔g1xf1 ♘g4xh2+

**2...h4xg3+** *(D2)*

Es sieht nicht so aus, als würde dieser Bauer in absehbarer Zeit zur Umwandlung kommen, aber:

**3.♔h1-g1 ♘g4–f2**
**4.♖f1xf2 ♖h8–h1+**
**5.♔g1xh1 g3xf2**

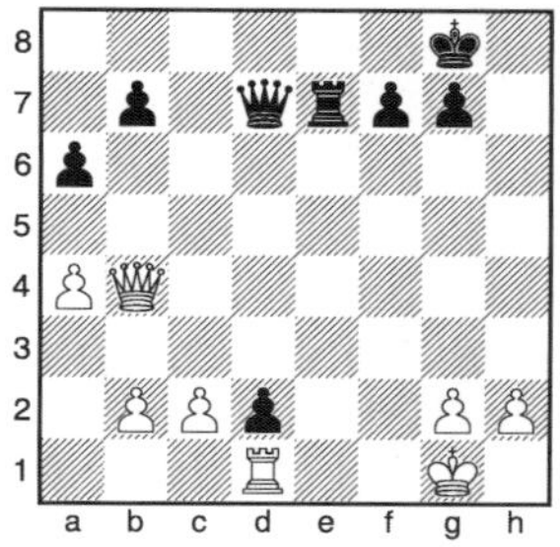

**30.**

**1...♖e7–e1+!**

Das sieht wie ein Fehler aus, da die Dame ja das Feld e1 über den Bauern hinweg kontrolliert (Röntgen–Motiv), aber eine Weglenkung hilft:

**2.♖d1xe1 ♕d7–d4+! 3.♕b4xd4 d2xe1♕#**

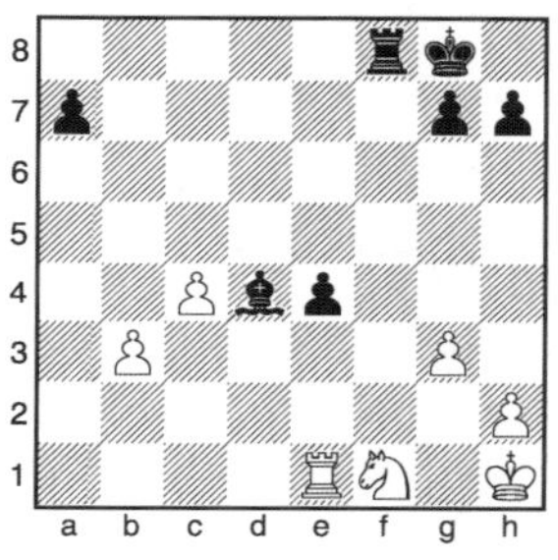

D2

**31.**

**1...♗d4–c3**
**2.♖e1-d1 ♖f8xf1+**
**3.♖d1xf1 e4–e3**

Und der Turm kann den Bauern nicht stoppen oder muss geopfert werden.

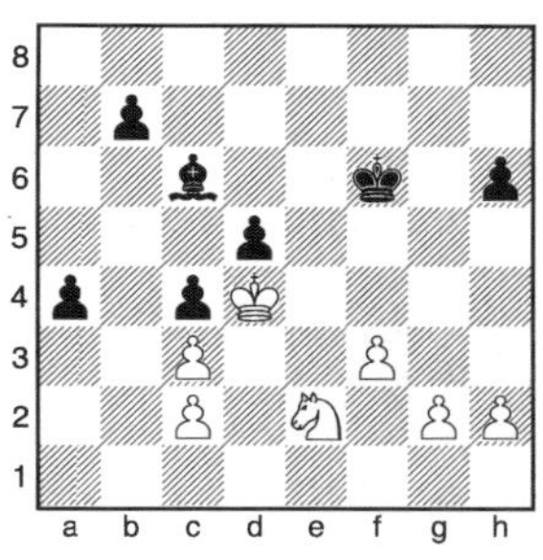

**32.**

**1...a4–a3**
**2.♘e2–c1 ♗c6–a4!**
**3.♔d4xd5 ♗a4–b3!** *(D)*

Bringt entweder einen weiteren Bauer zum Einsatz oder sichert den Weg für den a–Bauer.

**4.c2xb3 a3–a2!**

Falls 4...c4xb3? 5.♘c1xb3 und plötzlich gewinnt Weiß!

**5.♘c1xa2 c4xb3 6.♘a2–c1 b3–b2 -+**

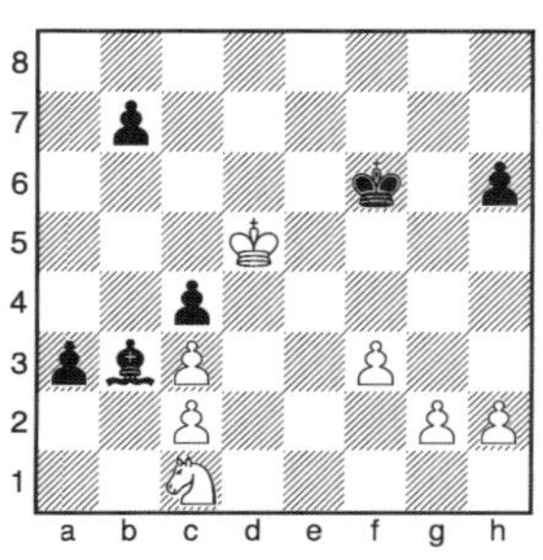

D2

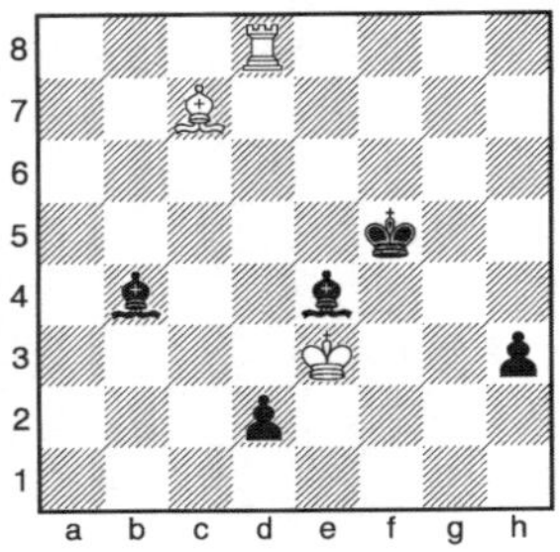

**33.**

**1...♗b4–d6!**
**2.♖d8xd6**

Offensichtlich verloren ist 2.♗c7xd6 d2–d1♕.

**2...h3–h2 3.♖d6–h6 d2–d1♕-+**

Das nennt man eine "Selbstverstellung", ein Klassiker aus der Partie Nenarokov - Grigoriev (ein berühmter Studienkomponist), Moskau 1923.

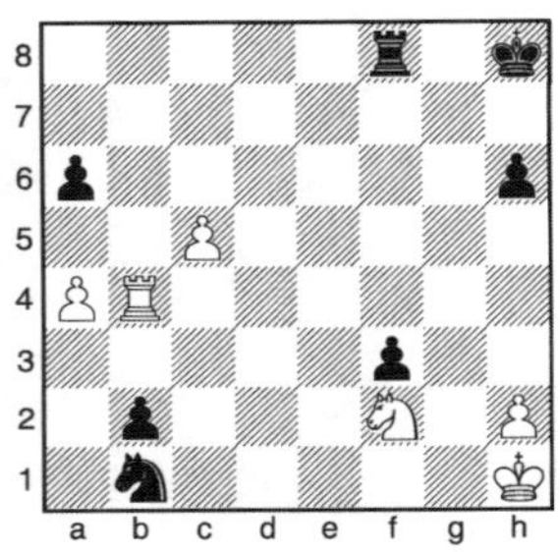

**34.**

Hat Weiß wirklich alles unter Kontrolle?

**1...♖f8–e8** droht Matt auf e1
**2.♘f2–d3 ♖e8–e1+**
**3.♘d3xe1 f3–f2-+** und Umwandlung folgt.

Wieder ist der Springer hilflos gegen einen Bauern in seinem unmittelbaren Umfeld.

********

Zum Abschluss eine nette kleine Studie.

Weiß wehrt sich mit einer 1 PS starken Verteidigung gegen die Umwandlung:

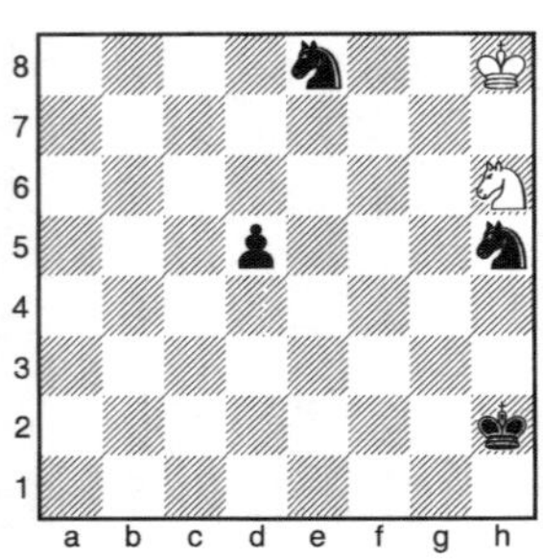

Es scheint auf den ersten Blick nicht allzu schwer umzuwandeln. Aber stimmt das wirklich?

**1.♘h6–g4+ ♔h2–h1**

Andere Züge sind auch nicht besser:

*1...♔h2–g1* 2.♘g4–e3 d5–d4 3.♘e3–c2 d4–d3 4.♘c2–e1 d3–d2 5.♘e1–f3+;

*1...♔h2–g3* 2.♘g4–e3 d5–d4 3.♘e3–f5+;

*1...♔h2–h3* 2.♘g4–f6 d5–d4 3.♘f6xe8 d4–d3 4.♘e8–d6 d3–d2 5.♘d6–e4

**2.♘g4–f6** Der Springer gabelt zwei Springer und einen Bauern. Ein seltener Fall!

**2...d5–d4 3.♘f6xe8 d4–d3 4.♘e8–d6 d3–d2 5.♘d6–e4** und Weiß schafft Remis!

# Meisterklasse 3

## Studien

Ich hoffe, dass du nach dem Kapitel *"Taktik im Endspiel"* an Studien gewöhnt bist und vielleicht sogar ein wenig Gefallen an ihnen gefunden hast? Ich habe wieder solche gewählt, die nicht übermäßig kompliziert sind. Meist sind es nur die Enden von viel längeren Studien. Für fortgeschrittene Spieler sind Studien ein gutes Werkzeug zur Turniervorbereitung oder um Stärke auf hohem Niveau zu erhalten.

Wenn du nicht so ambitioniert bist oder Studien noch immer nicht so recht magst, schau dir wenigstens die Lösungen an. Falls du das nicht tust, wirst du eine Menge an interessantem Schach verpassen. Und die Ideen in manchen der gezeigten Beispiele werden dir vielleicht doch mal in einer deiner Partien nützlich sein. Auf jeden Fall schärfen sie deinen Schachverstand!

Unsere Studien führen zum Gewinn oder zu Remis, aber mehr wird nicht verraten. Schau sie dir zuerst einmal in Ruhe an und überlege, welchen Ausgang du für wahrscheinlich hältst. Wir starten mit relativ einfachen Fällen, wo der Plan und das angestrebte Resultat schnell klar werden sollten.

Wenn du versuchst, die Studien zu lösen, dich dabei wirklich anstrengst und so hart rechnest wie nur möglich, wird das helfen, deine Spielstärke zu verbessern. Die meisten Spieler nutzen ihre Kapazität so gut wie nie aus, kalkulieren oft nur kurz und oberflächlich. Es ist nicht so entscheidend, ob du viele Studien lösen kannst. Entscheidend ist der Versuch, sich wirklich intensiv um die Lösung zu bemühen und damit die mentale Kapazität auszuweiten.

Und jetzt raff dich auf und denk so hart und angestrengt, dass sich das Schachbrett verbiegt!

# Meisterklasse 3

## Studien

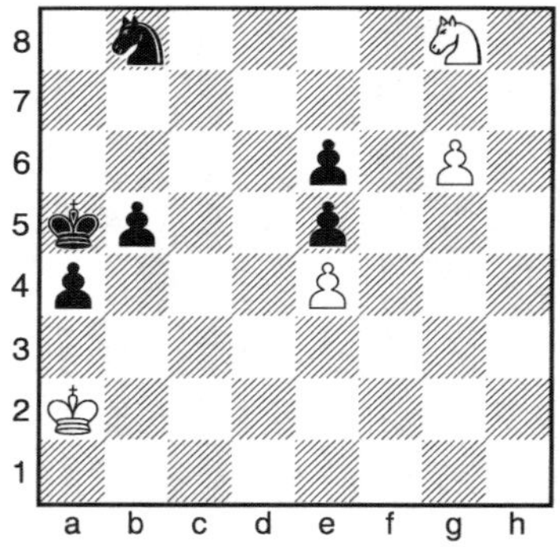

**1**

**Henri Rinck**

Studie 1920

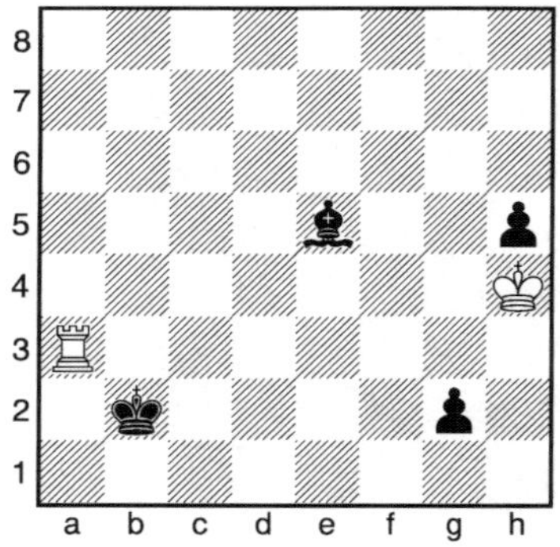

**2**

**Troitsky,A**

Studie 1910

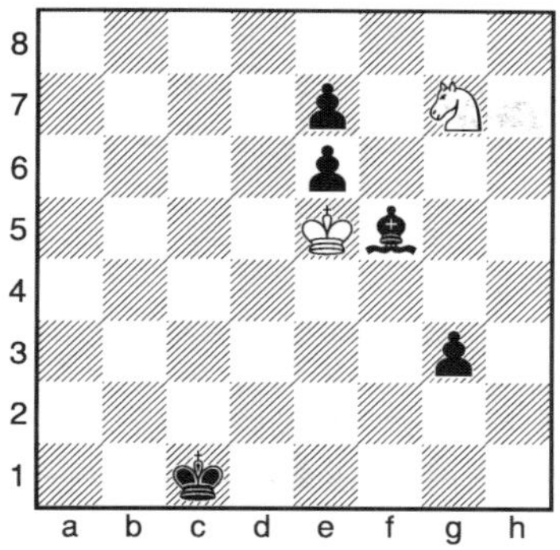

**3**

**Selezniev**

Studie 1921

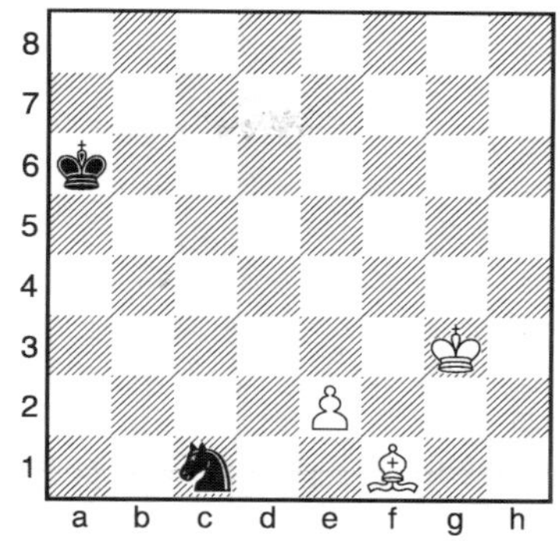

**4**

**N.Vlasenko**

Studie 1973

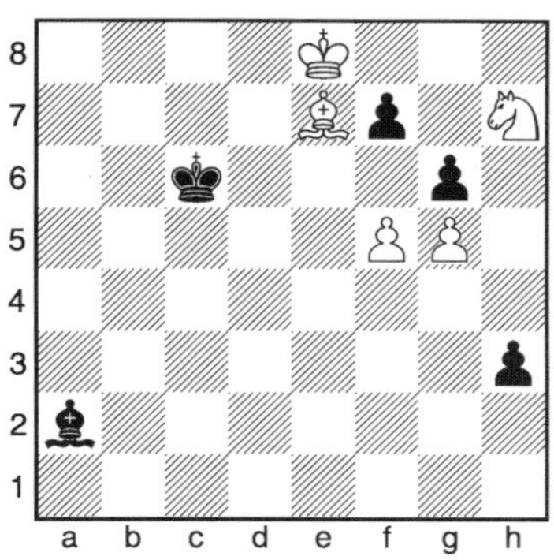

**5**

**Shimkovich**

Studie 1926

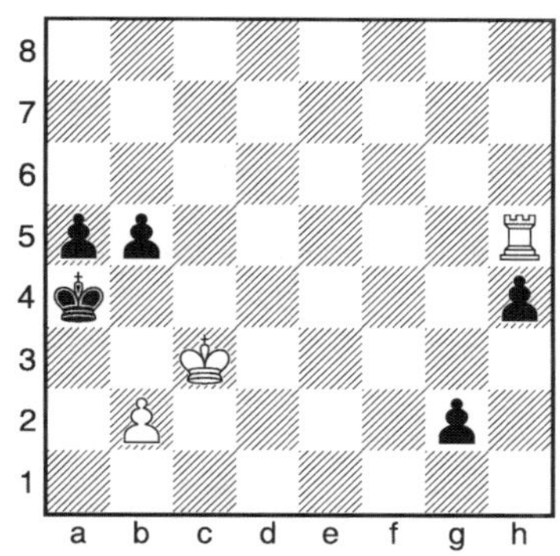

**6**

**L.Prokes**

Studie 1924

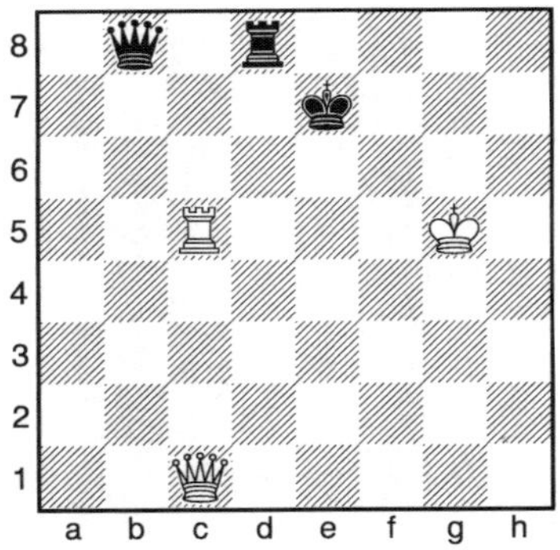

**7**

**H.Rinck**

Studie

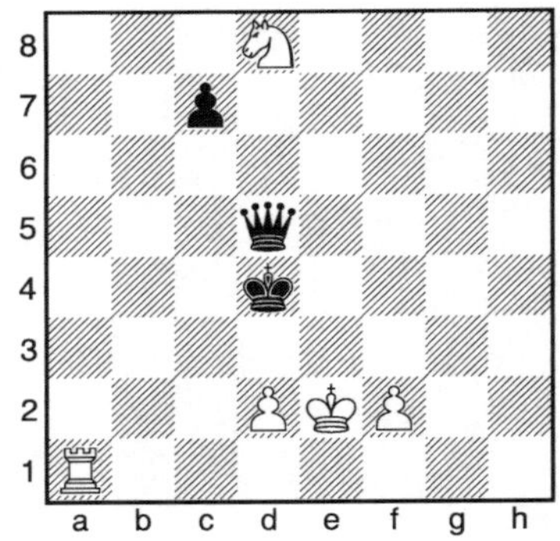

**8**

**Horwitz & Kling**

Studie 1851

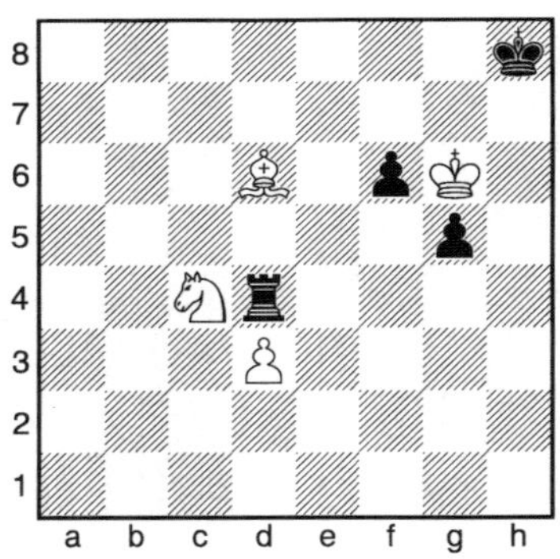

**9**

**E.Holm**

Studie 1911

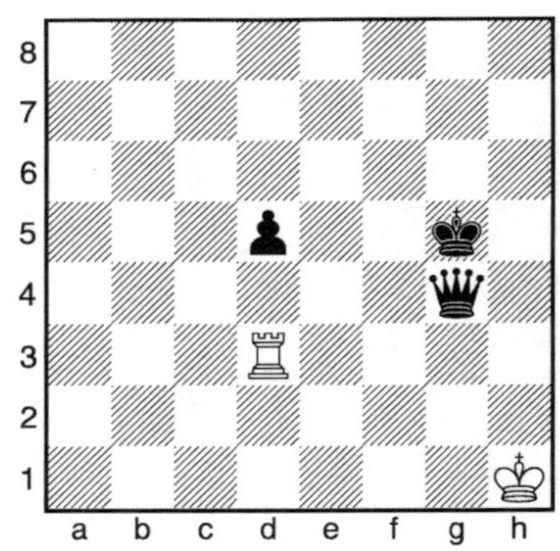

**10**

**Kohn,G.**

Studie

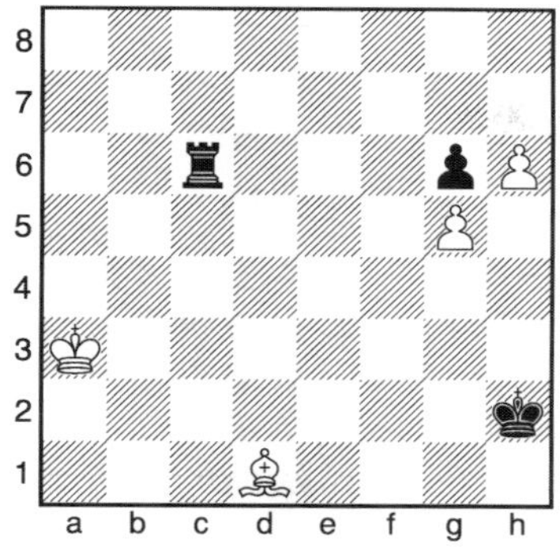

**11**

**Neustadtl**

Studie 1897

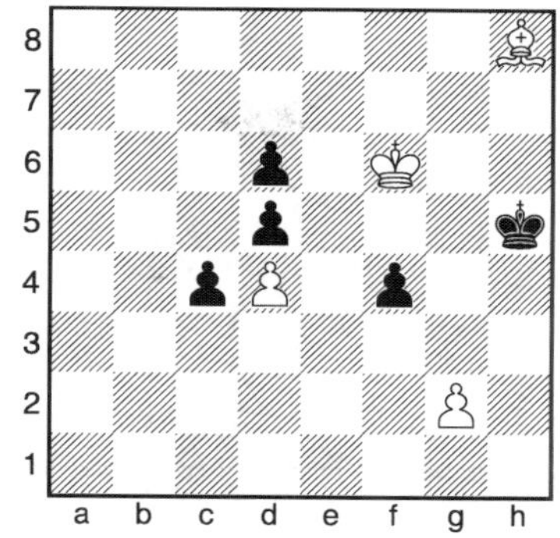

**12**

**Prokes,L**

Studie

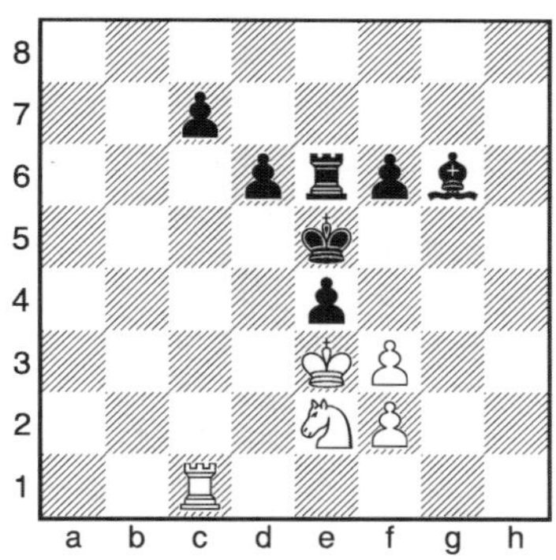

**13**

**A.Kakovin**

Studie 1936

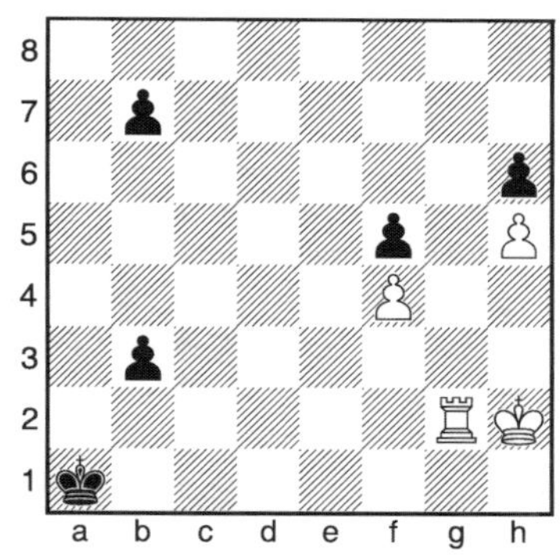

**14**

**Kissling**

Studie

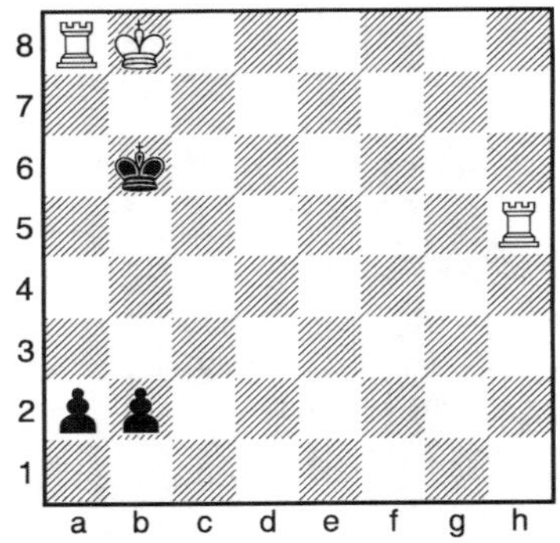

**15**

**A.Wotowa**

Studie 1952

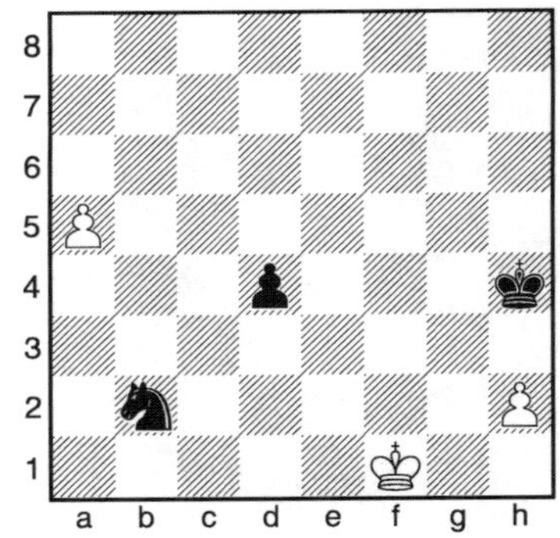

**16**

**L.Mitrofanov**

Studie 1988

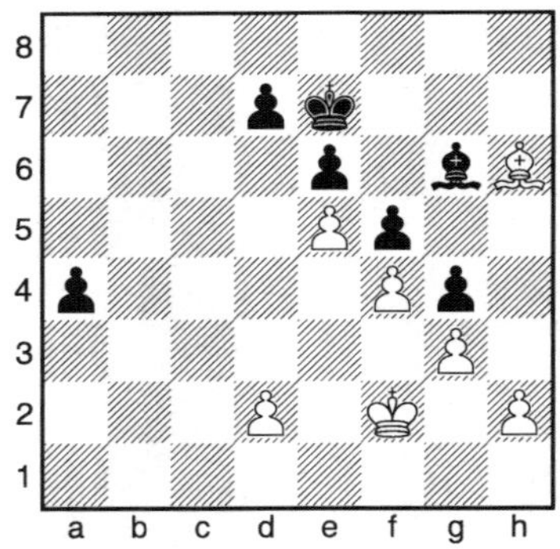

**17**

**Smylov,V**

Studie 2002

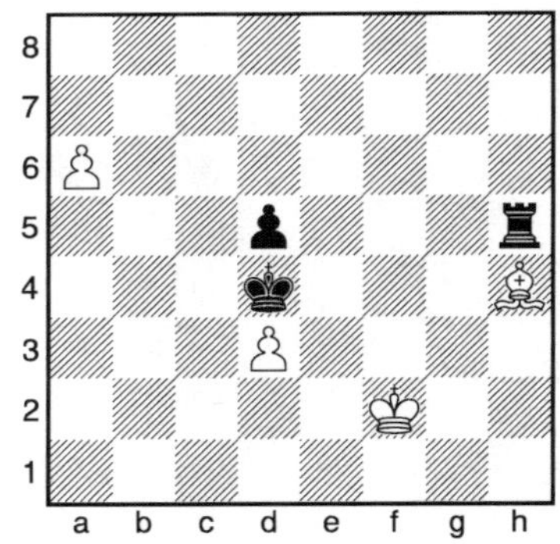

**18**

**Leonid Kubbel**

Studie 1909

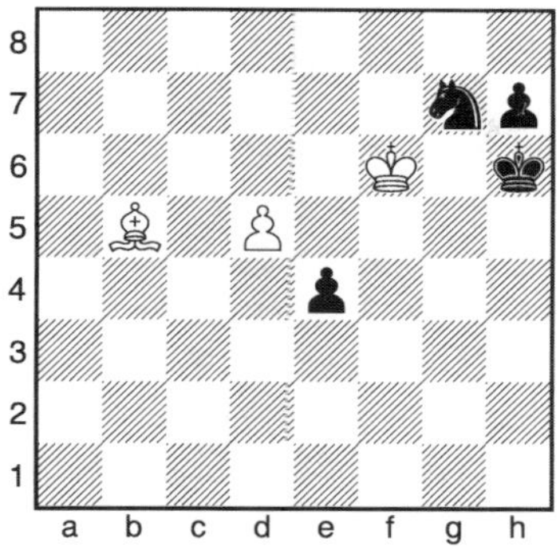

**19**

**E. Pogosjanz**

Studie 1965

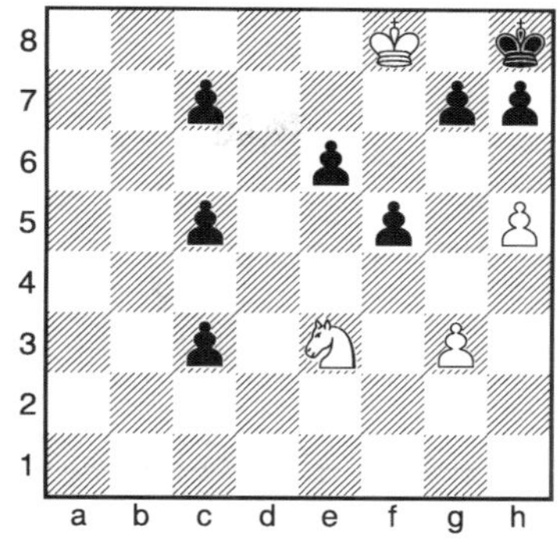

**20**

**Smylov,V**

Ende einer Studie 2000

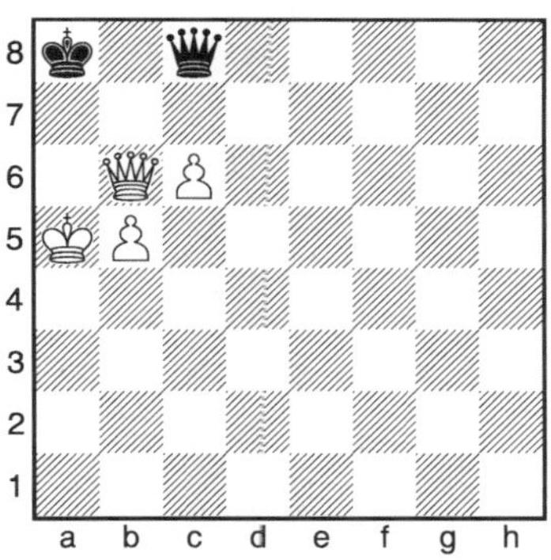

**21 ●**

**N. Grigoriev**

Studie

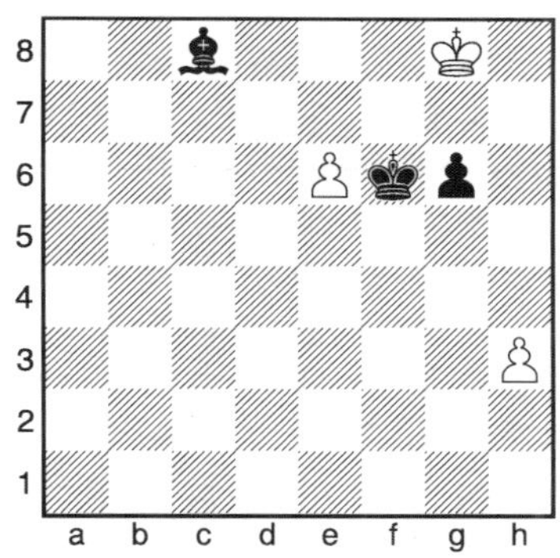

**22**

**Leonid Kubbel**

Studie 1904

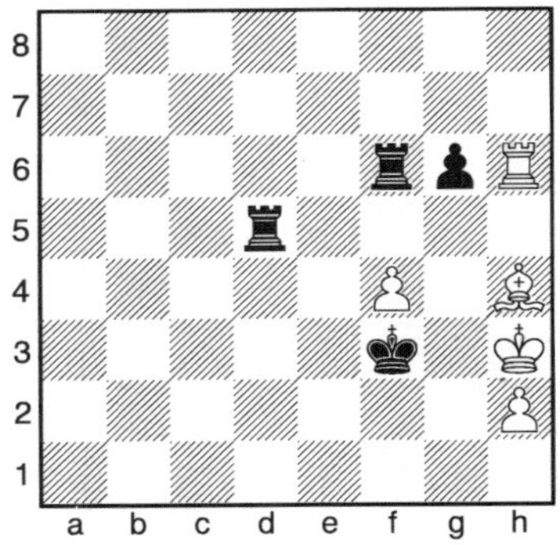

**23 ●**

**van der Wiel,J (2555) – van Wely,L (2560)**

Brussels zonal 1993

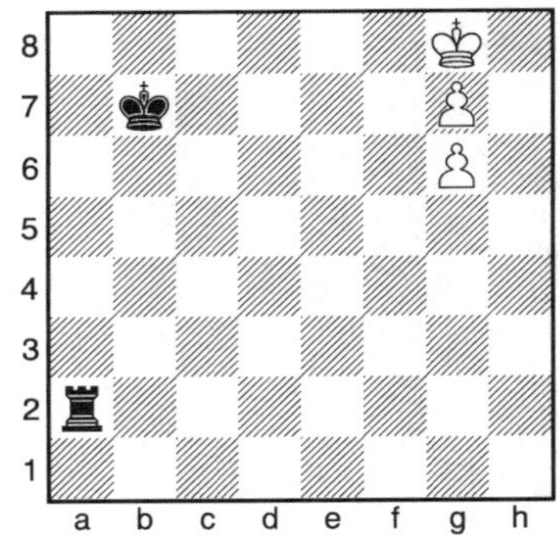

**24**

**Kling und Horwitz**

Studie 1851

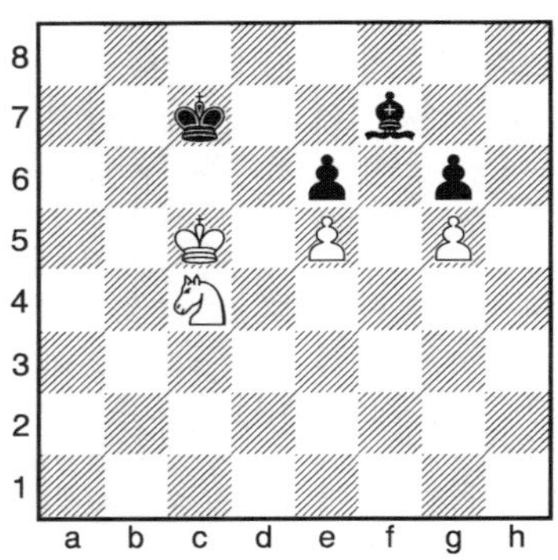

**25**

**Kling** (verbessert)

Studie 1851

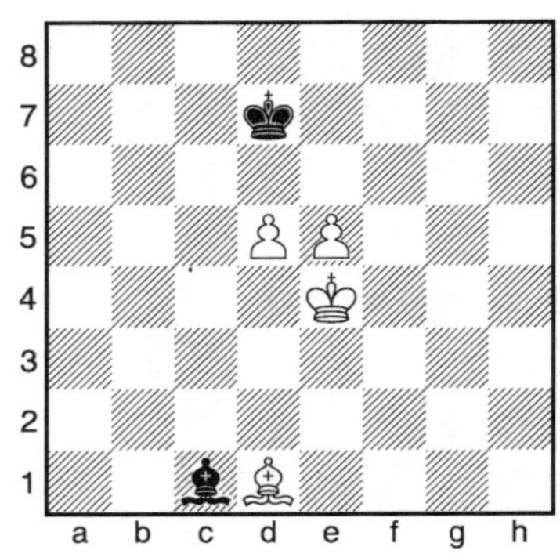

**26**

**S.Tarrasch**

Studie 1921

# Lösungen

# Meisterklasse 3

## Studien

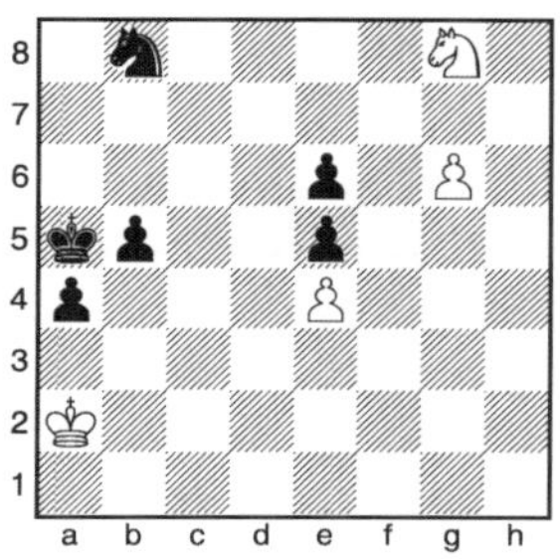

**1.** Henri Rinck – Studie 1920

Der Plan ist klar und wohl bekannt:

Lenke den schwarzen Springer ab und wandle deinen Bauer um:

**1.♘g8–e7 ♘b8–d7**
**2.♘e7–c6+ ♔a5–b6**
**3.♘c6xe5 ♘d7–f6** *(D2)*
**4.♘e5–d7+ ♘f6xd7**
**5.e4–e5 ♘d7xe5**
**6.g6–g7**

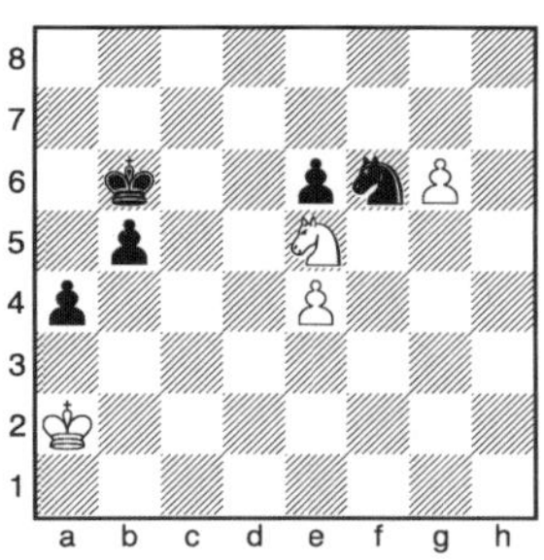

D2

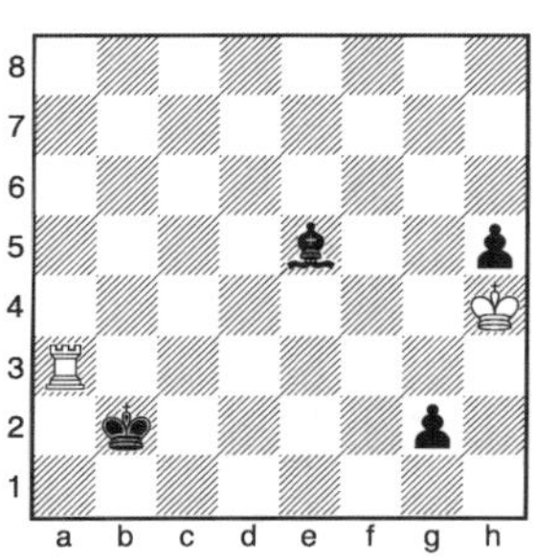

**2.** Troitsky,A – Studie 1910

**1.♖a3–g3 ♗e5xg3+**
**2.♔h4–h3 g2–g1♕** Patt.

Auch Unterverwandlung in einen Turm ist nur Remis. Oder 2...h5–h4 3.♔h3xg2= wegen des falschen Läufers.

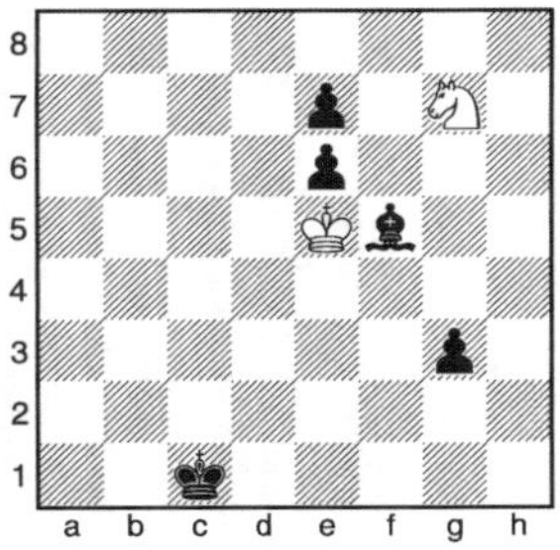

**3.** Selezniev – Studie 1921

**1.♘g7–h5 g3–g2**
**2.♘h5–f4 g2–g1♘**
**3.♘f4–e2+** *(D2)* **♔c1-d2**

Nicht etwa 3.♘g1xe2, denn das wäre Patt!

**4.♘e2xg1 ♔d2–e3**
**5.♘g1-h3 ♗f5xh3** Patt!

Oder

5...♔e3–f3 6.♘h3–g5+ ♔f3–e3
7.♘g5xe6=

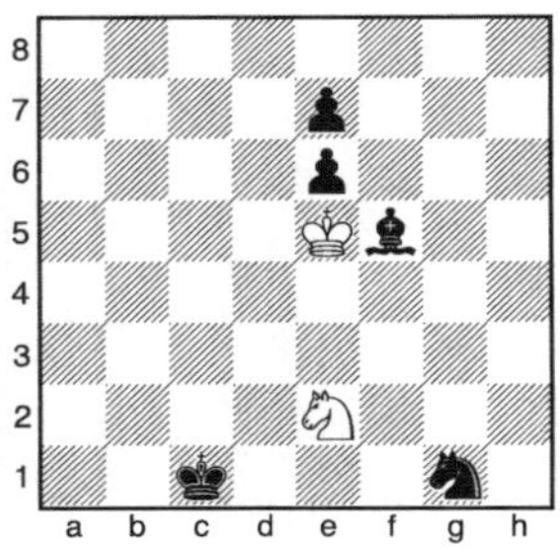

D2

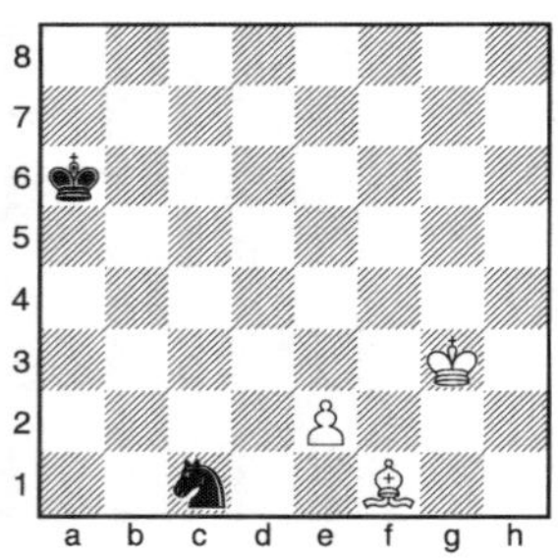

**4.** Vlasenko – Studie 1973

**1.e2–e4+ ♔a6–b6**
**2.♗f1-c4 ♔b6–c5**
**3.e4–e5 ♔c5xc4**
**4.e5–e6 ♘c1-e2+**
**5.♔g3–h2+–**

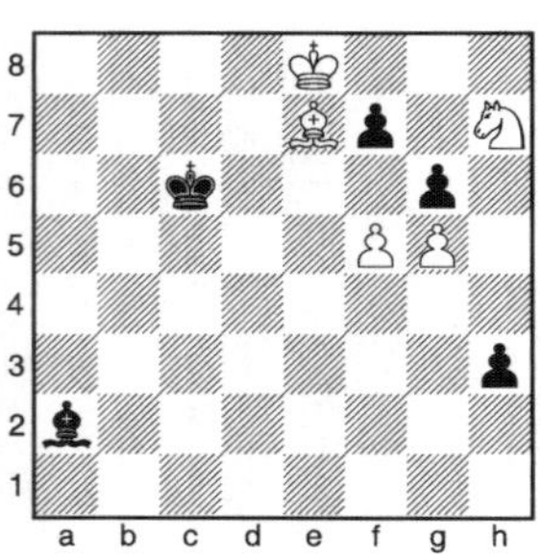

**5.** Shimkovich – Studie 1926

**1.f5–f6 h3–h2**
**2.♗e7–f8 h2–h1♕**
**3.♗f8–h6 –– 4.♔e8–f8**

Weiß hat eine sichere Festung und braucht Zugzwang nicht zu fürchten und das bedeutet Remis.

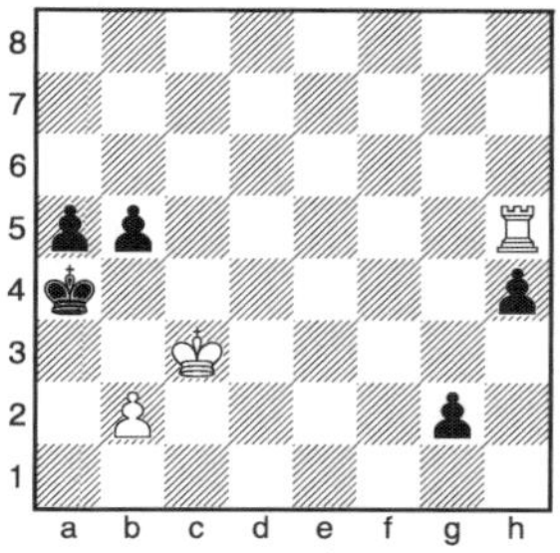

**6.** Prokes – Studie 1924

**1.♖h5–g5 h4–h3**
**2.♖g5–g4+ b5–b4+**
**3.♔c3–c4 h3–h2**

3...b4–b3 4.♔c4–c5#

**4.♖g4–g3** *(D2)* **g2–g1♕**

Das Gleiche ist
4...b4–b3 5.♖g3xb3 g2–g1♕ 6.♖b3–a3#

**5.♖g3–a3+ b4xa3 6.b2–b3#**

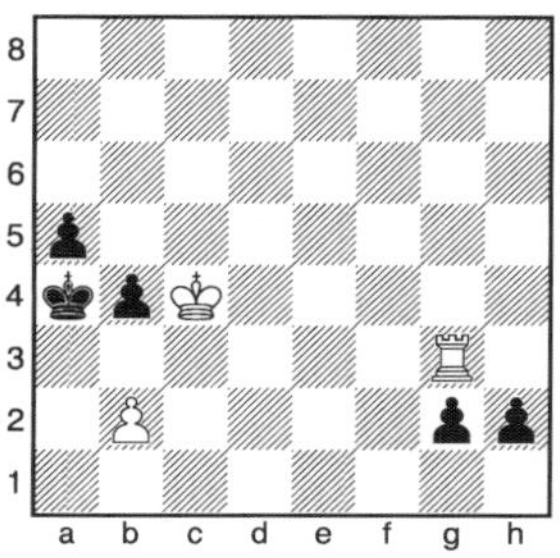

D2

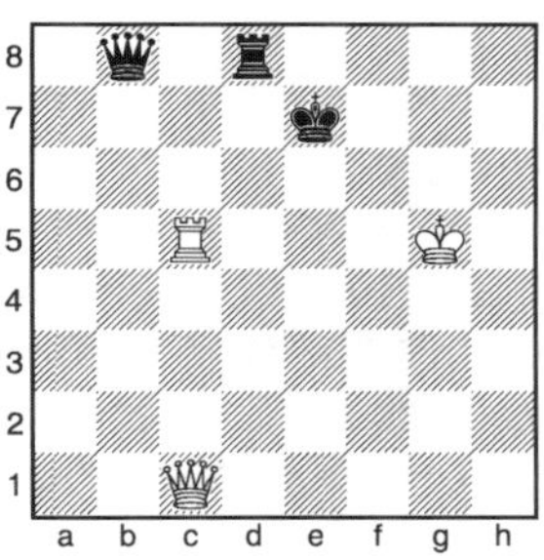

**7.** H.Rinck – Studie

**1.♖c5–c7+ ♖d8–d7**

Falls 1...♔e7–e6 2.♕c1–c6+ *(D2)* ♔e6–e5
*(2...♖d8–d6? 3.♕c6–e4#)*
3.♖c7–e7+ ♔e5–d4 4.♖e7–e4+ und Matt folgt.

**2.♕c1-c5+ ♔e7–e8**
**3.♕c5–e5+ ♔e8–d8**
**4.♖c7xd7++–**

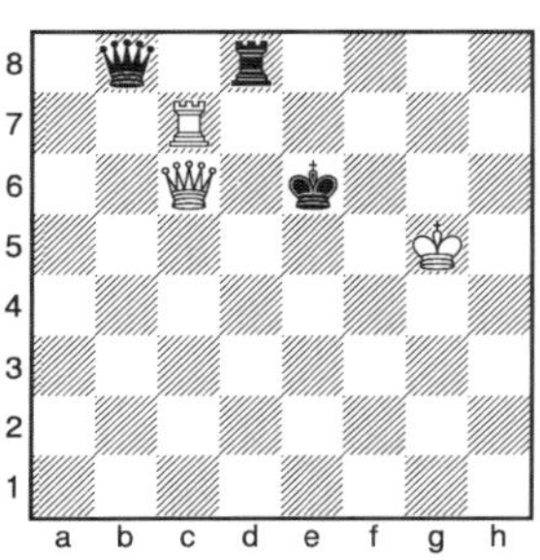

D2

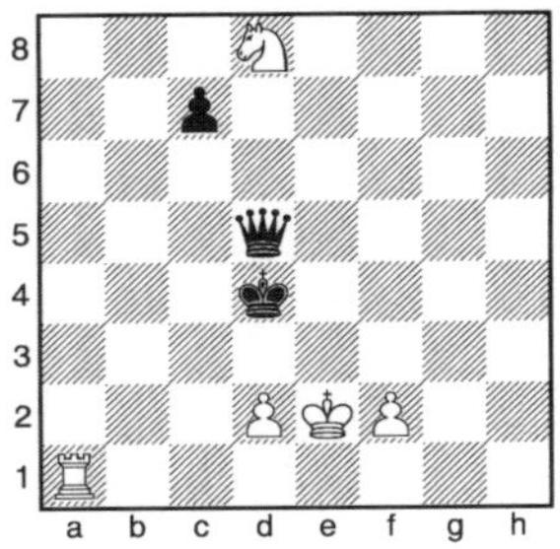

**8.** Horwitz & Kling – Studie 1851

**1.♖a1-a4+ ♔d4–e5**
**2.♖a4–a5 c7–c5**
**3.♖a5xc5 ♕d5xc5**
**4.d2–d4+** *(D2)* **♕c5xd4**

Oder ebenso 4...♔e5xd4 5.♘d8–e6+

**5.♘d8–c6+ ♔e5–d5**
**6.♘c6xd4 ♔d5xd4**
**7.♔e2–f3+–**

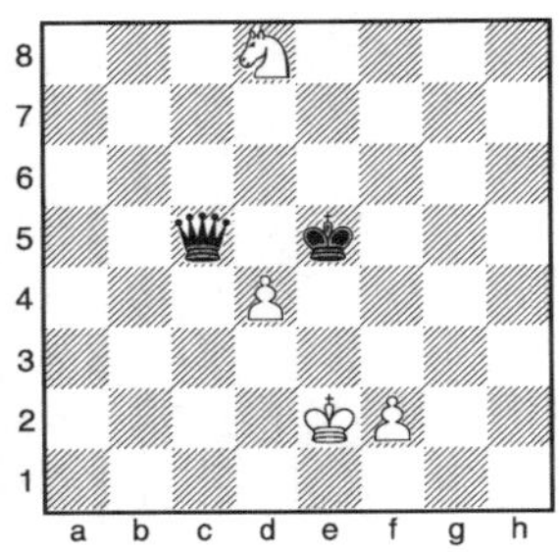

D2

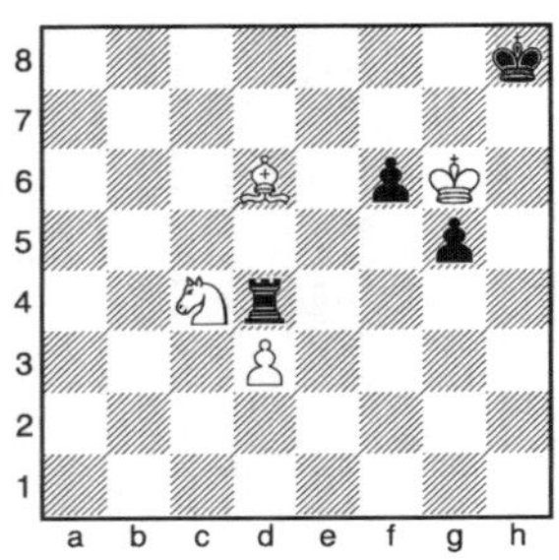

**9.** E.Holm – Studie

Die Technik des Mattsetzens mit Läufer und Springer ist der Schlüssel zur Lösung.

**Erinnere dich daran, dass du den König in eine Ecke treiben musst, die die Feldfarbe deines Läufers hat!**

Andernfalls wird es nicht gehen und du riskierst, dass die Mattführung mehr als 50 Züge dauert, was zu Remis führt.

**1.♘c4–e5 ♔h8–g8**

Falls 1...f6xe5? 2.♗d6xe5++–

**2.♘e5–f7 ♖d4xd3**
**3.♘f7–h6+ ♔g8–h8** *(D2)*
**4.♗d6–e7 ♖d3–f3**
**5.♗e7–f8 –– 6.♗f8–g7#**

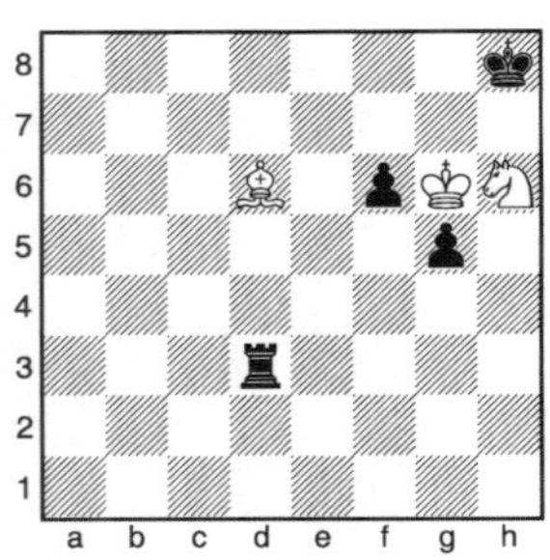

D2

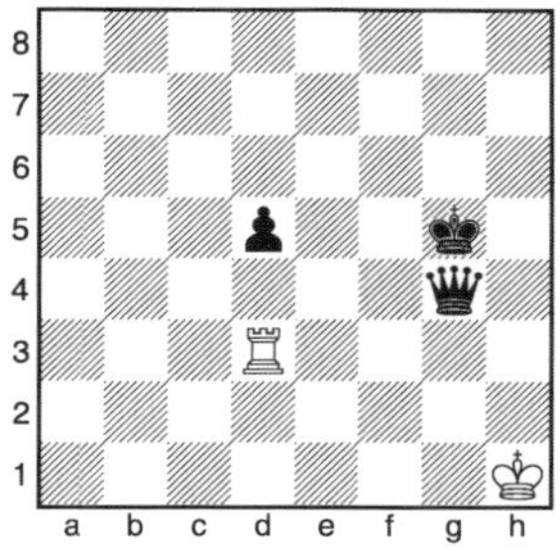

**10.** Kohn,G – Studie

**1.♖d3–g3! d5–d4**

Falls 1...♕g4xg3 Patt

**2.♔h1-g2**

Und nicht
2.♖g3xg4+?? ♔g5xg4 3.♔h1-g2 ♔g4–f4 4.♔g2–f2 d4–d3 *(D2)*
5.♔f2–f1 ♔f4–f3 6.♔f1-e1 ♔f3–e3-+ mit gewonnenem Endspiel.

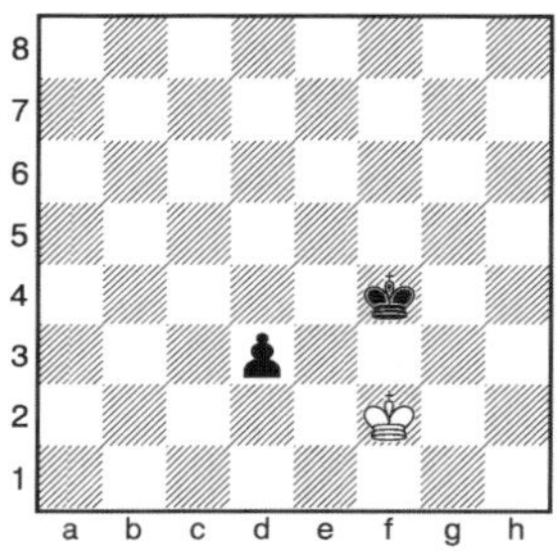

D2

**2...d4–d3**
**3.♔g2–f1 ♕g4xg3** Patt

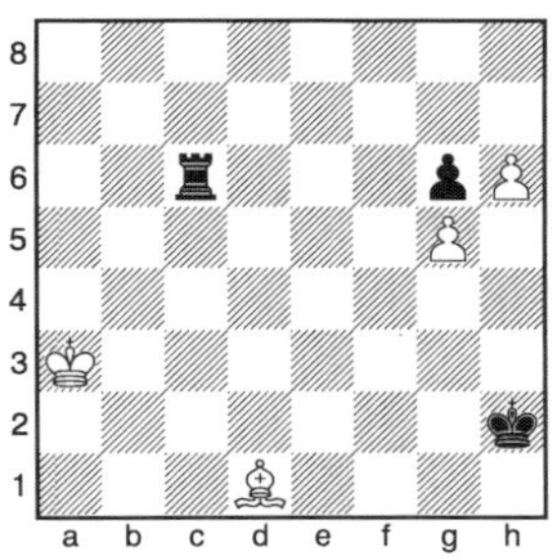

**11.** Neustadtl – Studie 1897

**1.♗d1-h5 ♔h2–g3**
**2.♗h5xg6 ♔g3–f4**

Falls 2...♖c6xg6 3.h6–h7+–

**3.h6–h7** *(D2)* **♖c6–c8**

Falls 3...♖c6–c3+ 4.♔a3–b4 ♖c3–h3 5.♗g6–h5 ♖h3xh5 6.g5–g6+–

**4.♗g6–e8 ♖c8xe8 5.g5–g6+–**

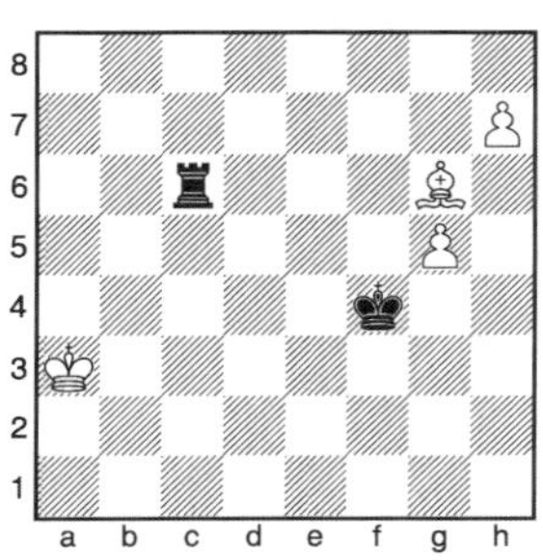

D2

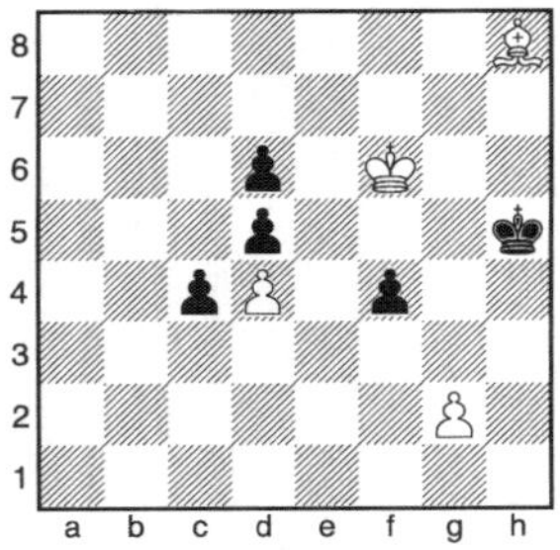

**12.** Prokes,L – Studie

Die Stellung des Läufers ist so schlecht wie sie nur sein kann. Der König steht nicht im Quadrat des gegnerischen Freibauern. Zeit aufzugeben?

Die meisten Spieler würden das wohl in Erwägung ziehen, aber es gibt einen cleveren Ausweg und Weiß gewinnt sogar noch:

**1.♔f6–f5 c4–c3**
**2.♗h8–f6 c3–c2**
**3.♗f6–g5! c2–c1♕**
**4.g2–g4+ f4xg3**
**5.♗g5xc1+–**

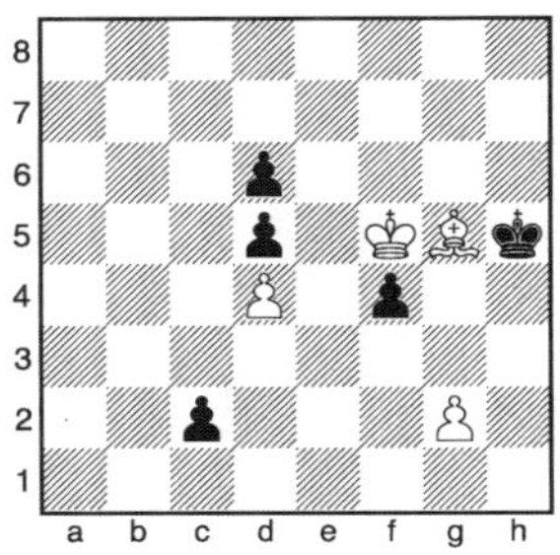

D2

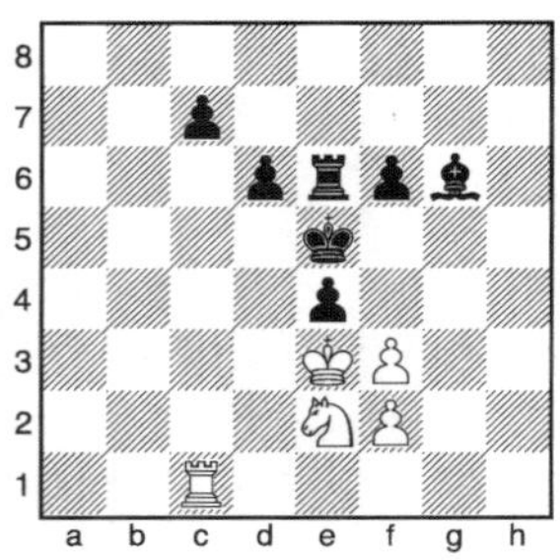

**13.** A.Kakovin – Studie 1936

Nach 1.♖c1xc7 sieht die Stellung remislich aus. Aber die beengte schwarze Stellung ist die Angriffsmarke für eine nette Attacke:

**1.f3–f4+ ♔e5–d5**
**2.f4–f5 ♗g6xf5**
**3.♘e2–f4+ ♔d5–e5**
**4.♖c1-d1!** *(D2)* **c7–c6**
**5.♖d1-d5+ c6xd5**
**6.♘f4–d3+ e4xd3**
**7.f2–f4#**

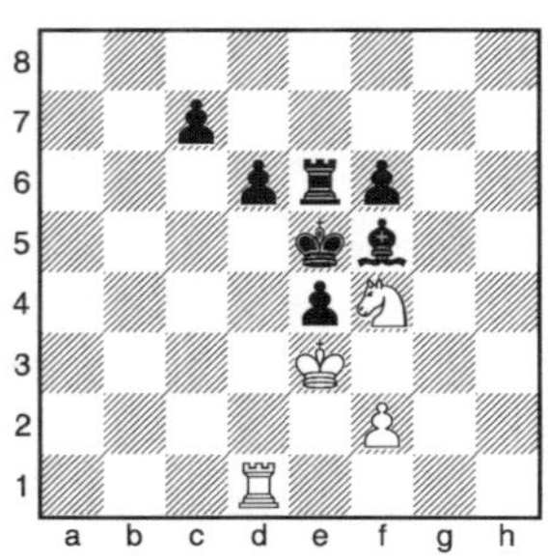

D2

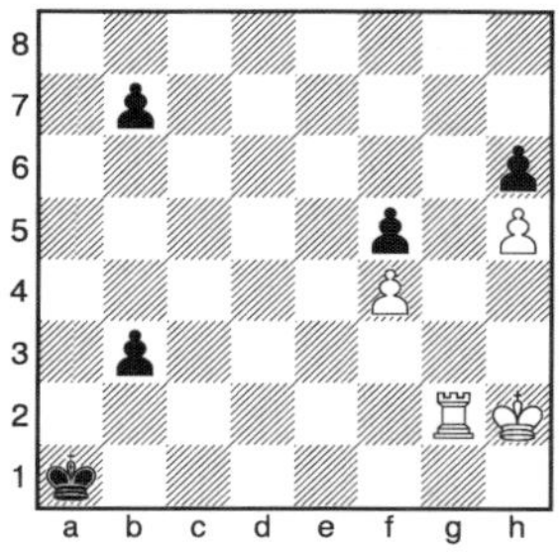

**14.** Kissling

**1.♖g2-g5! h6xg5**

Oder 1...b3-b2 2.♖g5xf5 b2-b1♕ 3.♖f5-a5+ ♔a1-b2 4.♖a5-b5++-

**2.h5-h6 b3-b2**
**3.h6-h7 b2-b1♕**
**4.h7-h8♕+ ♔a1-a2** *(D2)*
**5.♕h8-a8+ ♔a2-b2**
**6.♕a8xb7+ ♔b2-c2**
**7.♕b7xb1+ ♔c2xb1**
**8.f4xg5+-**

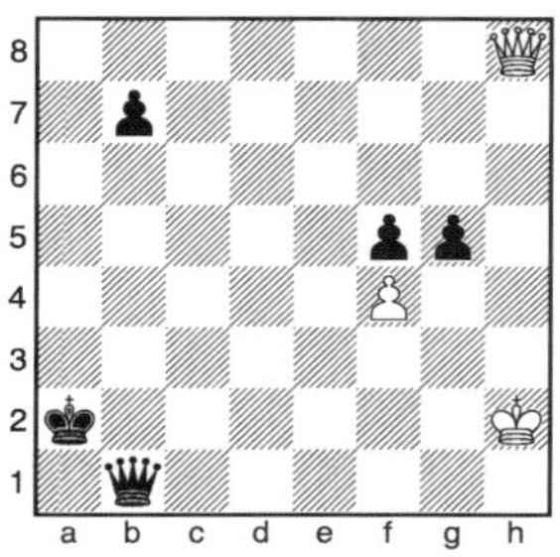

D2

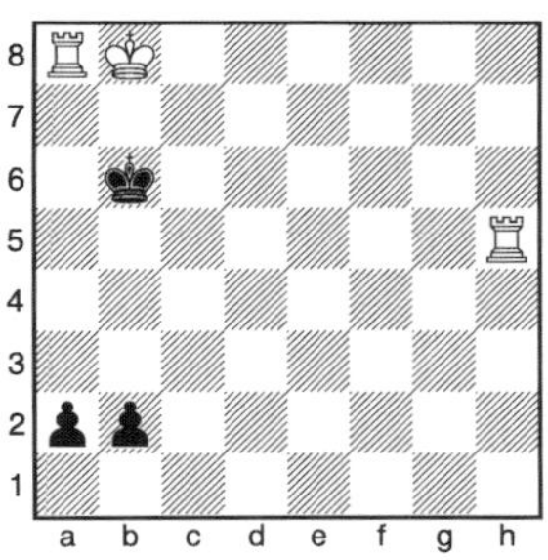

**15.** A.Wotowa – Studie 1952

**1.♖h5-a5 ♔b6-c6**
**2.♔b8-c8 ♔c6-d6**
**3.♔c8-d8 ♔d6-e6**
**4.♖a8-a6+ ♔e6-f7**
**5.♖a5-f5+ ♔f7-g7**
**6.♖f5-g5+** *(D2)* **♔g7-f7**

Oder 6...♔g7-h7 7.♖a6-a3 ♔h7-h6 8.♖g5-g2 b2-b1♕ 9.♖a3-h3#

**7.♖g5-g6 b2-b1♕**
**8.♖a6-f6#**

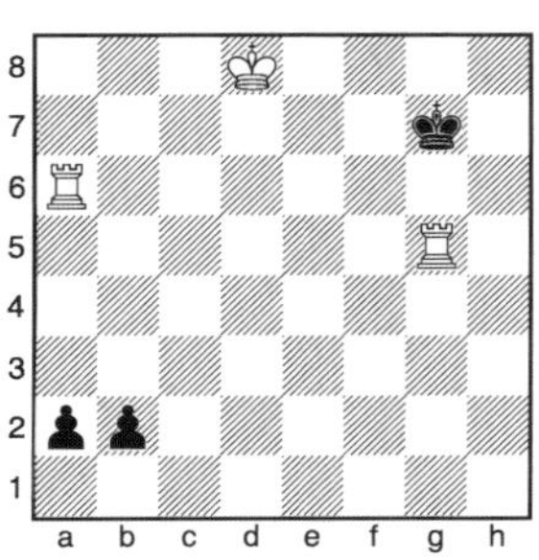

D2

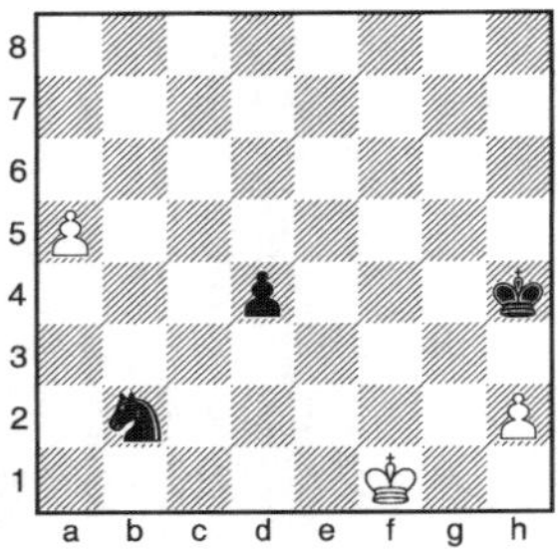

**16**. L.Mitrofanov – Studie 1988

**1.a5–a6 d4–d3**
**2.♔f1-e1 d3–d2+**

Oder ebenso 2...♘b2–c4 3.a6–a7 ♘c4–b6 4.♔e1-d2+–

**3.♔e1xd2 ♘b2–c4+ 4.♔d2–e2 ♔h4–h3 5.a6–a7 ♘c4–b6** *(D2)*

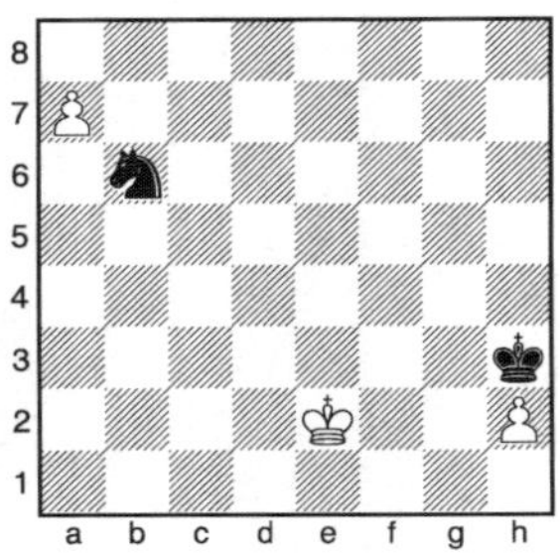

D2

Nun siehst du schon wie es enden wird. Der Springer in der Ecke ist hilflos gegen den gegnerischen König:

**6.♔e2–d3 ♔h3xh2**
**7.♔d3–d4 ♔h2–g3**
**8.♔d4–c5 ♘b6–a8**
**9.♔c5–c6 ♔g3–f4 10.♔c6–b7+–**

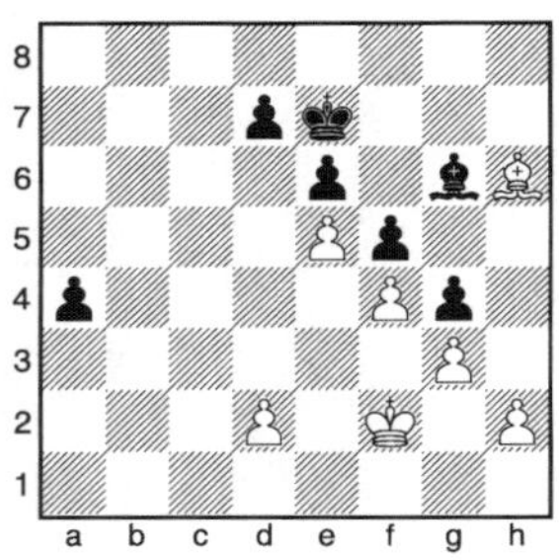

**17.** Smylov,V – Studie 2002

**1.♗h6–g5+ ♔e7–e8**
**2.d2–d4 a4–a3**
**3.d4–d5** *(D2)* **a3–a2**

Falls 3...e6xd5 4.e5–e6 d7xe6 5.♗g5–f6 a3–a2 6.♔f2–e3=

**4.d5–d6 a2–a1♕ =**

Doch die Umwandlung hat keinen Schrecken für Weiß. Die Dame alleine kann nicht Matt setzen und alle anderen schwarzen Steine sind gefangen oder festgelegt.

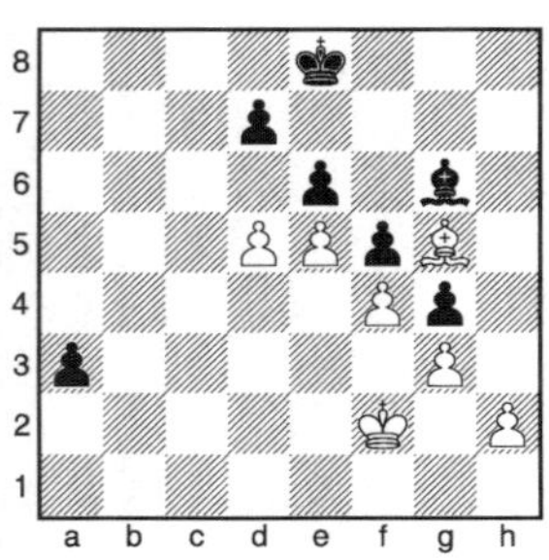

D2

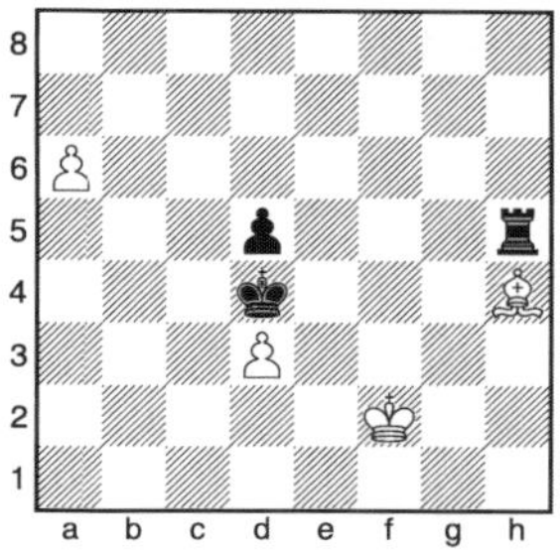

**18**. Leonid Kubbel – Studie 1909

**1.a6–a7 ♖h5–f5+**

Fall bloß nicht auf diese plumple Falle rein:
1...♖h5–h8?? 2.♗h4–f6+

**2.♔f2–e2 ♖f5–e5+**

2...♖f5–f8? 3.♗h4–f6+ ♔d4–c5 4.♗f6–e7+

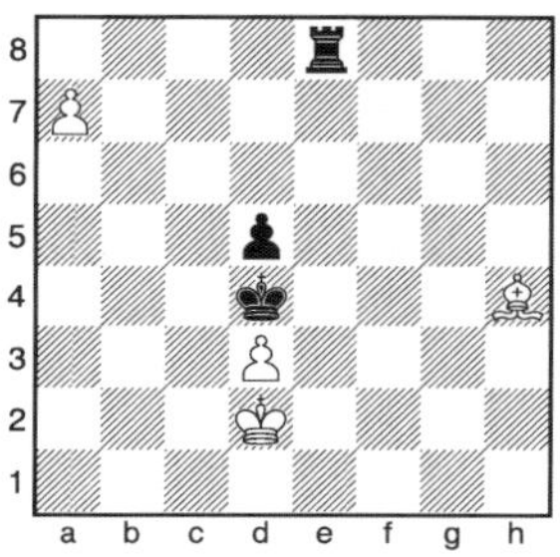

D2

**3.♔e2–d2 ♖e5–e8** *(D2)*
**4.♗h4–f2+ ♔d4–e5**
**5.♗f2–g3+ ♔e5–d4**
**6.♗g3–b8+–**

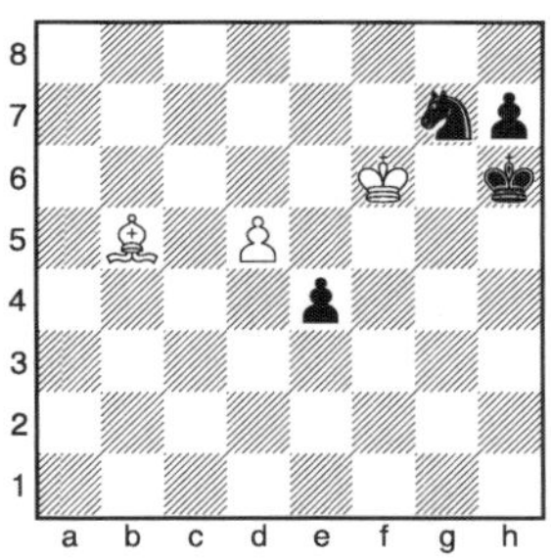

**19.** E.Pogosjanz – Studie 1965

**1.d5–d6 ♘g7–e8+**
**2.♗b5xe8 e4–e3** *(D2)*
**3.d6–d7**

3.♗e8–b5? Schwarz hat nun einen schlauen Trick im Ärmel: 3...e3–e2 4.♗b5xe2 Patt!

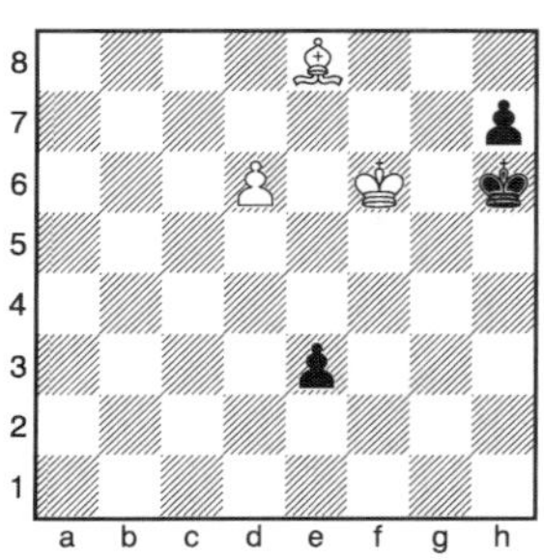

D2

**3...e3–e2**
**4.d7–d8♘! e2–e1♕**
**5.♘d8–f7+ ♔h6–h5**
**6.♘f7–e5+ ♔h5–h4**
**7.♘e5–f3+**

Und Weiß (hoffentlich!) gewinnt das gefürchtete Endspiel mit Läufer & Springer.

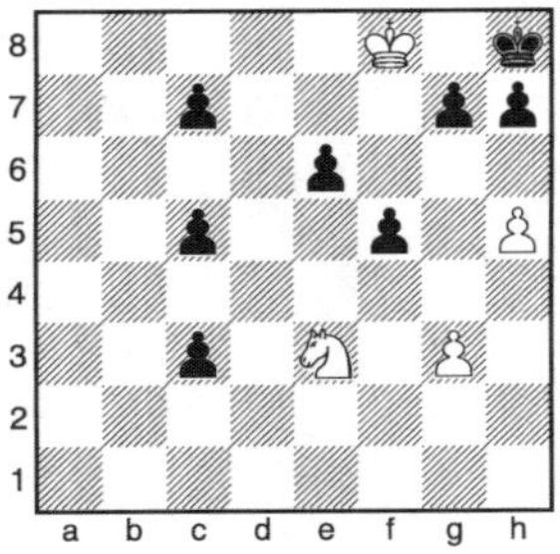

**20.** Smylov,V – Ende einer Studie 2000

Ein einsamer Springer gegen eine Armee von Bauern – kann er der Held sein oder bloß eine Art von ärmlichem Don Quichote?

**1.h5–h6 g7xh6**

**2.g3–g4 c3–c2**

**3.♘e3–c4 h6–h5**

**4.g4–g5 c2–c1♕**

**5.♘c4–e5** *(D2)* **h7–h6**

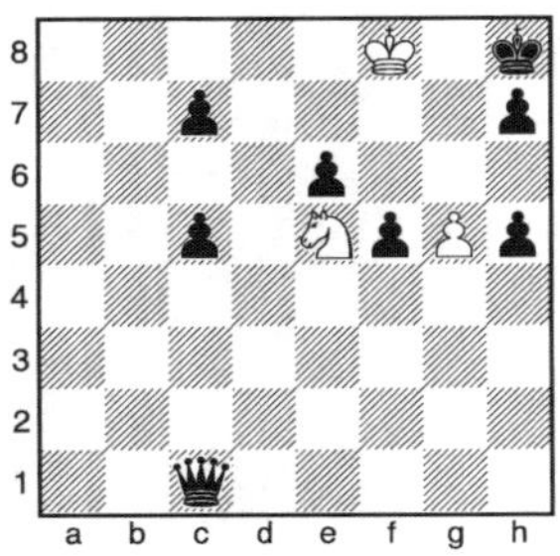

D2

5...♕c1xg5 6.♘e5–f7#

**6.g5–g6 -- 7.♘e5–f7#**

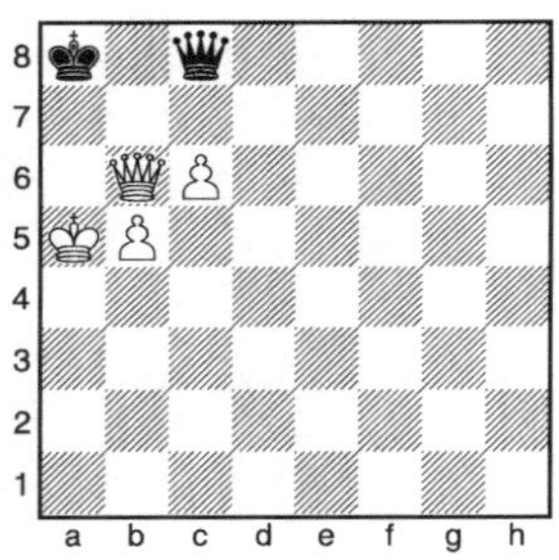

**21.** N.Grigoriev – Studie

Zwei vorgerückte verbundene Freibauern und der gegnerische König ist in der Ecke gefangen. Dennoch solltest du nicht auf einen weißen Gewinn wetten:

**1...♕c8–c7 2.♔a5–a6**

2.♕b6xc7 Patt!

**2...♕c7–c8+**

**3.♕b6–b7+** *(D2)* **♕c8xb7+**

**4.c6xb7+ ♔a8–b8**

**5.♔a6–a5**

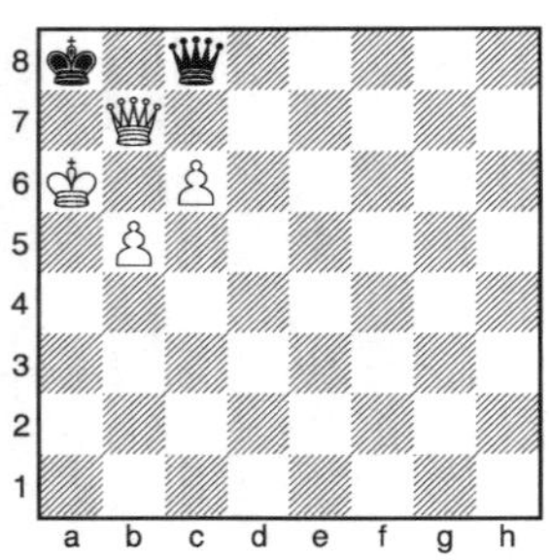

D2

Oder 5.♔a6–b6 / 5.b5–b6 beides Patt.

**5...♔b8xb7** Und Remis!

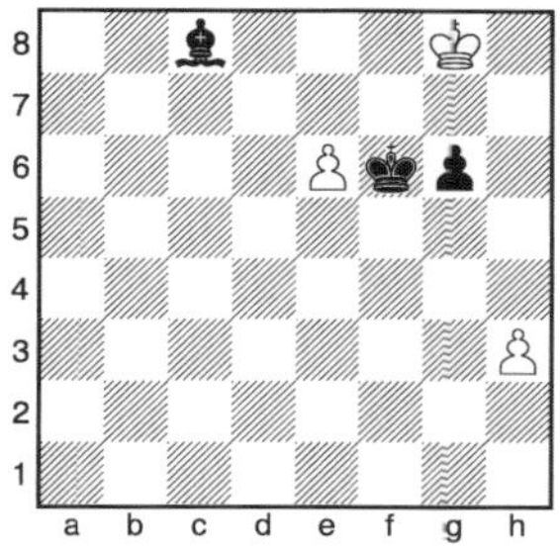

**22.** L. Kubbel – Studie 1904

**1.e6–e7 ♔f6xe7**

Oder 1...♗c8–d7 2.♔g8–f8 ♔f6–g5 3.e7–e8♕ ♗d7xe8 4.♔f8xe8 ♔g5–h4 5.♔e8–f7 g6–g5 6.♔f7–g6 ♔h4xh3 7.♔g6xg5=

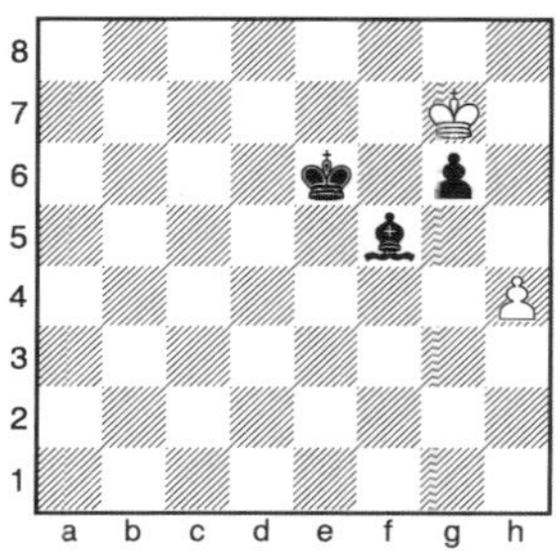

D2

**2.♔g8–g7 ♗c8–f5**
**3.h3–h4 ♔e7–e6** *(D2)*
**4.♔g7–h6 ♔e6–f6**
**5.h4–h5 g6–g5** Patt

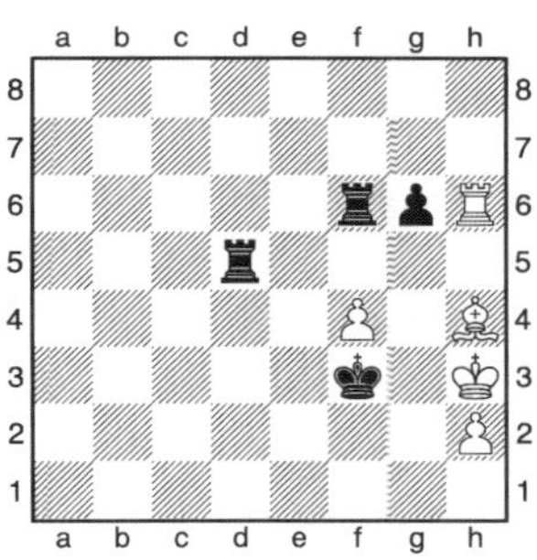

**23.** van der Wiel – van Wely

Manchmal kann in einer richtigen Partie eine Stellung entstehen, die wie eine Studie ausschaut. Das ist hier der Fall:

**1...g6–g5** 0:1; **2.f4xg5**

Falls 2.♗h4xg5 ♖f6xh6+ 3.♗g5xh6 ♖d5–h5#; Oder 2.♖h6xf6 g5–g4#

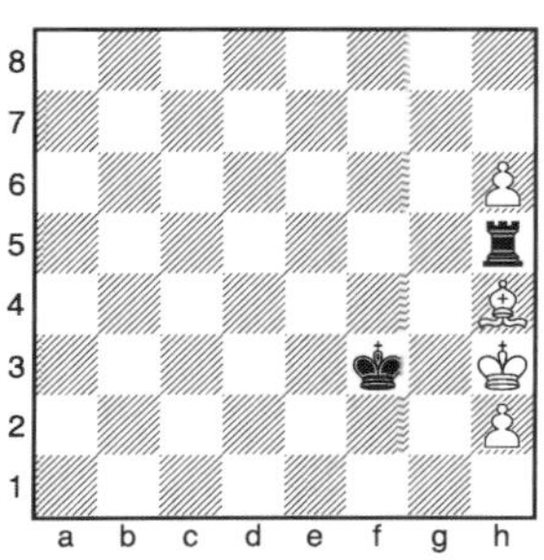

D2

**2...♖f6xh6 3.g5xh6 ♖d5–h5** *(D2)*
**4.h6–h7 ♔f3–f4**
**5.h7–h8♕ ♖h5xh8** Zugzwang
**6.♔h3–g2 ♖h8xh4–+**

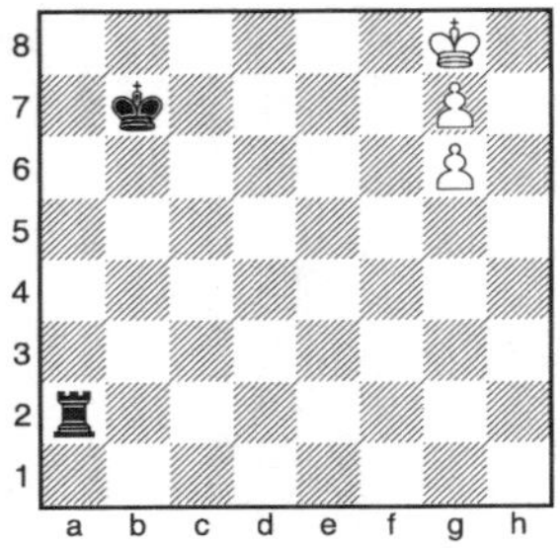

**24.** Kling und Horwitz – Studie 1851

**1.♔g8–f7 ♖a2–f2+**
**2.♔f7–e6 ♖f2–e2+**
**3.♔e6–f5 ♖e2–f2+**

3...♖e2–e8 ändert nichts.

**4.♔f5–e4 ♖f2–e2+**
**5.♔e4–f4 ♖e2–e8** *(D2)*
**6.♔f4–g5 ♔b7–c7**
**7.♔g5–h6 ♔c7–d7**
**8.♔h6–h7 ♔d7–e7**
**9.g7–g8♕** und gewinnt

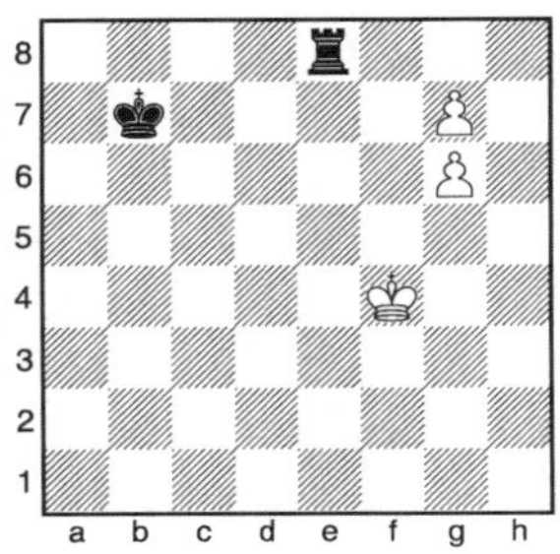

D2

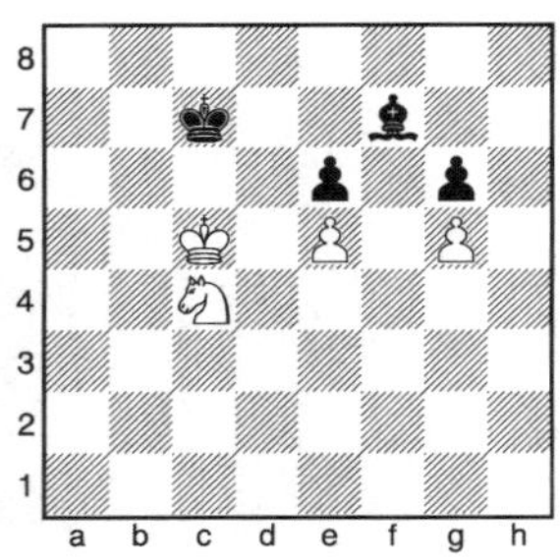

**25.** Kling (verbessert) – Studie 1851

**1.♘c4–d6 ♗f7–g8**
**2.♘d6–e8+**

In Klings Original–Studie setzte Weiß mit 2.♘d6–b5+ ♔c7–d7 3.♔c5–b6 usw. fort, was gewinnt, aber langsamer ist.

**2...♔c7–d8**
**3.♘e8–f6 ♗g8–f7**
**4.♔c5–d6** *(D2)* **♗f7–e8**
**5.♘f6xe8 ♔d8xe8**
**6.♔d6xe6** mit Gewinnstellung.

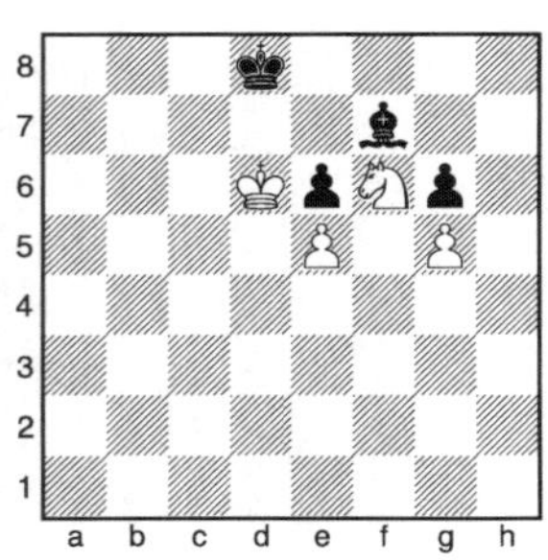

D2

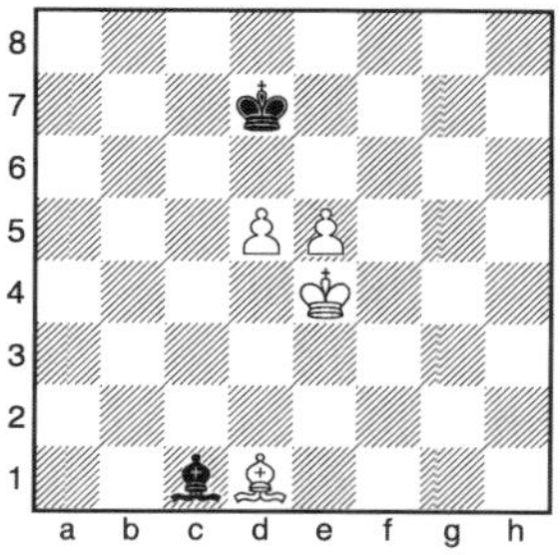

**26.** S.Tarrasch – Studie 1921

Dr. Siegbert Tarrasch (1862-1934), um 1900 der "Turnier-Weltmeister", war wie viele andere Größen des Schachs auch ein Studien-Komponist. Diese Studie sollte interessant sein für alle Schachfreunde die glauben, ungleiche Läufer seien immer ein Garant für ein Remis:

**1.d5-d6 ♔d7-c6**
**2.♔e4-f5 ♗c1-d2**

Zu einem schnellen Ende führt
2...♔c6-d7 3.♗d1-a4+ ♔d7-d8
4.e5-e6 *(D2)*

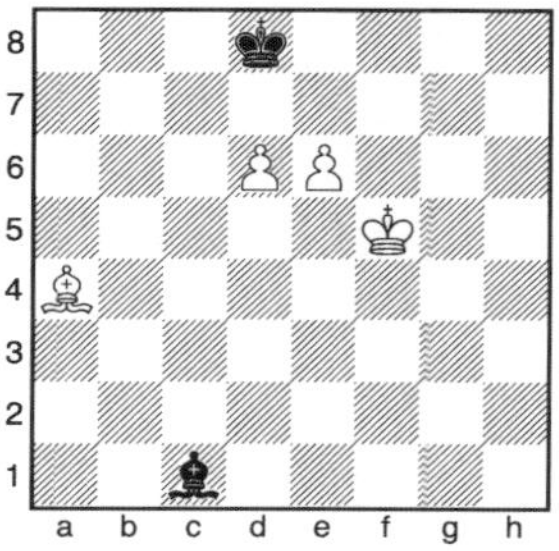

D2

**3.♗d1-f3+ ♔c6-c5**
**4.d6-d7 ♗d2-a5** *(D3)*
**5.♔f5-f6 ♗a5-d8+**
**6.♔f6-f7 ♗d8-h4**
**7.♔f7-e8** und gewinnt

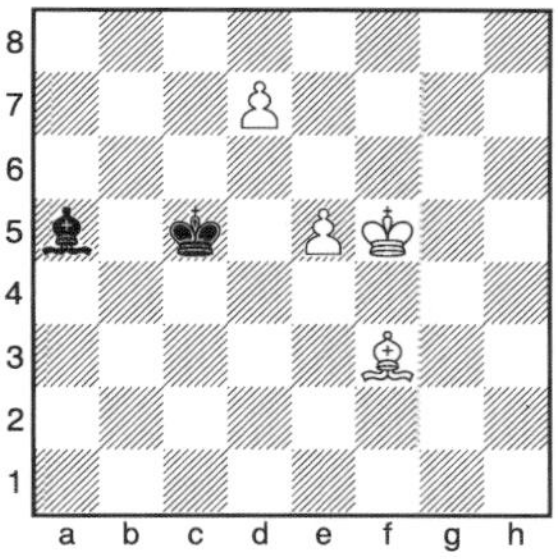

D3

# QUICK TEST 10

Wir kommen nun zum Ende des ersten Teils des Übungsbuches. Einige der hier gezeigten Übungen sind fünf Züge lang. Lass dich aber von der Zügezahl nie abschrecken. So lange es nicht zu viele Varianten und Untervarianten gibt, lässt sich meist die Lösung bis zum Ende verfolgen. Entscheidend ist, zu Beginn einen Plan zu finden. Der Plan wird dich dann zu den richtigen Zügen führen.

Ich kann nur immer wieder wiederholen:

Rate nicht, springe nicht zu (vor)schnellen Urteilen, sondern schau dir die Stellung systematisch an und versuche, sie zu verstehen. Wenn du dir mittlerweile diese Herangehensweise angewöhnt hast, wirst du kaum Probleme haben, auch den folgenden zweiten Teil dieses Buches zu meistern.

Und nun geht's los. Denke hart, kämpfe hart - auch gegen den inneren Schweinehund, der lieber ausspannen möchte als sich in Lösungen zu verbeißen - und lerne am Ende von den Lösungen!

# QUICK TEST 10

## Finde Materialgewinn und manchmal Matt in bis zu fünf Zügen

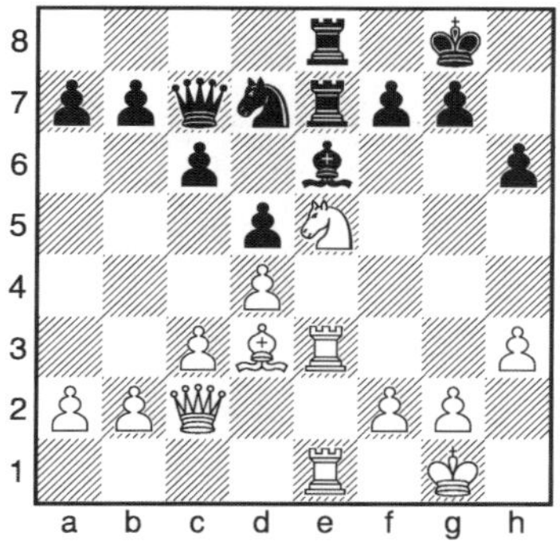

**1** ..........................

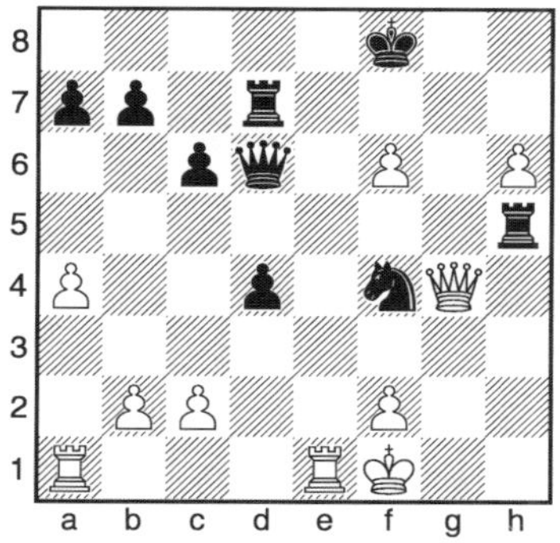

**2** ..........................

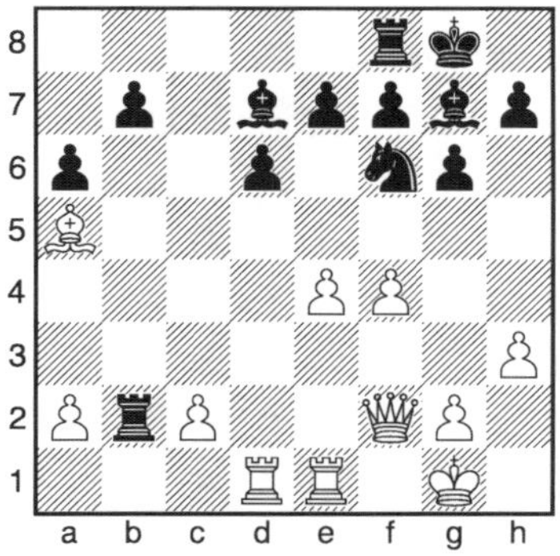

**3** ..........................

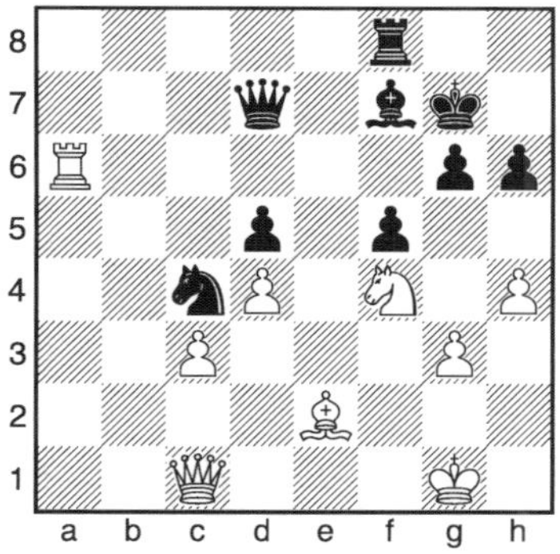

**4** ..........................

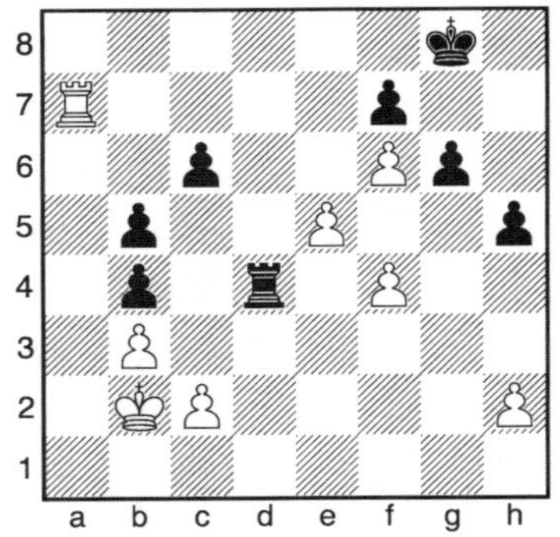

5 ..........................

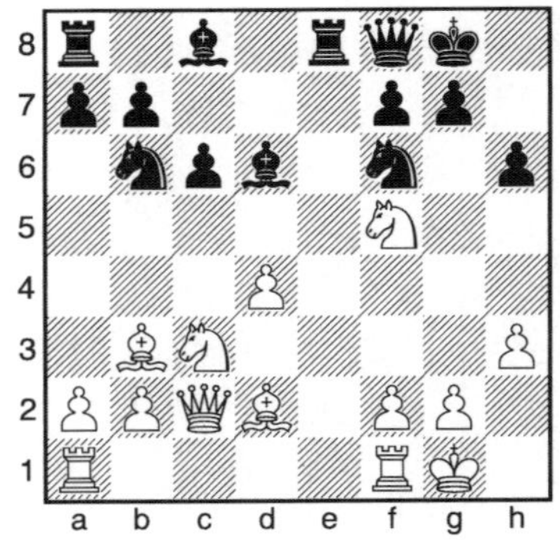

6 ..........................

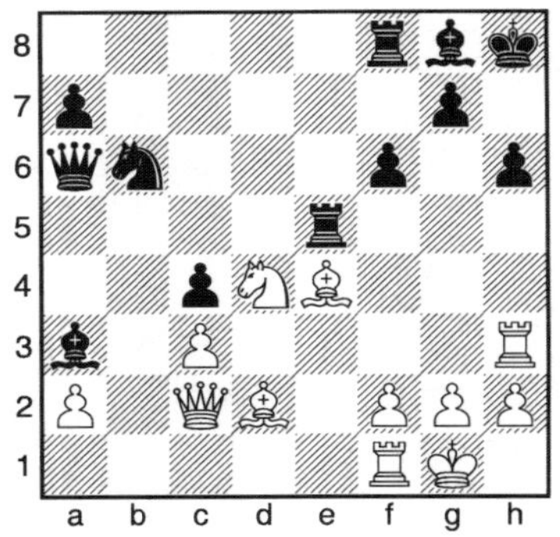

7 ..........................

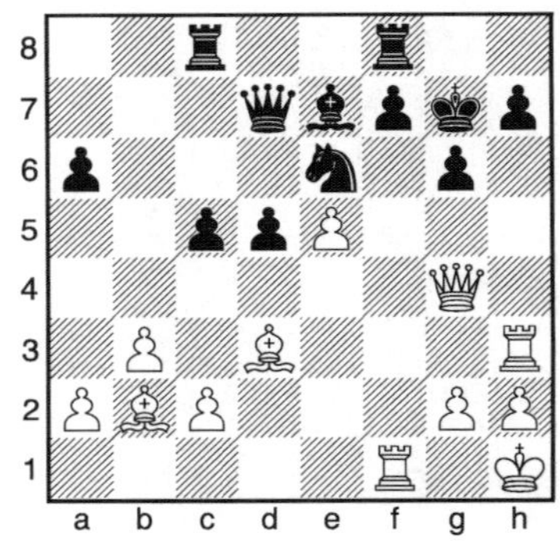

8 ..........................

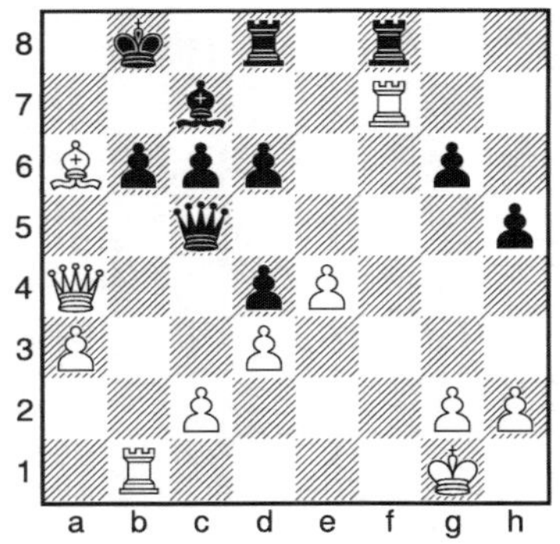

9 ..........................

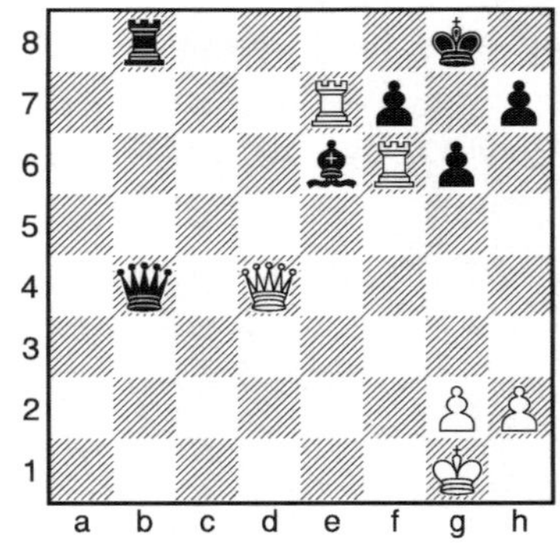

10 ..........................

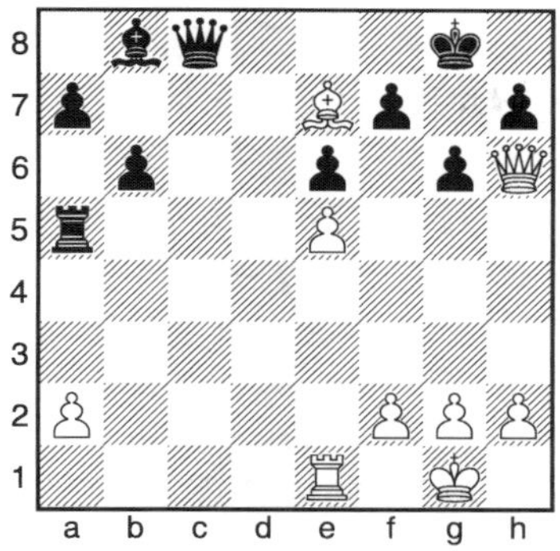

11 .........................

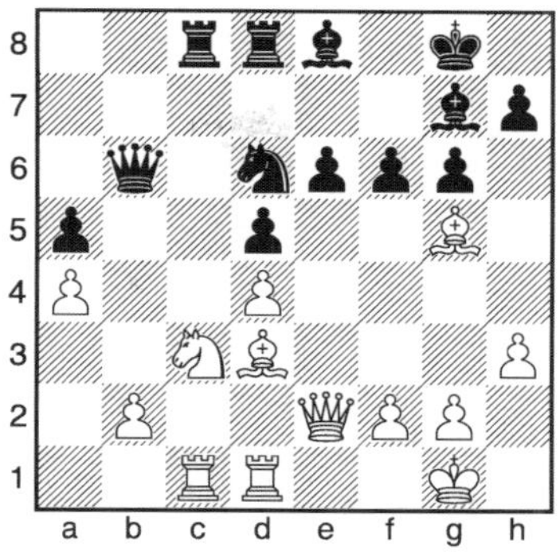

12 .........................

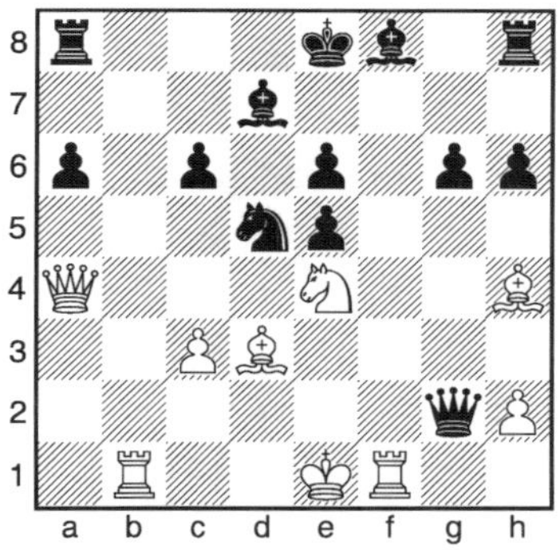

13 .........................

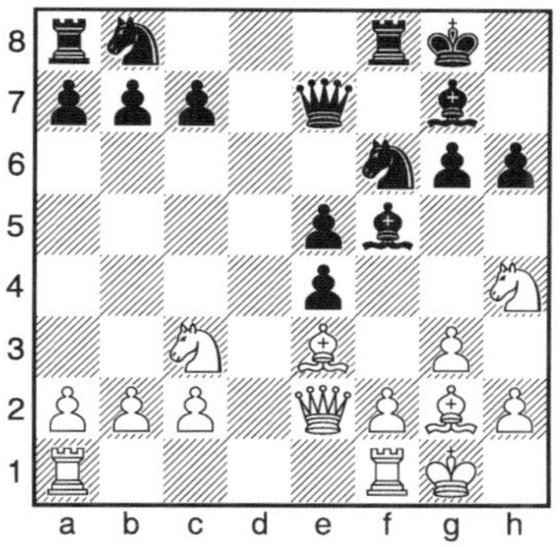

14 .........................

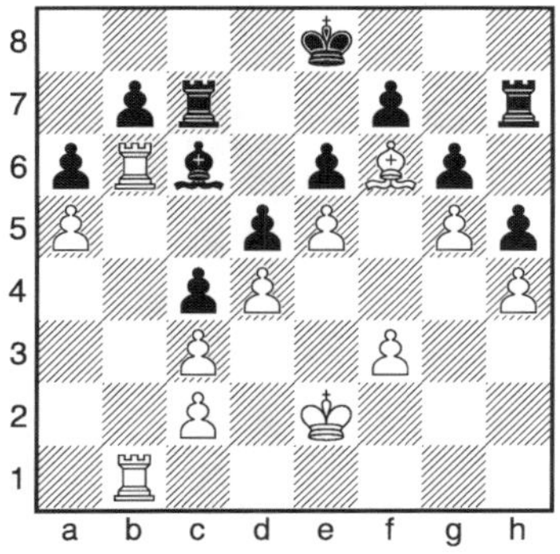

15 .........................

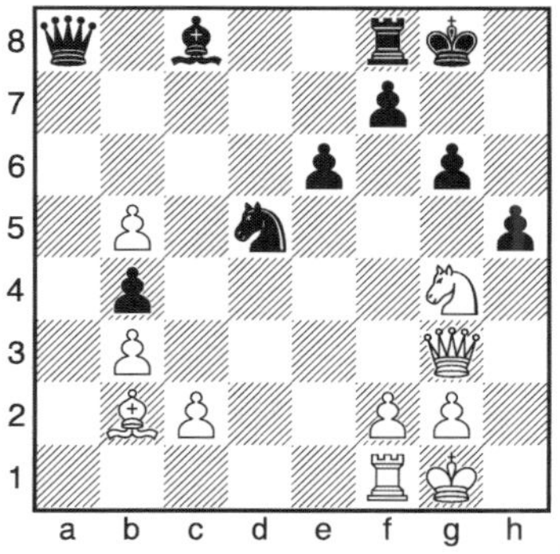

16 .........................

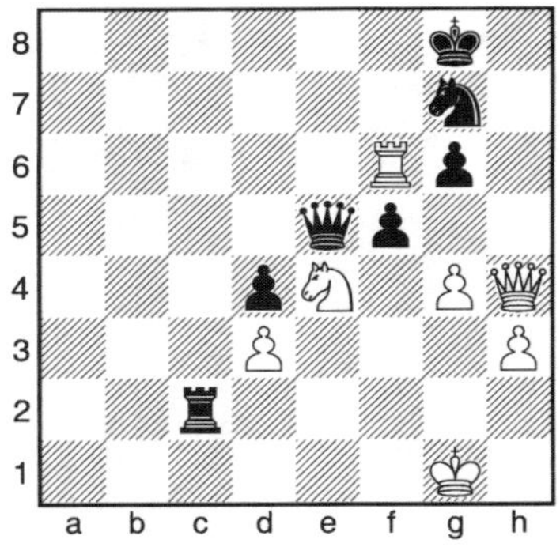

**17** ........................

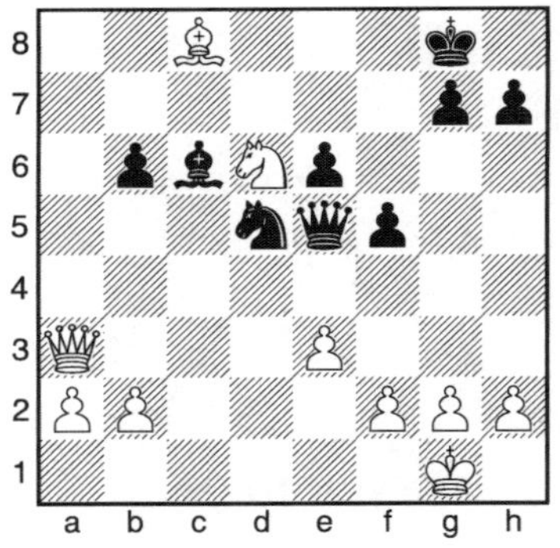

**18** ........................

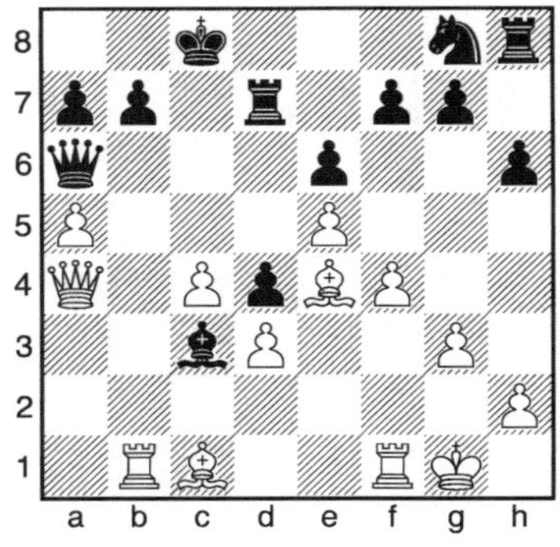

**19** ........................

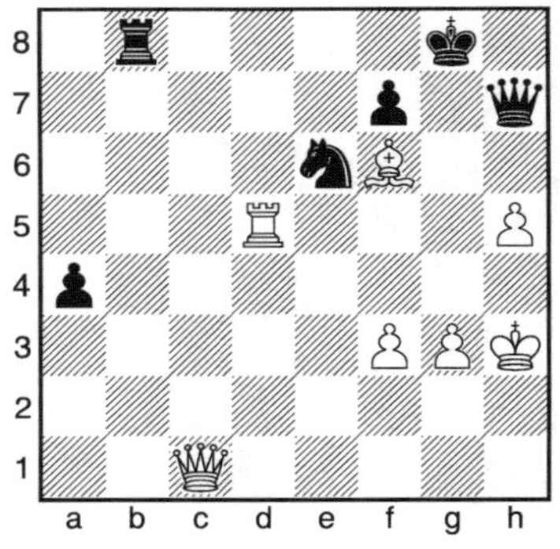

**20** ........................

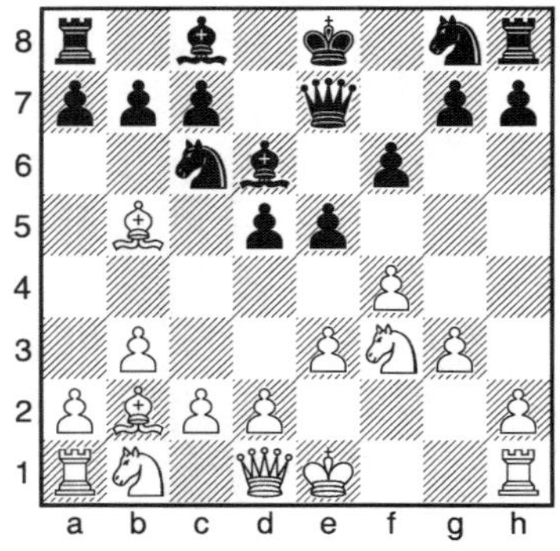

**21** ........................

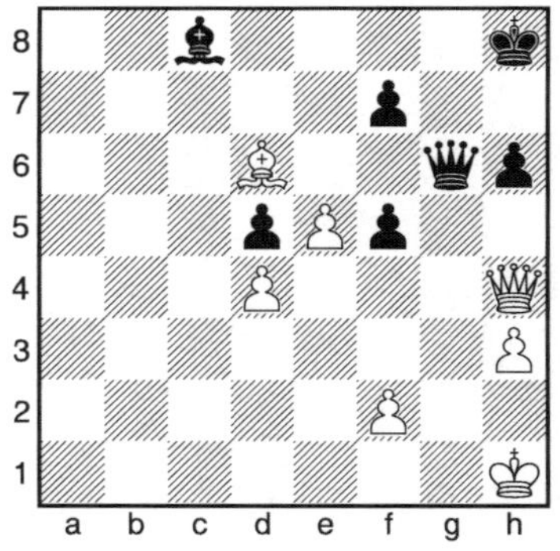

**22** ........................

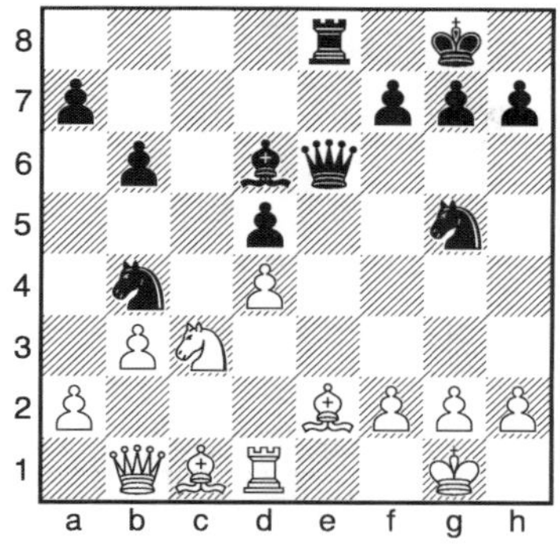

**23** ● ........................

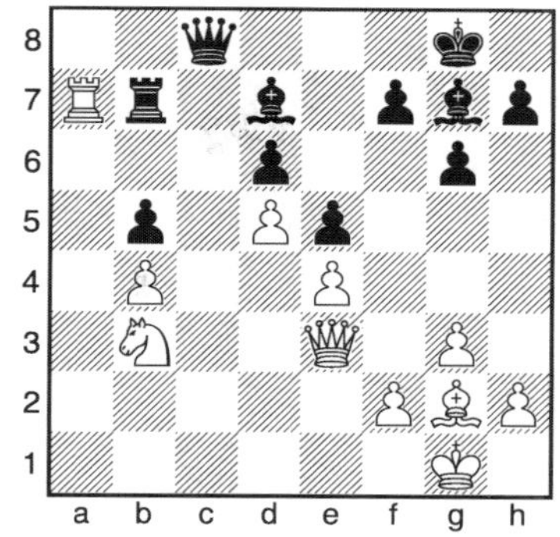

**24** ● ........................

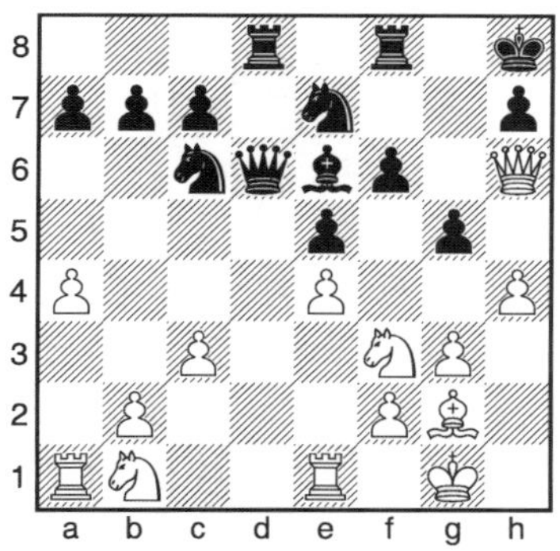

**25** ● ........................

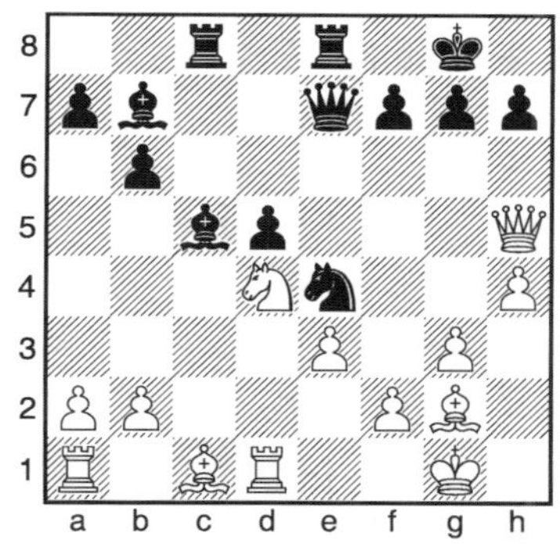

**26** ● ........................

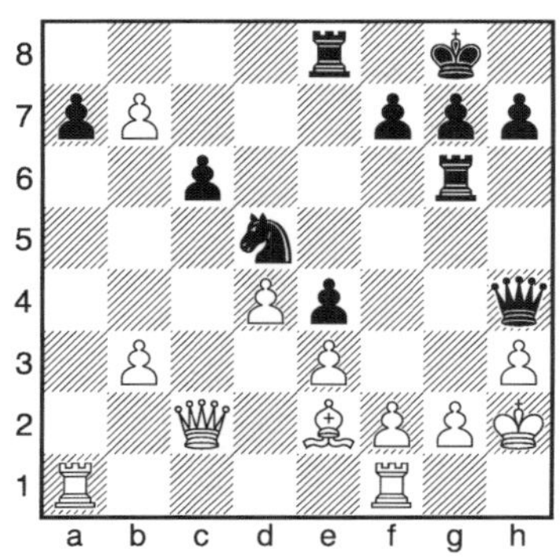

**27** ● ........................

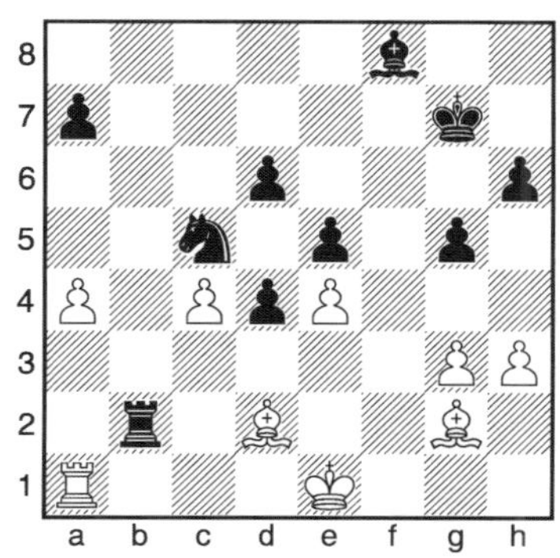

**28** ● ........................

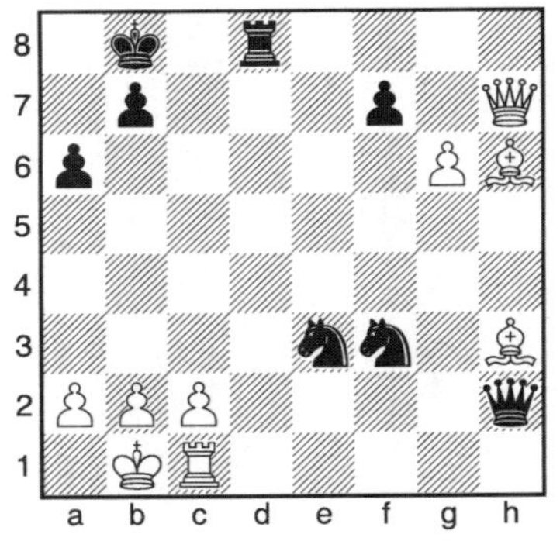

**29** ● ........................

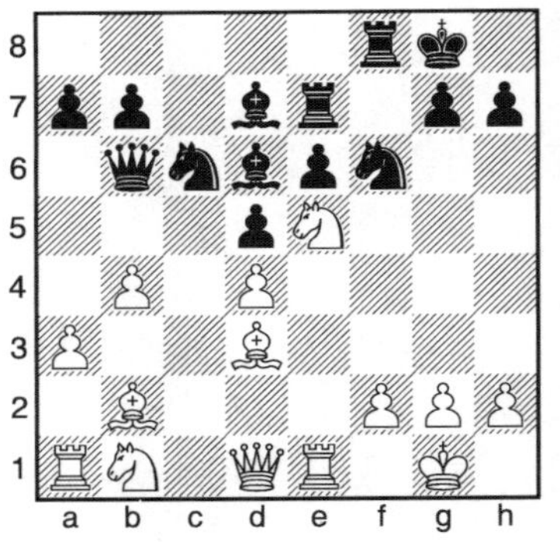

**30** ● ........................

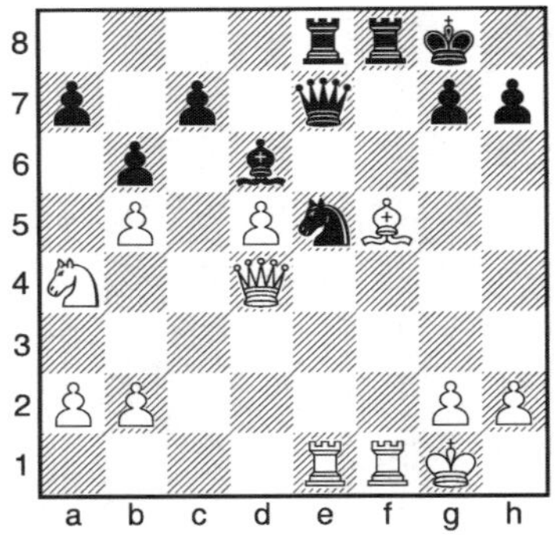

**31** ● ........................

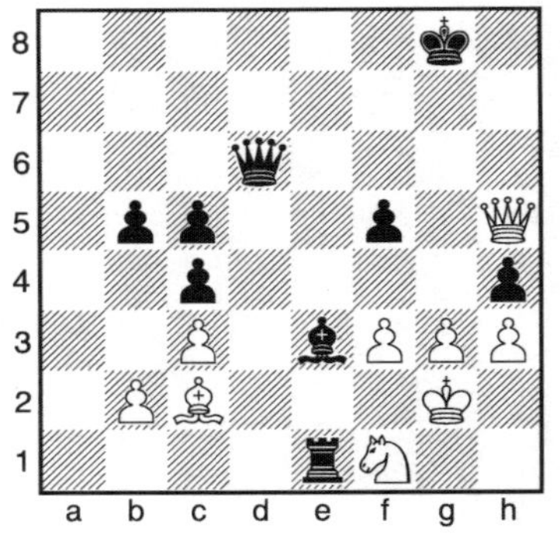

**32** ● ........................

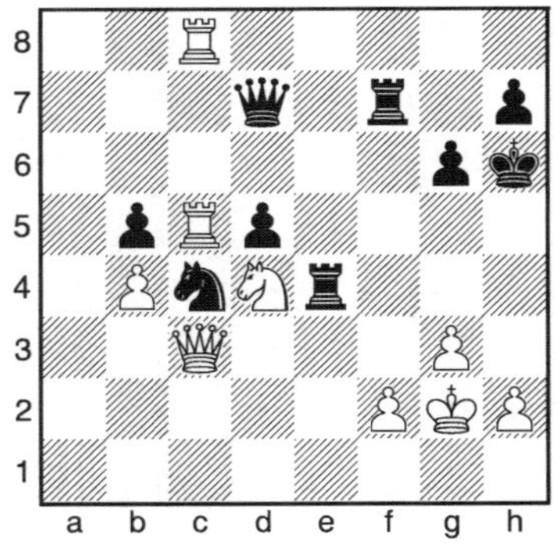

**33** ● ........................

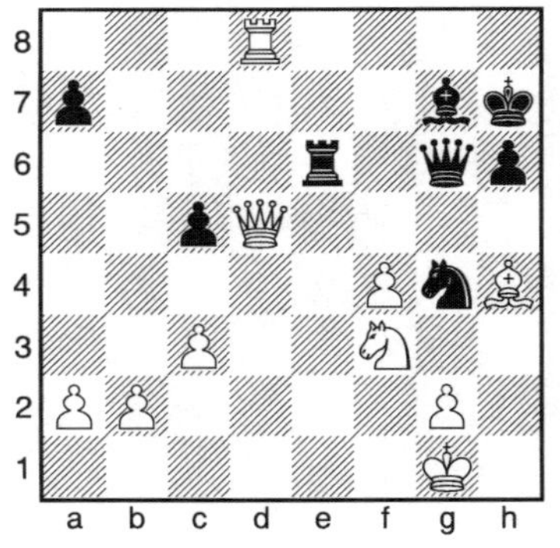

**34** ● ........................

# Lösungen

# Quick Test 10

## Finde Materialgewinn und manchmal Matt in bis zu fünf Zügen

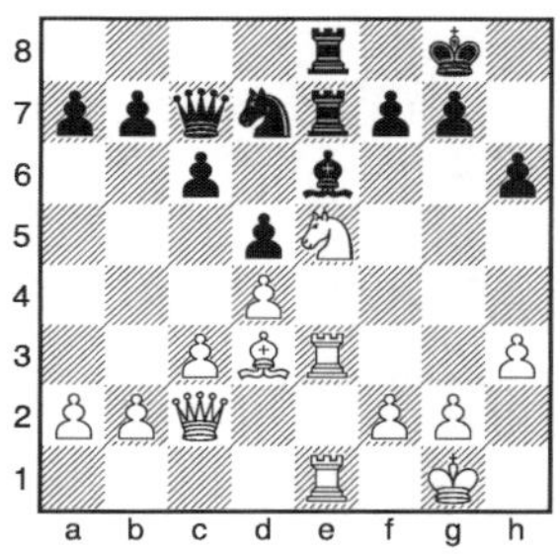

**1.**

**1.♘e5xf7 ♔g8xf7**

Das kleinere Übel ist 1...♖e7xf7 2.♖e3xe6.
In solch einem Fall akzeptiere den Verlust und versuche nicht, Material um jeden Preis zu behalten. Das wird die Lage nur noch verschlimmern.

**2.♗d3–g6+ ♔f7–f8**

Zu gewagt ist 2...♔f7–f6? *(D)*
3.♖e3xe6+ ♖e7xe6 4.♕c2–f5+
und Matt folgt.

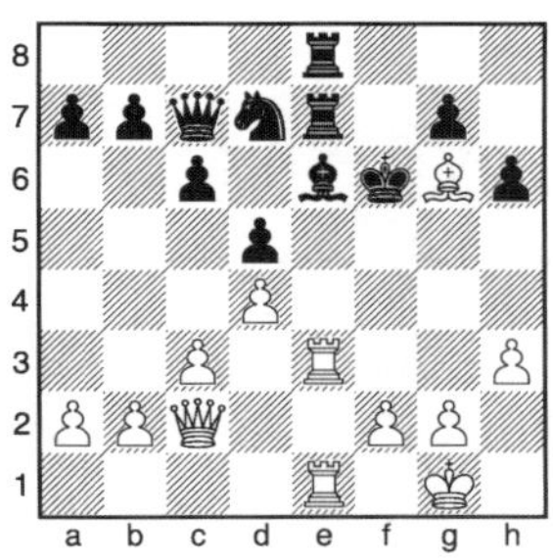

D2

**3.♗g6xe8 ♖e7xe8 4.♖e3xe6**

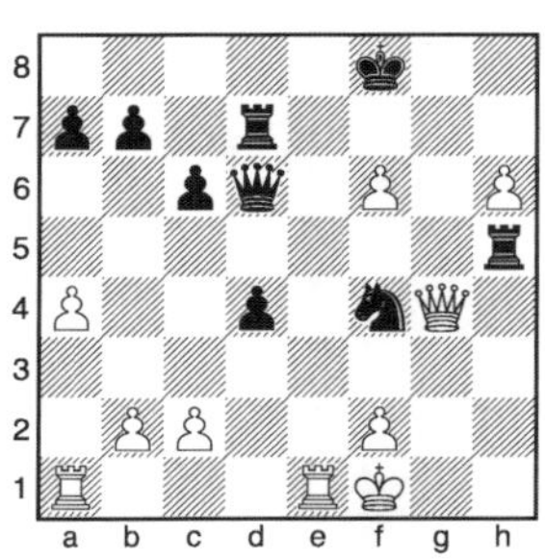

**2.**

**1.♖e1-e8+ ♔f8xe8**
**2.♕g4–g8+ ♕d6–f8**
**3.♖a1-e1+ ♔e8–d8**
**4.♕g8xf8+ ♔d8–c7 5.f2–f3**

Selbst nach dem Damengewinn musst du vorsichtig sein. Es droht: 5.–– ♖h5–h1#.
Hast du die Gefahr erkannt?

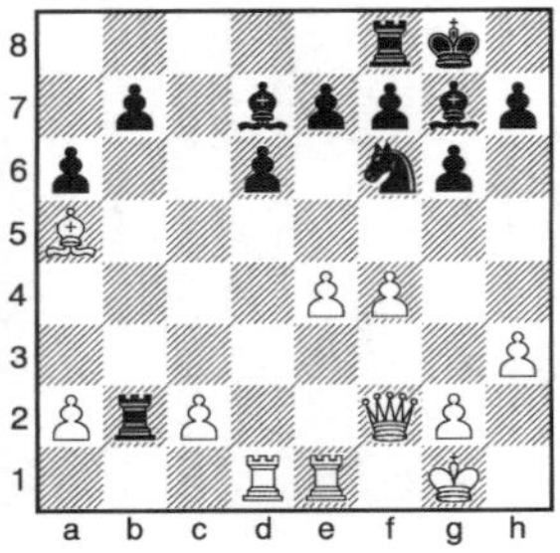

**3.**

**1.e4–e5 ♘f6–e8**

1...♘f6–h5 2.g2–g4 fängt den Springer.

**2.♗a5–d8 ♔g8–h8 3.♗d8xe7 ♖f8–g8 4.e5xd6**

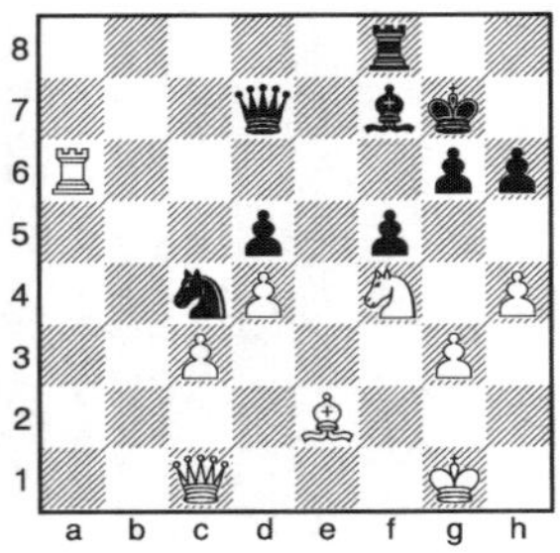

**4.**

**1.♘f4–h5+ g6xh5**

1...♔g7–h7 2.♘h5–f6+ gewinnt die Dame. Schwarz kann Matt nur verzögern.

**2.♕c1xh6+ ♔g7–g8 3.♕h6–g5+ ♔g8–h7 4.♖a6–h6#**

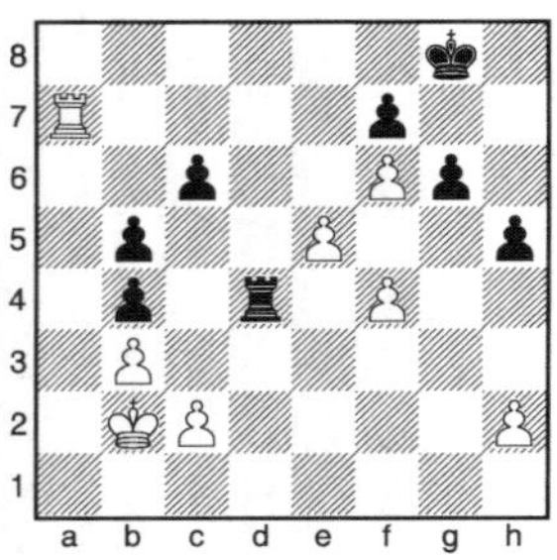

**5.**

**1.♖a7–a8+ ♔g8–h7**
**2.e5–e6 f7xe6**
**3.f6–f7 ♖d4xf4**
**4.f7–f8♕ ♖f4xf8**
**5.♖a8xf8**

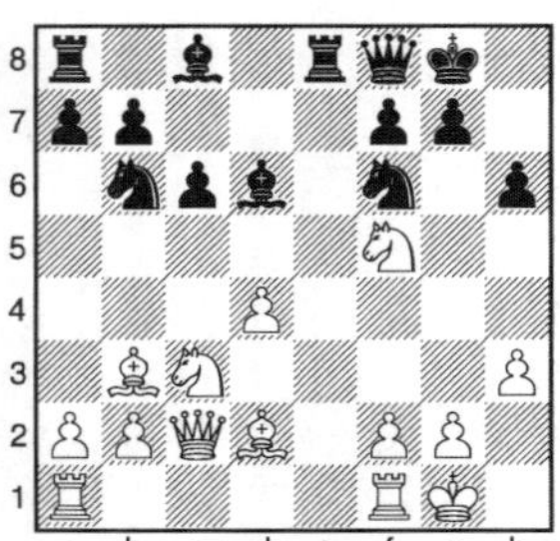

**6.**

**1.♘f5xh6+ g7xh6**
**2.♕c2–g6+ ♕f8–g7**
**3.♗b3xf7+ ♔g8–h8**
**4.♗f7xe8 ♕g7xg6**
**5.♗e8xg6**

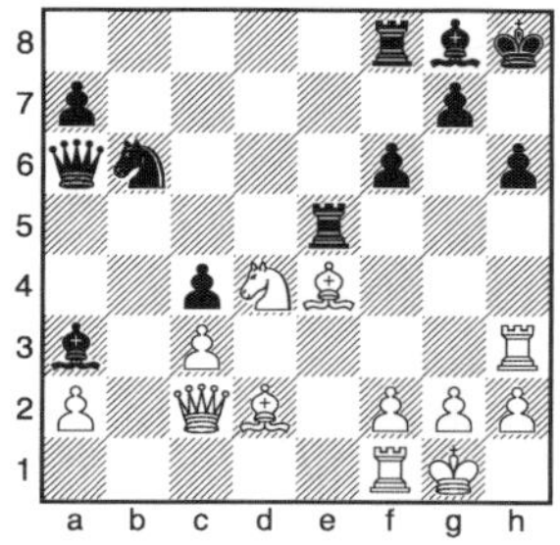

7.

**1.♗d2xh6! g7xh6**
**2.♖h3xh6+ ♔h8–g7**
**3.♗e4–b7! ♔g7xh6 4.♗b7xa6**

Falls 3...♕a6xb7?? 4.♕c2–g6#

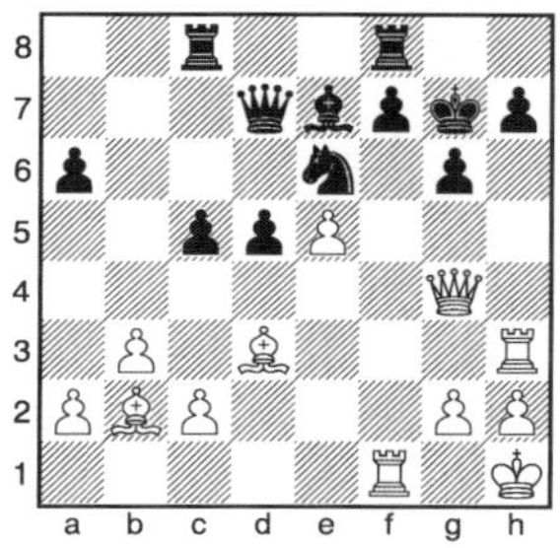

8.

**1.♖h3xh7+ ♔g7xh7 2.♖f1xf7+ ♖f8xf7**
**3.♕g4xg6+ ♔h7–h8 4.♕g6xf7 ♗e7–f8**
**5.♕f7xd7**

Falls 4...♘e6–f8; oder
4...♘e6–g5 5.e5–e6+ d5–d4 6.e6xd7

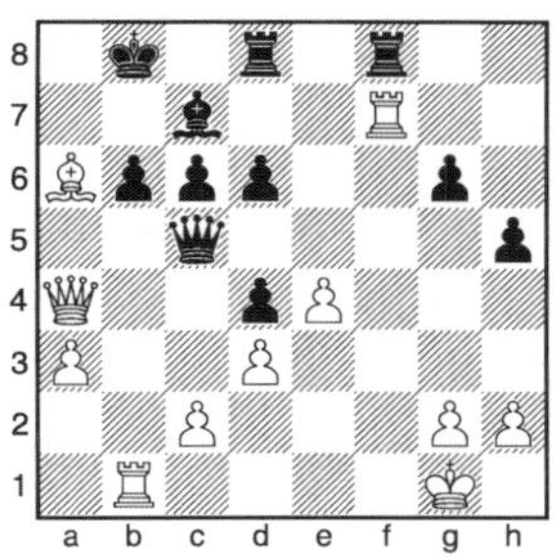

9.

**1.♗a6–b7! ♔b8xb7**
**2.♖f7xc7+ ♔b7xc7**
**3.♕a4–a7+ ♔c7–c8**
**4.♖b1xb6 ♕c5xb6**
**5.♕a7xb6**

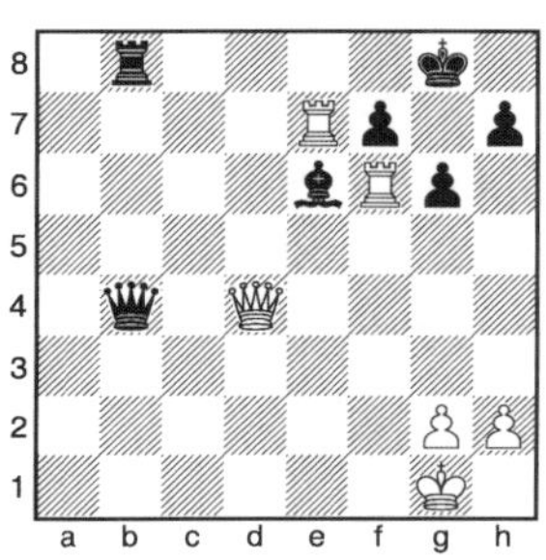

10.

**1.♖e7–e8+ ♔g8–g7**
**2.♕d4–e5! ♖b8xe8 3.♖f6–f4+**

Falls 2...♕b4–b6+/b1+
3.♖f6–f2+/f1 ♔g7–h6 4.♖e8xb8

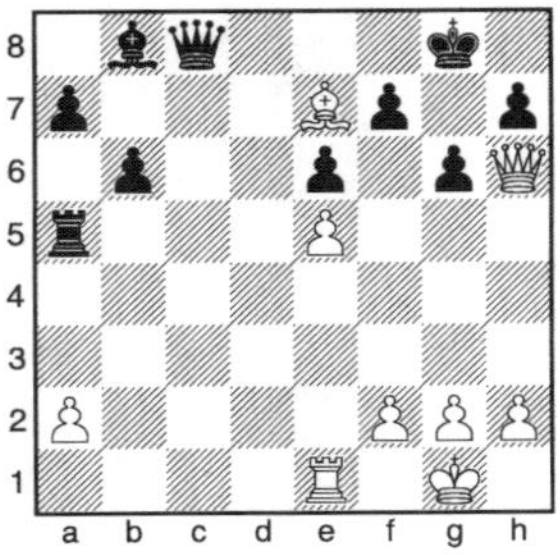

**11.**

**1.♖e1-c1 ♕c8–e8**

1...♖a5–c5 führt zum verlorenen Endspiel.

**2.♗e7–f6 ♕e8–f8 3.♕h6xf8+ ♔g8xf8**
**4.♖c1-c8#**

Oder 3.♖c1-c8 -- 4.♕h6–g7#

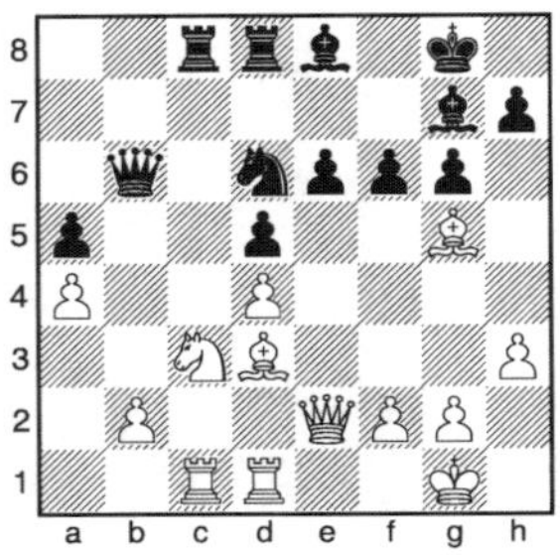

**12.**

**1.♗g5xf6 ♗g7xf6**
**2.♕e2xe6+ ♔g8–g7**
**3.♕e6xf6+ ♔g7xf6**
**4.♘c3xd5+ ♔f6–g7**
**5.♘d5xb6**

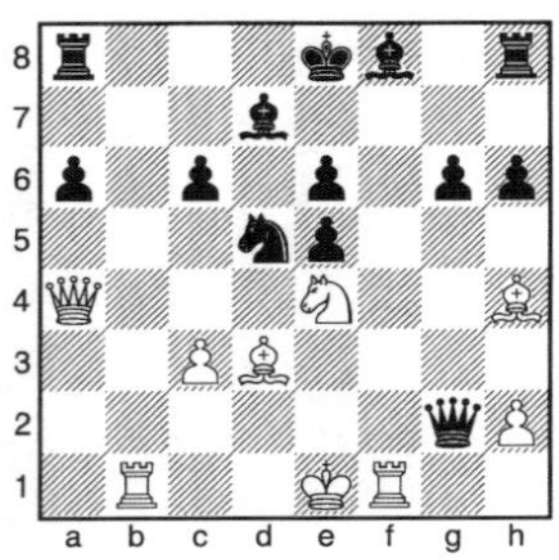

**13.**

**1.♖f1-f2**

Das bringt die Dame in eine unangenehme Lage. Sie ist zwar nicht unbedingt verloren, aber ihr Entkommen führt zu einem netten Matt durch die beiden Läufer:

**1...♕g2–g1+**
**2.♔e1-d2 ♕g1-g4**
**3.♘e4–d6+ ♗f8xd6**
**4.♕a4xg4**

Oder

**1...♕g2-h3**
**2.♘e4-d6+ ♗f8xd6**
**3.♗d3xg6#** *(D2)*

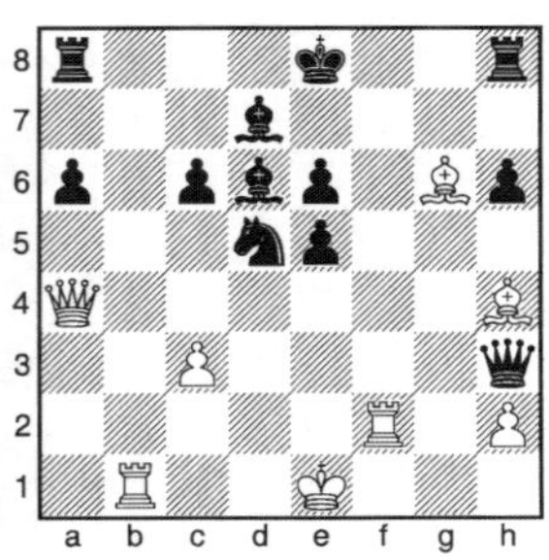

D2

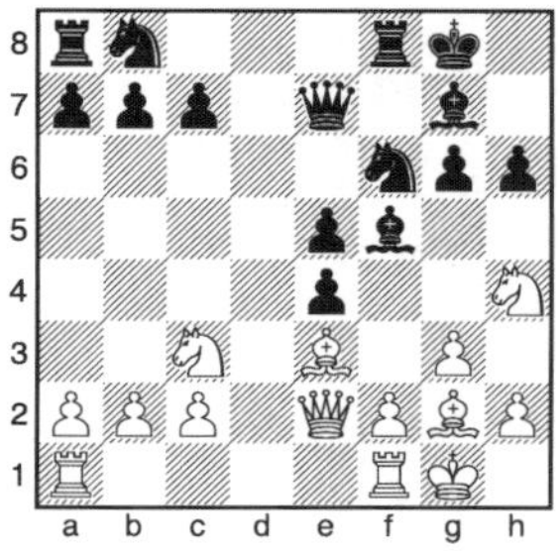

**14.**

**1.♘c3xe4 ♘f6xe4 2.♗g2xe4 ♗f5xe4 3.♕e2–c4+ ♔g8–h7 4.♗e3–c5**

3...♕e7–f7 4.♕c4xe4 gewinnt einen Bauer: 4...g6–g5 5.♕e4xb7 ♘b8–d7 6.♘h4–g2

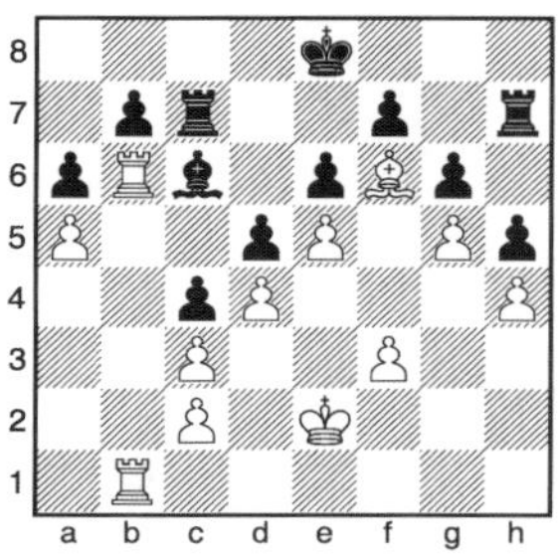

**15.**

**1.♖b6xa6 b7xa6 2.♖b1-b8+ ♖c7–c8**

2...♔e8–d7?? 3.♖b8–d8#

**3.♖b8xc8+ ♔e8–d7**

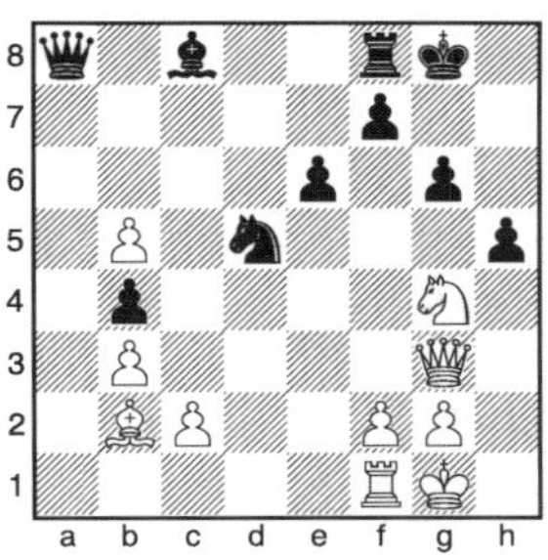

**16.**

**1.♘g4–f6+! ♘d5xf6 2.♕g3–e5 ♖f8–e8 3.♕e5xf6 e6–e5**

3...♔g8–f8? 4.♗b2–c1 –– 5.♗c1-h6+

**4.♗b2xe5 ♖e8xe5 5.♕f6xe5**

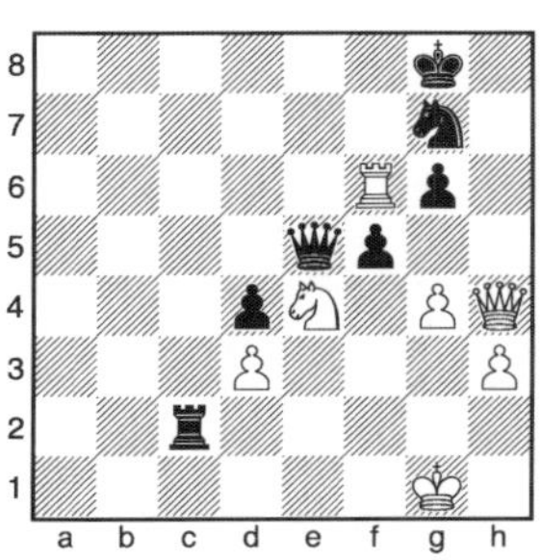

**17.**

Der schwarze Mattangriff ist leicht zu sehen. Für den weißen braucht man schon einige Vorstellungskraft:

**1.♕h4–h8+! ♔g8xh8 2.♖f6–f8+ ♔h8–h7 3.♘e4–g5+ ♔h7–h6 4.♘g5–f7+ ♔h6–h7 5.♖f8–h8#**

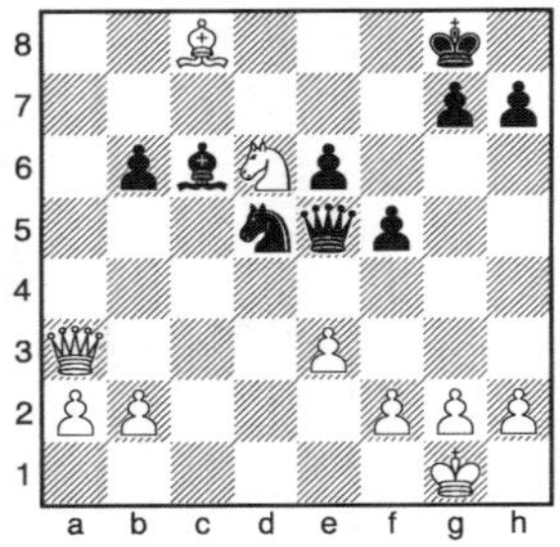

**18.**

**1.♗c8-d7 ♘d5-b4**

1...♗c6xd7?? 2.♕a3-a8+ ♗d7-e8
3.♕a8xe8#

**2.♕a3xb4 ♗c6xd7 3.♕b4xb6 ♕e5-f6 4.♕b6-c7 ♕f6-e7 5.a2-a4**

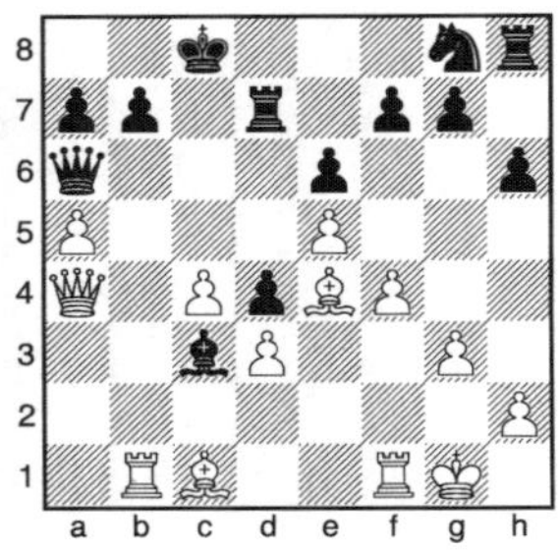

**19.**

**1.♗e4xb7+ ♖d7xb7 2.♕a4-e8+ ♔c8-c7 3.♕e8xf7+ ♔c7-b8**

Falls 3...♔c7-c6? 4.♕f7xe6+

**4.♕f7-e8+ ♔b8-c7 5.♗c1-a3** mit der Drohung **♗a3-d6+**

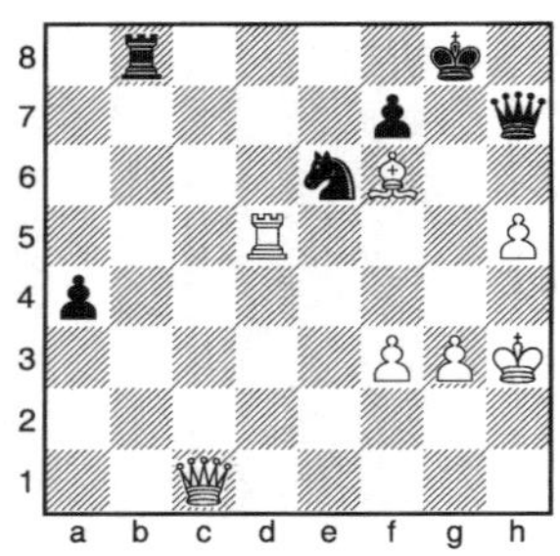

**20.**

**1.♖d5-g5+! ♘e6xg5+**

1...♔g8-f8? 2.♕c1-a3+ und Matt folgt.

**2.♕c1xg5+ ♔g8-f8 3.♗f6-e5** *(D2)*

Der Turm kann nicht entkommen ohne Matt zuzulassen:

3...♖b8-c8 4.♗e5-d6+ ♔f8-e8 5.♕g5-e7#;
oder 3...♖b8-b6 4.♕g5-d8#

**3...— 4.♗e5-d6+ ♔f8-e8 5.♕g5-e7#**

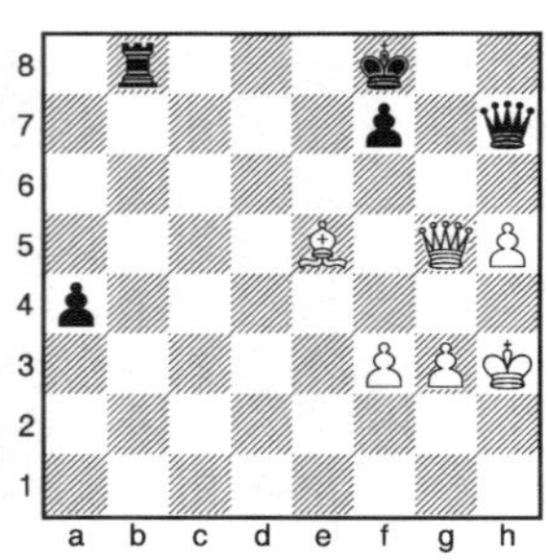

D2

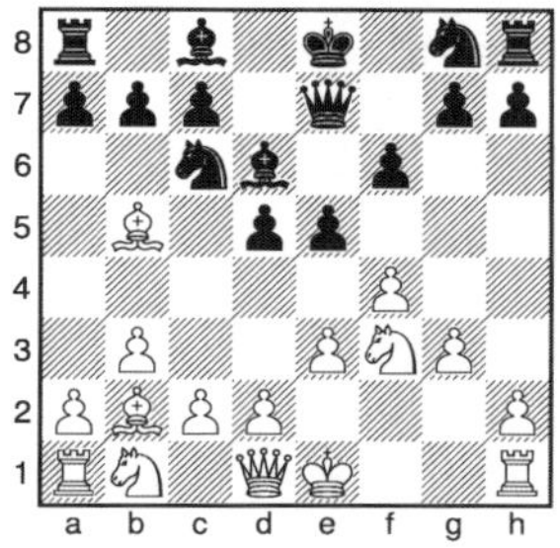

**21.**

Der letzte schwarze Zug ...f7–f6? war ein Fehler:

**1.f4xe5 f6xe5 2.♗b5xc6+ b7xc6**
**3.♘f3xe5 ♗d6xe5? 4.♕d1-h5+ ♔e8–d8**
**5.♕h5xe5**

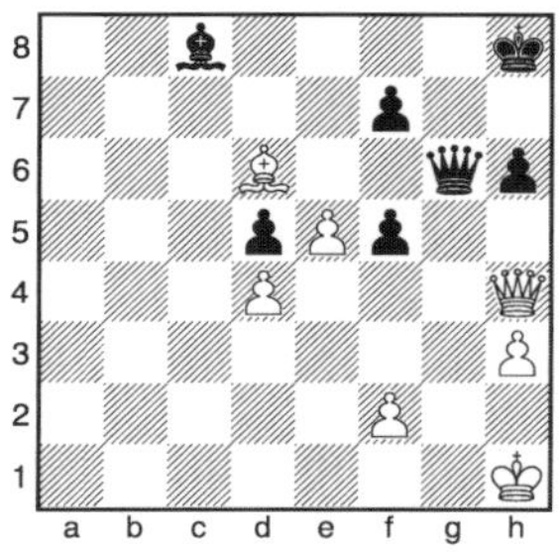

**22.**

**1.♕h4–d8+ ♕g6–g8 2.♗d6–f8! ♔h8–h7**

Der Läufer ist verloren, z.B.
2...♗c8–e6? 3.♕d8–f6+ ♔h8–h7 4.♕f6xh6#

**3.♕d8xc8**

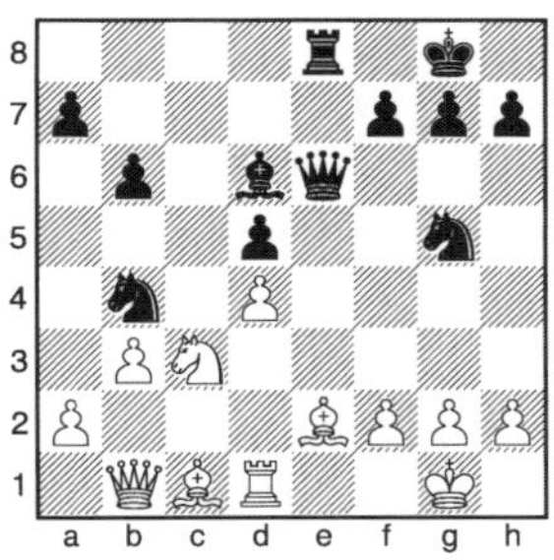

**23.**

**1...♘g5–f3+ 2.♔g1-h1 ♘f3xh2**

Viel schlimmer ist
2.♗e2xf3?? ♕e6–e1+ 3.♖d1xe1 ♖e8xe1#;
Oder 2.g2xf3 ♕e6–h3 3.f3–f4 ♕h3xc3

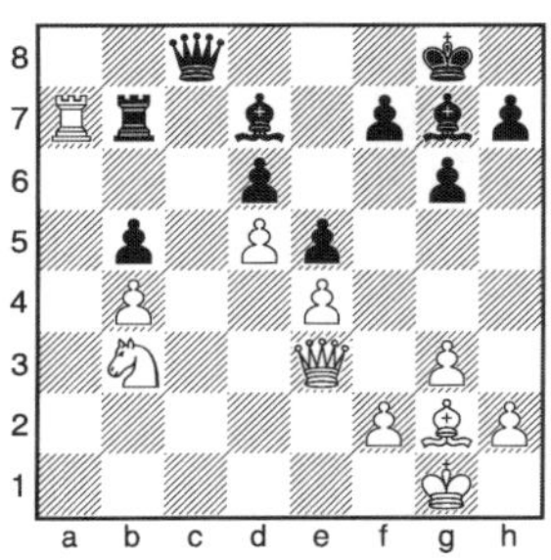

**24.**

**1...♗g7–h6**
**2.f2–f4 ♖b7xa7**
**3.♕e3xa7 e5xf4**
**4.g3xf4 ♗h6xf4**

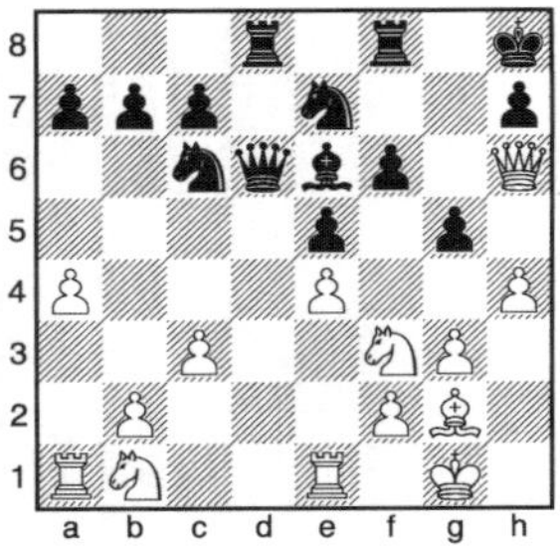

**25.**

**1...♘e7-g8 2.♕h6-h5 ♗e6-f7**
**3.♕h5-g4 h7-h5**

Oder 3...♘g8-h6 4.♕g4-h3 g5-g4

**4.♕g4-h3 g5-g4 5.♕h3-h2 g4xf3**

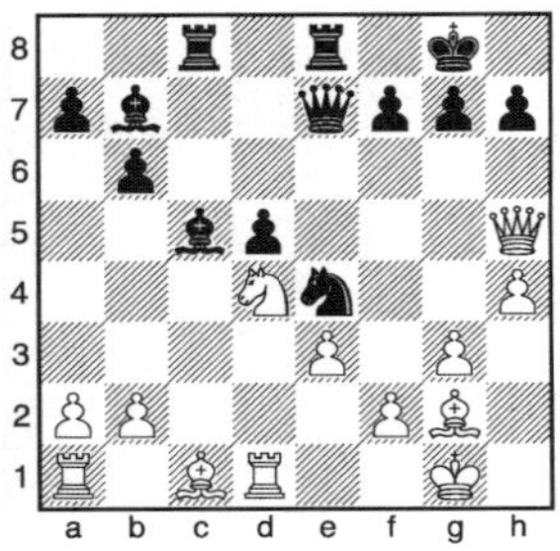

**26.**

**1...♘e4xf2**
**2.♔g1xf2 ♗c5xd4**
**3.e3xd4 ♖c8xc1**
**4.♖a1xc1 ♕e7-e3+**
**5.♔f2-f1 ♗b7-a6+** und Matt folgt.

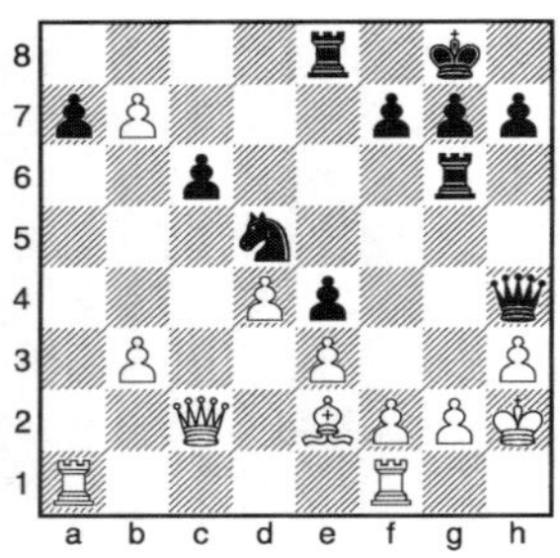

**27.**

**1...♘d5xe3 2.g2-g3**

Falls 2.f2xe3? ♕h4-g3+ 3.♔h2-h1 ♕g3xg2#;
Das hoffnungslose 2.♗e2-g4 vermeidet Matt.

**2...♕h4xh3+ 3.♔h2xh3 ♖g6-h6+**
**4.♗e2-h5 ♖h6xh5#**

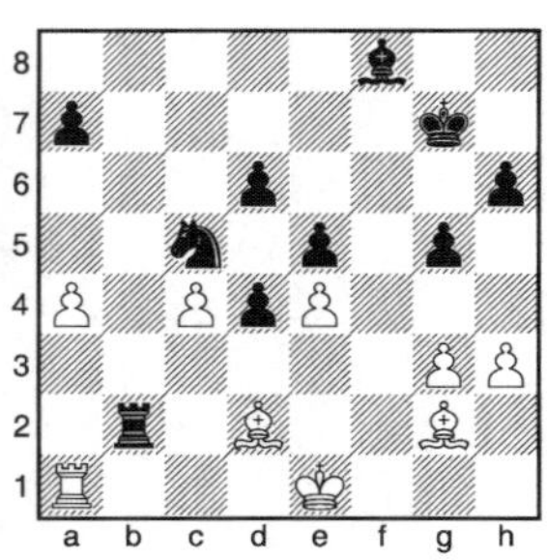

**28.**

Den weggesperrten Läufer zurück in Aktion zu bringen ist die richtige Idee, selbst auf Kosten eines Bauern:

**1...d6-d5!**
**2.c4xd5 / e4xd5 ♘c5-b3**
**3.♖a1-d1 ♘b3xd2 4.♖d1xd2 ♗f8-b4**

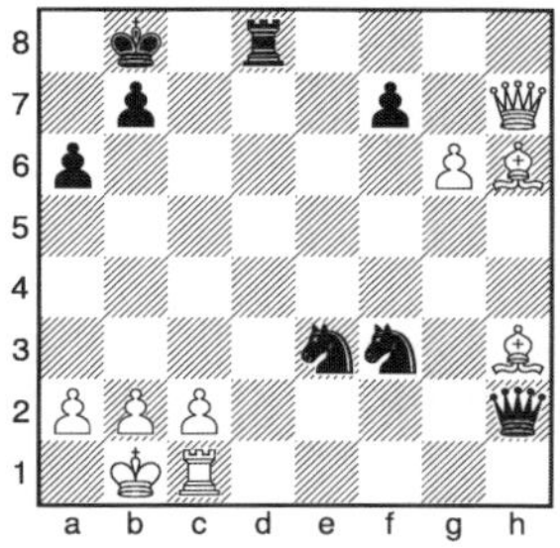

**29.**

**1...♕h2xc2+**
**2.♖c1xc2 ♖d8–d1+**
**3.♖c2–c1 ♘f3–d2+** *(D2)*
**4.♔b1-a1 ♖d1xc1# / ♘e3–c2#**

Den Angriff mit dem Springer zu starten gewinnt auch, benötigt aber einen Zug länger:

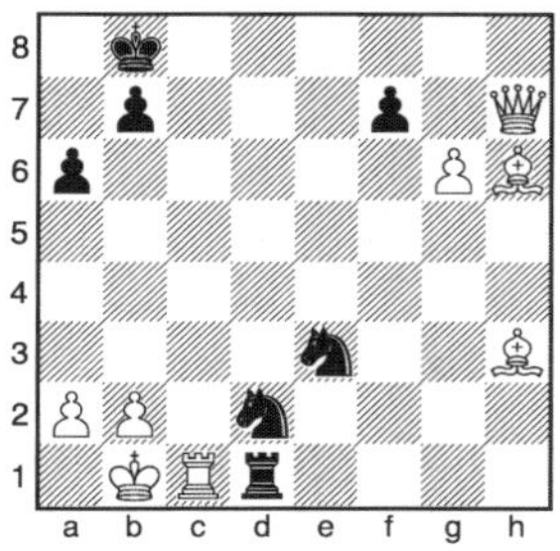

D2

**1...♘f3–d2+**
**2.♔b1-a1 ♘e3xc2+**
**3.♖c1xc2 ♕h2–g1+**
**4.♗h3–f1 ♕g1xf1+**
**5.♖c2–c1 ♕f1xc1#**

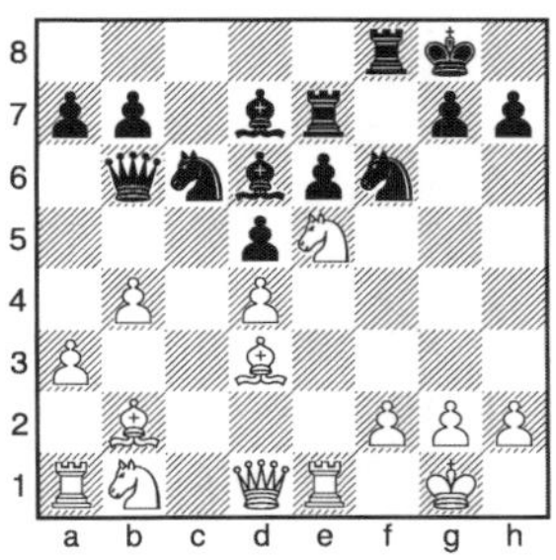

**30.**

**1...♗d6xe5**
**2.d4xe5 ♘f6–g4** *(D2)*

Und das ist der Gewinn. Mögliche Fortsetzungen sind:

**3.♕d1xg4**

Falls 3.♖e1-e2 ♘g4xf2 mit Damengewinn. Oder 4.♕d1-b3 ♘f2–h3+ und das erstickte Matt folgt.

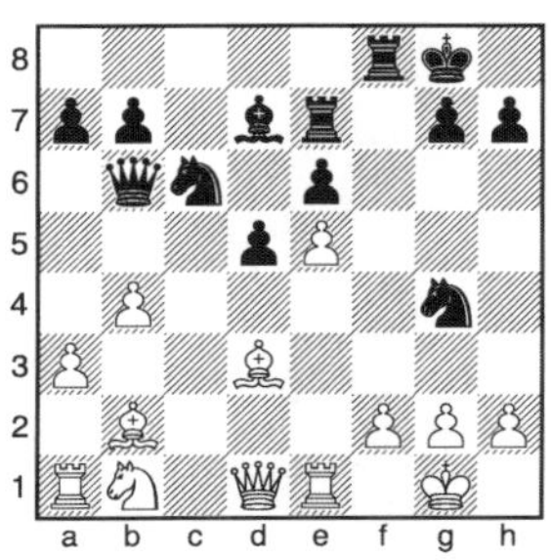

D2

**3...♕b6xf2+**
**4.♔g1-h1 ♕f2xe1+**
**5.♗d3–f1 ♕e1xf1#**

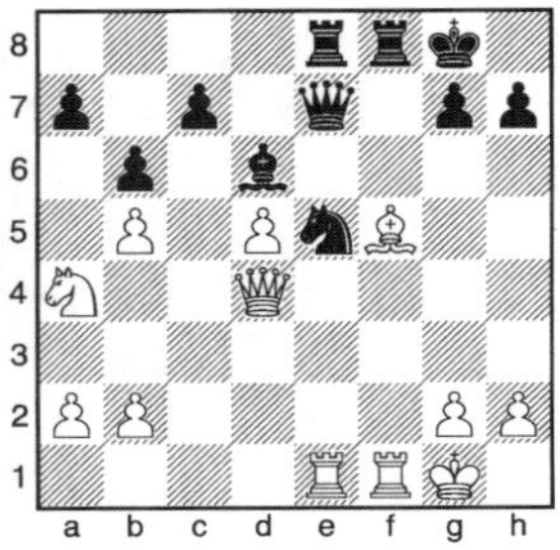

**31.**

**1...♖f8xf5**
**2.♖f1xf5 ♘e5–f3+**
**3.♖f5xf3 ♕e7xe1+**
**4.♖f3–f1 ♗d6xh2+**
**5.♔g1xh2 ♕e1xf1**

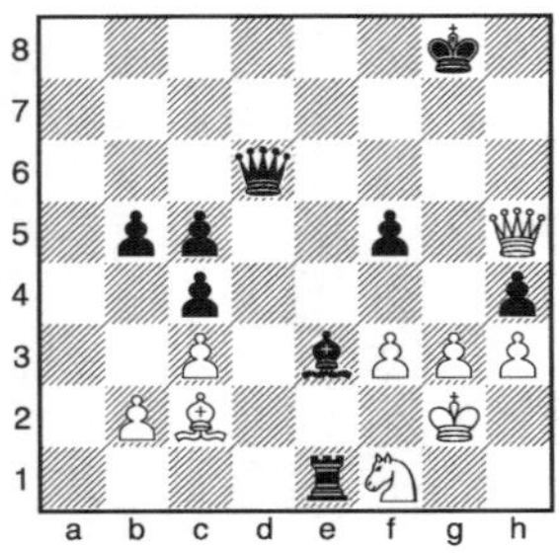

**32.**

**1...♕d6xg3+**
**2.♘f1xg3 ♖e1-g1+**
**3.♔g2–h2 h4xg3#**

Eine zweite, ebenso gute Lösung ist

**1...♕d6–d2+**
**2.♘f1xd2 ♖e1-g1+**
**3.♔g2–h2 h4xg3#**

Hast du beide Lösungen gefunden?

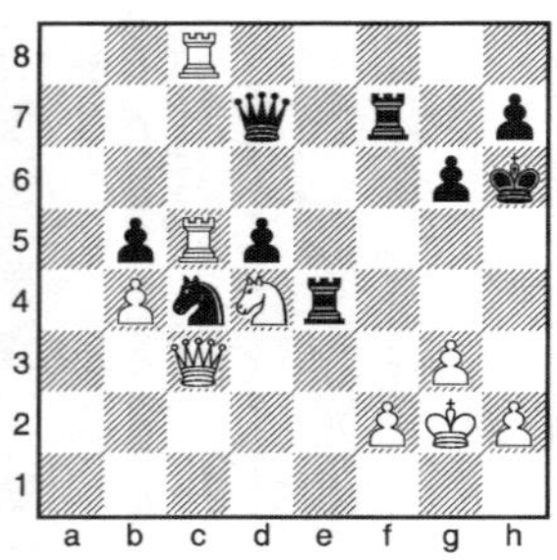

**33.**

Um zu gewinnen muss Schwarz zwei Linien öffnen:

**1...♘c4–e3+ 2.f2xe3**

Hoffnungslos ist 2.♔g2–g1 ♕d7–h3 3.♕c3xe3+ ♖e4xe3 4.♖c5–c1 usw.

**2...♖e4–h4**
**3.g3xh4 ♕d7–g4+**
**4.♔g2–h1 ♖f7–f1#**

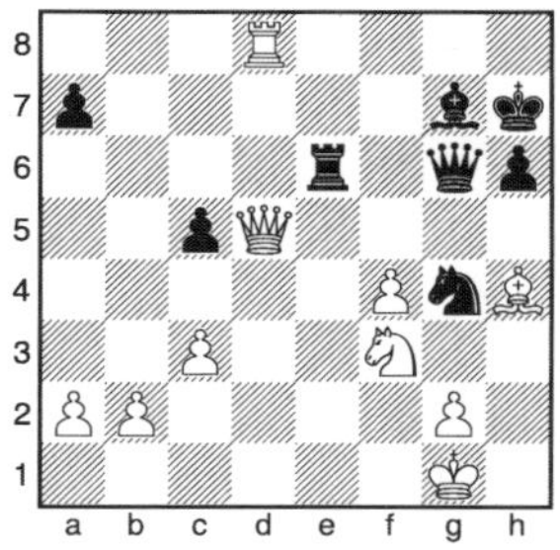

**34.**

**1...♗g7–d4+!**

Sperrt die Grundreihe gegen die weißen Schwerfiguren ab.

**2.c3xd4 ♕g6–b1+**
**3.♘f3–e1 ♕b1xe1+**
**4.♗h4xe1 ♖e6xe1#**

Aus der Partie Aronian (2812) – Van Wely (2672) Wijk aan Zee 2014

Und zum Abschluss wieder eine nette Kombi, die die Motive Grundreihe / Weglenkung und Figurenfang miteinander verbindet.

**Webersberger,J (2325) – Saric,A (2550)** TCh–AUT 2021

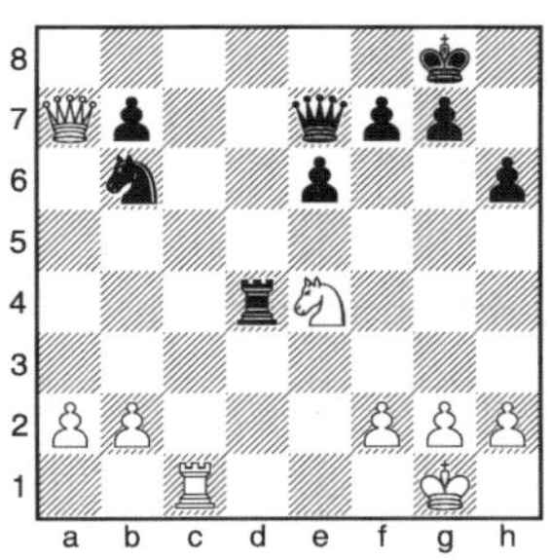

Die Stellung schaut harmlos aus und nach Abtausch der Springer wäre wohl ein remisverdächtiges Schwerfiguren–Endspiel auf dem Brett.

Aber gerade hat Weiß den Bauer auf a7 geschlagen. Das kommt ihn teuer zu stehen und wir sehen eine originelle Art des Damenfangs:

**21...♕e7–c7! 22.♘e4–c3**

[22.♖c1xc7? ♖d4–d1#]

**22...♖d4–a4** und wieder kann Weiß nicht schlagen und wählte das resignierende

**23.♘c3–b1 ♕c7xc1#**

Wenn du unser Training fortsetzen und ein höheres Niveau erreichen willst, dann gehe zurück zum Buchanfang zum Kapitel

## "Lektion für Fortgeschrittene 1"

Keine Bange; zu Beginn ist das nicht schwerer als "Quiz 10". Im Gegenteil, wir entspannen uns ein bisschen, bevor wir zu komplizierterrem Stoff weitergehen.

# Meisterklasse 4

## Der lange Weg zum Matt
## Matt in 6+ Zügen

Nun machen wir den letzten Schritt vorwärts in diesem Buch. Heute findest du Matts mit meist sechs bis sieben Zügen, aber manchmal auch längere mit bis zu zehn Zügen. Das soll dich aber nicht Bange machen. Wenn du einen Plan hast, eine Idee, in welche Richtung der Gewinn gehen sollte, dann findest du auch die Umsetzung und Abwicklung.

Je länger die Mattführung ist, desto präziser muss deine Berechnung sein. Wenn du z.B. einen Turm oder sogar die Dame opferst, um eine Königsjagd zu starten, und einige Züge später feststellen musst, dass der König doch eine Zuflucht findet oder durch ein Gegenopfer gerettet werden kann, dürfte das meistens "Game over" sein. Ein trauriges Ende für eine vermeintlich gute Idee. Ein hohes Niveau an Konzentration und sorgfältige und umsichtige Berechnung ist also gefordert, um den eventuell möglichen Gewinn zu sichern - oder die Idee zu verwerfen.

In einigen Fällen würde der Angreifer auch ohne Matt früher oder später gewinnen; besonders dann, wenn er schon Materialvorteil hat. Höre ich da von einigen Lesern: *"Warum soll ich auf Matt spielen, wenn die Stellung sowieso gewonnen ist?"* In der praktischen Partie hat das etwas für sich. Allerdings ist Matt das ultimate Ende der Partie, während in einem langen, gewinnbaren Endspiel vielleicht doch noch etwas schiefgehen kann.

Und dies hier ist Training und soll dazu führen, dass du ein besserer Spieler wirst. Eine Mattführung zu sehen und auszuführen ist ein Zeichen von Stärke und Reife des Spielers. Nicht zu vergessen, dass es auch eine intellektuelle Leistung ist, auf die du stolz sein kannst.

Und wieder gilt: Falls du nicht so sehr daran interessiert bist, dich zu verbessern, dann schau dir nur die Lösungen an und erfreue dich an den erstaunlichen Ideen der Spieler. Schach ist nicht nur Wettbewerb, sondern auch Unterhaltung.

# Meisterklasse 4

## Der lange Weg zum Matt

## Matt in 6+ Zügen

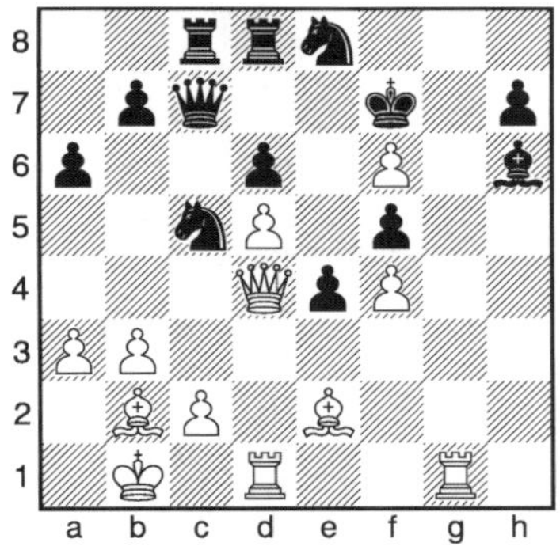

**1**

**Zajic,M (2497) – Milekic,D (2298)**

Serbian League
Subotica SRB 2019

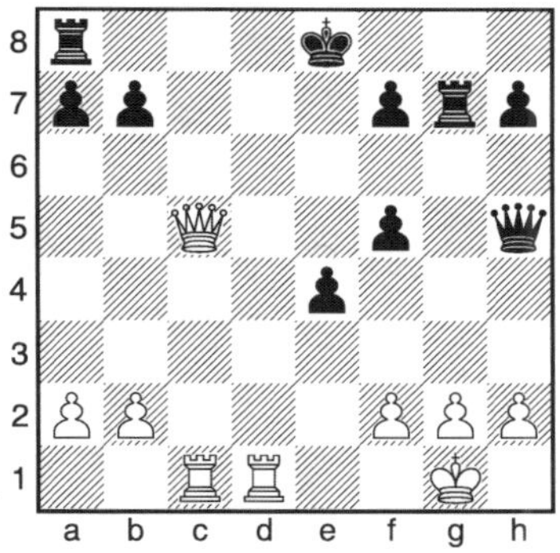

**2**

**Dragnev,V (2385) – Chabanon,J (2472)**

Bundesliga
Deutschland 2015

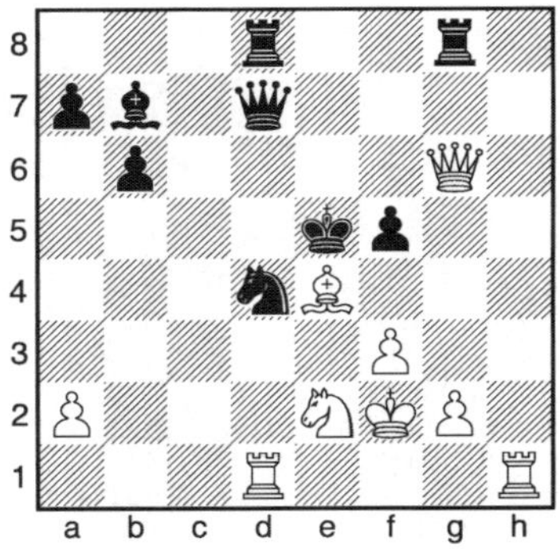

**3**

**Jobava,B (2704) – Robson,R (2596)**

Aeroflot Open
Moskau 2012

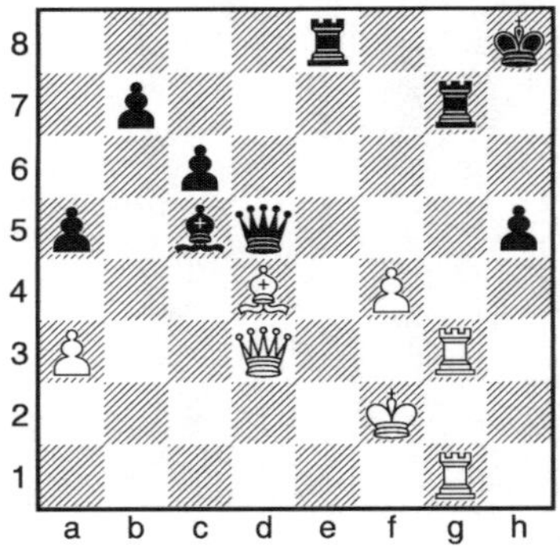

**4**

**Mishto – Kloza**

Polen 1955

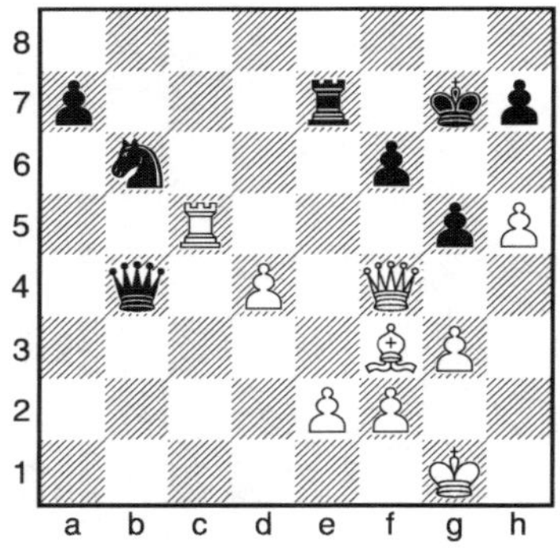

**5**

**Uhlmann,W (2340) – Lehmann,H (2114)**

Senioren WM
Dresden GER 2013

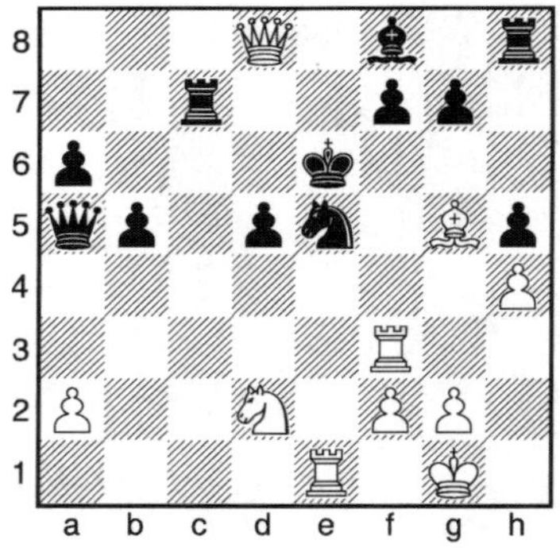

**6**

**Morozevich,A (2711) – Laznika,V (2676)** Variante

Poikoyvskz 2015

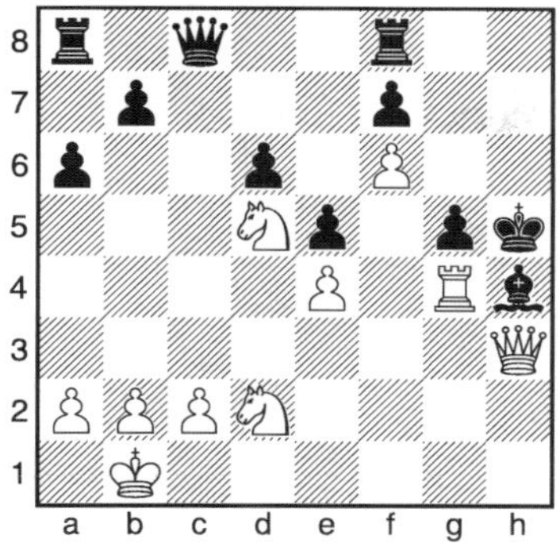

**7**

**Schmider,N (2300) – Engel,R (2067)**

Deutsche Meisterschaft U18
Willingen 2019

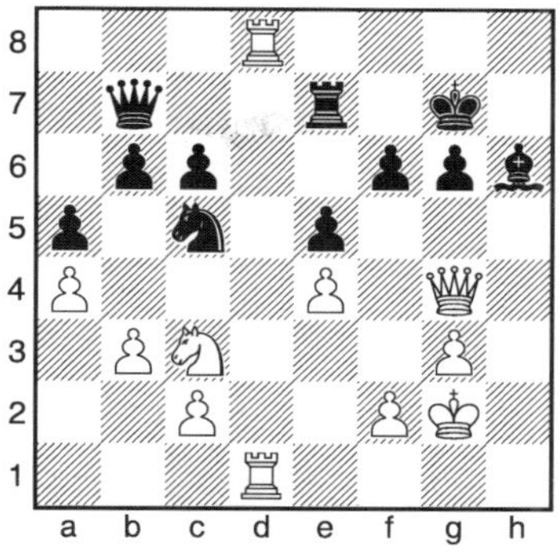

**8**

**Mikhalevski,V (2579) – Dubrovin,R (2220)**

Rapid WM
St Petersburg 2018

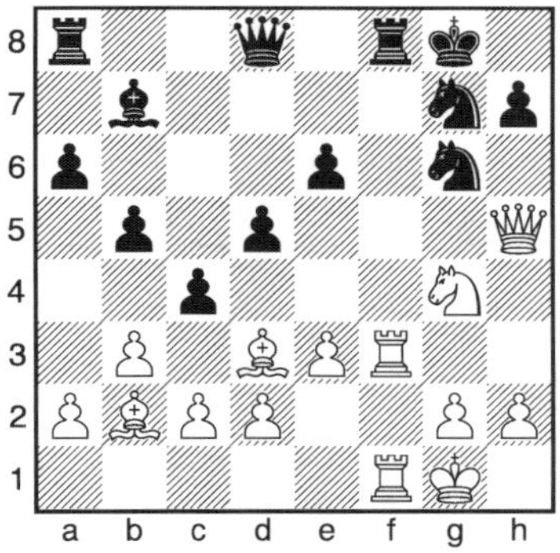

**9**

**Tarrasch,S – Satzinger**

München 1915

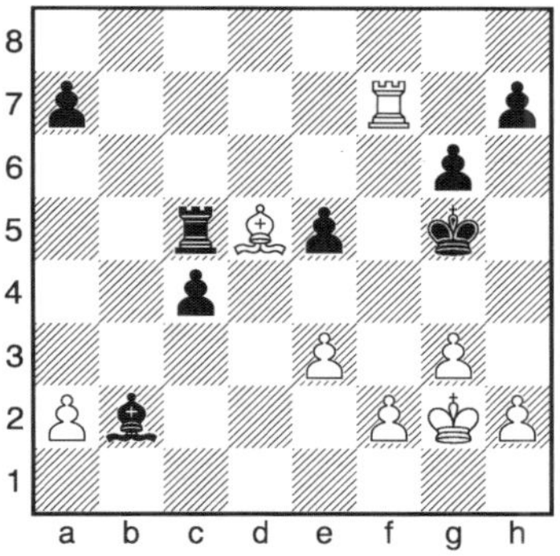

**10**

**Bischoff,K (2490) – Howell,J (2670)**

NZL–ch op 122nd
Auckland 2015

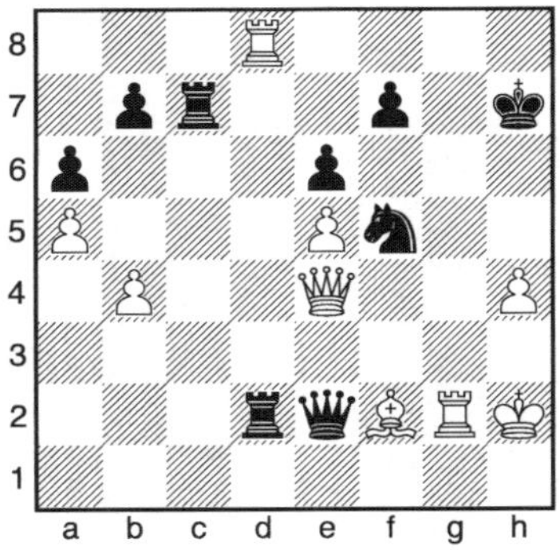

**11**

**Li Chao (2508) – Wang Hao (2622)**

WM Boys U20
Yerevan ARM 2006

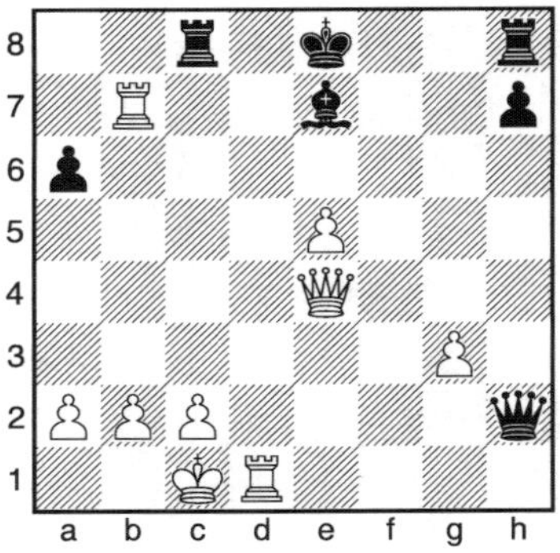

**12**

**Bobby Fischer – Matulovic,M** Blitz

Herceg Novi YUG 1970

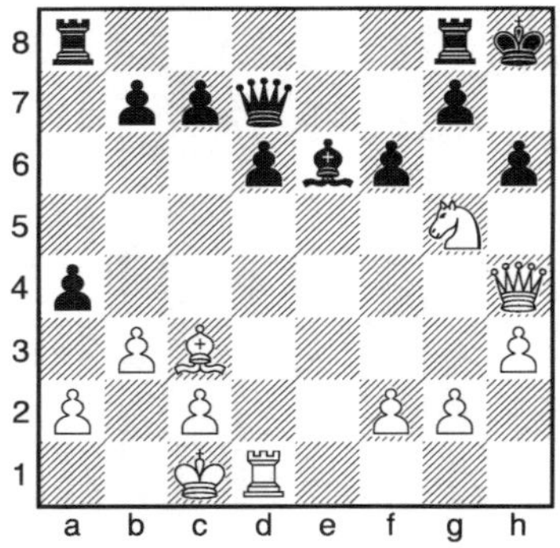

**13**

**Pu,E (1122) – Mahadevan,A (1336)**

ch–HKG
Hong Kong 2018

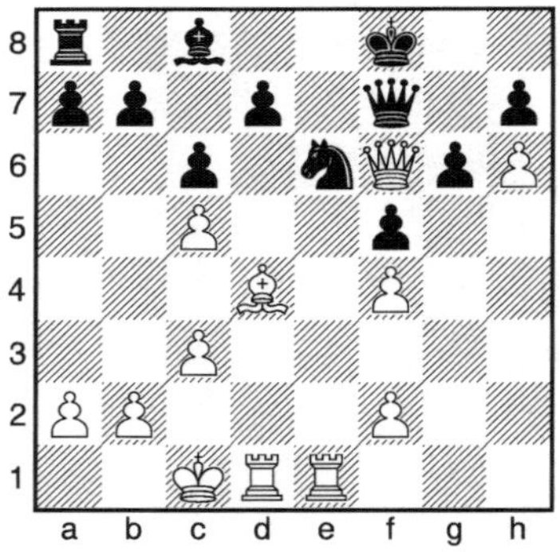

**14**

**Fridman,D (2639) – Schild,Chr (2424)**

Deutsche Meisterschaft
Verden (GER) 2014

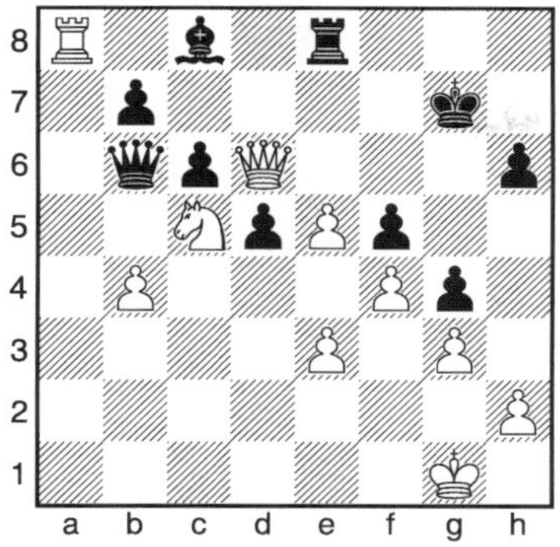

**15**

**Limp,E (2373) – Goncalves,L (1810)**

1st Niteroi Open
Niteroi BRA 2019

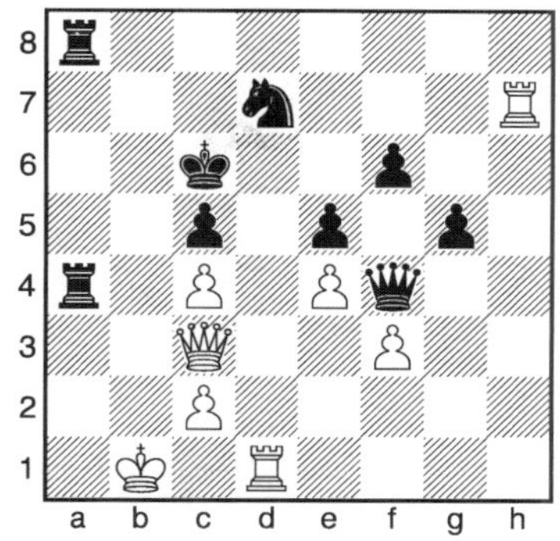

**16**

**Novosel,V (1892) – Svrtan,Z (2044)**

13th Hum na Sutli Open
Hum na Sutli CRO 2019

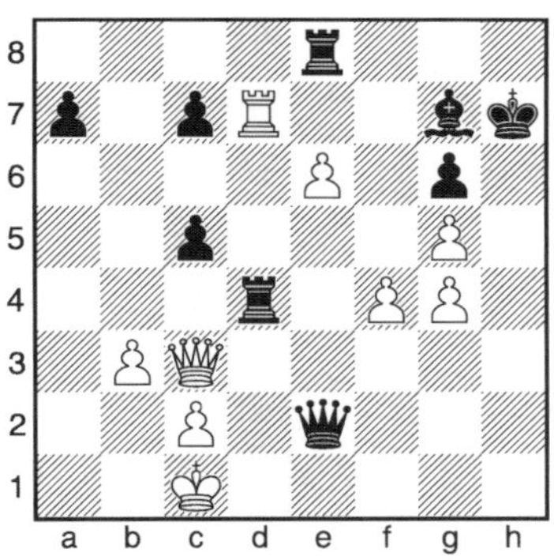

**17**

**Granara (2241) – Liascovich (2432)**

Villa Ballester Open
(ARG) 2006

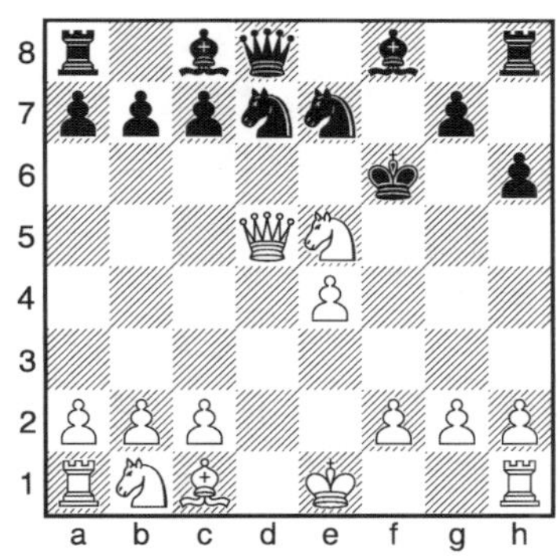

**18**

**Hahlboom – Moorman** (Variante)

Chicago USA 1916

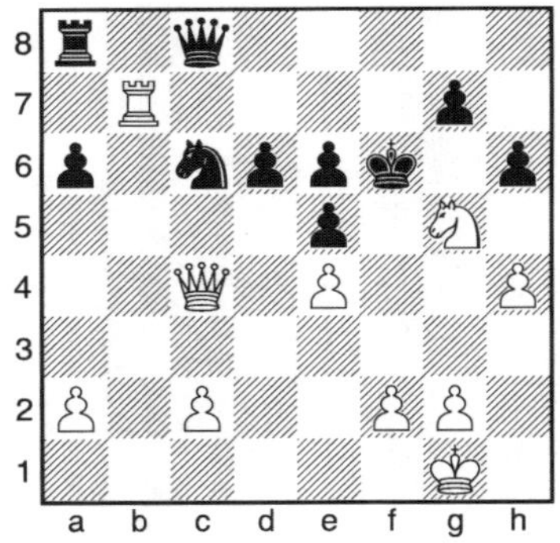

**19**

**Clarke,B (2386) – Dragicevic,D (2193)** Variante

Australian Open
Melbourne 2018

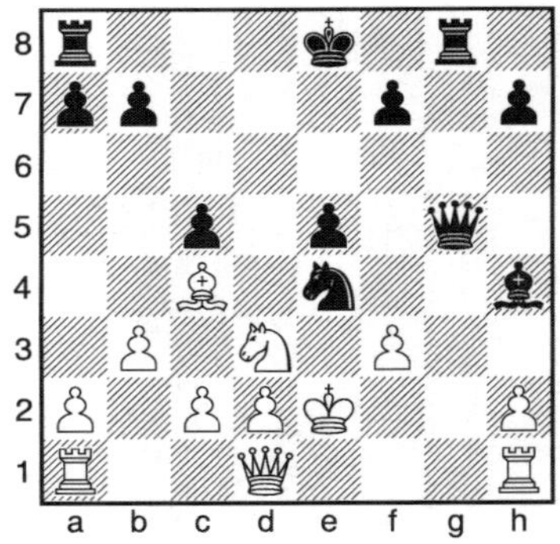

**20 ●**

**Ilyasli,U (1877) – Keymer,V (2402)**

WM Boys U12
Batumi GEO 2016

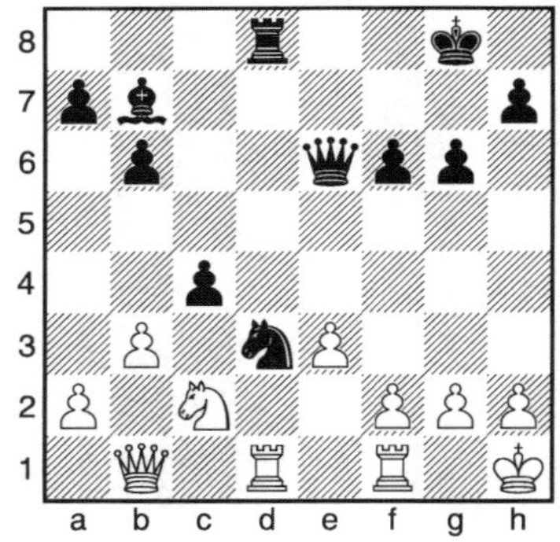

**21 ●**

**Zebrauskis – Alekseev**

UdSSR 1978

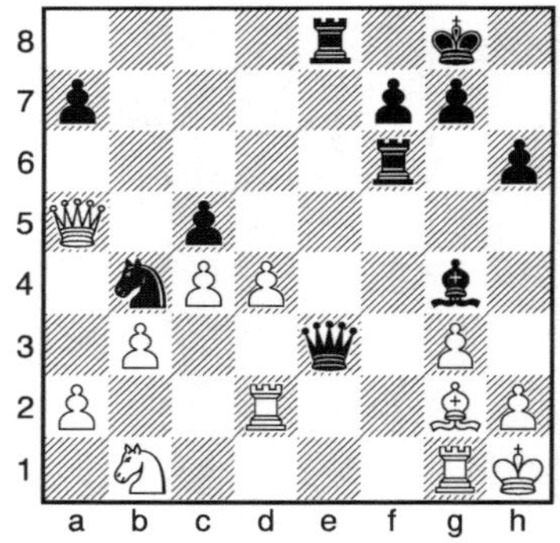

**22 ●**

**Virkud,A (2262) – Foisor,S (2272)**

USA Meisterschaft Frauen
Saint Louis 2017

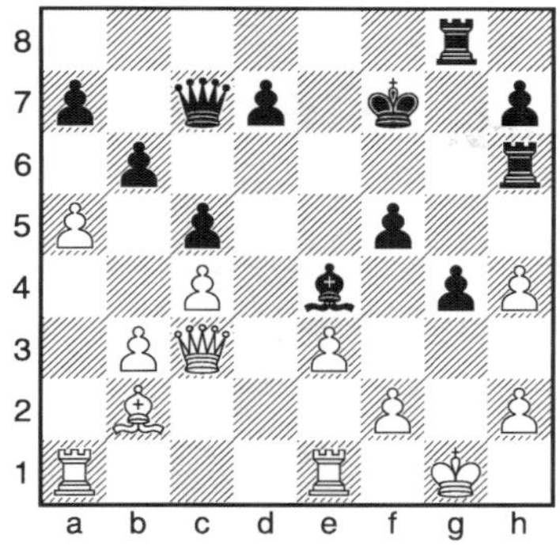

**23 ●**

**Svidler,P (2737) –**
**Andreikin,D (2719)**

Rapid WM
St Petersburg 2018

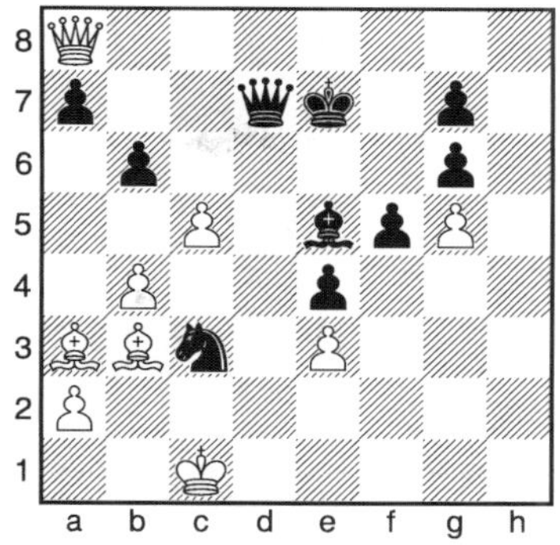

**24 ●**

**Katopodis,D (2310) –**
**Chua Jia–Tien (1741)**

U16 Olympiade
Konya TUR 2018

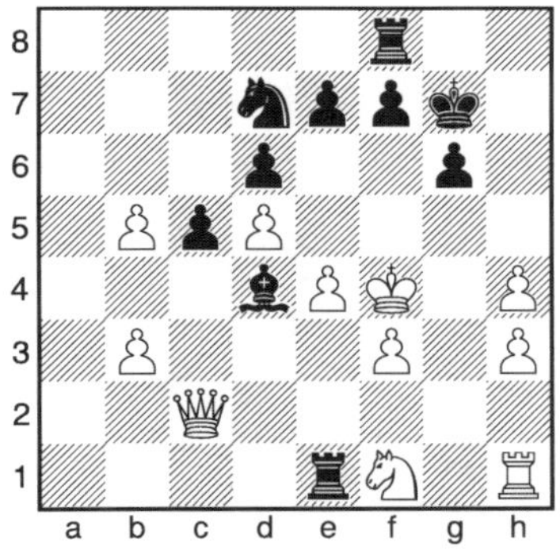

**25 ●**

**Zhu,E (1754) –**
**Nguyen Trung (2132)**

11th International Open
Philadelphia USA 2017

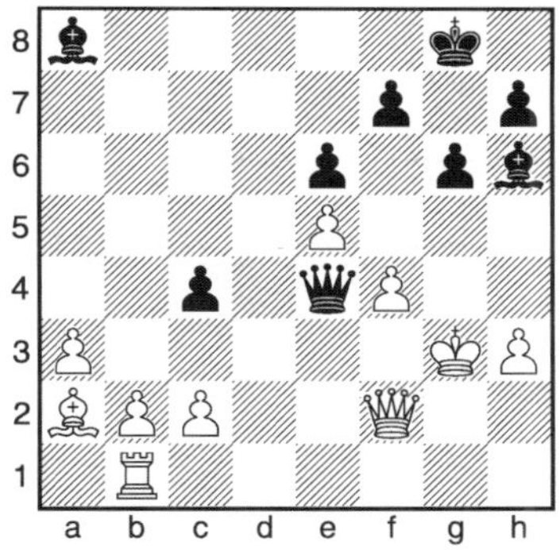

**26 ●**

**Grafl,F (2343) –**
**Miroshnichenko,E (2538)**

Cappelle la Grande (FRA)
2003

# Lösungen

# Meisterklasse 4

## Der lange Weg zum Matt

## Matt in 6+ Zügen

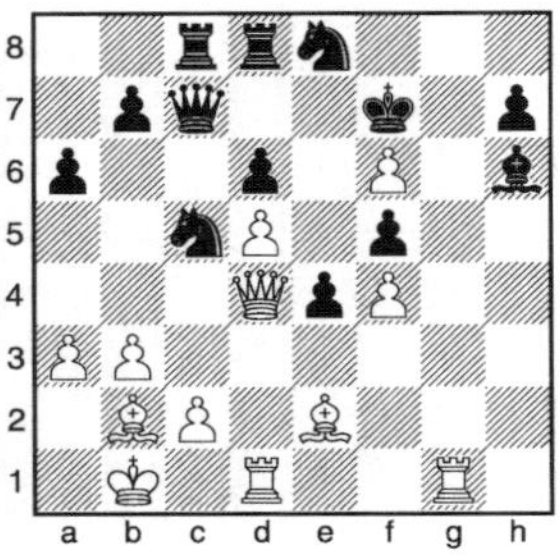

**1.** Zajic – Milekic

**34.♗e2–h5+ ♔f7–f8**
**35.♖g1-g8+ ♔f8xg8**
**36.f6–f7+ ♔g8–f8**
**37.f7xe8♕+ ♖d8xe8**
**38.♕d4–f6+ ♔f8–g8 39.♕f6–h8#**

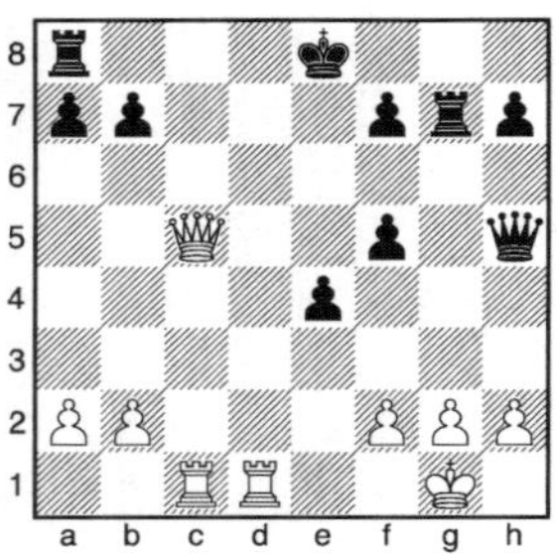

**2.** Dragnev – Chabanon

**1.♕c5–e5+ ♔e8–f8**
**2.♕e5–d6+**

Das Gleiche ist 2.♖c1-c8+ ♖a8xc8 3.♕e5–d6+ ♔f8–e8 4.♕d6–d7+ usw.

**2...♔f8–e8**
**3.♕d6–d7+ ♔e8–f8** *(D2)*
**4.♖c1-c8+ ♖a8xc8**
**5.♕d7xc8+ ♔f8–e7**
**6.♕c8–d8+ ♔e7–e6**
**7.♕d8–d6#**

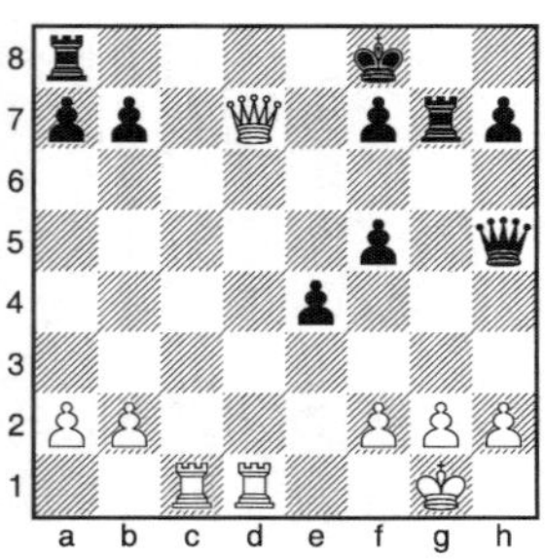

D2

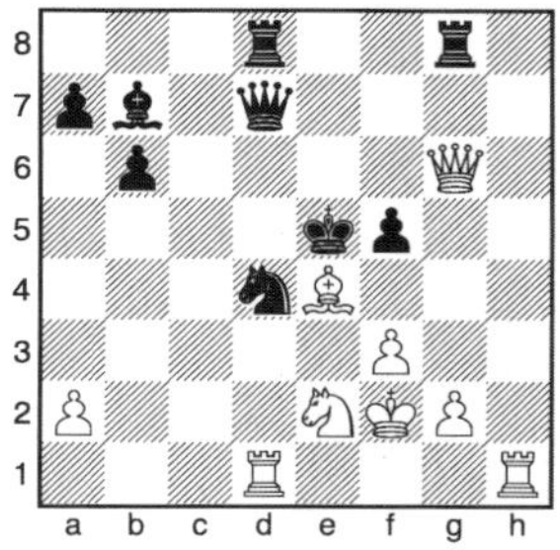

**3.** Jobava – Robson

**1.f3–f4+ ♔e5xe4**
**2.♘e2–c3+ ♔e4xf4**
**3.♖h1-h4+ ♔f4–e5**
**4.♖d1-e1+ ♗b7–e4**
**5.♖h4xe4+ f5xe4 6.♖e1xe4#**

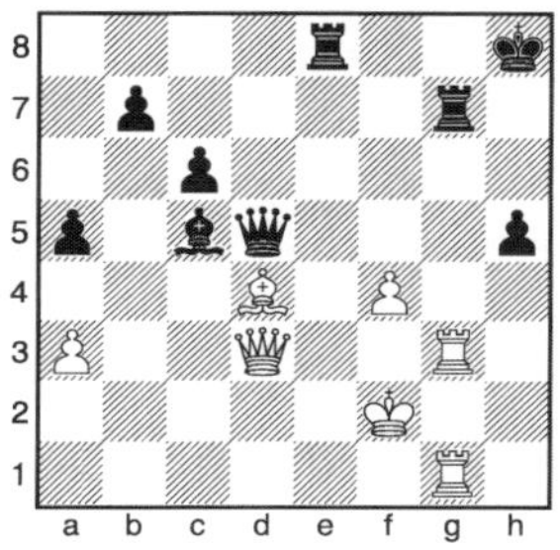

**4.** Mishto – Kloza

**1.♕d3–h7+ ♔h8xh7 2.♖g3xg7+ ♔h7–h8 3.♖g7–g8+ ♔h8–h7 4.♖g1-g7+ ♔h7–h6 5.♖g7–g6+ ♔h6–h7 6.♖g8–g7+ ♔h7–h8 7.♖g6–h6#**

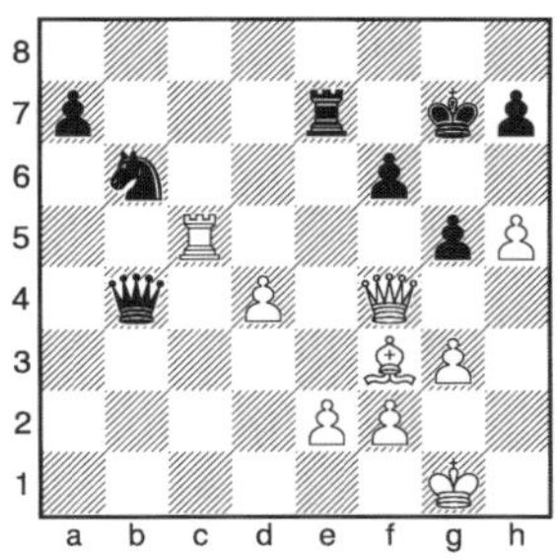

**5.** Uhlmann – Lehmann

**1.h5–h6+** 1:0; **1...♔g7–g6**

Noch schlimmer sind

1...♔g7xh6 2.♕f4xf6#;

oder

1...♔g7–g8 2.♕f4xf6 ♖e7–f7
3.♖c5xg5+ ♔g8–f8 4.♕f6–d8#

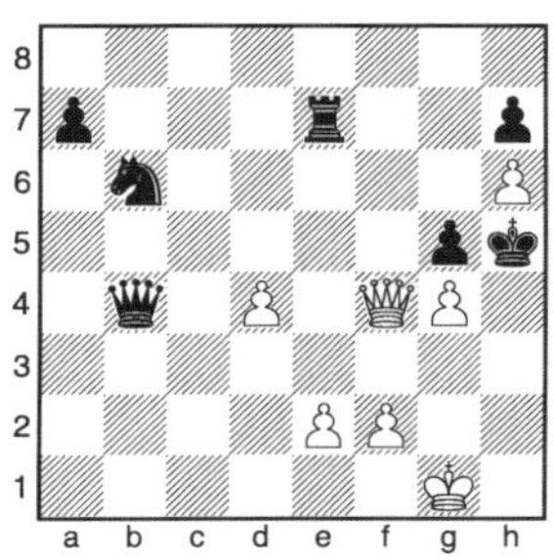

D2

**2.♗f3–h5+ ♔g6xh5**
**3.♖c5xg5+ f6xg5**
**4.g3–g4+** *(D2)* **♔h5–g6**

Falls 4...♔h5–h4 5.♕f4–g3#

**5.♕f4–f5+ ♔g6xh6 6.♕f5–f6#**

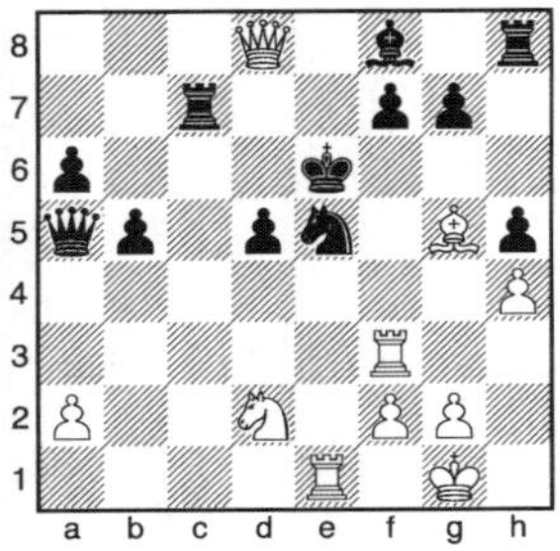

**6.** Morozevich – Laznika

**1.♖e1xe5+ ♔e6xe5**
**2.♗g5–f6+ ♔e5–e6**

Falls 2...g7xf6 3.♕d8xf6#

**3.♖f3–e3+ ♔e6–f5**
**4.♕d8xd5+** *(D2)* **♔f5–g6**

Falls 4...♔f5xf6 5.♕d5–g5#

**5.♕d5–e4+ ♔g6xf6**
**6.♖e3–f3#**

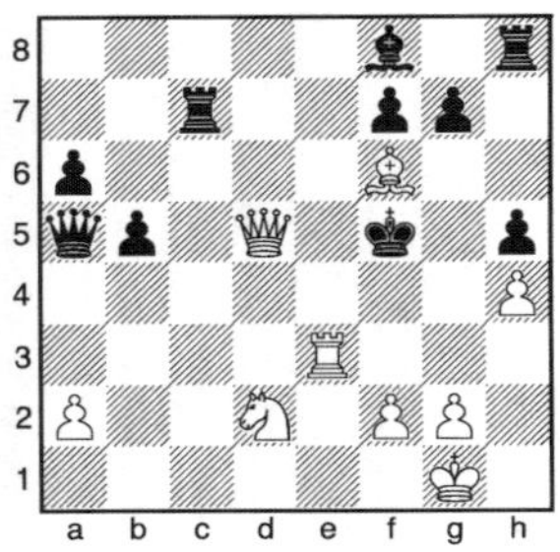

D2

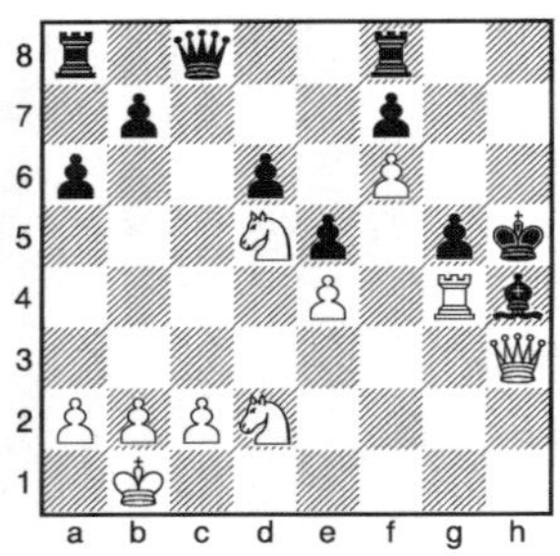

**7.** Schmider – Engel

**29.♖g4xg5+ ♔h5xg5**
**30.♘d2–f3+ ♔g5–g6**
**31.♘f3xh4+ ♔g6–g5**

Falls 31...♔g6–h6 32.♘h4–f5+ ♔h6–g5
33.♕h3–h4+ ♔g5–g6 34.♘d5–e7#

**32.♘h4–f3+ ♔g5–g6** *(D2)*
**33.♕h3–g3+ ♔g6–h6**
**34.♕g3–g7+**

Oder 34.♕g3–h4+ ♔h6–g6 35.♘d5–e7#

**34...♔h6–h5 35.♕g7–g5#**

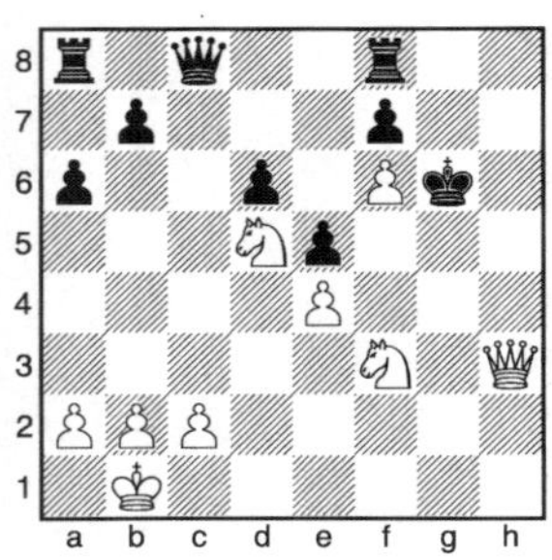

D2

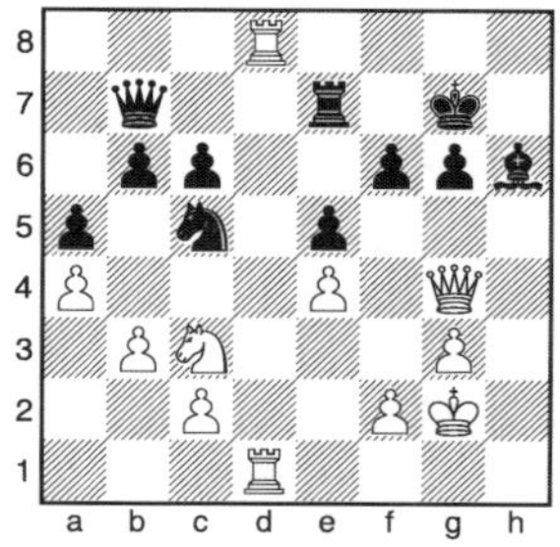

**8.** Mikhalevski – Dubrovin

**34.♖d8–g8+** 1:0; **34...♔g7–f7**
**35.♕g4xg6+ ♔f7–e6**
**36.♖g8–d8 ♘c5xe4** *(D2)*
**37.♕g6–g4+**

Oder 37.♘c3xe4 ♖e7–f7
38.♖d8–e8+ ♕b7–e7 39.♖d1-d6#

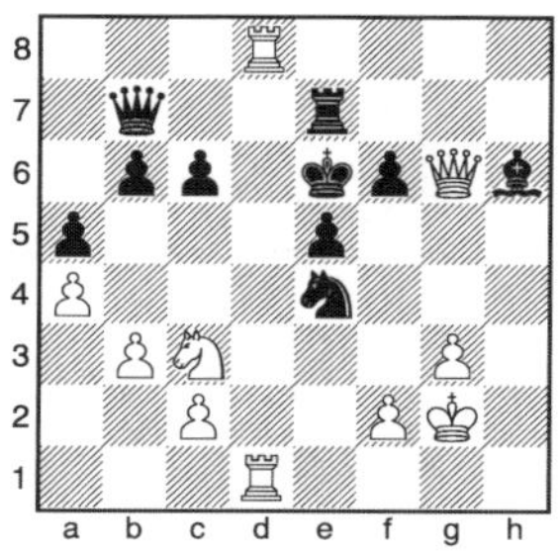

D2

**37...f6–f5 38.♕g4–g6+**

Oder 38.♖d1-d6+ ♘e4xd6 39.♕g4–g6#

**38...♘e4–f6 39.♖d1-d6#** #

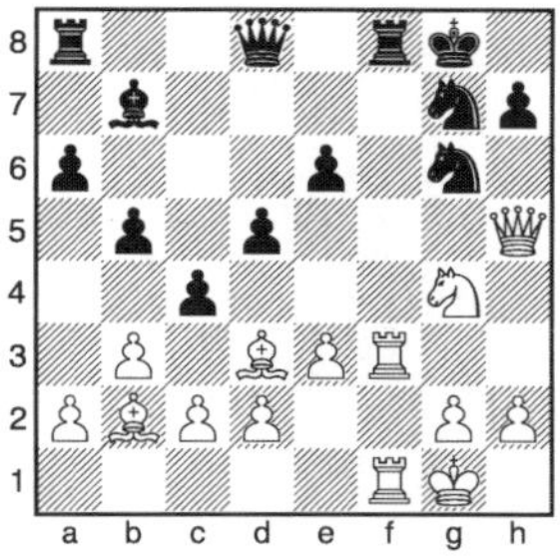

**9.** Tarrasch – Satzinger

**1.♘g4–h6+ ♔g8–h8**
**2.♗b2xg7+ ♔h8xg7**
**3.♖f3–f7+ ♖f8xf7**
**4.♖f1xf7+ ♔g7–h8** *(D2)*
**5.♕h5–e5+ ♘g6xe5 6.♖f7xh7#**

Ein anderer Weg ist

***1.♕h5xh7+*** ♔g8xh7
2.♖f3–h3+ ♔h7–g8
3.♘g4–h6+ ♔g8–h8
4.♘h6–f7+ ♔h8–g8
5.♖h3–h8+ ♘g6xh8 6.♘f7–h6#

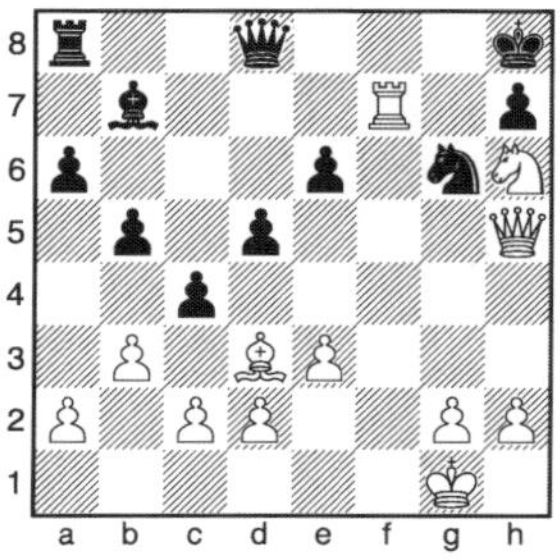

D2

Du kannst noch weitere Matt–Versionen finden; wir haben nicht den Platz, um alle zu zeigen.

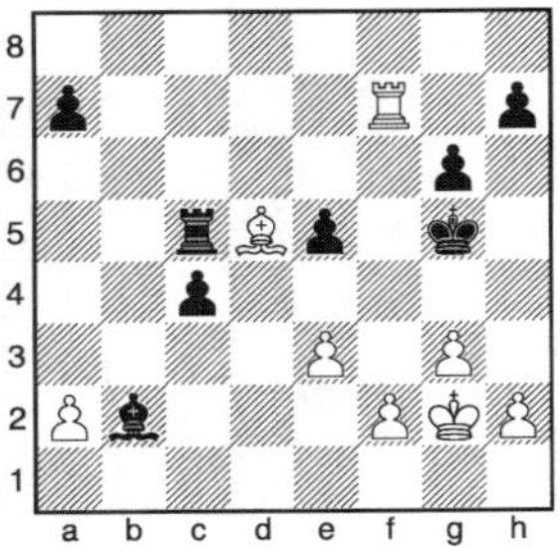

**10.** Bischoff – Howell

**1.h2–h4+ ♔g5–h6**
**2.♗d5–e4 c4–c3**

Nicht better ist
2...♖c5–c8 3.g3–g4 ♖c8–h8 4.g4–g5+ ♔h6–h5
5.♔g2–g3 -- 6.♗e4–f3#

**3.g3–g4 c3–c2** *(D2)*
**4.g4–g5+ ♔h6–h5**
**5.♖f7xh7+ ♔h5–g4**
**6.f2–f3#**

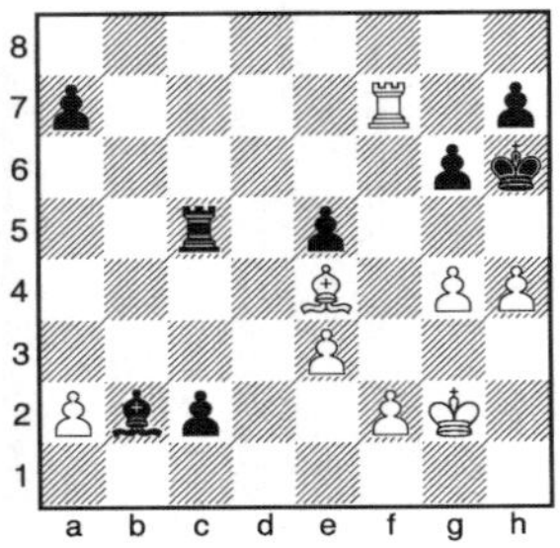

D2

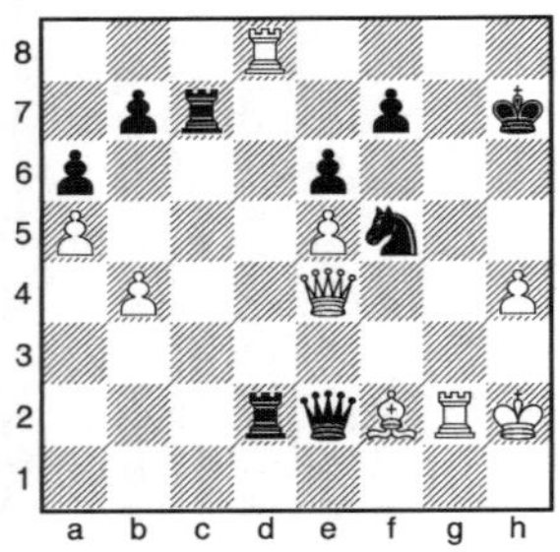

**11.** Li Chao – Wang Hao

**1.♖g2–g7+ ♔h7xg7**

Falls 1...♔h7–h6
2.♕e4–f4+ ♔h6xg7
3.♕f4–g5+ ♔g7–h7
4.♕g5–g8+ ♔h7–h6
5.♕g8–h8+ ♔h6–g6
6.♕h8–f6+ ♔g6–h5 7.♕f6–g5#

**2.♕e4–g2+ ♔g7–h7**
**3.♕g2–g8+ ♔h7–h6** *(D2)*
**4.♕g8–h8+ ♔h6–g6**
**5.♕h8–f6+ ♔g6–h5**
**6.♕f6–g5#**

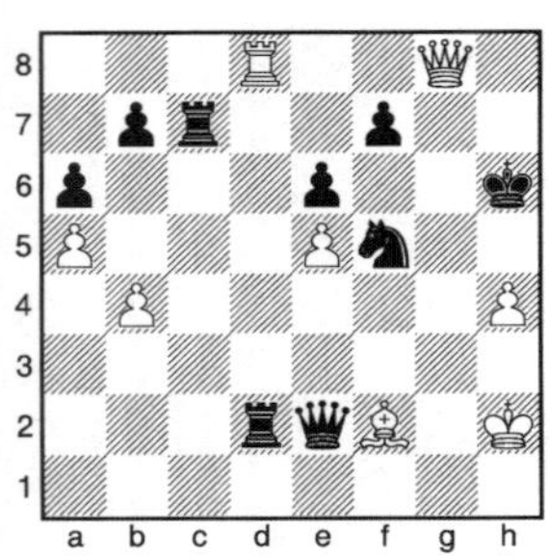

D2

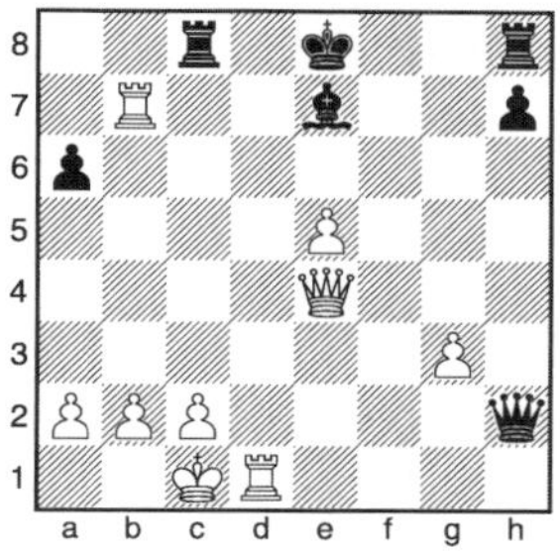

**12.** Bobby Fischer – Matulovic

**1.♖b7xe7+ ♔e8xe7 2.♕e4-b7+ ♔e7-e6 3.♖d1-d6+** *(D2)* **♔e6-f5**

3...♔e6xe5 4.♕b7-d5#

**4.♕b7-f3+ ♔f5-g5 5.♕f3-f4+ ♔g5-h5 6.♖d6-h6# / 6.♕f4-f5#**

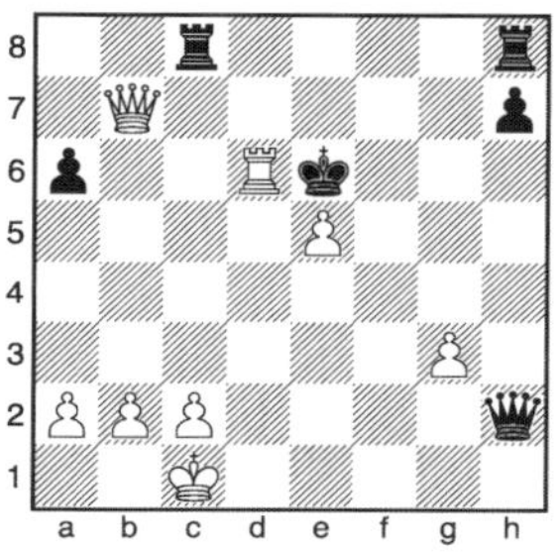

D2

Ein anderer Gewinnweg ohne Opfer ist

***1.♕e4-a4+*** ♔e8-f7 2.♖d1-f1+ ♔f7-g6 3.♕a4-e4+

*(3.♖b7-b6+ ♔g6-h5 4.♖f1-f5+ ♗e7-g5+ 5.♖f5xg5+ ♔h5xg5 6.♕a4-f4+)*

3...♔g6-h5 4.♕e4-f3+ ♔h5-h6 5.♖b7-b6+ ♔h6-g7 6.♕f3-f7#

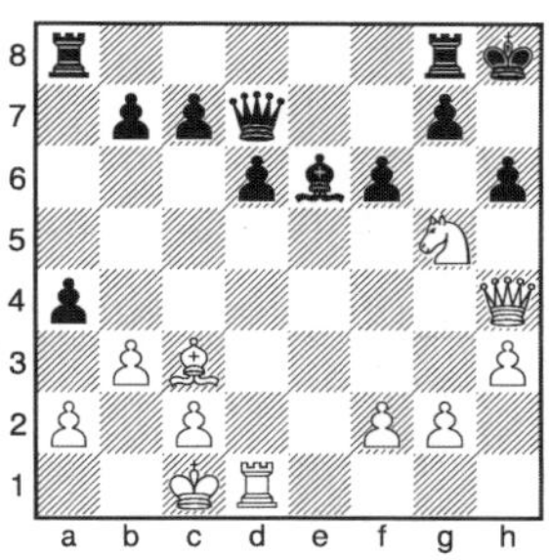

**13.** Pu – Mahadevan

**28.♗c3xf6 ♖g8-e8**
**29.♕h4xh6+ ♔h8-g8**
**30.♕h6-h7+ ♔g8-f8** *(D2)*
**31.♕h7-h8+**

In der Partie geschah

31.♘g5xe6+ ♖e8xe6 32.♕h7-h8+ ♔f8-f7 33.♕h8xg7+ ♔f7-e8 34.♕g7-g8#

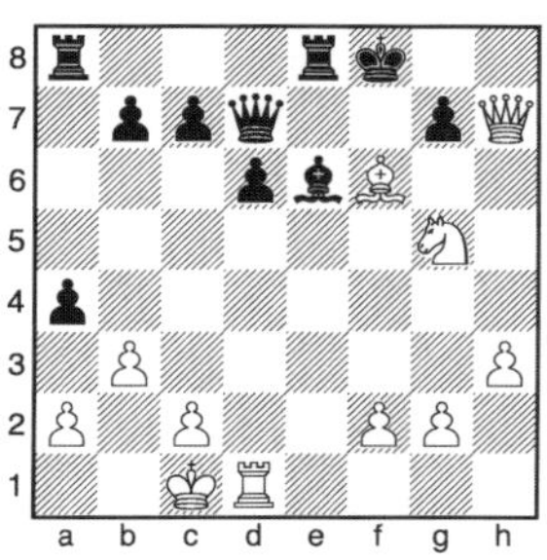

D2

**31...♗e6-g8**
**32.♘g5-h7+ ♔f8-f7**
**33.♕h8xg7+ ♔f7-e6**
**34.♕g7-g4+ ♔e6-f7**
**35.♕g4-h5+ ♔f7-e6 36.♖d1-e1#**

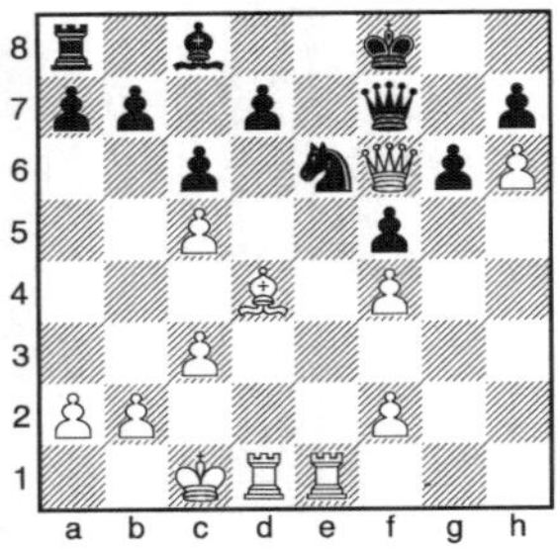

**14.** Fridman – Schild

**1.♖e1xe6** 1:0; **d7xe6**
**2.♕f6–d8+ ♕f7–e8**
**3.♗d4–g7+ ♔f8–f7** *(D2)*
**4.♕d8–f6+ ♔f7–g8**
**5.♖d1-d8 ♗c8–d7**
**6.♗g7–h8**

Länger braucht
6.♖d8xe8+ ♖a8xe8 7.♗g7–f8 ♖e8–e7
8.♕f6xe7 –– 9.♕e7–g7#

**6...♖a8xd8 7.♕f6–g7#**

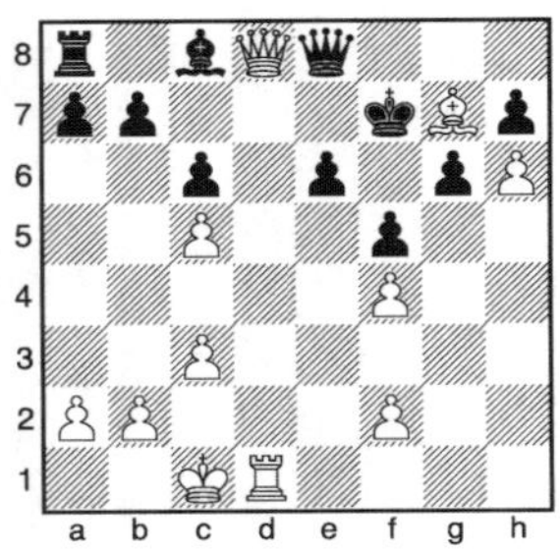

D2

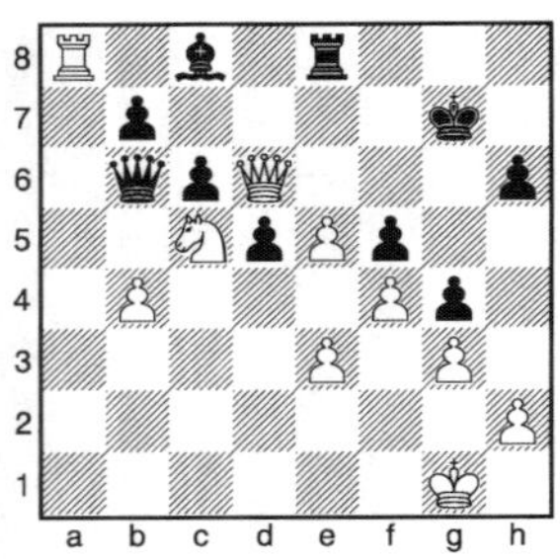

**15.** Limp – Goncalves

**30.♕d6–f6+ ♔g7–g8**
**31.♕f6–g6+ ♔g8–f8**
**32.♘c5–e6+!** *(D2)*

In der Partie folgte
32.♕g6xh6+ ♔f8–g8 33.♕h6–g6+ ♔g8–f8
34.♕g6–h6+ ♔f8–e7? 35.♕h6–f6#

**32...♔f8–e7**

32...♖e8xe6 33.♖a8xc8+ ♔f8–e7
34.♕g6–e8#/g7#/h7#

**33.♕g6–g7+ ♔e7xe6**
**34.♕g7–f6+ ♔e6–d7**
**35.♕f6–d6#**

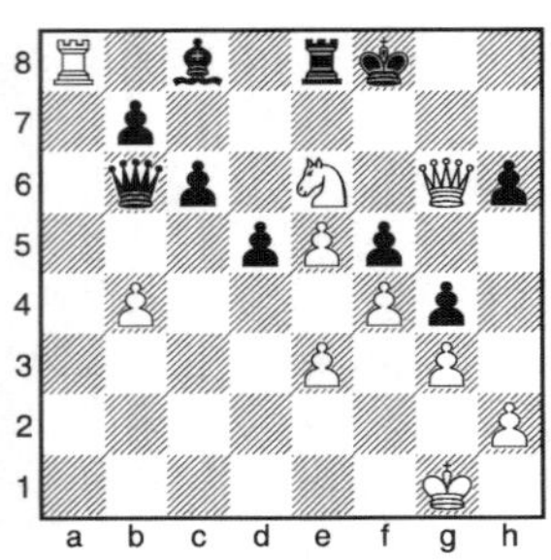

D2

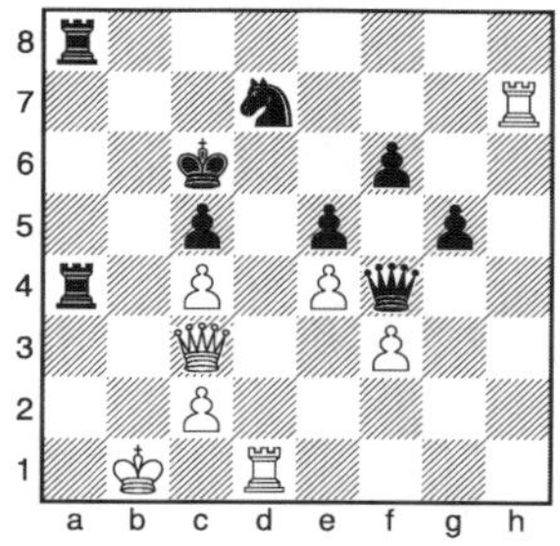

**16.** Novosel – Svrtan

**35.♖d1-d6+ ♔c6–c7**

Falls 35...♔c6xd6 36.♕c3–d3+ ♔d6–c6 37.♕d3xd7+ ♔c6–b6 38.♕d7–b5#

**36.♖d6xd7+ ♔c7–c6** *(D2)*
**37.♖d7–d6+**

In der Partie 37.♖d7–c7+ ♔c6–b6 38.♕c3–b3+ ♖a4–b4 39.♖c7–b7+

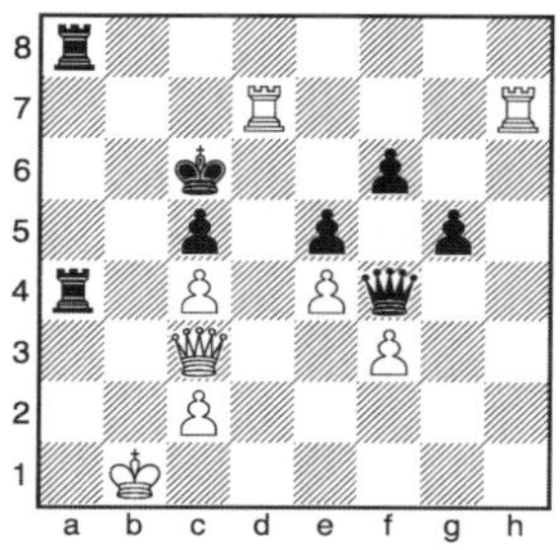

D2

**37...♔c6xd6**
**38.♕c3–d3+ ♔d6–c6**
**39.♕d3–d7+ ♔c6–b6**
**40.♕d7–b5#**

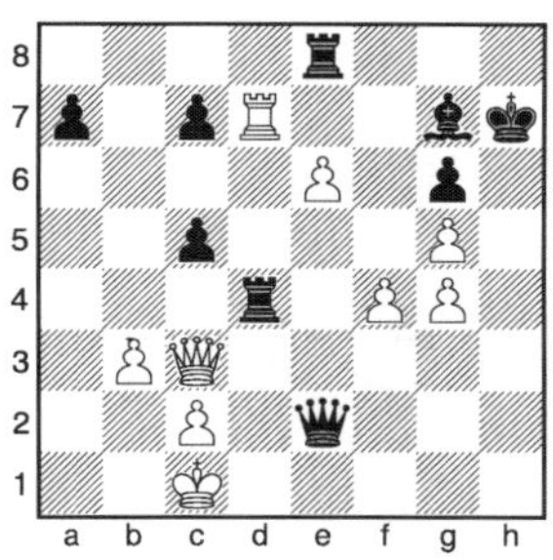

**17.** Granara – Liascovich

Der richtige Beginn für den Angriff sollte leicht zu finden sein. Da die Stellung relativ einfach ist (nicht zu viele störende gegnerische Figuren), ist es nur eine Frage der Konzentration, sich die Mattführung bis zum Ende vorzustellen. Dann kannst du stolz sagen: *"Ich habe ein Matt in 10 Zügen gelöst!"*

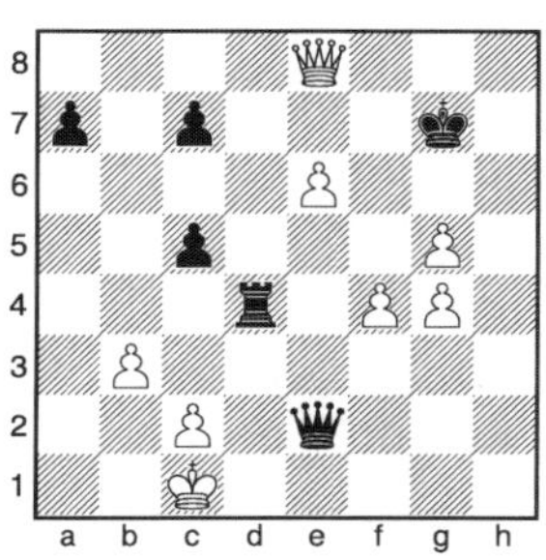

D2

**1.♕c3–h3+ ♔h7–g8**
**2.♖d7xg7+ ♔g8xg7**
**3.♕h3–h6+ ♔g7–g8**
**4.♕h6xg6+ ♔g8–h8**
**5.♕g6xe8+ ♔h8–g7** *(D2)*
**6.♕e8–f7+ ♔g7–h8**
**7.♕f7–f8+ ♔h8–h7**
**8.g5–g6+ ♔h7xg6**
**9.♕f8–f7+ ♔g6–h6 10.g4–g5#**

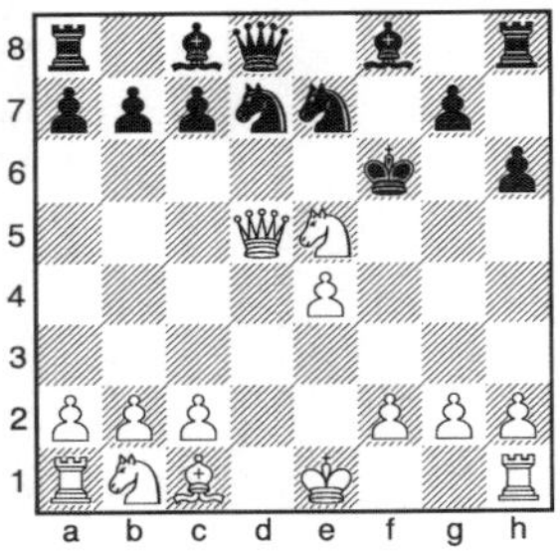

**18.** Hahlboom – Mooderman

Heutzutage sind solche langen Königsjagden in der Eröffnung nur selten zu sehen:

**1.♕d5–f7+ ♔f6xe5 2.♗c1-f4+ ♔e5–d4**

Falls 2...♔e5xe4 3.♘b1-d2+ ♔e4–d4 4.♕f7–c4#

**3.♕f7–e6 ♔d4–c5 4.♗f4–e3+ ♔c5–b5** *(D2)* **5.♘b1-a3+**

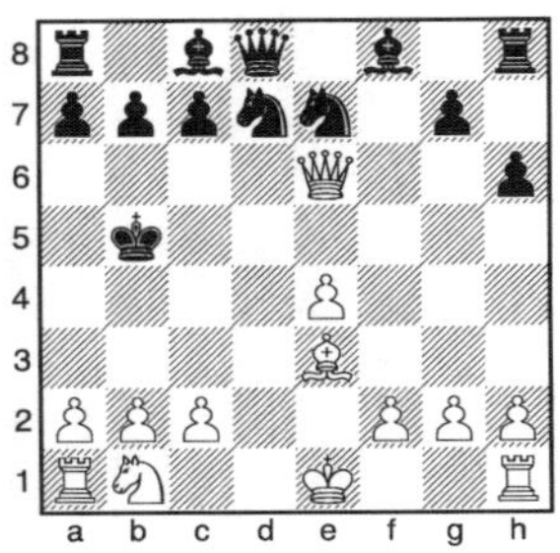

D2

Oder 5.a2–a4+ ♔b5–b4 6.♕e6–b3+ *(6.c2–c3+ ♔b4–a5 7.b2–b4#)* 6...♔b4–a5 7.♕b3–b5#

**5...♔b5–a5 6.♗e3–d2+ ♔a5–a4 7.♕e6–c4#/b3#**

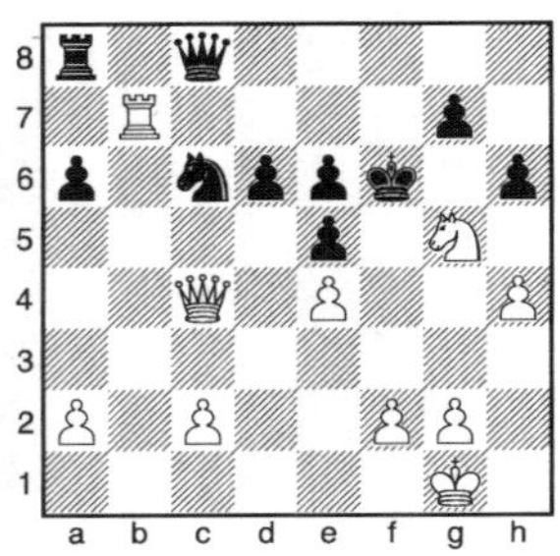

**19.** Clarke – Dragicevic

**24.♕c4–b3 ♘c6–e7**

24...h6xg5 25.♕b3–f3+ ♔f6–g6
26.♕f3–f7+ ♔g6–h6 27.♕f7xg7+ ♔h6–h5
28.♕g7xg5#; oder
24...♘c6–d4 25.♘g5–h7+ ♔f6–g6
26.♕b3–g3+ und Matt folgt.

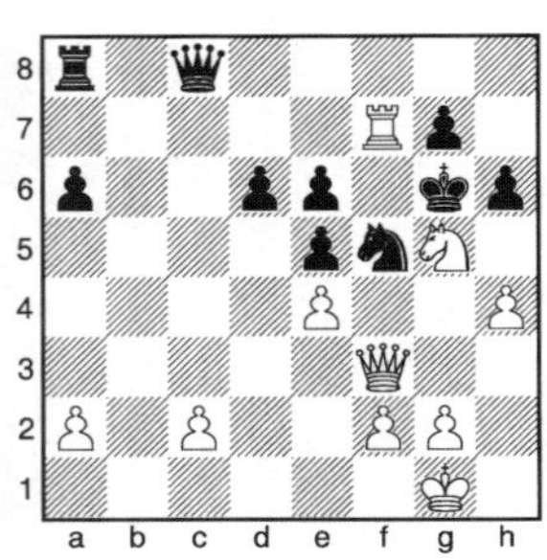

**25.♕b3–f3+ ♘e7–f5**
**26.♖b7–f7+ ♔f6–g6** *(D2)*
**27.e4xf5+ e6xf5**
**28.h4–h5+ ♔g6xg5**
**29.♕f3–g3+ ♔g5xh5**
**30.♖f7xg7 -- 31.♕g3–h2#**

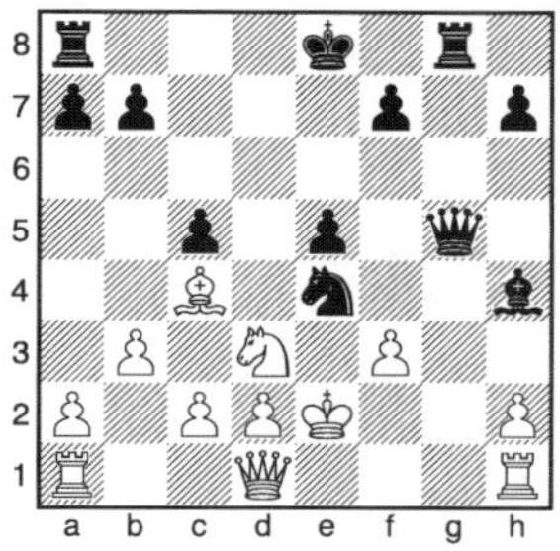

**20.** Ilyasli – Keymer

Das Wunderkind jagt den gegnerischen König wie in den guten alten Zeiten:

**16...♕g5–g2+**
**17.♔e2–e3 ♗h4–f2+**
**18.♔e3xe4 ♕g2–g6+** *(D2)*
**19.♔e4xe5**

Falls 19.♔e4–d5 folgt gleich ♕g6–e6+ 20.♔d5–e4 f7–f5#

**19...♗f2–d4+**
**20.♔e5–f4 ♕g6–g5+**
**21.♔f4–e4 f7–f5+**
**22.♔e4–d5 0-0-0+**
**23.♔d5–e6 ♕g5–f6#**

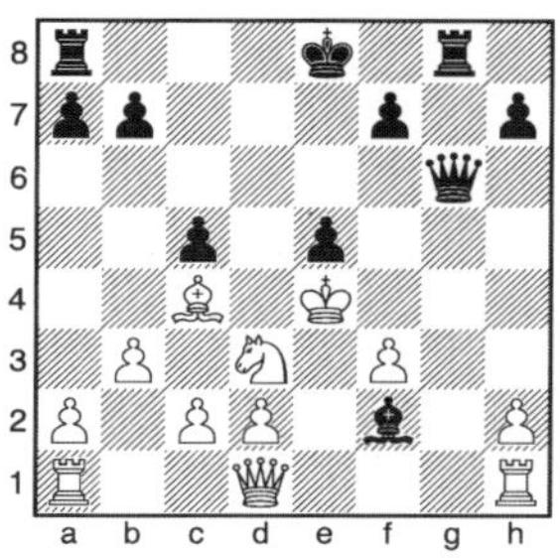

D2

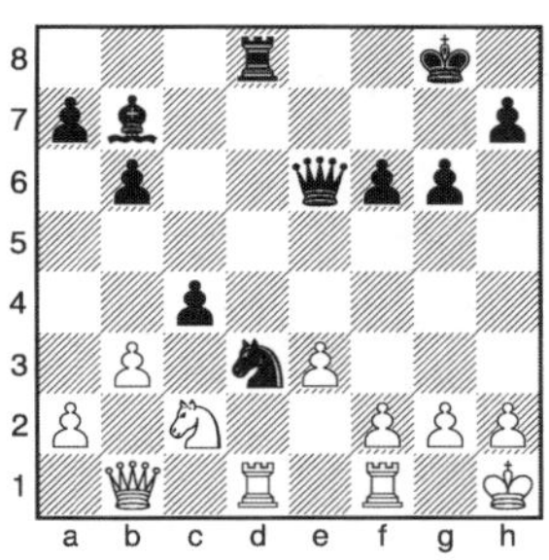

**21.** Zebrauskis – Alekseev

**1...♗b7xg2+**
**2.♔h1xg2 ♕e6–g4+**
**3.♔g2–h1 ♕g4–f3+**

In der Partie folgte 3...♘d3xf2+ 4.♖f1xf2 ♖d8xd1+-+

**4.♔h1-g1 ♖d8–d5** *(D2)*
**5.h2–h4 ♕f3–g4+**
**6.♔g1-h2 ♖d5–h5**
**7.–– ♖h5xh4#**

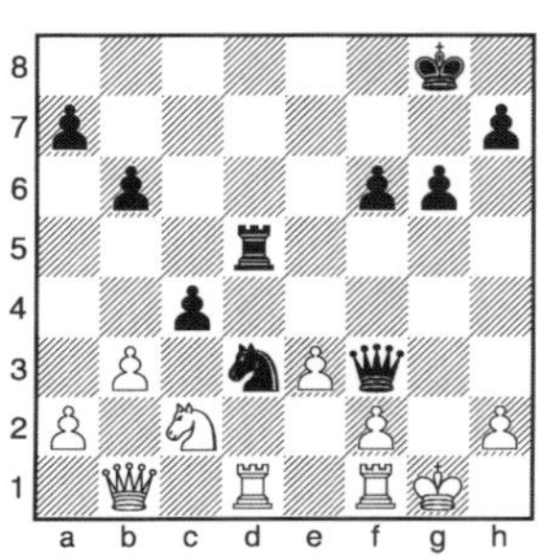

D2

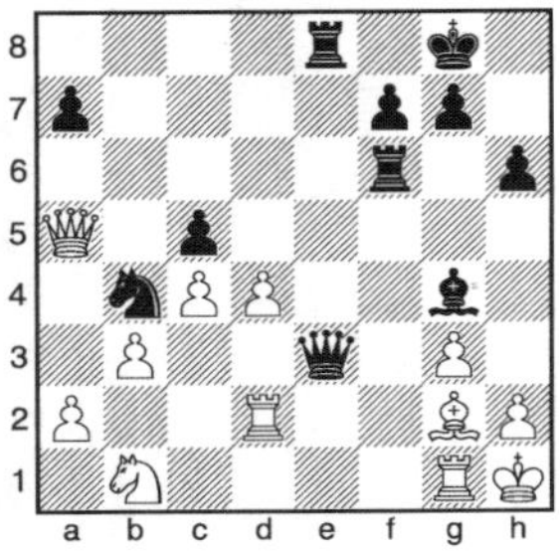

**22.** Virkud – Foisoder

**26...♕e3xg1+**
**27.♔h1xg1 ♖e8–e1+**
**28.♗g2–f1 ♖f6xf1+**
**29.♔g1-g2 ♖f1-g1+**
**30.♔g2–f2 ♖e1-f1+**
**31.♔f2–e3** *(D2)* **♖f1-f3+** 0:1;
**32.♔e3–e2**

Oder 32.♔e3–e4 ♖g1-e1+

**32...♖f3–f5+**
**33.♔e2–e3 ♖g1-e1+**
**34.♖d2–e2 ♖e1xe2#**

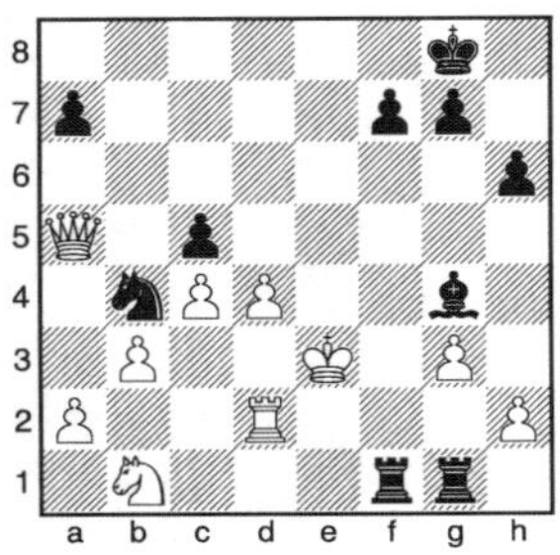

D2

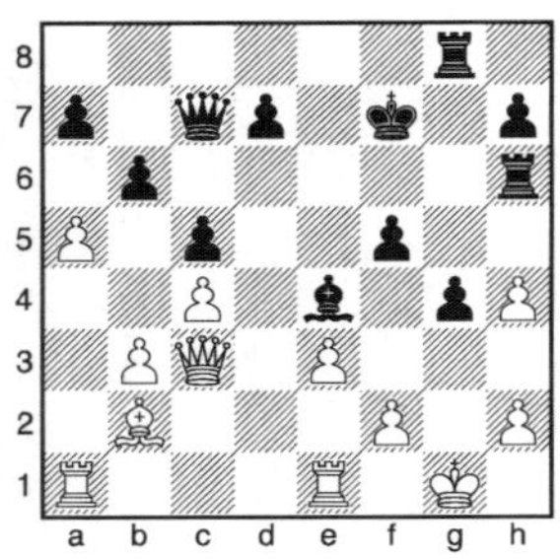

**23.** Svidler – Andreikin

Ein nettes Beispiel, wie man den König aus seiner Burg zerrt und in die eigene Hälfte treibt:

**25...♕c7xh2+**
**26.♔g1xh2 ♖h6xh4+**
**27.♔h2–g3 ♖h4–h3+**
**28.♔g3–f4** *(D2)* **♖h3–f3+**
**29.♔f4–e5 ♖g8–g6** 0:1;
**30.–– ♖g6–e6# / d7–d6#**

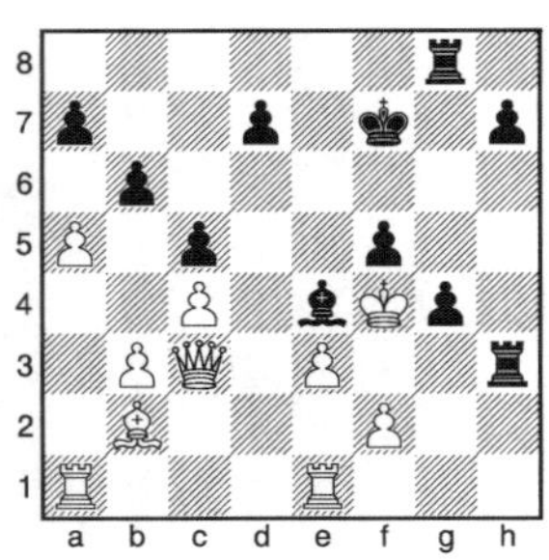

D2

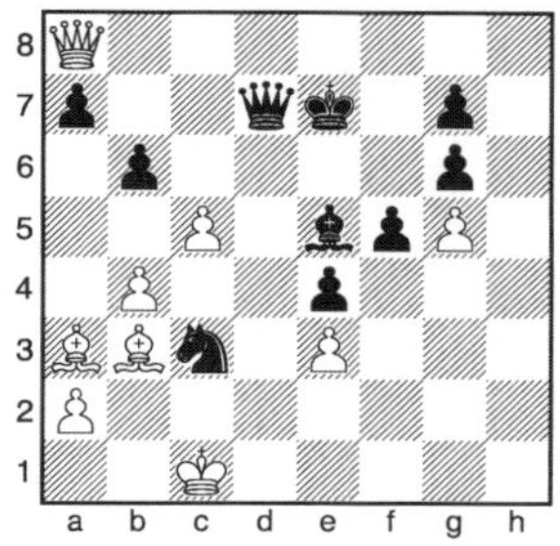

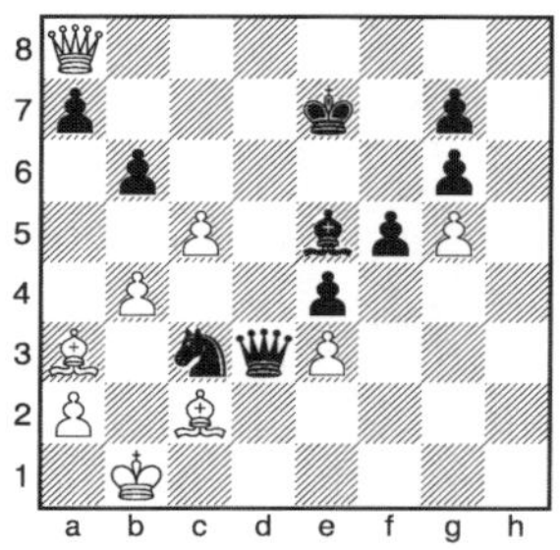

D2

**24.** Katopodis – Chua Jia–Tien

**36...♘c3–e2+ 37.♔c1–b1**

Falls 37.♔c1–c2 ♕d7–d3#

**37...♕d7–d3+ 38.♗b3–c2 ♘e2–c3+** *(D2)* **39.♔b1–b2**

Oder 39.♔b1–a1 ♕d3–f1+ 40.♔a1–b2 ♘c3–b1+ 41.♔b2–b3 ♘b1–d2+ 42.♔b3–a4 ♕f1–a6

**39...♘c3–b5+**
**40.♔b2–c1 ♕d3xe3+** 0:1;
**41.♔c1–b1 ♘b5xa3#**

Oder 41.♔c1–d1 ♘b5–c3#

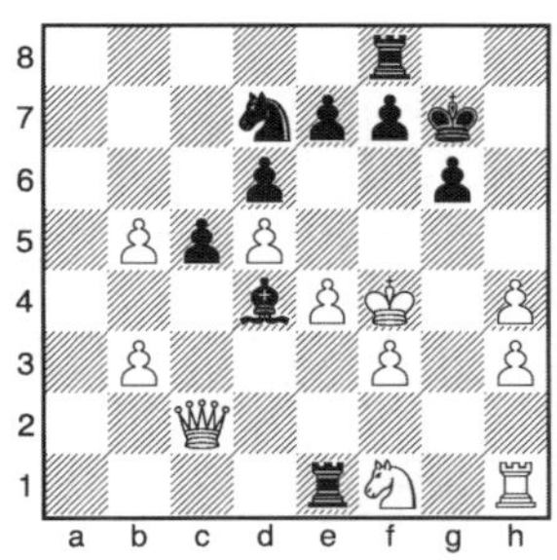

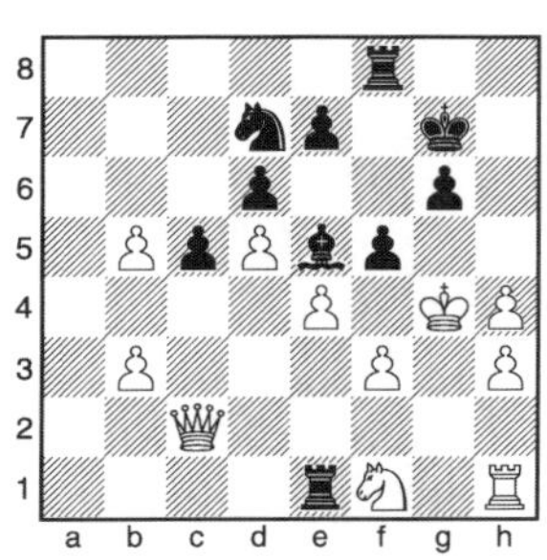

D2

**25.** Zhu – Nguyen

**25...♗d4–e5+ 26.♔f4–g5**

26.♔f4–g4 ♘d7–f6+ 27.♔g4–g5 ♖f8–h8 28.♘f1–g3 ♗e5xg3 29.–– ♖h8–h5#

**26...f7–f6+**
**27.♔g5–g4 f6–f5+** *(D2)*
**28.e4xf5**

28.♔g4–g5 ♖f8–h8 29.e4xf5 ♖h8–h5+ 30.♔g5–g4 ♘d7–f6#

**28...♘d7–f6+**
**29.♔g4–g5 ♖f8–h8**
**30.–– ♖h8–h5#**

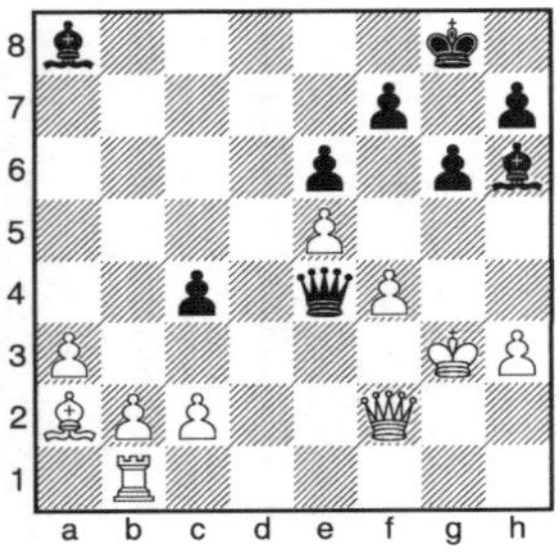

**26.** Grafl – Miroshnichenko

**1...♗h6xf4+**
**2.♕f2xf4 ♕e4–g2+**
**3.♔g3–h4 h7–h6**
**4.♕f4xh6**

4.♕f4–g4 ♕g2–f2+ 5.♕g4–g3 g6–g5+ 6.♔h4–g4 ♕f2–e2+ 7.♕g3–f3 ♕e2xf3#

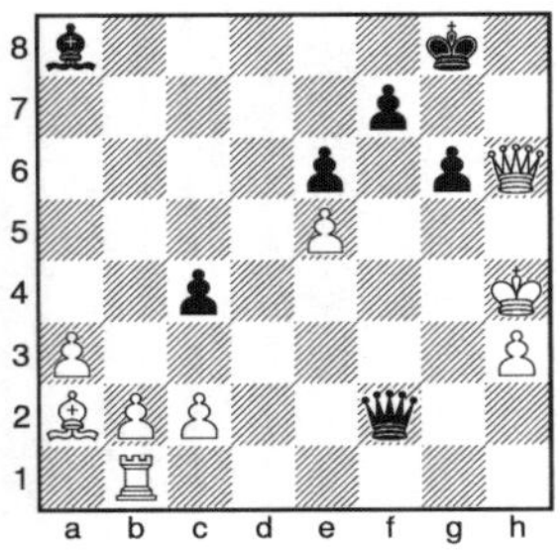

D2

**4...♕g2–f2+** *(D2)* **5.♔h4–g4**

5.♔h4–g5 f7–f6+ 6.♔g5–g4 ♗a8–f3+ 7.♔g4–f4 ♗f3–e2+ 8.♔f4–e4 f6–f5#

**5...♗a8–f3+**
**6.♔g4–f4 ♗f3–d1+**
**7.♔f4–g5 f7–f6+**
**8.e5xf6 ♕f2–g3#**

# Geschafft!

# Zum Ende

Wir sind am Ende des Buches angekommen.

Wenn du mir bis hierher über die zwanzig Kapitel gefolgt bist, Gratuliere! Ein so dickes Buch durchzuarbeiten ist stets eine große Anstrengung und Leistung, auf die du zu Recht stolz sein kannst.

Doch wenn du dich jetzt auf deinen Lorbeeren ausruhst, wirst du ziemlich sicher nach einer Weile wieder schwächer werden. Das wäre sehr schade nach all der harten Arbeit. Um das zu vermeiden nimm dir regelmäßig etwas Zeit für ein leichtes Training. Sagen wir, am Wochenende, zwei oder drei Stunden reichen schon aus.

Studiere Partien aus einer Schachzeitung oder einem Buch. Versuche, die Ideen und Pläne in diesen Partien zu finden und zu verstehen. Manche Schachfreunde ziehen wohl digitale Medien vor. Die Arbeit mit diesen ist sicherlich bequemer, aber weniger gut als mit gedrucktem Material zu arbeiten. Während du mit einem Buch trainierst, "siehst" du die Zug um Zug entstehenden Stellungen nur in deiner Vorstellung, genau wie in einer richtigen Partie. Am Computer dagegen entsteht mit jedem Mausklick ein neues Diagramm. Je mehr wir unser Training dem realen Spiel anpassen, desto größer ist der Effekt auf unsere Entwicklung, oder um zumindest unsere derzeitige Stärke zu erhalten.

Wenn du keine Zeit oder Kraft hast, ein solches Training zu absolvieren, kann es schon helfen, wenn du jeden Tag ein oder zwei Taktikaufgaben löst. In den kleinen Pausen, die im Alltagsleben immer wieder vorkommen, lässt sich das sicher einschieben.

Was du auch tust, welchen Weg du auch wählst, wie stark du werden magst; ich wünsche dir alles Gute und ein Leben lang viel Freude am Schach!

Dein *Thomas Luther*

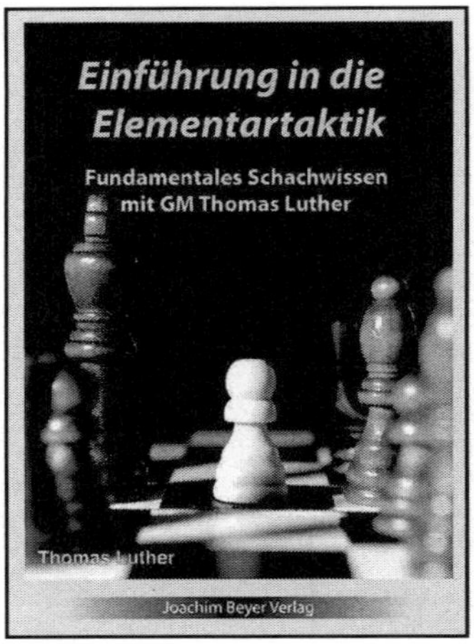


**Thomas Luther**

**Einführung in die Elementartaktik**

Fundamentales Schachwissen mit GM Thomas Luther

318 Seiten, kartoniert

Schachtaktik ist die unentbehrliche Grundlage für jedes Schachtraining und der sicherste und zugleich unterhaltsamste Weg zur Verbesserung im Schach. FIDE Senior Trainer und Großmeister Thomas Luther hat einen Kurs entwickelt, der Einsteigern ins Schachtraining ebenso wie Schachfreunden, die ihre Spielstärke verbessern wollen, systematisch in die Schachtaktik einführt.

Um den Einstieg für noch unerfahrene Schachfreunde zu erleichtern beginnt der Kurs mit einfachen Übungen die helfen, die Wirkungsweise der Figuren besser zu verstehen. Dann folgen die ersten Taktikaufgaben, bei denen es gilt, Matt oder Vorteil in einem und bald auch mehr Zügen zu finden. Weiter geht mit den wichtigsten taktischen Motiven. Das sind der Doppelangriff (Spieß und Gabel), die tückische Springergabel, die Fesselung und wie man ihr entkommt, die Überlastung, der Abzugsangriff (mit Abzugsschach, Doppelschach und der „Zwickmühle") und einem kleinen Exkurs in die Schachgeschichte, nach dem der Leser an einer Serie 3-zügiger Mattaufgaben zeigen kann, dass er so gut oder besser ist als die Meister der Vergangenheit. Im nächsten Band „Schachtaktik und Schachstrategie" folgen weitere Motive und eine Einführung in die Schachstrategie.

Alle diese Motive werden ausführlich und leichtverständlich erklärt und der Leser kann an den jeweils folgenden Übungsaufgaben testen, ob er alles verstanden hat. Die Aufgabenblocks sind zweigeteilt. Im ersten Teil findet man einfache Stellungen, die das Prinzip deutlich darstellen. Im zweiten Teil sind die Lösungen länger und manchmal sind vorbereitende Züge nötig, um den taktischen Schlag herbeizuführen.

Lösungsdiagramme zu allen Aufgaben machen es selbst für Ungeübte möglich, fast alles bequem vom Blatt zu lösen. Im Text wie in den Lösungen erhält der Leser viele nützliche Ratschläge für sein Spiel. Auch Leser ohne Vorkenntnisse sollten problemlos ins Training starten können. Schon fortgeschrittene Löser können die einfachen Aufgaben als „Aufwärm-Test" nutzen.

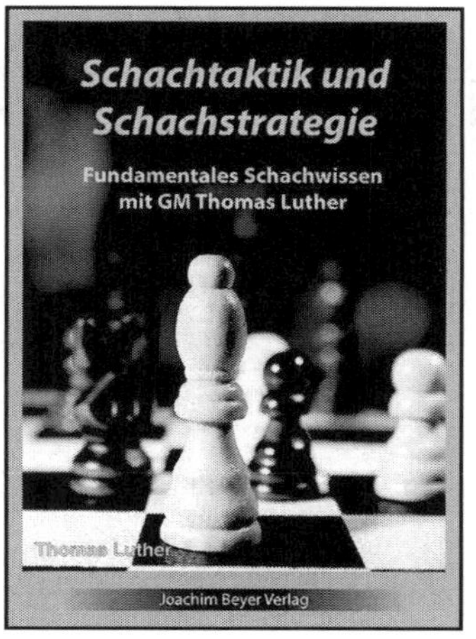


**Thomas Luther**

**Schachtaktik und Schachstrategie**

Fundamentales Schachwissen mit GM Thomas Luther

314 Seiten, kartoniert

In diesem Band setzt FIDE Senior Trainer und Großmeister Thomas Luther den Kurs zur Schachtaktik fort, der er mit dem Buch Einführung in die Elementartaktik begonnen hat. Durch einen Test mit 50 Aufgaben aus aller Welt kann der Leser sehen, wo er steht. Dann werden die wichtigsten Taktikmotive fortgesetzt mit der Hin- und Weglenkung, Figuren in der Falle, Röntgen-Angriff sowie Remis- und Mattkombinationen.

Der Kurs umfasst aber nicht nur Taktikmotive, sondern führt auch in die Schachstrategie ein, die ja oft erst die Anwendung von Taktik herbeiführt. Der Leser erhält eine leichtverständliche Einführung in die wichtigsten Elemente der Strategie:

Schwache Felder, rückständige und isolierte Bauern, Doppelbauern, Bauernstrukturen, Bauerndurchbruch, Vorposten, offene Linien und wie man solche schafft, die das Eindringen in die gegnerische Stellung ermöglichen. Besonders der Angriff von Turm oder Türmen auf der 7. oder 8. Reihe ist die Schnittstelle von Taktik und Strategie und wird ausführlich erklärt und mit Aufgaben vertieft.

Diese Verbindung von Taktik und Strategie unterscheidet das Buch von üblichen Taktik-Trainingsbüchern. Der Leser erhält so einen Schnellkurs in die strategischen Elemente, die Nimzowitsch in seinem berühmten Buch „Mein System" formuliert hat und die jeder Schachfreund kennen sollte, der erfolgreich spielen möchte.

Lösungsdiagramme zu allen Aufgaben machen es selbst weniger Geübten leicht, fast alles bequem vom Blatt zu lösen oder zu verfolgen. Im Text wie in den Lösungen erhält der Leser viele nützliche Ratschläge für sein Spiel und unter anderem auch zur Analyse seiner Partien.

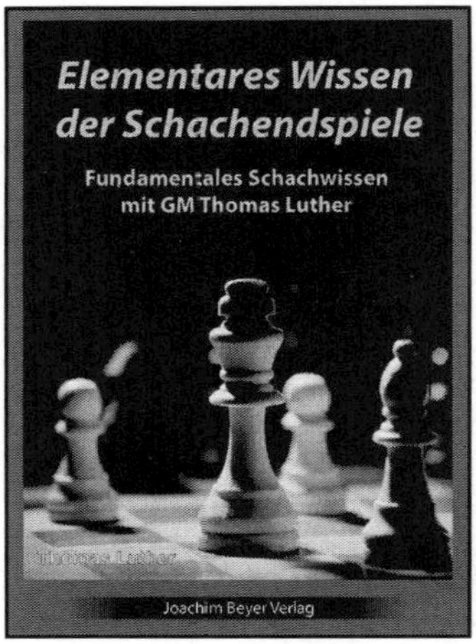


**Thomas Luther**

**Elementares Wissen der Schachendspiele**

Fundamentales Schachwissen mit GM Thomas Luther

kartoniert

Dieses Buch ist in Vorbereitung, näheres zu Umfang und Inhalt ist noch nicht bekannt.